위험, 위기 그리고 커뮤니케이션

이화학술총서

위험, 위기 그리고 커뮤니케이션

현대 사회의 위험, 위기, 갈등에 대한 해석과 대응

김영욱 지음

이화여자대학교출판부

책을 펴내며

2008년 봄, 온 나라가 미국산 쇠고기 광우병 논란으로 뜨거웠다. 하지만 차분히 이 문제에 대해 생각해 본다면, 무엇보다도 현대 사회의 위험 문제에 대한 우리들의 무지와 해결 능력의 부재에 대해서 자책할 시간이 필요해질지도 모른다. 왜냐하면 우리는 너무 위험 문제에 무관심했을 뿐만 아니라, 그것을 어떻게 해결할 것인가에 대해서 진지하게 생각해 보지 않았기 때문이다. 우선 질책받아야 할 사람들은 학계다. 위험 논의에 대한 많은 진지한 연구들이 이루어져 왔지만 정작 우리나라의 학계는 그것을 받아들여 우리 현실에 적용하는 데 기민하지 못했다. 특히 위험 문제를 해결하기 위한 커뮤니케이션 학계의 노력은 이제 시작 단계라고 해도 과언이 아니다.

하지만 이 책에서 반복해서 거론하고 있듯이 위험 문제를 해결하기 위한 동력은 커뮤니케이션이다. 현대 위험 사회에서 진리는 존재하지 않으며, 대부분의 경우 위험과 관련한 커뮤니케이션을 통해서 서로 합의할 수 있는 내용이 진리로 존재하게 될 뿐이다. 어떤 위대한 과학자도 위험 사안에 대해서 단정적인 결론을 도출하기 어렵다. 지금 단정할 수 있는 논리가 후세에 부정되는 경우를 우리는 수없이 목격해 왔으며, 어떠한 진리도 반증의 그늘에서 벗어나기 어렵다. 절대적인 진리가 부정되는 상황에서 우리가 의존할 수 있는 것은 커뮤니케이션을 통한 문제 해결밖에 없다. 가능한 모든 상황을 상정하여 의사 소통하고, 현 상태에서 가장 안전하고 안심할 수 있는 합의를 서로 간에 이끌어 내는 것이 무엇보다도 중요하다.

하지만 우리는 위험의 문제를 커뮤니케이션의 문제와 결부시키지 못해 왔다. 독재와 군부를 거쳐 오면서 위험을 부담하는 것이 당연한 것으로 인식되었고(안 되면 되게 하라는 군대 구호를 생각해 보라!), 그 시기가 지나서는 전문가에 지나치게 의존하다가 발등 찍히는 일을 반복해 왔다(황우석 박사의 전 국민 사기극을 생각해 보라!). 미국산 쇠고기 광우병 사태의 사회적인 논란이 확대된 근본적인 원인은 그 문제가 너무나 현대적이었던 반면, 그 대응은 너무나 구시대적이었다는 데 있다. 현대 위험의 문제에 접근하는 정부의 태도는 독재 시대에나 가능했던 안 되면 되게 하라 식 위험 부담(이명박 대통령의 쇠고기를 사 먹지 않으면 된다는 식의 인식 등등)이거나 자기에게 유리한 전문가 발언이나 지식(정부 검역전문가 발언, 국제수역사무국의 기준 등등)에 의존하는 것이었다.

하지만 우리에게 필요한 것은 위험 문제에 대한 과감한 개방과 강요 없는 커뮤니케이션을 통한 위험 문제에 대한 사회적인 합의다. 현대 사회의 위험 문제는 커뮤니케이션을 통한 합의와 공론의 장 형성을 통한 숙의 민주주의의 과정을 거치지 않는다면 해결될 수 없다. 현대 사회의 위험 문제는 거의 대부분 확대 재생산될 수밖에 없다. 그 이유는 이 책에서 소개하듯이 여러 가지가 있겠지만 가장 큰 이유 중에 하나는 비자발성involuntariness 이다. 미국산 쇠고기 광우병 논란에서도 드러났지만 자신이 통제할 수 없는 위험(자기가 모르는 사이에 음식에 들어가거나 급식을 통해서 먹어야 하는 상황 등)에 대해서 현대인들의 위험 인식은 극단적인 반응으로 연결될 수밖에 없다.

어떻게 보면 이것은 당연한 현상이다. 정부 등에서 통계 숫자를 들어 위험이 매우 낮다고 설명하고 있을 때, 그 피해를 당하는 그 누군가가 정작 죽어야 한다면, 통계 숫자가 무슨 의미가 있겠는가? 통계의 사용이 내포하는 전문가 의존형 정부 접근은 오히려 현대인들의 위험 인식을 확산시킬 뿐이다. 그렇다면 역시 문제 해결은 올바른 커뮤니케이션밖에 없다. 위험 문제를 충분히 토론할 수 있는 장을 만들고, 그것에 대해서 함께 고민해야 한다. 현대 사회에서 어떤 다른 고귀한 목적을 위해 하나의 위험을 감수할 수 있는 사람은 아무도 없으며, 집단적인 목적을 위해 개인의 희생을 무조건적으로 강요할 수 없다.

특히나 그 위험이 정말로 위해 정도가 높다면 이는 어떠한 전문가의 결정에 의해서도 해결될 수 없다. 우리는 정말로 광우병이 위험한지, 위험하지 않은지 확신할 수 있는가? 아무도 그런 확신을 할 수 없을 것이다. 그런 상황에서 커뮤니케이션을 통해, 공론의 장을 통해 위험을 최소화하려는 노력이 없다면, 누가 위험과 관련한 결정을 따르겠는가? 정부의 미국산 쇠고기 광우병 논란에서 있었던 첫 번째 실수는 위험과 관련한 결정을 공론의 장을 거쳐 집행하지 않았다는 것이고, 더 큰 실수는 첫 번째 실수가 있고 나서 커뮤니케이션이 활성화되는 공론의 장을 통해서 문제를 해결하려 하지 않았다는 것이다. 오히려 국민의 입을 막고, 의사 소통의 통로를 봉쇄하려고 한 시도까지 있었는데, 이는 시대착오적인 것이다. 위험 문제를 해결하기 위한 사회 커뮤니케이션 시스템이 갖추어지지 못한다면, 위험 사회(울리히 벡이 말한 위험 사회를 의미한다고 해도 좋다)의 극단을 달리고 있는 우리 사회에 어떤 제동 장치도 불가능할 것이다.

한편 이 책에서 주장하는 위험 문제의 해결은 또한 조직의 위기 문제와도 연결된다. 현대 사회의 위험 문제는 필연적으로 조직 차원의 위기와 연결되며, 조직이 위험 문제를 해결하기 위한 주체로서 등장할 때 현대 사회 위험 문제의 해결도 탄력을 받을 수 있다고 생각했다. 또한 조직의 위기를 사회 차원으로 확대시키면 사회 갈등의 문제와도 연결된다. 왜냐하면 같은 위험 사안을 놓고도 서로 다른 의견을 가진 조직들이 대립하거나, 아니면 개인들도 힘을 부여받기 위해서 조직을 형성하기 때문이다.

이번 미국산 쇠고기 광우병 사태에서도 드러났듯이, 위험에 불안해진 사람들은 조직을 형성하고, 조직을 통해서 위험 문제를 해소하려고 한다. 위험의 문제는 정부의 위기 관리와 미국산 쇠고기의 광우병을 우려하는 사람들이 부딪치는 매개가 된다. 이런 상황에서 조직 위기의 문제는 사회 갈등의 문제로 확대되는 것이다. 이렇듯 위험의 문제, 조직 위기 그리고 사회 갈등은 서로 긴밀하게 연결되어 있다. 정도의 차이는 있을 수 있지만 대부분의 현대 사회 문제는 세 개념을 따로 떼어놓고 보기 힘들다. 하지만 이렇게 위험, 위기, 갈등을 함께 보려는 노력은 지금까지 없었다. 또한 이러한 문제들의 근저에 자리잡은 커뮤니케이션의 필요성과 커뮤니케이션 중심의 문제 해결을 지적한 연구들도 많지 않았다.

현재 우리나라 조직들의 위기 관리 수준은 매우 낮다. 위험 문제와 관련하여 조직 차원에서 사전 예방하거나 사회적인 갈등을 최소화하려는 노력들은 매우 취약하고, 사후 대응적인 측면에서 시스템화하려는 노력들만 어느 정도 이루어져 왔다. 하지만 위기 관리는 커뮤니케이션 차원에서 접근하면서 관련 공중과의 의사 소통을 통해서 문제를 해결하고 사회적인 합의를 이끌어 내는 수준으로 발전하는 것이 필요하다. 우리 사회는 오히려 서툰 커뮤니케이션을 통해서 위험을 증폭시키거나 위기를 사회적인 갈등으로 몰아가는 경우들이 많이 발생하고 있다. 이번 미국산 쇠고기 광우병 논란과 관련해서도 정부가 위기 관리 차원에서 적절하게 사과하고 새로운 출발을 할 수 있는 기회가 여러 번 있었다.

하지만 정부의 많은 위기 관리 노력들이 커뮤니케이션을 열어가기보다는 통제하는 수준에서 이루어졌기 때문에 사회적인 갈등을 증폭시킨 측면이 많았다고 분석할 수 있다. 정부의 적절한 위기 커뮤니케이션 부재가 분명히 아쉽지만, 이것이 우리나라 대부분 조직의 위기 관리 현실을 보여 주고 있다는 데는 어느 정도 의견이 일치할 수 있다.

또한 위험 문제와 조직의 위기가 사회 차원으로 증폭된 갈등 사안에 대해서도 우리 사회의 문제 해결 능력은 매우 취약하다. 협상과 제3자를 통한 문제 해결 등 갈등 해소를 위한 학문적인 접근이나 실제적인 방법론에 대한 논의들이 별로 이루어지지 않았고, 각종 사회 주체들의 이해 관계를 조정할 신뢰성 있는 접근들에 대한 논의도 이루어지지 않고 있다. 미숙한 협상에서 비롯된 이번 미국산 쇠고기 수입을 둘러싼 논란도 결국 사회적인 갈등을 해소할 수 있는 방법에 대한 합의의 부재가 더 큰 갈등으로 연결된 측면이 있다. 갈등 해소를 커뮤니케이션으로 해결하는 경험을 가지지 못한 우리나라 사람들에게 커뮤니케이션을 통한 문제 해결은 앞으로도 큰 부담이 될 수밖에 없다. 더구나 사회적인 체면과 내재화된 계급성이 존재하는 상황에서 이러한 문제점은 더욱 심각하다.

이 책은 이러한 현실을 진단하고, 위험, 위기와 관련한 우리나라 학계의 논의가 좀더 활발해지기를 바라는 염원에서 집필되었다. 되도록이면 위험과 위기 개념을 통합적으로 보려고 노력했으며, 위험과 위기의 문제를 따로 떼어서 설명했지만, 위험의 문제가 결국 조직 차원의 위기 문제와 연결되고, 이러한 위험과 위기 문제는 결국 커뮤니케이션을 통해서 해결될 수밖에 없다는 것을 설명했다. 이와 함께 조직 위기의 문제가 사회 차원으로 확대되어 갈등 문제가 되었을 때, 이를 해소할 수 있는 방법에 대해서도 개괄적으로 살펴보았다. 이 책은 많은 선행 연구자들의 성과들을 광범위하게 다루고 있지만, 이러한 위험, 위기, 갈등의 문제를 통합적으로 정리하면서, 커뮤니케이션을 통한 문제 해결로 수렴하고 있다는 측면에서 독창적이라고 할 수 있다. 하지만 이 책의 내용은 문제 해결을 위한 완벽한 정답보다는 문제 제기의 측면, 후속 연구의 활성화를 자극하는 측면에 더욱 초점을 맞추었다고 할 수 있다. 따라서 조직이 처한 위험과 위기 요인에 대한 이해를 돕고 위기를 어떻게 관리해 나갈 것인가에 대한 방향성을 제시하는 것이 이 책의 가장 중요한 목적이다. 조직의 위기를 이해하기 위해서는 현대 사회가 처한 위험 요인에 대한 이해가 우선되어야 한다.

이 책은 총 4부 14장으로 이루어졌다. 제1부 〈위험과 위험 사회〉에서는 위험과 위험 사회를 진단하고 위험 사회를 해결하기 위한 커뮤니케이션의 역할에 대해서 논의한다. 제1

장에서는 현대 사회의 위험 논의를 하버마스, 루만, 벡, 기든스 등의 사회철학자의 시각을 통해서 조명해 보고, 제2장에서는 위험 문제를 해결하기 위한 커뮤니케이션의 필요성과 함께 위험 사회 문제 해결을 위한 커뮤니케이션 모델을 설정한다. 한편 이 책 제1부의 내용은 한국언론학회 학술지인 『커뮤니케이션이론』에 실었던 내용을 다시 수정하고 추가하여 정리한 것이다(김영욱, 2006d, 192-232 참조).

제2부 〈위험과 커뮤니케이션〉에서는 본격적으로 위험과 커뮤니케이션의 관련성에 대해서 논의한다. 제3장에서는 기본적인 개념을 정의하고, 제4장에서는 위험 커뮤니케이션의 의미 변화와 패러다임 접근에 대해서 알아본다. 제5장에서는 다양한 위험 커뮤니케이션 이론을 주제별로 나누어 논의하고, 제6장에서는 실제 위험 커뮤니케이션 프로그램을 실행할 때 적용할 수 있는 이론적인 논의와 원칙에 대해서 알아본다. 그리고 제7장에서는 앞선 논의들을 모두 정리하면서 위험 커뮤니케이션이 어떻게 공중 관계 커뮤니케이션과 연결되며 궁극적으로 공론의 장 형성을 통한 민주주의 발전에 기여할 수 있는가에 대해서 종합적으로 논의한다.

제3부 〈위기와 커뮤니케이션〉은 지금까지 위험 관련 논의를 조직 차원의 위기 논의로 끌어올린다. 제8장에서는 위험과 위기 논의가 어떻게 조직 차원에서 통합되는지 보여 주며, 위기의 속성과 유형에 대해서 논의한다. 제9장에서는 패러다임 접근을 통해서 기능주의와 수사학적인 접근의 차이점을 비교하며, 제10장에서는 지금까지 학계에서 논의되어 온 모델들을 시스템 중심 모델, 프로세스 중심 모델, 통합적인 모델로 나누어 비교 분석하고, 위기 관리 세부 활동에 대한 논의도 덧붙인다. 제11장에서는 위기 커뮤니케이션의 유형화 접근, 수사학적인 접근, 사회과학적인 접근에 대해서 광범위하게 살펴보고, 우리나라의 위기 커뮤니케이션 논의에 대해서도 알아본다. 제12장에서는 위기 관리의 사회적인 확장을 다룬다. 이 장은 독립적인 섹션으로 다룰 수 있을 정도로 광범위한 연구 성과를 가지고 있지만, 이 책에서는 위기의 사회적인 확장이라는 측면을 강조하여 위기 관리의 논의에 포함시켜 설명했다. 기본적인 갈등 해소 접근 이론에 대해서 논의하고, 협상·조정·중재와 같은 갈등 해소 접근과 분쟁 시스템 디자인과 같은 새로운 논의들도 함께 다루었다. 구체적인 위기 사안 해결을 위한 방법을 찾을 경우, 이러한 논의들이 많은 도움을 줄 수 있다고 생각한다.

제4부 〈윤리 문제와 커뮤니케이션 차원 통합〉은 책을 마무리하기 위해서 윤리적인 논의와 책의 내용을 결론적으로 정리한다. 제13장에서는 위기 관리에서 발생하는 윤리적인

문제를 다루면서 해결 방안에 대해 논의하고, 제14장에서는 위험과 위기를 커뮤니케이션 차원에서 통합해야 한다는 이 책의 결론을 도출한다.

위험 혹은 위험 커뮤니케이션과 관련한 논문이나 서적을 읽다 보면 이론의 발전 과정이 조직 커뮤니케이션, 공중 관계public relations 커뮤니케이션의 그것과 매우 유사하다는 점에 놀라게 된다. 이것을 두고 유사 학문들이 일방적으로 앞선 분야를 따라가고 있다고 보기는 어렵고, 위험과 관련한 학문 분야들이 유사한 방향성을 지향하면서 발전해 가고 있다고 추론해 볼 수 있다. 특히 커뮤니케이션 분야는 독립적으로 존재하기보다는 다른 학문들과 연결되는 지점에서 존재하기 때문에, 서로 간의 공통 분모를 확보하는 것은 매우 자연스러운 일이다. 결국 커뮤니케이션은 그 기능적인 속성－초기 커뮤니케이션 모델에서 나오는 선형적인 모델과 메시지 생산자 중심의 일방향적인 이론들과 관련한 속성들－으로부터 벗어나서 다른 사람, 조직을 고려하는 관계 지향적인 속성을 표출할 수밖에 없으며, 쌍방향적인 커뮤니케이션에 기초한 상호 이해, 관계 형성을 목적으로 하지 않는다면 학문적인 발전을 이루기 매우 어렵다. 결국 위험과 위기와 관련한 커뮤니케이션 논의도 이러한 커뮤니케이션의 일반 속성의 테두리 안에 있다.

이 책을 쓰게 된 가장 큰 동기 중의 하나는 모든 학문은 서로 연결되어 있다는 저자의 실제적인 자각에서 비롯되었다. 이런 말을 일상적으로 많이 들어왔지만 실제로 받아들이는 데는 많은 시간이 걸렸다. 공중 관계와 관련한 조직의 커뮤니케이션 활동을 연구하면서 모든 조직은 일상에서 벗어난 위기 상황을 상정하고 커뮤니케이션 활동을 펼쳐야 성공적인 커뮤니케이션 활동을 할 수 있다는 것을 알게 되었다. 한편 이러한 조직의 위기관리 활동은 개인과 사회의 위험 인식과 직접적으로 연결되어 있다. 위기를 이해하기 위해서는 위험을 이해해야 하고, 위험과 위기를 사회 차원에서 해결하기 위해서는 커뮤니케이션을 통한 공론의 장 형성을 이해해야 한다. 결국 위험과 위기의 문제는 기술 구조적, 사회정치학적, 개인 심리학적 요소들이 복합적으로 영향 요인으로 작용하면서 동시다발적인 발생 요인을 형성하고 있고, 많은 관련 분야들이 학문적인 접근 방법만 다를 뿐 그 지향점은 유사하다고 할 수 있다.

위험과 위기를 이해하려고 노력하면서도 사회학적인 아노미 현상과 심리학적인 불안 현상에 관심을 두지 않는다면 핵심에 다가서기 어렵다. 환경과 위험 물질에 대한 이해 없이 공중과 정책담당자를 연결하기는 불가능하다. 위험 관련 정책의 입안과 관련하여 행정을 이해해야 하고, 조직 위기와 관련한 이슈와 행위들은 경영을 이해하는 것이 필수적이다. 따라서 위험과 위기를 이해하기 위해서는 사회학, 심리학, 환경공학, 도시계획학, 행정학, 경영학 등 관련 학문들과의 교류와 공동 연구가 필수적이라고 할 수 있다. 이 책은 커뮤니케이션을 중심으로 그러한 학문 교류의 필요성을 담아내려고 나름대로 노력한 결과다. 향후 이러한 노력이 우리나라의 갈등 현상을 연구하고 대응 방법을 논의할 수 있는 포럼 형태의 다학문 간 갈등 해소 연구 공동체의 설립으로 이어질 수 있기를 또한 기대해 본다.

따라서 이 책은 각각 흩어져 있는 위험, 위기, 갈등에 대한 논의들을 하나의 공통된 영역으로 묶을 수 있는 방법을 고민한 결과다. 이 세 가지 개념의 기저를 살펴보면, 모두 사회적으로 재구성되고 있으며, 커뮤니케이션을 통해서 문제 해결에 대한 합의를 구성해야 한다는 측면에서 공통점을 지닌다. 커뮤니케이션 중심의 논의를 통해서 각각 다른 학문으로 발전해 온 영역들을 통합한다는 것은 커뮤니케이션 자체로서도 새로운 발전 가능성을 시사한다. 개인적으로도 위험, 위기, 갈등에서 보여 주는 개인, 조직, 사회 중심의 논의가 커뮤니케이션을 통해서 같은 방향성을 추구하고 있다는 것을 확인하는 것은 커뮤니케이션 학자로서 앞으로의 학문 발전 가능성을 엿볼 수 있었다는 측면에서 기분 좋은 일이었다.

이 책을 쓰면서 또한 많이 느낀 점은 커뮤니케이션 학문 내부에서도 많은 분야들이 제각기 다른 이름으로 포장하고 있지만 궁극적으로 커뮤니케이션이라는 현상 자체에서 벗어나지 못하며, 분화에 분화를 거듭하고 있지만 결국은 커뮤니케이션 현상으로 모아질 수밖에 없다는 것이다. 예를 들어 많은 공중 관계 학자들이 위기 커뮤니케이션을 다루고 있는데, 이는 보건 커뮤니케이션에서 다루는 것과 위험 커뮤니케이션에서 다루는 분야들과 궁극적으로 유사해질 수밖에 없다. 따라서 조직 커뮤니케이션, 공중 관계 커뮤니케이션, 보건 커뮤니케이션, 마케팅 커뮤니케이션 등의 이름을 달고 분화에 분화를 거듭하는 응용 커뮤니케이션 학계의 현상이 바람직한가에 대해서는 회의적인 결론을 얻을 수밖에 없었다. 오히려 저술 과정에서 커뮤니케이션학은 분화보다는 원류 학문들과 인접 학문들, 즉 사회학, 심리학, 정치학, 사회복지학, 행정학 등과 어떤 식으로든 융합하려는 노력을 기울여야 한다는 것을 많이 느꼈다.

또한 커뮤니케이션 현상 자체만으로 축소시켜 본다고 해서 커뮤니케이션이 학문적인 독립성을 찾기는 어렵다는 것을 느꼈다. 사회학이나 심리학에서 이미 오래 전에 개발되었던 이론의 귀퉁이를 잡고서 커뮤니케이션 현상을 연구한다는 이유만으로 독립성을 주장하기에는 현대 사회의 융합 현상이 너무 거대하다. 그것은 필경 밥그릇 싸움이거나 옹색한 변명이다. 커뮤니케이션학은 분화를 통해서 발전할 것이 아니라 다른 학문과의 융합을 통해서 몸통을 키워가는 노력이 더 필요하다고 생각한다. 위험, 위기, 갈등 현상에 대한 이 책은 저자의 그러한 노력의 미미한 첫 생산물이라고 할 수 있다. 이 책을 계기로 좀더 통합적인 커뮤니케이션 학자의 길이 필요하다는 것을 절실히 깨닫게 되었다. 집필 기간 중 일 년간 하버드 법대 협상 및 갈등 해소 프로그램에 머물면서 느낀 것이지만 학문 융합은 아주 자연스러운 현상이었다. 협상과 갈등 해소 프로그램의 교수 진용은 법대, 사회학, 심리학, 경영학, 도시계획학 등 다양한 분야의 학자들로 구성되어 있었다. 하긴 위험, 위기, 갈등이라는 사회 현상이 어떻게 한 학문 분야에 머물 수 있겠는가? 그런 의미에서 이 책이 우리 학계의 유연성을 조금이라도 높이는 데 기여할 수 있기를 기대한다.

이 책에서 위험 문제와 관련한 많은 사안들에 대한 논의가 사회적인 차원에서 공중의 참여를 기반으로 했기 때문에 사회적인 갈등 사안들이 위험 문제의 사례로서 제기되고 있다. 따라서 위험 문제는 사회 차원에서 갈등 사례와 연결된다. 하지만 위험 문제의 해결과 관련하여 커뮤니케이션의 문제로서 사회 세력 간 갈등과 갈등 해소의 문제를 다루기는 했지만, 갈등과 갈등 해소의 이론적인 발전·상황을 좀더 심층적으로 다루지는 못했다. 특히 협상, 조정mediation, 중재arbitration와 같은 갈등 해소의 구체적인 방법론이나, 분쟁 시스템 디자인dispute systems design과 갈등에 대한 새로운 조직 차원의 대체적인 alternative 갈등 해소 접근은 향후 좀더 심층적인 논의가 필요하다. 또한 법적, 경제적, 심리적 접근과 관련해서는 많은 학문적 논의들이 현재도 이루어지고 있다. 이러한 내용들은 후속 저작을 통해서 심층적으로 나누어 볼 생각이다. 또한 계급 의식, 체면 등 한국적인 요소들을 위험과 위기 상황과 연결시켜 보려고 노력했지만, 아직 우리나라에서 이 분야 연구가 본격적으로 이루어지지 않았기 때문에 실증적인 결과들을 담고 있지는 못하다. 이 부분도 저자의 향후 연구 과제로 삼아 계속적인 노력을 기울일 생각이다.

이 책을 쓰는 데 많은 사람의 도움을 받았다. 우선 지난 일 년간 하버드 법대 협상연구소Program on Negotiation(PON)에 머물면서 연구하는 것을 허락해 준 이화여자대학교와 언론홍보영상학부 교수님들께 감사드린다. 미국으로 불러 준 MIT/Harvard 공공갈등Public Disputes 프로그램의 로렌스 서스카인드Lawrence Susskind 교수에게 여러 가지 면에서 많은 도움을 받았다. 갈등 해소와 합의 창출과 관련하여 내내 가지고 있던 의문들에 대한 많은 답을 그에게서 얻었다. 또한 많은 자료를 제공하고 집필 공간을 제공해 준 수전 해클리

Susan Hackley 이하 PON 교수들과 스태프들의 친절과 도움에도 특별한 감사를 드린다. 이와 함께 지난 일 년간 연구 펀드를 지원해 준 풀브라이트재단에도 깊은 감사를 드린다.

집필 과정에서 많은 주위 사람들의 도움을 받았다. 우선 그 동안 열정적으로 수업에 참가했던 모든 대학원 학생들에게 감사한다. 어디에서 무엇을 하든 함께 호흡했던 그 때의 소중했던 기억을 이 책이 되살려 줄 수 있길 바란다. 또한 조교 역할을 훌륭히 수행해 준 김수경과 이정화, 자료 정리와 그림 그리기를 도와 준 김정란과 김태영, 초안을 읽어 준 임유진과 양정은에게 감사한 마음을 전한다. 이와 함께 마지막 과정에서 책의 형태를 잡아 주고 좋은 책 출간을 위해서 노력해 준 이화여자대학교출판부에 감사를 드린다. 이번 집필 과정에서 누구보다도 고마운 사람들은 가족이다. 연구년 기간 동안 홀로 미국행이라는 이기적인 결정을 한 남편과 아빠를 이해해 준 희라와 기현에게 고맙다는 마음을 전한다. 지난 일 년간의 어려움이 이 책으로 서로 조금은 위로받을 수 있기를 바라는 마음 간절하다.

2008년 겨울
이화 · 포스코관에서
저자 씀

차례

제2부 | 위험과 커뮤니케이션 _ 59

들어가는 말

위험, 위기, 갈등의 해결과 커뮤니케이션

위험은 언제나 인류와 함께해 왔다. 살아남기 위해서 사냥을 다녀야 했던 우리 조상들에게 위험은 생활의 일부였다. 이러한 위험은 그 반대급부와 함께 언제나 인류의 생활을 지배해 왔다. 어찌 보면 위험은 자연스럽고 개인적인 선택의 문제였다. 하지만 현대 사회 들어 분명해 보이는 것은 예전에 일어났던 일들과 비슷해 보이는 사건들도 그 진행 방향이나 처리 결과가 확실히 다를 뿐만 아니라 사건에 연루되었던 사람이나 조직들의 활동도 눈에 띄게 달라져 있다는 것이다. 우리나라의 예를 들어 보아도 부안사태와 경주 핵폐기물 처리장 건설 등 사회적인 갈등 사안이 그랬고, 식품과 건강 관련 사회적인 담론, 환경 문제를 둘러싼 대립, 기업을 포함하는 조직들의 빈번한 위기, 개인적으로 언론에 오르내리는 사건 사고 관련 스캔들 등 예전에는 분명 목격할 수 없었던 많은 위험 사안들이 예전과는 다른 양상으로 전개되고 있다.

현대 사회 들어 위험 사안의 전개와 관련하여 가장 분명해 보이는 것은 조직화를 중심으로 사회 담론이 전개되고 있다는 것이다. 위험은 개인이 전적으로 책임지고 그에 대한 모든 결정권을 독립적으로 가지는 것이 아니라 사회적으로 연루되어 개인의 결정과 무관하게 일상 생활을 지배하게 된다. 위험의 사회화와 불가피성은 현대 사회가 안고 있는 공통의 문제다. 이러한 위험에 대응하기 위해서 서로의 힘을 빌릴 수밖에 없고 조직화를 통해서 가장 효율적으로 문제를 해결하고자 하는 시도를 하게 된다.

따라서 이러한 위험 논의를 현대 사회 커뮤니케이션의 주체로서의 조직을 중심으로 정리하는 것이 필요한 시점이라고 할 수 있다. 위험 논의를 단순히 관념적인 수준에서 논의하는 것이 아니라 하버마스나 벡이 이야기했던 것처럼 사회 문제 해결이라는 차원에서 생각해 본다면, 현대 사회의 위험 담론을 이끌어 가고 있는 조직 차원의 논의가 위험 논의를 구체화하고 해결 방안을 제시하는 데 도움을 줄 수 있다. 이 책에서는 이러한 관점에서 위험과 위기 개념의 접점을 찾고자 시도했다. 궁극적으로는 커뮤니케이션 차원에서 위험과 조직 위기 논의를 통합하고, 이러한 시도가 사회 공론의 장을 확대하고 갈등을 해소하는 데 기여함으로써 현대 위험 사회를 극복하는 데 방향성을 제시하고자 했다.

하지만 지금까지 위험과 위기를 커뮤니케이션 측면에서 해석하면서 대응 방안을 모색한 연구는 많지 않았다. 따라서 이 책이 시도하는 위험과 위기에 대한 커뮤니케이션 차원의 해석과 대응 방안은 생소한 시도라고 할 수 있다. 위험과 위기를 통합적으로 바라보려는 시도 또한 아직 없었고, 그것을 커뮤니케이션 차원에서 해석하려는 노력은 대부분 개별적으로 이루어져 왔다. 본문에서 설명하게 되는 위험의 사회적인 확산이론social amplification of risk 등에서 보는 것처럼 커뮤니케이션 논의의 수준은 기본적인 선형 이론의 틀을 벗어나지 못하고 있다. 따라서 이 책의 시도는 다분히 탐색적이며, 욕심을 부린 측면이 있다. 하지만 이 책에서 시도하는 내용은 현실적인 요구 측면에서 시의적절하며, 앞으로 후속 연구들을 통해서 우리나라 사회에 도움을 주는 방향으로 발전될 수 있다고 생각한다.

이 책에서 주장하는 현실적인 필요성은 우리나라의 위험 담론에서 쉽게 발견된다. 아직 우리나라의 위험 담론은 전문가를 중심으로 한정적으로 이루어지는 경향이 강하며, 사회적인 합의 과정을 생략함으로써 갈등을 증폭시키는 경향이 농후하다. 최근에 일어났던 쓰레기 만두 파동, 천성산 터널 공사, 새만금 물막이 사업, 태안 유조선 기름 유출 사고 등을 살펴보면 일반인들의 위험 인식과 이해가 전문가의 결정보다 더 중요할 수 있다는 것을 보여 주지만, 아직 우리나라의 사회 시스템은 이러한 일반인의 위험 인식을 수용하고 커뮤니케이션을 통해서 갈등을 해소할 수 있는 수준에 이르지 못했다. 과도한 전문가 의존은 곳곳에서 일반 공중의 요구를 무시하는 경우로 발전하고 있으며, 전문가와 일반 공중을 이어 주려는 노력 또한 미미한 편이다. 정치적인 해석에서 벗어나 일반 공중이 위험 문제에 참여할 수 있는 사회 시스템을 정착하기 위해서는 이 책에서 다루고 있는 위험과 위기 개념에 대한 정확한 이해가 우선해야 한다.

우리나라의 위험 담론이 지나치게 전문가 의존적인 것은 맹목적으로 전문가 담론을 생산해 내는 언론의 책임도 크다고 할 수 있다. 우리나라 언론이 가지는 한계, 즉 시간의 제약, 지나친 당파성, 패거리 저널리즘 등을 생각할 때 앞으로도 언론이 위험과 관련하여 다양한 시각의 정보를 생산해 낼 가능성은 작아 보인다. 우리나라 언론들이 자극적으로 생산해 내는 아니면 말고 식의 무책임한 위험 관련 보도들을 보라! 언론이 공론의 장 형성에 기여할 수 없다면, 일반인의 위험 인식이 조직화되고 다양한 위험 담론이 가능한 공론의 장을 형성할 수 있도록 우리들 스스로 노력하는 것이 무엇보다 중요하다. 이 책은 이러한 차원에서 위험과 위기 논의의 접목을 통해서 사회적인 커뮤니케이션 능력을 향상시키는 데 초점을 맞추었다.

한편 많은 조직이 실제로 위험 커뮤니케이션을 하고 있다. 식품의약품안전청에 의한 과자의 아토피 성분 함유 여부 발표, 한미 자유무역협정Free Trade Agreement(FTA)의 여파로 불어닥칠 농촌 경제의 위험 상황에 대한 정부의 발표, 학교 급식 담당 업체의 학교 급식 식중독 위험성에 대한 발표, 패스트푸드와 건강의 상관 관계에 대한 논쟁, 최근의 미국산 쇠고기 광우병 관련 파동 등 우리는 수많은 위험 커뮤니케이션의 세계 속에 살고 있다. 신문을 펼치면 건강과 참살이well-being 지면이 우리의 시선을 끌고, 정보 제공을 기본으로 하는 건강 관련 연예 프로그램이 텔레비전 프로그램을 장악하고 있다. 다국적 제약 회사의 프로모션 활동과 건강 관련 업체의 경쟁은 이러한 경향을 더욱 심화시키고 있는 상황이다. 이러한 상황에서 어떠한 위험 커뮤니케이션이 성공적인 커뮤니케이션 활동이라고 말할 수 있을까? 우선 생각할 수 있는 것은 자신의 주장만을 강요하는 위험 커뮤니케이션은 결국 공중의 반발을 사게 되고 이해를 획득하는 데 실패하게 된다. 즉 공중과 결정권을 공유하려는 의지가 없는 일방적인 커뮤니케이션 활동은 실패할 수밖에 없다. 결국 커뮤니케이션 균형 감각, 즉 공중과의 장기적인 관계를 생각하는 커뮤니케이션 활동에서 그 답을 찾는 것이 필요하다.

한편 장기적인 공중 관계의 형성과 관련하여, 본문에서 심층적으로 다루게 될 위험과 연관된 문화 연구가 시사하는 것은 결국 위험 문제 해결을 위해서는 사회와 문화 그리고 사람을 더 알아야 한다는 것이다. 위험 문제 해결을 위한 위험 커뮤니케이션에서는 다양한 시각을 가진 모든 공중의 특성을 고려할 필요가 있고, 그러한 다양성을 존중하는 자세를 기반으로 구성된 토론, 문제 해결을 위한 대화가 이루어져야 한다. 또한 위험 문제 해결을 위한 일방적인 규범이나 해답이 존재할 수 없으며, 그러한 공통된 사회 규범을 창출하려는 노력보다는 커뮤니케이션을 통해서 서로의 다름을 인정하고 합의를 이끌어 낼 수 있는 현실적인 대안들을 논의하는 것이 더 필요하다. 결국 사람들이 가지는 신뢰, 책임성, 공정함, 정당함 등이 다를 수 있다는 것을 느끼는 데에서 위험 커뮤니케이션을 시작하는 것이 바람직하다. 이런 상황에 이르렀을 때 위험 커뮤니케이션이 공론의 장을 확대하여 사회적인 합의를 창출하고 숙의 민주주의를 이끄는 단계로 발전해 갈 수 있다.

한편 이 책에서 위험 논의는 자연스럽게 조직의 커뮤니케이션 활동이라는 측면에서 위기 논의와 연결된다. 위험 논의가 위기 논의로 넘어가면 좀더 구체적이고 조직 중심적인 커뮤니케이션 활동이 가능해지기 때문이다. 조직이 어떻게 위기 문제를 받아들이고, 관련 공중과 커뮤니케이션하느냐에 따라서 위기의 향후 향배는 달라질 수 있다. 우리가 현실 세계에서 볼 수 있는 것처럼 극단적인 사회 갈등으로 발전하는 위기도 있고, 사회적인 합의를 이끌어 내어 오히려 전체적인 사회 발전의 계기로 삼는 경우도 있다.

조직 차원에서 보면 대부분의 발생 위기에서 위기 이전의 상황으로 복귀하지 못하는 부류와 재빨리 이미지를 회복하고 위기를 기회로 활용하는 부류들로 나뉘는 것을 목격할 수 있다. 이러한 차이에서 분명 위기의 결과를 다르게 만드는 어떠한 위기 속성이 있다는 것을 막연하게나마 감지할 수 있다. 즉 사람이나 조직의 입장에서 어떻게 위기에 접근하느냐에 따라 다른 결과를 가져올 수 있다는 것이다. 따라서 위험과 위기가 현대 사회의 상존 코드라면 주체의 입장에서 어떻게 위기를 관리해 나갈 것인가 고민해 보는 것이 당연히 필요하다고 할 수 있다.

이제 어떤 조직도 위기에 대해서 자신할 수 없는 상황이 왔다. 이는 크게 두 가지 원인을 들 수 있는데 우선 현대 사회의 생존경쟁은 위기에 따른 편익을 강조하고 있기 때문이다. 위기를 감수할 용기가 없는 조직은 생존하기가 힘들게 되었다. 현대 조직에는 경쟁에 대응할 무리수가 필요하고 이러한 무한 경쟁과 변화 요구는 위기를 부르는 첩경으로 자리잡고 있다. 만약 위기 상황이 두려워 해외 공장을 짓지 못하거나 사업 규모를 축소한다면 그 기업은 얼마 가지 못해 경쟁에서 도태되고 말 것이다. 현대 사회의 작동 구도에서는 계속 뛰지 못하는 조직이 도태할 수밖에 없다. 경쟁에서 살아남기 위해서는 위기 상황을 예상하고 받아들이면서 그러한 상황이 기회 요인으로 작용하도록 관리해 나갈 필요가 있다.

다른 이유는 한정된 자원이다. 누구도 풍부한 자원을 자기 마음대로 사용할 수 없으며 한정된 자원에서 가장 최선의 선택을 해야 한다. 언제나 선택과 결정의 문제가 위기와 함께하고 있다. 노사 갈등의 원인을 저임금에서 찾는다면 임금을 올려 줌으로써 노사 갈등 위기를 미연에 방지할 수 있다. 하지만 어느 기업도 갈등을 예방할 수 있을 정도로 넘치는 자원을 보유하지는 못한다. 그렇기 때문에 현대 조직은 위기를 생활화하는 지혜가 필요하고, 위기를 과감히 받아들여 충격을 최소화하면서도 장기적인 조직의 목적을 달성하는 데 지장이 없을 정도로 위기를 관리해 나갈 필요가 있다. 이는 조직뿐만 아니라 전체 사회 차원에서도 마찬가지 논리가 적용될 수 있다.

만약 이러한 위기 인식 없이 자신의 조직이 위기와 무관하다고 생각하거나 위기와 위기 관리에 대한 이해 없이 위기에 대응할 수 있다고 생각하는 조직의 수장이 있다면 그 조직의 앞날은 희망이 없다. 무책임한 책임자는 위기를 넘어 결국 조직을 대재앙으로 이끌고 갈 가능성이 농후하다. 현대 사회 위기 관리가 필요한 조직의 범위는 기업을 넘어 국가, 비영리단체, 시민단체, 노조와 군 등 특수조직을 모두 포함한다. 경쟁과 자원 배분의 요구는 모든 조직이 겪는 일이며 이는 기업에만 국한된 것이 아니다. 정당이 다른 정당의 실수로 인한 반사 이익만 기대하면서 위기 상황을 초래할 것이 두려워 적극적인 정책을 내놓지 못한다면 그 정당은 수권 정당으로서 우호적인 평판을 획득하기가 힘들어진다. 적극적인 활동은 위기를 예상하고 관리하는 활동을 수반하는 것이며, 그러한 조직만이 생존 경쟁에서 살아남을 수 있다. 위기는 피해 갈 수 없고 다만 어떻게 대응하느냐가 관건이다.

이러한 조직 관련 위기 관리의 필요성과 함께 전체 사회의 분위기 변화와 민주화도 외부적인 요인으로 지적해 볼 수 있다. 이제는 아무리 정당성을 갖춘 조직이라고 할지라도 조직을 둘러싼 환경, 즉 관련 공중의 인정을 받지 못한다면 위기와 갈등을 피해 갈 수가 없다. 미국의 한 어린이 병원에서 어린이 응급 환자들이 병원으로 이송되어 오는 과정에서 시간 지체로 인해 사망하는 사건이 많이 발생하자 응급 환자를 이송하기 위한 헬기 착륙장을 건설하려는 계획을 발표했다. 하지만 어린이 환자의 목숨을 살리기 위한 이 고귀한 프로젝트는 곧 엄청난 반대에 직면하고 만다. 병원 인근에 사는 주민들이 헬기 이착륙으로 인한 소음 때문에 부동산 가격이 하락할 것을 우려해서 극심한 반대 운동을 시작한 것이다. 아무리 어린이 병원에서 하는 일이 정당성을 갖추고 있다고 생각하고, 가치 있는 일을 수행하고 있다고 믿더라도 현대 사회에서 조직과 조직이 하는 일의 정당성은 외부 공중의 판단에 달려 있다는 것을 겸손하게 받아들이는 자세가 필요하다. 관련 공중의 이해를 구하지 않고 성공할 수 있는 조직 활동은 있을 수 없으며 위기는 관련 공중의 몰이해에서 비롯되는 경우가 대부분이다.

사회 민주화가 성숙되어 감에 따라 많은 이익집단이 자신들의 주장을 관철하기 위해서 세력을 형성하고 갈등 조장을 위해서 목소리를 높이려고 시도하고 있다. 이는 사회적으로 힘이 약한 집단의 입장에서는 갈등을 통해서 사회적인 문제를 야기하지 않고는 자신의 목소리를 전달하기 힘든 사회 커뮤니케이션 구조의 문제와도 관련이 되어 있다. 하지만 이러한 갈등 야기 전략이 꼭 나쁜 것이라고 볼 수도 없다. 숙의 민주주의deliberative democracy의 입장에서 보더라도 다수결의 원칙에 의한 무조건적인 합의는 전체주의의 폐해를 오히려 인정하는 것이나 다름없다. 다수가 항상 옳고 그렇기 때문에 소수는 언제나 양보하고 희생해야 한다는 것은 진정한 민주주의의 원칙에 맞지 않는다. 이제 사회의 운영 시스템은 모든 이익집단과 단체들이 충분히 토의하고 서로가 조금씩 양보하면서 합의를 찾아나가는 쪽으로 갈 수밖에 없다. 따라서 현재의 소란과 이익집단 간 충돌은 사회 커뮤니케이션 시스템이 결여되어 있거나 민주주의에 대한 확고한 철학의 부재가 낳은 과도기적인 현상이라고 진단해 볼 수 있다. 이러한 상황에 처한 조직의 입장에서는 갈등을 줄이기 위해서 개방된 커뮤니케이션 통로를 확보하고 서로 함께 좋은 결과를 가져올 수 있는 쪽으로 조직 활동을 조정해 나가는 것이 절실히 필요하다.

이러한 조직 활동은 사회 차원에서 커뮤니케이션을 통한 공론의 장 형성과 숙의 민주주의의 달성과 밀접한 연관을 가진다. 조직의 위기는 사회 갈등 해소 과정과도 연결되기 때문이다. 숙의 민주주의와 관련한 논의를 나누어 보면 크게 두 가지 접근을 들 수 있는데, 그것은 제도권 안에서 문제를 해결하자는 주장과 시민 사회 등 사회 비판 기능을 강화하여 문제를 해결하자는 주장들이 있다. 전자는 정치적인 자유주의 사상에 가깝고, 후자는 비판주의에 가깝다. 당연히 커뮤니케이션을 통해서 사회 문제를 풀기 위해서는 이러한 두 가지 접근이 조화를 이루는 것이 필요하다. 우리나라도 위험 문제를 해결하고 숙의 민주주의를 앞당기기 위해서는 제도권의 공론의 장과 시민 사회의 공론의 장이 함께 발달해야 한다. 지금처럼 제도권의 공론의 장은 위축되고, 시민 사회의 자발적인 공론의 장이 제 역할을 못하는 상황에서는 어떠한 위험 문제도 장기적인 관점에서 해결될 수 없다. 이런 상황이 계속된다면 우리나라의 위험, 위기, 갈등의 문제는 사회의 성장 동력과 공동체 의식을 현저히 저해하는 형태로 나타나게 될 것이다.

이 책은 이러한 문제 의식을 가지고 위험과 위험 문제를 해석하고, 커뮤니케이션 관점에서 문제 해결 방법을 제시하고자 한다. 사회 갈등의 문제는 조직 위기의 측면과 직접적으로 연결되기 때문에 위기와 관련한 논의에 포함시켜 다루게 된다. 다시 한 번 기술하지만 위험, 위기, 갈등의 문제는 서로 밀접하게 연관되어 있으며, 통합적인 접근을 했을 때만 지속 가능하고 장기적인 문제 해결이 가능하다는 것을 명심할 필요가 있다. 이제 제1부 위험과 위험 사회와 관련한 논의로부터 긴 여행을 시작한다.

제1부

위험과 위험 사회

제1장
현대 사회와 위험

현대 사회는 위험한가?

현대 사회가 위험한가의 문제는 역사적이고 상대적인 시각에서 답을 찾을 수밖에 없다. 인간의 역사는 위험과 함께해 왔으며 위험은 우리에게 낯설지 않다. 역사적으로 인간의 생존 본능과 탐욕이 더해져서 위험은 필수 불가결한 것으로 인식되어 왔고, 부족한 자원 속에서 이익을 획득하기 위한 전제 조건으로 위험 감수를 당연하게 받아들이는 경향이 생겨났다(Beck, 1986/1997). 오랜 기원을 가진 도박의 심리를 유심히 살펴보면 이를 쉽게 이해할 수 있는데, 도박을 하는 사람들의 동기 부여는 더 큰 이익을 얻기 위해서 어느 정도의 손해를 감수하겠다는 자발적인 의지가 작용한 것이라고 볼 수 있다. 이런 종류의 위험은 그 자발적인 속성으로 인해서 사람들에게 심각한 위험으로 인식되지 않는 경우가 대부분이다. 하지만 위험은 자발적인 의지가 작용하는 경우도 있지만 많은 경우 자신의 의사와 상관없이 무차별적으로 발생한다. 홍수 · 지진 · 해일 등 수많은 자연 재해는 인류의 역사와 함께해 왔고 앞으로도 숙명적인 동거를 계속할 것이다. 자발적이건 비자발적이건 간에 위험은 오래 전부터 인간 생활과 함께해 왔으며 어느 사회에나 비슷한 형태로 존재해 왔다고 상정해 볼 수 있다.

그렇다면 우리는 왜 현대에 들어와서 위험에 더 노출되었다고 느끼는 것일까? 현대 사회에 들어와서 위험은 과연 더 늘어난 것일까? 현대 사회의 위험 담론은 매스커뮤니케이션의 주도하에 거의 노이로제 수준에 이를 정도로 과민한 반응을 확대 재생산해 내고 있다. 이러한 현상은 거의 사회적인 합의를 이루어, 일반 사람들도 온갖 위험에 둘러싸여 있다는 것을 당연하게 받아들이는 수준에 이르렀다. 우리가 먹는 과일과 야채는 농약에 병들어 있고, 쓰고 있는 용기들은 중금속을 체내에 축적하고 있으며, 차량의 매연은 우리의 폐를 갉아먹고 있다고 주장한다. 과연 현대 사회는 위험 사회라고 할 수 있는가? 이 대답은 쉽지 않다. 원시인들에 비해서 사람들의 수명은 몇 배로 늘어났으며 인간은 각종 질병으로부터의 고통에서 해방되고 있다. 사람들의 위생 상태는 비교할 수 없을 정도로 좋아졌으며, 풍부한 영양 공급으로 오히려 다이어트를 걱정하는 세태를 맞고 있다.

그렇다면 왜 사람들은 현대 사회에 들어 위험이 더 많아졌다고 느끼는 것일까? 그 답은 지식 세계의 발달과 비자발적인 위험의 증가에서 찾아야 할 것 같다(Leiss & Chociolko, 1994). 지식이 발달하고 과학을 통해서 위험의 근원을 자세하게 알게 됨에 따라 사람들은 예전에 알지 못했던 위험을 인식하게 되었다. 더 문제가 되는 것은 이러한 위험들, 특히 사람들이 건강이나 생활에 위험을 줄 수 있는 요소들이 자발적인 자신의 참여에 의해서 이루어지는 것이 아니라 자신이 모르는 사이에 위험 요소로 작용하고 있다는 것을 인식하게 된 것이다. 민주주의의 발전과 함께 사람들은 자신의 의사와 무관하게 이루어지는 결정들에 대해서 참을 수 없게 되었으며, 더욱이 그것이 자신에게 위험 요소로 다가올 때는 거의 전투적인 성향을 보이게 되었다. 기업이나 정부, 혹은 보이지 않는 손invisible hand에 의해 은밀하게 발생하는 위험들에 대해서 현대인들이 보이는 극도의 예민 반응은 민주 시민이라는 자기 의식과 함께하지 못하는 사회적인 불신과 연결되어 있다. 이는 많은 위험 행위들이 조직institution이라는 이름으로 개인에게 행해졌던 불행한 현대사現代史와도 연관되어 있다. 전쟁, 원자력, 공해, 환경오염, 이윤 착취 등은 오히려 일상화된 현대사의 단면들이다.

이러한 사람들의 비자발적인 위험 요소에 대한 보호 본능적인 반응은 당연한 것이라고 할 수 있다. 특히 조직 차원에서 위험 요소와 관련되어 있으면서 위험을 관리해야 하는 주체의 입장에 있는 경우에는 이러한 일반 사람들의 반응을 자연스러운 현상으로 받아들여야 한다. 선행 연구들을 종합하면 객관적인 위험의 양이나 질이 얼마만큼 변화했는지는 정확하게 밝혀진 것이 없지만 과학의 발전과 산업화로 인해서 비자발적인 위험 요소에 대해 훨씬 더 많이 알게 된 것은 사실이고, 사회의 민주화로 인해서 비자발적인 위험에 대해 사람들이 좀더 적극적인 대응을 하게 된 것이 현대 사회가 직면하고 있는 위험 인식의 요체라고 상정해 볼 수 있다.

현대 사회의 위험 인식은 결국 위험 요소에 대한 지식의 증가와 비자발적인 위험에 대한 공중의 적극적인 반응으로 인해서 앞으로도 계속 증가할 것이다. 이러한 변화 과정에서 위험 논의에 따른 커뮤니케이션의 중요성은 증가할 수밖에 없다. 왜냐하면 위험 요소에 대한 전체 지식이 증가하고 있는 것은 사실이지만 위험과 관련한 논의를 다양하게 하는 전문가의 숫자도 함께 상대적으로 늘어났기 때문이다. 여기서 직면하게 되는 문제는 전문가의 의견이 대부분 일치하지 않는다는 것이며, 서로의 합의를 이루어 내지 못하면 오히려 혼란을 가중시킬 가능성이 더 많아진다는 것이다. 대부분의 전문가들은 또한 이해 당사자들의 의견과 연계되는 경우가 많으며 이해 공중, 전문가, 규제기관, 위험 주체 등의 주장이 복합적으로 여론 시장에서 경쟁하게 되는 경우가 대부분이다. 만약 이러한 다양한 의견을 조정할 수 있는 대화의 통로가 없다면 위험 문제를 해결할 수 있는 사회적인 합의는 요원할 것이다. 결국 커뮤니케이션을 통해서 위험과 관련한 사회구성원 간의 합의를 유도하는 일은 위험 인식과 관련해서 매우 중요한 요소를 차지할 수밖에 없다.

많은 전문가 의견이 편견에 사로잡혀 있다는 것을 사람들이 인식하게 되고, 경험적으로 위험을 인식한 공중이 위험에 대해서 적극적인 대응을 하게 된다면, 결국 현대 사회는 위험 담론을 중심으로 서로 경쟁하는 사회 구조를 형성하게 된다. 여기에 기존의 사회 구조가 가진 모순이 합쳐진다면, 현대 사회는 사회 구조와 행위자가 위험 문제와 관련하여 통합적으로 작용하게 된다(Giddens, 1990/1991). 핵폐기물 처리장 건설, 환경오염 문제, 식품 관련 사고 등 우리가 알고 있는 많은 위험 관련 사안들이 이러한 경쟁 구도 속에서 형성되었음을 알 수 있다. 이러한 과정에서 중요한 것이 커뮤니케이션의 역할이다. 특히 전문가의 지식이 일반인의 그것과 큰 차이를 보이지 않을 수도 있다는 것을 알게 된 마당에(Beck, 1986/1997), 어떤 권위에 의한 문제 해결보다는 커뮤니케이션을 통해서 문제 해결을 이루어 나갈 수 없다면 현대 사회의 위험 문제는 해결 방법을 찾기 어렵게 된다. 현대 사회의 위험 문제를 해결하기 위한 커뮤니케이션의 역할은 전문가와 일반인의 소통을 중심으로 관련된 모든 공중이 공공 영역을 형성해서 함께 논의함으로써 풀어갈 수 있다(Leiss & Chociolko, 1994). 현대 사회의 위험 문제 해결은 파편화된 전문 영역과 개인 영역을 어떻게 공공 영역으로 통합할 것인가의 문제로 모아지고, 그러한 문제 해결의 핵심에 커뮤니케이션이 있다. 절대적인 평가라고 할 수는 없지만 우리나라처럼 전문가의 의견이 쉽게 권위로 자리잡고 시민 사회의 커뮤니케이션 능력이 서툰 나라에서는 위험의 문제가 해결보다는 갈등으로 비화될 가능성이 농후하다. 이러한 커뮤니케이션의 부재는 위험 문제가 이성적으로 해결되기보다는 감정적인 대립에 의존하는 경향을 부채질한다. 얼마나 많은 위험 사안들이 모르면서 아는 척하는 전문가들(혹은 모르는 것을 알지 못하는 전문가들)과 일방적으로 대화를 거부하는 사람들, 그리고 관료적 권위를 버리지 못하는 사람들에 의해서 악화되었는가를 살펴보면 쉽게 이러한 현상을 목격할 수 있다.

현대 사회는 위험 사회인가라는 질문에 답하면서 문제 해결을 위한 대안을 제시하기 위해서는 위험과 위험 사회에 대한 사회학적인 논의를 좀더 살펴볼 필요가 있다. 위험은 갑자기 사회 맥락과 상관없이 발생한 것이 아니라 사회의 발전 과정과 밀접한 연관을 맺고 있기 때문이다. 위험 사회라는 개념은 독일의 사회학자 울리히 벡Ulrich Beck이 산업 사회와 대비하여 현대 사회를 지칭하기 위해서 내세운 개념이다(Beck, 1986/1997). 산업 사회가 가지고 있는 근대의 문제들이 위험을 잉태하게 되었고, 이러한 도구적 합리성의 결과로 나타난 위험 속에서 더 이상 현대 사회는 안전하지도 않으며, 위험은 현대 사회가 약속했던 통제 가능성의 범위를 뛰어넘어 실재화된다. 벡은 이러한 위험 사회를 뛰어넘기 위해서 근대화의 과정에서 내렸던 경제 합리성 중심의 결정에서 벗어나 위험을 피할 수 있는 근대화의 근대화, 즉 성찰적 근대화로 나아가야 한다고 주장했다. 위험 사회의 등장은 현대 산업 사회가 약속해 왔던 진보와 발전의 약속이 더 이상 유효하지 않다는 것을 의미하며, 그 동안 산업 사회를 지켜왔던 기술·경제적 편익은 위험의 편재성에 의해서 압도당하게 된다는 것을 보여 준다. 즉 산업 사회 부富의 논리가 위험의 논리에 의해서 압도당하는 것이다(Beck, 1986/1997). 벡의 논리에 따르면 현대 사회는 위험하다고 말할 수 있으며, 이는 또한 사회 내재적이고 필연적인 결과다.

이러한 벡의 위험 사회 논의는 많은 사람들의 공감을 불러일으켰다. 이는 현대를 사는 사람들이 위험에 대해서 느끼는 감정의 순도를 짐작케 한다. 하지만 벡의 위험 사회 논의는 많은 사회학자들의 위험 논의와 연관되어 있기 때문에 통합적으로 살펴보았을 때 이해의 깊이를 더할 수 있다. 관련된 사회학자들의 논의를 먼저 비교해서 살펴본 다음, 벡의 위험 사회 논의와 해결 방법을 좀더 깊이 있게 살펴보게 될 것이다. 이렇게 앞선 사람들의 논의를 먼저 끌어내는 것은 이 책에서 제시하고자 하는 위험 사회 해결을 위한 방향성을 설정하는 데 참고가 되고자 함이다. 또한 위험 사회 논의에서 이끌어 내게 되는 커뮤니케이션의 필요성과 이를 통한 숙의 민주주의의 가능성은 현재 우리나라 사회가 안고 있는 많은 위험 사안들과 직접적으로 연결되어 있다. 과거 권위주의를 통한 문제 해결에 익숙해 있는 우리나라 사람들에게 위험의 문제는 새로운 해결 패러다임을 요구하고 있다. 앞선 사람들의 논의가 이에 대한 해답의 실마리를 제공할 수 있다.

위험 사회에 대한 진단: 하버마스, 루만, 벡, 기든스의 시각 비교

위험의 문제는 직접적으로 혹은 간접적으로 현대 사회철학의 주제가 되고 있다. 직접적으로 현대 사회의 위험 문제와 관련되어 언급한 사회철학자로는 위르겐 하버마스 Jürgen Habermas, 니클라스 루만Niklas Luhmann, 울리히 벡Ulich Beck, 앤서니 기든스Anthony Giddens 등을 들 수 있다. 이 중에서 벡과 기든스는 차이점에도 불구하고 위험 문제와 관련해서는 근대화의 새로운 정의를 통해 문제 해결을 모색했다는 점에서 공통적인 면모를 찾아볼 수 있다. 즉 산업 사회의 논리에 의해서는 위험이 확대 재생산될 수밖에 없기 때문에 새로운 각성을 통해서 현대 사회가 직면한 위험의 문제에 정면으로 맞서야 한다는 것이다.

한편 대표적인 마지막 세대 비판 사회학자로 일컬어지는 하버마스의 경우는 위험 문제를 직접적으로 이론화했다기보다는 현대 사회 체계의 확장에 따른 '생활 세계의 식민지화' 문제들을 위기 의식을 가지고 보았다는 점에서 위험에 대한 담론을 주도할 수 있는 자격을 가진다(Habermas, 1981). 또한 산업 사회와 근대화에 대한 인식 패러다임의 변화를 요구하고 있다는 측면에서 벡, 기든스 등과 공통점을 찾을 수 있다. 생활 세계의 식민지화는 커뮤니케이션을 매개로 이루어지는 사회 공론의 영역들이 돈이나 권력에 의해서 지배당하는 현상을 의미한다. 즉 지나친 도구적 합리성이 돈과 권력 중심의 논리를 강화함으로써 사람들이 위험 문제를 스스로 해결할 수 있는 능력을 상실하게 되는 현상을 말한다. 이렇게 발생하는 위험 문제들은 해결이 어려울 뿐 아니라 극심한 사회적인 갈등으로 이어지는 경우가 많다.

하버마스는 이러한 생활 세계의 식민지화를 의사 소통 행위, 즉 커뮤니케이션을 통한 공론의 장 회복을 통해서 극복할 수 있다고 보았다. 우리나라의 상황을 살펴보면, 많은 위험 관련 담론들이 기득권의 논리에 의해서 구성되고 위험 문제를 해결하기 위한 의사 소통 행위가 무시되는 경우가 많이 있다. 예를 들어 쓰레기 처리장 건설을 주민의 동의 없이 밀어붙이다가 문제가 확대되는 경우 등은 기존 체계의 논리에 의해서 사회 공론의 영역이 무시되었기 때문에 발생한 일이라고 볼 수 있다.

하버마스, 벡, 기든스의 근대화 논의에 비하면 루만의 근대에 대한 시각은 체계의 분화와 전문화에 초점을 맞추고 있다. 그의 다분히 탈근대postmodernism적인 시각은 근대에 대한 어떠한 가치 평가를 유보하는 것이라고 할 수 있다. 그에 따르면 위험은 근대 사회 구조에서 비롯되는 것이 아니라 위험 사안에 대한 체계의 결정에서 비롯되는 것이기 때문에 바른 결정에 의해서 위험을 최소화해 나가는 것이 가능하다고 보았다(Luhman, 1993). 루만에게 위험은 사람이 주체적으로 구성한 것이라기보다는, 사회 체계의 결정에 기반하는 정보와 커뮤니케이션에 의해서 구성된 것이라고 할 수 있다. 따라서 루만은 하버마스, 벡, 기든스에서 찾을 수 있는 근대화에 대한 비판과 이를 통한 위험 문제의 진단과는 다른 접근을 보인다고 할 수 있다.

위험에 대한 진단이 어떠하든 간에 위험 관련 담론들은 사회 구성체 논쟁, 즉 체계의 확장과 분화라는 문제와 밀접하게 관련되어 있으며, 또한 근대의 개념을 어떻게 볼 것인가라는 문제와 직접적으로 연결되어 있다. 물론 벡의 위험사회론과 성찰적 근대화론으로 바로 논의를 연결할 수도 있겠지만 좀더 광범위한 사회철학적인 논의에서 시작하는 것이 위험 논의에 대한 근본적인 논의, 즉 사회의 진보와 위험이 어떻게 연결되어 있으며, 위험 문제 해결의 실마리를 사회의 진보를 보는 시각과 어떻게 연결할 것인가를 고민한다는 측면에서 의미 있는 일이라고 할 수 있다. 이러한 노력을 기반으로 이후 벡의 위험사회론과 성찰적 근대화 논의를 살펴본 후에, 위험 사회를 해결하기 위한 방향성에 대해서 탐색해 보게 된다.

독일 사회학자인 하버마스, 루만, 벡이 사회를 보는 시각은 유사성과 차이점을 함께 가지고 있다(이홍균, 1995; Beck, 1986/1997; Habermas, 1984; Luhman, 1993). 여기에 기든스도 벡과 비슷한 시각이라고도 볼 수 있지만, 그 나름대로의 논리를 가지고 현대 사회의 위험과 해결점을 모색하고 있다(Giddens, 1990/1991). 이러한 학자들의 위험 논의는 근대 사회를 보는 관점과 밀접하게 연관되어 있다. 만약 위험 논의를 근대 사회를 보는 시각과 연결시키지 못한다면 피상적인 위험 현상에만 매달리게 되는 어리석음을 범하게 될 것이다. 따라서 하버마스 등의 학자들과 루만의 시각이 가지는 차이를 살펴보면서, 기든스와 벡이 주장하는 위험 사회 논의에 대한 비평적인 시각과 해결 방법을 이끌어 내는 것은 현대 사회의 위험 논의를 이해하는 데 사회철학적인 기반을 제시해 준다고 할 수 있다.

우선 하버마스, 벡, 기든스는 현실 인식과 문제 인식이라는 측면에서 많은 유사점을 발견할 수 있다(이홍균, 1995; Falkheimer, 2006). 하버마스는 체계의 생활 세계 식민지화를 근대의 문제라고 지적하면서 광범위한 의사 소통 합리성을 통해서 도구적인 합리성에 의해 지배당하는 현대 사회의 문제를 극복하는 것이 필요하고, 이러한 과정에서 생활 세계의 부활을 가져올 수 있다고 주장했다. 이런 점에서 하버마스는 근대의 해체를 주장했다기보다는 새로운 근대화의 가능성을 제시하고 있다고 할 수 있다.

벡도 근대의 문제가 산업 사회의 진보에 대한 무한 기대에서 발생했으며, 산업 사회는 끊임없이 위험을 생산해 내는 체계를 이루어 간다고 진단했다. 이러한 위험 사회를 극복하기 위해서는 근대를 다시 근대화할 수 있는 성찰적 근대화가 필요하다고 보았다. 하버마스의 의사 소통 합리성을 통한 근대 이성의 재구성과 벡이 주장하는 성찰적 근대화는 비슷한 맥락에서 근대 사회를 진단하고 있다고 말할 수 있다. 하지만 하버마스에 비해서 벡의 현실 진단은 좀더 비관적이고 묵시론적이라고 할 수 있다. 벡에게 산업 사회의 발전은 위험을 증폭시키는 역할을 담당할 뿐이며(Fredrickson, 2006), 하버마스가 끝내 놓지 않았던 합리성에 대한 믿음을 더 이상 가져가지 않는다(이홍균, 1995). 벡은 체계와 생활 세계의 분리를 통해서 사회 구조를 설명하고 광범위한 합리성에 의해서 생활 세계를 복원할 수 있다고 주장한 하버마스와는 달리, 산업 사회가 필연적으로 안고 있는 위험에 대한 성찰적인 내부 인식이 일어나게 되고, 그러한 자기 비판적인 성찰성이 위험 사회의 문제를 해결할 수 있다고 보았다. 따라서 하버마스는 근대의 기능적인 합리성을 광범위한 의사 소통적 합리성으로 바꾸어야 한다고 주장했지만, 벡은 기능적인 합리성의 결과로 형성된 위험 사회 내부에서 성찰적 근대화를 다시 이루어 나가야 한다고 주장했다. 하버마스가 이런 구분을 좋아할 것 같지는 않지만, 편의상 하버마스는 수단을 통한 해결에 좀더 가깝게 다가가 있다면 벡은 결과를 통한 해결에 좀더 다가가 있다고 말할 수 있다.

기든스(Giddens, 1990/1991)는 현대 사회의 위험 논의와 관련해서 일면적인 분석을 거부하고 현대 사회를 다차원적으로 분석할 것을 주장했다. 현대 사회의 미래에 대한 그의 논의도 크게 묵시론적인 전망과 유토피아적인 전망으로 나뉜다. 현대 사회의 위험은 근대화의 역동성이 낳은 부정적인 결과를 의미한다. 따라서 이러한 위험 문제를 해결하기 위해서는 근대를 해체하는 것이 아니라 성찰성을 기반으로 하는 급진화된 근대radicalized modernity로 바꾸어 주는 것이 필요하다고 보았다. 따라서 그는 현대 사회가 인류를 멸망으로 몰아넣을 수도 있는 위험을 자각함으로써 유토피아적인 현실주의 모델을 이루어 갈 수 있다고 보았다. 기든스의 급진화된 근대 개념은 벡의 성찰적 근대화 개념과 맥락이 통하는 개념이라고 할 수 있다.

벡의 논의와 비교해 기든스의 위험 논의에서 가장 뚜렷이 구별되는 것은 신뢰의 문제다. 기든스(Giddens, 1990/1991)는 근대 사회의 역동성은 1) 시간과 공간의 분리, 2) 장소 귀속 탈피 기제development of disembedding mechanisms, 3) 지식의 성찰적인 전유 등 세 가지 요인과 관련되어 있다고 보았다. 그리고 함께 지적하지는 않았지만 4) 세계화의 가능성도 근대 사회를 역동적으로 만든다. 특히 시간과 공간의 분리 속성 등 어떤 일정한 시간과 공간의 제약을 거부하는 근대 사회의 역동성은 근대 사회를 전통 사회와 비교할 수 없는 빠른 발전으로 몰아넣었으며, 이러한 발전은 필연적으로 위험과 불안을 생성하게 되었다. 이러한 근대 사회의 위험과 불안은 신뢰의 문제와 연결되는데, 개인의 범위를 넘어서는 사회적인 차원에서 신뢰의 상실은 사람들의 위험 의식을 더욱 증폭시키게 된다. 위험과 신뢰는 서로 연결되어 있으며(Giddens, 1990/1991), 신뢰를 쌓음으로써 위험 인식을 줄이는 것이 가능하다. 따라서 위험을 줄이고 안전성을 높이기 위해서는 위험과 신뢰의 균형을 잡아나가는 것이 무엇보다도 필요하며, 이러한 신뢰 구도를 형성하기 위해서는 근대의 의미를 성찰하여 위험 문제를 해결하려고 노력하는 급진화된 근대를 추구하는 것이 중요하다. 이런 맥락에서 기든스의 진단대로 현대 사회 과학에 대한 불신, 전문가에 대한 신뢰의 하락은 위험 문제 인식에 직접적으로 연결될 수밖에 없으며, 위험 문제 해결을 점점 더 어렵게 만든다.

루만은 여러 가지 측면에서 앞의 세 학자와는 확연히 구분된다. 그를 탈근대주의자postmodernists라고 부를 것인가에 대해서는 논란의 여지가 있지만, 앞의 세 학자들이 주장했던 근대의 또 다른 속성, 즉 근대의 재구성이나 근대의 근대화를 찾고자 하는 노력에 대해서 그는 비판적이다. 차라리 루만은 근대를 어떠한 형태로 나누는 것 자체를 반대한다. 근대는 선택에 의해서 이루어진 체계의 끊임없는 자기 분화 과정이었으며, 하버마스나 벡에 의하면 체계의 확장이나 위험 사회로 설명되었던 사회는 체계의 자기 조절 능력autopoiesis에 의해서 무한대로 발전할 수 있다고 보았다. 이런 현실 진단에서 위험은 정보에 대한 결정과 커뮤니케이션에 의해서 형성될 뿐이다. 루만에게 위험은 커뮤니케이션 문제에 지나지 않는다.

루만(Luhman, 1993)은 위험을 보는 시각이 1) 양적인 분석을 통해 진단하는 단계에서, 2) 위험이나 재난의 임계치를 가지고 판단하는 단계, 3) 사람들의 인식과 사회 맥락에서 작용하는 주위 구성원들의 기대가 합쳐져서 발생하는 것으로 보는 단계, 4) 위험을 순수한 커뮤니케이션 문제로 보는 단계로 변화해 왔다고 주장했다. 결국 루만에게 위험은 체계의 분화에 따른 인간의 자율권 확장에 따라 형성되는 것이며, 올바른 결정과 커뮤니케이션을 통해서 위험을 줄일 수 있다고 보았다. 루만에게 위험은 지식의 문제가 아니고 커뮤니케이션의 문제로 정의된다(Luhman, 1993).

루만은 위험risk과 위협danger을 구별하고자 했는데, 현대 사회 문제의 대부분은 위험을 의미한다. 즉 직접적인 관찰first-order observation에 의해서 외부로부터 주어지는 것이 위협이고 간접적인 관찰second-order observation과 우리의 결정을 거치는 것이 위험이다. 위험의 단계에 오면 위험에 대한 결정과 커뮤니케이션이 중요해지며, 한번 위험 단계로 오게 되면 이전의 직접적인 위협 단계로 되돌아갈 수 없다. 이미 위험은 체계 스스로의 결정과 커뮤니케이션에 의해서 결정되기 때문이다. 따라서 루만에게 위험은 무조건적으로 회피해야 하는 것이 아니라, 그것을 지혜롭게 받아들이는 것이 더 중요하다. 이러한 생각은 지극히 체계론자적인 입장이라고 할 수 있는데, 문제를 체계를 벗어나서 해결하려고 하는 것이 아니라, 체계 속에서 해결해야 한다는 의미로 받아들일 수 있다. 따라서 체계가 위험을 어떻게 커뮤니케이션할 것인가는 위험의 해결과 밀접하게 연결되어 있다. 기든스의 경우, 루만의 위협과 위험 구분을 비판적으로 수용한다(Giddens, 1990/1991). 기든스는 위험과 위협을 구분하는 것이 자의적이라고 보면서, 위험과 위협은 긴밀하게 연결되어 있다고 보았다. 사실상, 사람들이 위험하다고 느끼는 것은 위협에 기초한 경우가 많고 위험으로부터 위협을 구분하기가 어려운 경우가 많다.

이러한 사회철학자들의 위험 논의를 살펴보면서 세부적인 차이점은 무시하고 얻을 수 있는 결론은 근대 산업화의 진보는 사람들이 예견했던 것보다는 훨씬 복잡하고 혼합된 결과를 가져왔다는 것이며, 어떤 형식으로든 사회 발전 방향을 재창출하지 않는다면 위험이 근대의 진보를 막게 될 것이라는 것이다. 그것이 하버마스, 벡, 기든스가 주장했던 근대의 재창출이든 루만이 이야기했던 체계의 분화에 대한 사회의 자기 준거적인 선택의 문제이든 간에 근대는 부정적인 결과를 줄일 수 있는 방향으로 재구성되어야 한다.

한 가지 이러한 근대 사회와 위험 논의에서 알 수 있는 것은 커뮤니케이션만이 근대 사회의 위험 문제를 해결할 수 있는 유일한 희망이라는 것이다. 하버마스가 주장하는 의사소통 합리성에 의해서 체계의 생활 세계 지배 문제를 풀 수 있다는 직접적인 언급 외에도, 벡의 성찰적 근대화, 기든스의 급진화된 근대는 위험의 문제를 현실 구성의 문제, 일반 공중과 전문가의 의견 차이의 문제, 기술 과학에 대한 일반 공중의 인식 변화 등과 연결시키면서 커뮤니케이션의 중요성을 부각시키고 있다. 모두가 다른 의견을 가지고 있을 때 커뮤니케이션을 통해서 합의consensus를 이루는 것보다 중요한 것은 없다. 이와 함께 벡이 주장하는 성찰적 근대화를 위한 하위 정치subpolitics의 필요성, 사회운동을 통한 일반 공중의 조직화 등도 커뮤니케이션을 통한 현대 사회 문제 해결 방법을 보여 준다.

한편 기든스의 급진화된 근대도 장소 기제의 탈피(근대 사회의 관계는 공간을 초월한다는 것을 설명)에 따른 비인격적인 사회 조직이 안게 되는 신뢰의 문제를 커뮤니케이션을 통해서 해결해야 한다는 것을 보여 준다. 근대 사회의 위험은 신뢰의 붕괴에 의해서 증폭되며, 이는 커뮤니케이션이 사회운동의 동력으로 작용했을 때 해결될 수 있다. 루만의 경우도 체계는 정보에 의해서 구성되어 있으며, 체계는 상호 의존하기 때문에 커뮤니케이션을 통해서만 생존 요건을 충족시킬 수 있다고 보았다. 루만에게 위험은 직접적인 관찰에 의해서 발생할 수도 있지만, 간접적인 관찰에 의해서 좌우되는 경우가 더 많다(Luhman, 1993). 앞서 말했듯이 이 단계에 오면 위험은 체계의 결정과 커뮤니케이션에 의해서 인식된다. 따라서 현대 사회의 위험 문제를 해결하기 위해서는 커뮤니케이션을 통해서 어떻게 의미를 형성해 나갈 것인가의 여부가 무엇보다도 중요하다.

결국 위험과 관련한 논의는 크게 현실 인식과 문제 해결로 나누어서 살펴볼 수 있다. 많은 학자들의 논의도 그 차이점에도 불구하고 현실 인식과 문제 해결의 도식을 이루고 있다는 것은 거의 비슷하다. 중요한 결론은 근대를 진단하는 시각은 다를 수 있으며—근대를 체계의 확장에 따른 문제로 볼 것인가 아니면 근대를 구분하는 것 자체가 큰 의미가 없다고 볼 것인가 등—그에 따라 문제 해결의 논리도 다를 수 있다는 것이다. 하지만 이러한 논의에서 공통적으로 볼 수 있는 것은 커뮤니케이션을 문제 해결의 방법으로 제시하는 것이다. 이것은 커뮤니케이션을 어떻게 현대 사회의 위험 문제 해결을 위해서 사용할 것인가에 대한 구체성이 부족함에도 불구하고, 큰 방향성은 제시해 준다고 할 수 있다. 앞으로 위험 논의에서 남겨진 과제는 어떻게 커뮤니케이션을 통한 위험 문제의 해결이라는 큰 원칙을 실제적으로 적용할 것인가의 문제다. 이후의 논의는 벡의 위험 사회와 성찰적 근대화 논의를 중심으로 위험 논의의 깊이를 더해 보고자 한다. 이는 다른 학자들에 비해서 벡의 논의가 위험 문제에 좀더 직접적으로 다가가고 있기 때문이다.

제2장
위험 사회 해결과 커뮤니케이션

현대 사회는 위험한가라는 물음에 대해서 많은 학자들이 나름대로의 의견을 제시했지만 현대 사회가 위험하다는 현상에는 거의 동의한 것처럼 보인다. 이 중에서도 울리히 벡Ulrich Beck의 위험사회론은 가장 철저하게 위험 사회에 대한 경고의 메시지를 보내고 있다. 그는 근대 산업 사회가 약속했던 진보와 발전이 오히려 위험 사회를 불러왔으며, 이러한 위험은 제도적인 정치에 의해서 해결될 수도, 기술 · 경제 부문에 대한 무한한 신뢰에 의해서도 해결될 수 없는 새로운 논리의 해결 방법을 요구하고 있다. 여기서 성찰적 근대화라는 개념이 등장한다.

위험 사회는 산업 사회 부富의 생산과 분배가 위험의 생산과 분배와 연결되는 사회다(Beck, 1986/1997). 하지만 위험 사회를 단순히 위험이 극대화되어 어떻게 위험을 관리할 것인가를 고민하는 사회로 보아서는 곤란하다. 위험 사회는 산업 사회가 형성하는 묵시론적인 요소들을 사회 근본적인 원리에서 고찰하는 사회다. 산업 사회에서는 부의 논리가 위험을 예외적인 것으로 치부하면서 기술 · 경제 영역의 통제 아래 둘 수 있다고 보았던 사회이지만, 위험 사회에서는 산업 사회의 논리 자체가 위험을 생산하고 통제 불가능한 영역으로 몰아간다. 위험 사회에서 위험은 기든스가 말한 대로 모든 환경을 위험이 내포되는 인위적인 상황으로 몰아가는 사회다(Giddens, 1990/1991). 이것은 새로운 합리성이든 합리성의 변화이든 간에 어떤 형식으로든 사람들의 수정을 요구하고 있다. 지금까지의 논의를 중심으로 위험 사회의 성격을 정리하면 다음과 같다.

위험 사회에서 거론되는 위험의 성격(Beck, 1986/1997)으로 우선 위험은 사람들이 예상할 수 있는 범위를 벗어나 있다고 말할 수 있다. 위험은 모든 것에 편재되어 있으며 사람들의 눈에 잘 띄지 않는다. 하지만 산업 사회의 논리는 위험을 생산해 내는 논리다. 따라서 위험은 사회 본원적인 것이고 내재된 것이다. 단순한 직접적인 위협뿐만 아니라 광범위한 위험 요인들이 개인의 생활에 영향력을 행사할 수 있다. 지구 온난화 현상, 오존 파괴 등이 대표적인 예다.

둘째, 위험의 분배 과정에서 불평등이 성립될 수도 있다. 하지만 이러한 위험의 불평등은 산업 사회의 불평등과는 비교할 수 없다. 산업 사회에서 부의 분배에 따른 계급 차별은 확연하고 가시적인 것이었지만 위험의 불평등은 부의 요건에 따라서 차이를 보이기도 하지만 평등하게 분배되는 경우가 대부분이다. 예를 들어 공해로부터 자유로울 수 있는 사람은 많지 않으며, 핵 폭발로부터 안전할 수 있는 사람은 거의 없다. 현대 사회의 위험은 모두에게 불가피하다.

셋째, 위험은 산업 사회의 논리에 가장 충실했을 때 발생하는 것이다. 사람들은 한정된 자원에서 자신의 이익을 극대화하기 위해 위험을 감수하게 된다. 이러한 자발적인 위험은 산업 사회의 근간을 이루는 자본주의 논리에 가장 충실할 때 발생하는 것이다. 따라서 산업 사회에서 위험은 사회에 대한 성찰이 이루어지지 않는 한 변화하기 어렵다. 만약 약육강식의 천민 자본주의가 지배하는 사회라면 위험은 극대화될 수밖에 없다.

넷째, 위험은 위험에 대한 인식이 가장 중요하다. 산업 사회에서 부富는 실체를 가지고 있지만 위험은 단지 머리 속에서 인식하고 있을 뿐이다. 따라서 위험은 사회적으로 어떻게 재구성되느냐에 따라서 그 정치적인 영향력이 결정된다. 공중이 위험을 심각하게 인식하고 해결책을 모색할 때 위험 문제에 비로소 대응할 수 있다. 예를 들어 개발 독재 시대에는 환경 파괴나 원자력 발전소 건설 등이 위험 문제로 인식되지 못했다. 하지만 사회 민주화에 따라 과거에 인식하지 못했던 위험을 비로소 인식하게 되었고, 갈등을 감수하고서라도 위험 문제 해결에 적극적으로 나서게 된 것이다.

마지막으로, 위험 사회에서는 그 동안 비정치적인 부문으로 여겨졌던 기술·경제 부문이 정치적인 영역으로 들어온다. 나중에 설명하게 될 하위 정치의 발현과 연결되는데, 시민들의 참여와 사회운동이 강화되면서 근대에 들어 가지게 되었던 기술·과학에 대한 막연한 기대도 현실화된다. 현대 사회의 위험은 이처럼 근대에 대한 인식의 변화와 직접적으로 연결되어 있다. 아직 우리 사회는 전문가 혹은 전문가인 척하는 사람들에게 기술 · 과학의 문제에 대해서 상당 부분 의존하는 경향이 있다. 하지만 이러한 전문 분야조차도 사람들이 공론을 형성하여 위험을 검증하는 단계에 들어서게 된다. 황우석 박사의 줄기세포 조작 사건은 변화된 사회 기류를 보여 준다. 예전 같으면 기술 · 과학 전문가에 의해서 주도되었을 담론이 사회 일반의 공론의 장에서 다루어지고 문제점이 지적된다. 이제 기술 · 경제 부문도 커뮤니케이션 영역으로부터 벗어날 수 없게 된 것이다.

위험 사회에 대한 대응: 성찰적 근대화

성찰적 근대화reflexive modernization는 근대의 근대화modernization of modernity를 의미한다. 즉 산업 사회 근대화가 불러오는 위험 요소에 대해 새로운 성찰을 통해서 사회를 근본적으로 변화시켜 문제를 해결하려는 시도다(Beck, 1986/1997). 이런 점에서 근대를 완전히 해체하고자 하는 포스트모더니즘 학자들과는 구분된다. 리오타르(Lyotard, 1984)가 주장했던 거대 담론의 효력 상실과 해체 논리 등 포스트모더니즘 학자들은 근대의 해체를 통한 근대와의 단절을 시도했지만, 벡이 주장한 성찰적 근대화는 근대화의 문제점을 단절하는 새로운 계승이라고 할 수 있으며, 새로운 근대성의 탐색이라고 할 수 있다. 이러한 성찰적 근대화는 기든스의 급진화된 근대radicalized modernity 개념과 근대의 발전적인 계승을 논의한다는 면에서 유사한 점이 많다(Giddens, 1990/1991).

고전적인 의미의 근대화와 성찰적 근대화는 〈표 2-1〉과 같이 정리된다(홍성태, 1994를 일부 참조하여 재구성). 성찰적 근대화는 산업 사회를 발전적으로 해체함으로써 위험을 구성하는 새로운 신비화 요소들을 해소하는 것이다. 대표적인 산업 사회의 신비화 기제가 기술 · 과학과 이를 통한 무한 진보에 대한 환상이며, 개인을 지배하는 집단화의 존재 양식을 뛰어넘을 필요가 있다. 이런 의미에서 본다면 우리나라 사람들이 가지는 기술 · 과학의 무한 진보에 대한 환상과 개발 경제에 대한 향수는 위험 사회의 시각에서 산업 사회 신화가 해체되지 않은 불안한 현실 인식을 반영한다.

산업 사회에서 개인은 노동, 여가, 가족, 성을 통해 대부분의 존재 양식을 부여받는다. 하지만 이러한 가운데서도 개인화는 계속 진행되는데, 정치는 자신의 일이 아니며 위험은 개인과 동떨어진 의제가 되었던 산업 사회의 상황에도 점진적인 변화가 온다. 개인화는 전통적인 근대화 생활 양식, 즉 성 역할, 성 정체성, 정치적인 정체성 등 개인보다는 집단화된 가치들을 뛰어넘어 철저히 개인적인 선택의 문제로 변화하는 것이다. 이러한 개인화의 과정은 근대 산업 사회가 불러왔던 복지 국가에 대한 환상이 깨지면서 개인이 스스로 선택하고 위험을 회피해야 하는 상황에 봉착하게 된다. 어떻게 보면 개인화는 산업 사회에 대한 환상에서 벗어나는 개인의 자각으로 이해할 수 있다(Beck, 1997). 위험 사회에서 말하는 개인화는 단순한 개인의 소외나 고립과 같은 개념과는 차이가 있다. 아무튼 위험 사회에서 이러한 개인화는 자기 진로에 대한 고민에 빠진다. 위험은 자기가 생각하는 것보다 훨씬 가까이에 와 있으며 스스로 참여하는 통로를 만들어 내지 않으면 문제는 해결될 수 없다. 위험이 편재하고 개인의 선택에 모든 것이 맡겨진 사회, 이제 개인은 어떤 선택을 할 것인가? 이러한 물음이 위험 사회 해결의 실마리를 제공한다.

표 2-1. 고전적 근대화와 성찰적 근대화

	고전적 근대화	성찰적 근대화
해체의 대상	봉건 사회	산업 사회
탈신비화의 대상	계층의 특권 종교적 세계관	기술 · 과학에 대한 이해 노동, 여가, 가족 성의 존재 양식
지배 논리	부의 논리	위험의 논리
위험에 대한 인식	예외성, 통제 가능성	편재성, 사회 원리의 문제
문제 해결의 단서	복지 국가에 대한 기대	개인화와 세계화
문제 해결 방식	기술 · 경제의 무한 진보	성찰을 통한 사회운동
사회 체계	정치와 기술 · 경제의 분리	하위 정치를 통한 기술 · 경제의 정치화

벡은 위험 사회의 도래를 이야기하면서 성찰적 근대화를 통한 문제 해결을 주장하고 있다. 성찰적 근대화에 대해서는 여러 가지 요소가 포함되어 있지만, 주로 1) 위험에 대한 성찰적인 대응, 2) 개인주의화 경향의 발전적 승화, 3) 세계화 수준의 문제 해결 등이 곧잘 인용된다(Fredrikson, 2006). 하지만 이러한 요소 외에도 산업화 시대의 지나친 기술 · 경제 중심의 경향에서 문제 해결을 위한 정치적인 요소가 강조됨으로써 하위 정치가 활성화되는 것을 중요한 요소로 포함시킬 필요가 있다. 하위 정치의 문제는 크게 기술 · 경제 문제에 대한 정치 조직화 경향과 사회 커뮤니케이션의 활성화를 그 기본 요건으로 한다. 즉 하위 정치의 활성화는 사회 조직의 커뮤니케이션 활성화와 연결되며, 사회에 편재한 위험 문제의 능동적인 해결을 위한 시민의 적극적인 참여를 의미한다. 사회는 위험해

지고, 그것을 인식하는 개인은 점점 더 무력해져 간다. 이런 상황에서 하위 정치를 통해 개인이 조직을 이루고 능동적인 사회운동을 펼쳐 간다면 성찰적 근대화의 실천적인 모습을 그려볼 수 있다고 본 것이다. 하위 정치는 개인의 자각이 이루어 내는 시민 조직의 생활 정치 참여를 의미한다.

벡의 위험 사회에 대한 성찰과 개인의 자각에서 유도되는 하위 정치를 통한 사회운동의 활성화는 또한 세계화 개념과 연결되어 전 지구적인 문제 해결로 승화된다. 세계화는 국가 단위를 넘어서는 사회운동 주체들이 국가로 귀속되는 정치화, 정체성 형성, 사회 네트워크를 넘어서 위험 문제를 세계 문제화하는 과정을 의미한다(Fredrikson, 2006). 기술·경제의 발전과 국가 간 교류와 의존, 무엇보다도 위험의 지구 단위화로 인해, 위험 사회 문제 해결을 위해서는 세계화 수준의 협력이 필요하게 되었다. 산업 사회에서 세계화는 단순히 경제 발전을 위한 수단 정도로 이해되었지만, 위험 사회에서 세계화는 위험 문제 해결을 위한 지구 차원의 내재적인 필수 동인으로 이해된다. 예를 들어 지구 온난화 문제, 황사 문제, 원자력 발전소 폭발 사고 등이 지역의 문제, 국가의 문제로 머무를 수는 없기 때문이다. 산업 사회의 세계화 문제는 경쟁과 이윤 획득의 개념이 우세했지만, 위험 사회에서 세계화는 공간적인 경계를 넘어선 사회운동 차원의 협력이라는 의미를 내포하고 있다고 할 수 있다.

기술·과학에 대한 인식의 변화

우선 사회운동 차원의 문제 해결을 논의하기 전에 위험 사회가 산업 사회와 근본적으로 대비되는 영역인 기술 과학에 대한 시각의 변화를 조금 더 살펴볼 필요가 있다. 산업화 사회의 기술·과학에 대한 시각은 성찰적 근대화 단계로 넘어가면서 크게 네 가지 사실로 발전해 간다고 정리해 볼 수 있다(Beck, 1986/1997).

첫째, 전통을 넘어 근대화를 이룩한 과학의 역할을 중요시하는 일차적 과학화와 과학 자체에 대한 회의와 성찰적 양상을 중시하는 성찰적 과학화로 나눌 수 있다. 성찰적 과학화 단계에 접어들면 과학 자체는 해결을 위한 수단이 되기도 하지만 문제 그 자체로서 자리잡게 된다. 우리가 만들어 낸 많은 과학의 부산물들이 오늘날 인류에게 위협 수단이 되고 있는 것이 이를 보여 준다.

둘째, 성찰적 근대화 과정에서 전문가에 의한 과학적 지식의 독점화에 반대하는 현상이 나타난다. 이제 과학적인 진리는 전문가의 두뇌에 담겨 있는 것이 아니라 과학화의 대상들이 주체성을 획득하는 과정 속에서 정립된다. 공중이 주체성을 획득한다는 것은 과학으로 야기되는 위험 문제에 대한 능동적인 대응 가능성을 의미한다.

셋째, 과학은 점점 더 계몽의 지위를 포기하고 위험을 구성하는 인자로서 사회적인 갈등의 첨단에 서게 되는 경우가 많아진다. 따라서 과학의 사회적인 위상은 동요하며, 사람들은 선택의 문제에 봉착하게 된다. 예를 들어 유전자 조작 식품의 경우를 보면, 산업화 사회에는 생산성을 증대시키고 인류를 굶주림으로부터 해방시키는 혁명적인 과학 기술로 인정되었겠지만, 위험 사회에서는 존재 가치에 대한 의견이 나뉘고 존폐를 둘러싸고 사회 갈등을 일으키는 원인으로 등장한다.

넷째, 과학적 합리성은 성찰적 과학화를 통해서 회의의 대상이 되고, 과학이 가져온 부수적인 효과들이 점점 더 사회의 중요 안건으로 떠오르게 된다. 이제까지 경직된 사고에 의해서 지배받아 오던 과학에 대한 관념은 그것을 객관적인 대상으로 바라보려는 노력에 의해서 해체되고 재구성된다. 과학의 권력화도 해체의 대상이 되고, 성찰적 행위를 통해서 과학이 이루어 낸 업적마저도 해체해야 하는 상황에 이르렀다.

이러한 예는 근간에 일어났던 황우석 줄기세포 사기 사건에서도 여실히 드러난다. 젊은 과학자들의 성찰에 의해서 과학이 이루어 낸 허구를 무너뜨릴 수 있었으며, 공중은 과학과 전문가들이 만들어 낸 금기의 세계를 해체하여 사회 담론화함으로써 비로소 위험 사회의 주체로 등장하게 되었다. 아직 이러한 상황이 우리나라에서는 초보적인 수준에서 이루어지고 있지만, 황우석 사건을 계기로 과학과 기술, 그리고 산업화에 대한 공중의 주체적인 자각과 성찰, 그리고 과학의 오류 가능성과 권력의 작용을 밝혀 내는 시도들이 활발해질 것으로 기대할 수 있다. 황우석 사건은 과학의 교조화, 독점화, 권력화에 대항하여 과학 담론의 대중화를 이끄는 계기가 되었다고 할 수 있다.

이러한 과학이 불러온 신뢰의 상실은 위험 사회를 보는 시각과 통해 있다. 이제 과학은 더 이상 장밋빛 미래를 불러오지도 않으며, 어떤 사회적인 결정이 필요한 경우에는 사회 구성원과의 토론을 통해서 합리성을 인정받아야만 하는 단계에 와 있다. 하지만 어쩌면 과학이 오류를 인정하고 사회 공론의 장에 위험 사안을 노출시킴으로써 새로운 차원의 정당성을 확보하는 과정을 밟아갈 수 있을지도 모른다. 과학이 막연한 전문성을 양보하면서 위험 사회를 해결하기 위한 동인으로 작용할 가능성도 남아 있기 때문이다.

벡의 경우, 과학이 위험 사회의 해결 동인으로 작용하기 위해서는 단기적인 해결책을 추구하는 것보다는 원인을 제거하기 위해서 노력해야 하고, 오류가 없을 것이라는 단정적인 생각을 접고 스스로 학습 과정을 심화하는 것이 필요하며, 마지막으로 과학이 전문화되는 과정이 사회 맥락 속에서 이루어져야 한다고 보았다. 사실상 현대 사회의 과잉 전문화는 과학자의 광범위한 문제 해결 능력을 박탈한다. 이것은 과학자들이 모르는 사이 문제의 지속적인 상호 연결화 현상을 가져오게 됨으로써 위험 사회를 구성하는 중요한 요인이 된다. 지금까지 과학자 내부에서 연역주의의 수준에 머물렀던 과학 담론은 경험주의를 통해서 현실과 연결될 수 있으며, 스스로의 문제를 해결할 수 있는 성찰적인 기능을 확보하는 것이 필요하다. 과학도 현실 인식을 떠나서는 존재할 수 없는 것이 아닌가? 예를 들어 아무리 과학자들이 농약의 무해성을 주장하더라도 농약으로 인해 피해를 입고 있다고 생각하는 농민들이 많다면, 과학이 과학만으로 문제를 해결하는 것은 어려워진다.

위험 문제 해결을 위한 하위 정치로서 사회운동의 활성화

결국 위험 문제를 해결하기 위해서는 산업화 사회가 가지는 봉건적인 요소를 해결할 수 있는 조직화된 힘이 필요하고, 이러한 동력을 통해서 정치적인 힘을 생산해 내는 것이 필요하다(Beck, 1986/1997). 초기 산업 사회는 사회 발전을 위해서 위험을 부수적인 것으로 간주하면서 각종 위험 현상을 예외적인 것으로 치부했다. 하지만 우리가 언급하는 위험 사회는 위험이 더 이상 예외적인 현상이 아니며, 산업 사회에서 재화가 불평등하게 분배된 것과는 다르게 모든 사람에게 골고루 영향을 미칠 수 있는 위험의 분배 논리가 지배하게 된다. 예를 들어 핵발전소가 사고로 폭발한다면 영향을 받는 정도는 다를 수 있지만 누구도 그 영향으로부터 자유로울 수 없다. 이러한 편재된 공포는 비제도적 정치의 성장, 즉 비영리 사회운동의 성장을 자연스럽게 유도하게 된다. 초기 산업 사회에서는 재화의 분배가 위험의 분배를 지배했지만, 지금의 산업 사회에서는 아무도 위험의 영향력으로부터 자유로울 수 없다.

근대적 성찰은 사회운동social activism을 조직화함으로써 개인들의 성찰을 정치적인 세력으로 모으는 것이 필요하다. 과학 기술의 폐해와 전문가와 공중의 대립 문제도 사회운동을 통한 정치 세력화를 통해서 사회적인 힘의 균형을 맞추고 공론의 장을 유지할 수 있는 동력을 확보하게 된다.

벡은 위험 사회 논의에서 하위 정치가 발현하게 되는 조건들에 대해 이야기하고 있다. 그것은 시토앙citoyen(정치적인 시민)과 부르주아bourgeois(경제적 시민)의 분리를 통해서 정치적 민주화와 상관없이 이루어져 온 기술·경제의 무한 진보를 의미한다(Beck, 1986/1997). 산업 사회에서는 정치와 기술·경제 영역이 분리되어 기술·경제 영역의 비정치적인 진보를 방치하는 경향이 있었다. 이러한 기술·경제 영역의 진보는 많은 사람들에게 복지 국가의 확장과 사회를 진보시킬 수 있는 과학 발전의 기대 심리와 연결되었고, 견제받지 않은 무한 진보 논리는 결국 위험 사회를 불러오는 계기가 되었다. 이러한 위험 사회의 도래는 산업 사회에서 분리되어 있었던 기술·경제 영역의 비정치성을 박탈한다. 위험에 민감하게 반응하는 시민들은 비제도권에서 정치 조직을 형성하게 되었고, 종래의 비정치적인 영역은 하위 정치의 소용돌이 속에서 새로운 발전 방향을 모색하게 되었다. 위험 사회에서 사회운동을 통한 기술·경제 영역의 정치화는 무조건적인 진보에 대한 우리의 생각이 바뀌었음을 의미하고, 시민의 참여를 통한 정치적으로 정당화된 진보를 주장하는 계기를 마련한다. 성찰적 근대화는 결국 과도한 기술·경제 중심에서 정치의 복원을 의미할 수도 있다. 이러한 정치의 중앙에는 사회운동을 통한 공중의 광범위한 하위 정치 활동이 포함되어 있다.

벡이 주장하는 하위 정치 개념은 종래 축소된 '정치적인 것'의 개념을 뛰어넘는다. 정치는 꼭 정형화된 행위와 행위자를 필요로 하며, 공식적인 구조를 가져야만 하는 것이 아니다(Beck, 1997). 위험 사회 문제를 해결하기 위한 정치는 더 넓은 의미에서 종래의 비정치적인 영역을 정치화할 필요성을 가진다. 사회운동을 위한 비영리, 비정부 조직의 활성화, 사회 문제에 적극적으로 개입하기 위한 시민 참여 조직의 활성화, 지역 문제 해결을 위한 지역 자치 조직의 결성 등은 현대 사회의 위험 문제를 해결하기 위한 새로운 정치화의 가능성을 의미한다. 이러한 하위 정치 시대에는 정치 참여자와 조직 등이 종래의 제도적인 정치와는 확연한 차이점을 보여 준다. 한 가지 이러한 하위 정치와 관련한 논의에서 중요한 것은 커뮤니케이션의 중요성이다. 결국 하위 정치의 발현도 커뮤니케이션을 통해서 가능하며, 하위 정치 조직을 통한 위험 문제의 해결도 커뮤니케이션을 통해서 가능하다. 조직화 자체로도 의미를 가지지만 조직화가 문제 해결을 주도하기 위해서는 커뮤니케이션의 중요성을 깨닫는 것이 무엇보다도 중요하다. 커뮤니케이션을 통하지 않는다면

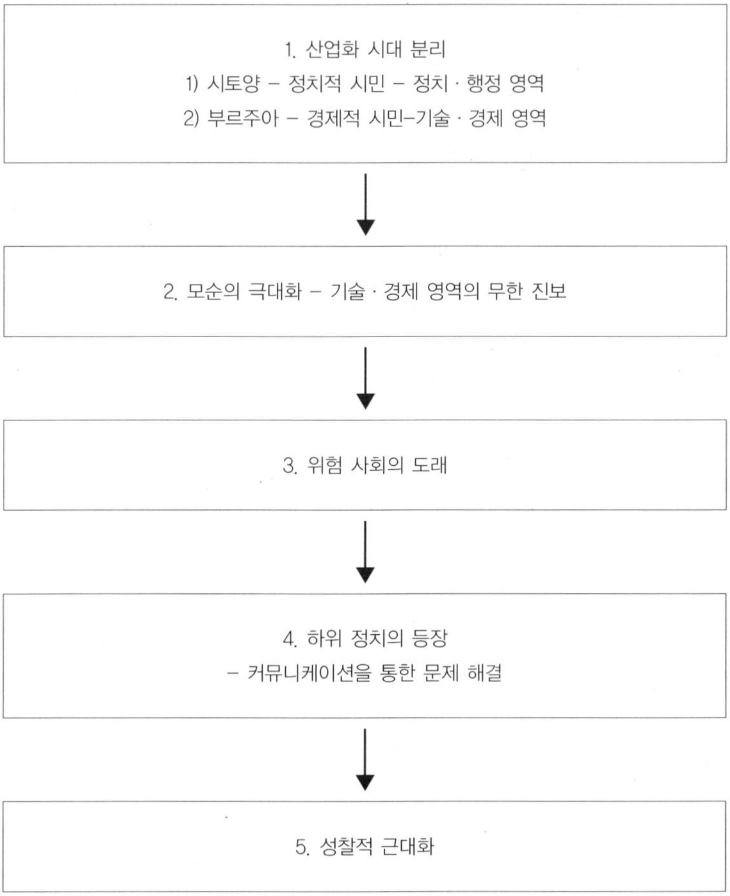

그림 2-1. 위험 사회의 동인과 해결: 기술 · 경제 영역의 무한 진보에 대한 대응

산업 사회의 부산물로서 야기되는 개인화된 개인들을 어떻게 정치 세력화할 것이며, 조직 간의 차이를 어떻게 조정해 나갈 수 있겠는가? 결국 커뮤니케이션이 문제 해결의 중심적이고 실천적인 내용이 된다.

위험에 대한 커뮤니케이션의 필요성

지금까지의 논의를 종합해 보면 과학에 대한 인식의 변화와 위험 사회 문제 해결을 위한 하위 정치의 도래도 결국 문제 해결을 위한 커뮤니케이션의 필요성으로 연결된다는 것을 알 수 있다. 위험에 대한 커뮤니케이션은 과학을 성찰적으로 만들면서 문제 해결을 위한 사회적인 합의를 탐색할 수 있는 기회를 제공한다. 근대 과학이 가진 가장 큰 오류성은 위험에 대한 판단 오류보다는 전문가의 오만에 따른 커뮤니케이션 부재에 있다고 할 수 있다. 예를 들어 아침 신문을 펼쳐 보면 지구 온난화와 관련한 상반된 전문가 의견이 나와 있다. 여기서 전문가의 오류는 지구 온난화에 대한 판단 잘못도 있을 수 있지만 더 큰 오류는 커뮤니케이션의 가능성을 부인하고 전문가의 아집에 빠지는 것이다.

과학과 전문가의 오류 가능성은 곳곳에서 발견될 수 있다. 벡(Beck, 1986/1997)은 과학에 대한 관념을 일차적 과학화와 성찰적 과학화로 나누면서 과학은 이론의 오류성, 연구 실천의 오류성 등에 의해서 아집에 빠질 수 있기 때문에 위험 사회를 극복하기 위해서 스스로 성찰할 수 있는 성찰적 과학화로 이행해야 한다고 주장했다. 따라서 과학 스스로 타당성을 주장하기보다는 다른 사람들을 확신시키는 방향으로 타당성의 범위를 넓혀 나가야 한다. 이러한 노력을 통해서 과학은 현대 사회의 위험을 해결하기 위한 동력으로도 작용하게 된다. 전문가와 일반인의 커뮤니케이션을 중심으로 커뮤니케이션 문제를 어떻게 해결할 것인가를 보여 주는 모델은 [그림 2-2]와 같다. 위험 커뮤니케이션은 그림에서 보여 주는 것처럼 전문가 영역과 일반인의 영역이 상호 교류할 수 있도록 도와 주어야 한다.

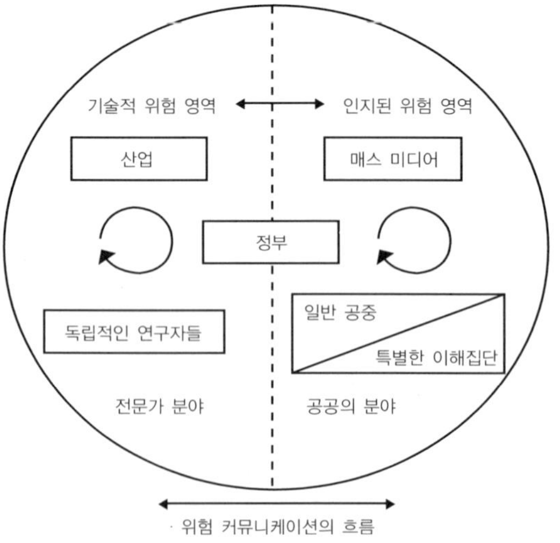

그림 2-2. 위험 문제 해결을 위한 커뮤니케이션 과정 모델
(Leiss & Chociolko, 1994)

이러한 성찰적 과학화로의 이행은 커뮤니케이션을 통해서만 가능하다. 커뮤니케이션을 진작시키는 것은 위험에 대한 생각이 서로 다를 수도 있다고 간주하는 것이며, 실수 가능성, 서로 간 차이에 대한 인정에 기초하고 있다. 성찰적 과학화를 위해서는 광범위한 커뮤니케이션 이성을 필요로 한다. 이성은 단지 도구적인 이성이 아니며 자신의 실수를 인정할 수 있고 자신을 비판의 대상으로 삼을 수 있는 광범위한 커뮤니케이션 이성을 의미한다. 성찰은 커뮤니케이션을 통해서만 완성될 수 있으며, 커뮤니케이션이 없는 성찰은 문제 해결에 도움을 주지 못하고 공허한 독백에 그치게 될 가능성이 많다.

하지만 여기서 커뮤니케이션의 주체는 개인주의화에 기반하여 위험을 인식하는 각각의 개인들이 되기는 힘들다. 개인들은 하위 정치화를 이루기 위해서 조직을 결성할 필요가 있고, 다원주의에 기반을 두고 사회적인 공론의 장을 형성할 수 있는 능력을 갖추어 나가야 한다. 전문가 집단에 맞서기 위해서는 그들의 아집에 맞설 수 있는 전문적인 식견을 갖추어야 하고, 미디어 접근의 평등화를 통해서 정당성 경쟁을 펼쳐갈 필요가 있다. 이러한 경쟁 구도를 위해서 개인의 조직화, 조직 중심의 문제 해결은 자연스러운 현상이 된다. 기존의 모든 다양한 조직들 또한 위험 문제의 주체로 등장한다.

한편 사회적인 힘의 불균형 해소를 통한 미디어 접근의 평등화는 기술 · 경제적인 전문성이 아닌 의견의 정당성에 의한 경쟁에 의존하게 될 가능성을 높인다. 이러한 현상을 낙관적인 다원주의optimistic pluralism, 즉 공정한 경쟁을 통해서 사회적인 정의가 구현될 수 있는 사회라고 불러도 무방하다(김영욱, 2005). 더 이상 정치와 기술 · 경제의 분리가 정당화되는 시대는 지나갔으며, 기술 · 경제 영역의 정치화를 통해서 커뮤니케이션을 통한 공론의 장을 활성화해야 하는 시대가 도래했다. 전문가의 의견이 일반 시민의 인식을 지배하고 억압하던 시대는 지나갔다. 결국 이러한 일반 시민을 중심으로 하는 하위 정치에서의 커뮤니케이션 경쟁이 위험 사회를 해결할 수 있는 동인으로 작용할 것이다.

이러한 하위 정치의 발현은 조직의 커뮤니케이션 활동과도 직접적으로 연결된다. 현대사회에서 사회운동을 활성화하는 커뮤니케이션 요인으로 조직 캠페인 활동의 강화, 인터넷 등 뉴미디어의 발현을 대표적으로 들 수 있다(Bennett, 2003; 2005). 특히 조직의 캠페인 활동은 사회운동을 활성화하기 위해서 필수적인데, 이러한 캠페인 활동은 커뮤니케이션 활동을 둘러싼 동원 능력, 정치적인 이슈 영향력을 의미한다. 한편 캠페인 과정에서 하위 정치를 이루는 시민 정치 조직들은 기존의 권력 조직에 비해서 영향력과 자원이 부족할 수밖에 없다. 이런 상황에서 시민 조직들이 기존 조직과 대등한 영향력을 발휘할 수 있는 방법으로는 커뮤니케이션을 통해서 정당성을 극대화하는 수밖에 없다. 이러한 과정에서 인터넷 등 새로운 매체가 커뮤니케이션 효과를 기능적으로 뒷받침하게 될 것이다(시민 조직 등 사회적인 약자들의 캠페인 전략 등은 저자의 후속 저서를 참조하는 것이 좋겠다).

한편 앞서 설명한 대로 기든스(Giddens, 1990/1991)는 현대 사회에서 위험은 불가피하며, 이와 함께 위험에 대해서 아무도 책임지려는 사람이 없기 때문에 문제 해결은 점점 더 어려워질 수밖에 없다고 보았다. 하지만 그에 따르면 인류는 멸망의 길과 생존의 길이라는 두 가지 선택을 부여받기 때문에 생존의 길을 택하려고 노력하는 것이 중요하다고 보았다. 이러한 생존의 길은 결국 모든 사회구성원들의 자각을 기초로 한 사회운동과 커뮤니케이션을 통한 위험 이슈의 조율에 달려 있다(그림 2-3 참조). 즉 개인의 자각을 기반으로 지역과 세계 차원에서 생존의 길을 선택하는 정치 참여가 이루어진다. 이 때 커뮤니케이션은 자각한 개인들의 의사를 조정하고 위험 문제 해결을 위한 사회적인 합의를 이끌어 낸다.

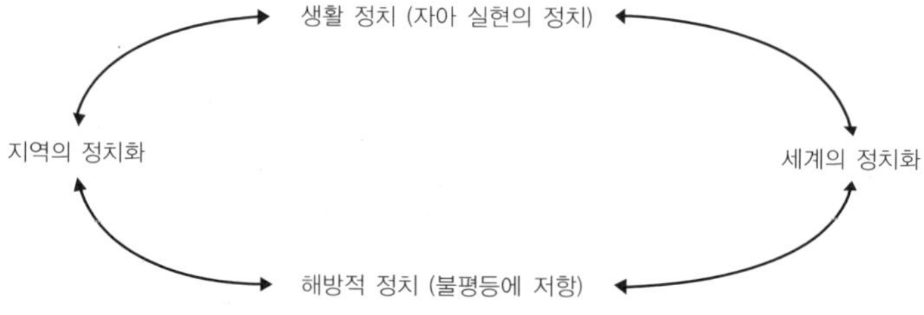

그림 2-3. 기든스의 유토피아 현실주의 차원
(Giddens, 1990/1991: 162)

기든스는 위험에 대해서 가지게 되는 적응 반응으로 실용적 수용, 일관된 낙천주의, 냉소적인 염세주의, 급진적인 투쟁 등의 네 가지 반응이 있을 수 있다고 보았다. 실용적 수용은 사실상 일관된 낙천주의나 냉소적인 염세주의와 통하는 면이 있다. 앞의 세 가지 반응들은 실제로 현상을 똑바로 보고 개선해 나가려고 하는 것이 아니라 현실에 유리하게 자신들의 인식을 맞추어 가는 경향이 있다. 인류를 멸망으로 몰아갈 생각을 단기적인 실용 차원에서 회피하거나, 지나친 근대 합리화에 대한 기대에 의존하는 것, 미래에 대한 전망에 무조건적으로 냉소적인 반응을 보이는 태도 등은 근본적인 문제 해결과는 거리가 멀다. 그렇다면 위험 문제에 정면으로 맞서기 위해서는 현대 사회가 가져오는 위험에 대해서 성찰적으로 고민하고 실천적으로 맞설 자세를 가지는 것이 중요하다. 이것을 급진적인 투쟁이라고 부르는 것이 타당한지는 모르겠지만, 일반 공중에 의한 사회운동의 필요성을 제기한다는 점에서 커뮤니케이션의 중요성과 밀접하게 관련되어 있다. 급진적이라는 것이 우리나라에서는 좌파 공산주의와 연결되어 해석되지만, 본래는 기존 권력에 맞선 일반 시민들의 사회운동으로서 커뮤니케이션 캠페인을 통한 자발적인 사회 문제 해결 노력을 의미한다(Alinsky, 1971). 시민들의 현실 정치 참여는 다양한 형태로 이루어지며, 이러한 다양한 노력들이 커뮤니케이션을 통해서 극대화될 때 위험의 문제도 해결될 수 있다(그림 2-4 참조).

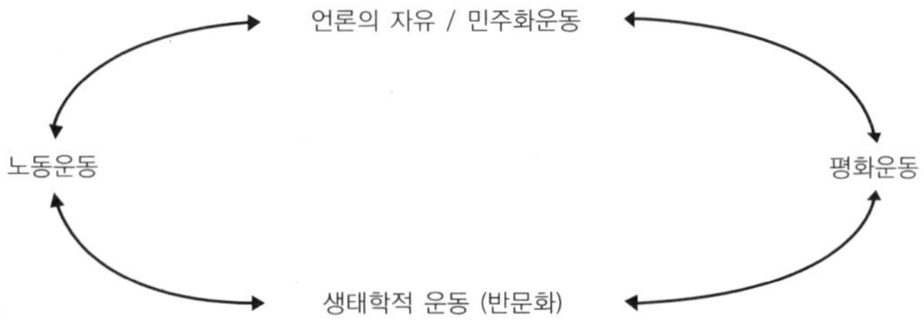

그림 2-4. 기든스의 사회운동의 유형
(Giddens, 1990/1991: 164)

일반 공중은 자신들의 위험 문제 해결 의지를 조직화하는 것이 필요하며, 이를 관련 공중과의 커뮤니케이션을 통해서 문제 해결을 위한 합의의 창출로 연결시켜 가는 것이 중요하다. 이러한 과정을 통해서 비로소 새로운 근대의 성찰성이 실천적인 노력으로 연결될 수 있는 것은 아닐까? 기든스의 사회운동은 노동운동이나 민주화운동과 같은 고전적인 사회운동의 시대를 지나서 평화운동, 환경운동 등 사회 전반적인 위험 문제 해결을 위한 실천적인 영역을 보여 주고 있다(그림 2-4 참조). 하지만 이러한 사회운동을 위험 문제 해결을 위한 만병통치약이라고 간주하기는 어려우며 여론, 기업, 정부, 국제 조직 등 관련 조직과의 관계 속에서 문제 해결의 실마리를 찾아야 할 필요성도 제기된다. 한 조직의 사회운동은 전체 사회 조직과의 연대와 관계 형성 속에서 변화의 동력을 마련할 수 있기 때문이다. 이러한 관련 조직과의 관계 형성과 의견 조율에서도 커뮤니케이션의 역할이 필수적인 요소로 등장한다.

기든스의 사회운동 관점은 위험 문제 해결을 위한 권력의 양심 문제와도 밀접하게 연결되어 있다. 그는 사회운동 자체만으로는 문제를 해결할 수 없고, 양심적인 특정 권력이 영향력을 행사하고 지원할 때에만 변화가 가능하다고 보았다. 기든스가 염두에 둔 특정 권력이 미국과 서구 선진국을 의미하는지는 알 수 없지만, 이러한 패권주의식 문제 해결은 커뮤니케이션을 통한 사회운동을 표피적으로 만들면서, 다시 실용주의적인 적응 방식으로 되돌아가는 잘못을 저지를 수도 있다. 저자의 생각에는 사회운동이 특정 권력을 통해서 탄력을 받는 것보다는 모든 사회 주체들이 경쟁을 통해서 위험 문제 해결을 위한 방향성을 결정하는 것이 더 바람직하다는 생각이다. 지나친 낙관주의로 보일 수도 있지만 커뮤니케이션을 통해서 힘의 불균형을 어느 정도 해소할 수 있다면 사회 모든 조직들이 서로의 주장을 공론의 장에 내어놓고 합의를 이루어 나가는 과정이 가능할지도 모른다. 물론 이 과정에서 권력이 공론의 장 형성을 도와 주는 역할을 담당할 수도 있다. 결국 문제 해결의 핵심은 사회구성원들 간에 이대로는 공멸할 것이라는 두려움에 대한 성찰과 그것을 어떻게 조직화하고 커뮤니케이션할 것인가에 대한 방법론의 정립에 달려 있다.

위험 커뮤니케이션의 역사적인 변화 과정을 일목요연하게 요약하는 것은 어렵지만 대체적으로 본다면 전문가 위주의 일방적인 설득 커뮤니케이션에서 공중 위주의 접근, 그리고 현재의 의미 공유를 통한 공론의 장 형성을 도모하는 방향으로 변화해 왔다고 요약해 볼 수 있다(Leiss, 1996). 이러한 공중 위주의 커뮤니케이션은 쌍방향 커뮤니케이션을 통한 조직과 공중의 관계 형성과 의미 공유가 일방적인 커뮤니케이션보다는 더 중요하다는 것을 의미한다. 결국 위험 커뮤니케이션은 1) 전문가집단의 일방적인 담론에서 시작해서, 2) 서서히 일반 공중의 위험 인식을 중요시하는 단계로 발전해 왔고, 3) 이러한 위험 인식 단계는 마침내 조직과 공중 간의 진정한 관계 형성을 위한 위험 커뮤니케이션을 강조하는 단계로 진화해 왔다(Otway & Wynne, 1989).

이러한 위험 커뮤니케이션 연구 논의를 1) 전문가집단 중심, 2) 소스 중심, 3) 공유된 사회 관계 중심의 위험 커뮤니케이션으로 발전 과정을 구분하기도 한다(Leiss, 1996). 결국 지금의 위험 커뮤니케이션 논의는 대화와 사회 관계를 중요시하며, 더 이상 전문가 영역에 머물고 있지 않음을 보여 준다. 이러한 위험 커뮤니케이션 논의의 발전에 기폭제가 된 것은 특히 '표현된 선호expressed preference' 개념과 관련한 연구들이다(Covello, 1983; Fischhoff, Slovic, Lichtenstein, Read, & Combs, 1978; Slovic, 1987). 이 개념을 이용한 연구들에서는 전문가의 위험 판단과 비교해 일반인들의 위험 인식은 다른 변수들에 의해서 영향을 받는다는 것을 강조했는데, 익숙함, 불안감, 통제 가능성, 불공정성, 인위성, 지식, 관여도 등 매우 다양한 변수에 의해서 위험 인식이 영향을 받는다는 것을 보여 주었다

(Nathan, Heath, & Douglas, 1992).

즉 표현된 선호라는 것은 다양한 변수에 의해서 영향을 받는 가변적인 선호를 의미하며, 위험 인식도 절대적이라기보다는 상황에 따라서 변할 수 있다는 것을 강조한다. 따라서 위험 논의에서 전문가적인 의견보다는 공중이 어떻게 인식하느냐가 더 중요하며, 그러한 인식과 관련하여 결국 커뮤니케이션의 중요성도 커질 수밖에 없다(Otway & Wynne, 1989). 즉 모두가 위험을 다르게 인식한다면 대화를 통해서 인식의 범위를 조정하는 수밖에 없다는 것이다. 하지만 커뮤니케이션 패러다임의 위험 커뮤니케이션 연구는 인식 연구의 패러다임을 뛰어넘는다.

인식 연구는 너무 실험 상황과 인식 변수에 의존했기 때문에 실제적인 사회 문제의 해결에 도움을 주지 못한다는 비판이 제기되었고, 커뮤니케이션 연구는 실제적으로 사회적인 위험 문제를 해결하기 위한 이론을 모색하기에 이른다. 대표적인 시도가 위험의 사회적인 확산이론social amplification of risk이라고 할 수 있는데, 이 이론은 심리, 사회, 문화적인 위험 요소들을 통합하여 위험 논의가 사회 속에서 어떻게 확산되고 축소되는가를 이론화하고 있다(Kasperson, Renn, Slovic, Brown, Emel, Goble, Kasperson, & Ratick, 1988). 이와 함께 렌(Renn, 1992)이 설정했던 위험 커뮤니케이션 연구의 패러다임 논의도 이러한 위험 커뮤니케이션 논의의 사회적인 확장을 보여 준다. 지금까지 간략하게 살펴본 위험 커뮤니케이션 연구 논의는 인식 연구를 넘어서서 앞으로 위험과 관련한 연구들이 조직 신뢰의 문제, 미디어의 문제, 민주주의의 문제 등과 연결되어 사회적인 커뮤니케이션의 영역으로 발전해 갈 것임을 제시한다(Kasperson, Golding, & Kasperson, 2005). 이러한 위험 커뮤니케이션 연구의 발전 방향은 지금까지 논의한 현대 사회의 위험 문제 해결을 위한 커뮤니케이션의 필요성과 맥이 닿아 있다고 할 수 있다.

위험 사회 해결을 위한 방향성

위험 커뮤니케이션 이론의 논의는 현대 공중 관계 커뮤니케이션 이론과 유사한 점이 많다. 이것을 두고 두 학문 분야에서 한 부분이 일방적으로 앞선 분야를 따라가고 있다고 보기는 어렵고, 결국 커뮤니케이션 분야는 그 학문적인 연결점이 유사한 곳을 지향하고 있다고 보는 것이 타당하다. 결국 커뮤니케이션은 그 기능적인 속성—초기 커뮤니케이션 모델에서 나오는 선형적인 모델과 메시지 생산자 중심의 일방향적인 이론들과 관련한 속성들―으로부터 벗어나서 다른 사람, 조직을 고려하는 관계 지향적인 속성을 표출할 수밖에 없으며, 쌍방향적인 커뮤니케이션에 기초한 상호 이해, 관계 형성을 목적으로 하지 않는다면 학문적인 발전을 이루기 어렵다는 것을 의미한다. 결국 위험과 커뮤니케이션도 이러한 커뮤니케이션 일반 속성의 테두리 안에 있다.

공중 관계 커뮤니케이션 이론도 단순하게 미디어의 소스라는 측면에서 바라보는 것을 거부하고, 사회 커뮤니케이션이라는 측면에서 다원주의 시각과 비판주의적인 시각을 통합하여 새로운 패러다임을 창출하려는 노력이 일고 있다(김영욱, 2005; Toth & Heath, 1992; Heath, 2006). 이러한 노력은 공중 관계 커뮤니케이션을 사회적인 역할 차원에서 바라보려고 하는 것인데, 이는 다양한 사회 세력들이 커뮤니케이션을 통해서 자신의 정당성을 자유롭게 주장함으로써 사회적인 공론의 장을 확장해 나갈 수 있다고 보는 시각이다. 이러한 낙관적인 다원주의 입장은 공중 관계 커뮤니케이션이 여전히 권력의 지배에 의해서 조종되며(Berger, 2005; Habermas, 1989; Herman & Chomsky, 2002), 사회적인 권력의 위계성으로부터 자유로울 수 없을 것이라는 시각과는 대조된다(Coombs, 1993).

조직의 커뮤니케이션 활동을 통해서 힘의 불균형이 심화될 것이라는 주장보다는 비공식적이고 자원이 열세한 조직이 공중 관계 커뮤니케이션 활동을 통해서 자원의 열세를 극복하고 사회적인 정당성을 획득함으로써 사회적인 힘의 균형을 맞추게 될 것이라는 주장이 힘을 얻고 있다(김영욱, 2005; Davis, 2002a, b; Schlesinger, 1990). 현재 우리나라에도 많은 시민단체들이 대기업이나 정부를 견제하는 역할을 훌륭하게 수행하고 있으며, 정부나 대기업 못지않게 공론의 장을 구성하는 역할을 담당하고 있기도 하다. 이러한 예들은 현대 사회 조직의 공중 관계 커뮤니케이션이 가져올 수 있는 긍정적인 역할을 보여주고 있으며, 사회적인 의미의 공중 관계 커뮤니케이션 이론화를 가능하게 한다(Davis, 2002a, b; Heath, 2006). 이제 공중 관계 커뮤니케이션 활동은 사회 차원에서 다양한 조직들의 자유로운 의사 표현이 만나는 공론의 장에 집중될 필요가 있다.

위험 커뮤니케이션 논의와 공중 관계 커뮤니케이션 논의를 연결시키면서 얻게 되는 함의는 현대 사회의 문제를 해결하기 위해서 조직 차원의 커뮤니케이션이 활성화되어야 한다는 것이고, 이러한 조직의 커뮤니케이션 활동이 조직 이기적인 목적에 치우치기보다는 기능주의적인 함정에서 벗어나 좀더 공공 이익 차원의 논의로 승화되어야 한다는 것이다. 물론 이러한 논의에서 조직은 일반 공중의 조직화를 포함하는 개념이다. 또한 조직의 공공 이익 차원은 조직이 장기적인 관점에서 다양한 공중과의 관계 형성을 염두에 둔 커뮤니케이션을 실행함으로써 가능해진다. 위험 논의 또한 현대 사회 커뮤니케이션 주체라는 의미에서 조직 차원으로 정리하는 것이 필요하며, 조직 중심의 커뮤니케이션 활동이 어떻게 공중과의 장기적인 관계를 형성하며 사회적인 의미를 획득할 것인가를 논의하는 것이 필요하다. 즉 위험 논의를 단순히 관념적인 수준에서 논의하는 것이 아니라 하버마스나 벡이 이야기했던 것처럼 사회 문제 해결이라는 차원에서 생각해 본다면, 현대 사회의 위험 담론을 이끌어 가고 있는 조직 차원의 논의가 위험 논의를 구체화하고 해결 방안을 제시하는 데 도움을 줄 수 있다.

프레드릭슨(Fredrikson, 2006)도 벡의 논의를 정리하면서 조직 차원의 전략적인 커뮤니케이션의 중요성을 부각시키고 있다. 물론 이러한 논의가 위험 사회 논의와 어떻게 연결되는가를 분명하게 설명하지는 못하지만 하위 정치의 실천과 사회운동 조직의 활성화를 위해서는 전략적인 커뮤니케이션이 중요하다고 주장한 부분은 위험 사회 논의에도 그대로 적용될 수 있다. 그는 전략적인 커뮤니케이션의 중요성을 설명하면서 우리가 생각의 전환을 이루어야 할 부분으로 우선 전략적인 커뮤니케이션에서 조직 중심의 사고에서 벗어나 사회 모든 조직이 전략적인 커뮤니케이션을 필요로 한다는 것을 인정하는 것이라고 보았다. 또한 두 번째로 기존의 경영학이나 공중관계학public relations에서 논의되어 오던 단편적인 공중 분석 중심의 논의에서 벗어나 다른 공중 혹은 사회운동 행위자와의 관계 속에서 전략적인 커뮤니케이션 활동을 구사할 필요가 있다고 주장한다. 이러한 논의는 커뮤니케이션 활동에 대한 협소한 시각을 교정하고 사회운동 차원에서 모든 조직을 아우르는 커뮤니케이션 활동의 중요성을 강조하고 있다고 정리해 볼 수 있다. 즉 커뮤니케이션 활동이 지나친 조직 중심의 기능주의에서 벗어나 전체 사회의 이해 관계와 구성원과의 장기적이고 지속 가능한 관계를 고려함으로써 위험 문제 해결에 도움을 줄 수 있다고 본 것이다.

지금까지의 논의를 중심으로 위험 사회 해결을 위한 실질적인 커뮤니케이션의 방향성을 "조직 중심의 공중 관계 형성 커뮤니케이션"이라고 정리할 수 있다. 즉 위험 커뮤니케이션은 조직을 통해서 공공 영역의 힘을 결집할 수 있고, 장기적인 공중 관계를 중요시하는 커뮤니케이션을 통해서 사회 문제로서 위험 문제를 해결하는 데 기여할 수 있다.

위험 커뮤니케이션의 실행을 위한 구체적인 방향성을 다시 정리하면, 첫째, 조직을 통한 주체화, 즉 조직을 중심으로 한 개인적인 성찰적 공중의 주체화와 사회운동의 활성화

표 2-2. 위험 문제 해결을 위한 조직 중심의 공중 관계 형성 커뮤니케이션

1. 조직을 통한 주체화: 조직을 중심으로 한 성찰적 공중의 주체화와 사회운동의 활성화
2. 커뮤니케이션을 통한 공중 관계: 커뮤니케이션을 통한 공중 관계 형성과 이를 통한 진정한 공론의 장 형성

가 필요하다. 벡(Beck, 1987/1996)은 현대 사회의 개인주의화를 이야기하면서 위험 사회에서 성찰적인 개인주의가 문제 해결의 단서를 제공한다고 보았지만, 현대 사회에서 조직화되지 못하는 개인은 문제 해결의 주체가 되기 어려우며, 영향력 단위로서의 의미를 상실한다. 따라서 현대 사회 비영리단체의 활성화, 지역사회 문제를 풀기 위한 지역 자치 조직의 강화, 각종 이익집단의 활성화는 성찰적인 개인들이 위험 사회의 문제를 해결하기 위한 주체로 등장하는 계기를 마련한다.

둘째, 현대 사회 위험 커뮤니케이션의 방향성은 커뮤니케이션을 통한 장기적인 공중 관계의 형성에 주안점을 두어야 한다. 즉 커뮤니케이션이 공중 관계 형성에 주안점을 둠으로써 과도한 조직 이기주의와 기능주의의 폐해로부터 벗어날 수 있고 사회 차원의 위험 문제 해결을 위한 진정한 공론의 장 형성에도 기여할 수 있게 된다. 성찰적인 개인의 조직화가 위험 사회의 문제를 해결하기 위한 필요 조건은 될 수 있지만 충분 조건이 될 수는 없다. 조직화한 개인들이 커뮤니케이션을 통해서 조직을 둘러싼 환경과 관계를 형성하고 모든 문제에서 관련 공중과 쌍방향 균형적인 관계를 형성하고자 하지 않는다면 오히려 조직이 권력화하고, 사회의 위험 요소를 증폭시킬 가능성이 더 많아진다.

성찰적인 개인이 모인 모든 조직은 조직 단위로서도 성찰적으로 사고해야 하며 위험 사안에 대해서 모든 관련 주체들의 자유로운 의사 표현을 허용하는 공론의 장 형성에 주안점을 두어야 한다. 커뮤니케이션을 통한 공중 관계 형성은 그런 의미에서 다원주의를 넘어 개방된 조직 간 경쟁을 통한 위험 사회의 극복이라는 낙관적인 다원주의를 지향하고 있다고 말할 수도 있다. 즉 단순히 다양한 의견이 유통되어 문제가 해결될 것이라고 보는 것이 아니라 커뮤니케이션을 통해서 힘의 불균형을 뛰어넘는 다양성을 확보함으로써 문제를 해결할 수 있다고 보는 것이다. 여기서 말하는 힘의 불균형 문제는 시민 사회 조직과 비영리단체의 활성화, 진정한 언론 기능과 사회 커뮤니케이션 통로의 강화, 조직과 개인의 성찰적 근대화, 양심적인 세계 조직의 강화 등을 통해서 극복될 수 있을 것으로

전망한다.

사회 민주화의 성숙은 필연적으로 많은 목소리들이 부딪히는 현상을 가져올 것이다. 위험 문제도 이러한 다양한 사회집단의 충돌 속에서 증폭될 것이 분명하다. 위험의 사회적인 확산이론에서 논의되었듯이, 위험은 촉발된 상황보다 사회적인 확장 과정을 거치면서 더욱 확대되거나 축소될 것이다. 이러한 갈등을 무조건 나쁘다고 할 수는 없다. 자신의 목소리를 전달할 수 있는 통로가 없기 때문에 일어나는 갈등도 있다. 숙의 민주주의의 입장에서 보더라도 다수결의 원칙에 의한 무조건적인 합의는 전체주의의 폐해를 인정하는 것이나 다름없다. 따라서 위험 문제를 해결하기 위해서는 모든 사회 조직이 다름을 인정하고 공론의 장을 통해서 의견 공유의 기회를 가지면서 합의를 창출하도록 노력하는 수밖에 없다.

조직 간의 실질적인 합의 창출을 위한 커뮤니케이션 방식은 공중 관계 커뮤니케이션의 쌍방향 균형 모델(Grunig, 2001), 합의 창출 분야의 상호 이익 접근(Susskind & Field, 1996), 갈등 해소 분야의 통합적인 갈등 해소 방안 등을 참조할 수 있다. 위험 문제로 축소하여 살펴보면, 성찰적 근대화를 통한 위험 문제 해결을 위해서도 진정한 개인화에 기반을 둔 하위 정치 조직 간의 합의 창출이 중요한데, 이를 위해서 전문성의 독점 파괴, 관할 영역의 타파, 의사 결정 구조의 개방, 다양한 공적 대화 기회의 마련, 자발적인 규약 마련과 준수 등의 원칙이 거론된다(Beck, Gidddens, & Lash, 1996). 이러한 접근을 라운드테이블 모델round table model이라고 하는데, 결국 위험 문제 해결을 위한 조직 간의 합의 창출은 구조structure보다는 사람agent에 대한 신뢰를 바탕으로 의사 결정의 과정을 자발적으로 형성하고, 모두에게 언로를 개방하며, 성찰적인 커뮤니케이션을 이어가는 것이다. 이러한 과정에서 사회적인 구조도 함께 변화한다. 남이 변하는 만큼 나도 변하겠다는 생각이 없다면 위험 문제를 해결하기 위한 사회적인 합의는 요원하다. 이러한 커뮤니케이션 균형 감각이 위험 문제 해결의 핵심이라고 할 수 있다.

제언: 위험 사회 문제 해결을 위한 커뮤니케이션 모델

지금까지 논의했던 것처럼 현대 사회가 위험한가 하는 현실 인식과 위험을 어떻게 해결할 것인가 하는 문제는 커뮤니케이션의 필요성과 밀접하게 연결된다. 따라서 현대 사회의 위험 문제 해결을 위해 이러한 인식과 해결 방법에 대응하는 2단계 커뮤니케이션 역할 모델을 제시해 볼 수 있다(그림 2-5). 위험 문제의 현실 인식을 위해서 커뮤니케이션을 통한 합의가 필요할 뿐만 아니라 위험 문제의 해결을 위해서도 커뮤니케이션을 통한 사회 합의가 필수적이다. 즉 현대 사회의 위험 문제는 위험 자체에 대한 사회구성원들의 합의를 이루어 가는 문제가 일차적으로 해결되고, 그것을 바탕으로 문제 해결을 위한 합의를 구성하는 것이 필요하다. 이것을 "위험 문제 해결을 위한 커뮤니케이션 2단계 역할 모델"이라고 할 수 있다. 예를 들어 미국산 쇠고기의 광우병 논란과 관련하여 미국산 쇠고기의 위험성에 대한 사회적인 합의를 광범위한 사회 커뮤니케이션을 통해서 우선 이루는 것이 필요하다. 그런 다음, 그 위험성이 확인되면 어떻게 그 문제를 해결할 것인가에 대한 사회적인 합의를 이루어 나가야 한다. 하지만 우리나라의 경우, 위험 인식 단계에서 사회적인 합의를 이룰 수 있는 기회를 박탈하거나, 지나친 전문가 의존형 커뮤니케이션을 통해서 일방적인 의견을 강요하는 경우가 많으며, 그러한 위험 인식에 대한 합의가 부재한 상황에서 문제 해결에 대한 방안을 밀어붙임으로써 사회적인 갈등을 오히려 증폭시

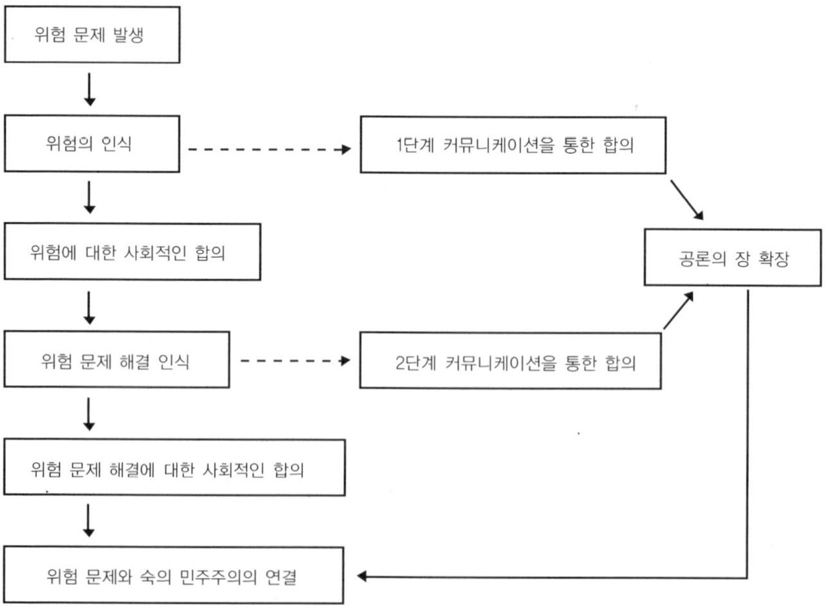

그림 2-5. 위험 문제 해결을 위한 커뮤니케이션 2단계 역할 모델
주) 점선은 커뮤니케이션을 통한 합의가 일어나는 부분을 의미한다.

키는 경우가 많다.

전술한 대로 우리나라의 위험 문제에 대한 인식과 대응은 아직 실망스러운 수준이다. 이전 개발 경제 시대의 원자력 발전소 건설이나 대규모 토목공사는 발전의 논리에 지배당하는 산업 사회의 논리가 그대로 적용되었다고 할 수 있지만, 최근에 들어서도 원자력 발전소 재가동 결정이나 국가 토목 사업의 결정 과정을 보면 그러한 산업 사회 개발 논리가 조금도 변하지 않았다는 것을 감지하게 된다. 원자력 발전소 사고의 영향력이 인근 지역에만 제한되는 것이 아니고 국가 토목 사업은 국민 생활 전반에 영향을 미치기 때문에 광범위한 공론의 장을 필요로 함에도 불구하고 소수의 직접적인 영향 공중에 한정한 공론의 장이나 전문가 공론의 장을 통해서 커뮤니케이션을 통한 사회 합의를 축소하는 경향이 많이 나타나고 있다. 예를 들어 고리원자력발전소 재가동 결정과 관련하여 인근 지역 주민의 동의에만 의존한다든지, 수입 개방 등의 결정이 일부 농촌 지역의 문제로 한정되는 것은 지나친 공론의 장의 축소를 보여 준다. 이는 위험 문제 인식과 해결 과정에서 커뮤니케이션의 역할, 즉 위험 문제 해결을 위한 2단계 커뮤니케이션 역할 모델의 필요성이 무시되기 때문에 일어나는 현상이라고 할 수 있다.

우리나라는 위험 문제의 민주화를 위해서 커뮤니케이션을 통한 공론의 장의 확대에 사회적인 역량을 모을 필요가 있다. 구체적으로 커뮤니케이션 기능을 어떻게 사회적으로 제도화할 것인가의 문제는 서구에서 활용되고 있는 대안적인 갈등 해소 제도alternative dispute resolution(ADR) 등을 참고하여 우리나라의 상황에 맞는 커뮤니케이션 요소들을 통합하는 새로운 합의 제도를 구성할 필요가 있다. 특히 다양한 조정mediation과 중재arbitration 제도는 참조할 만하다. 특히 조정의 기법은 이름만 비슷하게 사용되었을 뿐, 우리나라에 아직 본격적으로 도입된 적이 없는데, 이는 우리나라가 제3자를 통한 갈등 해소라는 오랜 전통을 보유하고 있다는 관점에서 매우 유용한 제도가 될 가능성이 높다. 하지만 제도의 도입에서 중요한 것은 피상적인 형태의 도입이 아니라 그 제도의 철학적인 기반이 함께 도입되는 것이다. 또한 제도의 도입과 함께 우리나라의 문화적인 특성들이 함께 고려되는 토착화 과정을 거칠 필요가 있다. 이러한 커뮤니케이션과 협상에 기반한 대안적 갈등 해소의 자세한 방법에 대해서는 이후의 장에서 전체적으로 다루게 된다.

이 장에서는 개괄적인 모델 차원에서 위험의 문제가 커뮤니케이션과 연결되었지만, 위험 문제 해결을 위한 개인의 조직화 문제는 필연적으로 위험의 문제를 조직화의 문제로 몰아간다. 이는 위험 문제가 실질적인 해결을 위해서는 조직 개념과 합쳐질 수밖에 없다는 의미다. 이후 위험과 위기를 연결하는 논의에서 나오게 되겠지만, 위험이 조직화의 문제와 결합하면 위기의 문제로 진화한다. 즉 개인 차원에서 논의되던 위험의 문제가 조직 차원에서 인식되고 문제 해결을 위한 체계적인 행위에 나서게 되면 위험은 위기의 문제로 변화한다. 위기의 문제도 필연적으로 커뮤니케이션 문제와 연결될 수밖에 없는데, 이를 위해서는 위험에 대한 이해가 선행되는 것이 논리적이다. 따라서 위험과 위기, 커뮤니케이션을 함께 묶어 주기 전에 이후의 장에서 위험에 대한 이론적인 논의를 좀더 심층적으로 알아보게 된다.

제2부

위험과 커뮤니케이션

제3장

위험과 위험 인식

위험이란 무엇인가?

위험risk은 전통적으로 크게 두 가지 요소가 복합적으로 작용한다. 그것은 어떤 사안이 가져올 수 있는 부정적인 충격의 정도와 그러한 일이 일어날 수 있는 가능성의 정도가 상호 작용하는 것이다. 따라서 어떤 일이 위험하다고 느끼는 것은 어떤 주체를 둘러싼 내외부 환경의 작용에 의해서 그 주체에 부정적인 영향을 주는 사안이 있으며, 그러한 부정적인 영향이 실제로 일어날 가능성이 상존할 때다. 하지만 위험은 일반적으로 어떤 부정적인 영향의 가능성을 말하는 것이지만 또한 편익을 실현하기 위한 주체의 의도적인 행위에 의해서 발현되는 경우도 허다하다.

한마디로 위험은 그 자체로서 역설적이다. 예를 들어 사람들은 담배가 신체에 해로운 영향을 미치며 해악이 발현될 가능성이 높다는 것을 알고 있다. 즉 담배는 위험하다는 인식을 하고 있다. 하지만 사람들은 이러한 위험성을 알고 있으면서도 담배를 피움으로써 얻을 수 있는 편익을 위해서 위험을 기꺼이 감수하기도 한다. 따라서 위험은 분명히 사람들에게 위협적인 존재이기도 하지만 위험이 가져올 수 있는 편익과 저울질을 해야 하는 양가 감정의 요소를 함께 가지고 있다고 정의할 수 있다. 이러한 속성을 염두에 두고 위험과 위해hazard를 구분하기도 한다. 즉 위해에 비해서 위험은 조금 더 자신의 결정이 개입된다고 보는 것이다. 한편 자신의 결정과 관련하여 어떤 피해가 자신의 결정권 내에서 이루어진 경우를 모험이라고 개념화하고, 자신의 결정과 상관없이 피해를 입게 되는 경우를 위험이라고 정의하는 경우도 있다(김성재, 1996). 하지만 이 책에서는 위험을 모험의 의미를 포함하는 개념으로 설정한다.

위험은 또한 현실reality과 가능성possibility의 차이를 이해하는 것과도 연결된다(Renn, 1992). 사람들이 사회에서 발생하는 현상을 모두 이미 결정된 숙명적인 현실로서 받아들인다면 위험에 대한 논의는 무의미하다. 즉 사람들은 어떻게 하든 위험을 피할 수 없기 때문이다. 하지만 위험을 숙명적인 현실이 아닌 가능성의 차원에서 받아들인다면 위험의 결과는 어떤 자연의 작용이나 사람의 행위에 의해서 발생하는 원치 않는 결과이며, 이러한 인과 관계의 원인들을 수정한다면 피할 수도 있는 상황으로 상정하는 것이 가능해진다. 우리가 위험을 논의하는 것은 이러한 가능성의 차원이며, 이런 의미에서 위험의 정의는 1) 바람직하지 않은 결과undesirable outcomes, 2) 발생 가능성possibility of occurrence, 3) 현실 상황 인식state of reality이라는 세 가지 요소로 이루어져 있다. 따라서 위험에 대한 관점을 형성하는 것은 이러한 세 가지 요소에 대한 시각에 의해서 결정되는데, 다음의 세 가지 질문, 즉 1) 바람직하지 않은 결과는 무엇을 지칭하는가? 2) 어떻게 불확실성을 구체화하고 평가할 것인가? 3) 위험 현실의 의미는 무엇인가? 등에 어떻게 답할 것인가에 달려 있다. 예를 들어 경제학적인 관점에서 위험을 보는 사람과 문화적인 관점에서 보는 사람은 이러한 질문에 대한 대답이 다를 수밖에 없고 이러한 차이가 위험에 대한 개념과 관점의 차이를 나타낸다. 지금까지 논의한 위험의 구성 요소와 이를 통한 관점의 차이는 후속 장에서 위험에 대한 인식 패러다임으로 연결된다. 위험에 대한 기술과학적인 접근, 심리학적인 접근, 사회학적인 접근, 문화이론적 접근 등은 이러한 구성 요소에 대한 명백한 인식 차이에서 비롯된 것이라고 할 수 있다.

표 3-1. 위험 정의의 세 가지 요소

1. 바람직하지 않은 결과
2. 발생 가능성
3. 현실 상황 인식

지금까지 대부분의 정의들을 보면 위험을 위험의 발생 가능성과 결과에 초점을 맞추어

여기서 비롯되는 예상 결과expected value를 위험의 단위로 보고자 하는 시도가 많았다. 하지만 위험은 복잡한 사회적인 의미와 함께 다차원적인 정의를 가진다고 보아야 마땅하다(Fischhoff, Watson, & Hope, 1984). 위험의 차원과 관련하여 정확하게 구성된 것은 없지만 위험의 크기를 비교하기 위한 차원을 참조해 볼 수 있다. 위험은 발생 가능성과 바람직하지 못한 결과를 함께 고려하지만, 위험을 비교 평가하려면 몇 가지 요소들을 함께 고려할 필요가 있다(Hansson, 1989).

위험을 비교할 때는 우선 부정적인 결과들을 어떤 형식으로 판단할 것인가를 결정해야 한다. 어떤 단위와 비교 대상을 쓰는가에 따라서 위험의 크기가 달라질 수 있다. 이와 함께 사람들이 얼마나 통제력을 행사할 수 있는가도 중요한 요인이 된다. 세 번째로 인식 차원에 따라서도 달라질 수 있다. 개인적으로 위험을 평가하는 것과 집단 차원에서 위험을 평가하는 것은 다를 것이다. 우리나라 같은 집단주의 사회에서는 개인이 집단의 영향으로부터 자유롭다고 할 수 없기 때문에 평가 차원을 항상 고려해야 한다. 네 번째는 재앙의 상황에서는 발생 가능성이 중요한 고려 변수가 되기 어렵다. 지진과 같은 상황이 발생 가능성이 낮다고 해서 덜 위험하다고 평가할 수는 없다. 또한 시간과 정보의 부재도 중요한 위험 비교의 요인이 될 수 있다. 장단기 인식과 정보의 유무는 위험 인식에 영향을 미친다. 마지막으로 잘 들어보지 못했던 새로운 위험, 지식이 부족한 위험 또한 위험 비교에 영향을 미치게 될 것이다. 위험이 발생 가능성과 발생 크기의 조합에 의해서 인식되지만, 위험에 대한 정의가 이러한 요소들을 충분히 고려했을 때 비로소 위험의 복잡한 사회적인 의미를 함께 포용할 수 있게 된다.

한편 위험에 대한 정의는 광범위하지만 우리가 지금 살고 있는 공간과 시간의 차원에서 과거의 위험과 앞으로 닥칠 수 있는 위험을 현재 시점에서 함께 바라보는 것이 필요하다. 왜냐하면 위험에 대한 정의는 시간과 공간에 따라서 변화하기 때문이다. 예전에 어떤 지역에 위험했던 것들이 지금 우리들에게 위험하지 않은 것이 될 수 있고, 그 반대도 가능하다. 근대 사회 들어 형성되는 시간과 공간의 분리와 '장소 귀속 탈피 기제'(Giddens, 1990/1991)는 위험을 전 지구적으로 표준화시키는 경향이 있다. 즉 현대 사회에서 특정 지역에서만 통용되는 위험의 특수성은 많이 줄어들고 있다. 지구 온난화 현상은 특정 지역의 문제가 아닌 전 지구 차원의 문제다. 또한 이스라엘과 레바논의 전쟁이 지역 차원에서만 문제가 되지는 않는다. 이러한 근대 들어 시작된 과거에는 볼 수 없었던 역동성은 위험의 문제를 근대의 특수한 시각에서 바라볼 것을 요구한다. 따라서 우리가 요구하는 것은 근대에 들어와서 시작된 위험에 대한 논의다. 이 책에서는 근대라는 용어를 전통 사회, 봉건 사회와 구분하는 개념으로 사용했으며, 현대는 근대의 의미가 발전해 온 지금 현재 사회를 의미한다. 따라서 거의 같은 의미로 쓰이고 있지만, 때에 따라서 근대 사회가 산업 사회의 모순을 극복하지 못해서 위험 사회로 왔다는 차원에서는 현대 사회가 위험 사회를 의미한다.

근대 사회의 역동성이 만들어 내는 위험은 어떤 특성을 가지고 있을까? 기든스는 그것을 일곱 가지 차원에서 정리하고 있다.

1. 강도의 측면에서 위험의 지구촌화: 가령 핵전쟁은 인류의 생존을 위협할 수 있다.
2. 지구상의 모든 사람 또는 최소한 대다수의 사람들에게 영향을 미치는 우연적인 사건들의 숫자가 늘어나고 있다는 측면에서 위험의 지구촌화: 예를 들어, 전 세계적으로 연쇄적인 영향을 미치는 노동 분업의 변화 현상 등
3. 인위적인 환경 혹은 사회화된 자연으로부터 파생되는 위험: 유전자 조작 식품과 같이 인간 지식이 물질적 환경으로 주입되는 현상 등
4. 수백만 사람들의 삶의 기회에 영향을 미치는 제도화된 위험 환경의 발달: 예를 들어, 국제 투자 시장의 요동 등
5. 위험을 위험으로 인식하게 되는 일반화 현상: 위험에 대한 '지식의 부족'이 종교적이거나 혹은 주술적 지식에 의해서 '확실한 것'으로 바뀔 수는 없다.
6. 위험에 대해서 전반적으로 확산된 인식: 우리가 집단적으로 직면하는 위험의 상당수가 대부분의 일반 대중에게 알려져 있다.
7. 전문 지식의 한계성에 대한 인식: 어떤 전문가 체계도 전문적 원리를 채택해서 얻어지는 결과에 대해서 완전히 확신할 수는 없다(Giddens, 1990/1991: 132에서 수정 인용).

이러한 위험의 특성들 중에서 기든스가 가장 위협적으로 생각하는 요소는 강도強度의 측면이다. 오늘날의 위험은 과학의 발달과 함께 전 지구적인 종말을 위협하는 수준에 도달했으며 사람이 적절하게 대응할 수 있는 수준을 훨씬 넘어서는 경우가 대부분이다(Beck, 1986/1997). 특히 벡이 위험 사회의 예로서 사용하는 체르노빌 핵발전소 폭발 사건 같은 경우는 현대 사회 위험의 강도가 인간의 제어 능력 밖에 있음을 잘 보여 준다. 이

러한 위험 강도 요인은 두 번째 요인인 위험의 지구촌화와 자연스럽게 연결된다. 이것은 또한 기든스가 주장한 장소 귀속 탈피 기제와 연결될 수 있는데, 이제 위험은 특정한 장소를 벗어나서 우발적인 특성을 강화하게 되었다. 따라서 한 지역의 통제 가능성이 다른 지역의 통제 가능성과 연결될 수 없기 때문에 무기력한 대응으로 끝날 수 있다. 우리나라의 경우 황사 문제가 위험 환경의 지구촌화와 밀접하게 연결된다. 우리나라가 아무리 황사 문제를 혼자 힘으로 해결하려고 해도 중국의 사막화 현상이 해결되지 않는 한 황사 문제는 그 해결이 어렵다. 위험은 이미 지구촌 전체를 영향권으로 한다.

세 번째와 네 번째 특성은 위험 자체의 특성이기보다는 위험을 만들어 내는 환경적인 요인과 관련된 것이다. 자연은 이미 인간의 영역으로 들어왔고, 따라서 자연은 그 자체로서 위험 환경을 조성한다. 예를 들어 오존층의 파괴로 인한 온실 효과는 자연이 사람들의 영향을 받아 이미 위험 환경으로 변화하고 있음을 보여 준다. 또한 사람들을 산업 사회 경쟁의 테두리 안으로 몰아넣는 환경은 필연적으로 위험 요소를 내포한다. 만약 충분한 자원에 의해서 경쟁이 필요 없는 사회를 만들 수 있다면 사람들의 위험 회피 행위도 늘어날 것이다. 하지만 자본주의 사회에서 생존을 위한 경쟁은 불가피하다. 따라서 위험도 불가피하다.

이후 세 가지 요인들은 위험의 인식과 관련되어 있다. 위험을 위험으로 인식하는 것은 위험에 대한 지식이 일반화되어 대부분의 사람들이 위험을 일반적인 것으로 느끼게 되었다는 것이다. 이것은 근대의 특징이라고 볼 수 있는데, 사회에서 위험을 신비화하거나 특권화할 수 있는 장치들이 없어지고 대부분의 사람들이 위험을 위험 자체로 받아들이게 되었다는 의미다. 이제 누구도 쓰나미의 위력을 신의 분노로 생각하지 않는다. 이것은 위험 인식의 대중화와 연관되어 있다고도 할 수 있다.

즉 전문가에 의해서 독점되었던 위험은 더 이상 특정 계층의 전유물이 아니고 일반 공중의 논의 속으로 들어오게 되었다. 이러한 전문 지식에 대한 한계 인식은 위험 문제에서 커뮤니케이션의 중요성을 더욱 강조하게 되는 계기가 된다. 전문가들은 사회의 전체적인 대중화에 따라 신뢰 유지를 위한 노력을 기울일 필요가 제기되었고, 이는 조직 차원의 신뢰 형성을 위한 커뮤니케이션의 중요성을 강조하는 계기가 되었다. 하지만 우리나라의 경우는 아직 사회의 위험 담론이 전문가들에 의존하는 수준이 높은 편이다. 대부분의 언론은 전문가 소스 중심의 위험 정보를 양산해 내면서 일반인과 전문가의 시각 차이에 대해서 편견을 가지고 바라보는 관점을 유지하고 있다. 현대 사회의 위험 논의는 일반인의 위험 인식을 중심으로 전개되고 있으며, 전문가와 일반인의 인식을 연결하는 방법을 찾아나가는 것이 필요하다.

기든스의 근대 역동성과 관련한 위험의 속성을 정리해 보면 현대 사회에서 위험은 결국 일어날 수밖에 없다는 것이다. 또한 지구촌화되어 있는 위험은 이미 인류의 생존을 위협하고 있으며 광범위한 영향력을 발휘하고 있다. 또한 이러한 위험은 아무도 책임질 수 없는 상황에 이르렀으며, 일종의 감정의 마비 상태와 결합되어 있다(Giddens, 1990/1991). 이러한 상황에서 기든스는 인류의 미래를 두 가지 상황으로 결론짓고 있는데, 그것은 인류의 멸망과 성찰적 반성에 의한 위험 문제의 해결이다. 기든스는 역설적이게도, 사회의 위험이 커질수록 문제 해결을 위한 인류의 열망이 높아질 것으로 기대했다. 이러한 열망이 위험 문제의 해결로 연결되기 위해서는 개개인의 두려움이 조직화되어 사회적인 영향력을 결집시킬 수 있어야 하며, 이러한 영향력을 실제로 행사할 수 있는 커뮤니케이션의 활성화를 통한 공론의 장 형성이 필요해진다.

모든 문제는 공론의 장으로 나와 커뮤니케이션을 통해서 해결되어야 한다. 공론의 장에서는 전문가와 일반인의 인식에 대한 계급성을 떠나서 평등한 커뮤니케이션을 추구하는 것이 필요하다. 이것은 전문가와 일반인 모두에게 해당되는 것이다. 위험 문제의 해결을 위해서는 문제 해결의 열망을 조직화하고, 이를 통해서 커뮤니케이션 공론의 장을 형성하는 것이 무엇보다 중요하다. 〈표 3-2〉는 지금까지 논의했던 현대 사회의 위험 속성을 정리해 본 것이다.

표 3-2. 현대 사회의 위험 속성

1. 위험은 부정적인 충격의 정도와 발생 가능성의 정도가 상호 작용한다.
2. 위험은 주체의 의도와 관련 없이 역설적인 측면을 지닌다.
3. 위험은 숙명적인 현실보다는 변화 가능성의 차원에서 접근할 수 있다.
4. 위험은 지구촌을 범위로 하고, 그 영향력 또한 서로 연결되어 있다.
5. 위험은 결국 인식의 문제다.
6. 위험은 불가피하게 일어날 수밖에 없다.

지금까지 논의된 위험의 개념 정의는 매우 광범위하게 사용된 측면이 있다. 이에 비해서 위험을 실생활과 연결하여 유형화한 논의들도 있어 왔다. 이러한 논의들에서는 보통 위험을 불확실성과 연결시키면서, 전략적인 위험strategic risk과 관리 차원의 위험operational risk으로 나누기도 하고, 위험을 순수한 위험pure/사변적인 위험speculative, 실제적인 위험physical/보이지 않는 위험invisible, 확실한 위험surable/불확실한 위험insurable, 외부 위험external/내부 위험internal 등으로 구분하기도 한다(Drennan & McConnell, 2007). 한편 전략적인 위험은 조직이 불확실한 위험 요인을 어떻게 가장 효과적으로 이용하여 조직 목표를 달성할 것인가에 초점을 맞춘 것이고, 관리 차원의 위험은 일상 조직 행위에서 관리 대상으로 일어나는 법적, 재정적, 기술적, 환경적인 위험을 의미한다. 이러한 개념들은 흔히 쓰이는 위험 관리risk management라는 조직 행위 개념과 연결되어 위험을 조직의 전략적이고 관리적인 측면에서 불가피한 것으로 해석하는 분야의 연구와 연결된다.

하지만 이 책에서 다루는 위험은 이러한 조직의 전략적이고 관리적인 차원의 위험을 의미하는 것이 아니라 개인의 인식을 포함해서 사회 전체 차원에서 원치 않는 결과를 가져올 수 있는 모든 발생 가능성을 의미한다. 따라서 이 책에서는 위험을 어떻게 조직의 이익을 위해서 전략적으로 이용할 것인가에 초점을 맞추는 것이 아니라 개인의 위험 인식과 이것을 사회적으로 연결하는 위험 커뮤니케이션에 더 초점을 맞추고 있다. 일단 위험 커뮤니케이션의 구체적인 이론 논의를 알아보기 위해 전문가와 일반인의 위험 인식에 대해서 살펴보기로 한다.

위험 인식

위험과 관련한 논의들이 기술적이고 전문가적인 차원에서 인식 연구로 발전해 온 것은 위험 논의의 일반화와 대중화를 의미한다. 위험을 단순히 충격의 정도와 발생 가능성을 예측하고 진단하는 차원에서 보는 것이 아니라, 사람들이 그것을 어떻게 받아들이며 위험이 어떻게 공중에게 보여지는가에 초점을 맞추게 된 것이다. 이러한 의미에서 위험인식과 관련한 논의는 위험 연구에서 매우 중요한 위치를 차지한다.

하지만 지금까지 위험 인식과 관련한 연구는 몇 가지 문제점을 안고 있다(Covello, 1983). 우선 대부분의 실증 연구들이 한정된 샘플(실험실 연구 혹은 한정된 지역을 대상으로 한 설문)을 대상으로 했기 때문에 일반적인 공중의 인식을 모두 대변한다고 보기는 어렵다. 이와 함께 위험 인식 연구들은 지나치게 심리학적인 변수에 집착하다 보니 조직이나 사회 변수들이 고려되고 있지 않다. 또한 이것은 일반적인 심리학 연구의 문제와도 연결되겠지만 실증 연구에서 행해지는 인식과 태도에 대한 측정 결과가 참가자들의 실질적인 행동을 얼마나 예측하는지는 알기 어렵다. 설문을 통한 연구의 단점을 차치하고라도 위험 인식의 시간 경과에 따른 변화 가능성, 스스로 평가하는 인식 연구의 정확성 문제 등도 앞으로 고려되어야 할 문제점들이다. 앞으로 선행 연구에 대한 해석은 위와 같은 한계들을 인식하면서 연구 결과를 해석하는 것이 바람직하다.

위험에 대한 인식

위험과 관련한 논의는 크게 두 가지 측면에서 접근할 수 있다. 발생하는 위험의 충격이 어느 정도 될 것인가를 가늠해 보는 것과 그러한 발생 충격을 어떻게 대비할 것인가 하는 측면이다. 여기서 후자에 해당하는 관리 차원의 접근은 조직 혹은 위험 주체의 위기 관리라는 학문 분야로 발달하고 있다(위기와 위기 관리는 제3부에서 다룸). 하지만 위험과 관련한 논의를 좀더 광범위하게 살펴보기 위해서는 위험에 대한 폭넓은 개념 정의와 함께 위험 요인을 측정 평가하고 위험 인식과 관련한 인식 변수와 이러한 인식을 조절할 수 있는 위험 커뮤니케이션에 대한 전반적인 이해를 도모하는 것이 필요하다. 위기 관리라는 분야가 조직이나 위험 주체를 중심으로 관리와 커뮤니케이션을 연구하는 것이지만 조직 차원을 넘어 위험이라는 좀더 추상적이고 사회적인 개념을 이해하는 것이 우선될 필요가 있다.

하지만 사실상 위험 요인의 평가와 관련한 위험 요소 평가, 위험 노출 평가, 위험 관련 비용/편익 분석 등은 커뮤니케이션 측면보다는 위험에 대한 사실적인 정보의 평가에 집중해 있는 측면이 많고 전문가 영역의 과학적인 데이터를 생산하는 데 집중하는 경향이 있다. 따라서 커뮤니케이션 접근을 우선한다면 그러한 위험 평가를 넘어서서 관련 공중이 위험을 어떻게 인식하게 되며, 어떻게 커뮤니케이션을 통해서 위험에 대한 논의를 이끌어 낼 것인가에 집중하는 것이 옳은 접근이라고 할 수 있다. 위험을 평가하기 위한 과학적이고 객관적인 평가보다는 위험 관련 공중의 위험 인식이 이 책의 관심이라고 할 수 있다.

그렇다면 위험 인식은 어떤 속성을 가지는 것일까? 우선 위험 논의에서 객관적인 위험은 없으며 사회적으로 재구성된다는 것을 받아들이는 것이 필요하다. 아무리 과학적인 데이터에 의해서 위험 피해를 추정해 낸다고 하더라도 관련 공중이 그것을 받아들이지 않는다면 아무 의미가 없다. 따라서 위험은 본질적으로 재구성되며 주관적인 인식이다(Slovic, 1984). 정보 해석에 대한 개인차, 사회적인 배경, 역사적인 맥락, 사회를 지배적인 신화의 차이 등이 위험의 인식에 영향을 미친다. 예를 들어 우리나라는 일본의 군비 증강을 위험으로 느낀다. 그것은 미국이나 다른 나라들이 느끼는 위험의 정도와는 다를 수밖에 없다. 식민지 지배의 역사, 일본인의 이중성에 대한 우리나라 사람들의 인식, 개인적인 경험의 축적 등이 위험 인식에 영향을 미치게 된다. 아무리 일본은 방어 무기 중심의 전력이고 일본의 핵 사용은 평화적인 목적이라는 데이터를 인용하더라도 우리나라 사람들이 느끼는 위험은 사회적으로 재구성된 것이다. 객관적인 정보보다도 주관적인 인식이 중요한 것이다.

일반적으로 전문가들에 비해서 일반 사람들의 위험 인식은 다르다. 사람들은 좀더 복잡한 인식 변수와 상황 변수를 활용해서 위험을 인식한다. 이러한 위험 인식이 사망자 수나 부상자 수 등 명확한 통계 수치에 의해서는 설명할 수 없다는 것은 알려진 사실이다(Slovic, Fischhoff, & Lichtenstein, 1980). 일반인들은 좀더 다른 변수들을 필요로 한다. 예를 들어 위험의 이해 정도, 위험의 공평성 정도, 위험 통제 가능성 정도, 위험에 대한 자발적인 참여의 정도 등 확실한 피해 정도와는 무관한 변수들이 많이 동원된다(Slovic, 1987). 위험의 공평성 정도와 같은 변수는 위험의 피해 정도와 무관하게 모든 사람에게 위험이 공평하게 분배되었느냐의 문제가 쟁점이 된다. 위험이 공평하게 분배되었을 경우, 사람들은 덜 위험하다고 인식하는 경우가 많다. 따라서 위험 인식 패러다임은 일반 사람들이 위험에 대해서 느끼는 인식이 실제적인 위험의 정도보다 더 중요하다는 차원에서 위험 문제에 접근하는 것이다. 이는 위험 논의의 전문가 중심주의를 덜어내는 것이다.

위험 인식에서 가장 많이 인용되는 변수는 불확실성uncertainty이다. 위험은 분명 불확실한 상황을 가져온다. 하지만 위험이 불확실하다는 것을 인정하더라도 위험에 대한 어느 정도의 예측과 대비가 불가능하다고 말하는 것은 지나친 비관이다(Leiss & Chociolko, 1994). 위험은 불확실한 요소가 있기는 하지만 어느 정도 확률적으로 또는 축적된 경험에 의해서 예측할 수 있는 면이 있으며 이러한 활동으로 위험의 발생 가능성을 현저히 낮출 수 있다. 하지만 위험의 불확실성은 너무나 뚜렷한 속성이기 때문에 위험의 인식에 가장 큰 영향을 미칠 수밖에 없다.

이 밖에도 위험을 인식하는 데 영향을 미치는 세 가지 요소는 통제력, 정보, 대응 시간의 부족 정도다(MacCrimmon & Wehrung, 1986). 얼마나 통제할 수 있는가, 어느 정도의 정보를 가지고 있는가, 그리고 문제에 대응할 시간이 주어지는가 등은 위험을 인식하는 데 결정적인 작용을 한다. 이러한 세 가지 요소는 또한 위험의 구성 요소라고 할 수 있는 피해의 크기와 피해 발생의 가능성과 결합하여 다변화된 위험 인식을 만들어 낸다. 즉 위험을 통제하지 못하거나, 정보와 시간이 부족하다면 위험에 대한 인식이 높아질 수밖에 없다. 이 밖에도 위험 인식에 영향을 미치는 변수들은 많은 선행 연구들에서 주제로 다루어져 왔다.

위험 인식에 영향을 미치는 요소들

다학문적인 접근과 연결하여, 위험 인식과 관련한 연구 전통을 크게 두 가지로 나누어 볼 수 있다. 우선 위험을 객관적으로 평가할 수 있다고 보는 시각이 있다(Star, 1969). 역사적인 데이터나 경제적인 편익/비용 분석을 통해서 위험을 객관적으로 평가할 수 있다고 보는 이 시각은 어떤 객관적인 기준에 의해서 사회적으로 가장 최적의 평가 결과를 도출할 수 있다고 본다. 두 번째 접근은 이러한 경제적인 분석이나 확률적인 분석이 위험의 인식에 영향을 미치기는 하지만 위험을 바라보는 사람들의 태도와 인식 변수에 의해서 위험을 느끼는 정도가 더 큰 영향을 받는다고 보는 시각이다(Fischhoff, Slovic, & Lichtenstein, 1978; Slovic, 1987). 전자의 접근이 전문가집단에서 많이 사용된다면, 후자의 접근은 일반인들의 위기 인식이 어떻게 구성되는가를 보여 준다.

전문가에 의한 과학 기술적인 접근에 의해서 위험 수용 정도를 결정하는 것을 명시된 선호revealed preference라고 하고, 사람들의 인식에 의해서 위험 수용 정도가 결정되는 것을 표현된 선호expressed preference라고 한다(Slovic, 1992). 위험 인식에 대한 연구는 사람들의 명시된 선호에서 표현된 선호로의 이동을 명확하게 보여 준다. 명시된 선호에서는 사람들은 손실과 이익의 함수 관계를 통해서 수용 가능한 위험을 결정하지만 표현된 선호에서는 현재 상태의 인식, 인식에 영향을 주는 변수에 의해서 위험 수용 정도가 결정된다. 예를 들어 닭고기 요리를 통해서 조류 독감에 걸릴 확률이 아무리 낮더라도 조류 독감 뉴스가 나오면 닭고기 소비가 현저히 줄어든다. 이는 사람들이 표현된 선호를 더 중요시한다는 말이다. 이런 상황에서 과학적인 데이터만 따지고 있는 것은 아무 의미가 없다.

일반 공중의 인식에 더 초점을 맞춘 시각은 사람들이 더 위험하다고 느끼는 상황을 기준으로 영향 변수를 추출해 왔다. 사람들이 더 위험하다고 느끼는 경우는 위험이 비자발적이거나 혹은 잘 통제할 수 없는 경우인 것으로 드러났다(Nathan, Heath, & Douglas, 1992). 잘 통제할 수 없다는 것은 다른 사람이나 조직에 의해서 통제되거나, 개인적으로 위험을 조절할 수 있는 여지가 없다는 것을 의미한다. 이 밖에도 위험이 공포심을 조장하는 정도가 높거나 진행 속도가 빠른 경우, 그리고 생소하거나 징후를 잘 눈치채지 못하는 경우에도 사람들은 위험을 더 크게 인식하는 것으로 나타났다.

여기서 위험의 강도와 진행 속도가 영향을 미치는 것은 당연한 결과라고 할 수 있지만 위험이 비자발적이거나 통제할 수 없는 경우에 사람들이 위험을 더 크게 느끼는 것은 위험 인식에서 개인적인 변수가 얼마나 영향을 미치고 있는가를 잘 보여 준다고 하겠다. 예를 들어 부안사태의 경우, 원자력 전문가들은 핵폐기물 처리장의 안전성에 대해서 우려하지 않았다. 하지만 부안 시민들의 경우는 자신이 통제할 수 없는 비자발적인 위험에 대해서 전문가들이 느끼는 이상으로 큰 위험을 인식한 것이라고 할 수 있다. 또한 요즘 들어 문제가 되고 있는 새집증후군의 경우는 전문가들이 훨씬 더 위험성을 경고하고 있는 편이라고 할 수 있지만, 일반 시민들의 경우는 자신이 그러한 상황을 통제할 수 있다고 생각하고 일단 자발적으로 획득한 위험이기 때문에 그 위험성을 낮게 평가하는 경향이 있다. 위험은 인식의 수준에 머물러 있고, 실제 위험의 정도는 아무도 예상할 수 없다.

초기 연구에서는 자발성voluntariness과 통제 가능성control 정도가 많이 논의되었지만 '표현된 선호' 연구에서는 이 밖에도 많은 영향 변수들이 발견되었다. 그것은 친밀도familiarity, 재앙 가능성catastrophic potential, 공평성equity, 지식의 정도, 불확실성, 치명성fatality, 인위성artificiality 등 광범위한 변수를 의미한다. 이러한 변수들은 위험의 인식과 수용에 대체적으로 영향을 미치는 것으로 판명되었다(Slovic, 1992).

위에서 말한 영향 변수에서 보듯이 사람들은 자기 스스로 위험을 정의할 뿐 아니라 자신의 정의에 어긋나는 사실을 애써 받아들이지 않으려고 노력하며, 심지어 위험에 자신이 노출되어 있다는 사실을 부정한다(Slovic, Fishhoff, & Lichtenstein, 1980). 대부분의 사람들이 경험하듯이 미디어나 정보원情報源 중에서 자신이 좋아하는 정보는 반복해서 보지만 싫어하는 정보는 애써 외면하는 경우가 많다. 따라서 사람들이 위험을 어떻게 인식하고 반응하는지에 대해서 이해하지 못한다면 위험과 관련한 담론을 커뮤니케이션하는 것이 매우 어려운 일이 되고 만다. 위험 인식과 관련하여 영향을 미칠 수 있는 변수들을 이해하는 것이 필요한데, 여기서는 가장 중요한 변수로 여겨지는 위험 소스에 대한 지식의 정도, 편익의 정도, 통제력의 정도, 관여도, 사회 문화적인 가치, 그리고 불확실성의 정도 등을 중심으로 위험 인식에 대한 영향력을 살펴본다(Nathan, Heath, & Douglas, 1992; Slovic, 1992; Slovic, Fishhoff, & Lichtenstein, 1980).

지식의 정도

기존 연구를 살펴보면 단순히 정보를 제공하는 것은 위험 인식을 변화시키는 데 큰 도움을 주지 못하는 것으로 밝혀졌다. 지식의 수준은 개인적인 경험이나 편익에 대한 기대 등에 따라서 다르게 나타나겠지만, 중요한 것은 단순한 정보의 수준을 뛰어넘는 능동적인 개인의 정보 탐색이 위험 인식에 영향을 주는 지식 수준을 결정할 수 있다는 점이다. 설득의 정교화 가능성 모델elaboration likelihood model(ELM)에 나타나는 것처럼, 일단 지식 수준이 갖추어지면 사람들은 주변적인 경로보다는 중심적인 경로를 통해서 위험 내용에 좀더 진지하게 접근하면서 정보를 탐색할 가능성이 많아진다(Petty & Cacioppo, 1981). 하지만 지식 수준이 갖추어지지 못한 사람에게는 여전히 주변적인 경로가 더 큰 영향을 미친다. 보통 사람들에게는 자극적인 요소를 갖춘 위험이 더 위험하기 때문이다.

위험 인식에 대해서 지식의 정도가 가지는 영향력은 아직 일관된 결과를 보여 주지 못하고 있다. 베어드(Baird, 1986)의 경우, 실제적인 지식의 정도가 위험의 인식과 수용에 큰 영향을 미치지는 못하는 것으로 나타났다. 사람들은 실제적으로 위험에 대해서 알고 있는 것보다는 위험을 어떻게 지각하고 있느냐에 더 큰 영향을 받는 것으로 보인다. 새집증후군의 예를 다시 들면 건강에 직접적인 영향을 미치고 대부분의 사람들이 그 위험성에 대해서 알고 있지만 실제 위험을 인식하는 정도는 상대적으로 낮아 보인다. 결국 사람들의 위험 인식은 실제적인 지식의 정도에 의해서 영향을 받기보다는 주관적인 위험 지각에 더 영향을 받는다는 것을 알 수 있다. 이러한 연구 결과들은 위기 커뮤니케이션에도 많은 함의를 준다. 예를 들어 핵폐기물 처리장 건설과 관련하여 지역 주민들과 공론의 장을 형성하는 과정에서 과학적이고 기술적인 지식을 전달하려고만 하기보다는 지역 주민들이 위험에 대해서 가지는 오해와 편견을 줄이거나 위험 지각에 영향을 미치는 비자발적인 위험 요소와 불공평한 위험 분담 등을 없애고 지역 주민 스스로 위험을 통제할 수 있는 권한을 만들어 주는 등의 커뮤니케이션 전략이 필요하다.

통제력

통제력은 또한 내부적인 통제력과 외부적인 통제력으로 나눌 수 있다(Palenchar & Heath, 2002). 내부적인 통제력은 자신의 운명을 통제할 수 있다고 느끼는 정도이고 외부적인 통제력은 외부 세력이 위험의 원인에 대해서 가지는 통제력을 말한다. 위험 인식과 관련한 통제력을 가진다는 것은 내부 통제력이 강하면서 외부 통제력이 약한 경우를 의미한다. 보통의 경우 위험에 대해서 통제력을 가지는 사람은 위험을 좀더 참아내는 경향이 있다고 말할 수 있다. 따라서 자신이 통제할 수 있는 위험에 대해서는 위험을 수용하는 정도가 높아진다(Bord & O'Connor, 1990; Covello & Johnson, 1987; Lindell & Earle, 1983). 자기 혼자서 위험을 통제하는 것이 어려운 경우에는 외부적인 힘에 기대기도 하는데, 이런 경우 제3자 입장에서 지원해 줄 수 있는 공중이 필요해지게 된다.

또한 위험 인식과 관련하여 통제력을 가진다는 것은 위험의 진행 속도, 위험 충격의 범위와 지속 가능성, 긴급 상황에 대한 준비가 되어 있다는 것을 의미한다(Lindell & Earle, 1983). 대부분의 연구에서 위험에 대해 통제력을 가진다는 것은 위험을 수용하는 데 긍정적인 영향을 미치는 것으로 나타났다(Fischhoff & Lichenstein, 1980). 일반인들의 경우 위험에 대해서 자신이 통제력을 가진다는 것은 위험을 좀더 기술적으로 이해하고 위험과 관련된 상황을 스스로 잘 파악하고 있다는 것과 일맥상통한다. 하지만 위험에 대한 통제력을 가진다는 부분에서도 실제적인 통제력actual control과 지각된 통제력perceived control은 상이할 수 있다. 예를 들어 기술적인 면에서 통제의 정도가 낮은 경우라도 사람들이 위험을 좀더 친숙하게 생각하거나 위험에 따른 편익이 보장된 경우에는 위험과 관련된 통제력을 과장해서 생각하는 경향이 있다. 사람들이 통제력을 가짐으로써 위험을 더 많이 수용하게 되는 이유는 위험을 예상할 수 있을 때의 편익과 개인적인 통제력이 가지는 스스로에 대한 자긍심 등이 영향을 미치는 것으로 보인다(Nathan, Heath, & Douglas, 1992). 우리나라 국가 기관의 위험 정책은 보통 보상과 편의 제공에 초점을 맞추는 경우가 많은데, 영향력 공중이 자신들이 통제력을 가지고 있다고 느낄 수 있는 정책적 고려를 하는 것이 더 중요할 수 있다.

불확실성

확실성이라는 것은 인간의 미래 위험에 대한 예상 능력을 의미하는 것이지만(Tversky & Kahneman, 1974), 이러한 확실성은 위험 이슈에서 유지되기 어렵다. 따라서 불확실성은 위험 이슈와 관련하여 사람들이 예상할 수 없는 영역을 의미한다. 사람들은 보통 불확실한 위험을 잘 참아내지 못하며(Nathan, Heath, & Douglas, 1992), 더 위험하다고 인식하고 무서워하는 것으로 나타났다(Slovic, 1987). 불확실성은 그 자체로서 위험의 속성이라고도 볼 수 있지만 위험 인식에 대한 영향 변수로 따로 떼어내어 생각해 볼 수도 있다.

통제력은 당연히 불확실성이 낮은 경우를 의미한다. 불확실한 위험은 확실히 더 위험해 보인다. 위험과 관련하여 불확실성은 위험 인식 과정에서 사람들의 지각을 왜곡시키는 작용을 하는 것으로 추정된다. 사람들은 어떤 위험이 불확실할 때 애써 외면하기도 하지만 또한 위험을 과장함으로써 그것과 대면하는 사태를 피하려고 하기도 한다. 또한 어떤 위험 사안에 대해서 너무 깊숙이 관여되어 있다면 그것이 불확실성을 왜곡시키기는 계기로 작용하기도 한다. 이러한 불확실성과 관련한 논의에서 가장 중요한 점은 위험의 불확실성 정도와 관련한 처음 인상이 위험 인식에 지속적인 영향을 미친다는 것이다. 어떤 식으로든 위험과 관련된 불확실성을 축소시키는 것이 중요하겠지만 사람들의 왜곡된 지각은 위험에 대한 처음 인상에 영향을 많이 받는 것으로 나타나고 있다. 따라서 위험 커뮤니케이션을 원활하게 하기 위해서는 공중과 지속적인 관계 형성을 지향함으로써 처음 인상에 의해서 불확실성이 왜곡되는 상황을 수정하려는 노력이 필요하게 된다.

왜곡에 빠지기 쉬운 불확실성을 수정하기 위한 커뮤니케이션은 가장 위험해질 수 있는 시나리오를 미리 제시하고, 과학적인 근거에서 불확실한 측면을 함께 설명하면서, 지속적으로 관련 공중과 커뮤니케이션하는 통로를 유지해 나가는 것이다(Weterings & Eijndhoven, 1989). 장기적이고 지속적인 공중 관계 커뮤니케이션이 불확실성을 줄이는데 큰 역할을 담당한다. 불확실성을 줄이기 위해서 실질적인 정보를 커뮤니케이션하는 것도 중요하지만, 공중과의 신뢰를 쌓기 위한 관계 형성 노력이 커뮤니케이션의 기본을 이루기 때문이다.

사회 문화적인 가치

위험이 일어나는 상황 맥락을 무시하고서는 위험 인식을 가늠하기 힘들다. 이는 위험 인식이 객관적인 사실을 기준으로 이루어지는 것이 아니라 매우 주관적인 가치 판단에 의해서 이루어지기 때문이다. 가장 기본적인 사회 가치는 사람들이 속한 인구 사회적인 요인들에 의해서 유래한다(Savage, 1993). 인구 사회적인 요인들은 또한 사회 정치적인 요인들 즉 사회적인 지위, 동원 능력, 소속된 사회기관의 신뢰도 등에 의해서 영향을 받기도 하고, 수입과 교육 정도 등 사회 경제적인 지위에 의해서 결정되기도 한다. 또한 기본적으로 성별, 나이, 인종 등의 영향을 받기도 한다. 정치적인 이데올로기도 사회 가치를 대변하는 개념이다. 정치적인 이데올로기는 위험 수용에서 편견을 생산하는 계기로 작용하기도 한다.

사회 가치 이외에도 문화적인 가치가 광범위하게 위험 인식에 영향을 미친다(Renn, 1992). 위험의 인식은 한 사회구성원이 가지는 공통의 필요, 가치, 경험 등에 의해서 영향을 받는다. 즉 한 사회의 구성원들은 공통의 의미를 가지고 위험을 평가한다. 또한 위험의 인식은 객관적으로 주어지는 것이 아니라 사회구성원들이 제시하는 현실 인식이 다른 사회구성원들과 공유됨으로써 이루어진다. 따라서 문화적인 맥락은 사회구성원의 드라마적인 접근법에 따라 공유된 의미로서 위험을 해석하고(Palmlund, 1992), 과학 기술적인 사실과 다르게 신뢰와 의미 공유의 형성 정도에 따라 위험을 인식한다. 또한 문화적인 접근은 집단성의 정도group와 사회 영향력의 정도grid에 따라 사회를 구분하고, 그러한 유형에 따라 사람들의 위험 인식이 각각 다르다는 것을 주장한다(Rayner, 1992). 예를 들어 평등주의자와 개인의 능력에 따른 차별을 당연시하는 기업가주의자의 위험 인식은 다를 수밖에 없다.

편익의 정도

편익의 정도와 관여도는 다른 변수들에 비해서 일관되게 위험 인식에 영향을 미치는 것으로 나타났다(Nathan, Heath, & Douglas, 1992). 대부분의 연구에서 위험과 관련한 편익의 정도는 위험을 인식하고 수용하는 데 긍정적인 영향을 미치는 것으로 나타났다(Baird, 1986; Fischhoff et al., 1978; Otway, Maurer, & Thomas, 1978). 하지만 위험과 관련한 편익 연구에서 우리가 주의해야 할 점은 편익이 위험 인식을 긍정적으로 만들고 위험을 수용하게 만드는 요소로서 기능하지만 사람들이 가지는 심리적인 거부감을 모두 해소할 수는 없다는 것이다. 아무리 많은 편익을 제공한다고 하더라도 관련 공중이 심각한 심리적인 불안감을 가지고 있다면 위험을 수용하는 것이 어려울 수밖에 없다. 예를 들어 원자력 발전소를 짓는 지역에 학교, 복지 편의시설, 일자리 등 아무리 많은 편익을 제공하더라도 지역 주민들이 원자력은 자신들의 생계에 직접적인 위협 요인이 된다고 생각하면 그러한 위험을 수용하는 것은 매우 어려운 일이다. 따라서 편익은 통제력 등 다른 영향변수들과의 관계 속에서 고려되는 것이 필요하다.

관여도

관여도 또한 위험 인식과 수용에 일관된 영향을 미치는 것으로 보고되고 있다(Nathan, Heath, & Douglas, 1992). 사람들이 위험 사안에 더 많은 관심을 가지거나 관여되어 있다고 느끼는 경우 위험을 더 인식하거나 위험을 수용하는 데 어려움을 느끼는 것으로 나타나고 있다. 이는 관여도와 관련한 많은 이론들이 시사해 주는 바와 일치하는 결과다. 예를 들어 정교화 가능성 모델ELM의 경우, 사람들이 사안에 많이 관여되어 있는 경우 메시지 내용 중심의 설득 과정이 이루어지지만, 관여된 정도가 낮은 경우 주변적인 단서들이 작동하여 설득이 이루어진다고 보았다(Petty & Cacioppo, 1981).

위험과 관련한 논의에서도 마찬가지로 위험 사안에 많이 관련되어 있는 공중의 경우 위험과 관련한 메시지를 더 많이 처리함으로써 위험을 더 인식하게 되거나 위험 수용에 어려움을 겪는 것으로 보인다. 위험 논의와 관련하여 관여도의 경우, 위험 커뮤니케이션이 일괄적으로 이루어지기보다는 공중의 성향에 따라서 커뮤니케이션의 변화가 있어야 한다는 것을 시사하기도 한다. 위험 커뮤니케이션이 모든 공중에게 일괄적으로 이루어지기보다는 공중의 성향에 따라 변화를 보이는 것이 더 효과적일 수 있다는 것을 보여 주는 것이다.

표 3-3. 위험 인식에 영향을 주는 주요한 변수

1. 지식의 정도	2. 통제력
3. 불확실성	4. 사회 문화적인 가치
5. 편익의 정도	6. 관여도

지금까지 위험 인식과 관련한 영향 변수들에 대해서 알아보았다. 많은 변수들이 위험의 인식과 수용에 영향을 미치고 있으며, 이러한 관련성 속에서 위험 커뮤니케이션의 다변화 필요성을 탐색해 볼 수 있다. 하지만 무엇보다도 중요한 것은 이러한 변수에 대한 고려와 함께 위험 커뮤니케이션을 해야 하는 목적성을 분명하게 가지는 것이다. 위험 변수를 관련 주체가 공중의 인식을 효과적으로 처리하기 위한 기능적인 목적으로만 이용한다면 문제 해결을 더 어렵게 만들 뿐 아니라 전체 사회적으로 해악을 초래할 가능성도 배제할 수 없다. 위험 커뮤니케이션의 목적은 무엇보다도 관련 조직과 공중 간의 대화를 이끌어 내고 위험과 관련한 논의에 참여하도록 유도하는 것이다. 이러한 목적은 공중 관계

커뮤니케이션 이론의 수사학적인 접근과 일맥상통하는 면이 있다. 공중 관계 커뮤니케이션의 수사학적인 접근은 모든 사람들이 자유롭게 참여하는 공론의 장을 형성하고, 관련 주체와 공중 간의 의미 공유를 통해서 합의를 유도하는 것이다. 따라서 위험 인식과 위험 커뮤니케이션 논의와 관련하여 공중 관계 커뮤니케이션 이론 접근을 연결시켜 보는 것은 의미 있는 작업이 될 수 있다.

우리나라 공중의 위험 인식

우리나라의 독특한 사회 문화적인 특성으로 분류되는 것이 집단주의 성향이다. 집단주의 성향은 어떤 의미에서든 우리나라 사람들의 위험 의식에 영향을 미치고 위험 문제를 해결하는 데 영향력을 행사할 것으로 생각된다. 하지만 한국인의 집단주의 성향과 위험 상황에 대한 귀인 성향, 그리고 그러한 상황 인식이 위험 문제에 대한 커뮤니케이션에 어떤 영향을 미치는지 알아본 연구(김영욱 · 박소훈 · 차희원, 2003)를 보면 집단주의 성향과 귀인 성향 간 관련성은 유의미하게 나타나지 않았다. 그런 반면 위험 문제 해결에서 집단주의 성향은 커뮤니케이션 스타일에는 영향을 미쳤는데, 집단주의 성향이 높은 사람일수록 사회의 화합을 깨뜨리지 않는 수용적인 커뮤니케이션 전략을 선호하고, 사안을 부정하거나 대립적으로 만드는 공격적이거나 방어적인 전략을 싫어했다. 하지만 이러한 연구 결과는 우리나라 사람들을 집단주의 문화권으로 놓고 그 영향력을 추정했기 때문에 사전 전제에 대한 검증은 이루어지지 않고 있다. 즉 많은 우리나라 사회 문화에 대한 연구들이 우리나라를 집단주의 문화로 상정하고 연구 결과를 도출하고 있는데 우리나라가 과연 일률적인 집단주의 문화인가에 대해서는 의문의 여지가 있다.

또한 집단주의를 상정했다고 하더라도 집단주의 성향이 위험의 귀인 성향에는 큰 영향을 미치지 못하고 있다는 것은 집단주의라는 사회 문화 변수가 우리나라에서 얼마나 설명력을 발휘하는가에 대한 의문을 제기한다. 더 집중적인 연구가 이루어져야 하겠지만 우리나라 사회의 다양화와 서구화 경향을 두고 볼 때 일률적인 집단주의 문화 상정은 무리가 있다. 혹자들은 월드컵 응원 문화 등의 예를 들면서 우리나라에 집단주의 문화가 팽배하다고 하지만 사람들이 한꺼번에 모이고 동일한 이벤트를 공유하는 것은 전체주의에 가깝지 집단주의 문화라고 단정하기는 어렵다. 특히 위험 문제와 관련해서 우리나라의 집단주의는 집단 이기주의에 가깝다. 진정한 집단주의라면 내적인 평정을 위한 귀인을 하면서 질서를 유지하려는 입장에 서겠지만 현재의 우리나라 모습은 그런 사회 전체의 집단주의보다는 집단에 의한 개인주의로 파편화되어 있다고 보는 것이 더 적절할 것 같다. 하지만 이러한 비판에도 불구하고 집단주의는 우리나라 사회에 여전히 영향을 미치는 변수로 남을 가능성이 많다. 문제는 이러한 집단주의 변수 외에 우리나라의 위험 문제를 설명할 수 있는 변수는 무엇인가의 문제다. 앞으로 그러한 변수를 찾아내는 것이 결국 우리나라 학자들에게 주어진 의무라는 생각이다.

집단주의 성향과 위험 귀인 성향

그래도 아직은 우리나라의 가장 중요한 사회 문화 변수로 통용되는 집단주의와 관련한 연구의 일단을 살펴볼 필요가 있다(김영욱 · 박소훈 · 차희원, 2003 참조). 우리나라가 겪었던 많은 국가적 위기 상황을 살펴보면 집단적으로 위기를 극복하려는 의지가 표출된 경우가 많았다. 과거의 국채보상운동으로부터 IMF 때 벌어졌던 금 모으기 운동, 각종 재해 재난시 일어나는 범국민적인 성금 모금운동 등은 우리나라 사람들이 위험을 집단의 문제로 인식하는 경향이 있으며, 집단의 힘을 통해서 문제를 해결하려는 성향이 있다는 것을 보여 준다. 이러한 집단적 움직임은 국가적 위기 상황에서 독특한 공중 심리가 표면화된 것으로 보이는데, 이 같은 현상을 한국의 집단주의 문화적 특성 및 위기 상황과 연계하여 해석하는 것은 흥미로운 일이다. 최근에 태안반도 인근에서 일어난 유조선 기름 유출 사고에 대응하는 전 국민적인 반응은 우리 사회의 집단주의적인 위험 대처 경향을 극명하게 보여 준다.

국가 혹은 집단의 구성원들이 단결하고 일치된 행위를 벌이는 현상에 대해서 기존의 사회심리학적 이론에서는 집단심리의 한 분야로 설명하는 경향이 있어 왔다. 그러나 문화적 특성과 관련한 대다수의 사회심리학 이론은 개인주의 문화권에 적합한 이론으로서, 집단주의 문화를 형성하고 있는 한국 상황에는 적절치 못하다는 비판이 있어 왔다. 여러 선행 연구들(민경환, 1986; 한규석, 1991)은 국가적 위기 상황에 대한 국민들의 단합과 위기 상황에 대한 평가에서 집단주의/개인주의 차원의 재해석이 필요하다는 것을 지적한다.

집단주의/개인주의 개념이 비교 문화 차원에서 연구되기 시작한 것은 호프스테드

(Hofstede, 1980)에 의해서다. 헤르트 호프스테드Geert Hofstede는 문화의 네 가지 차원으로 개인주의/집단주의, 권력과의 거리, 불확실성에 대한 용인, 그리고 남성성/여성성 등을 주장했는데, 이 중 개인주의/집단주의 문화 개념이 가장 주목을 받아 왔다. 호프스테드에 따르면, 개인주의란 집단이나 조직으로부터의 정서적 독립이며, 집단주의는 태어날 때부터 특정 집단에 소속되어 무조건 그 집단에 동화됨으로써 보호받을 수 있다고 생각하는 개념이다. 집단주의 사회의 개인은 '우리weness' 감정이 현저하고, 한 개인의 정체감이 개인적 속성보다 사회 체계로부터 나오며 조직에서의 소속 의식을 강조한다.

한 사회를 집단주의 혹은 개인주의로 규정하는 데에는 여러 가지 기준이 있지만, 사회 행위의 원동력과 목표, 자기 표현의 양식 및 행위의 변이 가능성 등의 측면에서 집단주의냐 개인주의냐를 분류할 수 있다(조긍호, 1995). 집단주의는 사회 행위의 원동력으로서 의존성을 강조하고 자기 표현에서도 자기 억제를 강조할 뿐 아니라 행위가 집단의 상황에 따라 변하는 것을 강조한다. 하지만, 이에 비해서 개인주의 사회는 자율성을 강조하고 자기 주장이 강할 뿐 아니라 개인의 안정성을 용인하는 정도가 높다. 호프스테드(Hofstede, 1980)는 한국을 집단주의 문화권에 속한다고 지적한 바 있으며, 국내 연구에서도 한국을 집단주의적 성향이 강한 문화권으로 분류하고 있다(최재석, 1994; 한성열 · 안창일, 1990). 이러한 집단주의 문화는 위험의 원인을 진단하는 귀인 성향과도 밀접하게 관련되어 있다.

조긍호(1995)는 귀인 성향과 관련된 집단주의/개인주의 문화 연구를 종합하여 세 가지 차원으로 분류하고 있다. 즉, 사회 행위의 원동력과 목표, 자기 표현의 양식, 그리고 행위 변위 가능성 세 가지 차원에서 집단주의/개인주의 문화 차이에 따른 내부 귀인과 외부 귀인 성향의 차이가 나타난다는 것이다. 집단주의 문화에서는 사회 행위의 원동력과 목표 차원과 관련해서 상황 귀인 특성을 나타내며, 자기 표현의 양식에서 자기의 성공은 상황 탓으로 돌리고, 자기의 실패는 개인의 능력 탓으로 돌린다. 이는 집단주의 문화에서 자기 억제를 통한 자기 표현 양식에 익숙해 있기 때문이다. 이는 실패 상황에서도 겸양적인 편향을 나타내는 것도 연결된다. 행위의 변이 가능성 차원에서도 집단주의 문화는 상황에 따라서 개인이 행위를 조절할 것을 요구받는다. 종합하면, 집단주의자들은 행위의 원동력과 목표에서는 상황 귀인을, 자기 표현 양식에서는 겸양 편향을 나타내며, 행위의 가변성을 추구하는 노력 귀인을 중요시한다.

이러한 집단주의 성향과 귀인 성향과의 관련성을 보면, 집단주의 문화가 중시하는 것은 집단의 조화를 위해서는 개인의 성향을 바꿀 수 있다는 것이며, 위험에 대해서도 개인의 희생에 따른 집단의 안정적 운용을 중시한다는 것이다. 하지만 이러한 집단주의와 위험 인식에 대한 관계는 현실의 사례들에 적용하면 설명력이 떨어지는 경우가 너무 많다. 우리나라의 많은 환경 관련 분쟁, 개발 관련 논쟁, 행정수도 이전 문제, 원자력 발전소 유치 등의 사회 합의를 이루어야 하는 문제에서 집단주의는 오히려 집단이기주의로 작용하고 있으며, 사회의 조화는 사회 전체로 확대되지 못하고 집단의 이기주의를 위한 결탁으로 축소되는 경향이 농후하다.

실증 연구 결과에서도 집단주의의 영향력에 대해서 의문을 제기할 수 있는 결과들이 있었다(김영욱 · 박소훈 · 차희원, 2003). 집단주의 성향이 위험에 대한 귀인 성향에 어떤 영향을 미치는가에 대한 설문 조사에서 집단주의 성향이 위험에 대한 원인 귀속과 통계적으로 유의미한 관련성을 보여 주지 못했다. 이러한 연구 결과는 집단주의 성향이 위험을 보는 인식에 영향을 미치는 변수가 아닐 수도 있다는 것을 시사하는 것이다. 또한 한국 사회가 사회 변화와 더불어 가치관의 변화가 일어나고 있으며, 젊고 고학력자일수록 개인주의적 성향을 나타낸다고 지적하고 있다. 이처럼 어느 사회라 할지라도 완전한 집단주의 사회나 개인주의 사회는 존재할 수 없으며, 집단주의 사회라고 할지라도 개인의 자유와 존엄성은 어느 정도 존중된다(Hui & Triandis, 1986).

우리나라 사람의 위험 인식에서 어떠한 사회 문화 요인이 영향을 미치는가에 대해서는 아직까지 확실히 이론화된 것은 없다. 서구의 많은 이론적인 논의들이 응용될 수 있겠지만 우리나라의 현실이 그러한 이론적인 틀을 고답적으로 적용해서는 상황적인 특수성을 설명하기가 힘들겠다는 생각이다. 이러한 의문은 앞으로 나오는 위험 인식과 위험 커뮤니케이션에 대한 이론적인 논의들에도 똑같이 적용될 수 있다. 위험의 사회적인 확대 기제를 통한 위험 인식의 확장 경로 같은 경우도 서구의 경우와 우리나라의 경우는 확연히 차이가 난다. 예를 들어 언론의 전국적인 지배력, 사회 지도집단의 여론 주도, 공공 영역의 부재로 인한 대화 통로의 부재 등은 우리나라의 경우에만 유난히 힘을 발휘하고 있다고 할 수 있다. 우리나라 상황에 맞는 고유의 이론을 찾아내어 상황 해석에 적용하고, 그러한 우리나라 상황 변수들이 어떻게 위험 인식에 영향을 미치는지 실증적으로 분석해 나가는 작업이 절실하다고 하겠다. 이를 바탕으로 위험 상황에서 우리나라 사람의 특성에 맞는 가장 효과적인 커뮤니케이션을 찾아나가야 하는 것이 앞으로의 과제다. 다음은 집단주의 성향 외에 위험 인식과 관련하여 고려해 볼 수 있는 변수로서 계급 의식과 체면을 들고 있다.

설명 변수의 가능성: 계급 의식과 체면, 그리고 위험 문제 해결

확실히 마르크스의 계급 담론은 위험과 관련한 담론을 주도하는 많은 사회학자들에게 무시되는 경향이 있다. 기든스나 벡의 주장을 적용해 보면 위험을 단순한 사회 계급의 갈등으로 보기는 힘들다. 근대 들어 발생한 위험 상황의 전개가 다층적 요인에 의해서 복잡하게 얽혀 있기 때문이다(Giddens, 1990/1991; Beck, 1986/1997). 하지만 이러한 계급의 문제를 우리나라의 경우에도 완전히 철 지난 이론으로 취급하는 것이 과연 타당한가에 대해서는 의문이 남는다. 이것은 우리나라 사회가 과연 근대를 경험했느냐는 좀더 골치 아픈 차원의 문제와 연결되어 있지만, 유교 문화를 통해서 여전히 유효한 계층적 질서의 문제와도 밀접하게 관련되어 있기 때문이다(Hofstede, 1980).

계급 의식 혹은 위계 의식은 사회 문화에 광범위하게 존재하는 위계성hierarchy을 의식하는 신념을 의미할까? 아니면 마르크스가 말했던 경제 사회적인 계급 구분을 의미할까? 자본가 계급과 노동자 계급의 갈등 구조를 의미할까? 저자의 생각에는 우리 사회에 널리 퍼져 있는 계급 의식은 마르크스의 경제 사회적인 계급 그 자체를 의미하는 것이 아니고, 어떤 서열화와 관련한 우열을 나타내는 광범위한 공중의 신념을 의미한다. 이러한 광범위한 공중의 신념은 사람들의 생활 곳곳에서 위력을 발휘하면서 생각의 서열화, 직업의 서열화, 문화의 서열화, 의식의 서열화, 생활의 서열화를 만들어 내는데, 이는 개인의 소외, 경쟁을 통한 인간성의 말살, 커뮤니케이션을 통한 문제 해결에의 불신, 전체 사회 신뢰 시스템의 붕괴와 같은 총체적인 문제를 만들어 낸다. 보수 진영에서 흔히 이야기하는 평등주의의 문제점은 사실은 계급 의식과 밀접하게 연관되어 있는 개념이다. 우리나라 사람들이 평등주의를 병적으로 지향한다는 말은 뿌리 깊은 계급 의식으로부터 자유로울 수 없다는 것, 혹은 상위 계층을 차지하려는 열망을 고스란히 표현하고 있기 때문이다.

계급 의식의 문제는 한국적인 체면*chemyon*의 문제와도 밀접하게 연관되어 있다. 우리나라의 체면 의식은 서양의 체면face과는 조금 다르다고 할 수 있다(표 3-4 참조). 서양의 체면이 개인 간의 관계 속에서 형성되고 유지되는 것이라면 우리나라의 체면 의식은 개인적인 측면과 사회적인 측면이 복합적으로 작용하고 있다고 할 수 있다(Lim & Choi, 1996). 여기서 문제가 되는 것은 사회적인 측면의 체면이라고 할 수 있다. 사회적인 차원

표 3-4 . 서양의 체면face과 한국의 체면*chemyon* 비교

체면face	체면*chemyon*
개인 차원	개인 차원과 사회 차원
평등성	지위 중심
보이는 상대	보이는 상대와 보이지 않는 상대
상황 특수성	보편성
상호 작용성과 경쟁성	현상 인정 및 위계성
가변성	지속성
위험 문제의 명확성	위험 문제의 모호성
커뮤니케이션 역할 확대	커뮤니케이션 역할 축소

주) 서양의 페이스face와 체면*chemyon* 관련 문헌 연구를 종합하여 비교.

의 체면은 개인의 상호 작용을 넘어서서 보이지 않는 사회적인 청중을 대상으로 존재하기 때문에 어떤 일정한 사회적인 기준을 넘어서지 않을 때 자신의 체면은 유지될 수 없다고 느낀다. 또한 이러한 사회적인 기준에 맞는 개인의 행동 양태가 존재한다고 인식한다. 물론 이러한 체면 유지를 위한 인식은 개인에 따라 다를 것이다. 하지만 이러한 체면 의식을 가지고 있는 이상 개인은 좀더 규범적이며 권위적인 행위에 의존하게 될 것이며 자신의 체면을 유지하기 위해서 좀더 계급 의식을 강화하는 방향으로 커뮤니케이션하게 될 것이다. 이러한 체면과 계급 의식으로 무장한 커뮤니케이션은 위험 문제 해결의 본질에 다가서기 어렵게 한다. 예를 들어 정부와 지역 주민의 위험 문제에서 정부가 계급과 체면 의식으로 무장되어 주민들에게 실질적으로 다가갈 수 없다면 위험 문제를 둘러싼 진정한 커뮤니케이션은 이루어지기 어렵다.

또한 체면은 사회적인 지위와 연결되어 있기 때문에 상황에 좌우되기보다는 상호 작용 과정에서 고정된 영향을 지속적으로 미칠 가능성이 높다. 이는 위험 문제의 해결을 둘러싸고 대립을 격화시킬 가능성을 높이게 된다. 대립에는 상황 조건에 따른 대립과 목적 달성을 위한 대립이 있을 수 있는데(Goffman, 1967), 체면의 영향력은 주어진 상황 조건에서 자신의 지위와 사회적인 인정이 타격을 받지 않으려고 애쓰는 과정에서 발견되기도 하지만, 어떤 주어진 목적을 달성함으로써 자신의 존재를 인정받으려는 노력에서도 발현된다. 따라서 위험 문제와 관련하여 체면은 상황 조건에 따른 전문가 지위나 기존 세력을 유지하기 위해서 작동하기도 하고, 어떤 목적이나 세력을 달성하기 위해서도 작용한다. 예를 들어 정부가 핵폐기물 처리 시설을 어떤 지역에 짓고자 했을 때, 정부의 입장에서는

정책의 주도권을 뺏기지 않고 안정적인 정책 실행을 함으로써 체면을 유지하려고 할 것이고, 지역 주민의 입장에서는 안전한 시설 유치와 충분한 보상을 달성하여 기존에 갖지 못했던 발언권을 회복함으로써 체면을 유지하려고 할 것이다. 이러한 지위의 유지나 목적 달성은 모두 한국적인 정서, 체면과 밀접하게 관련되어 있다. 여기서 한 가지 분명한 것은 이러한 체면이 대립을 조장할 가능성이 높다는 것이며, 솔직한 커뮤니케이션을 통한 실질적인 문제 해결을 어렵게 한다는 것이다. 실질적으로 필요한 것을 위해서 서로 양보하기보다는 남들에게 보여질 자신의 모습을 걱정하는 상황은 분명 위험 문제 해결에 도움을 주기 어렵다.

커뮤니케이션을 통한 사회 문제의 해결, 공공 영역의 형성을 통한 사회 문제의 공적 해결과 같은 근대 문제 해결을 위한 서양 학문의 적용이 우리나라에 어려운 이유도 여기에 있다. 예를 들어 우리나라에서 발생하는 사회 세력 간 갈등들은 대부분 계급 의식에 따른 갈등에 기초하는 경우가 많으며, 문제 해결에서도 계급 의식이 커뮤니케이션을 방해하거나 공론의 장을 억압한다. 경영진과 노동자의 관계, 선생님과 학생의 관계, 정부와 지역사회의 관계, 의사와 간호사의 관계, 강남과 강북의 관계 등등 우리가 진정으로 계급 해방을 이루었다고 보기에는 곳곳에서 계급 의식이 커뮤니케이션 물길을 막고 있다. 서구에도 계급 의식이 없다고 말할 수는 없겠지만 우리나라의 경우는 그것이 편재화되고 체면 의식화되어 생활 전반에서 영향을 미치고 있다는 것이다. 서구에 비해서 우리나라의 대학생들이 교수 연구실을 자주 찾아가지 않는 이유는 무엇일까? 왜 교수와 대학생이 평면적이고 대등한 커뮤니케이션에는 익숙하지 못할까? 어렵지 않게 커뮤니케이션을 통한 문제 해결이 곳곳에서 제약받고 있다는 것을 알 수 있다.

하버마스의 의사 소통 합리성과 공론의 장 개념을 우리나라의 상황에 그대로 적용하기가 어려운 측면이 이런 사회 문화적인 차이에 있다. 서구의 경우처럼, 근대의 파괴력을 통해서 전통 사회의 불합리성을 청산하면서 근대의 합리화를 완성한 경우와 근대의 경험을 주장하기가 모호한 우리나라의 경우를 비교하기는 어려운 점이 많다. 더구나 이미 서구는 이러한 근대의 과도한 기능적인 합리성이 만들어 내는 모순과 문제점을 해결하기 위한 이론들을 쏟아내고 있지만, 우리나라는 전통 봉건 사회의 잔재를 청산했는가의 의문에 사로잡혀 있다. 따라서 계급 의식의 문제는 우리나라에서 독특한 사회 문화 변수로 작용할 가능성이 높다.

또한 이러한 현상은 군사 독재 문화를 겪으면서 형성되었던 군대 위계 문화와 함께 증폭되었을 가능성이 있다. 하지만 계급 의식을 우리나라의 독특한 사회 문화 현상으로 설명하거나 커뮤니케이션을 통한 문제 해결에서 고려해야 할 변수로 상정하는 문제는 아직 체계적인 이론화의 과정을 거치지는 못했다. 앞으로 체면을 포함하여 광범위한 의미에서 계급 의식을 우리나라의 독특한 사회 문제 설명 변수로 삼기 위해서는 계급 의식의 문제를 개념화 · 이론화하고, 계급 의식의 문제가 우리 사회의 위험 문제 해결에 어떤 영향을 미치는지 실증적으로 알아보는 것이 전제되어야 한다. 또한 계급 의식이 전통적으로 한국의 문화 가치로 생각되어 오던 집단주의와는 어떻게 역할 구분을 할 수 있는지에 대한 논의도 이어져야 한다(Hui & Triandis, 1986a, b). 집단주의를 통한 사회적인 조화를 갈구하지만 내부 집단 속에서 극심한 계급주의 경쟁이 일어나고 있다면 이는 분명 건강한 사회가 아니며 많은 위험 요인을 내포하고 있다고 할 수 있다. 이런 의미에서 사회 내에서 조화와 갈등이 대치되고 있는 상황에서 집단주의를 통한 조화 우선의 처방은 큰 효력을 발휘하지 못할 수도 있다. 오히려 서구의 개인주의적인 합리성이 사회 전반의 위험 문제를 해결하는 데 첩경이 될 수도 있기 때문이다. 이런 논의들은 한국인의 특성이라고 할 수 있는 먼 권력과의 거리power distance 인식과 함께 좀더 실증적인 논의가 이루어져야 한다.

한편 실증적인 논의를 통해서 만약 계급 의식과 체면이 위험 인식과 문제 해결에 영향을 미치고 있다면 커뮤니케이션 공론의 장을 형성할 수 있는 방법에 대해서도 계속적인 연구가 필요한 시점이라고 할 수 있다. 사람들 사이에서 계급 의식이 꿈틀거린다면 진정한 커뮤니케이션은 불가능한 것 아닌가? 그렇다면 위험 문제 해결을 위한 커뮤니케이션, 전문가와 일반인의 대화, 조직과 조직 사이의 의견 조정, 지역 주민과 정부의 합의 형성 등 공론의 장을 통한 문제 해결은 공염불이 될 가능성이 높다. 계급 의식과 체면을 뛰어넘어 사회적인 합의를 이끌어 낼 수 있는 구체적이고 실질적인 절차에 대한 진지한 고민이 필요한 시점이라고 할 수 있다.

제4장
위험 커뮤니케이션의 필요성과 패러다임 접근

인식에서 커뮤니케이션으로의 변화: 전문가와 일반인의 차이 중심

위험 커뮤니케이션은 개인적인 차원, 조직 차원, 그리고 궁극적으로 사회 차원에서 논의가 가능하지만, 개인적인 차원을 넘어서는 조직과 사회 차원의 위험 커뮤니케이션이 각광을 받기 시작한 것은 20세기 중반 이후 반핵운동의 물결과 연결된다고 할 수 있다 (Kasperson & Stallen, 1991). 핵은 그 이전의 위험과는 완전히 다른 차원의 위험을 가져왔는데, 앞서 설명했듯이 그것은 전형적인 비자발성과 위험의 극대화에 있다. 현대 사회는 이러한 핵의 위협과 함께 전 사회적인 혹은 전 지구적으로 비자발적 위험을 내포하고 있는 사회로 탈바꿈했으며, 위험 커뮤니케이션을 통한 사회 차원의 위험 문제 해결이 현대 산업 사회의 시급한 과제로 떠올랐다. 미국의 경우도 핵을 포함한 광범위한 사회 위험에 대한 자각이 1970년대 후반부터 일어나 법적인 정비와 연구 프로젝트를 통해서 위험 분석과 커뮤니케이션을 위한 방법론을 탐색하기 시작했다. 위험 커뮤니케이션이 학문적인 관심을 받고 이론적인 기반을 다지기 시작한 것은 이즈음이라고 할 수 있다.

미국 국가조사평의회(National Research Council, 1989)는 위험 커뮤니케이션을 위험과 관련된 개인, 집단, 조직 간의 정보와 의견을 교환하는 반복적인 과정이라고 정의한다. 즉 위험 커뮤니케이션은 위험스러운 행위와 물질로부터 개인과 조직의 건강과 안전을 확보하기 위한 개방적이고, 책임 있고, 합리적이며, 가치와 연계된 광범위한 쌍방향 커뮤니케이션 행위로 정의된다. 이러한 정의는 위험 커뮤니케이션을 보는 시각이 단순한 정보의 전달이나 위험 회피를 위한 설득의 차원을 넘어서서 위험을 둘러싼 담론의 형성과 의견의 교환 등 쌍방향 커뮤니케이션을 통해서 공론의 장을 형성하고 의미를 공유하는 수준으로 나아가야 함을 보여 준다.

앞에서 모험과 위험을 나누면서 자발성을 포함하는 모험의 의미가 현대적인 의미의 위험에 포함되어 있다고 정의했는데, 그렇다면 위험 커뮤니케이션은 자기 결정권을 가진 혹은 모험의 가능성을 가진 주체와 모험과 상관없이 위험에 빠질 수 있는 사람들 간의 커뮤니케이션이라고 정의할 수도 있다(김성재, 1996). 하지만 이러한 정의는 지나치게 가해자와 피해자를 구분하는 경향이 있고, 좀더 중요한 것은 누가 자기 결정권을 가지고 누가 피해를 입는가 하는 구분보다는 위험과 관련된 주체들이 서로 간의 상호 작용을 통해서 의미를 공유하고 문제 해결을 위한 합의를 이루어 나가는 과정에 초점을 맞추는 것이다. 위험 커뮤니케이션은 따라서 위험을 둘러싼 주체들의 문제 해결을 위한 광범위한 커뮤니케이션 과정이라고 정의할 수 있다. 여기서 주체들은 위험의 직접적인 영향권에서 떨어져 있는 일반 공중도 때에 따라 포함될 수 있다.

한편 이런 의미를 염두에 두고 우리나라의 위험 커뮤니케이션은 공중과의 공론의 장 형성에 역점을 두기보다는 정부나 기관을 통한 일방향적이고 전문가적인 수준에서 벗어나지 못하고 있다고 진단할 수 있다. 소방방재청이나 식품의약품안전청 등이 행하는 커뮤니케이션의 방식은 전문가집단의 우월성에 바탕을 둔 다분히 판단자적이고 우월자적인 위치를 고수하고 있다는 것을 쉽게 알 수 있다. 인식의 전환, 즉 전문가들이 위험에 대해서 더 많은 것을 알고 있고 공중은 전문가의 의견을 수용해야 한다는 관념에서 벗어날 때, 위험 커뮤니케이션의 진정한 커뮤니케이션 접근이 가능할 수 있다.

위험에 대한 전문가의 인식과 일반인의 인식이 다르다는 것이 위험 커뮤니케이션에서 가장 중요한 쟁점이 될 수 있다. 이러한 차이점 중에서 가장 명백한 차이는 전문가는 주로 위험을 논의할 때 전체 집단에 미치는 영향을 강조하지만, 일반인은 개인에 미치는 영향을 강조한다는 것이다(Bennett, 1999). 예를 들어, 원자력 발전소 건설과 관련하여 원자력 전문가들은 원자력 발전소가 전체 사회적으로 끼칠 위험 요인이 얼마나 미미한가를 설명하는 데 주력하지만, 일반인들은 원자력 발전소 사고가 발생했을 때 개인에 미치는 피해에 대해서 인식하게 된다는 것이다. 아무리 사회적으로 미치는 피해가 미미하더라도 개인에 미치는 피해는 결코 작지 않다. 따라서 일반인들에게 위험을 정확하게 이해시킬 목적만으로 위험 커뮤니케이션이 필요하다고 한다면 그것은 또 다른 전문가 위주의 일방주의에 빠지게 되는 것이다. 사실상 위험은 과학적으로 증명된 상대적인 위험 정도에 의해서도 규명될 수 있지만, 개인의 주관적인 인식에 의해서 더 많이 좌우되는 것이 현실이다. 이런 경우 개인의 주관적인 인식은 무시하고 과학적인 자료만으로 설명하려는 태도는 진정한 위험 커뮤니케이션이라고 할 수 없다. 따라서 위험 커뮤니케이션은 개인의 주관적인 해석을 이해하려는 태도에서 출발하는 것이 중요하다.

일반인의 위험 인식은 위험의 위해성에 초점을 맞춘다. 요인 분석을 통해서 나타난 위험 특성의 두 가지 차원은 위험에 대한 지식과 공포의 정도다(Slovic, 1987). 위험에 대한 지식 차원은 관찰 가능성, 새로움, 직접적인 위험성 등의 요소를 의미하고, 공포의 정도는 통제의 가능성, 위해성의 정도, 공정성, 자발성, 후유증 정도 등의 요소를 포함한다. 일반인의 위험 인식은 보통 공포의 정도에 더 큰 영향을 받는다. 하지만 전문가의 위험 인식은 위험의 어떠한 특성과도 상관 관계를 보이지 않는다. 전문가는 다만 예상하는 사망자나 피해자 수에 의해서 위험 인식의 정도를 추정한다(Slovic, Fischhoff, & Lichtenstein, 1979). 하지만 사망자 수에 의한 통계적인 추정치는 일반인들의 위험 인식과는 거리가 멀다. 일반인은 주관적인 판단에 기반하여 비자발적이고 통제할 수 없으며 낯설고 복잡한 사안을 더 위험하다고 인식한다(Covello, 1983). 이러한 전문가와 일반인의 위험에 대한 인식 차이가 갈등을 만들게 되고 위험 문제를 둘러싼 합의를 어렵게 한다.

왜 위험과 관련하여 커뮤니케이션의 중요성이 증대되는 것일까? 아마 객관적인 정보를 전달해 주는 전문가들이 사회의 위험 요인에 대해서 정확한 진단을 내려 주고 사람들이 그것을 그대로 수긍할 수만 있다면 위험과 관련해서 커뮤니케이션의 역할이 강조될 필요가 없을지도 모른다. 하지만 현대의 위험 요인은 앞에서도 설명했듯이 객관적인 심판자로서 전문가 역할을 무력하게 만들고 있다(Douglas & Wildavsky, 1983). 예를 들어 원자력 핵폐기물 처리장 건설과 관련하여 안전성을 주장하는 전문가와 환경 파괴의 심각성을 주장하는 전문가의 의견이 극심하게 대립하고 있고, 경부고속철도 천성산 터널 공사와 관련하여 안전 진단에 대한 전문가들의 의견이 분명하게 엇갈리고 있다. 위험 문제에서 정답은 존재하지 않는다. 현대 사회의 모든 복잡한 사안들과 마찬가지로 위험 논의도 정치적인 담론으로 형성되고 있으며, 조직의 커뮤니케이션 활동과 결합하여 사회 공론의 장에서 논의되고 숙의 민주주의의 과정을 거쳐 결정되어야 할 성질을 지니게 되었다

(Dake, 1992). 이러한 위험 논의의 정치성과 공론 필요성은 위험과 커뮤니케이션의 결합에 당위성을 부여한다. 위험한 것은 커뮤니케이션을 통해서 결정되고, 커뮤니케이션을 통해서 위험한 것이 선택되고 의미를 부여받는다.

위험 커뮤니케이션 연구는 크게 보았을 때 전문가의 의견을 통해서 일반 공중의 잘못된 인식을 강조하던 시대에 시작해서, 실제로 사람들이 어떤 생각을 가지고 있고 왜 그런 생각을 가지고 있는가에 대한 실증적인 연구 결과를 통해서, 일반 공중이 가진 위험에 대한 인식을 더 중요하게 생각하는 시기에 들어와 있다고 말할 수 있다(Bennett, 1999). 하지만 우리나라의 경우는 아직도 위험 문제와 관련하여 전문가의 의견 독점이 심한 편이며 정보원情報源도 전문가 소스에 집중되어 있는 것이 사실이다. 북핵 문제와 관련한 논의에서 모든 언론이 인용하는 북한 문제 전문가의 수는 아마 손에 꼽을 수 있을 정도일 것이다. 이러한 상황에서 위험 커뮤니케이션이 사회 차원의 발전을 이루기 위해서는 전문가와 일반 공중의 인식이 똑같이 중요하다는 사실을 받아들이는 것이며, 언제나 커뮤니케이션은 한쪽 방향이 아니라 쌍방향으로 이루어져야 한다는 것을 인식하는 것이다.

위험 인식의 불확실성과 관련하여 전문가와 일반인의 커뮤니케이션 필요성에 대한 인식은 사회적으로 점점 대두되고 있는 편이다. 일반적으로 위험과 관련하여 전문가들이 객관적인 정보를 제공할 수 있고 그것이 위험 인식의 해결에 도움을 줄 것으로 기대하지만 그것은 허구에 불과하다. 오히려 전문가들은 좁은 의미의 기술적인 정보를 제공하지만 일반 공중의 경우는 훨씬 더 사회 전반의 맥락과 연결되어 있으며, 풍부한 의견뿐 아니라 사회 가치와 연결되어 있는 실질적인 정보를 제공하는 경우가 많다(Slovic, 1987).

즉 기술적이고 전문적인 의견을 가진 전문가들은 일반 공중이 정확한 정보에 기초하지 않고 과도하게 위험에 과민 반응을 보이고 있다고 판단하는 경우가 많으며, 이러한 편견이 반드시 필요한 커뮤니케이션 노력을 회피하게 만들기도 한다. 예를 들어 원자력 핵폐기물 처리장 건설이나 고속철도 천성산 터널 공사 등에서 전문가들의 의견이 권위를 발휘하지 못했을 뿐만 아니라 전문가와 일반 공중의 의견 대립이 오히려 갈등을 증폭시키는 결과를 가져오기도 했다. 이러한 측면은 전문가들의 커뮤니케이션 노력 부족과 함께 일반 공중이 전문적인 식견을 이해하려는 노력 또한 부족했다고 할 수 있다. 결국 위험은 인식의 문제이며, 이는 커뮤니케이션을 통한 합의를 통해서만 풀 수 있는 사안이라고 규정할 수 있다.

위험은 결국 사회의 문제이고 커뮤니케이션의 문제다. 객관적으로 주어지는 위험이란 없으며 위험에 대한 인식은 사회적으로 재구성될 뿐이다. 위험 문제와 관련하여 현실과 대응하는 분명한 진실은 존재하지 않으며, 사회구성원의 합의를 이끌어 내고 유대를 강화할 수 있는 진실이 존재할 뿐이다. 이 말의 의미는 진실은 객관적으로 존재하는 것이 아니라 사회적으로 재구성되기 때문에 위험 문제에 대한 인식과 해결 방법은 사회구성원 간의 대화와 합의를 통해서 형성되는 것이 바람직하다는 것이다. 이러한 합의 절차에서 필수적인 것이 커뮤니케이션이다. 커뮤니케이션을 통해서 공론의 장이 확대되고, 사회구성원 대부분이 인정할 수 있을 정도의 충분한 토론을 통해서 문제가 정의되고 해결된다. 이제 진실은 설득의 문제, 합의의 문제, 커뮤니케이션 문제가 된다. 이러한 상황에서 위험과 관련된 주체와 관련 공중이 대상 위험에 대해서 커뮤니케이션하는 방식이 중요해진다.

앞서 설명한 대로 위험 커뮤니케이션은 두 가지 측면에서 발생한다. 우선 전문가집단의 커뮤니케이션이다. 전문가 집단은 일치된 견해를 가지지 못하기 때문에 위험 사안에 대해서 상반된 주장을 피력하는 경우가 많다. 이러한 전문가 집단과 무관하게 형성되는 커뮤니케이션 현상이 일반인들의 위험 커뮤니케이션이다. 일반인들의 위험 요소와 관련된 논의는 전문가 집단의 기술적이고 공식적인 발표와는 무관하게 형성되는 경우가 많다. 예를 들어 부안사태와 관련하여 원자력 당국과 환경단체의 전문가들이 많은 전문적인 의견을 쏟아냈지만 일반 공중은 전문가의 의견과 무관하게 위험에 대한 인식을 생성, 유포, 가공하는 행태를 보여 주었다. 이것은 위험 사안에서 보통 전문가의 공론의 장과 일반인의 공론의 장이 분리되어 형성되는 경향이 있다는 것을 보여 준다. 따라서 위험 커뮤니케이션의 목적은 이러한 공론의 장 분리 현상을 통합적인 공론의 장으로 이끄는 데 초점을 맞추어야 한다.

위험 커뮤니케이션과 관련된 조직이나 사람들은 전문가와 일반인의 양쪽에서 형성되는 위험 담론들을 모두 수용하고 그것을 관련된 공중이 모두 이해할 수 있는 수준으로 재가공해서 이성적인 토론의 장을 형성하는 수준으로 이끌고 가야 한다. 일차적으로 위험 논의와 관련된 주체의 커뮤니케이션 목표는 위험과 관련된 논의를 이끌어 갈 수 있는 토론의 장을 형성하는 것이며, 불필요한 소문이나 오해로 인한 감정적이고 비이성적인 논의의 가능성을 차단하는 것이다. 예를 들어 원자력 발전소 건설과 관련한 사회적인 위험 논의가 일어난다면 원자력 발전소를 건설하고자 하는 주체는 원자력이 우리 사회에 주는 편익과 전력 효율성의 이점이 차분히 논의될 수 있는 공론의 장을 형성하고 원자력 발전소와 관련한 찬반 논의가 이성적으로 자유롭게 이루어지는 기회를 제공하는 것이 필요하다. 하지만 이 과정에서도 위험 관련 주체의 목적이 섣부른 설득 커뮤니케이션에 있다면 위험 커뮤니케이션의 활성화를 기대하기 어렵다. 커뮤니케이션은 어디까지나 상호이해를 바탕으로 하며, 합의를 바탕으로 진행되고 결론을 도출한다.

지금까지 논의를 정리하면 위험 커뮤니케이션 시대 구분은 1) 전문가 중심의 정보 전달과 설득에서 시작하여, 2) 위험 인식 연구의 활성화와 함께 일반 수용자 중심의 커뮤니케이션으로 발달해 왔고, 3) 결국 장기적으로 공유하는 사회 관계를 중요하게 생각하는 관계 중심의 커뮤니케이션으로 발전해 왔다고 요약할 수 있다(Leiss, 1996). 전문가 중심의 일방적인 위험 해석은 일반 공중의 위험 인식에 의해서 더 이상 유효하지 않게 되었으며, 일방적인 커뮤니케이션과 설득은 점차 공중과의 관계 형성을 위한 커뮤니케이션으로 발전해 왔다는 것을 알 수 있다. 이는 위험 커뮤니케이션이 공중 관계 중심의 커뮤니케이션 활동으로 정리되고 있음을 보여 준다. 공중 관계 중심의 위험 커뮤니케이션에서는 일반 공중이 위험 논의의 중심에 등장한다. 또한 정보 전달이나 설득보다는 쌍방향 커뮤니케이션을 통한 상호 이해와 의미 공유가 중요해지며, 전문가 집단과 일반 공중 모두 참여를 통해서 공론의 장을 확장하는 데 주력하며 합의 창출을 통해서 위험 문제를 해결한다. 조직과 공중, 전문가와 일반인의 구분이 모호해지는 것도 이 단계의 특징이다.

표 4-1. 위험 커뮤니케이션 발전 시대 구분

1. 전문가 중심의 정보 전달과 설득
2. 위험 인식 연구의 활성화와 일반 수용자 중심의 커뮤니케이션
3. 장기적인 사회 관계 중심의 커뮤니케이션

한편 위험 인식 연구는 너무 개인의 인식에 초점을 맞추기 때문에 사회 차원의 문제 해결이나 맥락에 대한 이해 등이 떨어질 수밖에 없다. 따라서 위험 커뮤니케이션은 이러한 위험 인식 연구의 한계를 넘어설 필요가 있는데, 아직 위험 커뮤니케이션 연구는 사회적인 맥락에 대한 이해, 문제 해결을 위한 독립적인 변수의 제시 등에서 만족할 만한 성과를 내고 있다고 보기는 어려우며, 아직도 규범적인 연구들이 우세한 상황이라고 할 수 있다. 이러한 상황과 관련하여 위험 커뮤니케이션 연구의 일곱 가지 역설이 제시되기도 했다(Otway & Wynne, 1989). 그러한 역설은 효과적인 메시지 전달이 오히려 공중의 우려를

높이는 경우, 커뮤니케이션에 대한 신뢰 획득이 오히려 공중의 안전 의식을 약화시키는 경우, 신뢰할 수 있는 정보가 정확한 정보가 될 수 없는 경우 등 아직까지 실증적으로 검증되지 않은 많은 위험 커뮤니케이션 연구 주제들을 보여 준다. 앞으로 위험 커뮤니케이션 연구는 실험실에서 벗어나 사회적인 맥락을 고려하는 연구를 보여 주는 것이 필요한 시점이다. 예를 들어 자동차 안전띠가 처음 고안되어 사용되었을 때 예상과는 달리 자동차 사고율이 더 올라가게 되었는데, 이는 운전자들이 안전띠의 효과를 맹신하여 더 과격하게 운전하기 때문에 일어나 현상이었다. 이처럼 위험 인식과 커뮤니케이션 현상은 사회적인 맥락을 고려하지 않았을 때 잘못된 해석을 낳을 수도 있다.

위험과 관련한 편견과 커뮤니케이션의 필요성

위험을 인식하는 데 사람의 능력은 한계를 가진다. 이러한 한계가 편견을 낳게 되는데, 사람들이 가지는 편견은 모두 인식의 한계와 연관되어 있다(Covello, 1983). 이러한 편견은 크게 구분하여 정보의 가용성information availability과 관련된 편견과 유사성 간주 편견, 확신 편견으로 나누어 볼 수 있다. 사람들은 쉽게 얻을 수 있는 정보에 의존하는 경향이 있다. 예를 들어 쉽게 생각나거나 상상할 수 있는 단서에 따라 사안을 평가한다. 따라서 발생 가능성이 낮고 위험의 피해가 심각한 위험들은 사람들의 인식 범위에 들어오기가 힘들게 된다. 이러한 편견은 위험 원인에 대한 진단에서도 빈도 수가 높고 쉽게 생각나는 위험이 우선시되는 결과와도 일치한다. 또한 유사성 간주 편견은 외견상 비슷해 보이는 것에 대해서 같은 성질의 것으로 간주해 버리는 속성을 의미하고, 확신 편견은 한번 확신에 사로잡힌 인식은 그것을 부정하는 정보를 무시해서라도 기존의 자신의 생각을 유지하려는 속성을 말한다. 이러한 편견은 모두 사람들이 가지는 인식의 한계를 의미한다. 이외 유형의 편견에는 과신 현상이 있다(Slovic, Fischhoff, & Lichtenstein, 1980). 대부분의 사람들은 자신이 믿는 것을 과신하기 때문에 자신의 판단이 실제보다 훨씬 더 옳을 것이라고 생각한다. 또한 위험한 일들이 자신에게 일어날 확률이 다른 사람보다 훨씬 낮다고 생각한다. 안전띠를 매지 않는 사람이나 담배의 폐해에도 불구하고 금연하지 않는 사람들의 인식은 모두 과신 현상으로 설명이 가능하다. 우리가 흔히 말하는 '나에게 설마' 하는 의식은 이러한 편견과 관련되어 있다.

한편 위험과 관련한 편견을 위험 회피 편견과 위험 수용 편견으로 요약하기도 한다

(Leiss & Chociolko, 1994, 표 4-2 참조). 사람들은 자신의 통제력과 상관없이 일어나는 위험의 경우 그것을 회피하려는 쪽으로 생각한다. 하지만 자신의 통제력이 어느 정도 영향을 미치거나 참여를 결정하게 된 위험의 경우에는 그것을 수용하려는 쪽으로 편견화한다. 예를 들어 도박을 하는 사람들의 경우 위험을 수용하는 쪽으로 편견화한다. 이러한 사람들은 위험 수용을 통해서 얻게 되는 기대 수익에 더 초점을 맞추고 있기 때문이다. 하지만 자신이 스스로 참여하지 않는 위험 요인에는 무조건 위험을 회피하려는 자세를 유지한다. 예를 들어 전화를 통해서 무작위로 얻게 되는 부동산 투자나 은행 대출 정보에 대해서 무조건 회피하고 보는 사람들이 많은데, 이는 비자발적으로 제공되는 정보에 대해서 사람들은 위험 회피로 편견화하기 때문이다.

표 4-2. 위험과 편견의 관련성

1. 비자발적인 위험의 경우 – 위험 회피로 편견화
2. 자발적인 위험의 경우 – 위험 수용으로 편견화

이러한 위험 편견은 커뮤니케이션의 중요성을 더욱 부각시킨다. 이 두 경우 모두 위험과 관련한 담론들이 편견과 연결되고 있으며, 배려하는 커뮤니케이션을 통해서 문제를 해결할 수 있다는 가능성을 보여 준다. 즉 사람들은 모두 자신에게 유리한 방향으로 위험을 인식하는 경향이 있으며 이는 커뮤니케이션을 통해서 서로 간의 차이를 인정함으로써 문제 해결로 유도될 수 있다. 따라서 이러한 편견을 없애기 위해서 상대방을 배려하는, 그래서 서로 간의 정체성을 이해하는 커뮤니케이션이 무엇보다도 중요해진다. 누구도 자신이 처한 상황에서 벗어날 수 없으며 편견으로부터 자유로울 수 없기 때문이다. 일단 상대방을 이해하기 시작하면 위험 사안과 관련한 갈등 해소가 가능해진다.

한편 베넷(Bennett, 1999)은 선행 연구의 결과들을 종합하여 위험 인식에서 발생 가능성을 예측하는 과정에서 가능한 편견을 크게 네 가지로 정리했다. 첫째, 가용성 편견availability bias이다. 앞의 위험 비교 연구에서 설명했듯이 사람들은 마음속에서 쉽게 떠올릴 수 있는 위험을 더 자주 일어나는 위험이라고 지각하게 된다는 것이다. 따라서 좀더 극적인 사건이 사람들의 뇌리에 깊게 남아서 더 위험한 일로서 기억될 가능성이 많다. 예를 들어 심장병으로 인한 사망보다 에이즈에 의한 사망이 더 위험한 일로 비춰질 수 있다.

둘째, 확증 편견confirmation bias이다. 즉 사람들은 어떤 주장이 제기되면 그것을 확증하려는 쪽으로 생각을 고정하게 된다는 것이다. 반대되는 증거는 무시되고 이론을 확증할 수 있는 증거들을 반복해서 채택하게 된다. 예를 들어 TV 등의 건강 프로그램에서 어린이들이 먹는 스낵 과자가 아토피 피부염을 일으킨다고 하면 아토피 피부염을 앓고 있는 어린이들이 평소에 과자를 좋아했다는 식으로 보강 증거들을 계속 축적하게 된다. 그 과정에서 과자와 무관한 아토피 환자들의 의견은 무시될 가능성이 많다.

이러한 편견은 매스 커뮤니케이션의 보도 태도와도 연관이 되어 있는데, 특정한 위험에 대한 논점을 몰아가려는 보도 태도는 확증 편견을 강화하는 요인이 되기도 한다. 특히 매스 커뮤니케이션의 정보원情報源 집중은 이러한 편견과 직접적으로 연결되어 있다. 예를 들어 텔레비전 고발 프로그램에서 화장품 독극물 검출 위험을 다루게 되면 화장품의 위험을 보여 주는 측면이 불균형적으로 주목받게 된다. 그런 과정에서 사안의 자극적인 요소들이 강조되면 위험 해결을 위한 합리적인 담론은 사라지게 되고 편견만이 강화되어 전체 사회적인 편익은 소멸하게 된다. 매스 커뮤니케이션의 위험 보도가 전체 사회 담론을 유도하는 역할을 담당하기 위해서 좀더 조심스러워져야 하는 이유가 여기에 있다.

셋째, 과잉 신뢰 혹은 과신 편견overconfidence bias이다. 사람들은 특히 위험의 발생 빈도와 관련하여 자신이 예상한 위험에 대해서 과잉 신뢰하는 경향이 있다. 예를 들어 과학자들이 발표하는 연구 결과의 경우, 만약 95퍼센트의 신뢰 수준에 해당한다면 나머지 5퍼센트의 기각 확률을 염두에 두고 신중한 발표를 해야 한다. 하지만 대부분의 과학자들은 이러한 실패 확률보다는 성공 확률을 과잉 신뢰하는 쪽으로 결론을 유도한다. 위험 문제도 마찬가지다. 핵발전소의 사고 가능성 등은 거의 무시되고 안전도가 강조된다든지, 터널 공사가 미치는 자연 환경에 대한 피해가 무시되는 경우 등은 은연중에 이러한 과잉 신뢰를 내포하고 있다. 특히 국가 주도의 대규모 토목 사업 등은 이러한 과잉 신뢰 편견이 과도하게 작용하여 객관적인 평가를 어렵게 하는 경향이 강하다. 이는 우리나라의 경우 언론의 당파성, 사회 세력 간 커뮤니케이션 능력의 불균형을 생각할 때 균형잡힌 시각을 가지는 데 가장 큰 걸림돌로 작용할 가능성이 높다.

마지막으로, 비교 편견comparison bias이다. 위험의 확률을 비교할 때 상대적인 비교가 빠른 이해를 가져온다. 하지만 기본 위험치baseline risk가 다르다면 이러한 상대적인 비교는 잘못된 인식을 가져올 수 있다. 예를 들어 어떤 A질병의 치사율은 50퍼센트이고 B질병의 치사율은 10퍼센트라고 한다면 A질병이 훨씬 무서운 병으로 생각될 수 있다. 하지만 이것은 이 병에 걸리는 사람의 숫자를 생각하지 않았을 때 가능한 논리다. 만약 A질병은 일 년에 10명이 걸리고, B질병은 일 년에 100만 명이 걸린다면 A질병으로 일 년에 사망하는 숫자는 5명이지만 B질병으로 일 년에 사망할 숫자는 10만 명이다. 단순히 치사율로 위험의 정도를 비교하는 것은 편견을 가져올 가망성이 많다.

표 4-3. 위험 발생 가능성 인식과 관련한 편견의 유형

1. 가용성 편견	2. 확증 편견
3. 과잉 신뢰 편견	4. 비교 편견
5. 시작점 편견	6. 낙관적 편견

한편 이러한 구분 이외에도 사람들의 위험 인식과 관련한 편견으로는 시작점 편견anchoring and adjustment이 있다(Kahneman, Slovic, & Tversky, 1982). 시작점 편견은 협상과 갈등 해소 과정에서도 많이 인용되는 편견이다. 사람들이 위험 인식에서 어떤 시작점을 잡느냐에 따라서 이후 위험 인식을 조정해 나가는 경향이 있다는 것이다. 예를 들어 어떤 사람들에게 연간 5만 명이 사망한 사건에 대해서 이야기한 다음 실제 위험에 대해서 평가하게 하는 것과 연간 1천 명이 사망한 사건에 대해서 이야기한 다음 실제 위험에 대해서 평가하게 하는 것은 다른 결과를 가져올 수 있다는 것이다. 5만 명을 기준점으로 하는 사람은 1천 명을 기준점으로 하는 사람보다 더 높은 시작점에서 위험 인식을 보여 주게 된다. 즉 사람들은 처음 시작점으로 생각하는 위험을 기준으로 자신의 위험 인식을 결정하게 된다는 것이다.

이 밖에도 보건 커뮤니케이션과 관련한 이론에는 낙관적 편견optimistic bias 개념이 있다. 낙관적 편견은 사람들은 같은 위험 상황임에도 불구하고 일반 공중이 처한 위험에 비교해서 자신의 위험 상황을 낙관적인 시각에서 바라보는 경향이 있다는 것이다(McComas, 2006; Salmon, Park, & Wrigley, 2003; Weinstein, 1980). 즉 부정적인 결과는 다른 사람들에게 많이 일어날 것이고, 긍정적인 결과가 자신에게 일어날 것이라는 막연히 낙관적인 환상을 가지게 되는데, 이는 보건 행위와 관련한 위험 커뮤니케이션에 심각한 지장을 줄 수 있다. 이러한 현상은 결국 사람들은 어떤 편견에 사로잡혀 의사 결정을 하게 되며 커뮤니케이션을 통해서 이러한 문제를 풀지 못한다면 주관적인 인식 상황에서 잘못된 위험 인식과 커뮤니케이션으로 이어질 가능성이 많다는 것을 보여 준다.

위험 연구와 관련한 다양한 학문 분야의 접근에서 가장 많이 다루어지고 있는 주제가

위험 인식 과정에서 발생하는 편견과 관련한 것이라고 할 수 있다. 앞에서 설명했듯이 위험과 관련한 편견은 커뮤니케이션의 문제와 직접적으로 연결되는데, 그것은 결국 사람들이 가지는 위험에 대한 인식이 분명한 근거에 기반하지 않고 자의적인 해석에 맡겨져 있기 때문에 서로 간의 커뮤니케이션을 통해서 합의를 이루어 가야 하는 문제로 연결되기 때문이다. 한편 이러한 편견을 대표적으로 이론화한 것이 예상이론prospect theory이라고 할 수 있다(Tversky & Kahneman, 1974).

예상이론은 편견을 좀더 상황과 메시지에 결부시켜 이론화한 것이다. 같은 상황의 위험과 관련한 메시지를 어떻게 구성하느냐에 따라서 위험에 대한 사람들의 판단에 영향을 미치게 된다. 가장 흔하게 인용되는 예는 같은 암에 대해서 사람들의 반응이 성공과 실패를 기조로 한 메시지에 따라서 다르게 나타난다는 것이다. 같은 암에 대해서 성공을 기조로 한 메시지(치유 가능성 등)를 전달하는 경우, 실패를 기조로 한 메시지(사망 가능성 등)에 비해서 훨씬 더 희망적인 전망을 갖게 된다(McNeil, Pauker, Sox, & Tversky, 1982). 또한 예상이론의 한 예로서 도박과 관련된 사람들의 결정을 살펴보면, 가능한 손실의 방향으로 메시지가 제시된 경우 도박을 하는 사람은 더 위험을 수용하는 방향으로 선택을 하게 되고, 가능한 이익의 방향으로 메시지가 제시된 경우 위험을 회피하는 방향으로 선택을 하게 된다. 따라서 예상이론은 손실 메시지가 프레임된 경우 위험을 더 수용하려고 하고, 이익 메시지가 프레임된 경우 위험을 더 회피하려고 하는 경향을 말한다. 이러한 예상이론은 메시지의 프레이밍 효과framing effects와 직접적으로 연결된다.

예상이론은 의사 결정 과정에서 신봉되어 왔던 기대효용이론, 즉 가장 효용 가치가 큰 것을 중심으로 사람들의 의사 결정이 이루어진다는 이론이 현실의 위험 상황을 설명하는 데는 문제가 있음을 보여 준다. 예상이론은 결국 사람들이 이익과 손실이라는 상황을 바탕으로 효용가치와는 상관없는 다른 행동을 보여 주게 된다는 것인데, 사람들은 좀더 확실한 이익을 선호하는 경향이 있다는 것과 이익과 관련해서는 위험을 회피하지만 손실과 관련해서는 위험을 감수한다는 두 가지 큰 전제를 바탕으로 한다. 전자를 확실성 효과, 후자를 반사 효과reflection effect라고 한다. 트베르스키와 카네만의 실험에 따르면 사람들은 위험 상황을 기준점으로서 이익과 손실의 차원으로 파악하며, 항상 확실한 이익이 생길 수 있는 방향이나 좀더 손실을 회피하는 방향으로 의사 결정을 하게 되며, 따라서 이익과 손실 차원이라는 판단에 따라 위험을 회피하거나 수용하게 된다(Box 4-1 참조).

이러한 위험과 편견에 관련된 연구는 위험 커뮤니케이션 방법론에 시사하는 의미가 크

Box 4-1. 예상이론 실험 결과

[문제 상황 1] (N=152)

미국에서 어떤 알려지지 않은 질병이 발생하여 약 600명 정도의 사망자를 낼 것으로 예상한다고 가정해 보자. 질병에 맞서기 위해서 두 가지 프로그램이 제안되었는데, 이 프로그램의 결과에 대한 추정이 가능하다고 하면, 사람들의 프로그램 선호 결과는 다음과 같다고 한다.

1) 프로그램 A가 채택되면 200명을 살릴 수 있다. (72% 선택)
2) 프로그램 B가 채택되면 600명을 살릴 수 있는 확률이 1/3이고, 아무도 살릴 수 없는 확률이 2/3이다. (28% 선택)

(결과) 대다수의 사람들은 200명의 사람을 확실하게 살릴 수 있는 프로그램 A를 선호했다. 상황이 이익으로 프레임된 경우 사람들은 위험을 회피하는 선택을 한다.

[문제 상황 2] (N=155)

위와 같은 상황에서 사람들에게 다시 두 가지 프로그램을 제시했다.

1) 프로그램 C가 채택되면 400명이 사망한다. (22% 선택)
2) 프로그램 D가 채택되면 아무도 사망하지 않을 확률이 1/3이고, 600명이 죽을 확률이 2/3이다. (78% 선택)

(결과) 대다수의 사람들은 아무도 사망하지 않을 확률이 그래도 1/3은 되는 프로그램 D를 선택했다. 상황이 손실을 기준으로 프레임된 경우 위험을 감수하는 선택을 한다.

주) Tversky & Kahneman(1979)의 논문에서 정리.

다. 또한 더욱 놀라운 것은 이러한 편견에 전문인과 일반인의 구분이 없다는 것이다(Bennett, 1999). 따라서 이러한 편견의 편재성을 이해한다면 위험 문제가 커뮤니케이션을 통해서 해결되어야 한다는 것이 다시 한 번 강조될 수 있다. 사람마다 위험을 바라보는 관점이 다르며 위험에 대한 해결 방법 또한 다르다. 위험 편견을 딛고 다양한 시각으로 커뮤니케이션하겠다는 의지가 있을 때만 위험 문제 해결에 다가설 수 있다는 의미다. 또한 위험 사안을 다루는 사람들은 편견의 존재를 인정하고 문제 해결을 위해서는 그 벽을 허무는 작업이 선행되어야 한다는 것을 이해해야 한다.

위험 커뮤니케이션이란 무엇인가?: 보호, 위기, 갈등 합의 커뮤니케이션

위험 커뮤니케이션은 기술적인 응용 커뮤니케이션의 한 분야로 분류되기도 한다. 하지만 현대 사회에서 차지하는 위험 커뮤니케이션의 중요성을 따져볼 때 응용 커뮤니케이션의 한 분야로 보기에는 그 범위가 너무 광범위하다. 또한 기술적인 응용 커뮤니케이션에 비해서 공중의 인식과 커뮤니케이션 그 자체를 더 중요시하기 때문에 단순한 기술적인 내용을 전달하는 것과는 차원이 다르다고 할 수 있다. 즉 위험 커뮤니케이션은 위험을 다루지만 커뮤니케이션적인 측면이 더 강조되는 분야라고 상정해 볼 수 있다.

위험 커뮤니케이션은 기술 지향적인 모델technical model과 민주 지향적인 모델democratic model로 분류하기도 한다(Rowan, 1995). 기술 지향적인 모델은 앞에서 설명했던 전문가 위주의 위험 커뮤니케이션을 의미한다. 따라서 커뮤니케이션의 경로가 일방적이고 엘리트주의적인 입장에 치우치게 된다. 전문가의 권위에 의존하다 보니 커뮤니케이션은 정보 전달에 그치는 경우가 많다. 이에 반해 민주 지향적인 모델은 위험 커뮤니케이션의 대중화를 의미한다. 전문가의 위험 인식이 일반 공중에 비해 더 정확하다는 편견에서 벗어나 시민이 참여하고 합의를 이루어 나가는 절차상의 민주주의를 더 강조한다. 따라서 개방적인 대화와 합의 창출을 위한 쌍방향 커뮤니케이션이 주류를 이루게 된다. 이 책에서 설명하는 위험 커뮤니케이션은 지술 지향적인 모델보다는 민주 지향적인 모델에 바탕을 두고 있다. 민주 지향적인 위험 커뮤니케이션 모델에서는 전문가의 의견, 시민의 인식 등과 함께 민주적인 공론의 장에서 위험과 관련한 합의를 이루어 내는 것을 목표로 한다. 전문가적인 판단에 의한 객관적인 진실도 대화의 장에서 토론되어야 하며, 대화를 통한 민주적인 담론의 생산, 의미의 공유, 합의의 창출이 더 중요한 요소가 된다. 따라서 일반적으로 통용되는 정보의 전달이나 공중 설득 커뮤니케이션 행위들도 궁극적으로는 쌍방향 커뮤니케이션을 지향하는 것이 필요하다.

일반적으로 위험 커뮤니케이션의 분야를 나누면 크게 보호 관리care, 위기 대응crisis, 사회 갈등에 대한 합의 창출consensus 세 가지 분야의 커뮤니케이션 활동으로 분류하기도 하고, 주제 측면에서 환경, 안전, 그리고 보건 위험 커뮤니케이션으로 분류하기도 한다(Lundgren & McMakin, 2004). 커뮤니케이션 측면의 보호 관리, 위기 대응, 사회 갈등에 대한 합의 창출은 각각이 환경, 안전, 보건 등의 주제 측면을 모두 포함한다고 간주할 수 있다. 예를 들어 보호관리 측면의 커뮤니케이션 활동에는 공해로 인한 사회비용 증가의 문제, 식품의약품안전청의 중국산 김치 파동, 국민건강보험을 통한 암 예방 문제 등 환경, 안전, 보건 등의 이슈를 모두 포함할 수 있다. 여기서 크게 환경, 안전, 보건 등의 문제로 위험 주제를 나누었지만 훨씬 더 복잡한 세부 주제와 분류 기준이 적용될 수 있다. 따라서 위험 커뮤니케이션은 보호 관리, 위기 대응, 사회 갈등에 대한 합의 창출 등 광범위한 위험 이슈를 둘러싼 커뮤니케이션 활동을 통칭하는 광범위한 개념으로 정의내릴 수 있다.

세 가지 분야의 위험 커뮤니케이션은 나름대로 특성을 가진다(Lundgren & McMakin, 2004). 보호 관리를 위한 위험 커뮤니케이션은 이미 공중에게 받아들여지는 규범이 설정된 경우가 많고, 많은 과학적인 데이터를 통해서 입증된 사실을 커뮤니케이션하는 경우가 대부분이다. 예를 들어 태양의 자외선을 통한 피부암의 발생 여부 등은 이미 과학적으로 입증되는 경우가 대부분이다. 하지만 사회 갈등에 대한 합의 창출은 관련 공중을 위험 이슈의 해결 과정에 많이 참석하게 하고 정보의 원활한 교류를 통해서 합의를 도출하는 데 목적을 둔다. 따라서 어떤 입증된 사실이나 결과에 의존할 수 없고 공중 참여와 합의 창출을 위한 커뮤니케이션 노력에 더 중점을 두게 된다. 반면에 위기 대응 커뮤니케이션은 돌발적인 사건이나 자연 재해 등으로 인해서 발생하는 피해를 최소화하기 위한 비상 커뮤니케이션의 성격을 가진다. 따라서 위기 대응 커뮤니케이션은 돌발적인 상황에 대한 최선의 대응이라는 측면이 강조된다.

하지만 이러한 분류는 사실 이해를 돕기 위한 인위적인 분류의 성격이 강하다. 모든 위험 상황은 보호 관리, 위기 대응, 사회 갈등을 해결하기 위한 합의 창출 커뮤니케이션 요소를 공통적으로 가지고 있다고 보는 것이 현실적이다. 예를 들어 여름 장마철 홍수에 대한 대응은 위기 대응 커뮤니케이션의 성격을 가지지만, 사전 홍수 예방을 위한 조치나 사후 홍수로 인한 전염병 예방 등은 보호 관리 커뮤니케이션 요소를 가진다. 또한 홍수 피해 복구를 두고 정부 지원금을 둘러싼 중앙정부, 지방자치 정부, 피해 공중 등의 의견 대립은 사회 갈등을 해결하기 위한 합의 창출 커뮤니케이션의 요소를 모두 지니고 있다고 볼 수 있다. 따라서 위험 커뮤니케이션을 이해하기 위해서는 세 가지 측면의 커뮤니케이션 활동을 통합적인 시각에서 바라보는 것이 필요하다고 할 수 있다. 한 가지 덧붙여서 이해할 것은 위험 커뮤니케이션에서 지칭하는 위기 대응 커뮤니케이션은 위기 사태가 일어나고 난 다음의 대응을 의미한다. 제3부에 나오는 조직의 위기와 관련한 정의는 이러한 위기 대응 차원을 넘어서는 개념이다. 따라서 여기서는 위기의 개념이 축소되어 있다는 것을 고려할 필요가 있다.

표 4-4. 위험 커뮤니케이션의 종류와 커뮤니케이션 중점 활동

커뮤니케이션의 종류	커뮤니케이션의 중점
보호 관리 위험 커뮤니케이션 위기 대응 커뮤니케이션 사회 갈등 해소를 위한 합의 창출 커뮤니케이션	설득 커뮤니케이션 정보 전달 커뮤니케이션 쌍방향 커뮤니케이션

위험 커뮤니케이션의 일반적인 과정을 살펴보면 보통 위험을 평가하고 그러한 결과를 공중에게 전달하거나 공유하는 과정이다. 그것이 어떤 위험 사안을 설득하는 것일 수도 있고, 단순한 정보를 전달하는 것일 수도 있으며, 때로는 공중의 참여를 유도해서 의사 결정을 위한 공론의 장을 형성하는 기능을 하기도 한다. 이러한 과정은 결국, 위험에 대한 상황 판단 및 조사, 위험 커뮤니케이션의 목적 설정 및 실행 계획 마련, 그리고 그것의 실행을 통한 효과 평가 등의 일반적인 과정을 거치게 된다. 그러한 효과의 평가는 정보 전달, 태도 및 행위의 변화, 공중 참여 정도, 교육 효과 등 사안에 맞는 다양한 목적을 통해서 그 달성 여부를 평가하게 된다. 따라서 위험 커뮤니케이션은 이러한 모든 과정에 걸쳐 있는 다양한 커뮤니케이션 활동이라고 정의할 수 있으며, 위험을 둘러싼 의도적인 형태의 커뮤니케이션 행위를 광범위하게 지칭하는 것이라고 할 수 있다.

위험 커뮤니케이션 패러다임 접근

위험 커뮤니케이션에 대한 패러다임 접근은 위험 자체에 대한 패러다임 접근과 밀접하게 연결되어 있다. 따라서 위험에 대한 패러다임 접근을 먼저 알아보고 그것을 위험 커뮤

니케이션 패러다임 접근과 연결시키는 것이 필요하다. 위험에 대한 인식은 크게 객관적인 접근과 사회 구성적인 접근으로 나누어 볼 수가 있다(Renn, 1992). 위험이 객관적인 판단에 의해서 평가될 수 있다면, 사람들의 위험에 대한 판단은 충격의 정도와 발생 가능성에 의해서 위험 순위를 정하고, 그에 따라 정책적인 판단을 하면 된다. 하지만 위험은 사회적이고 문화적인 요소가 복합적으로 얽혀 있다. 위험에 대한 판단은 객관적인 지식에만 의존하지 않으며 사회적인 가치와 문화적인 배경을 필요로 한다. 따라서 위험은 다양한 패러다임에 의해서 정의될 수 있다. 예를 들어 환경오염은 객관적인 위험 행위로 진단하지만 나라에 따라서 어느 정도의 공장 증설에 의한 환경오염이 식량난 해결을 위해서 필요하다고 공감하기도 한다. 즉 굶주림에 비하면 환경오염은 덜 위험한 행위로 인식되는 것이다. 극단적인 예이지만 테러리즘은 반인륜적인 위험 행위로 규정되는 것이 보통이나, 때에 따라서 민주주의를 위한 항거, 국가 독립을 위한 항거, 제국주의에 대한 저항으로 인식되는 경우도 있다. 위험을 객관적으로 볼 것인가, 사회 구성적으로 볼 것인가는 이러한 상이한 위험 인식에 기초하고 있다.

위험 연구의 패러다임 접근

렌(Renn, 1992)의 경우 위험 개념에 대한 다양한 접근법으로 보험학 접근, 보건학 접근, 확률 통계적인 접근, 경제학적인 접근, 심리학적인 접근, 사회학적인 접근, 문화적인 접근 등을 들고, 이러한 접근법에 따라 위험의 단위, 위험 도출의 방법, 위험 개념의 범위, 평가 방법, 사회적인 기능 등이 다르다고 보았다. 이처럼 위험을 어떻게 인식하느냐는 보는 관점에 따라서 다르게 나타난다.

여기서 보험학, 보건학, 확률 통계, 경제학적인 접근은 전문가의 영역에 가깝다고 볼 수 있으며, 과학 기술적이고 비용/편익 차원의 접근에 의존하고 있다. 하지만 이들 접근은 사람에 대한 이해가 부족하고 사회구성원 간의 복잡한 이해 관계를 고려하는 데 결정적인 결함이 있다. 사람들은 전문가적인 입장에서 위험을 평가하는 것이 아니라 자신의 가치와 선호도에 비추어 위험을 평가한다. 또한 위험의 결과는 사람들의 행위와 복잡하게 얽혀 있으며, 그러한 상호 작용을 무시한 단순한 위험 노출 정도나 비용/편익 분석은 현실적인 인식의 차이를 반영하기 어렵다. 단순한 예를 들어서 충격이 엄청나지만 발생 가능성이 낮은 위험과 충격은 작지만 발생 가능성이 많은 위험은 과학 기술적인 접근에서 비슷한 위험으로 분류될 수 있다. 하지만 위험 인식 연구는 이러한 위험들이 다르게 인식되고 있음을 보여 준다(Renn, 1992; Slovic, 1987).

따라서 위험 인식과 관련해서 심리학적인 접근과 사회학적인 접근, 그리고 문화적인 접근이 각광받는 것은 이러한 접근 방법들은 객관적인 데이터 혹은 의사결정이론에 의존하기보다는 주관적이고 사회적인 위험 인식의 구성 방식에 이론적인 함의를 제공하고 있기 때문이다. 또한 과학 기술적인 접근과 경제학적인 접근은 과도하게 전문가 담론에 의지하고 있기 때문에 위험 커뮤니케이션을 통한 공론의 장 확대 관점에서도 문제점을 내포한다. 하지만 그렇다고 해서 과학 기술적인 접근이나 경제학적인 접근이 위험 논의에서 유효하지 않다는 것은 아니다. 분명 위험은 현실 세계에서 일어나고 있으며 인식의 범위와 무관하게 실제적으로 존재한다. 따라서 위험은 객관적인 결과와 인식의 세계가 공동으로 구성하는 복합적인 사회 현상으로 정의하는 것이 더 타당할 것 같다.

심리학적인 접근은 위험을 어떻게 제시framing하느냐에 따라서 사람들이 위험 인식을 달리한다는 데 주목한다. 예를 들어 긍정적인 측면을 부각하는 것과 부정적인 측면을 부각하는 경우에 사람들의 인식은 차이를 보이게 된다. 예상이론 혹은 전망이론에서 잘 설명하고 있는데, 사람들은 이익과 관련된 상황에서는 가능하면 위험을 피하고 확실한 이익을 지키려는 성향이 강하지만, 손실과 관련된 상황에서는 미래에 일어날 손실을 줄이기 위해서 위험을 감수하려는 성향이 강해진다는 것이다(Kahneman & Tversky, 1979). 따라서 사람들은 과학 기술적인 접근이나 경제학적인 접근이 보여 주는 것처럼, 위험에 대한 전문가 차원의 노출 인식이나 최대의 기대 효용에 의해서 의사 결정을 하는 것이 아니라 전망하는 결과의 가치 평가를 통해서 위험과 관련한 의사 평가를 한다는 것이다.

따라서 심리학적인 접근은 사람들이 인식에 영향을 미치는 편견이나 고정 관념(Slovic, 1972), 그리고 개인 심리에 영향을 미치는 맥락 변수들을 고려할 것을 주문한다. 위험 인식에 영향을 미치는 맥락 변수로는 1) 예상하는 손실의 정도, 2) 높은 피해 정도의 가능성, 3) 두려움, 통제 가능성, 친숙함, 공정성, 책임 전가 여부 등 질적인 위험 특성, 4) 위험의 원인과 결과에 대한 개인 신념 등 네 가지 요소로 크게 나누기도 한다(Renn, 1992). 개인이 느끼는 위험에 대한 생각들, 즉 친숙함, 잠재적인 가능성, 태도, 믿음 등이 위험 인식에 영향을 미치는 것은 당연하다. 개인의 위험 인식 변수들을 고려한다는 면에서 심리학적인 접근이 과학 기술적인 접근보다는 인간 중심적이라고 평가할 수 있다.

한편 문화이론적인 접근은 맥락 변수의 범위를 사회 문화적인 차원으로 확장한 것이라고 볼 수 있다. 사회가 가진 계층성이나 집단성에 따라서 사회 조직 문화에 차이를 보일 것이고, 이러한 문화적인 차이는 구성원들이 위험을 인식하는 데 영향력을 발휘하게 될 것이다(Thompson, 1980; Douglas & Wildavsky, 1982; Rayner & Cantor, 1987). 대표적인 문화이론은 집단 영향degree of group cohesiveness과 사회 규범 영향degree of grid을 두 차원으로 해서 사회 문화와 구성원들의 성향을 여러 형태로 나누는 것이다(Thompson, 1980).

이러한 유형은 네 가지 형태(Rayner & Cantor, 1987) 혹은 다섯 가지 형태(Thompson, 1980)로 구분된다. 다섯 가지 문화적인 대표 유형은 개인주의자atomized individuals, 관료주의자bureaucrats, 기업가주의자entrepreneur, 평등주의자egalitarian, 자율주의자autonomous individuals or the hermit로 분류된다. 이러한 문화 및 집단 유형에 따라 사람들의 위험 인식은 달라지게 된다. 예를 들어 개인주의자들은 위험을 통제할 수 없다고 생각하지만, 기업가주의자들은 위험이 오히려 기회 요인이 될 수 있다고 생각한다. 톰슨(Thompson, 1980)의 경우, 자율주의자들이 사회적인 갈등을 중재할 수 있는 사람들이라고 주장하기도 한다. 렌(Renn, 1992) 또한 이들을 조정 가능자potential mediators라고 지칭하는데, 그것은 그들이 자율적으로 생각하면서도 다른 네 그룹과 연대할 수 있는 가능성을 열어두고 있기 때문이다.

하지만 이러한 문화이론적인 접근은 사회 문화를 과연 몇 가지의 유형으로 나눌 수 있느냐의 문제와 함께 한 사회를 명확한 문화 유형으로 구분하기는 어렵다는 문제, 실증적인 증거를 제시하기가 어렵다는 문제 등으로 인해서 비판의 대상이 되기도 한다. 예를 들어 어떤 사람이 관료주의자이고 자율주의자인가를 구분하기는 쉽지 않다. 또한 대부분의 사람들은 몇 가지 특성이 혼합적으로 작용한다고 보는 것이 합리적이다. 다만 모델이 제시하는 설명력은 정확한 현실 적용과 무관하게 사람들 간에 발생하는 차이를 개념적으로 잘 보여 준다고 하겠다.

우리나라의 경우는 집단적인 문화가 두드러지기 때문에 위험 인식에서 집단성에 의존하는 경우가 많다. 위험을 통제하기 위한 규범이 필요하고 집단의 결정에 따라 개인의 위험 인식이 좌우되는 경우가 많다. 하지만 우리나라의 많은 위험 사안에서 알 수 있듯이 개인 간의 충분한 논의와 합의에 의해서 위험 인식이 결정되는 것이 아니기 때문에 위험 인식이 지속적으로 유지되지 못하고 집단의 논리에 의해서 쉽게 변화하는 경우를 자주 찾아볼 수 있다 일명 냄비 근성이라고 자조적으로 말하는 경우가 여기에 해당한다. 얼마나 많은 위험 사안들이 온 나라를 시끄럽게 하다가 슬그머니 사라졌는가를 생각하면 이해가 된다.

위험을 객관적인 것으로 볼 것인가, 아니면 위험은 사회적으로 재구성될 뿐인가 하는 질문에 답하기 위해서는 사회학적인 접근을 거론해야 한다. 사회학적인 접근은 심리학적인 접근에서 거론했던 개인 차원의 변수보다는 사회 전체 차원의 변수들이 사람들의 위험 인식에 미치는 영향을 살펴보는 것이다. 다양한 이론 접근이 있을 수 있지만 무엇보다도 중요한 두 가지 차원은 객관적인 접근/사회 구성주의 접근 차원과 개인적인 접근/구조적인 접근 차원이다(Renn, 1992, 그림 4-1 참조).

객관적인 접근은 위험과 관련한 사회 차원의 정의가 실제적으로 형성되고 관찰 가능하며 객관적으로 형성된다고 보는 의견이다. 반면 사회 구성주의는 위험의 정의와 인식은 객관적인 것이 아니라 사회구성원들에 의해서 결정되며, 사회 문화적인 변수에 의해서 현실이 재구성된다고 보는 시각이다. 사람들의 합리적인 의사 결정에 의해서 위험이 정의된다고 보는 합리적 선택이론rational choice theory이나 힘이 강한 집단이 힘이 약한 집단을 억압 착취하기 위한 수단으로 위험을 이용한다고 보는 마르크스 비판이론적인 접근들은 모두 위험 현상을 객관적인 사실로 받아들이려고 하는 시도들이라고 할 수 있다.

반면에 사회 문화적인 맥락을 강조하는 문화이론이나 해석학적인 접근은 사회 구성주의 접근에 근접해 있다. 사회 구성주의 접근은 위험의 정의와 해결에서 구성원 간의 논의를 통한 합의를 강조한다. 따라서 사회학적인 접근의 사회 구성주의는 위험 논의에서 커뮤니케이션의 필요성과 합의의 필요성을 제시한다. 객관적인 사실보다는 해석이나 사회 맥락의 중요성이 이러한 접근에서는 강조된다.

또 다른 차원은 개인의 행위와 판단을 강조하는 개인적인 접근과 사회 조직 혹은 집합체를 분석의 단위로 보는 구조적인 접근이 있다. 구조적인 접근의 시각은 복잡한 사회 위험 현상을 개인의 범주로 설명하기는 어렵다는 시각이고 개인적인 접근은 모든 사회 현상에는 개개인의 합리적인 의사 결정이 배경을 이루고 있다는 시각이다. 이러한 접근은 기든스가 논의했던 구성원agent과 구조structure의 상호 작용과도 밀접하게 관련되어 있다. 기든스는 이 두 가지 사회 구성 요인이 독립적이라기보다는 복잡하게 상호 작용하고 있다고 보았다.

지금까지 설명한 두 가지 차원에 의해서 [그림 4-1]에서 보여 주는 것처럼 사회학적인 위험이론을 구분해 볼 수 있다. 이성적인 행위자 개념rational actor concept과 조직이론, 체

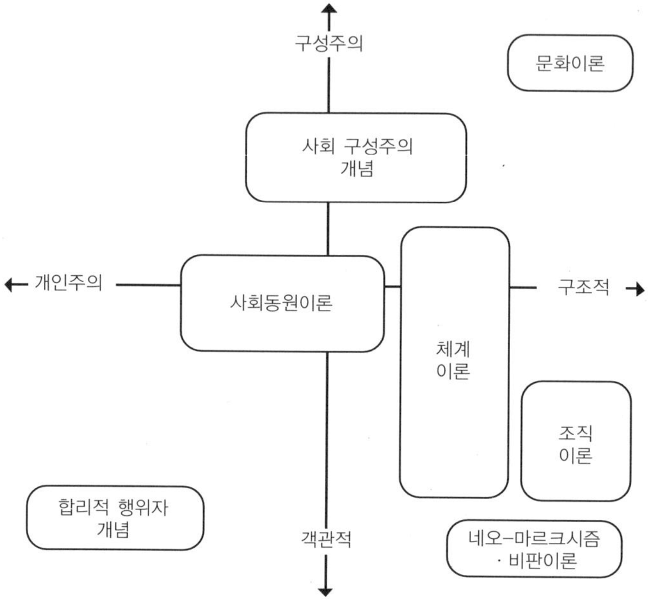

그림 4-1. 위험의 사회학적인 접근
(Renn, 1992: 68)

계이론, 마르크스/비판이론은 개인/구조 차원에서 반대되는 이론이라고 할 수 있으며, 사회 재구성 개념social constructionist concepts과 문화이론은 이성적인 행위자 개념과 조직이론, 마르크스/비판이론은 사회구성주의/객관주의 차원에서 서로 반대되는 이론이라고 상정할 수 있다.

이러한 두 가지 차원을 전부 아우르면서 위험 문제에서 사람들이 관심을 가지는 상황과 구조적인 조건을 탐색한 이론이 사회동원이론social mobilization theory이다. 사회동원이론은 두 가지 차원의 중심에 위치하면서 서로 반대되는 접근을 아우르는 중립적이고 통합적인 이론 접근이라고 할 수 있다. 최근 위험의 사회적인 논의를 어느 한쪽의 시각보다는 다양한 시각의 통합적인 노력으로 보아야 한다고 주장하는 이론적인 논의들, 즉 위험의 사회적인 확산이론social amplification of risk theory(Kasperson, 1992), 사회 장 이론social arena theory(Renn, 1992), 사회 드라마 이론social drama theory(Palmlund, 1992) 등은 사회동원이론 접근과 맥이 닿아 있다고 말할 수 있다. 또한 사회동원이론은 이 책에서 주장하는 커뮤니케이션을 통한 사회적 합의와 가장 맞닿아 있다고 할 수 있다.

통합적인 이론과 수사학적인 이론의 탐색

앞에서 위험 논의를 차원에 따라 분류해 보았지만, 통합적인 시각에서 이론을 구축하려는 노력이나 수사학적인 시각에서 위험을 보려는 시도도 있어 왔다. 위험 문제를 다양한 시각에서 통합적으로 접근해야 한다는 면에서 사회 장 이론(Renn, 1992)은 아직 실증적인 검증 노력이 부족하지만 개념적으로 이해하는 것만으로도 큰 의미가 있다. 물론 통합적인 이론이라는 측면에서 위험의 사회적인 확산이론도 있지만 위험을 사회 전체 구성원 간의 상호 작용이라는 측면에서 이해하는 데 사회 장 이론이 더 적절할 수 있다. 한편 사회 드라마 접근은 위험 연구와 관련하여 위험 문제를 드라마적인 개념으로 설명한다는 데 접근의 독특함이 있다. 사회 드라마 접근은 제3부에서 소개할 조직 위기 문제의 수사학적인 접근과도 일맥상통하는 면이 있다. 사회 장 이론과 사회 드라마 접근 모두 관련된 주체들의 상호 작용과 공중의 이해 정도에서 위험 문제 해결의 실마리를 찾았다는 측면에서 패러다임 차원에서 한쪽으로 치우친 이론들에 비해 진일보한 이론이라고 할 수 있다.

사회 장 이론과 소스 경쟁

사회 장 이론은 앞서 설명한 이성적인 행위자 접근과 사회 구조 접근, 객관적인 접근과 사회 구성적인 접근을 모두 통합한다고 할 수 있다(Renn, 1992). 개인의 이성적인 행위와 사회 구조 접근을 함께 받아들이고, 객관적인 행위가 만들어 내는 법칙성과 사회 구성적인 접근의 상대주의적인 가치의 중요성을 함께 수용한다. 사회 장 이론은 개별적인 사회 주체들이 사회 구조 속에서 어떻게 상호 작용하는가를 중심으로 위험의 원인과 결과의 관련성에 대한 사회적인 의미가 어떻게 공유되는가를 통합적으로 보여 주려고 시도한 이론이다. 아직 실증적인 논의가 충분히 이루어지지는 않았지만 위험 문제를 좀더 통합적으로 보려고 시도했다는 측면에서 개념적인 진일보를 발견할 수 있다. 또한 사회 장 이론은 위험 사안을 둘러싼 사회구성원 간의 갈등 구조를 제시하고 갈등 해소를 위한 커뮤니케이션 통로와 사회적인 합의의 가능성을 제시한다.

즉 사회 장 이론은 사회구성원들의 위험과 관련한 갈등이 사회 구조적인 측면에서 어떻게 연결되어 있는가를 밝히고, 실제 사회 속에서 위험과 관련한 논의들이 어떤 상호 작용 속에서 이루어지며 사회 주체 간에 어떻게 영향력을 주고받는가를 개념화한 것이다.

결국 위험 문제를 사회 차원에서 살펴보면 위험 관련 주체들이 자신이 가진 자산resource을 중심으로 서로 경쟁하고 있다고 볼 수 있다. 위험을 둘러싸고 형성되는 사회적인 장arena은 영향력을 가진 자산 보유 조직들이 서로 간의 경쟁을 통해서 자신의 목적 달성을 추구한다. 사회 장 이론은 다원주의적인 접근에 기반하고 있는 셈이다.

사회 장은 위험 문제를 둘러싼 사회적인 주체들의 영향력이 상호 작용하는 상징적인 장소를 의미한다(Renn, 1992). 위험을 둘러싼 사회적인 주체들은 조직화되어 있기 때문에 사회 장 이론은 조직 중심의 이론이라고도 말할 수 있고, 이러한 사회 장에서는 다양한 주제들이 서로 연관되어 다루어질 수 있다. 사회 장에서는 사회 주체들이 자신들이 추구하는 목적을 달성하기 위해서 서로 경쟁을 벌이게 되고, 어떤 유리한 결정이 최종적으로 이루어지는가에 따라서 활동의 성공 여부가 결정된다.

장 이론을 구성하는 요소들은 크게 규범집행자rule enforcer, 사회 주체들social actors, 쟁점 확장자issue amplifer, 정치기관political institution, 이해 관계자stakeholders, 일반 공중general public으로 구성된다(Renn, 1992, 그림 4-2 참조). 규범 집행자는 협상이나 상호 작용의 규칙을 설정하는 사람들을 말하고, 쟁점 확장자는 사회 주체들의 행위를 평가해서 이해 관계자나 공중에게 해석하는 역할을 담당하는 사람들을 말한다. 대표적인 사람들이 언론, 사회적인 연결망 등이다. 장 이론은 사회 주체들이 규범 집행자, 쟁점 확장자 등과의 상호 작용을 통해서 이해 관계자와 일반 공중을 대상으로 한 영향력 획득 경쟁을 벌이는 상황을 설명한다.

여기서 사회 주체들은 미리 준비된 시나리오에 의해서 움직이는 것이 아니라 각자의 전략에 따라 최상의 결과를 도출하기 위한 영향력 경쟁을 시도한다. 여기서 사회적인 영향력을 획득하기 위한 자산은 보통 금전money, 권력power, 사회적인 영향력social influence, 가치 동일화value commitment, 증거 능력evidence 등을 말한다(Renn, 1992). 사회적인 영향력은 주체가 형성해 온 평판 등을 의미하고, 가치 동일화는 문화적인 변수로서 문화적인 동질성, 일체감 등을 의미하며, 증거 능력은 조사 연구 방법의 우수성을 바탕으로 한 예측 능력 등을 의미한다. 영향력을 발휘할 수 있는 자산을 많이 확보하는 사회 주체가 목표를 달성할 가능성이 높다고 할 수 있다. 특히 성공적인 위험 주체는 앞서 설명한 자산들을 모두 기본적으로 고루 갖추고, 쟁점 확장자를 통해서 이해 관계자와 일반 공중과 효과적으로 소통하는 사람들이다. 효과적으로 커뮤니케이션하기 위해서는 감정을 이입하거나 미래 전망에 대해서 일치된 의견을 보유하는 등 공중과 의미의 공유를 얼마나 잘 이루어

내느냐가 관건이 된다.

위험 주체의 성공은 영향력을 발휘할 수 있는 자산을 동원할 수 있는 능력에 달려 있다고 앞서 밝혔다. 하지만 사회 장 이론은 위험 이슈의 상징적인 성향, 확실한 증거를 둘러싼 논란, 공중의 상이한 가치 지향성, 사회적인 불신, 정치적인 해결을 위한 사회적인 합의의 부족 등 위험 문제를 해결하기 위해서 극복해야 할 여러 문제들을 안고 있다(Renn, 1992). 즉 단순한 사회 주체의 영향력 자산 동원 능력의 경쟁만으로 위험 문제가 자동적으로 해결되지는 않을 것이라는 전망이 제기된다.

이는 다원주의에 대한 비판과도 연결된다. 비판주의 학자들이 지적하는 것처럼 사회가 근본적으로 안고 있는 힘의 불균형 문제가 해결되지 않고는 힘이 센 세력이 사회적인 자산을 독점할 가능성이 남아 있다. 이런 상황에서 의견의 자유로운 경쟁을 통한 합의 창출은 불가능할 수도 있다. 물론 사회 장 이론은 사회적인 자산의 개념으로 권력과 경제력 등 눈에 보이는 힘만을 상정하지는 않았지만, 상징적인 자산을 어떤 식으로 활용할 것인가의 문제, 커뮤니케이션 자산의 운용 방법 등을 좀더 명쾌하게 밝혀 줄 필요가 있다.

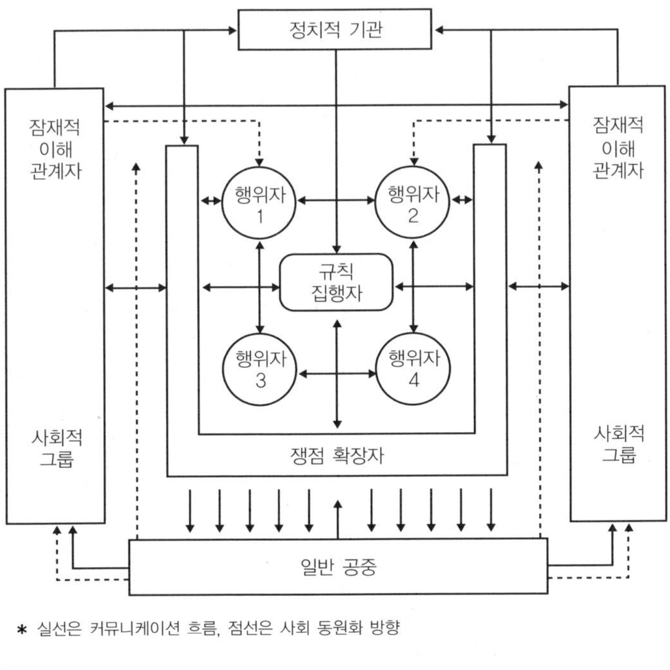

* 실선은 커뮤니케이션 흐름, 점선은 사회 동원화 방향

그림 4-2. 사회 장 이론의 구성 요소와 역학 관계
(Renn, 1992에서 가져옴)

또한 사회 장 이론은 개념적으로 사회 현상을 설명하지만 실증적인 검증을 통한 이론화 과정을 거쳤다고 보기 어렵다. 하지만 이러한 약점에도 불구하고 사회 장 이론은 전체 사회의 프레임 속에서 사회 주체 간의 영향력 경쟁을 통해 위험 문제 해결을 제시했다는 점에서 위험 문제의 공론의 장 이론이라고 명명해도 무방할 것 같다. 사회 장 이론은 위험 문제에 대한 상징적인 쟁점 간의 경쟁을 다루고 있다는 면에서 수사학적인 접근과 통하는 면이 있으며 미디어와 사회적인 연결망이 위험 이슈에 미치는 영향을 짚어 보았다는 측면에서 커뮤니케이션 측면이 강조된 이론이라고 할 수 있다.

한편 위험 문제를 둘러싼 갈등을 조사하기 위해서 사회 장 이론이 이용될 수도 있다(Renn, 1992). 즉 갈등이 일어나는 장을 선택한 다음, 관련된 사회 주체와 그들이 지향하는 목표들을 파악하고, 장을 움직이는 규범과 각 사회 주체들의 영향력 자산을 조사한다. 그런 다음 위험을 둘러싼 사회 주체들, 쟁점 확장자, 이해 관계자, 일반 공중 간의 커뮤니케이션 패턴을 조사함으로써 위험을 둘러싼 갈등의 실체를 파악할 수 있다. 즉 사회 장 이론은 위험 사안을 통해서 사회 갈등을 만들어 내는 사회 주체 간의 경쟁 상황을 파악하게 함으로써 위험 문제의 해결 방안을 찾는 데도 유용하게 이용될 수 있다.

사회 장 이론이 다원적인 이해집단의 자유로운 경쟁을 상정하고 있기 때문에 언론을 둘러싼 소스 경쟁 개념과도 일맥상통한다고 할 수 있다. 공론의 장에서 사회 주체들은 언론을 통한 소스 경쟁을 통해 자신의 의제가 채택되도록 노력한다. 물론 이러한 가정은 언론의 공정성을 담보로 하지만, 대부분의 선진국에서 언론이 공정성을 가장 중요한 기준으로 설정하고 있다는 것을 전제로 한다면 소스 경쟁을 통한 공론의 장 확장은 사회 갈등을 해소하기 위한 중심축으로 작용할 수 있다. 물론 앞에서 설명했듯이 이러한 다원주의 접근은 비판학자들의 시각에서 본다면 사회적인 힘의 불균형을 무시한 관점이라고 비판받을 수 있지만, 사회가 점점 더 민주화되어 가고 있고 전통적으로 사회적 약자라고 생각되는 사람들이 효율적인 커뮤니케이션 활동을 통해서 힘의 균형을 회복하는 사례들이 늘어나고 있는 상황을 고려할 때 현실성이 있다. 이러한 접근은 다원주의 접근이 순진한 이상주의를 반영하고 있다는 주장을 뒤엎고, 오히려 실질적인 대안으로 작용할 수 있음을 보여 준다. 따라서 이러한 접근을 낙관적인 다원주의라고 불러도 무방하다.

한편 사회 장 이론을 다원주의와 연결하는 과정에서는 언론과 소스의 역할을 다룰 필요성이 제기된다. 위험을 둘러싼 주체들이 어떻게 공중과 균형잡힌 커뮤니케이션을 하느냐의 정도가 위험 사안을 둘러싼 합리적인 문제 해결의 관건이기 때문이다. 김영욱은 이와 관련하여 소스 경쟁 이론source competition theory을 새롭게 제안하면서, 이것은 "소스의 의제 혹은 의제 속성 경쟁이 심화될수록 공론의 장의 의미가 확장되는 것을 상정한" 이론이라고 정의했다(김영욱, 2007: 172). 소스 간의 경쟁이 힘의 불균형에서 벗어나 정상화되어 갈수록, 커뮤니케이션을 통해서 사회 위험 문제를 해결할 가능성은 높아지게 된다. 김영욱은 소스 경쟁 이론과 관련한 개념 정의가 후속 연구를 통해서 마련될 필요가 있다고 설명하면서, 이론화를 위해 필요한 연구 주제들을 아래 인용문과 같이 제시했다. 이러한 시도는 소스 간의 바람직한 경쟁이 위험 문제를 둘러싼 사회 갈등 해소에 어떻게 이바지할 수 있는가를 보여 줄 뿐 아니라, 사회 장 이론의 후속 이론화 과정에도 의미 있는 방향성을 제시하고 있다.

> 소스 경쟁 이론은 소스의 의제 형성 노력을 통한 경쟁의 활성화와 낙관적인 다원주의를 통한 민주주의 토대 마련을 지향하고 있다. 따라서 후속 연구에서 1) 소스의 경쟁이 심해지면 의제 속성의 수가 늘어나서 언론의 특정 의제 속성 의존이 줄어들 것인가의 문제, 2) 소스 경쟁이 심해지고 또한 소스 경쟁에 균형이 잡히면 언론 의제 속성의 확장과 함께 공중의 의제 속성 인식 폭이 확장될 것인가의 문제, 3) 공중 관계 커뮤니케이션 활동이 경쟁력 있게 이루어지는 시민단체 등 사회적인 약자the powerless 그룹의 경우는 사회적으로 힘 있는 그룹에 대한 언론의 의제 속성 의존을 줄여서 공론의 장을 확장하는 결과를 가져올 것인가의 문제, 그리고 궁극적으로 4) 소스 경쟁의 심화는 낙관적인 다원주의를 통한 공론의 장 확장과 민주주의 토대 마련에 기여할 수 있느냐의 문제 등이 순차적으로 다루어질 필요가 있다(김영욱, 2007: 173).

하지만 사회 장 이론과 소스 경쟁을 연결시키면서 우리나라 상황에서 우려되는 것은 위험 문제 해결을 위한 쟁점 확장자로서 미디어의 역할이다. 미디어는 위험 사안과 관련한 여론 형성을 위해서 가장 중요한 역할을 담당하고 있는데, 우리나라의 언론들은 공정한 쟁점 확장자로서의 역할보다는 스스로 사회적인 주체로서의 역할을 담당하는 경향이 농후하며 이러한 상황은 미디어가 사회적인 위험이나 갈등 문제를 해소할 수 있는 여지를 현저히 축소시키고 있다고 말할 수 있다. 사회 주체들의 자유로운 경쟁이 쟁점 확장자를 통해서 보장되지 않는다면 사회는 점점 더 극단적인 대립으로 빠지게 될 가능성이 많다. 하지만 우리나라 언론들은 보도 이데올로기에 따라서 스스로 정파성에 빠지는 경향이 많으며, 사회적인 갈등 상황이 심화된다고 하더라도 그러한 정파성은 해소되지 않는 것으로 나타났다(김영욱, 2006c; 2007). 이는 지표이론index theory, 즉 사회 갈등 상황이 심화되면 다양한 사회 주체의 목소리를 언론이 담으려고 노력할 것이라는 예상과는 배치되는 것이다.

그만큼 우리나라 언론들의 정파성은 심각한 문제다. 이러한 언론의 공정성 결여는 아무리 소스들이 공정한 이슈 경쟁을 통해서 위험 사안에 대한 공론의 장 형성에 노력하더라도 커뮤니케이션 균형을 파괴하고 사회적인 위험 담론을 편향적으로 몰고 가게 된다. 이는 우리나라 언론이 본원적으로 추구하는 정치적인 편익, 경영 측면의 편익 등과 연관되어 앞으로도 위험 문제의 사회적인 공론의 장 형성에 부정적으로 작용할 가능성이 많다. 또한 무엇보다도 심각한 문제는 이러한 언론의 정파성이 건전한 소스의 경쟁을 저해할 뿐만 아니라, 소스-언론 관계를 왜곡하고 있다는 것이다. 이해 주체들이 위험 사안을 둘러싸고 건전한 이슈 경쟁을 할 기회를 박탈당한다면 이는 우리 사회의 갈등 해소에 불행한 상황이라고밖에는 볼 수 없다. 언론이 메시지의 정당성에 주목하지 않는다면 어떤 소스들이 언론을 둘러싸고 메시지 경쟁을 펼치려고 하겠는가?

사회 드라마 접근과 수사학 접근

사회 드라마 접근은 지금까지 소개한 다른 위험 이론들에 비해서 인문학적인 접근을 하고 있다는 측면에서 매우 독특하다. 사회 드라마 접근은 수사학적인 개념들과 함께 사회 장 이론에서 쓰인 장arena을 연극의 장stage 개념으로 변환하여, 위험 사안을 둘러싼 주체들이 드라마의 등장 인물들처럼 위험을 놓고 경쟁하고 있다고 본다. 이는 수량화를 통한 기술 과학적인 접근이 위험 문제를 판단할 수 있다고 보는 것을 거부하고, 위험 드라마를 둘러싼 주체들 간의 상호 작용에 대해서 관객들의 최종 판단이 위험과 관련한 의사 결정을 주도한다고 보는 것이다. 팜런드(Palmlund, 1992)는 이것을 사회드라마론social dramaturgy이라고 명명했다. 사회드라마론 또한 이해 관계자 자유주의interest liberalism 혹은 다원주의pluralism에 기반하고 있으며 위험 논의를 드라마와 유사한 과정으로 파악하여, 등장 인물들 간의 상호 작용 속에서 해결책을 제시했다고 할 수 있다.

따라서 위험 논의의 사회 드라마 접근은 드라마가 가지는 요소들인, 관객, 역할과 등장인물, 드라마 전개 과정, 플롯상의 특징, 장르 선택 등의 요소들을 은유적으로 표현하게 된다(Palmlund, 1992). 보통의 연극이나 정치적인 드라마 상황에서 관객이 모든 결정권을 가지게 되는 것처럼 위험 드라마의 모든 결정권도 관객 즉 공중이 가지게 된다. 드라마의 등장 인물들은 자기의 역할 혹은 목표에 가장 충실해지려고 노력하지만 그것이 항상 관객들과의 공감대를 형성하지는 않는다.

보통 위험을 둘러싼 드라마의 등장 인물들은 여섯 가지의 일반적인 역할을 맡고 있다고 볼 수 있다(Palmlund, 1992). 그것은 위험 감수자risk bearers, 위험 감수자의 옹호자risk bearers' advocate, 위험 생산자risk generators, 위험 조사자risk researchers, 위험 중재자risk arbiters, 위험 정보 전달자risk informers 등이다. 드라마 용어로 본다면 위험 감수자는 희생자들을 의미하고, 위험 감수자의 옹호자는 극적이며 영웅적인 역할을 담당하는 사람들이다. 예를 들어 환경오염 문제가 발생했을 때 누구보다 적극적으로 나서서 권력기관과 대응하거나 문제 해결에 직접 나서는 시민단체나 자원봉사 조직 등이 이에 해당한다.

한편 위험 생산자는 사안의 원인을 제공하는 악한의 역할을, 위험 조사자는 문제의 해결에 필요한 정보를 생산하거나 도움을 주는 역할을, 위험 중재자는 위험 문제를 둘러싸고 어려움을 겪고 있는 다양한 주체들이 곤경에서 벗어날 수 있는 계기를 제공하는 역할을, 위험 정보 전달자는 메시지를 생산하거나 전달하는 저널리스트 등의 역할을 담당한다. 이러한 다양한 역할을 맡은 참가자들은 각자의 의미를 창출하고 그것을 공중과 공유하기 위해서 최선의 노력을 다하게 된다. 예를 들어 학교 급식에서 대장균이 발견되었다고 하면, 학교 급식의 위생 상태를 점검하지 않은 사람은 위험 생산자가 되고, 급식으로 인해서 식중독에 걸린 학생은 위험 감수자가 된다. 또한 이러한 현상의 문제점을 제기한 시민단체는 위험 감수자의 옹호자가 되고, 식품의약품안전청 등은 위험 조사자가 되며, 교육부는 위험 중재자의 역할을, 그리고 언론은 위험 정보 전달자의 역할을 담당하게 된다. 이러한 위험 드라마의 참가자들은 각자의 역할을 관객을 대상으로 펼쳐 보이게 된다. 원자력 발전소 건설, 간척지 개간, 혐오시설 유치 등 위험을 둘러싼 갈등이 첨예화된 드라마에서는 좀더 극적인 대립이 등장 인물의 역할로서 주어지게 될 것이다.

모든 드라마는 이야기의 전개 과정을 거친다. 많은 논의들이 드라마의 전개 과정을 설명했지만, 모든 일반적인 드라마 관련 논의들이 위험 사안의 상징적인 의미를 잘 담아내고 있다고 보기는 어렵다. 따라서 적절한 논의들을 골라내어 위험 드라마의 전개 과정으로 소화시켜 정리하면, 노출exposition, 복잡화complexity, 위기crisis, 대단원denouement의 과정으로 요약될 수 있다(Palmlund, 1992, 그림 4-3 참조). 여기서 특히 위기 과정은 문제 해결을 위한 노력을 포함한다. 즉 위험이 감지되는 상황에서 위험이 첨예화되는 과정으로

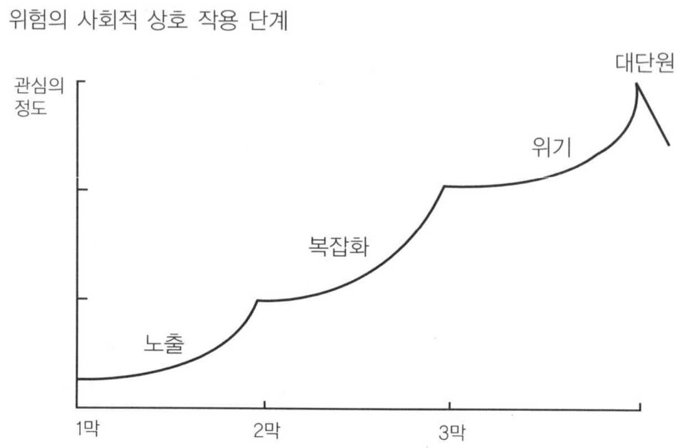

그림 4-3. 사회드라마론의 사회 드라마 전개 과정
(Palmlund, 1992: 207)

발전하게 되고, 문제를 해결하려는 노력에 의해서 새로운 통합을 이루어 가는 과정을 거치게 된다. 이것은 다시 말하면 균형의 파괴 상황 발생－위기 상황의 격화－문제 해결－재통합의 순환 과정을 의미한다.

드라마의 전개 과정은 이야기의 플롯plot과 연결되어 있다. 이야기의 플롯은 중심 이벤트의 전개를 의미하는데, 위험 사안을 둘러싼 플롯은 대부분의 위험 사안이 가져온 균형의 파괴를 어떻게 봉합하고 새로운 균형을 만들어 내는가에 집중되어 있다. 이것은 버크(Burke, 1969)의 드라마이론에 등장하는 균형－죄의식의 형성－죄의식 해소－새로운 균형의 형성 과정과 매우 유사하다.

대부분의 위험 관련 플롯은 현대 사회 기술 과학 문명에 대한 옹호와 폐해에 대한 비판이 충돌하는 지점에서 형성된다. 새만금 간척지를 둘러싼 정부와 환경단체의 대립은 아직 진행중이긴 하지만 이러한 위험 드라마의 전형을 보여 준다. 서로 다른 의견이 충돌하는 지점, 해결을 기다리는 갈등의 긴박감과 함께 위험은 드라마화된다. 팜런드(Palmlund, 1989)는 위험 드라마의 중심 소재가 되기 위해서는 위험 사안이 사람들에게 직접적이고 광범위한 영향을 주고, 무서움을 동반하며, 매스미디어와 정치권의 관심을 유도할 수 있는 사안이어야 한다고 주장했다. 역으로 위험 사안에 이러한 요소들을 결부할 수 있다면 좀더 극적인 위험 드라마가 될 수 있다. 따라서 위험의 드라마적인 요소를 더 잘 이해하는 쪽이 더 의미 공유를 쉽게 할 수 있는 커뮤니케이션을 실행할 가능성이 높아진다.

한 가지 더 중요한 것은 드라마 장르의 선택인데, 일반적인 연극의 장르처럼 비극

tragedy, 희극comedy, 연애극romance, 풍자극satire, 통속극melodrama 등의 장르 속에서 위험 드라마도 장르를 선택할 수 있다. 하지만 위험 드라마는 비극의 요소를 더 많이 가지고 있으며, 비극적인 요소를 통해서 관객들의 참여를 유도하고 감정이입에 성공할 수 있다. 하지만 위험 생산자의 입장에서는 위험 드라마가 통속극으로 보이기를 바라는 마음이 더 강할 수도 있다. 하지만 분명한 것은 위험이 나의 이야기가 아니라 그들만의 이야기가 된다면 새로운 균형을 창출하고 의미를 공유하는 것은 어려워진다.

위험을 드라마화하는 것은 보기 드문 인문학적인 시도라는 측면에서 더 큰 의미를 가질 수 있다. 왜냐하면 위험의 문제도 인간의 문제이고 인간의 감정과 죄의식이 결합된 존재의 근원적인 문제이기 때문이다. 사회 장 이론이 사회 구조를 기반으로 여러 주체들의 상호 작용을 분석했다면, 사회 드라마 접근은 여러 주체들의 상호 작용을 드라마적인 측면에서 표현했다는 것이 다를 뿐이다. 수사학적이고 상징적인 측면의 접근은 위험이 결국 인간의 문제라는 의미에서 많은 함의와 설득력을 가진다.

현대 수사학은 일방적인 설득을 목적으로 하는 고전 수사학과는 다른 목적을 가진다. 이제 수사학은 자신을 둘러싼 상대방들과의 의미 공유, 상징의 해석을 통한 상호 이해를 목적으로 한다. 따라서 현대 수사학에서 이용되는 환상 주제fantasy theme의 분석, 신화 분석, 이야기narratives 분석 등은 커뮤니케이션을 통한 합의 창출이라는 측면에서 응용 가능성 높은 위험 커뮤니케이션 수단이 될 수 있다. 위험 논의에 적용될 수 있는 현대 수사학과 방법론에 대한 논의를 아래와 같이 간단하게 정리한다.

> 고전적인 의미의 수사학에서 장르, 담론틀diatribe, 기본적인 주제topoi들은 아직도 유효하지만, 한 사람이 사람들을 대상으로 어떻게 일방적인 설득을 효과적으로 행할 것인가를 생각하는 범주에서 벗어나지 못하는 한계를 안고 있다. 이에 반해 현대적인 수사학은 개인 간의 커뮤니케이션을 통한 의미 공유, 매체로부터 생성되는 각종 텍스트의 의미를 분석하는 것을 포함해서 상징을 통해 일어나는 광범위한 커뮤니케이션 과정을 총괄한다. 우리 인간은 근본적으로 객관적인 현실을 판정할 수 없기 때문에 상징과 의미를 통해서 사회 현실을 창조해 나가고 상호 작용을 통해서 현실 인식을 검증해 나간다. 따라서 현실은 주어지는 것이 아니고 커뮤니케이션을 통해서 만들어 가는 것이다. 이러한 관점은 수사학이 설득에서 의미 공유로 초점을 옮겨왔음을 대변한다. 이러한 현대적인 수사학의 관점을 대표하는 이론 혹은 방법론으로 케네스 버크Kenneth Burke의 드라마이론dramatism, 에른스트 보만Ernest Bormann의 환상 주

제 분석 혹은 상징수렴이론, 월터 피셔Walter Fisher의 이야기이론narrative approach을 들 수 있다(김영욱, 2005b: 25-26).

지금까지 논의된 위험 관련 이론들을 렌(Renn, 1992)의 사회이론 차원을 참조해서 다시 한 번 정리해 보면, 크게 실증주의에 기반한 이론, 해석주의에 기반한 이론과 실증주의와 해석주의를 통합하려는 이론으로 나누어 볼 수 있다. 체계이론과 조직이론 등 조직 중심의 기능주의와 연결되는 실증주의 이론에 비해서 해석주의이론은 사회재구성이론, 문화이론 등 어떤 법칙성을 탐색하기보다는 사람에 대한 이해나 해석에 더 중점을 둔다. 하지만 이러한 실증주의와 해석주의 이론들은 결국 통합적인 노력을 통해서 위험 논의를 좀더 광범위한 사회 문제로 발전시키려는 방향으로 발전해 가고 있다. 패러다임들이 통합적인 접근으로 가야 하는 한 가지 예를 든다면, 각 문화권별로 위험하다고 느끼는 질병의 종류가 다르다는 점을 들 수 있다(Slovic, 1992). 서양권에서는 심장병에 의해서 갑자기 사망하는 것을 암으로 사망하는 것보다 덜 두려워한다. 하지만 동양권에서는 암으로 사망하는 것을 심장병으로 갑자기 사망하는 것보다 더 선호한다. 이처럼 문화적인 요소는 심리적인 요소와 불가분의 관계에 놓여 있다. 한 가지 이론을 다른 이론과 분리하여 연구한다는 것은 실질적인 타당성을 확보하는 데 큰 약점으로 작용할 수밖에 없다.

표 4-5. 위험 커뮤니케이션 이론 구분

1. 실증주의 이론 – 합리적 행위자 이론, 조직이론, 체계이론 등
2. 해석주의 이론 – 사회재구성 이론, 문화이론 등
3. 통합적인 이론 – 사회 장 이론, 드라마이론, 위험의 사회적인 확산이론 등

한편 지금까지 설명한 심리학, 사회학, 문화적인 접근에서 결여된 것은 위험이라는 현상에 대한 인식의 유형화에는 성공하고 있지만 위험 인식이 형성되는 실제적인 과정이나 위험 인식과 관련된 합의를 도출해 내는 방법, 위험의 해결과 관련한 실질적인 논의는 이루어지지 못하고 있다. 이것은 이러한 접근들이 차원 접근에 머물고 있기 때문에 차원을 넘나드는 다양한 변수를 고려하는 데 한계를 지니고 있고, 다양한 관련 주체와 공중 간의 상호 교류와 의견 교환을 통한 문제 해결의 가능성을 간과하고 있기 때문이다. 따라서 위험과 관련한 논의는 심리학, 사회학, 문화적인 접근에서도 공통적으로 발견되듯이, 개별

적인 기준에 의해서 형성되는 것이 아니라 개인 심리적인 요인과 사회 구조적인 문제, 그리고 문화 맥락적인 고려가 함께 이루어져야 한다. 이와 함께 사회적으로 다양한 논의에 의해 재구성된 위험에 대해서 관련 구성원들이 의사 소통을 통해서 인식의 합의와 문제 해결의 단초를 마련하는 것이 무엇보다도 중요해진다. 이것이 위험 논의의 커뮤니케이션 접근이라고 할 수 있으며, 앞에서 제시했던 많은 논점들이 위험에 대한 커뮤니케이션 접근의 필요성을 보여 준다고 하겠다.

위험 커뮤니케이션 패러다임

위험 커뮤니케이션을 보는 패러다임은 크게 정보 시스템, 마케팅, 심리 차원 조사, 위험의 문화적인 가정, 공중 참여 패러다임으로 나누어 볼 수 있다(Kasperson & Palmlund, 1989, 표 4-6 참조). 정보 시스템 패러다임은 위험 커뮤니케이션을 전통적인 커뮤니케이션 모델에 대입시켜 정보의 전달에 초점을 맞춘 시각이다. 커뮤니케이션 모델은 송신자, 수신자, 메시지, 정보 채널, 채널의 밀도, 목표 수용자, 정보 부하 등의 개념을 가진다. 하지만 이러한 모델의 약점은 커뮤니케이션 과정을 너무 일방적으로 송신자에서 수신자로의 선형적인 정보 전달로 파악함으로써 커뮤니케이션을 통한 양방향 교류를 무시하는 경향이 있다는 것이다. 크게 이러한 패러다임 연구는 커뮤니케이션 구성 요소에 따라서 1) 송신자와 관련한 연구, 2) 메시지와 관련한 연구, 3) 채널과 관련한 연구, 4) 수신자와 관련한 연구로 나눌 수 있다. 이 중에서도 특히 메시지와 관련한 연구가 많은 편이다. 커뮤니케이션을 위험 연구에 응용한 대부분의 연구들이 이러한 선형적인 커뮤니케이션 모델을 인용하고 있다고 보아도 무방할 정도로 커뮤니케이션을 위험에 응용한 연구는 편향되어 있는 편이다.

표 4-6. 위험 커뮤니케이션 패러다임

1. 정보 시스템 패러다임 – 전문가 중심, 정보 제공자 중심
2. 마케팅 패러다임 – 전문가 중심, 정보 제공자 중심
3. 심리적인 조사 패러다임 – 공중 중심, 정보 수용자 중심
4. 위험의 문화적인 가정 패러다임 – 공중 중심, 정보 수용자 중심
5. 공중 참여 패러다임 – 주체적인 공중의 역할 중심

마케팅 패러다임의 위험 커뮤니케이션은 좀더 위험 커뮤니케이션 소비자 중심의 접근에 초점을 맞추면서 목표 공중에 대한 세분화를 통해서 커뮤니케이션 효과를 극대화하는 방법을 시도하는 것이다. 광고와 마케팅 활동에서 흔히 쓰이는 기법과 실행 방법들이 많이 인용되며, 소비자 정보 처리, 시장 세분화, 목표 공중 집중 등의 개념은 이 패러다임의 중심적인 개념들이다. 하지만 이 패러다임의 약점은 모든 공중을 소비자화함으로써 지나치게 조직 목표 달성 중심으로 위험 커뮤니케이션을 유도한다는 것이다. 이는 위험 논의의 사회적인 합의 창출을 가로막고 지나치게 위험 커뮤니케이션 연구를 조직 중심의 기능적인 접근으로 몰고 가는 약점을 지닌다.

심리 조사 패러다임은 기존의 정보 시스템 패러다임과 마케팅 패러다임이 메시지의 전달과 목표 달성에 초점을 맞추고 있는 데 비해서 수신자 중심의 논의를 진행한다는 데 의의가 있다. 따라서 이 패러다임은 위험 상황에서 개인들이 어떻게 위험을 인식하고 위험을 극복하기 위한 의사 결정을 하는가에 초점을 맞춘다. 따라서 주로 위험에 대한 사람들의 인식을 통계적으로 표현하는 데 노력하고, 관련 변수와 위험 인식 및 판단을 연결하는 데 논의의 주안점을 둔다(Slovic, 1986). 따라서 앞서 설명했던 위험 인식 연구의 대부분이 이 패러다임에 속한다.

이러한 위험에 대한 사람들의 판단은 크게 1) 위험의 속성(자발성, 지식 정도 등), 2) 위험에 수반되는 편익의 정도, 3) 실제 사건에서 일어났던 사상자 수와 사람들 인식 간의 차이, 4) 위험의 원인에 따른 사상자 정도의 심각성 등의 문제들과 관련되어 있다(Slovic, 1986). 예를 들어 사람들은 자발성이 큰 위험의 경우에는 위험을 덜 심각하게 인식하는 경향이 있을 것이다. 또한 실제 사망자가 많은 위험보다, 언론이나 텍스트를 통해서 익숙한 위험의 경우 사망자가 더 많다고 느낄 수도 있다. 이러한 판단이나 의사 결정은 결국 사람들의 위험 인식 테두리 안에서 일어나는 것이다. 심리조사 패러다임과 관련한 위험 커뮤니케이션 연구는 피쉬호프(Fischhoff, 1985)가 잘 정리했다. 〈표 4-7〉은 그러한 내용을 요약한 것이다(Kasperson & Palmlund, 1989: 57).

한편 존슨과 피셔(Johnson & Fisher, 1989)도 현장 조사를 바탕으로 한 연구를 종합해서 위험 커뮤니케이션과 관련한 다음과 같은 몇 가지 명제를 도출해 내었다. 첫째, 위험이 표현되는 방식에 따라서 사람들의 인식이 달라질 수 있다. 둘째, 사람들은 위험의 일반적인 발생 가능성보다 자신에게 일어날 가능성에 더 관심을 갖는다. 셋째, 사람들의 편견과 인식의 한계, 개인적인 특성 등은 위험 문제에 대한 왜곡된 인식을 낳고 위험 커뮤니

표 4-7. 심리조사 패러다임과 관련한 위험 커뮤니케이션 연구 결과

1. 사람들은 의사 결정 압력과 정보 과다 상황을 극복하기 위해서 인식을 간략화한다.
2. 위험에 대한 사람들의 의사 결정이 이루어지면 그것을 다시 바꾸는 것은 매우 어렵다.
3. 사람들은 그들이 보는 것을 믿는 경향이 있다. 대부분의 사람들은 뉴스 미디어와 일상 생활을 통해서 그들이 보는 것과 듣는 것을 가장 기본적인 정보원情報源으로 이용한다.
4. 사람들은 위험 관련 정보에서 생략되어 있는 부분을 구별할 능력을 가지고 있지 않다. 그 결과로서 사람들의 인식은 쉽게 조작될 수 있다.
5. 사람들은 위험의 영향이나 크기보다는 어떤 것이 위험한 것인가 하는 기본적인 문제에서 더욱 불일치하는 경향이 있다. 따라서 보통 사람들이 위험하다고 느끼는 것과 위험 관리자들이 위험하다고 느끼는 것에는 차이가 있다.
6. 사람들은 보통 위험과 관련한 논쟁에서 차이점들을 인식하는 데 어려움을 겪는다. 따라서 위험 커뮤니케이션은 사람들에게 이해할 수 있는 대안을 제시하는 것이 필요하다. 따라서 알기 쉬운 비교는 차이를 인식하는 데 도움이 된다.
7. 사람들은 대부분의 경우 전문성을 평가하는 데 어려움을 겪는다.

케이션에도 영향을 미친다. 이 명제는 앞서 설명한 위험 인식에 대한 사람들의 편견과 관련이 있다. 또한 교육 수준, 수입 등도 위험 인식과 관련이 있다. 넷째, 극적인 요소를 지닌 죽음의 원인과 같은 위험 인식은 과장되는 경향이 있으며 위험 커뮤니케이션을 제한한다. 다섯째, 어떤 특정한 위험에 대한 정보는 일반적인 다른 위험에 대한 인식에도 영향을 미친다. 즉 위험 관련 커뮤니케이션이 일반적인 위험에 대한 민감성에 영향을 미치게 된다. 이러한 명제들은 사람들의 인식과 커뮤니케이션을 연결했다는 측면에서 심리학적인 인식 접근을 나타낸다고 할 수 있다.

심리학적인 인식 접근을 통한 위험 커뮤니케이션 연구에서 우리가 알 수 있는 것은 사람들의 인식은 객관적인 사실과는 무관하게 형성된다는 것이며, 매우 불안정하고, 조작되거나 변할 가능성이 농후하다는 것이다. 예를 들어 사람들은 언론에 많이 등장하는 위험들이 더 위험하다고 느끼거나, 왜곡되고 생략된 정보를 균형잡힌 시각으로 바라볼 수 있는 능력이 결여되어 있다. 얼마 전 중국 정부 당국에서 일본 화장품에 중금속이 함유되어 있다는 발표를 했다. 하지만 이러한 발표에서 중금속 함유가 얼마나 인체에 해로운 것인지, 아니면 무해하게 자연에 존재하는 정도인지 확인하려는 인내를 가지는 사람은 별로 많지 않다. 더 나아가 이러한 발표가 그 시기 일본과 중국의 무역 갈등이라는 정치적인 이유에서 비롯되었다고 해석할 수 있는 균형잡힌 시각을 가진 사람 또한 많지 않다. 많은 사람들이 이 보도가 나가고 난 후 백화점에 환불을 요구하러 감으로써 백화점 업무

가 마비되었다고 하는데, 이러한 실상은 공중의 인식이 어느 정도인지를 잘 보여 준다. 언론에 많이 나오는 위험이 더 위험하다고 느끼는 경우는 많은 사건에서 드러난다. 요즘 언론 보도로 야기되었던 실내 공기와 과자 성분에 의한 어린이 아토피 유발, 플라스틱 제품에 의한 환경 호르몬 유출의 심각성 등은 철저한 사실 확인이나 과학적인 검증 없이 환경과 건강에 대한 사람들의 집착적인 반응과 결합하여 화제성을 불러온 사건들이다. 결국 사람들의 인식이 전문가의 사실 인식보다 우위에 있다고 할 수 있다.

이러한 논의는 위험 커뮤니케이션 실행자에게도 많은 함의를 줄 수 있는데, 위험과 관련한 사실 여부와 관계 없이 위험 이슈를 공중의 입장에서 보아야 하는 것이 중요하며, 실제적인 위험의 여부보다는 공중의 위험 인식이 위험 관련 의사 결정의 근거가 되어야 한다는 것을 보여 준다. 물론 커뮤니케이션 과정에서 잘못된 사실을 수정하는 것도 필요하겠지만, 그러한 시도가 우월자적 위치에서 나와서는 곤란하다는 것이다. 객관적인 사실에 머물기보다는 공중과의 커뮤니케이션 중요성이 부각될 수밖에 없다. 다음 장에 나오는 위험 커뮤니케이션의 다양한 이론적인 접근들은 위험 이슈를 공중과 어떻게 커뮤니케이션할 것인가와 관련된 구체적인 이론 논의들을 담고 있다.

하지만 심리학적 인식 연구와 관련한 비판도 적지 않다. 인식 중심의 연구에서 커뮤니케이션은 위험 인식의 가변성을 인정하면서 개인의 영역에서 위험이 어떻게 인식되는가를 중점적으로 살피기 때문에 위험 커뮤니케이션도 개인의 영역을 떠나지 못한다. 즉 개인의 편견이나 왜곡, 개인적인 변수들에 초점을 맞추기 때문에 위험 커뮤니케이션을 너무 개인 차원으로 제한하는 경향이 있다. 사실상 현대 사회에서 개인에게 일어나는 위험들은 집단화되어 새로운 차원으로 인식되는 경향이 있으며, 사회 문화적인 맥락의 틀을 벗어나기가 어렵다. 이러한 포괄적인 위험 커뮤니케이션 논의를 생각할 때 인식 중심의 위험 커뮤니케이션이 가지는 한계를 정확하게 바라보는 것이 필요하다. 이러한 개념을 기존 연구에서 본 적은 없지만 위험 커뮤니케이션 연구를 미시와 거시 위험 커뮤니케이션으로 나눈다면, 개인적인 차원의 인식 중심 연구는 미시 위험 커뮤니케이션 연구를 대표한다고 할 수 있다. 문화적인 가정 패러다임과 공중 참여 패러다임은 거시 위험 커뮤니케이션에 해당한다.

위험의 문화적인 가정 패러다임은 위험에 대한 인식이 사회 문화와 조직 문화에 영향을 받아서 형성되는 것이지, 개인적인 결정에만 맡겨진 것은 아니라는 것이다(Douglas & Wildavsky, 1982). 위험과 문화의 관련성은 위험 인식에서 그렇게 낯선 주제가 아니다.

문화는 개인의 인식에 대한 한계로서 혹은 이해 맥락으로서 작용한다. 사람들은 문화적인 맥락에서 크게 네 가지 정도의 세계관을 형성하는 것으로 알려져 있는데, 그것을 나누는 두 가지 차원은 개인적인 상호 작용grid과 사회적인 상호 작용group이다(Rayner, 1984; Rayner & Cantor, 1987). 이것은 각각 위계성과 집단성의 정도로 해석되기도 한다.

개인적인 상호 작용은 개인 차원에서 일어나는 상호 작용의 정도를 의미하고, 사회적인 상호 작용은 사회 차원에서 일어나는 집단적인 상호 작용의 정도를 보여 준다. 이러한 두 가지 차원은 네 가지 종류의 문화적인 유형을 분류해 내는데, 이러한 분류는 위험에 대한 사람들의 지각과 밀접하게 관련되어 있다. 결국 사람들의 위험 지각과 인식은 문화적인 산물이라고 주장하며 문화적인 맥락의 영향권에 있다고 본다.

위험의 문화적인 가정 패러다임은 위험 논의에서 문화적인 접근의 중요성을 강조한 패러다임이다. 이러한 문화적인 패러다임은 커뮤니케이션을 통한 의미의 공유, 의미의 공유를 통한 문화적인 가치의 공유라는 면에서 커뮤니케이션 활동과 밀접하게 연결된다. 문화는 커뮤니케이션을 통해서 형성되는 것이며, 커뮤니케이션은 문화를 통해서 규범성을 확대해 간다. 여기서 중요한 것은 문화가 가지는 고유성을 이해하는 것에 머무는 것이 아니라 서로 다른 문화에 대한 존재를 인식하고 커뮤니케이션을 통해서 문화 이해의 폭을 넓혀 가는 것이다. 이러한 면에서 문화와 커뮤니케이션은 떼어놓을 수 없다. 문화와 위험 인식의 관련성에 관한 논의는 〈표 4-8〉과 같이 정리할 수 있다(Kasperson &

표 4-8. 문화와 위험 인식의 관련성

1. 문화와 위험 해석
   문화는 위험을 인식하는 해석적인 원칙을 제공한다. 사람들과 그들이 속한 지역사회는 문화적인 배경 하에 위험의 인식 기준을 세우고, 중요한 것과 중요하지 않은 것을 분류한다. 문화를 이해하지 않고 위험을 이해하는 것은 불가능하다.
2. 문화와 위험 정의
   위험에 대한 정의는 일방적이어서는 곤란하고 다의적일 수밖에 없다. 왜냐하면 위험에 대한 정의는 사회 문화 요인과 위험이 가져올 수 있는 다양한 가능성과 크기를 모두 수용할 수 있어야 하기 때문이다.
3. 문화와 과학 기술
   기술이나 과학과 관련된 논의들은 수량적인 분석이나 대립 이론들을 분석하는 수준에 머물러서는 곤란하고, 신뢰와 공정함이라는 일반적인 사회 문화 기준이 함께 적용되어야 한다.
4. 문화와 위험 논쟁
   과학 기술적인 위험과 관련한 논쟁에서 상이한 사회 조직 문화를 가지고 있는 사람들은 상대방을 이해하는 데 어려움을 겪을 수밖에 없다. 왜냐하면 자신의 문화 프리즘으로 한정하여 위험을 바라보려고 하기 때문이다.

Palmlund, 1989: 58).

마지막 위험 커뮤니케이션 패러다임은 공중 참여 패러다임이다. 시민 사회의 성장과 시민 행동주의의 강화는 사회 권위주의에 대한 반성과 맞물려서 시민의 사회 문제 참여를 자연스럽게 이끌어 내고 있다. 기존의 정보 시스템 패러다임과 마케팅 패러다임이 전문가 중심의 위험 논의와 정보 제공자 중심의 일방적인 위험 논의를 의미한다면 심리조사 패러다임과 문화적인 가정 패러다임은 이러한 전문가 중심 패러다임이 공중 중심의 인식과 사회 문화적인 맥락을 고려한 논의로 옮아갈 것을 주장한다. 여기서 마지막에 등장하는 공중 참여 패러다임은 단순한 공중 인식이나 문화적인 이해에 머무는 것이 아니라 공중의 적극적인 참여를 통해서 사회 문제를 능동적으로 해결하는 상황을 설명한다. 이는 공중 인식이나 문화 맥락에서 한 걸음 더 나아가 위험 문제의 적극적인 공중 참여를 의미한다. 제도적인 면에서 미국의 위해 물질 관련 규칙들(1987년 제정한 위해물질의 지역사회 보고 의무를 명시한 수퍼펀드 수정 조항 등)에서 보듯이 이러한 경향이 사회 제도적인 보완과 함께 위험 문제를 공중 스스로 해결하는 방향으로 강화되리라는 것을 예상할 수 있다. 위험이 전문가 차원에서 공중의 인식을 넘어 적극적인 커뮤니케이션 활동으로 인식되고 있는 것이다.

위험 커뮤니케이션과 공중 참여 그리고 공중 관계

위험 커뮤니케이션의 공중 참여 패러다임은 이 책이 지향하는 커뮤니케이션을 통한 문제 해결과 직접적으로 연결되어 있다. 앞에서 언급한 위험을 보는 여러 가지 패러다임들은 결국 위험 문제는 전문가가 결정하거나 어떤 인과 관계 법칙, 문화적인 유형화를 통해서 해결될 수 없다는 것을 보여 준다. 예를 들어 복제된 소에서 취합한 우유가 안전한가 아닌가의 논란에서 아무리 전문가들이 복제 소 우유가 건강에 이상이 없다는 발표를 하더라도, 사람들의 위험 인식은 과거의 경험, 전문가에 대한 신뢰, 장기 효과에 대한 우려 등에 의해서 좌우될 수밖에 없다. 그렇다면 일반인의 인식이 근거가 전혀 없다고 말할 수 있을까? 과거의 경험들을 종합하면 일반인의 인식을 고려하는 것이 문제 해결에 더 근접할 가능성이 높다.

결국 위험 문제를 해결할 수 있는 절대적인 기준이 없다는 것을 받아들이게 되면 커뮤니케이션의 역할이 중요해지고, 사회 위험 담론을 위한 공론의 장 설치가 시급한 해결 방법으로 떠오른다. 위험 담론은 일반인들이 이해할 수 있는 수준이 되어야 하며, 일반 공중의 참여를 통해서 합의점을 찾아나가야 한다. 이는 민주주의 사회에서 갈등을 해결하기 위해 사회 주체들이 의사 결정 과정에서 의사 소통 행위를 통해 합의를 이루어 가는 것과 일맥상통하는 것이다(Habermas, 1984). 따라서 이러한 접근은 민주주의 가치를 지키는 것과 함께 공중 참여를 유도하고 장기적으로 우호적인 공중 관계 형성을 통해서 커뮤니케이션 공동체를 이루어 가려는 노력과 맞닿아 있다.

이러한 방향성을 배경으로 위험 커뮤니케이션과 공중의 참여를 통한 해결과 관련한 실증적인 연구들을 종합해서 그 결과들을 정리해 보면 크게 여섯 가지 명제로 정리하는 것이 가능하다(Kasperson, 2005, 표 4-9 참조). 많은 실증 연구들을 간단하게 요약한다는 것이 어렵기는 하지만 로저 카스퍼슨Roger E. Kasperson의 시도는 매우 함축적이고 의미가 있다.

첫째, 위험과 관련하여 공중 참여 과정에서 떠오르는 갈등들은 대부분 기대하고 있는 수단과 목적의 차이에서 발생한다. 예를 들어 핵폐기물 처리장 건설과 관련하여 정부 관리들은 공중 참여를 통한 문제 해결을 수단으로 생각할 것이다. 하지만 직접적인 피해를 받은 지역 주민들은 공중 참여 과정이 안정성을 담보하려는 기본적인 생존 목적과 관련되어 있다. 과정을 원활하게 하려는 사람과 절박한 최종 목적을 가진 사람들의 인식 차이는 필연적으로 갈등을 낳을 수밖에 없다. 결국 원활한 대화를 위해서는 서로 간의 입장차를 이해하고 좁히려는 노력을 해야 한다. 이런 노력이 없이 커뮤니케이션이 진행된다면 결국 어떤 것이 정당한 것인가에 대한 논의보다는 누가 더 상황을 통제할 수 있는가라는 자존심의 문제로 비화될 가능성이 크다.

둘째, 위험 커뮤니케이션 실행 경험을 종합해 보면, 발생 초기의 커뮤니케이션과 지속적인 관심과 관여가 결여되어 있는 공중 참여 활동은 실패할 가능성이 크다. 처음 공중참여라는 개념이 도입되어 이루어졌던 위험 커뮤니케이션 실행은 어떻게 보면 지나친 조직 중심의 전략적인 측면이 강했다. 공중 참여라는 말은 쓰였지만 조직에서 어떤 커뮤니케이션 프로그램을 기획하고 그것을 실행하는 수준이었는데 이러한 기회주의적인 속성은 많은 비판을 불러왔다(Ebbin & Kasper, 1974). 커뮤니케이션 프로그램을 진행하면서 처음부터 진정으로 공중을 참여시키고, 그들의 의견을 수용하는 태도를 보이지 않는다면 성공적인 위험 커뮤니케이션이 이루어지기 힘들다.

셋째, 위험 정보의 믿음직스러움believability은 조직에 대한 신용credibility과 신뢰trust에 달려 있다. 사회적인 신뢰는 조직의 능력과 편견 없는 투명한 행위, 정당한 절차를 통해서 공중을 보호하려는 태도를 보여 주었을 때 형성되는 것이다. 보통 메시지의 신뢰성은 전문성과 공정성에 의해서 결정되는데, 여기서 말하는 조직의 능력은 사안에 대한 전문성과 관련되어 있다. 하지만 여기서 중요한 것은 조직이 전문적인 능력을 갖추는 것은 필요 조건을 충족하는 것이지만 충분 조건은 될 수 없다는 것이다. 성공적인 위험 커뮤니케이션이 되기 위해서는 전문성과 함께 공중의 입장에서 생각하고 있다는 의식이 형성되도록 투명성과 배려하는 마음을 유지하는 것이다.

넷째, 효과적인 공중 참여는 기술적이고 분석적인 차원에서 경험과 자산을 많이 확보하고 축적된 지식을 배분하고 활용할 수 있는 조직적인 수단을 보유하는 데 달려 있다. 사실상 지금까지 위험 관련 논의는 전문가 담론에 의해서 독점되는 경향이 강했다. 이러한 지나친 지식 자산의 독점은 공중의 불신으로 이어질 가능성이 높다. 따라서 위험 관련 지식도 민주화되고 공평하게 배분될 필요가 있다. 왜냐하면 전문가 독점의 위험 담론은 위험 문제 해결을 위한 공중의 참여를 방해하고 불필요한 위험 공포증을 자극할 수 있다. 따라서 공중 스스로 위험에 대한 기술적이고 분석적인 지식과 경험을 축적할 수 있다면 공중 스스로 위험 문제 해결에 자발적으로 참여할 수 있는 기회를 확대하게 된다. 요즘 우리 사회에서 일어나고 있는 전문가집단의 시민 사회활동이나 비영리 조직 내에서 전문지식을 축적하기 위한 학습활동이 일어나고 있는 것도 이러한 경향을 반영하고 있다. 시민 사회 스스로 전문적인 지식과 능력을 축적함으로써 위험 문제 해결을 사회 일반화할 수 있다(Perrow, 1984).

다섯째, 공중 구성원들은 위험 사안과 관련하여 관여도의 차원과 범위에서 서로 차이가 있으며, 관여도의 차이를 고려해서 다르게 구성된 커뮤니케이션 전략을 사용하는 것이 필요하다. 현대 사회에서 공중의 참여 정도를 여섯 종류로 분류하기도 하는데, 그것은 비참여자inactives, 선거 참여자voting specialists, 한정 참여자parochial participants, 광폭 참여자communalists, 캠페인 사회운동가campaign activists, 전문 사회운동가complete activists를 지칭한다(Verba & Nie, 1972).

여기서 비참여자와 전문 사회운동가는 서로 대칭되는 지점에 서 있다고 볼 수 있다. 전문 사회운동가는 사회 갈등 사안 대부분에 참여하는 공중을 지칭하는 것으로, 비참여자에 비해서 사회의 발전에 능동적으로 참여하고자 하는 열망이 강한 사람들이라고 지칭할

표 4-9. 위험 커뮤니케이션과 공중의 참여를 통한 해결과 관련한 실증 연구의 결과

1. 위험과 관련하여 공중 참여 과정에서 떠오르는 갈등들은 대부분 기대하고 있는 수단과 목적의 차이에서 발생한다.
2. 위험 커뮤니케이션 실행 경험을 종합해 보면, 발생 초기의 커뮤니케이션과 지속적인 관심과 관여가 결여되어 있는 공중 참여 활동은 실패할 가능성이 농후하다.
3. 위험 정보의 믿음직스러움은 조직에 대한 신용과 신뢰에 달려 있다.
4. 효과적인 공중 참여는 자생적으로 기술적이고 분석적인 차원에서 경험과 자산을 많이 보유하고 축적된 지식을 배분하고 활용할 수 있는 조직적인 수단을 확보하는 데 달려 있다.
5. 공중 구성원들은 관여도의 차원과 범위에서 서로 차이를 가지고 있으며, 관여도의 차이를 고려해서 다르게 구성된 커뮤니케이션 전략을 사용하는 것이 필요하다.
6. 공중 참여와 관련한 많은 수단들이 존재하지만, 현재의 지식 수준에서 어떤 수단들이 어떤 조건에서 더 효과적일 것인가를 보여 줄 수 있는 예측 이론은 존재하지 않는다.

수 있다. 참여자 중에서 광폭 참여자는 사회적인 갈등 이슈에서 어느 한쪽에 치우치기 보다는 넓은 의미에서 사회적으로 바람직한 목적을 달성하기 위한 정치적인 활동을 지지하는 사람들을 말한다. 하지만 캠페인 사회운동가는 정치적으로 많이 편향되어 있으면서 사회적인 갈등에서 분명한 입장을 표명하는 공중을 의미한다. 따라서 위험 사안에서 이렇게 다양한 공중이 존재한다는 것을 인정하고 커뮤니케이션 목적, 메시지, 채널을 설정하는 것이 무엇보다도 중요하다. 많은 실증 연구들이 이를 보여 주고 있으며, 이러한 차이를 인정하는 것이 성공적인 위험 커뮤니케이션 프로그램을 위해서 중요하다. 관여도가 높은 공중일수록 행위와 행동의도와 관련된 커뮤니케이션 목적을 세우는 것이 바람직하고, 관여도가 낮은 공중일수록 위험 사안에 대한 인식을 높이는 데 집중하는 것이 필요하다(Grunig & Hunt, 1984).

마지막으로, 공중 참여와 관련한 많은 수단들이 존재하지만, 현재의 지식 수준에서 어떤 수단들이 어떤 조건에서 더 효과적일 것인가를 보여 줄 수 있는 예측 이론은 존재하지 않는다. 이것은 위험 커뮤니케이션 실행이 지역화 · 세분화되는 것이 필요함을 의미한다. 하지만 차후 위험 커뮤니케이션 실행의 효과와 관련한 실증 논의들이 꾸준히 축적된다면 일반화가 가능한 대이론이 창출될 가능성도 있다.

하지만 현재의 논의는 너무 실행 테크닉 위주의 논의에 그치는 경향이 있다. "위험 커뮤니케이션 성공을 위한 몇 가지 실행 원칙", "위험 커뮤니케이션 어떻게 하면 성공하는가?" 등의 실행 규범적 논의들이 실증적인 결과 없이 빠르게 확산되는 것이 반드시 바람

직하다고 볼 수는 없다. 예를 들어 위험 사안에서 공중 참여를 유도하기 위해서는 공청회 등 공론의 장을 형성하는 것이 바람직하다고 주장하고 있지만, 실제로 공청회 무용론이 실증적으로는 강하게 대두되고 있기도 하다(Checkoway, 1981). 따라서 현재는 좀더 실증적인 결과들을 축적해서 실제로 적용 가능한 이론을 만들어 내는 것이 더 필요한 시점이라고 할 수 있다. 우리나라의 경우는 이러한 원칙이 좀더 엄격히 적용될 필요가 있다. 각종 건강 정보에서 과학적인 검증이나 실증적인 증거를 결여한 논의들이 전문가의 입을 통해서 또는 입소문을 통해서 빠르게 확산되는 경향이 있는데, 이는 결국 상식적인 생각과 통찰력에 의존하게 되는 비과학적인 정보를 양산할 위험성을 내포하고 있다.

이러한 공중 참여 패러다임과 관련한 논의는 조직 중심의 공중 관계 증진 노력과 자연스럽게 연결될 수 있다. 공중 참여 패러다임은 위험 문제 해결을 위한 현대 사회의 필연적인 결과로 상정할 수 있다. 이러한 공중 참여를 실제적으로 해결하는 방안은 조직이나 집단을 중심으로 하는 공중 관계 노력과 밀접하게 연결되어 있다. 공중 참여는 개인적인 노력으로도 가능해 보이지만 결국 현대 사회의 위험 문제를 해결하기 위해서는 공통 문제에 관심을 가진 개인들이 조직이나 집단을 구성하여 자신들이 공동으로 바라는 목표를 위해서 힘을 모으는 수밖에 없다.

하지만 전문가에 대한 불신이 팽배한 현대 사회에서 위험에 대한 인식이 자연스럽게 모아지는 것을 기대한다는 것은 어려운 일이다. 결국 다양한 조직이나 집단이 위험 논의에 참여하게 되고, 이러한 조직이나 집단의 노력은 관련 공중과의 관계를 통해서 힘을 획득할 수밖에 없다. 많은 환경단체들이 일반 국민과의 공중 관계, 언론 혹은 정부와의 공중 관계 형성을 통해서 조직을 둘러싼 공중 관계를 우호적으로 가져가지 않는다면 사회적인 정당성을 획득하거나, 자신의 의견을 관철하는 것이 불가능하다.

따라서 현대 사회의 위험 문제 해결은 조직이나 집단 중심의 위험 문제 참여에 달려 있으며, 조직이나 집단은 공중 관계 형성을 통해서 위험과 관련한 공론의 장에서 자신들의 목적을 관철하려고 노력하게 된다. 이러한 과정에서 공중 관계를 우호적으로 형성하게 하는 것은 당연히 커뮤니케이션의 힘이다. 이러한 의미에서 공중 참여 패러다임은 공중 관계 패러다임이라고 부를 수 있으며, 위험 문제 해결을 위한 커뮤니케이션의 역할을 더욱 강조하고 있다고 할 수 있다. 이러한 논의가 제3부에서 전개될 위기 논의와 연결된다.

제5장

위험 커뮤니케이션 이론과 연구 주제

위험 커뮤니케이션 이론의 다양화

앞서 설명했던 패러다임 접근에서도 밝혔지만 위험 혹은 위험 커뮤니케이션을 보는 이론적인 관점은 크게 기술 과학적인 접근에서 인식 중심의 접근, 그리고 커뮤니케이션 중심 접근으로 변화해 왔다고 할 수 있다. 물론 이러한 주류 이론의 변화와는 무관하게 다양한 위험 커뮤니케이션 관련 패러다임들이 존재해 왔으며 지금도 그러한 다양한 시각들이 위험 커뮤니케이션 연구의 배경으로 자리잡고 있다. 예를 들어 객관적으로 현실 상황을 구체화하려는 연구와 함께 사회 문화적인 영향에 더 준거점을 두는 연구들이 혼합해서 발전해 오고 있다고 할 수 있다. 커뮤니케이션 중심 접근은 기존의 다른 이론 접근에 비해서 좀더 다학문적이고 여타 학문과의 통합을 필요로 한다는 것도 이러한 이론의 다양화를 부채질하는 원인이라고 말할 수 있다.

표 5-1. 위험 커뮤니케이션 주류 이론의 발전

1. 기술 과학적인 관점의 이론화 – 객관적인 지식화
2. 위험 인식 위주의 이론화 – 상대적인 결론의 지식화
3. 커뮤니케이션 위주의 이론화 – 다학문적인 접근의 통합적인 이론화

하지만 정작 위험 문제와 위험 커뮤니케이션을 연구하는 학자들 사이에는 커뮤니케이션에 대한 오해가 심각하다. 그것은 특히 커뮤니케이션을 단순히 선형적인 기능으로 인식하면서 일방향적인 송신자 중심의 활동으로 정의하는 데서 잘 드러난다. 그런 점에서 위험 커뮤니케이션의 발전 과정을 일방향적인 직업 커뮤니케이션 전문가(광고 혹은 홍보 업계를 지칭) 활동으로부터 공중 참여 위주의 활동으로 발전해 왔다고 보는 시각은 그러한 오해를 극복하려는 노력이라고 할 수 있다(Kasperson & Kasperson, 2005).

이러한 발전 관점에 따르면 위험 커뮤니케이션은 처음 커뮤니케이션 전문가에 의해서 복잡한 위험 메시지를 어떻게 가장 효과적으로 공중에게 전달할 것인가를 고민하는 과정에서 발전했다. 이러한 과정에서 커뮤니케이션 전문가의 활동은 목표 공중을 찾아서 가장 적합한 메시지를 가장 적절한 매체를 통해서 전달하는 과정으로 이해되었다. 이러한 정보 전달 관점에 비해서, 발전 단계의 위험 커뮤니케이션 학자들은 단순한 커뮤니케이션 전문가의 효과적인 메시지 전달 위주 활동에 대한 반성을 중심으로 위험 커뮤니케이션이 좀더 심리학적인 인식 연구와 문화 연구 등 다른 학문의 성과와 결합하여 한층 공중의 힘을 강화하고 사회 전체적인 맥락을 고려하는 분야로 나아갈 것을 주장하게 된다. 이러한 발전 과정의 최종 목적은 위험 커뮤니케이션이 공중의 참여를 중심으로 이루어져야 한다는 것이다. 따라서 지금까지의 논의를 중심으로 위험 커뮤니케이션은 1) 커뮤니케이션 전문가, 2) 다학문적인 고려, 3) 공중 참여 활동이라는 시각으로 변화해 왔다고 정리해 볼 수 있다.

이러한 발전 과정은 일반적인 커뮤니케이션 이론의 발전 과정과 일치하는 것으로 현대 커뮤니케이션 이론은 일방향 선형적인 모델에서 쌍방향 상호 작용 모델로 점차적으로 발전해 왔다. 따라서 위험 커뮤니케이션이 전문가 단계에서 공중의 참여 단계로 발전해 왔다고 주장하면서도, 일반적인 커뮤니케이션 이론의 발전 과정을 적극적으로 반영하지 않는 것은 잘못된 커뮤니케이션 인식을 보여 주는 것이다. 이러한 잘못된 인식은 특히 위험 커뮤니케이션의 대표적인 이론들에서도 그대로 드러난다. 예를 들어 커뮤니케이션 이론을 이용한 대표적인 위험 커뮤니케이션 이론으로 거론되는 위험의 사회적인 확산이론을 보아도 인용하고 있는 커뮤니케이션 모델이 선형적이고 일방향적인 모델 수준에 머물고 있는 것을 발견할 수 있다.

현재 커뮤니케이션 이론은 송신자와 수신자, 조직과 공중 간의 쌍방향 커뮤니케이션이 대세를 이루고 있으며, 정보의 단순한 전달보다는 서로 간의 의미 공유와 정체성 확인 등의 균형잡힌 커뮤니케이션을 중요시하고 있다. 위험의 사회적인 확산이론에서 선형적인 커뮤니케이션 이론을 통한 송신자, 메시지, 채널, 수신자 등의 단순 배치와 정보 전달로서의 미디어 기능만을 강조한 것은 커뮤니케이션 이론에 대한 몰이해에서 비롯되었을 가능성이 크다. 따라서 앞으로의 위험 커뮤니케이션 이론은 일반적인 커뮤니케이션 이론의 발전 성과를 반영하여 좀더 통합적이고 상호 작용적인 이론화를 이루어 낼 필요가 있다.

위험 커뮤니케이션과 관련한 이론 논의들은 짧은 역사에 비해서는 다양한 편이다. 그것은 위험 커뮤니케이션이 다학문적인 성격을 보유함으로써 다양한 학문 분야에서 연구가 이루어져 왔기 때문이다. 런드그렌과 맥마킨(Lundgren & McMakin, 2004, 표 5-2 참조)은 현재 이루어지고 있는 위험 커뮤니케이션에 대한 이론적인 접근 방법을 열두 가지로 정리하고 있다. 이것은 처음 위험 커뮤니케이션을 이해하려는 사람에게는 유용한 내용 정리가 될 수 있기 때문에 여기에 소개한다. 이 접근들은 앞서 설명한 세 가지 주류 이론의 발전 과정에서 드러난 접근 방법들이 정도의 차이에 따라 조금씩 반영된 것이라고 할 수 있다.

표 5-2. 현재 이루어지고 있는 위험 커뮤니케이션의 다양한 이론 접근

1. 커뮤니케이션 과정 접근	2. 미국 국가조사평의회의 접근
3. 인간 심리 모델 접근	4. 위기 커뮤니케이션 접근
5. 통합 커뮤니케이션 접근	6. 세 가지 과제 접근
7. 사회 구성주의 접근	8. 위해와 분노를 통한 접근
9. 인간 심리적 방해 요인 접근	10. 사회 네트워크 전이 접근
11. 위험의 사회적인 확산 접근	12. 사회 신뢰도 접근

첫 번째로 커뮤니케이션 과정 접근communication process approach은 전통적인 소스—메시지—채널—수신자 커뮤니케이션 모델을 따른다. 앞서 설명한 대로 이러한 초기 커뮤니케이션 모델은 커뮤니케이션을 선형적인 것으로 간주하면서 소스, 메시지, 채널, 수신자, 잡음 등의 각 커뮤니케이션 요소들을 고려함으로써 효과적인 커뮤니케이션을 구축하게 된다. 따라서 이러한 접근은 일방향적이고 송신자 위주의 위기 커뮤니케이션 모델을 형성한다.

다음으로 미국 국가조사평의회의 접근National Research Council's approach은 위험 커뮤니

케이션을 위험과 관련된 개인, 집단, 조직 간의 정보와 의견을 교환하는 반복적인 과정이라고 정의한다(National Research Council, 1989). 이론적인 접근이라는 차원에서 전문가 차원의 커뮤니케이션을 넘어서려는 초기 연구들을 의미한다. 전문가 조직의 위험 커뮤니케이션은 기술적인 정보의 전달도 있지만 공중의 의견과 우려를 반영하는 역할도 함께 담당해야 한다고 본다. 이 접근은 위험 커뮤니케이션에서 송신자와 수신자의 역할을 균등하게 바라보면서, 양자 간의 의견 교환을 통한 위험 사안의 해결을 강조한다.

인간 심리 모델 접근mental models approach은 국가조사평의회 접근에서 좀더 수신자 중심의 커뮤니케이션을 의미한다. 이 접근은 위험 커뮤니케이션을 받아들이는 사람들의 심리적인 상황을 모델화하는 것이 무엇보다도 중요하다고 본다(Morgan, Fischhoff, Bostrom, & Atman, 2002). 이 모델은 주로 효과적인 위험 커뮤니케이션을 위해서 공중의 심리적인 상황과 커뮤니케이션 주체의 인식 차이를 기본으로 커뮤니케이션 방향성을 결정한다. 우선 조직의 입장에서 1) 커뮤니케이션을 할 표적 공중을 결정해야 하고, 2) 표적 공중을 인터뷰한 다음, 3) 인터뷰 결과로부터 공중이 위험 사안에 대해 가지고 있는 심리적인 모델mental model을 결정한다. 그런 다음 4) 이러한 공중의 심리적인 모델을 조직 혹은 전문가 모델expert model과 비교하게 되고, 5) 이러한 비교에서 나온 차이점과 불일치를 해결하기 위한 위험 커뮤니케이션 메시지를 선택하게 된다. 이 접근은 위험 커뮤니케이션의 화두가 되어 온 전문가와 일반인의 차이와 이를 조정하기 위한 커뮤니케이션 접근의 실질적인 방안을 제시해 준다. 여기서 말하는 위험 커뮤니케이션 메시지는 전문가 모델에 공중의 심리 모델을 맞추기 위한 것이 아니라, 양측이 의미를 공유하기 위한 중요 요인을 탐색하는 과정에서 자연스럽게 고안되는 것이라고 할 수 있다.

한편 위기 커뮤니케이션 접근crisis communication approach은 위험 커뮤니케이션에서 송신자 위주 접근의 전형을 보여 준다. 위기 커뮤니케이션을 담당하는 측은 관련 공중을 의도한 커뮤니케이션 목적으로 이끌기 위해서 모든 노력을 다해야 한다. 이 과정에서 위기 커뮤니케이션 조직이 공중에 대한 정보와 지식의 우위를 가지고 있다는 것을 인정해야 한다. 따라서 커뮤니케이션의 목적은 송신자가 의도하는 공중의 행동 변화에 있다. 여기서 런드그렌이 주장하는 위기 커뮤니케이션은 후속 편에서 전개될 위기 커뮤니케이션의 광범위한 의미를 반영하는 것이 아니며 자의적으로 축소시켜 개념화했다고 볼 수 있다. 여기서 말하는 위기 커뮤니케이션은 오히려 잘못된 커뮤니케이션 접근을 의미한다. 여기에 비해서 통합 커뮤니케이션 접근convergence communication approach은 위험 커뮤니케이션을 포함한 모든 커뮤니케이션을 커뮤니케이션하는 측과 이를 받아들이는 사람들의 가치가 서로 영향을 미치는 장기적이고 반복되는 과정이라고 보는 시각이다(Rogers & Kincaid, 1981). 조직이 위험과 커뮤니케이션을 하게 되면 공중은 반응을 보이게 되는데, 이러한 반응에 대해서 조직은 또한 수정된 반응을 보이게 된다. 이러한 과정이 양측의 공동 이해 영역을 찾을 때까지 계속된다. 이 접근은 현대 수사학의 정체성 확인 과정이나 의미 공유 과정과 유사한 접근으로 양자간 커뮤니케이션을 통한 합의 창출이라는 측면에서 쌍방향 커뮤니케이션의 전형을 보여 준다.

세 가지 과제 접근three-challenge approach은 위험 커뮤니케이션에 세 가지 종류의 과제, 즉 지식, 과정, 커뮤니케이션 기술과 관련해서 극복해야 할 과제가 있다고 본다. 지극히 커뮤니케이션 기법적인 측면을 강조하는 접근으로 위험 커뮤니케이션 과정에서 공중이 잘 이해할 수 있도록 기술적인 정보를 가공해야 하고, 커뮤니케이션 과정에 공중이 관여되었다고 느낄 수 있도록 참여를 이끌어야 하며, 가장 효과적으로 커뮤니케이션할 수 있는 기법들을 익혀야 한다. 이 접근은 조사－목적－실행－평가를 연결하는 응용 커뮤니케이션 캠페인 중심의 시각을 대표한다고 할 수 있다. 한편 사회 구성주의 접근social constructionist approach은 기술적인 정보의 흐름에 영향을 미치는 사람들의 가치, 신념, 감정 등에 강조점을 두는 관점이다(Waddell, 1995). 따라서 전문가집단이나 공중 양쪽은 서로 간의 가치, 신념, 감정 등을 이해할 필요가 있으며, 이러한 가치와 태도에 영향을 미치는 사회 맥락이나 문화를 항상 고려해야 한다. 이 관점은 특정한 정보의 우위보다 위험과 관련한 전문가집단의 교류와 수사적인 의미의 공유에 더 강조점을 두게 된다. 하지만 런드그렌 등의 사회 구성주의 설명은 이러한 이론적인 함의를 담고 있지는 않고 있다.

위해와 분노를 통한 접근hazard plus outrage approach은 심리적인 모델과 유사하다. 위해는 어떤 행위의 위험성을 의미하고, 분노는 어떤 위험 행위가 가져오는 감정적인 대응을 의미한다. 이것은 위험 인식에서 전문가적 입장과 비전문가적인 입장의 차이를 이분법적으로 나누는 것과 상통하는데, 전문가의 과학적인 선호 경향은 위해의 정도를 의미하지만, 비전문가들이 표현하는 선호 경향은 분노의 정도와 일맥상통하는 면이 있다. 따라서 만약 위해와 분노, 두 평가 경향이 일치한다면 사회적인 논란이 적을 수 있지만, 두 평가 경향이 일치하지 않는다면 사회적인 논란을 불러올 가능성이 매우 농후하다. 이러한 접근은 위험 커뮤니케이션에서도 전문가적인 위해 정도 평가와 함께 사람들이 인식하는 고민과 분노를 수용할 필요가 있다는 것을 보여 준다.

인간 심리적 방해 요인 접근mental noise approach은 위험 사안에 대응하는 사람들의 심리 상태를 이론화한 것으로, 사람들은 위험이 닥쳤을 때 정보를 획득하고 소화하는 능력이 현저히 저하하게 된다는 것이다. 가장 위험 수용자를 중심에 둔 연구 경향을 의미한다. 이 이론 접근이 시사하는 것은 위험 커뮤니케이션이 평상시 커뮤니케이션과는 상이한 맥락에서 사용된다는 것이며, 따라서 공중 위주의 메시지를 사용할 필요가 있음을 제기한다. 한편 사회 네트워크 전이 접근social network contagion approach은 위험에 대한 인식은 개인이 가진 사회 네트워트의 영향을 받게 된다는 이론으로 어떤 사람과 교류하느냐에 따라 위험에 대한 인식이 달라지게 된다는 것이다(Scherer & Cho, 2003). 이 이론은 위험 커뮤니케이션에서 개인의 역할보다도 개인이 속한 집단이나 지역사회의 중요성, 즉 현대 사회의 위험 문제 해결을 위한 지역사회나 사회 네트워크를 이끌어 가는 지도자의 중요성을 강조하고 있다고 할 수 있다. 이 이론은 대부분 합리적 행동이론theory of reasoned action의 주관적인 규범과 유사한 측면이 있다.

위험의 사회적인 확산 접근social amplification of risk은 위험 커뮤니케이션과 관련하여 가장 집대성된 이론이라고 할 수 있다. 이 이론은 위험이 어떻게 해서 사회적인 단위에서 확장되거나 축소되는가를 집대성해서 보여 준다(Kasperson, Renn, Slovic, Brown, Emel, Goble, Kasperson, & Ratick, 1988). 위험은 사회적인 확장 기제를 통해서 확장이나 축소 과정을 거쳐서 본래의 모습과는 다른 형태로 변형된다. 이러한 과정에서 가장 큰 역할을 하는 것이 미디어다. 이 이론은 또한 위험 논의가 사회적인 낙인 개념concept of stigma과 연결된다는 것을 보여 준다(Flynn, Slovic, & Kunreuther, 2001). 즉 위험이 어떻게 사회 문화적인 요소들과 결합하여 낙인화stigmatization되는가를 보여 준다. 또한 이 이론은 매스커뮤니케이션과 사회 문화 맥락의 중요성을 강조함으로써 위험이론과 커뮤니케이션 이론을 통합하는 위험 관련 통합이론의 가능성을 보여 준다.

마지막으로 사회 신뢰도 접근social trust approach은 커뮤니케이션의 궁극적인 목적인 사회 신뢰의 중요성을 강조한다. 위기를 겪은 조직의 사회 신뢰도를 공중 위기 인식의 척도로 보는 이론으로, 위기를 겪는 조직에 대한 신뢰는 개인이 가진 가치와 연관하여 그 조직의 존립 목적, 동기, 운영 행위 등을 얼마나 이해하느냐에 달려 있다고 본다. 이렇게 형성된 신뢰도는 위기 인식, 조직의 위기 대응에 대한 태도 등에 영향을 미치게 된다. 이 접근은 또한 신뢰를 쌓는 것이 그것을 허무는 것보다 훨씬 어렵다는 불균형의 원칙을 함께 보여 준다(Cvetkovich, Siegrist, Murray, & Tragesser, 2002). 이러한 접근은 위험 사안에서 신뢰의 중요성을 강조하고 있으며 위험 관련 메시지 수용과 신뢰 정도의 관련성을 연구하는 후속 연구를 자극하게 된다. 한편 사회 신뢰도 접근은 제3부에서 논의될 위험 연구가 어떻게 조직의 위기 연구와 연결되는가를 자연스럽게 보여 준다.

이러한 위험 커뮤니케이션 이론에 대한 다양한 접근은 가파른 학문적인 발전을 보여주기는 하지만, 이론적인 형성을 개괄적으로 이해하기 위해서는 이론 유형을 좀더 차원화하는 것이 필요하다. 위험 커뮤니케이션을 효과적으로 실행하기 위한 개별 이론적인 노력에 치중하기보다는 위험 커뮤니케이션을 통해서 현대 사회에서 위험이 가지고 있는 의미와 그것을 사회적으로 해결하기 위한 성찰적인 해답을 구하는 것이 지금 우리에게 더 필요한 일인지도 모른다. 따라서 앞서 살펴본 패러다임 접근 측면과 연결지어서 이론들이 강조하는 중점적인 요소를 중심으로 좀더 거시적으로 보려는 노력이 필요하다.

지금까지 논의된 이론들은 크게 인간 심리 차원의 접근, 커뮤니케이션 과정을 중요시하는 접근, 사회구성원 차원의 이론으로 구분해 볼 수 있다. 이러한 구분이 어떤 명확한 차원이나 분류 기준을 가지지는 못하지만 이론 발전 과정과 연결하여 위에서 설명한 다양한 접근들을 큰 특징에 따라 구분짓는 데는 유효하다. 〈표 5-3〉에서 보는 것처럼, 심리학적 변수들을 중심으로 개발된 이론과 커뮤니케이션 과정에 초점을 맞추는 이론은 확연한 차이를 보인다. 한편 이러한 두 가지 구분에 비해서 사회구성원 차원은 인간 심리에 한정하거나 단순한 인간 커뮤니케이션 과정에 집중하기보다는 좀더 사회 전체 차원에서 위험 논의를 확장하는 방안에 대해 고민하고 있다. 이는 앞서 설명했던 위험 커뮤니케이션 이론의 발전 과정이 현실에서도 반영되어 있다고 볼 수 있다.

표 5-3. 위험 커뮤니케이션 이론의 인간 심리, 커뮤니케이션 과정, 사회 차원 이론 구분

1. 인간 심리 강조 이론들
   - 인간 심리 모델 접근, 위해와 분노를 통한 접근, 인간 심리적 방해 요인 접근
2. 커뮤니케이션 과정 중점 이론들
   - 커뮤니케이션 과정 접근, 국가조사평의회 접근, 위기 커뮤니케이션 접근, 통합 커뮤니케이션 접근, 세 가지 과제 접근
3. 사회 차원 중점 이론들
   - 사회 구성주의 접근, 사회적인 네트워크 전이 접근, 위험의 사회적인 확산 접근, 사회 신뢰도 접근

한편 제3부에서 자세하게 설명하겠지만 이 책이 지향하는 "조직 중심의 커뮤니케이션

을 통한 공중 관계 증진"이라는 원칙에 맞추어 위험 커뮤니케이션 이론들을 정리해 보면 크게 송신자 중심과 수신자 중심의 이론으로도 분류해 볼 수 있다. 이러한 송신자 중심과 수신자 중심을 기본으로 해서 위험 커뮤니케이션 이론들이 1) 송신자 중심의 커뮤니케이션, 2) 수신자 중심의 커뮤니케이션, 3) 송신자와 수신자의 진정한 이해, 의미의 공유, 관계의 형성 중심으로 발전해 간다고 주장할 수도 있다. 사회 차원 중점 이론들은 이러한 세 번째 카테고리에 해당한다고 할 수 있다.

위험의 사회적인 확산 모델

위험의 사회적인 확산 모델은 이론의 다양화 과정에서도 가장 통합적인 양상을 보여주기 때문에 여기서 조금 더 강조될 필요가 있다. 위험의 사회적인 확산 모델(Kasperson et al., 1988)은 위험을 사람에게 위해를 가하는 실질적인 위협과 함께 사회 문화적인 경험이 결합된 산물이라고 정의한다. 분명히 사회적인 위험은 물질적이고 실질적인 위험에서 시작한다. 하지만 이러한 위험 요소는 일차적으로 직접적인 영향을 받은 희생자 공중에서 끝나지 않고 이러한 위험에 대한 개인이나 사회적인 그룹의 해석 과정을 거치게 되는데, 대부분의 경우 위험 이슈는 이러한 개인이나 집단에 의해서 재해석되고 다시 사회구성원들에게 전달된다. 따라서 이러한 커뮤니케이션 과정에서 위험은 실질적인 이벤트에서 사회 문화적인 가치와 신념에 의해 다시 가공되고 재해석된다.

이러한 위험에 의한 일차적인 충격으로부터 정보를 수집하고 재가공하는 사람이나 집단을 확산 스테이션amplification station이라고 한다. 확산 스테이션은 개인이나 집단이 될 수 있는데, 관여된 모든 사람들은 자신이 몸담고 있는 사회 문화적인 가치와 조직의 논리로부터 자유로울 수 없다. 따라서 확산 스테이션으로 작용하는 개인이나 집단의 구성원들은 사회 문화적인 가치 혹은 조직의 가치에 의해서 위험 정보를 무시하게 하거나 더 크게 확산시키기도 한다. 사실상 위험의 사회적인 확산 모델에서 확산의 개념은 확산과 감소를 모두 의미한다(Johnson & Covello, 1987).

이러한 개인이나 집단에 의한 재해석으로 확산되거나 감소되는 위험의 충격을 이차 충격이라고 부른다. 이차 충격은 지속적으로 영향을 미칠 수 있는 심리적인 인식이나 이미지, 태도, 정치 경제적인 압력, 사회적인 혼란, 사회 비용의 증가, 국가적인 위기 등 광범위한 사회적인 확산 범위를 가지게 된다. 또한 위험의 사회적인 확산이 그 충격을 가늠하기 힘든 것은 이차 충격이 또 다른 개인이나 집단의 재해석을 낳고 계속 다른 차원의 충격을 생산해 내기 때문이다. 위험의 사회적인 확산이론에서는 이러한 충격의 확산을 물결효과riffle effects라고 부르는데, 이것은 위험 이슈에 대한 개인이나 집단의 상호 작용을 통한 확산이나 축소 과정을 극적으로 보여 준다(Kasperson et al., 1987). 따라서 위험의 사회적인 확산 모델은 위험에 대한 인식이 심리적인 요소와 사회적인 맥락, 조직 차원의 고려 요인, 문화적인 정보 처리 과정 등과 밀접하게 연관되어 있으며, 이러한 요소들이 복합적으로 작용하여 위험에 대한 인식과 위험 관련 행위를 결정한다고 주장한다.

위험은 처음에 직접적인 희생자 집단 혹은 충격 집단에서 시작하지만 지역이나 공간의 한계를 넘어서 조직이나 사회의 차원으로 확대해 나가게 된다. 이러한 위험의 사회적인 확산이론은 현대 사회에서 걷잡을 수 없이 확대 재생산되는 위험의 증폭 과정을 잘 보여준다. 특히 위험의 커뮤니케이션과 관련하여 현대 사회 언론이 수행하는 역할을 중심적인 위험의 확산 스테이션으로서 해석할 수 있다. 따라서 이 이론은 현대 사회의 위험 논의와 확산 과정을 사회 모든 구성원을 염두에 두고 종합적으로 분석하는 데 매우 유용한 이론이라고 할 수 있다.

하지만 위험의 사회적인 확산이론이 가지는 단점도 눈에 띈다. 이론의 창안자들(Kasperson, Slovic 등)은 위험의 확산이라는 의미는 증대의 의미와 감소의 의미를 함께 담고 있다고 주장한다. 그러나 실제 모델의 경우 사실상 위험이 사회적으로 증대되는 과정은 잘 설명하고 있지만 위험이 축소되거나 위험 논의가 무시되는 경우에 대한 설명은 부족하다고 할 수 있다. 분명 사회적으로 증대되는 위험도 있지만, 그 본질적인 영향력에 비해서 무시당하는 위험들도 존재한다. 이렇게 사회적으로 무시당하는 위험들에 대한 연구도 중요한 주제라고 할 수 있다. 또한 위험의 사회적인 확산이론은 아직 실증적인 검증 과정이 결여된 이론이라고 할 수 있다. 개념적으로 모델의 구성원들이 미치는 영향은 이해가 가지만 어떤 변수가 더 영향을 미치며, 그 영향력의 차이는 어느 정도이며, 어떤 사회 맥락에서 영향력이 변하는지 등에 대한 실증적인 연구는 아직 이루어지지 않고 있다. 향후 좀더 실증적인 연구를 통해 이론에서 제시된 많은 변수들의 영향력과 관계를 규명하는 것이 앞으로의 과제라고 할 것이다.

위험 논의의 사회적인 확산과 관련한 예로서 미국으로부터 전시 작전권을 환수하려는 우리 정부의 노력과 관련한 논의를 살펴보면, 결국 처음의 이슈에서 벗어나 위험이 어떻게 사회적으로 확산되는가를 잘 보여 준다. 위험 확산 스테이션으로서 각종 보수단체들은 위험 이슈를 자신이 가진 사회 문화적인 경험과 시각을 통해 재해석하면서 이슈가 가진 폭발성을 재포장하고 이차적인 위험을 생산해 낸다. 작전권 환수는 결국 새로운 안보 여건을 제공하는 작전권 환수라는 일차적인 위험 이슈에서 좌파 정권의 반미 행태라는 새로운 위험 이슈로 발전하게 된다. 위험은 위험을 받아들이는 개인과 사회집단에 의해서 선택적으로 해석되고 확산되어 가게 된다. 이제 위험은 실질적인 문제가 아니라 해석의 문제로 다시 탄생하게 된다. 해석의 문제에 주목하게 된다면 커뮤니케이션이 없는 위험 문제의 해결이라는 것은 순진한 발상이라는 것을 알게 된다. 텔레비전의 토론 프로그램에서 볼 수 있듯이 전문가들도 의견의 일치를 보기 힘든 것이 현대 위험의 속성이다. 이제 전문가의 판단과 무관하게 위험은 사회적인 확산 과정을 거치게 된다.

위험의 사회적인 확산이론의 최근 논의는 사회적인 낙인 개념과 맞닿아 있다(Slovic, 1992). 위험의 사회적인 확산은 어떤 위험 사안이나 위험과 관련된 대상에 낙인을 찍는 효과를 가져옴으로써 위험 인식을 고착화시키고 위험 커뮤니케이션을 어렵게 한다는 것

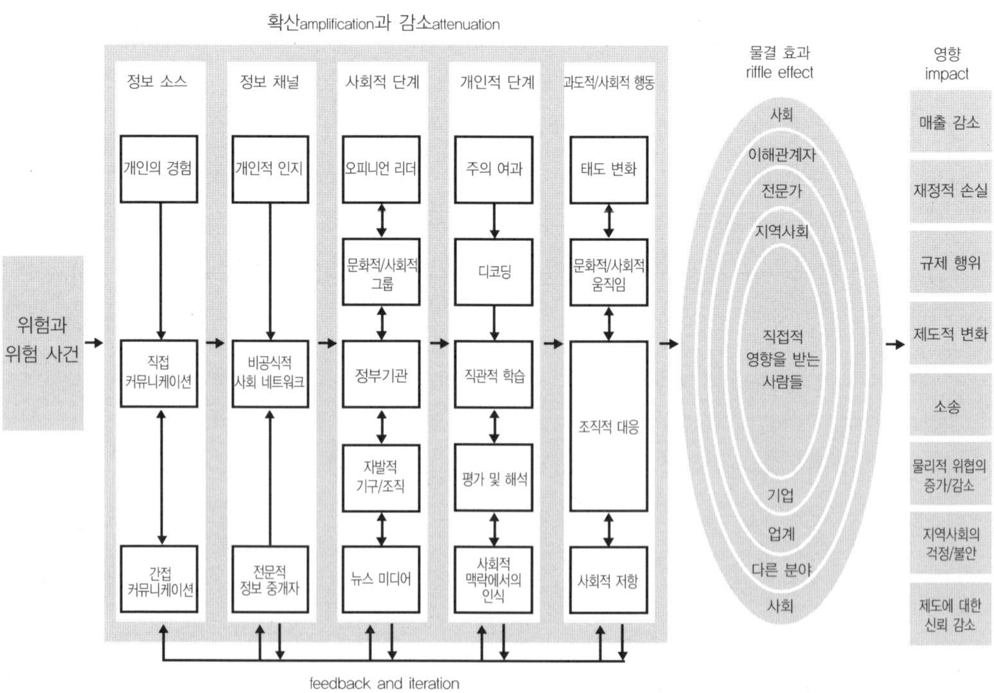

그림 5-1. 위험의 사회적인 확산 모델
(Kasperson et al., 1988)

이다. 낙인 개념이 보유한 여섯 가지 차원은 은밀함concealability, 변화의 계기를 통한 현재의 결과course, 커뮤니케이션 방해disruptiveness, 상징적인 특성의 보유aesthetic qualities, 과거에서 유래된 관련성origin, 위험 내포peril를 말하는데, 이러한 특성은 사회적으로 어떤 대상을 점차 고정화된 관점으로 고착화시켜 인습화한다. 즉 사회적인 낙인은 은밀하게 형성되어 외부로 드러나지 않는 경우가 많고, 어떤 변화의 계기를 통해서 현재의 결과로 연결되며, 커뮤니케이션을 방해하고, 상징을 통해서 낙인을 분명하게 드러내는 경우가 많고, 사회적인 유래와 위험성을 내포하게 된다. 결국 위험 커뮤니케이션의 입장에서 본다면 이러한 낙인 개념의 차원들을 인지하여 위험과 관련한 논의가 사회적인 낙인화되지 않도록 노력하는 것이 필요하다고 하겠다. 현대 사회 상징 수단의 발달은 쉽게 위험 대상을 낙인화하는 경향이 있다. 예를 들어 몇 년 전 온 사회를 뒤흔들었던 쓰레기 만두 파동과 같은 경우는 선정적인 보도와 식품 안전에 대한 일반인들의 심리적인 불안이 합쳐져서 사회적인 낙인을 형성한 전형적인 사건이었다고 할 수 있다. 이 사건으로 많은 관련 없는 업체들이 어려움을 겪었다. 분명 위험의 낙인화 현상은 커뮤니케이션과 합리적인 토론을 방해하고, 근거 없는 위험을 확산시킬 가능성을 높인다.

위험 커뮤니케이션의 중요 이론 주제에 대한 논의

위험 커뮤니케이션의 이론적인 주제와 관련 변수들을 정리하는 것은 쉬운 일이 아니다. 특히 심리학적인 변수와 사회학적인 변수를 통합하고 이것을 커뮤니케이션 이론과 통합하는 일은 아직 시작하는 단계라고 보아도 무방하다. 위험의 사회적인 확산이론 정도가 이러한 다양한 학문적인 접근을 수용한 이론적인 시도라고 할 수 있는데, 이 또한 커뮤니케이션 모델을 받아들이는 데는 조악한 이해 정도를 보여 주고 있다고 말할 수 있다.

위험 커뮤니케이션과 관련한 실증적인 연구들을 구분한 연구 중에, 베넷의 구분이 광범위한 요소를 다룬다(Bennett, 1999, 표 5-4 참조). 그는 위험 커뮤니케이션 연구 주제를 위험과 신뢰trust, 위험 인식risk perceptions, 위험과 가치risk and values, 위험 비교risk comparisons, 발생 가능성의 이해understanding probability, 간접 효과와 위험의 사회적인 확산indirect effects and the social amplification of risks으로 구분했다. 이러한 구분에서 위험 인식과 관련한 연구는 위험 커뮤니케이션 실행에서 영향을 미치는 과정 변수들과 연결되어 있다고 말할 수 있다. 신뢰와 가치와 같은 개념도 커뮤니케이션 과정에 영향을 미치는 선행 변수라고 볼 수 있으며, 위험 비교와 발생 가능성의 이해 그리고 간접 효과와 위험의 사회적인 확산 등은 인식의 결과 혹은 사회 차원의 효과를 나타내는 결과 변수와 관련된 것으로 상정해 볼 수 있다.

표 5-4. 위험 커뮤니케이션 실증 연구 주제의 편의적인 분류

1. 위험과 신뢰	2. 위험 인식
3. 위험과 가치	4. 위험 비교
5. 발생 가능성의 이해	6. 간접 효과와 위험의 사회적인 확산

지금까지 논의를 바탕으로 위험 커뮤니케이션 과정에 영향을 미치는 변수들을 예상하면 통제 가능성, 사회 맥락, 불확실성, 지식 정도, 편익과 피해 예상의 정도 등을 들 수 있다. 이러한 과정 변수와 관련한 논의들은 앞에서 설명한 위험 인식 변수들과 대부분 겹치게 된다. 한편 신뢰와 가치의 문제는 위험 커뮤니케이션 실행 이전에 형성되기 때문에 선행 변수라고 볼 수 있지만, 위험 커뮤니케이션 실행 과정에서도 계속적으로 영향을 미치는 변수라고 할 수 있다. 위험 커뮤니케이션에 영향을 미치는 선행 변수와 과정 변수는 어차피 서로 긴밀하게 연결되어 있다. 이미 앞장의 위험 인식과 관련한 논의에서 위험 인식에 영향을 미칠 수 있는 변수들로 위험 소스에 대한 지식의 정도, 편익의 정도, 통제력의 정도, 관여도, 그리고 불확실성의 정도를 설명했다(Nathan, Heath, & Douglas, 1992). 위험 인식은 위험 커뮤니케이션 연구의 기본 전제가 되는 연구라고 할 수 있다. 따라서 위험 인식에 대한 연구도 상세하게 한 번 더 짚고 넘어갈 필요가 있다.

위험 인식과 관련한 연구

앞 장의 "위험 인식에 영향을 미치는 변인들" 중 지식의 정도, 통제력의 정도, 불확실성의 정도에 비해서 편익의 정도와 관여도는 위험 인식에 비교적 일관되고 안정적인 영향을 미치는 것으로 나타났다(Nathan, Heath, & Douglas, 1992). 하지만 중요한 것은 이러한 변수들이 서로 잘 연결되어 영향력을 행사하기 때문에 중요하지 않은 인식 변수는 있을 수 없다. 예를 들어 지식의 정도가 높을수록 관여도가 높아질 것은 자명하다. 따라서

관여도는 중요한데 지식의 정도는 중요하지 않다는 결론은 있을 수 없다. 또한 지식의 정도와 통제력의 정도, 불확실성의 정도 모두 일반 공중이 어떻게 주관적으로 위험 사안에 대해서 인식하느냐가 중요하며, 어떤 맥락에 따라서 인식하는 강도가 달라지면서 위험을 더욱 심각하게 받아들이는 것으로 나타났다. 이러한 결과는 결국 위험 인식에서 주관성의 정도가 객관성에 우선한다는 것을 보여 준다.

지식의 정도에서도 실제적인 지식의 정도보다는 위험을 어떻게 주관적으로 지각하고 있느냐가 더 큰 영향을 미친다(Baird, 1986). 통제력에서도 실제적인 통제력보다는 지각된 통제력이 위험 인식에 더 크게 작용한다. 친숙한 위험이나 편익을 수반하는 위험에는 통제력을 과장하려는 경향이 있다. 예를 들어 매년 일어나는 홍수나 태풍은 잘 일어나지 않는 지진에 비해서 훨씬 더 통제력이 있다고 느낀다. 또한 도박이나 마약, 음주의 심리는 일정한 편익 때문에 자신이 통제할 수 있다고 믿는 경향이 있다.

불확실성 또한 사람들이 위험 사안을 대면하게 되는 맥락에 따라 축소되기도 하고 과장되기도 한다. 이러한 왜곡된 인식은 위험 커뮤니케이션을 어렵게 하는데, 주관적인 불확실성 인식과 같은 변수 때문에 평소 공중과의 지속적인 커뮤니케이션의 중요성이 강조되기도 한다. 결국 이런 주관성의 측면에서 위험 인식 변수들은 커뮤니케이션의 문제, 신뢰의 문제와 연결될 수밖에 없다.

비교적 일관된 영향력을 보여 주는 편익의 정도와 관여도 또한 커뮤니케이션 논의와 연결된다. 아무리 많은 편익을 주더라도 공중에게 직접적인 위협 요인 해결에 대한 효과적인 커뮤니케이션이 이루어지지 않는다면 편익도 큰 영향력을 발휘하기 어렵다. 또한 관여도의 정도는 공중에 따라 커뮤니케이션이 다양한 방법으로 이루어져야 한다는 것을 보여 준다. 즉 위험에 대한 관여도의 차이에 따라 메시지 효과도 달라질 것이다. 위험 인식 변수들은 위험, 공중, 커뮤니케이션의 결합을 끊임없이 요구하고 있는 셈이다.

베넷(Bennett, 1999: 6)의 경우, 위험을 더 느끼게 만드는 위험 인식 변수들을 '무서움 요소fright factors'라고 명명하고 〈표 5-5〉와 같이 정리했다. 이러한 무서움 요소들은 심리학적인 위험 인식 접근 연구psychometric research에서 유래한 것이다(Fischhoff, Slovic, Lichtenstein, Read, & Coombs, 1978; Gardner & Gould, 1989; Slovic, 1986). 비자발적인 위험 요소는 공해와 같이 자신이 자발적으로 만들어 내지 않는 위험을 의미한다. 사람들은 사실 여부와 상관없이 자발적인 위험인 흡연보다는 공해가 더 위험하다고 느낀다. 또한 사람들은 감추어지고 회복할 수 없는 위험에 더 예민하게 반응하게 되는데, 예를 들어 공장의 폐기물 처리 소홀로 인한 지하수의 오염, 인근 고압 전선의 위해성 논란 등이 더 많은 공적인 분노를 일으키는 것도 그런 이유에서다.

표 5-5. 위험 인식을 증가시키는 무서움 유발 요소들

1. 비자발인 위험 요소
2. 불공정한 위험의 분배
3. 개인적인 주의注意로는 피할 수 없는 상황
4. 친숙하지 않은 것
5. 자연적인 재해보다는 인재人災의 경우
6. 위험의 피해가 숨겨져 있고 회복할 수 없는 경우
7. 어린이와 임신부 등 미래 세대에 영향을 미치는 경우
8. 죽음이나 질병과 연관된 특정한 공포를 자극하는 경우
9. 익명의 피해자보다는 인식 범위에 있는 피해자인 경우
10. 과학에 의해서 잘 이해되지 않는 경우
11. 사회적으로 책임 있는 소스로부터 위험성이 제기된 경우

한편 어린이들이 주로 먹는 과자에 들어가는 식품 첨가물의 아토피 유발 논란, 특정 지역의 홍수 피해 논란 등은 어린이라는 대상, 불공평에 따른 피해 의식 등의 변수들이 위험 인식을 증폭시킨 사례들이다. 이 밖에도 주관적인 변수들이 사회적으로 위험 인식을 증가시키는 사례들을 쉽게 찾아볼 수 있다. 결론적으로 이러한 변수들이 사람들이 위험을 인식하는 과정에서 영향을 미치는 것은 확실하다. 하지만 사람에 따라서, 또는 특정 이슈와 둘러싼 환경에 따라서 영향력은 변할 것이다. 또한 개별적인 요소가 독립적으로 영향을 미치기보다는 이러한 영향 변수들 간의 상호 작용도 무시 못할 것이다. 분명한 것은 이러한 변수들이 앞으로도 사람들이 어떻게 위험을 인식하는가를 예측하는 데 좋은 지침이 되리라는 것이다. 이러한 예측은 위험 커뮤니케이션에 많은 함의를 제공한다.

이러한 위험 인식과 관련한 요소들과 함께, 개인의 위험 인식이 이루어지는 과정을 알아보는 것도 필요하다. 개인의 위험 인식은 보통 유발development, 유지maintenance, 전이transition의 세 단계를 거친다(Langford, Marris, & O'Riordan, 1999). 유발 단계에서는 사람들에게 외부적인 자극과 본래 자신이 보유하고 있는 인식 간의 충돌이 일어난다. 보통 처음에는 기존에 보유한 인식을 유지하려고 하거나 선택적으로 정보를 받아들이는 단계를 거치는데, 이러한 단계가 반복되고 나면 새로운 위험 인식으로 전이하는 단계를 밟아가게 된다. 따라서 사람들의 위험 인식은 새로운 정보가 쌓여가면서 전이된 태도를 의미한

다. 사람들의 위험 인식을 바꾸기 위해서는 새로운 정보를 꾸준히 제공하면서 이미 굳어진 기존 가정들을 의심하고 새로운 가정을 생각해 볼 여지를 만들어 주는 것이 필요하다. 또한 그러한 과정이 감정적, 의식적, 행동적인 모든 면에서 일어날 수 있도록 전방위 자극을 유도하는 것이 무엇보다도 필요하다. 커뮤니케이션을 통해서 사람의 인식을 바꾸는 것은 그만큼 어려운 일이다.

위험 비교 연구와 위험 커뮤니케이션

위험 커뮤니케이션 연구에서 위험을 상대적으로 비교하는 연구는 위험 인식의 정확성과 관련하여 많은 연구가 이루어졌다. 하지만 위험의 크기를 상대적으로 비교하는 일은 커뮤니케이션 방법론과 관련되어서도 연구가 이루어질 필요가 있다. 사람들이 위험에 대해 가지는 인식의 차이를 아는 것은 어떤 커뮤니케이션 접근이 더욱 효과적일 수 있는가를 예측하게 해 주기 때문이다.

특히 각종 원인에 의해서 일어나는 사망자 수의 경우, 사람들이 추정하는 사망자 수와 실제 사망자 수는 많은 차이가 있는 것으로 드러나고 있다(Fischhoff, Lichtenstein, Slovic, Derby, & Keeney, 1981). 특히 특이하거나 극적인 사건의 경우에 사망자 수를 과대 평가하지만 일반적인 사망 사고의 경우 사망자 수를 과소 평가하는 것으로 나타났다(그림 5-2 참조). 과대 평가되는 경우는 극적인 사건, 특이질병에 의한 사망 등이고, 과소 평가되는 경우는 심장질환, 암, 뇌졸중, 당뇨 등 일반적인 질환에 의한 사망의 경우다. 이러한 차이는 가용성 편견availability bias에 따른 것이라고 해석할 수 있는데, 이러한 편견은 사람들이 쉽게 기억할 수 있는 사건이나 극적인 일에 집착하여 그것을 먼저 떠올리면서 발생 가능성을 높게 설정하게 된다는 것이다. 예를 들어 홍수로 인한 사망 사고는 매스미디어를 통한 극적인 장면을 통해서 사망 발생 빈도를 실제보다 과대 평가하게 되는 경우가 많다는 것이다. 하지만 일반적으로 보면 암이나 심장병으로 죽는 사람의 수가 훨씬 많고 실제보다 과소 평가되는 경우가 많은 것이 현실이다.

위험 비교 연구는 우선 이러한 편견을 줄이고 정확한 위험 커뮤니케이션을 실행하기 위해서 필요하다(Bennett, 1999). 예를 들어 홍수에 의한 사망보다 심장질환에 의한 사망이 훨씬 더 확률이 높은 위험이라는 것을 사람들에게 올바로 인식시키기 위해서는 이러한 비교 연구를 활용함으로써 효과적인 커뮤니케이션이 가능하다. 또한 비교 연구는 위험 커뮤니케이션에서 문제가 되어 온 전문가 영역의 논의를 일반인들이 이해할 수 있는 수준으로 끌어내리는 역할을 한다. 예를 들어 심장병과 홍수의 위험성을 비교하면서 심장병으로 사망할 확률이 홍수로 사망할 확률보다 10배는 더 높다라고 설명한다면, 이는 어려운 통계나 전문 용어를 사용하는 것보다 일반인들의 위험 발생 가능성에 대한 이해를 높일 수 있다. 위험 비교 연구의 이러한 속성은 위험 커뮤니케이션의 공중 참여를 유도하는 데 도움을 줄 수 있다.

위험 비교에서 가장 많이 인용되는 것은 1백만분의 1 확률로 연간 사망률을 높일 수 있는 위험 요인을 비교하는 것이다(Wilson, 1979). 예를 들어 담배 1.4개피를 피워서 암이나 심장병으로 죽을 확률은 뉴욕이나 보스턴에서 2일간 살고 공해로 죽을 확률, 제트기로 1천 마일을 나는 동안 사고로 죽을 확률, 좋은 병원에서 엑스레이를 한 번 찍었을 때 죽을 확률, 핵공장 20마일 부근에서 150년간 살았을 때 방사선에 의한 암으로 죽을 확률과 같다. 이러한 위험 비교의 장점은 전달하고자 하는 메시지를 아주 쉽고도 간결하게 전달할 수 있다는 것이다.

하지만 위험 비교 연구의 문제점은 위험 인식을 너무 단순화한다는 데서 찾아야 할 것 같다. 최근의 미국산 쇠고기 광우병 논란에서도 드러났듯이 위험 사안에서 실제적인 사

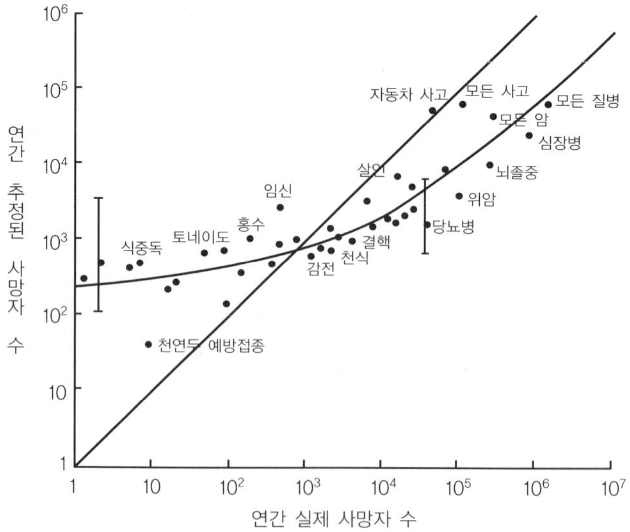

그림 5-2. 각종 원인에 의해 일어난 추정된 사망자 수와 실제 사망자 수
(Fischhoff, Lichtenstein, Slovic, Derby, & Keeney, 1981)

망자 수를 단순히 비교하는 것도 중요하지만, 사람들이 느끼는 인식의 차이 또한 매우 중요하다. 아무리 확률이 낮더라도 사람들이 실제적으로 위험에 대해서 두려움을 느낀다면 단순한 사망자 수는 큰 의미를 가질 수 없다. 사람들이 속한 사회 문화적인 맥락, 가치를 고려하지 않고 단순히 사망자 수만을 비교하는 것은 위험 인식을 사망자 수와 객관적인 데이터에만 지나치게 의존해서 해석한다는 비판을 받을 수밖에 없다.

예를 들어 원자력 발전소 사고에 의한 사망자 수는 심장병으로 사망하는 사람보다 적지만 원자력 발전소 사고를 더 위험하다고 느끼는 것은 자연스러운 판단이다. 이러한 판단에는 또한 위험 인식 연구에서 고려되었던 자발성의 여부도 포함되어야 한다. 심장병의 경우는 자발적인 위험 유발의 부분이 고려될 수 있지만, 원자력 발전소의 경우는 자발적인 위험 유발 요인이 전혀 없다. 이러한 이유에서 공중이 원자력 발전소 사고에 대해서 느끼는 위험 인식이 더 큰 것은 당연한 일이다. 따라서 위험 비교 연구는 공중 간의 위험 커뮤니케이션을 진작시키고 참여를 유도하는 수준에서 활용되는 것이 바람직하지만 위험 인식에 대한 절대적인 기준으로 활용되는 것은 공론의 장 확장을 위한 위험 커뮤니케이션 논의에서는 바람직하지 않다. 원자력 발전소를 포함하여 우리나라의 많은 위험 관련 조직들이 아직도 단순 위험 비교를 위험 커뮤니케이션의 수단으로 활용하고 있다는 것은 이런 면에서 반성할 여지가 많다.

위험 커뮤니케이션과 신뢰의 관련성

위험 커뮤니케이션에서 무엇보다도 중요한 변수는 커뮤니케이션 주체의 신뢰와 관련한 것이다. 단순한 공중의 인식이 아니라 인식을 둘러싼 커뮤니케이션의 중요성을 강조하면서 커뮤니케이션이 이루어질 수 있는 조건 변수들을 살펴볼 필요가 있는데, 이러한 선행 변수들 중에서 가장 중요한 변수가 커뮤니케이션 주체의 신뢰다. 만약 위험 사안을 둘러싸고 커뮤니케이션을 하는 사람이 전혀 신뢰할 수 없는 사람이라면 메시지의 질과 상관없이 위험 커뮤니케이션은 성공하기 힘들다.

기든스를 포함한 많은 학자들은 신뢰의 요소들을 축적하지 못하고 위험 주체에 대한 불신으로 이어질 때, 위험 물질의 부지 선정 등의 사례에서 이루어지는 위험 커뮤니케이션은 궁극적으로 실패할 수밖에 없다고 주장했다. 우리나라의 예를 보더라도 핵폐기물 처리장 부지 선정 등에서 기본적으로 문제가 되는 것은 정부나 관계 기관에 대한 공중의 불신이다. 이는 우리나라가 경제 개발 과정을 거치면서 시민들의 일방적인 희생을 강요한 결과에서 많은 부분 기인한다. 또한 많은 실제 사례에서 정부의 약속이 지켜지지 않았고, 그 피해를 고스란히 지역 주민들이 떠안아 왔다.

위험 물질이나 주민들이 원하지 않는 시설의 부지 선정에서 주로 문제로 인식되는 것은 1) 체계적이고 종합적인 접근의 결여, 2) 위험과 불확실성의 존재, 3) 공중 위험 인식에 대한 몰이해, 4) 위험 할당의 불공정성, 그리고 5) 사회적인 불신이다(Kasperson, Golding, & Tuler, 1992). 이러한 문제 요소들은 결국 불신의 문제와 직접적으로 연결된다. 종합적인 접근의 결여는 위험 문제에 대한 단편적인 대처가 공중의 인식과는 얼마나 동떨어질 수 있는가를 보여 준다. 위험의 존재에 대한 가능성과 공중의 위험 인식에 대한 이해 부족, 그리고 위험 할당의 불공정성 등은 위험 문제가 신뢰를 바탕으로 이루어지지 않는다면 언제나 위험 커뮤니케이션 실행자의 발목을 잡는 변수가 될 수 있음을 보여 준다. 예를 들어 항상 정부에서 원하지 않는 일들을 강요해 왔다고 믿거나 위험과 관련된 정보를 투명하게 공개하지 않았다고 생각하는 지역 주민들은 가능한 편익에도 불구하고 정부의 위험 문제 해결을 위한 커뮤니케이션을 수용할 수 없다. 따라서 효과적인 커뮤니케이션의 선결 조건은 커뮤니케이션 주체 간의 신뢰를 형성하는 것이다.

위험 사안과 신뢰를 연결해서 많은 개념 정의가 있어 왔는데, 이를 크게 나누면 세 가지 속성으로 나눌 수 있다. 그것은 1) 다른 사람에 대한 기대와 미래에 대한 전망, 2) 위험 수용의 정도, 3) 다른 사람이나 상황에 대한 주관적인 인식 등이다(Kasperson, Golding, & Tuler, 1992). 사실 신뢰는 상황의 불확실성에도 불구하고 다른 사람과 협력하거나 위험을 어느 정도 수용할 수 있게 해 줄 뿐만 아니라 상황과 위험에 대한 판단에 긍정적인 영향을 주게 된다. 따라서 불확실한 상황을 다루고 있는 위험 커뮤니케이션에서 메시지, 관련된 조직, 사람에 대해서 느끼는 신뢰는 위험 커뮤니케이션의 수용에 결정적인 영향을 미치게 된다.

신뢰는 현대 사회에서 선택의 문제가 항상 문제가 될 때 더욱 빛을 발한다. 현대 사회의 복잡성은 많은 선택 요인과 영향 변수를 내포하고 있는데, 사람과 조직에 대한 신뢰는 그러한 선택 요인의 정당성을 줄여 주는 역할을 한다(Luhmann, 1980). 어쩌면 현대 사회에서 신뢰는 선택 그 자체라고 해도 과언이 아니다. 일반적인 신뢰에 대한 정의는 다양한데, 신뢰를 구성하는 요소들은 크게 1) 지각된 능력, 2) 객관성, 3) 공정성, 4) 일관성, 5) 우호성 등 다섯 가지 요인으로 구성되어 있다(Bennett, 1999). 하지만 이러한 신뢰의 요소들은 사회 맥락, 이슈의 성격, 소스의 종류에 따라 그 영향력이 변한다고 할 수 있다.

신뢰는 전문성을 포함하는 능력의 면도 중요하지만 사안을 공정하고 정의에 맞게 다룰 것이라는 감정적인 믿음을 포함한다. 따라서 신뢰는 인지적인 측면의 신뢰, 감정적인 측면의 신뢰, 행동 측면의 신뢰를 모두 포함한다(Lewis & Weigert, 1985). 결국 신뢰는 대상에 대한 지식의 정도, 감정적인 유대감, 사회 관계에 대한 행동 차원의 표출을 모두 포함한다고 할 수 있다. 사회 신뢰를 형성하는 것은 이러한 다양한 측면의 신뢰 요소들이 복합적으로 작용하는 것으로 해석할 수 있다. 조직 차원에서는 공중과의 접촉에서 이러한 다양한 신뢰 측면의 상호 관계를 고려한 커뮤니케이션의 필요성이 대두된다고 하겠다.

결국 위험의 문제에서 신뢰를 형성하기 못하고 풀 수 있는 문제는 없다. 루만(Luhmann, 1980)이 주장했던 것처럼, 사회는 충분히 복잡해져 있고, 사람들은 선택의 순간에 기댈 수 있는 준거점들이 많지 않다. 오직 신뢰만이 준거점으로 작용한다. 한편 신뢰를 이용한 실증적인 분석과 관련하여 렌과 레빈(Renn & Levine, 1991, 표 5-6 참조)은 신뢰를 다섯 가지 분석 차원으로 나누었는데, 그것은 메시지message, 개인 감정personal appeal, 조직 인식institutional perception, 조직 환경institutional climate, 사회정치 환경sociopolitical climate 차원의 신뢰를 말한다. 즉 신뢰를 측정하는 것은 이러한 다섯 가지 서로 다른 차원에서 모두 가능하다.

표 5-6. 실증 연구를 위한 신뢰의 다섯 가지 차원

1. 메시지 차원	2. 개인 감정 차원
3. 조직 인식 차원	4. 조직 환경 차원
5. 사회정치 환경 차원	

이러한 차원은 메시지에서 사회정치 환경으로 갈수록 복잡성과 추상성이 더해진다. 따라서 상위 차원은 하위 차원의 요소들을 포함하며, 하위 차원의 요소들이 상위 차원으로 점점 발전해 간다. 위험 문제와 관련한 사람이나 조직은 신뢰를 형성하기 위해서 하위 차원의 요소에서 신뢰를 유지하려고 노력해야 한다. 예를 들어 사회정치 환경 차원에서 아무리 신뢰를 형성한 사람이나 조직이라고 하더라도 실제 언행이나 다른 사람과의 접촉에서 신뢰를 형성하지 못하면 사회정치적인 환경 차원의 신뢰도 무너질 수 있다. 우리나라

의 경우 대통령들이 당선 직후 사회정치적으로 형성된 신뢰를 계속해서 고수하지 못하는 이유는 하위 차원에서 느끼게 되는 불신이 많은 경우 영향을 미치기 때문이다. 또한 핵폐기물 처리장 건설과 관련해서 위험 주체 조직에 대한 신뢰는 사회정치적인 환경이 메시지나 개인 감정에 영향을 주는 경우가 많다. 결국 상위 신뢰 요소와 하위 신뢰 요소는 서로 영향력을 주고받는다.

또한 사람과 조직의 사회 관계 차원에서의 신뢰를 특별히 사회 신뢰social trust라고 명명하고, 네 가지 차원으로 정리하기도 한다(Kasperson, Golding, & Tuler, 1992). 그것은 헌신감commitment의 정도, 능력competence, 배려하는 마음caring, 예측 가능성predictability을 지칭한다. 사회의 발전에 헌신하고 있다고 인식되는 조직, 능력 있고 일반 공중을 배려하며, 언제나 예측 가능한 행동을 하는 조직은 사회 신뢰가 높을 수밖에 없다. 이러한 사회 신뢰는 하위 신뢰 요소와 밀접히 연결되어 있다.

논의를 정리하면, 위험 문제를 중심으로 발생하는 신뢰의 문제는 인지적 · 감정적 · 행위적인 요소를 함께 포함한다. 한편 신뢰의 차원들은 실증적인 분석 과정에서 개인적인 차원, 조직 차원, 사회 차원으로 분류할 수 있다. 하지만 사회 차원을 구성하는 헌신감, 능력, 배려하는 마음, 예측 가능성 등의 요소들은 수평적인 차원에서 구성되었다기보다는, 개인, 조직, 사회 차원의 수직적인 요소들을 포괄적으로 포함하고 있다고 보아야 한다. 여기서 포괄적이라는 말은 상위 차원은 하위 차원의 요소들을 함께 고려해야 한다는 것이다. 이러한 수평 요소와 수직 요소의 그물망이 사회 신뢰이며, 신뢰를 형성하기 위해서는 모든 요소들이 골고루 빠짐없이 고려되어야 한다.

사회 신뢰와 관련한 실증적인 결과들로부터 크게 신뢰와 관련한 전체 사회적인 경향 세 가지를 추출해 볼 수 있다(Kasperson, Golding, & Tuler, 1992). 우선, 사회 조직에 대한 신뢰의 상실이 지속적으로 이루어져 오고 있다는 것이다(Lipset & Schneider, 1983). 이러한 신뢰의 상실은 사회 문화로 굳어져서 지속되는 경향을 보여 주고 있기도 하다(Douglas & Wildavsky, 1982). 우리나라 사람들이 정치 조직에 대해서 가지고 있는 신뢰 악화의 정도를 표면적으로 살펴보아도 확연히 드러난다. 이러한 신뢰의 악화 정도는 이미 정치 혐오증이라는 사회 문화로 나타나고 있다. 다음으로 건강, 안전, 환경 이슈에 대한 공중의 전반적인 관심 증가는 사회 신뢰의 악화와 상호 작용하면서 서로 상승 효과를 내고 있다. 특히 이러한 현상은 비자발적인 위험 이슈에 대한 일반 공중과 비정부단체의 적극적인 참여로 인해 전문가 집단의 권위가 상처를 받으면서 더욱 두드러지는 경향이 나타나고 있다.

마지막으로 이러한 사회 신뢰의 악화와 결합한 위험 이슈에 대한 사회적인 경향은 위험 시설 건설이나 유치에 대한 사회적인 합의를 어렵게 하면서, 사회운동을 통한 적극적인 반대로 이어지고 있다. 이러한 경향은 요즘 우리나라 사회의 모든 사회 갈등 이슈의 전개 과정을 설명한다. 정부나 관계 기관에서 발표한 내용에 대한 불신과 갈등을 조정할 수 있는 신뢰받는 사회 조직의 부재는 사회 갈등을 해결보다는 대결 국면으로 몰아가는 경향이 있다. 앞서 설명했던 신뢰의 여러 가지 차원과 단계를 고려해서 차근차근 사회 조직이 사회적인 신뢰를 쌓아가지 못한다면 갈등이 우리 사회의 발전 동력을 멈추게 할 수도 있다. 이런 의미에서 정부도 신뢰받는 사회 조직을 형성하기 위해서 조직의 독립성과 중립성을 인정하고 지원하는 대책을 마련하는 것이 필요한 시점이기도 하다.

그렇다면 과연 어떻게 신뢰를 형성할 것인가? 신뢰를 형성하기 위한 방법과 관련한 연구는 크게 세 가지로 요약할 수 있다(Bennett, 1999). 첫째, 조직은 행위로서 진정성을 보여 주어야 한다. 말에 의존하면서 기회를 엿보는 행위를 하는 것은 조직의 신뢰를 무너뜨리는 데 결정적인 역할을 한다. 예를 들어 위기가 발생했을 때 조직의 장으로서 현장을 둘러보고 아픔을 같이하려는 행위 등은 공중에게 신뢰감을 줄 수 있다. 둘째, 무엇보다도 중요한 것은 개방 정책을 유지하는 것이다. 정보의 개방은 솔직하게 모든 상황을 공중에게 보고하는 것이다. 개방 정책은 선택적인 정보의 개방이 아니고 완전한 개방을 의미한다. 마지막으로, 메시지를 공중에게 전달할 때 감정적인 동화를 이루는 것이 필요하다. 예를 들어 잘못된 폐기물 처리를 통해서 피해를 입은 공중을 대하는 해당 기업은 우선적으로 공중의 분노를 먼저 인정하고 후속 조치를 취하는 것이 필요하다. 처음부터 폐기물의 유해성을 과학적으로 점검하고 나서 태도를 결정하겠다고 한다면 오히려 분노를 더욱 증폭시키는 결과를 가져올 것이다. 예를 들어 태안반도 유조선 기름 유출 사고에 연루된 삼성 측의 사과 지연에 대해서 많은 국민들이 분노한 것도 법적인 고려보다는 감정적인 동화가 먼저 이루어져야 한다는 것을 단적으로 보여 준다. 사과하는 행위가 법적인 모든 책임을 지겠다는 것을 의미하는 것은 아니지 않은가?

전반적인 조직 신뢰의 하락과 관련하여, 실제적으로 위험 문제를 해결하기 위해서는 사회적으로 존경받으며 공중의 사회 담론을 이끌어 가는 역할을 담당할 신뢰받는 조직의 존재가 필요하다. 우리나라의 위험과 갈등 사안에서 이러한 조정 집단이 존재하지 않는 것도 불행한 일이라고 할 수 있다. 사실상 우리나라는 갈등 해소를 위한 진정한 의미의 조정 기능은 존재하지 않는다. 우리나라에서 쓰이는 조정이라는 단어는 구미의 조정 mediation보다는 중재arbitration의 의미를 담고 있다. 조정이 이루어진다는 것은 판단자로서 중재자의 역할보다는 양측의 주장을 조정하여 합의를 창출할 수 있는 커뮤니케이션 촉진자의 역할을 담당한다는 것이다. 위험과 관련한 갈등 사안에서는 누군가 자신을 위해서 판단을 내려 주는 것보다는 당사자 간에 대화를 통해서 문제를 해결하는 것이 더 합리적인 것은 당연하다. 하지만 이러한 시스템이나 제도가 우리나라에 없다는 것은 안타까운 일이다(조정과 갈등 해소의 필요성과 관련해서는 Susskind & Cruikshank, 1987; Susskind & Field, 1996 등 참조. 또한 제12장 갈등 해소와 합의 창출 부분도 참고).

또한 실제적인 문제 해결과 관련하여 공공 조직이 공중의 신뢰를 획득하고 공중 관계를 우호적으로 가져갈 수 있는 방안에 대한 논의도 더욱 활발하게 이루어질 필요가 있다. 공공 조직이 공중의 신뢰를 획득하기 위한 조건은 매우 다양하다(Langford, Marris, & O'Riordan, 1999, 표 5-7 참조). 이러한 조건들은 대부분의 조직이 공중의 신뢰를 회복하기 위한 실제적인 방안으로 사용될 수 있다. 특히 정부의 경우 이러한 사회 신뢰의 정도를 유지하는 것은 대규모 국책 사업이나 환경 보존과 관련한 논란이 있는 사업을 진행할 때 우선적으로 고려되어야 할 요소다. 만약 사회 신뢰가 미약하다면 위험 커뮤니케이션의 목적이 우선적으로 사회 신뢰를 증진시키는 데 맞추어져야 한다.

결국 신뢰의 문제는 점점 과학의 문제, 위험의 문제에 시민의 참여를 보장하는 방향으

표 5-7. 조직이 위험 사안에서 사회 신뢰를 획득하기 위한 실제적인 방안

1. 조직은 위험과 관련한 의사 결정 시 모든 외부 이해 관련 집단이나 이해 공중으로부터 독립되어 있어야 한다.
2. 위험과 관련한 의사 결정을 위한 지도부는 사회의 모든 관련 공중을 포함하여 중립적으로 구성되어야 한다.
3. 지도부의 의사 결정 등 모든 진행 상황은 인터넷에 올려야 하고, 인터넷을 통해서 의사 결정체와 모든 공중과의 개방된 의사 교환이 이루어져야 한다.
4. 사회적으로 논쟁적인 모든 관련 이슈들에 대해서 조직 내에서 활발하게 문제점을 해결하기 위한 능동적인 노력이 이루어져야 한다.
5. 조직 내 특정한 사안을 해결하기 위한 문제 해결 그룹들도 관련 공중을 구성원으로 받아들이고 모두에게 투명한 문제 해결 과정을 보여 주어야 한다.
6. 되도록 위험 문제 해결을 위한 신속한 조치와 대응을 보여 주는 것이 필요하다.

주) 기존 문헌 들을 참조하여 추가 재구성.

로 귀결되고 있다. 과거에 과학자나 전문가의 손에 맡겨졌던 위험의 문제는 공중의 참여를 통해서 문제 해결을 모색하고 있다. 공중의 참여가 배제되는 과학은 황우석 사건 이후 우리 사회에서도 어려워질 전망이다. 이러한 신뢰 회복을 위한 시민의 참여는 위험 커뮤니케이션이 참여 민주주의, 합의 창출을 위한 대화 민주주의를 이끌어 가는 데 도움을 줄 것이다. 신뢰, 공중의 참여, 위험 사안의 대중화, 숙의 민주주의, 대화를 통한 합의의 창출은 앞으로 미래의 위험 커뮤니케이션을 이끌어 가는 화두라고 할 만하다.

위험과 문화의 관련성

위험을 인식하는 것은 개인의 문제이지만 이것을 사회적인 차원으로 좀더 확장했을 때 개인의 인식은 개인이 속한 사회의 문화적인 맥락을 이해하지 못한다면 이해하기 어렵다. 위험과 사회 문화의 관련성을 연구하는 것은 위험과 문화적인 가치의 문제를 연결하는 것과 일맥상통한다. 따라서 이러한 연구 전통은 위험 인식을 개인 심리적인 차원에서 사회적인 차원으로 끌어올리는 역할을 한다. 문화 연구 전통을 처음으로 주창한 사람은 영국의 인류학자인 메리 더글러스Mary Douglas였다(Douglas, 1982; Thompson, Ellis, & Wildavsky, 1990). 그녀는 사람들이 위험을 인식할 때 사회 문화적으로 함께 공유하는 기준의 영향을 받게 되는데, 이러한 공유된 사회 문화적인 기준은 조직 행동이나 위험에 대한 평가에 중요한 영향을 미치게 된다고 보았다. 이러한 접근은 사회 문화적인 맥락을 강조하기 때문에 문화이론cultural theory이라고 부른다.

예를 들어 위험의 배분에 대한 공정성 문제에서, 그 사회가 속한 문화적인 가치 판단에 따라 차이를 보일 수 있다. 예를 들어 계급적인 특성이 강한 사회라면 위험이 사회 계층에 따라 다르게 배분되는 것을 어느 정도 용인할 수 있다. 하지만 개인의 평등이 강조되는 사회에서는 위험도 모두에게 고르게 분배되지 않는다면 그것을 참아내기 힘들 것이다. 이런 사회에서 흡연과 같은 자발적인 위험보다는 공해와 같은 비자발적인 위험의 분배와 관련한 사회 정의의 문제가 빈번하게 발생할 가능성이 많다. 따라서 자발성과 같은 위험 인식의 심리적인 변수들도 사회 문화적인 맥락에서 해석하는 것이 필요하다. 우리나라의 경우도 집단주의 문화의 특성상 사회 문화적인 요인의 영향력이 크리라는 것을 예상할 수 있다. 원자력 발전소나 핵폐기물 처리장 건설과 같은 사안에서 우리나라 사람들의 대응이 외국의 경우와 다른 것도 이런 이유에서 기인하는 것으로 생각할 수 있다.

위험 연구에서 문화이론은 크게 두 가지 차원으로 구성된다(Thompson, Ellis, & Wildavsky, 1990). 그것은 집단 영향 차원group dimension과 사회 규범 영향 차원grid dimension을 말한다. 집단 영향 차원은 사회적인 관계가 개인에 미치는 영향 정도를 의미하는 것으로 어떤 사람은 집단에 많이 의존하지만 어떤 사람은 집단에 의존하는 정도가 약할 수도 있다. 사회 규범 영향 차원은 사회적인 규범이나 문화적인 제약이 개인에게 미치는 영향 정도를 의미한다. 이러한 차원에 의해서 네 가지 종류의 문화적인 설명이 가능해진다. 그것은 운명주의자fatalists, 위계주의자hierarchists, 개인주의자individualists, 그리고 평등주의자egalitarians를 말한다.

운명주의자는 집단이나 사회적인 관계에 의존하는 정도가 낮지만 사회 규범은 인정하는 사람들이다. 이들은 사회구성원임을 인정하지만 일정한 사회적인 관계는 형성하지 못하는 측면을 보인다. 따라서 이들은 주어진 사회적인 규범을 수용하지만 그것이 어떤 사회적인 관계를 형성하는 측면과는 연관을 지니지 못한다.

이에 반해 위계주의자는 집단이나 사회적인 관계에 대해서 의존하는 정도가 높고, 또한 사회적인 규범도 존중하는 사람들이다. 이들에게 사회적인 규범은 개인의 자유보다 중요하다. 한편 개인주의자는 사회적인 규범이나 문화적인 제약이 개인에게 미치는 영향에 대해서 용인하지 못하며 사회적인 관계가 정형화되는 것을 무시하는 유형이다. 이들에게는 개인의 자유가 사회적인 규범보다 중요하다. 개인주의자 유형은 위계주의자 유형과 대치되는 측면이 많다.

마지막으로 평등주의자는 사회적인 관계의 중요성을 인정하지만 그것이 어떤 규범에 의해서 영향받는 것을 싫어한다. 이들은 사회적인 규범이 사회적인 관계를 뛰어넘어 영향을 발휘하는 것에 배타적인 잣대를 들이대는 편이다. 사회적인 관계 혹은 다른 사람에 대한 배려라는 측면에서 평등주의자는 여러 가지 면에서 운명주의자와 배치되는 측면이 많다.

이러한 사회 문화적인 맥락에 대한 구분에서 더 나아가서, 이러한 구분을 자연을 보는 인식과 연결하기도 한다(Thompson, Ellis, & Wildavsky, 1990, 그림 5-3 참조). 운명주의자는 자연을 변덕스럽게 변하는 우연한 상황과 연결지음으로써 관리 대상으로 보려고 하지 않지만 위계주의자는 자연을 관리의 대상으로 본다. 이는 사회를 규범과 관계의 테두리 안에서 보려는 시각과도 일맥상통하는 면이 있다.

반면 개인주의자는 자연을 개인의 영역으로 간주하면서 자연의 영역을 개인 책임 영역과 연관시킨다. 하지만 평등주의자의 경우는 자연 그대로의 상태를 취약한 대상으로 치부하면서 사람들의 노력에 의해 좋은 결과를 가져오도록 노력해야 함을 강조한다.

이러한 서로 다른 문화 맥락은 여러 정치 · 사회 · 문화 · 경제 사안들과 연결되어 한 사회의 작동 원리에 대한 설명력을 높일 수 있다. 예를 들어 독재를 허용하는 사회는 위계주의자의 특성을 가지고 있을 가능성이 많고, 복지국가를 지향하는 나라는 평등주의자 성향을 보유하고 있을 가능성이 많다. 경제 정책면에서도 기업하기의 자유와 기업가 정신을 강조하는 사회는 개인주의자 성향을 드러내고 있다고 말할 수 있다.

이러한 네 가지 종류의 문화 맥락은 위험에 대처하는 방법에서도 차이를 보이는데, 운명주의자는 위험을 이해하고 받아들이려고 하지만, 개인주의자와 평등주의자는 위험을

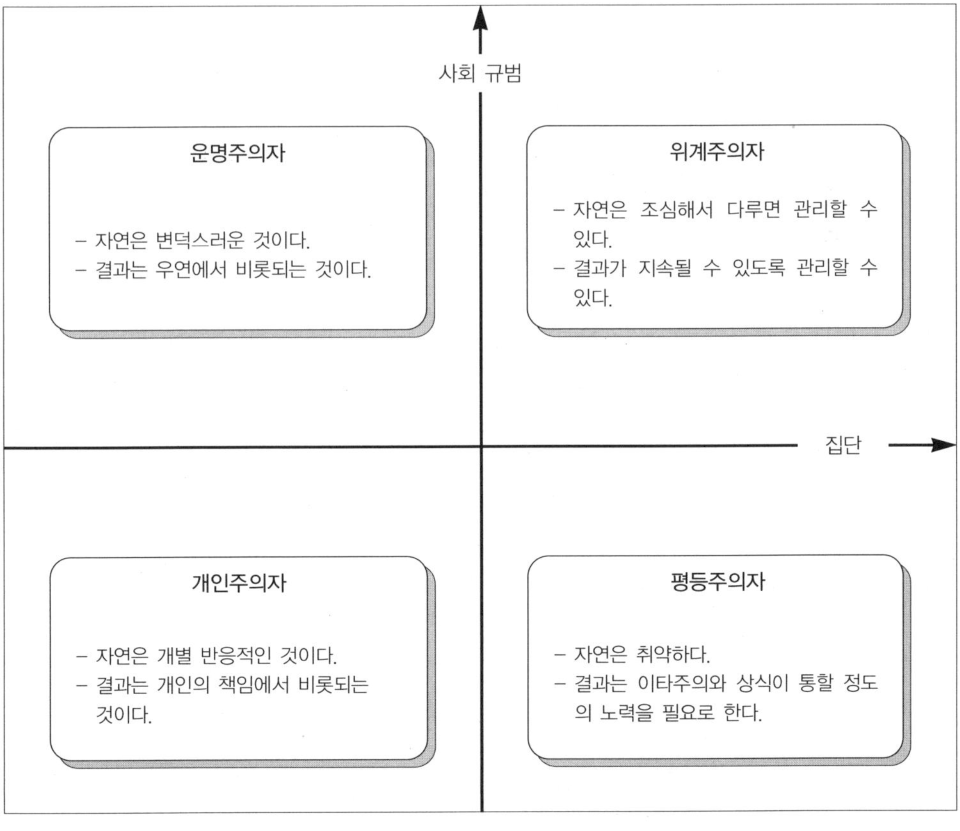

그림 5-3. 인간 행위를 설명하는 문화 맥락과 자연에 대한 인식
(Langford, Marris, & O'Riordan, 1999와 Thompson, Ellis, & Wildavsky, 1990에서 정리)

이해하기는 하지만 위험을 받아들이는 것을 거부하기도 한다. 이에 반해 위계주의자는 위험을 받아들이는 것을 거부하거나 아니면 위험을 수용하는 아주 분명한 태도를 취한다. 결과적으로 문화 맥락에 따라 자연을 보는 인식, 위험에 대응하는 방법이 상이하게 나타난다.

하지만 이러한 문화이론이 안고 있는 약점을 찾아내는 것은 어렵지 않다. 우선 어떤 사회가 언급한 네 가지 문화 유형 중 하나에 해당된다고 보는 것은 지나치게 규정적이다. 모든 사회는 이러한 네 가지 문화 유형을 다양하게 포함하고 있다고 보는 것이 타당할 뿐만 아니라, 그 구성 정도에서만 어느 정도 차이를 보인다고 설명할 수 있다(Rayner, 1992). 사람들도 마찬가지로 네 가지 문화 유형의 요소들을 모두 가지고 있으며 상황에 따라 그것을 발현하는 것이 다르다고 할 수 있다.

또 다른 문제점은 문화 유형들이 가지고 있는 발전적인 혹은 유동적인 속성을 모델화하는 문제다. 예를 들어 우리나라는 위계적인 문화를 가지고 있었지만 현재는 개인주의화하는 경향이 있으며 평등주의와 운명주의를 지향하는 경향을 보이기도 한다. 그 사회의 문화 맥락이 어떤 식으로 변화하고 있는가를 보는 것이 그 사회를 횡단적으로 규정하는 것보다 더 중요할 수도 있다는 것이다. 이제 호프스테드 식으로 우리나라를 집단주의 사회라고 일방적으로 규정하기에는 뭔가 부족한 점이 있다.

마지막으로 이론의 문화 맥락을 구분할 때 방법론적인 오류도 지적되고 있다(Boholm, 1996). 요인 혹은 차원 분석 등을 통한 구분이 네 가지 분명한 문화 맥락을 만들어 낸다는 것에 의문을 제기하기도 한다. 이러한 약점에도 불구하고 문화이론은 여러 연구를 통해서 사람들의 위험 인식을 해석하는 데 탁월한 설명력을 가지고 있는 것으로 평가받아 왔다. 필자의 생각에도 문화이론은 실증적인 검증을 통과한 모델이라기보다는 개념적인 유용성, 그리고 다른 연구를 유도하는 포괄적인 설명력에서 높은 점수를 받고 있는 것 같다. 물론 문화이론의 해석과 관련하여 문화 유형의 이러한 약점을 함께 고려한다면 더 정교한 설명력을 가지게 될 것이다.

문화이론 전통의 위험 인식 연구는 주로 데이크(Dake, 1991)의 설문을 이용하여 문화 맥락과 위험 인식의 관련성을 조사해 왔다(Langford, Marris, & O'Riordan, 1999, 그림 5-4 참조). 운명주의자는 무엇보다도 위험 문제를 회의적인 시각으로 바라본다는 특징을 가진다. 과학은 믿을 수 없으며, 위험 문제를 해결하려는 어떠한 노력도 신뢰할 수 없다. 이러한 특징은 현대 사회와 과학 문명을 바라보는 회의주의적인 시각과도 연결된다.

위계주의자는 위험 문제를 집단의 문제로 간주한다. 따라서 사람들의 대응에 따라 집단이 가진 위험 문제를 해결할 수 있다고 본다. 운명주의자는 위험의 문제를 사회적으로 주어지는 해결할 수 없는 문제로 간주하지만 위계주의자는 위험을 사회적으로 해결할 수 있는 집단의 문제로 바라본다. 정보의 개방과 원칙을 고수하는 규범, 집단 성원들의 참여 등이 위험 문제 해결의 실마리를 제공한다.

하지만 개인주의자의 경우 이러한 해결 방식이 개인 차원으로 옮겨간다. 모든 위험에 대한 판단이 개인의 책임으로 돌려지며 개인적인 네트워크를 통한 정보의 수집, 해석, 대응에 의해서 위험에 대응한다. 따라서 개인주의자 문화의 경우, 위험은 집단 차원에서 해결되는 문제로 인식되지 않는다. 예를 들어 개인주의자 문화에서 교통 사고 위험을 줄이기 위해서 안전띠를 착용해야 하는 것은 개인의 책임이다. 하지만 위계주의자들은 정부가 안전띠 착용에 대한 강력한 법률을 제정하고 집행함으로써 교통사고 위험을 줄일 수 있다고 본다.

위계주의자들에게 자연은 조심해서 다루면 관리할 수 있는 대상이고, 대응에 대한 결과가 지속될 수 있도록 관리할 수 있다는 믿음이 있다. 하지만 개인주의자들에게 자연은 개별 반응적인 것이며 결과는 전적으로 개인의 책임 영역에 속한다. 개인주의자와 위계주의자를 비교해 보면 우리나라는 위계주의에 더 가깝다는 생각이다. 사회의 모든 영역에서 정부의 책임이 손쉽게 거론되며, 어떤 사회 규범적인 장치에 의해서 문제를 해결할 수 있다고 본다. 예를 들어 우리나라의 경우, 신용불량자에 대해서도 개인의 책임보다는 정부의 책임으로 몰아가는 논리를 어렵지 않게 들을 수 있다.

마지막으로 평등주의자는 사회 제도 및 규범에 대한 불신에 기반하고 있다. 따라서 기존의 제도를 통한 위험 문제 해결은 기득권을 수호하거나 전체적인 사회 위험의 문제를 더 악화시킬 뿐이라는 견해를 가지고 있다. 정부나 기업의 위험 문제 해결은 자신들의 이익을 보호하기 위한 차원에 머물고 있을 뿐이고 공개된 정보도 사적인 이익을 옹호하기 위한 것이 대부분이다. 따라서 시민들의 적극적인 위험 문제 참여를 통한 사회 위험 문제 해결 구조의 개선만이 진정한 위험 문제를 해결할 수 있다고 주장한다. 이는 운명주의자의 회의론과 위계주의자의 사회 제도에 대한 집착, 개인주의자의 이기적인 위험 처리의 한계를 뛰어넘는 것이다.

결국 문화 맥락에 따라 위험 인식은 다양한 양상으로 나타난다. 현대 사회는 운명주의, 위계주의, 개인주의의 속성을 다층적으로 보유하고 있지만, 근본적인 문제 해결에는 평등주의자 문화가 필요하며, 또한 이러한 평등주의자 시각에 근접한 사람일수록 위험 문제를 적극적으로 해결하고, 문제 해결을 위한 시민 참여를 지지한다고 할 수 있다. 한 사회에는 여러 유형의 문화가 섞여 있다고 보는 것이 타당하다. 하지만 특정 위험 사안이나 공중 특성에 따라 하나의 문화적인 특성이 우세해질 개연성은 높다. 이런 경우, 문화적인

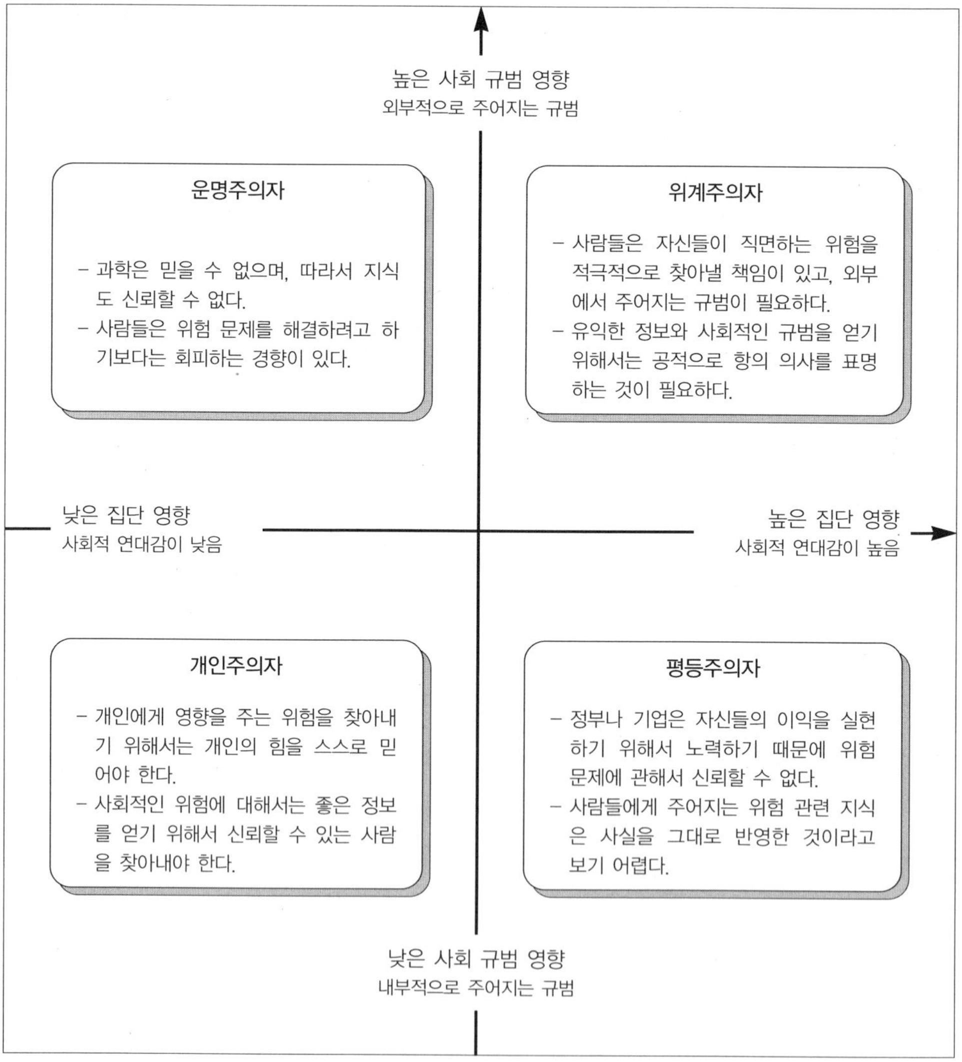

그림 5-4. 문화 맥락과 위험 인식
(Langford, Marris, & O'Riordan, 1999에서 인용)

맥락을 정확하게 읽는 사람이 효과적인 위험 커뮤니케이션을 할 가능성이 높아진다.

위험 문제 해결을 위한 개인 책임의 부여와 관련해서는 각기 다른 반응을 보일 수 있다. 예를 들어 현재 우리나라에서 실시되고 있는 쓰레기 종량제의 경우, 위험을 야기하는 사람이 경제적인 부담을 더 많이 해야 한다는 원칙에 따라 실시되는 제도라고 할 수 있다. 이런 제도에 대해서 개인주의자와 위계주의자는 큰 반대를 안 할 것으로 예상할 수 있다. 하지만 평등주의자의 경우 개인에 책임을 부가하기보다는 좀더 시민 사회 참여를 통한 제도적인 개선과 쓰레기 문제의 구조적인 해결을 주장할 수도 있다. 운명주의자는 쓰레기 종량제 자체에 대한 불신을 처음부터 가지고 있을 것이다. 이런 경우에서 보더라도 사람들이 위험이나 사회적인 문제에 대해서 느끼는 인식은 그 사람의 인식 기준이 되는 사회 문화적인 맥락에 의해서 달라진다고 할 수 있다. 그 사람의 문화적인 가치 배경 맥락을 이해하는 것은 결국 인식 변수를 뛰어넘어 선행 변수의 성향을 가지는 것이다. 위험 커뮤니케이션을 사회 문화적인 차원에서 접근하지 않으면 안 되는 이유가 여기에 있다. 또한 이러한 접근은 커뮤니케이션 캠페인에도 광범위하게 적용될 수 있다.

앞에서도 잠깐 설명했지만 우리나라는 어떤 경우일까? 우리나라의 문화적인 맥락을 좀더 생각해 볼 필요가 있다. 아직 이와 관련한 실증적인 조사가 이루어지지 않았지만 다른 다문화 연구 등을 참조하면 우리나라는 사회집단의 행위 패턴을 중요시하며 외부적으로 주어지는 규범에 영향을 많이 받는 편이라고 할 수 있다. 이러한 위계주의적인 성향은 사람들의 대응에 따라 사회 위험 문제를 해결할 수 있다고 생각한다. 물론 위험의 주체는 사회적으로 형성되는 집단에 의존하게 되고 사회적인 규범이 방향성을 형성하게 된다. 따라서 위험에 대해서 적극적으로 대응하지만 그것은 집단을 단위로 이루어지는 것이다.

하지만 이러한 한국 사회의 집단성은 사회 민주화와 지역화에 따라 많이 엷어지고 있다는 느낌이다. 오히려 위험 문제 인식이나 해결에서 집단에 의존하기보다는 개인의 네트워크를 활용한 신뢰할 수 있는 정보의 획득 및 개인적인 차원의 안전 문제 해결, 혹은 사회 참여를 통한 시민 활동 등이 요즘의 한국 사회를 반영하고 있다고 해도 과언이 아니다. 이러한 경향은 위계주의자보다는 개인주의자, 평등주의자 성향을 반영하고 있다고 할 수 있다. 하지만 이러한 논의를 뒷받침할 만한 실증적인 조사는 이루어지지 않았기 때문에 우리나라 사람들의 문화적인 가치 지향성과 위험 인식의 관계는 앞으로의 연구 과제로 남아 있다.

위험과 관련하여 문화 연구가 시사하는 것은 결국 위험 문제 해결을 위해서는 사회와 문화 그리고 사람을 더 알아야 한다는 것이다. 위험 문제 해결을 위한 위험 커뮤니케이션에서는 다양한 시각을 가진 모든 공중의 특성을 고려할 필요가 있고, 그러한 다양성을 존중하는 가운데 토론, 문제 해결을 위한 대화가 이루어져야 한다는 것이다. 또한 위험 문제 해결을 위한 일관된 규범이나 해답이 존재할 수 없으며 그러한 공통된 사회 규범을 창출하려는 노력보다는 커뮤니케이션을 통해서 서로의 다름을 인정하고 합의를 이끌어낼 수 있는 현실적인 대안들을 논의하는 것이 더 필요하다. 결국 사람들이 느끼는 신뢰, 책임성, 공정함, 정당함 등이 다를 수 있다는 것을 느끼는 데에서 위험 커뮤니케이션을 시작하는 것이 바람직하다. 이런 상황에 이르렀을 때 위험 커뮤니케이션이 공론의 장을 확대하여 사회적인 합의를 창출하고 숙의 민주주의를 이끄는 단계로 발전해 갈 수 있다(Langford, Marris, & O'Riordan, 1999).

위험과 미디어 그리고 사회 차원의 논의

위험 논의가 사회 차원으로 발전하는 것은 커뮤니케이션의 중요성이 강조되는 것과 궤를 같이한다. 위험 커뮤니케이션 이론 중에서 가장 광범위한 이론이라고 할 수 있는 위험의 사회적인 확산이론은 위험 논의가 어떻게 해서 사회적으로 확산 또는 축소되는가를 잘 보여 준다(Kasperson, Renn, Slovic, Brown, Emel, Goble, Kasperson, & Ratick, 1988). 발생한 위험에 대한 논의는 사회적인 변수와 결합하여 확장 또는 축소되는 과정을 밟게 되는데, 여기에 매스미디어의 영향력도 중심적인 역할을 하게 된다. 하지만 앞서 설명했듯이 위험의 사회적인 확산이론이 의존하고 있는 커뮤니케이션 모델은 일방향적이고 일방적인 커뮤니케이션 모델에 바탕을 두고 있기 때문에 커뮤니케이션 이론 관점에서 본다면 진정한 의미의 의사 소통이나 쌍방향 커뮤니케이션을 통한 이해 증진, 의미의 공유, 합의의 창출 등과 같은 최근의 커뮤니케이션 논의를 담는 데는 한계를 가진다. 하지만 위험의 사회적인 확산이론은 위험 논의가 사회적으로 영향력을 획득하는 과정을 처음으로 모델화했고, 사회적인 위험 논의가 낙인을 형성하는 과정을 잘 보여 주고 있다(Flynn, Slovic, & Kunreuther, 2001).

위험의 사회 커뮤니케이션 차원 논의는 위험의 사회적인 확산이론에 등장하는 물결 효과 개념과 좀더 직접적으로 관련되어 있다. 위험은 객관적인 위험성과 상관없이 사회적으로 확산될 수 있다. 하지만 이러한 확산을 거친 간접적인 효과가 오히려 더 큰 영향력을 발휘하는 경우를 현실에서 자주 목격할 수 있다(Bennett, 1999). 예를 들어 천성산 터널 공사와 관련하여 실제 피해나 자연 파괴 정도와 상관없이 '도롱뇽 소송' 등의 미디어 보도를 통해서 국토 개발과 자연 보호와 관련된 엄청난 사회 담론을 이끌어 낸 것은 물결효과의 개념을 잘 설명해 준다. 주로 시민단체는 영향력을 확대하기 위해서 이러한 확산 전략을 사용하는 경우가 많다. 과자에서 발견된 아토피 유발 성분, 밀폐 용기의 환경 호르몬 유해 논쟁, 새집증후군 등 실제 위험 정도와 상관없이 유행처럼 위험성이 사회적인 논란이 되었던 예를 많이 찾아볼 수 있다. 이러한 위험 커뮤니케이션은 상호 이해와 의미 공유의 성격보다는 확산 과정에서 일방적인 성격이 강해지며, 과도하게 매스미디어 의존적이라고 할 수 있다.

하지만 커뮤니케이션 방법의 선호와 상관없이 위험의 사회적인 논의는 결국 미디어의 역할과 떼려야 뗄 수 없는 관계를 지니고 있다. 이러한 미디어의 역할과 관련하여 어떤 것이 미디어에서 가장 주목하고 가치 있는 뉴스거리인가에 대한 연구는 미디어 연구의 중심 주제가 되어 왔다. 주로 뉴스 선택과 관련한 연구는 뉴스 가치와 관련한 연구, 뉴스 선택의 내·외부 영향력에 관한 연구, 뉴스 선택을 비판학적인 시각에서 본 연구 등으로 나누어 볼 수 있다. 또한 뉴스 선택의 문제는 어떤 정보가 뉴스 가치가 있는가의 문제와 연결된다(Gans, 1979; Morton, 1986; Walters & Walters, 1992). 이러한 연구에서는 게이트키핑gatekeeping이라는 개념이 사용되기도 한다. 게이트키핑은 뉴스 가치가 언론사 내부적으로 점검받게 되는 여과 장치를 의미한다. 이러한 내부적인 뉴스 가치를 판단하는 연구로부터 내부 조직 요인과 외부 요인의 영향력을 판단하는 연구들도 함께 이루어져 왔다(Epstein, 1973; Shoemaker & Reese, 1996; Sigal, 1973).

이러한 연구 결과들을 보면, 뉴스 가치의 문제와 함께 내·외부적인 영향력에 의해서도 뉴스가 선택된다는 것을 밝히고 있다. 한편 이러한 가치와 영향력에 대한 접근 외에 뉴스 선택의 문제를 사회 권력의 문제와 연결하여 비판적인 시각에서 보고자 하는 연구도 많았다(Berkowitz, 1990, Curran, Gurevitch, & Woollacott, 1982, Habermas, 1989, Hall et al., 1978). 이러한 연구에서는 뉴스 선택의 문제가 결국 지배 계층의 체제 고착화를 위한 수단으로 이용된다고 주장한다. 뉴스 선택과 관련한 기존 연구들을 종합하면, 결국 뉴스가 선택되는 것은 사회적인 확산 기제amplification mechanism와 어떤 작용을 하며, 복합적인 성격의 요인에 의해서 결정된다고 할 수 있다. 따라서 뉴스 선택의 과정에서 언론의 주목을 받을 수 있는 여러 요인들을 갖춘 사안만이 사회적인 확산 과정을 거치면서 공중에게 반복적으로 노출될 것이다.

뉴스 선택에 영향을 미치는 차원들은 개인적 차원, 미디어 관행 차원, 조직 차원, 미디어 외적 차원, 이데올로기 차원으로 나눌 수 있다(Shoemaker & Reese, 1991). 개인적 차원, 미디어 관행, 조직 차원은 언론 내부의 요인들이고 이데올로기 차원은 언론이 표방하는 이념적 지향성을 의미한다. 예를 들어 우리나라의 조선일보, 동아일보, 중앙일보가 표방하는 보수 이념은 뉴스 선택에 막대한 영향을 미치고 있다. 미디어 외적 차원은 정보원, 광고주와 독자와 같은 수입원, 정부와 기업과 같은 영향력 있는 사회기관, 경제적 환경, 기술적 요인 등을 말한다. 여기서 정보원은 각종 이익단체, 홍보 활동, 뉴스 조직 등을 총괄하는 개념이다.

요즘 들어서는 뉴스 선택에서 미디어 외적 차원의 영향력이 갈수록 커지고 있으며, 이러한 외부 영향력이 위험 문제의 확대 과정에도 깊숙이 개입되어 있다고 보는 것이 타당하다. 특히 각종 이익단체의 활동, 광고주와 같은 수입원 등은 뉴스의 선택에 영향력을 행사하여 위험 문제를 자신들에게 유리한 방향으로 이끌어 갈 가능성이 높다. 따라서 위험 확산 기제로서 매스미디어의 역할을 볼 때 전문가 집단, 시민단체, 정부 등의 영향력을 고려해서 살피는 것이 필요하다. 미디어 측면에서도 매스미디어뿐 아니라 전문가 집단, 개인적인 네트워크 등 비공식적인 통로를 통한 입소문, 인터넷 등도 위험의 확산에 기여하고 있다. 사실 미디어는 위험을 확산하는 데 선봉에 서는 측면이 있지만 신뢰도 측면에서는 개인적인 통로들의 영향력이 더 클 수도 있다.

결국 위험이 미디어를 통해서 사회적으로 확장되는 경우는 위험의 사실 여부와 상관없이 위험을 커뮤니케이션하고자 하는 주체, 위험의 성격, 미디어의 뉴스 선택이 서로 맞물려서 결정된다. 베넷(Bennett, 1999)의 논의에서 우리나라 상황을 고려하여 추가 수정한 〈표 5-8〉에서 보는 것처럼 미디어에서 확산되는 위험 사안들은 이러한 다양한 요소들이 복합적으로 결합되어 확산 과정을 밟게 된다. 우리나라의 경우 계급적인 불평등이나 언론사의 보도 이데올로기 문제가 추가될 수 있는데, 국가 토목 사업이나 환경 관련 사안, 남북 문제 등에서 위험의 불공정한 분배 혹은 정권과의 친소 관계 때문에 위험이 의도적으로 확산되는 경우를 흔하게 찾아볼 수 있다. 또한 우리나라 언론의 경우, 정보원이 권력기관 등 공식적인 조직에 심하게 편향되는 경향이 있기 때문에 공정한 위험 담론이 생산되기가 힘들다는 것도 큰 문제로 지적될 수 있다(김영욱, 2006c). 이러한 정부와 같은 중요 정의자primary definer 의존 현상은 사회적인 위험 담론을 풍부하게 하기보다는 편향

표 5-8. 위험이 미디어에서 확대될 수 있는 요인들

1. 책임을 돌릴 수 있는 확실한 주체의 존재
2. 비밀로 분류되어 있던 것이나 은폐를 시도했던 사안
3. 명확한 영웅, 악당, 하수인, 희생자를 통해서 인간적인 흥미 유발
4. 세간의 이목을 끄는 이슈나 인간적인 면모와 연관되어 있는 경우
5. 첨예한 갈등 사안과 관련된 것
6. 계속적으로 뉴스 가치를 유지해 주는 사안
7. 아무리 작은 영향력이라도 많은 사람에 노출되는 위험인 경우
8. 강한 시각적인 충격을 줄 수 있는 경우
9. 자극적인 행위 혹은 범죄 행위에 연루된 경우
10. 과거에 없던 위험으로 기술 과학 발전의 폐해와 관련된 경우
11. 계급적 불평등이나 역사적 피해 의식과 관련된 경우
12. 언론사의 보도 이데올로기와 대치되는 사안일 경우

적으로 확산할 가능성을 높게 한다(Hall et al., 1978). 아래 인용된 글은 행정수도 이전을 둘러싸고 우리나라 언론의 보도 행태를 분석한 것으로, 언론의 정부 이슈 의존, 보도 이데올로기 의존 등이 문제임을 지적한다.

> 부정적인 기사의 경우, 대부분의 이슈 속성이 '국민적 합의'에 집중되어 있는데 이는 부정적인 기사임에도 불구하고 논의의 틀은 정부가 [이미 기존에] 설정한 프레임을 벗어나기 힘들다는 것을 보여 준다. 또한 이는 각 신문들이 부정적이고 비판적인 기사임에도 불구하고 정부가 설정한 이슈를 단순히 대응하고 비판하는 데 집중하고 있다는 것을 의미한다. 일단 신문사 보도 이데올로기는 언론 보도의 정보 소스 의존에 영향을 미치는 것으로 드러났다. 이는 보도 이데올로기를 달리하는 조선일보와 한겨레신문이 초점을 맞추는 이슈 속성이 확연히 다르다는 데서 드러난다. 또한 조선일보의 경우 부정적인 기사가 더 많음에도 불구하고 한겨레신문과 비교해서 오히려 정부가 제공하는 이슈 속성에 더 의존하는 현상을 보여 주었다. 이는 정부에 대해 사안별 대응 기사나 반박 기사에 치중하고 있을 뿐 독자적인 논리를 개발하는 데는 소홀하다는 것을 보여 준다(김영욱, 2006c: 105-106).

지금까지 논의를 통해서 알 수 있는 것은 위험은 진정한 커뮤니케이션의 문제로 넘어가야 한다는 것이다. 커뮤니케이션의 문제는 위험 주체의 공정한 커뮤니케이션 경쟁을 의미한다. 즉 미디어가 위험 커뮤니케이션을 일방적으로 주도하거나 조작하려고 하지 않고 그것을 위험 소스들 간의 진정한 경쟁을 촉진하는 역할에 집중하게 되면 사회적인 위험 담론이 풍부해지는 데 기여할 수 있다. 위험 담론을 풍부하게 하기 위한 소스 경쟁 source competition을 우리나라 상황에서 이론화하는 것이 필요한 시점이다(김영욱, 2007). 예를 들어 방조제 공사의 부당함을 알리려고 하는 시민단체들은 방조제 공사의 위험성을 확대할 수 있는 커뮤니케이션을 하려고 할 것이고, 실행 기관의 경우는 위험성이 되도록 축소될 수 있는 커뮤니케이션을 하려고 노력할 것이다. 〈표 5-8〉에서 보여 주는 위험의 미디어 확대 요인들은 커뮤니케이션 주체에 따라 다르게 해석되고, 상이한 전략으로 사용될 수 있다.

미디어의 경우는 경쟁 사안의 유무 혹은 내·외부적인 영향에 따라 뉴스를 선택하겠지만 최대한 소스 경쟁을 유지시켜 주는 것을 중요한 보도 원칙으로 삼아야 한다. 이러한 장치를 통해서 위험에 대한 논의는 다원주의라는 큰 틀 속에서 서로 간의 커뮤니케이션 경쟁을 통한 합의 창출을 목표로 진행될 수 있다. 얼마나 위험이 확장 혹은 축소될 것인가? 그것은 조직 주체의 커뮤니케이션을 공중이 얼마나 수용하느냐에 따라서 결정되는 사안이다. 하지만 우리나라의 언론은 이러한 공정한 심판자의 역할보다는 스스로 위험 논란의 전방에 서는 경우가 많고, 권력기관에 대한 소스 의존, 이데올로기 편향성 등을 통해서 오히려 위험 논란을 극단화하는 경우가 많다.

하지만 우리나라의 경우에도 다양한 조직들의 노력을 통해서 소스 경쟁이 이루어질 가능성을 점차 보여 주고 있으며, 시민단체의 성장, 인터넷 등 직접 매체의 발달은 이런 가능성을 점점 더 높여 주고 있다. 또한 다양한 조직들의 커뮤니케이션 프로그램 능력이 점차 발달하게 됨에 따라 조직 정당성과 위험 메시지를 통해서 힘의 불균형을 해소하는 경우도 나타나고 있다. 이러한 현상을 앞서 설명했듯이 다원주의적 낙관론 혹은 낙관적인 다원주의라고 부른다. 이러한 노력들이 우리나라 언론이 가진 정파성을 뛰어넘어 위험 문제를 둘러싼 진정한 소스 경쟁을 가져올 가능성도 예상해 볼 수 있다. 아래는 스크린쿼터를 둘러싼 사회적인 갈등 현상을 언론 보도의 소스 의존 현상을 통해 분석하면서 커뮤니케이션 활동을 통한 소스 경쟁의 가능성을 설명하고 있다.

많은 소스들은 여론의 장에서 유리한 고지를 점하기 위해 미디어를 통해 자신의 아이디어를 전파하고자 노력한다. 이런 과정에서 미디어의 다양성과 균형 감각이 무엇보다도 요구된다. 즉 다양한 소스들이 균형잡힌 시각과 함께 미디어에 반영되도록 하는 것이 언론인의 의무가 되어 가고 있다(McQuail, 1992). 하지만 이것은 이상적인 규범에 그칠 뿐, 현실은 힘을 가진 소스들의 의견이 뉴스에 편향되게 반영된다. 공중 관계 커뮤니케이션을 여론을 둘러싸고 조직이 공중과 관계를 형성하기 위한 커뮤니케이션 활동이라고 설정한다면, 힘을 가진 조직은 강력한 공중 관계 커뮤니케이션 능력을 자랑한다. 하지만 이러한 경향은 조금씩 변하고 있다. 정부와 기업뿐 아니라 시민 사회의 성숙과 함께 각종 시민단체, 비영리 조직이 공적 소스로서 역할을 어느 정도 수행하고 있으며, 공중 관계 커뮤니케이션 능력에 따른 언론 접근에서도 외견상의 균형이 어느 정도 이루어져 가고 있다(Cottle, 2003; Davis, 2000). 이는 공중 관계 커뮤니케이션이 가진 자의 힘을 강화하기 위한 수단이 아니라 상대적으로 힘이 약한 조직이 공론의 장에서 힘의 균형을 회복할 수 있는 도구로 이용되고 있는 것이다. 또한 이러한 논의는 최근 공중 관계 커뮤니케이션 학자들이 이야기하는 다원주의적 낙관론을 통한 공론장의 확대와 공중 관계 커뮤니케이션의 민주주의 기여 주장과 맞닿아 있다(Davis, 2000, 2002). 다원주의적 낙관론은 힘이 없는 조직들의 활발한 공중 관계 커뮤니케이션 활동을 통해서 소스 경쟁의 균형을 가져올 수 있다는 시각이다(김영욱, 2007: 173).

제6장

위험 커뮤니케이션 프로그램과 관련한 논의

위험 커뮤니케이션 프로그램은 지금까지 논의되어 왔던 위험 커뮤니케이션과 관련한 이론적인 논의들을 실제 현실에 적용하는 과정을 살펴보는 것이다. 위험 커뮤니케이션은 보건과 안전, 사회 갈등에 대한 합의 창출, 위기 대응을 포함하는 전체 사회적인 위험 관련 커뮤니케이션을 총체적으로 표현하는 것이기 때문에(Lundgren et al., 2004), 프로그램의 내용을 일률적으로 만들기는 어렵다. 예를 들어 질병을 예방하기 위한 캠페인과 터널 공사가 가져올 자연 재해 상황을 알리기 위한 캠페인은 주체나 성격, 대응 방법에서 현격한 차이를 가져올 수밖에 없다.

이 책에서 위험 커뮤니케이션 프로그램을 바라보는 시각은 다원주의적이다. 사회구성원들의 위험 커뮤니케이션 활동을 규범적인 잣대로 바라보기보다는 다원화된 커뮤니케이션들이 서로 충돌하는 과정에서 합의를 이루어 낼 것이라는 낙관적인 기대로 위험 문제를 바라본다. 이러한 관점에서는 사회 차원에서 대비되는 시각을 가진 사람들이 공론의 장에서 만나 합의를 창출해 나가는 것이 가능하다.

이러한 합의 창출 과정을 성취하기 위해서 커뮤니케이션 능력이 서로 평등해야 하는 것은 당연한 전제 조건이다. 따라서 효과적인 위험 커뮤니케이션 프로그램을 숙지하는 것은 자원의 불평등과 사회적인 권력의 불균형을 넘어설 수 있는 하나의 방안을 탐색하는 과정이 될 수 있다. 물론 사회적으로 힘을 가진 사람들의 입장에서도 가장 효과적으로 권위를 인정받으면서 관련 공중의 참여를 통해서 평화적인 문제 해결과 합의 창출을 이룰 수 있는 효과적인 방법이라고 말할 수 있다. 사실상 현대 사회에서 힘을 가진 쪽이라고 해서 약자의 동의를 무시하고 진행할 수 있는 위험 프로그램은 없다. 따라서 이 장에서 논의하는 합의 창출을 위한 위험 커뮤니케이션 프로그램은 위험 커뮤니케이션을 집행하는 모든 사람들과 조직에 해당된다고 할 수 있다.

이 장에서는 전체적으로 응용될 수 있는 큰 틀에서 위험 커뮤니케이션 프로그램에 적용되는 기본적인 요소들만 소개한다. 세부적인 적용은 위험 커뮤니케이션 실행자들의 몫이다. 한편 이러한 위험 커뮤니케이션 프로그램이 주체로서 조직의 역할과 시스템이 강조되어 사용되면 위기 커뮤니케이션 프로그램과 연결될 수 있다는 것을 이해하는 것이 필요하다. 이러한 논의는 제3부에서 자세히 다룰 것이다. 나중에 논의하게 되겠지만 큰 틀에서 보면 위험 커뮤니케이션과 위기 커뮤니케이션은 비슷한 의미를 내포한다.

위험 커뮤니케이션 프로그램은 기본적인 원칙들을 바탕으로 실현된다(Bennett & Calman, 1999). 이러한 프로그램의 기본적인 원칙은 첫째, 위험의 불확실성과 불가피성에도 불구하고 위험 요인을 예측하는 것은 가능하다는 것이다. 이 원칙은 위험의 관리 가능성을 의미한다. 위험이 예상 범위를 벗어나서 불가피하게 일어나는 것은 사실이지만 위험에는 사람들이 관리할 수 있는 영역이 존재하므로 커뮤니케이션 캠페인을 통해서 그 피해를 줄여 나가야 한다는 것이다. 불가피성과 관리 가능성은 상존한다.

둘째, 위험 커뮤니케이션은 일방적인 정보 전달이 아니라 공중과의 쌍방향 커뮤니케이션을 기본으로 이루어지는 것이다. 현대 수사학에서 논의되는 것처럼 커뮤니케이션의 목적은 단순히 정보를 전달하는 데 있지 않고 의미의 공유와 태도의 변화를 목적으로 한다. 상대방을 고려하지 않는 커뮤니케이션은 아무 의미가 없으며, 위험 커뮤니케이션도 공중과의 상호 이해를 바탕으로 작동했을 때 의미를 획득할 수 있다. 따라서 위험 커뮤니케이션 프로그램은 공중을 중심으로 기획되어야 하며, 관련 공중에 대한 분석과 장기적인 공중 관계 형성을 근간으로 프로그램이 실행되어야 한다.

셋째, 성공적인 위험 커뮤니케이션 프로그램은 전략적인 행위를 의미한다. 즉 커뮤니케이션 프로그램이 일시적인 대응 차원에서 이루어지는 것이 아니라 조사와 상황 분석에 바탕을 둔 전략적인 기획 단계를 거쳐 실행되어야 한다는 것이다. 전략적인 행위는 목표 설정의 유무와도 연결된다. 어떤 행위의 목표를 설정하고 그것을 달성하려는 노력이 체계적으로 이루어질 때, 그러한 행위를 전략적이라고 부른다. 이러한 요소들을 정리하면 위험은 결코 부정적이고 절망적인 대상이 아니며, 공중과의 쌍방향 커뮤니케이션을 통해서 전략적으로 관리해 나감으로써 그 충격을 완화할 수 있다는 것이다. 위험에 포함되어 있는 기회 요인에 대한 전략적인 접근이 커뮤니케이션 프로그램의 근간을 이룬다고 할 수 있다.

이러한 위험 커뮤니케이션의 원칙들은 조직의 속성과 결합하여 이후 위기 관리로 연결될 수 있는데 이 때는 좀더 조직 차원의 전략적인 행위들이 논의될 수 있다. 우선 이 장에서는 그러한 조직 주체의 대응에 대한 강조보다는 위험 커뮤니케이션 프로그램 자체의 성공적인 기획과 이론의 적용, 실행과 평가에 대한 논의를 살펴본다. 일단 위험 커뮤니케이션이 좀더 광범위한 의미로 사용되며, 조직 단위로 상정했을 때는 위기 관리 활동과 비슷한 의미로 쓰일 수 있다.

위험 커뮤니케이션 프로그램의 방향성과 고려점

위험 커뮤니케이션 프로그램은 세 가지 면에서 어려움에 직면해 있다(Kasperson & Kasperson, 2005). 우선 가장 중요한 문제는 분산된 의사 결정 시스템을 들 수 있다. 위험 커뮤니케이션 프로그램과 관련하여 의사결정자의 수가 많다는 것은 공유하는 소명 의식을 통해서 효과적으로 목표를 달성하기가 어렵다는 것을 의미한다. 또한 의사 결정 구조가 복잡하거나 넓게 퍼져 있다면 효과적으로 빠르게 위험에 대응하는 것이 어려워진다. 이는 위험 사안을 둘러싸고 대부분의 경우 위험에 대한 인식이 다르고 내부적으로도 의견의 일치를 보기가 어렵기 때문에 일어나는 일이다.

두 번째 어려움은 위기 커뮤니케이션 주체의 의사 결정 구조와 상관없이 관련된 공중의 인식과 행위를 이해하지 못한다면 위기 커뮤니케이션 프로그램이 실패로 돌아갈 확률이 높다는 것이다. 하지만 공중의 위험 인식을 정확히 이해하는 것은 상호 이해와 의미 공유를 위한 상당한 노력을 필요로 한다. 위험 커뮤니케이션의 패러다임 변화에서도 설명했듯이 위험 커뮤니케이션은 전문가 위주의 의사 결정에서 공중의 인식에 대한 고려, 공중과의 커뮤니케이션을 통한 문제 해결로 강조점이 변화해 왔다. 공중의 인식을 이해하지 못한다면 전문가적인 의견에만 기초한 어떠한 위험 커뮤니케이션 프로그램도 성공하기 어렵다.

마지막으로 위험 커뮤니케이션 프로그램은 다양한 상황을 상정하여 계획되어야 하고, 예측하지 못한 상황에도 유연하게 대응할 수 있는 적응성을 갖추는 것이 필요하다. 프로그램은 관련 공중 간의 갈등, 예상치 못한 사건의 발생, 예상치 못한 가치 체계의 충돌, 의사 결정 주체의 아집, 전문가집단과 일반 공중의 위험 인식 차원의 충돌 등 많은 상황을 예상하고 기획되어야 한다. 이런 모든 것을 예상하더라도 현실에서는 역사적인 문제, 불평등 인식의 문제, 탐욕과 편견, 물리적인 재앙 등 예기치 못한 요소들이 진행을 가로막는다. 프로그램은 이런 요소들을 견뎌낼 수 있는 내구성과 진정성을 갖추는 것이 필요하다.

위험 커뮤니케이션 프로그램과 관련한 논의는 앞에서 설명했던 위험 커뮤니케이션의 다양한 패러다임들—정보 시스템, 마케팅, 심리적인 조사, 위험의 문화적인 가정, 공중 참여 패러다임—과 밀접하게 연결되어 있다. 위험 커뮤니케이션 프로그램은 단선화된 의사 결정 구조를 가지고 전문가 위주의 프로그램을 기획하는 단계에서 이제는 공중의 인식과 행위를 이해하고 다양한 상황에 유연하게 대처할 수 있는 프로그램으로 그 중요성이 옮아가고 있다. 이러한 변화는 정보 시스템과 마케팅 패러다임 위주의 사고로부터 심리적인 조사, 문화 맥락을 고려하는 측면을 거쳐 공중 참여 패러다임으로 위험 커뮤니케이션 사고 체계가 변화해 왔다는 것과 궤를 같이한다. 이제 위험 커뮤니케이션 프로그램은 전문가 중심, 정보 제공자 중심의 일방적이고 불균형적인 커뮤니케이션에서 공중 중심, 정보 수용자 중심의 커뮤니케이션 행위로 그 성격이 변화해 왔고, 위험과 관련한 공중의 주체적인 참여를 가장 중요한 원칙으로 삼게 되었다고 할 수 있다. 따라서 공중과의 관계 설정, 공중의 참여를 전제로 하지 않는 위험 커뮤니케이션 프로그램은 패러다임 발전 과정을 반영하지 못한 것이다.

대체적으로 위험 커뮤니케이션 프로그램 실행자는 위험에 대한 정의, 위험에 대한 객관적인 평가, 커뮤니케이션 목적과 대상 공중을 포함하는 계획 과정, 위험 커뮤니케이션 메시지와 정보원, 위험 커뮤니케이션 실행과 관련한 의사 결정 과정과 시행 시점, 평가 기준 및 수단의 설정 등과 같은 요소들을 포함시켜야 한다. 이런 프로그램 요소들은 일반적인 캠페인 요소라고 할 수 있는 조사research—계획action—실행communication—평가evaluation, 즉 RACE 모델의 절차와 유사하다고 할 수 있다. 다만 조사 과정에서 위험에 대한 정의와 유형을 설정해야 하는 것이 일반적인 캠페인과 약간 차이가 나는 점이라고 할 수 있다.

한편 이러한 프로그램의 실제 실행 과정에서 주의해야 하는 요소들로는 위험과 관련한 단위denominator의 정확한 사용, 충격과 발생 가능성 등 전반적인 공중 이해 수준의 향상, 불확실성에 대한 전반적인 고려, 최악과 최선의 상황을 포함하는 유연한 커뮤니케이션 실행 계획 설정, 일반 공중에 대한 고려와 함께 직접 피해 공중에 대한 좀더 세심한 배려, 위험과 관련한 수량적인 요소와 질적인 측면의 동시 고려, 모든 공중 불안 요소의 포용, 다른 위험 사안과의 신중한 비교 등을 포함한다(Kasperson & Kasperson, 2005, 표 6-1 참조). 위험 커뮤니케이션 계획의 완성도와 상관없이 이러한 요소들이 중요한 이유는 공중과의 소통, 관계 형성이 커뮤니케이션 활동의 근간을 이루기 때문이다. 이러한 실행 과정 요소들은 위험 커뮤니케이션 프로그램의 전 과정을 통해서 항상 고려되어야 하는 요소들이라고 할 수 있다.

표 6-1. 위험 커뮤니케이션 프로그램 실제 실행을 위한 고려 요소

1. 위험과 관련한 단위의 정확한 서술
2. 위험의 충격과 발생 가능성에 대한 이해 수준의 진작
3. 위험 상황 진행의 불확실성에 대한 고려
4. 위험이 가져올 최악과 최선의 상황을 포함하는 설정
5. 일반 공중에 대한 고려와 함께 직접 피해 공중에 대한 배려
6. 위험과 관련한 수량적인 요소와 함께 질적인 측면의 상정
7. 위험과 관련한 모든 불안 요소의 고려
8. 다른 위험 사안과의 신중한 비교

위험 커뮤니케이션 프로그램의 실제 실행 과정에서 고려해야 할 요소들은 프로그램에서 사용되는 메시지와 직접적으로 연결된다. 프로그램에서 사용되는 메시지는 위험의 속성에 대한 정보, 위험 편익과 손실과 관련한 정보, 위험의 대안과 관련한 정보, 위험 정보의 불확실성, 위험 커뮤니케이션 처리와 관련한 조직 자산과 관련한 정보 등을 포함해야 한다(Kasperson & Kasperson, 2005). 이러한 위험 커뮤니케이션 메시지는 프로그램의 실행 과정에서 주의해야 하는 요소들을 반영하여 고안되어야 하며, 일반 공중의 인식을 고려한 가장 효과적인 커뮤니케이션을 목적으로 작성되어야 한다.

성공적인 위험 커뮤니케이션을 위해서는 공중의 인식을 반영하고 참여시키는 프로그램을 실행할 필요가 있다는 것을 앞서 강조했다. 위험의 영향권에 있는 공중의 걱정과 관심을 고려하지 않는 프로그램은 실패할 수밖에 없다. 공중을 고려하거나 참여시키는 위험 커뮤니케이션은 크게 다음과 같은 사항들을 고려할 필요가 있다(Hance, Chess, &

Sandman, 1989에서 수정, 표 6-2 참조). 우선 과학적인 자료에 앞서서 공중의 인식과 우려 사항을 최우선에 두는 것이 필요하다. 앞서도 설명했듯이 공중의 인식은 과학적인 사실을 넘어선다. 예를 들어 자발적으로 참여하는 위험과 공평하게 분산되는 위험, 자신이 통제하는 위험 등은 과학적인 사실과 상관없이 다르게 인식된다.

또한 공중을 위험 커뮤니케이션의 의사 결정 과정에 적극적으로 참여시키는 것이 무엇보다도 중요하다. 공중은 참여하는 과정에서 사안에 대한 이해를 높이게 되고, 협력하는 자세를 가질 수 있게 된다. 이러한 공중 참여 과정은 모든 커뮤니케이션 과정에서 이루어져야 하고, 정보도 신속하게 공개되어야 하며, 또한 데이터들은 공중이 이해하기 쉽게 설명되고 이해하기 쉬운 다른 위험들과 비교되어야 한다.

이와 함께 사안이 가지는 불확실성에 대해서 충분히 인식하고 과도한 낙관주의로 공중을 선동해서는 안 된다. 언제나 위험 사안과 관련한 최종 의사 결정은 공중에게 있음을 인정하고 공중의 선택권을 존중하는 커뮤니케이션 프로그램을 유지해야 한다. 예를 들어 부안군 핵폐기물 처리장 건설과 관련하여 일어났던 소동은 공중을 참여시키지 못하는 위험 프로그램이 실패할 수밖에 없다는 것을 보여 준다. 우리 정부는 과학적인 자료를 들어 지역 주민들을 무조건 설득하려고만 했을 뿐, 그들의 우려와 고민을 커뮤니케이션 프로그램에 반영하지 않았다. 무엇보다도 정보의 신속한 공개가 이루어지지 않았고, 커뮤니케이션 과정에서 주민들의 의사가 충분히 반영되지 않았다. 또한 커뮤니케이션 실패 원인으로 지적되는 것은 최종 의사 결정을 주민들에게 일임하지 않았다는 것이다. 이러한 원칙이 지켜지지 않은 커뮤니케이션 프로그램은 공중과 의미의 공유를 이루어 내기 힘들며, 오해와 불신을 조장하게 될 가능성이 많다. 공중을 관여시키고 참여시키는 위험 커뮤니케이션 프로그램의 핵심은 공중과의 신뢰 형성과 관계 증진에 있다고 할 수 있다. 그런 의미에서 경주 핵폐기물 처리장 건설이 주민들의 동의를 얻어 성공한 것은 부안 사태에 비해서 진일보한 위험 커뮤니케이션 프로그램이었다고 말할 수 있겠다.

표 6-2. 공중을 참여시키는 위험 커뮤니케이션 프로그램

1. 과학적인 자료에 앞서 공중의 관심과 우려 반영
2. 위험 관련 의사 결정 과정에 공중의 참여 보장
3. 정보의 신속한 공개 및 공중 의견의 커뮤니케이션 실행 과정 반영
4. 공중이 이해하기 쉬운 커뮤니케이션 내용을 채택하고 위험 비교 설명
5. 사안의 불확실성을 인정하고 최종 의사 결정을 공중에게 일임

지금까지 위험 커뮤니케이션의 고려 사항과 어려움에 대해서 논의했지만, 현실에서의 어려움에도 불구하고 현대 사회에서 위험 커뮤니케이션의 역할이 늘어나리란 것은 쉽게 예상할 수 있다(Taig, 1999). 이제 위험은 이 사회의 가장 중요한 담론 주제로 떠올랐으며 많은 갈등 사안의 중심에서 사람들의 관심을 받게 되었다. 이와 함께 많은 연구와 커뮤니케이션 프로그램 실행이 실제 이루어지고 있으며, 커뮤니케이션 기술의 발달이 이를 재촉하고 있다. 하지만 현재 실행되고 있는 위험 커뮤니케이션 프로그램들이 실증 연구를 통해서 축적되어 온 위험 커뮤니케이션 연구의 결과를 반영하고 있는가에 대해서는 의문이 든다. 아직 대부분의 위험 커뮤니케이션이 전문가 중심의 일방적인 통로를 통해서 이루어지고 있으며, 소외되었다고 느끼는 공중의 수도 점점 더 늘어나고 있다. 이러한 상황에서 이론과 실제가 조화를 이룬 신중한 커뮤니케이션 프로그램을 구축하는 것은 피할 수 없는 현대 사회의 과제가 되어 가고 있다. 지금까지 설명한 공중 참여 위험 커뮤니케이션은 이를 위한 하나의 방법을 제시한다.

위험 커뮤니케이션 프로그램의 구성과 절차

기존에 논의되었던 위험 커뮤니케이션 프로그램은 고려해야 할 요인들과 함께 보통 RACE(조사－기획－실행－평가) 모델 절차를 따른다. 하지만 위험 커뮤니케이션 프로그램에서는 위험에 대한 정의와 위험 인식과 관련한 이론적인 논의를 포함하여 프로그램을 진행해야 하기 때문에 기획 단계를 좀더 세분화할 필요가 있다. 또한 위험 커뮤니케이션 프로그램을 조직의 입장에서 우호적인 공중 관계 형성public relationship building을 기본으로 하는 활동이라고 전제한다면 이러한 위험 커뮤니케이션 프로그램은 관련 공중과의 관계 증진 활동과 연결될 필요가 있다. 따라서 이 책에서는 위험 커뮤니케이션 프로그램을 1) 상황 분석 및 이론 탐색, 2) 목표 설정, 3) 이론 적용 및 실행 커뮤니케이션, 4) 평가, 5) 관계 유지의 다섯 단계로 구성한다.

상황 분석 및 이론 탐색 단계에서는 조사 활동을 통해서 위험 상황을 분석하고 취약한 부분과 장점을 살릴 수 있는 부분, 위협 요인과 기회 요인 등을 분석한다. 상황 분석 단계에서 이론적인 논의에 대한 분석도 함께 이루어지는데, 예를 들어 위험에 대한 인식 편견 변수라든지, 공포 유발 요인, 위험 확산 요인, 뉴스 선택 요인 등 이론적인 논의들을 상황 분석과 연결하여 개별적인 사안들을 공통적인 연구 결과와 연결하여 의사 결정을 위한 배경 자료로 제시하게 된다.

분석한 상황을 바탕으로 목표를 설정하게 되는데, 이는 목표 공중의 설정 등과 연결되며 위험 커뮤니케이션 프로그램이 풀고자 하는 문제에 대한 해결 방향과 달성하고자 하는 지향점을 설정하는 것이다. 목표를 달성하려면 위험 인식과 위험 커뮤니케이션 연구의 이론적인 논의들을 참조할 필요가 있다. 또한 위험 인식과 관련한 많은 편견과 오해는 공중 관계를 고려한 위험 커뮤니케이션 프로그램에서 반드시 고려될 필요가 있다.

예를 들어 Box 6-1에서 설명하는 것처럼, 보건과 관련한 위험 커뮤니케이션 프로그램을 집행하려면 일단 보건과 관련한 인식 및 커뮤니케이션 이론들을 탐색할 필요가 있다. 즉 건강 신념 모델health belief model, 합리적 행동이론theory of reasoned action, 계획적 행동이론theory of planned behavior 등 기존 건강과 관련된 커뮤니케이션 캠페인 이론들을 통해서 프로그램의 전체적인 방향성을 모색할 수 있다(이후 이러한 이론 요소들을 통합한 통합이론integrated model이 선을 보이기도 한다). 건강 신념 모델의 경우 보건과 관련한 사람의 의사 결정에서 인지된 이익과 위협의 상호 작용과 이러한 작용에 영향을 미치는 중재 변인을 이론화한 것이다. 따라서 건강과 관련한 목표를 설정하고 나면(예를 들어 금연 캠페인, 유방암 조기 진단을 위함 캠페인 목표 설정 등), 이론적인 논의를 통해서 사람들이 건강과 관련한 의사 결정을 어떤 형식으로 하는지 이해할 수 있다. 이러한 이론적인 논의

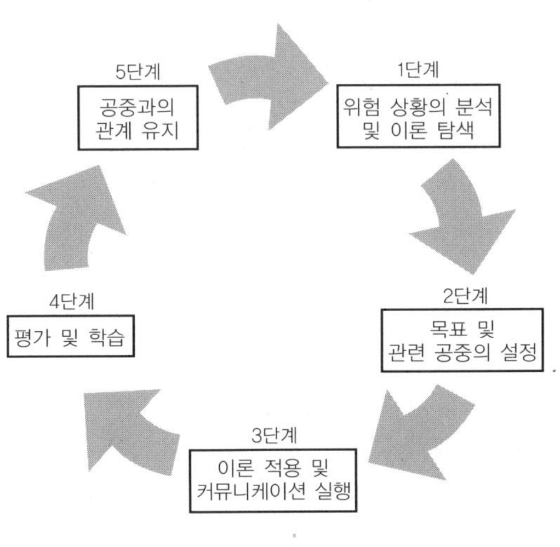

그림 6-1. 위험 커뮤니케이션 프로그램의 절차

Box 6-1. 보건 관련 위험 커뮤니케이션 프로그램을 위한 이론적인 논의(예)

건강 관련 캠페인에 적용되는 이론으로 건강 신념 모델, 합리적 행동이론, 그리고 계획적 행동이론을 대표적으로 들 수 있다. 이 이론들은 기대 가치 모델들을 설명하는 주관적 기대 효용 이론subjective expected utility theory에 바탕을 두고 있다. 이 이론에 따르면 사람들은 의사 결정을 할 때 주관적으로 가장 효용이 큰 방향으로, 즉 편익을 극대화하고 손실을 최소화하는 방향으로 의사 결정을 하게 된다는 것이다. 이러한 주관적인 효용을 결정하는 많은 변수들을 탐색하는 것이 이러한 연구들의 주 목적이 된다.

건강 신념 모델은 건강 관련 커뮤니케이션과 관련하여 가장 많이 사용되어 온 모델이지만 너무 편익과 손실의 대비에 의존하고 있다는 비판이 제기되어 왔다. 그래서 이러한 건강 신념 모델을 보완하고 인간 행위의 예측 수단으로 광범위하게 사용되어 온 모델이 합리적 행동이론이다(Ajzen & Fishbein, 1980). 합리적인 행동 모델은 주관적 기대 효용 이론에 비교하면 자신의 주관적인 태도도 중요하지만 다른 사람과의 관계 속에서 태도를 결정하는 것도 매우 중요하다는 것을 보여 준다. 또한 건강 신념 모델이 너무 질병에 대한 판단에 의존하고 있는데 반해, 전반적인 인간 행위를 설명해 준다는 측면에서 좀더 광범위한 의사 결정 과정을 설명해 준다. 하지만 이러한 합리적 행동 모델 또한 상황에 따라 차이를 보이는 개인의 통제 가능성을 무시하고 있다는 면이 약점으로 지적된다. 따라서 이러한 약점을 보완하기 위해서 자기 효능self-efficacy 개념이 도입되었고, 합리적 행동이론에 개인의 인식된 행동 통세 정도를 새로운 변수로 추가한 것이 계획적 행동이론이다(Ajzen, 1985).

건강 신념 모델은 건강과 관련한 의사 결정에 영향을 주는 요인으로 질병에 걸릴 가능성, 결과의 심각성, 건강 행동이 유발하는 인지된 행동의 편익, 건강 행동을 위한 제약 사항 등을 모델 변수로 제시한다. 질병에 걸릴 가능성과 결과의 심각성은 모두 개인에게 주관적으로 인지된 것으로 이 두 가지 변수를 합하여 인지된 위협perceived threat이라고도 한다. 결국 인지된 위협은 인지된 편익, 인지된 제약 사항과 상호 작용하여 개인의 건강 관련 행동을 결정한다. 건강 신념 모델은 또한 이러한 변수의 작용에 영향을 미치는 영향 변수들을 설정하고 있는데 그것은 행동의 계기를 제공하는 내 외적 요인과 인구학적, 사회심리적, 구조적 변수를 의미한다.

합리적 행동이론은 크게 두 가지 영역으로 구분할 수 있다. 사람들은 합리적인 행동에 이르기 위한 선행 변수들인 태도와 사회 규범에 의해서 자신의 행위를 결정한다(Ajzen & Fishbein, 1980). 주관적인 효용 이론에 비하면 태도와 함께 사회 규범이 추가되어 개인 행위의 설명력을 높였다고 할 수 있다. 즉 개인은 어떤 행위에 대한 태도뿐만 아니라 다른 사

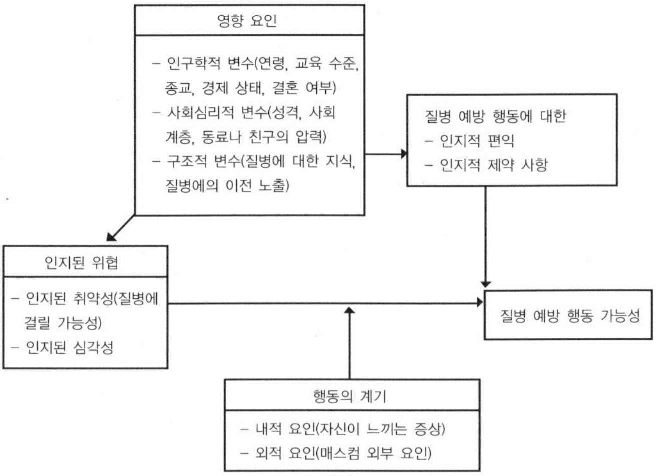

그림 6-2. 건강 신념 모델
(Becker, 1974; Haefner, 1974; Becker & Maiman, 1975)

람의 태도에 의해서도 영향을 받는다. 태도는 행동에 대한 신념과 결과에 대한 평가에 영향을 받으며, 사회 규범은 다른 사람의 신념과 그것을 따르고자 하는 동기에 의해서 결정된다. 태도는 개인의 영역에 해당하며 사회 규범은 개인이 속한 사회의 개인 행위에 대한 인식된 압력 정도를 의미한다.

따라서 행동 의도는 이러한 태도와 사회 규범 두 가지 변수에 의해서 결정된다. 사람에 따라 개인의 태도에 더 영향을 받기도 하고, 사회 규범에 의해서 더 영향을 받기도 한다. 아무튼 개인은 자신의 생각이 호의적일수록 또한 다른 사람들의 호의적인 생각도 중요하다고 받아들일수록 자신의 행동 의도가 더 강해진다고 설명할 수 있다. 하지만 행동 의도가 행동을 완전하게 설명하는 것은 아니다. 행동 의도가 행동을 완전하게 설명하기 위해서는 행동 의도가 개인의 통제력 하에 계속 유지되어 있어야 한다. 하지만 현실적인 상황은 개인의 통제력이 계속 유지되기 힘들거나 의외의 행위를 불러오는 요소들이 많이 작용하게 된다. 이러한 한계를 받아들여 개선하고자 한 모델이 계획된 행동 모델이다.

합리적 행동이론은 행동 의도가 행동을 예측하기 위한 유일한 변수라고 가정하고 있지만, 그것은 의사 결정 상황에서 개인의 완전한 통제를 전제했을 때 가능한 것이다. 따라서 행동 의도가 일어날 행동에 대한 개인의 의지를 설명하고는 있지만 실제 행동을 정확하게 예측할 수 있다고 하는 것은 비약이다. 물론 개인을 실험실 상황처럼 통제할 수 있다면 행동 의도가 행동을 설명하는 데 문제가 없다. 하지만 현실은 개인의 통제를 벗어난 상황들을 고려하지 않으면 안 된다. 예를 들어 만약 어떤 행동 의도를 가지고 있지만 시간이나 돈

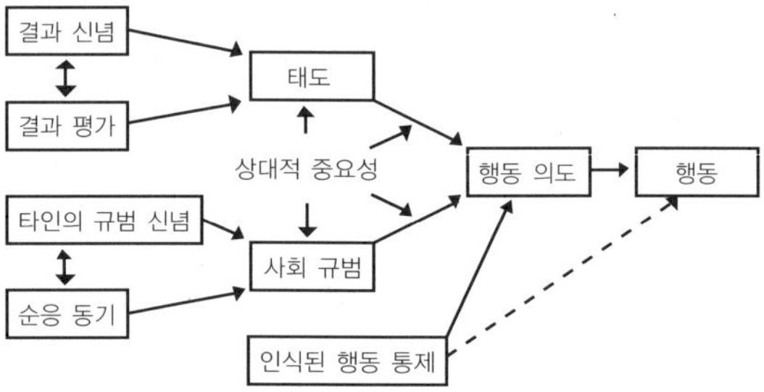

그림 6-3. 계획적 행동이론 모델
(Ajzen, 1985; Ajzen & Madden, 1986; Bennett & Bozionelos, 2000)

이 부족하여 행위로 옮기지 못하는 경우를 상정할 수 있다. 연초에 금연을 시도하지만 행위로 옮기지 못하는 경우도 여기에 해당한다.

따라서 개인의 행위를 설명하려면 개인의 완전한 통제 범위를 벗어난 영역까지 고려해야 한다고 주장하는 이론이 계획된 행동이론이다(Ajzen, 1985). 계획된 행동이론은 합리적 행동이론의 변수에 인식된 행동 통제를 변수로 추가하여 개인이 통제할 수 있다고 느끼는 정도를 고려했다. 인식된 행동 통제란 개인의 행동 의지를 통제할 수 있는 정도를 말하는데, 주로 개인적인 능력 차이 혹은 충동적인 특성 등을 총괄하는 내적 요인과 시간 혹은 타인의 영향력을 총괄하는 외적 요인이 있다. 개인은 이러한 요인들을 고려하여 자신이 얼마나 행위를 실현할 수 있는가를 인식하게 된다. 이러한 인식된 행동 통제 변수는 개인의 행위 실현에 대한 인식, 상황에 대한 자신의 통제 정도를 표현하기 때문에 자기 효능감과 유사한 개념으로 분류되기도 한다(Bandura, 1982). 알버트 반두라Albert Bandura의 사회 인지이론social cognitive theory에 따르면 사람들이 건강과 관련한 예방 행위를 실행하는 가능성은 그러한 행위의 편익이 비용을 넘어서야 하고, 행동을 실행할 수 있는 자기효능감을 가져야 한다는 것이다. 이러한 자기 효능 혹은 인식된 행동 통제는 개인의 인식에 영향을 주는 요인들을 통제할 수 있다고 느끼는 정도를 의미한다. 대부분의 건강 관련 캠페인이 편익을 강조하고 인식된 행동 통제를 높이는 방향으로 진행되는 이유가 여기에 있다.

를 바탕으로 합리적인 실행 커뮤니케이션 계획을 도출하게 된다.

따라서 실행 커뮤니케이션은 기존의 이론적인 논의를 중심으로 관련 공중을 대상으로 목표를 달성하기 위해 가장 최선의 커뮤니케이션 실행 계획을 설정하고 시행하는 것이다. 이러한 커뮤니케이션 노력은 평가 및 학습 단계를 통해 목표 달성 여부를 평가받으며, 향후 개선을 위한 학습 요인을 추출하게 된다. 이러한 커뮤니케이션 프로그램이 끝났다고 해서 조직의 입장에서 모든 커뮤니케이션 행위가 종결된 것은 아니다. 향후 유사한 프로그램을 위한 조직의 신뢰도 확보 및 관련 공중과의 우호적인 관계 유지를 위한 행위들, 예컨대 속칭 4R 행위, 상호 인정reciprocity, 사회 책임성responsibility, 정보 공유reporting, 관계 증진relations nurturing 등의 원칙들을 지켜가는 것이 필요하다(김영욱, 2003).

위험 상황 분석 및 이론의 적용

효과적인 위험 커뮤니케이션 프로그램은 내부적으로 쟁점을 파악하고, 그것에 대한 대비책을 세워서 실행하는 것과 외부적으로 관련 공중과의 우호적인 관계를 유지하는 것이다(Bennett, Coles, & McDonald, 1999). 결국 커뮤니케이션 프로그램은 쟁점에 대한 전략적인 행위이지만 장기적으로 외부 공중에 대한 관계 증진을 목표로 실행된다.

모든 위험 커뮤니케이션 프로그램은 우선 상황을 분석하는 것에서 시작하는데, 상황 분석은 위험과 관련된 쟁점들을 사전에 철저히 파악하여 우선 순위를 결정하고 대응 방안들을 모색해 보는 과정이다. 이 과정에서 기존의 이론적인 논의들을 탐색할 필요가 있는데, 예를 들어 위험 인식과 관련한 변수라든지, 위험의 사회적인 확산을 가능하게 하는 위험 확산 기제와의 관련성 등을 미리 조사하여 쟁점과의 연관성을 파악하는 것이 필요하다. 상황 분석에서는 기존의 SWOT(strengths, weaknesses, opportunities, threats) 분석 등이 이용될 수 있다. 캠페인 주체의 강점과 약점과 함께 외부적인 기회 요인과 위협 요인을 함께 분석함으로써 쟁점과 관련한 상황을 일목요연하게 살펴보는 것이 필요하다. 하지만 상황 분석 단계에서 가장 중요한 일은 위험 쟁점이 가져올 수 있는 직접적인 충격을 예상하고 영향 요인을 뽑아내는 것과 함께 사회적인 확산 과정에서 발생할 수 있는 간접적인 효과에 대해서도 미리 예상하는 것이다. 상황 분석에 다양한 조사 방법이 이용되어 방법상의 상호 보완이 이루어져야 하는 이유가 여기에 있다. 예를 들어 대표본을 대상으로 한 설문 조사에서는 가장 핵심적인 영향 변수를 찾아내는 것은 가능하지만 공중 인식의 원인을 제공하는 심층적인 배경 정보를 찾아내는 것은 어렵다. 따라서 심층 인터뷰 등을 통해서 질적인 정보를 보강하는 것이 필요하다.

상황 분석 결과들을 살펴보면 대부분 신뢰의 결여에서 기인한다. 공중의 위험 인식은 객관적인 정보에 대한 평가이기보다는 전문가 혹은 권위에 대한 신뢰의 부족에서 기인한다. 공중의 신뢰 부족은 새로운 위험 요소에 대한 과잉 반응, 과학적으로 근거 없는 해결 방법에 대한 막연한 기대, 실질적인 위험 감소 노력을 결여한 방법론적인 논쟁과 눈에 보이는 실적에만 근거한 근시안적인 판단 등으로 연결된다(Taig, 1999). 예를 들어 언론에서 트랜스 지방에 대한 위험성을 경고하면 사회구성원들은 거의 노이로제에 가까운 반응을 보이게 되는데, 이런 경우에 트랜스 지방을 피하기 위해 대체하는 식품에서 부딪치게 될 위험성 등은 간과되기 싶다. 전문가의 의견을 신뢰할 수 없기 때문에 공중의 위험 메시지에 대한 반응은 선택적이고 신경질적일 수밖에 없다. 따라서 본질적인 위험 논의는 없어지고 지엽적인 논쟁으로 발전하는 경우가 많다. 상황 분석에서는 위험 논의에서 신뢰를 가로막는 상황과 요소들을 파악하여 실질적인 문제 해결을 위한 아이디어를 찾아내는 것이 무엇보다도 필요하다. 상황 분석은 위험 인식 과정의 편견을 뛰어넘고 신뢰를 형성하기 위한 아이디어를 개발하는 단계로 봐야 한다.

목표 설정 및 공중 분석 그리고 커뮤니케이션 실행

상황 분석과 이론적인 검토가 끝나고 나면 위험 커뮤니케이션 주체의 입장에서 무엇을 달성할 것인가에 대한 목표가 설정되어야 한다. 이러한 목표 달성은 목표로 하는 공중을 설정하는 문제와도 연결된다. 하지만 이 단계에서 한번 생각해 보아야 할 사안은 위험 커뮤니케이션 주체와 공중의 구분 설정 문제다. 포스트모더니즘 학자들은 현대 사회에서 조직과 공중의 구분은 점점 희미해져 간다고 주장한다(Leitch & Neilson, 2001). 즉 현대 위험 사회에서 일방적으로 정보를 주는 쪽과 받는 쪽을 구분하는 것은 큰 의미가 없다.

커뮤니케이션의 목적 또한 정보의 전달 또는 설득보다는 의미의 공유 혹은 상호 이해에 초점을 맞추게 된다. 따라서 위험 커뮤니케이션 프로그램에서도 대화 자체가 목적이 되고 커뮤니케이션을 통한 담론 형성에 의미를 부여한다. 이러한 주장은 커뮤니케이션 자체에 목표 의식을 부여한다는 면에서 의미가 있다. 하지만 현실적인 측면에서 주체가 달성하고자 하는 목표가 없이 커뮤니케이션 프로그램을 기획하고 실행하고 평가하는 것은 어려움이 따를 수 있다. 따라서 주체의 목적 달성에 바탕을 둔 기능주의 측면과 의미 공유 중심적인 측면에서 통합적으로 목표 설정을 이끌어 가는 것이 필요하다.

실제 프로그램에서 목표 공중을 통한 분명한 커뮤니케이션 목표를 설정하는 것도 필요하지만 대화 자체가 커뮤니케이션 목표가 될 수도 있다. 예를 들어 암 조기 검진 커뮤니케이션 프로그램의 목표는 일정한 목표 공중의 검진 몇 퍼센트 이상 등을 설정할 수 있다. 하지만 핵폐기물 처리장 건설과 관련한 커뮤니케이션 프로그램에서는 정부 측과 지역 주민의 대화 개시에 대한 합의를 이루어 내는 것이 목표가 될 수 있다. 따라서 목표의 설정 단계에서 너무 조직의 기능주의적인 성과 위주로만 생각하지 않는 것이 중요하다. 또한 위험 커뮤니케이션 프로그램의 목표는 단기적인 성과 위주의 목표보다는 좀더 가치의 실현을 염두에 둔 목표를 구성하는 것이 필요하다(Keeney, 1992). 이러한 가치 실현을 목표로 하는 프로그램은 창의적인 커뮤니케이션 실행을 가능하게 하고, 조정이나 협상을 호혜적인 분위기로 이끌 수 있게 한다.

목표 공중 설정과 관련해서는 공중public이라는 말과 중요 관계자stakeholder라는 개념이 보통 혼용해서 쓰인다. 공중과 중요 관계자 모두 조직의 활동에 영향을 미칠 수 있는 중요한 커뮤니케이션 수용자audience의 의미를 가지며, 위험 커뮤니케이션 프로그램의 대상이 된다. 이 책에서는 두 개념을 공중으로 통합해서 사용한다. 여기서 중요한 것은 공중이나 중요 관계자라는 개념이 직접적인 영향 공중만을 의미하는 것이 아니라는 것이다. 공중은 이슈를 둘러싼 커뮤니케이션을 통해서 느슨하게 형성된 사람들을 의미한다(Blumer, 1946). 따라서 공중은 쟁점을 둘러싼 논의와 반박에 개방되어 있고, 이성적인 담론을 통해서 자유롭게 결합해 나간다.

따라서 위험 커뮤니케이션 프로그램에서 목표 공중은 직접적으로 연관된 공중뿐 아니라 위험의 확산 및 축소에 영향을 줄 수 있는 광범위한 간접 공중을 포함하는 것이 필요하다. 예를 들어 위험의 사회적인 확산 모델에서 언급되었던 확산 기제에 해당하는 공중도 여기에 해당한다. 이러한 광범위한 공중 설정에서 위험에 대한 인식이나 쟁점 참여 정도, 역할 등에 따라 공중을 분류하고 조직의 실행 자원을 고려하여 적절한 공중별 목표를 설정할 수 있다.

공중을 분류하는 데 참조할 수 있는 기존 분류 방법은 Box 6-2를 참조할 수 있다. 이 밖에도 현대 사회 갈등 사안에 대한 공중의 참여 정도에 따라 공중을 비참여자inactives, 선거참여자voting specialists, 한정 참여자parochial participants, 광폭 참여자communalists, 캠페인 사회운동가campaign activists, 전문 사회운동가complete activists 등의 여섯 가지로 분류하기도 한다(Verba & Nie, 1972). 하지만 위험 커뮤니케이션의 적용과 관련하여 응용할 수 있는 분류는 공중관계학public relations에서 더 많은 이론적인 논의를 가져올 수 있다.

커뮤니케이션을 실행하는 데 중요한 것은 관련 공중과 긴밀한 관계를 형성할 수 있는

Box 6-2. 공중 분석에 관한 논의

조직을 중심으로 주요 공중을 분류하면 실권enabling 연결고리, 기능functional 연결고리, 규범normative 연결고리, 간접diffused 연결고리로 분류할 수 있다. 연결고리라는 말은 조직과 어떤 상태로 연결되어 있느냐는 의미다. 실권 연결고리는 정부나 허가 단체 등 조직의 운영을 가능하게 하는 공중이다. 기능 연결고리는 종업원, 소비자 등 조직과 기능적으로 연결되어 있는 고리다. 규범 연결고리는 조직의 준거집단이 되는 것으로 협회나 단체, 경쟁 조직 등을 말한다. 마지막으로 간접 연결고리는 조직의 기능과 직접적인 연관은 없지만 조직의 성패에 결정적인 영향을 미치는 공중을 말하는데 언론이나 시민단체 등이 여기에 해당한다. 우리가 내부 공중이라고 부르는 것은 이러한 연결고리 중에서 조직의 기능 연결고리와 관련되어 있는 내부 조직원들을 의미한다. 모든 조직은 이러한 성격의 연결고리들을 가지고 있으며 위험 문제와 관련해서도 모든 연결고리들과의 관계를 고려하는 것이 필요하다.

이 밖에도 공중 관계 커뮤니케이션 학자인 래리사 그루닉Larissa A. Grunig은 상황에 따른 공중의 참여 정도에 따라 비공중nonpublic, 잠재 공중latent public, 인지 공중aware public, 활동 공중active public으로 나누었다(Grunig & Hunt, 1984). 그루닉의 경우, 조직은 보통 활동 공중에 힘을 집중하게 되고, 비공중은 무시할 수 있다고 보았다. 공중이 어느 정도의 관심을 보이면서 이슈에 참여하고 있느냐에 따라 조직의 프로그램 목적도 달라질 수밖에 없다. 예를 들어 위험 이슈에 적극적으로 참여하는 활동 공중에 비하면, 단지 알고 있는 수준에 머물고 있는 인지 공중에게는 좀더 적극적으로 조직 메시지를 제시함으로써 위험 이슈에 대한 우호적인 태도를 기대할 수 있다.

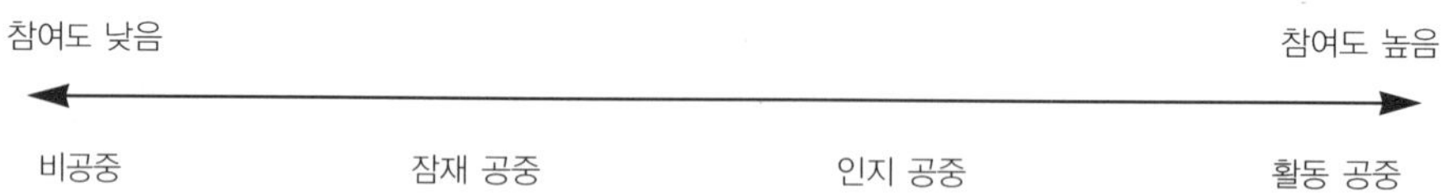

그림 6-4. 참여 정도에 따른 공중의 분류

공중 분류를 위한 상황이론은 세 가지 변수가 공중을 분석하는 데 쓰일 수 있다고 본다(Grunig & Hunt, 1984). 그것은 문제 인식, 한계 인식, 관련성의 정도를 말한다. 공중 중에는 조직이 처한 문제 상황을 더 많이 인식하는 사람이 있을 수 있고 적게 인식할 수도 있다. 또한 문제를 인식하고 있지만 그것을 개선할 수 있다고 생각하는 사람이 있고 도저히 자신의 힘으로는 어찌해 볼 수 없다고 생각하는 사람이 있을 수도 있다. 이런 경우 후자의 경우를 한계 인식이 높은 경우라고 말한다. 마지막 변수는 관련성의 정도다. 관련성 involvement은 정교화 가능성 모델(Petty & Cacioppo, 1984)을 통해서 설명되고 있는 것과 같은 맥락이다. 관심이 많은 사람들은 조직이 생산해 내는 메시지를 더 많이 받아들일 것이고 관심이 없는 사람은 메시지보다는 주변적인 단서들에 더 집중하는 경향을 보일 것이다.

이러한 상황이론의 세 가지 변수를 바탕으로 여덟 가지 종류의 공중을 분류해 볼 수 있다. 여덟 가지 내부 공중의 종류는 〈표 6-3〉과 같다. 문제 직면자, 한계 행동자, 일상 행동자, 운명 행동자는 각각 낮은 관련성과 높은 관련성 공중의 두 가지 경우를 가진다(예를 들어 문제 직면자 낮은 상황 관련성 공중, 문제 직면자 높은 상황 관련성 공중 등).

표 6-3. 상황이론에 따른 여덟 가지 종류의 공중

		한계 인식	
		낮음	높음
문제 인식	낮음	일상 행동자 routine behavior, RB	운명 행동자 fatalistic behavior, FB
	높음	문제 직면자 problem facing, PF	한계 행동자 constraint behavior, CB

주) 네 가지 분류는 각각 높은 관여도와 낮은 관여도 공중으로 구분되어 여덟 가지 종류의 공중이 된다.

그렇다면 공중의 특성을 파악하고 나면 어떻게 대응해야 할까? 문제 직면 행동자의 경우는 문제 인식이 높은 반면 한계 인식도 낮기 때문에 행동적인 공중이라고 볼 수 있다. 이와 같은 경우 메시지를 많이 제공하는 것이 바람직하다. 그들은 정보 탐구자들information seekers이기 때문에 정보를 공유하려는 노력을 보여야 한다. 언제나 적극적인 문제 대응이 필요한 그룹이다. 한계 행동자는 적극적인 개방 커뮤니케이션을 위한 제도 개선을 통해서 커뮤니케이션의 통로를 재확인하는 것이 중요하다. 한계 행동자는 문제를 느끼고 있지만 높은 한계를 절감하는 사람들이기 때문에 언제든지 행동 공중이 될 수 있고 때로는 높은 한계 인식으로 잠재된 폭발력이 더 높을 수도 있다. 이러한 공중을 위해서는 조직 차원에서 장기적으로 커뮤니케이션 통로를 열어 주고 다양한 대화 채널을 확보해 주는 것이 필요하다. 일상 행동자는 조직 차원에서 긍정적인 면이 많기 때문에 다양한 프로그램을 통해서 우호적인 공중으로 차차 변모 유지시켜 가는 것이 필요하다. 운명 행동자는 비공중에 가깝다. 하지만 이러한 공중의 특성들은 위험 상황의 진행에 따라 언제든지 변화할 수 있다. 특히 조직이 공중의 특성을 파악하지 못하고 위험 문제를 자의적으로 해석했을 때 공중 특성의 변화를 자극할 수도 있다.

이 밖에도 최근에는 공중역학이론field dynamics theory이 주목받고 있다. 이 이론은 공동체 중심의 정도community orientation, 우호성 정도friendliness, 그리고 영향력influence을 중심으로 공중을 분할하고, 다양한 공중의 결합 상황을 함께 나타낼 수 있다. 위험 사안과 관련해서 공중역학이론이 유용한 이유는 위험과 관련하여 공중의 결합이 두드러지고, 그러한 조직화를 통해서 갈등으로 이어지는 경우가 많기 때문이다. 조직화된 결합에서 어느 공중의 영향력이 가장 두드러지는지 아는 것도 중요하다.

주) 김영욱(2003)에서 추가 수정.

커뮤니케이션을 실행하는 것이다. 긴밀한 관계를 형성하기 위해서는 무엇보다도 정보의 개방, 피해 가능 공중에 대한 배려, 청취 기능의 강화 등이 필요하다(Bennett, Coles, & McDonald, 1999). 또한 커뮤니케이션 실행 과정에서 일어날 수 있는 가상의 상황들에 대한 대응 계획을 시나리오 형식으로 짜서 불확실성과 시간의 압박에 대비하는 것이 필요하다. 위험 커뮤니케이션 프로그램에서 보통 문제가 되는 것은 전문가의 과신이나 공중의 심리적인 불안감에 대한 과소 평가다. 이러한 요소들이 모두 고려되어 상황에 대한 적응력을 높이는 것이 위험 커뮤니케이션 프로그램에 필수적이다.

위험 상황의 적응력을 높이기 위해서는 비판적인 사고 체계critical thinking와 사전에 포괄적인 시나리오를 염두에 둔 커뮤니케이션 실행 계획을 짜는 것이 필요하다. 비판적인 사고 체계는 네 가지 과정을 거치는데, 먼저 문제점을 분석하고, 문제점이 발견되면 해결 방법의 선정 기준을 결정하고, 그 다음 해결 방법들 각각의 강점과 약점을 분석한 다음, 마지막으로 이러한 과정을 거쳐 최종 해결 방법을 결정하는 것이다(Hirokawa & Rost, 1992). 효과적인 커뮤니케이션 계획을 실행하기 위한 여러 가지 방안들 중에서 이러한 비판적인 사고 체계를 이용하여 최종 프로그램을 결정하는 것이 필요하다. 예를 들어 금연 프로그램에서 흡연이 가져오는 결과적인 공포를 강조할 것인가, 아니면 사회 규범적인 측면을 강조할 것인가 등을 결정하는 것은 비판적인 사고 체계의 단계들을 응용하여 합리적으로 결정할 수 있다.

위험 커뮤니케이션의 철학적인 기반은 단순한 정보 전달이 아니라 행동의 변화에 궁극적인 목적이 있다고 할 수 있다. 이러한 점에서 프로그램 커뮤니케이션 실행 계획이 구체적인 상황을 반영하고 현실적인 방안이 될 수 있도록 구성되는 것이 바람직하다. 이러한 노력은 주로 시나리오에 기초한 방안이 활용될 수 있다. 시나리오에 기초한 방법은 교육 훈련 상황에서도 많이 이용되는데, 교육 훈련 시 이용하는 시나리오에서는 주로 맥락적인 지식과 과정상의 기술을 혼합하여 상황 대처 능력을 제고하고자 한다(French & Maule, 1999). 커뮤니케이션 실행 계획에서도 이러한 시나리오 방법이 유용하게 활용될 수 있다. 예를 들어 어떤 위험 사안의 전개 과정을 시나리오 상에서 예측하면서 기존에 축적된 지식을 맥락적인 정보로 활용할 수 있다. 즉 개인적인 차원에서 전문가와 일반인의 인식 차이, 개인적인 편견, 공포 유발 요소 등과 관련한 이론들을 가져올 수 있으며, 사회적인 차원에서 문화이론이나 위험의 사회적인 확산이론, 사회적인 신뢰의 중요도 등을 가져와서 위험의 사회적인 영향력을 반영하는 것이 가능하다(French & Maule, 1999).

앞서 설명했듯이 이론과 실제가 결합되는 순간이 커뮤니케이션 실행 계획이다. 따라서 모든 실행 계획은 이론적인 배경을 바탕으로 결정하는 것이 필요하다. 앞서 논의되었던 사항들 중에서 소스 신뢰의 중요성, 위험 인식의 영향 변수, 위험 인식의 편견, 가치 인식의 중요성, 위험의 간접적인 효과와 사회적인 확산 과정 등은 위험 커뮤니케이션 메시지를 작성하는 데도 함께 고려될 필요가 있다.

또한 프로그램의 실질적인 메시지를 준비하는 데는 전문가와 일반인이 가지는 인식의 차이를 이해하는 것이 필요하다. 가장 큰 차이를 세 가지로 요약하면(Bennett, Coles, & McDonald, 1999), 첫째, 전문가 혹은 과학자들은 집단을 단위로 이야기하지만 일반인들은 개인에게 미칠 수 있는 영향을 중심으로 위험을 인식한다. 또한 전문가와 과학자에 비해 일반인은 그럴싸하게 보이는 사안에 대해서는 그것을 확실하게 부정할 수 있는 더욱 철저한 증거를 요구하는 경우가 많다. 마지막으로 전문가와 과학자의 언어는 무미건조한 문체로 구성되지만 일반인들은 언어에 감정을 싣기도 하고 분노를 담아 내기도 한다.

따라서 위험 커뮤니케이션 실행에서 실질적인 메시지의 작성은 이러한 전문가집단과 일반인의 차이를 고려하여 가장 대상집단에 맞는 메시지를 선택하는 것이 무엇보다도 필요하다. 이와 함께 수치나 통계치를 사용할 때도 위험의 비교에 따른 편견 극복, 위험 측정의 기본 비교치 제시 등에 유의하여 메시지를 작성하는 것이 좋다.

실용적인 측면에서 성공하는 위험 커뮤니케이션 메시지는 1) 대상 공중의 감정 고려, 2) 대상 공중의 걱정 고려, 3) 약속 이행의 의지 표명, 4) 편익의 제공 등의 요소를 포함하는 것이 유리하다(Taig, 1999). 보통 정책 실행자나 전문가들은 사실의 규명에 초점을 맞추는 경향이 있지만 일반인들은 감정적인 부분이나 개인적인 피해 등에 더 영향을 받는다. 효과적인 메시지가 되기 위해서는 대상 공중이 감정적으로 동화될 수 있고, 그들의 걱정을 반영하고 해결하며, 신뢰할 수 있고, 직접적인 편익을 가져올 수 있는 메시지를 작성하는 것이 무엇보다도 중요하다. 결국 위험 커뮤니케이션은 무엇을 알리거나 전하는 프로그램이 아니라 공중으로부터 많이 듣고 그것을 반영하여 우호적인 관계를 형성, 유지해 나가는 과정이라고 말할 수 있다.

평가 및 학습 그리고 공중과의 관계 유지

평가는 프로그램의 조사, 기획, 실행 과정과 영향력을 측정하기 위한 조사 기법을 의미한다(Rossi & Freeman, 1993). 보통 위험과 관련된 정책 개발과 관리 과정은 위해 인식hazard identification, 위험 감정risk assessment, 정책 개발policy development, 정책 실행policy implementation, 정책 평가policy evaluation의 다섯 가지 과정을 거친다(Gerrad, 1999). 이것은 위험 커뮤니케이션 프로그램의 일반적인 절차인 위험 상황의 분석 및 이론 탐색, 목표 및 관련 공중의 설정, 이론 적용 및 커뮤니케이션 실행, 평가 및 학습, 공중과의 관계 유지 과정과 매우 유사하다. 한 가지 이러한 과정과 절차를 비교하면서 우리가 알 수 있는 것은 위험 커뮤니케이션 평가의 과정이 그 프로그램의 성패를 판단하는 데서 끝나서는 의미가 없다는 것이다. 평가는 곧 기존 상태의 유지 발전을 자극하고 지속적인 공중 관계 형성과 연결되어 위험 인식과 분석에 개선점을 줄 수 있어야 한다. 따라서 위험 커뮤니케이션과 관련한 평가는 선형적인 프로그램에 있는 것이 아니라 순환적인 프로그램 속에서 존재한다.

평가에는 여러 가지 장벽이 있을 수 있지만 가장 높은 벽은 내부적인 무용론이다. 평가의 결과가 자신의 발목을 잡을 수 있다고 생각하거나 현실적인 실행의 어려움, 시간이나 자원의 압력 등이 원인이 된다. 하지만 평가는 수동적인 사후 반응의 측면보다는 프로그램 전체를 아울러서 최적의 조건과 실행 방안을 찾아내는 능동적인 행위로 이해하는 것이 바람직하다. 따라서 평가를 단순한 비용의 측면으로 볼 것이 아니라 프로그램의 성공을 위한 투자의 개념, 지속적인 발전을 위한 필수적인 단계로 인식하는 것이 무엇보다도 필요하다. 잘못된 것인 줄 알면서도 자신의 보신을 위해서 끝까지 일을 밀어붙이는 것만큼 어리석은 일은 없다.

따라서 위험 커뮤니케이션에서 평가는 보통 사전에 하는 목표 설정 등에 대한 평가, 프로그램이 진행되고 난 후에 하는 목표 달성 여부에 대한 평가, 프로그램과 목표 간의 인과관계에 대한 영향 평가, 효율을 포함하는 전체적인 결과에 대한 평가로 나누어 볼 수 있다(Gerrad, 1999). 여기서 프로그램 사후에 하는 평가는 목표를 달성했는가를 알아보고 나서, 과연 목표 달성이 프로그램에 의해서 이루어졌는가를 검증하고 그것이 비용 대비 효율적인 프로그램이었는가를 점검하는 것이다. 따라서 평가는 프로그램 전 과정에 걸쳐서 이루어지는 활동이라고 말할 수 있다. 위험 커뮤니케이션을 실행하는 프로그램은 보통 그 주체로서 조직을 필요로 한다. 조직의 활동으로서 위험 커뮤니케이션 프로그램이 평가를 수반하는 것은 당연하다. 하지만 위험 커뮤니케이션은 단기적인 성공/실패의 패러다임에서 벗어나 장기적인 계획으로 운용되는 것이 필요하다.

위험 커뮤니케이션을 평가하는 이유는 크게 다섯 가지로 구분해 볼 수 있다(Covello, McCallum, & Pavlova, 1989).

첫째, 위험 커뮤니케이션도 일반적인 상품과 마찬가지로 지속적인 프로그램 활동을 통해서 공중으로부터 위험 커뮤니케이션 상품에 대한 우호적인 평가를 받아야 한다. 정부나 기관이 내세우는 위험 커뮤니케이션 프로그램이 공중의 지지를 받지 못한다면 상품 마케팅이 실패한 것과 마찬가지로 프로그램이 유지되기 어렵다. 예를 들어 새로운 수입 식품에 대한 규제가 필요한 상황이라면 이러한 규제의 필요성을 공중에게 설득해서 공중으로부터 정당성을 확보하는 것이 필요하다. 일반 상품과 다른 점은 그러한 논의가 보통 무형의 자산에 대한 커뮤니케이션을 통해서 이루어진다는 것이다.

둘째, 위험 커뮤니케이션 프로그램 평가는 법적 규제에 의해서 강제적인 책임이 부여된 경우에 행해지기도 한다. 예를 들어 미 환경청의 위해물질 지역 주민 통보 규정 Superfund program 같은 경우, 위험 커뮤니케이션 프로그램과 평가가 강제적으로 부여되기도 한다.

셋째, 위험 커뮤니케이션 프로그램의 조직 자체의 개선 욕구에 의해서 이루어지기도 한다. 이런 경우 평가는 프로그램의 개선으로 이어지기도 한다.

넷째, 프로그램 평가는 실제적인 목적보다는 상징적인 목적을 위해서 실행되는 경우도 있다. 예를 들어 위험 상황이 최고조에 달해서 조직의 위기 상황이 불확실성과 시간의 압력 속에 놓였을 때 평가는 위험 사안에 대한 해결 시간을 벌어 주기도 하면서, 조직이 차분하게 위험 사안에 대응할 수 있는 기회를 제공하기도 한다.

다섯째, 위험 커뮤니케이션 프로그램 평가는 상품 마케팅의 평가와는 완전히 다른 정치적인 목적을 수행하기 위해서 실행되기도 한다. 권력 내부의 파워 게임이나 반대되는 의견을 가진 진영의 논리를 약화시키기 위한 목적으로 진행되는 경우다.

지금까지 논의된 위험 커뮤니케이션 프로그램 평가의 목적은 매우 다양한 형태로 그것을 운용하는 조직의 목적과 연결되어 실행되고 있다. 하지만 중요한 것은 프로그램 평가의 목적이 공중으로부터 더 나은 정당성을 확보하기 위한 조직 차원의 노력에 있다는 것을 확실히 할 필요가 있다. 그것이 마케팅 차원의 목적이거나 정치적인 목적이든, 법적인 규제나 조직의 필요성에 의한 것이든 간에 위험 사안을 둘러싸고 조직은 공중의 정당성을 확보하기 위해서 프로그램 평가를 계속할 필요가 있다. 이러한 다양한 프로그램 평가의 목적은 위험 커뮤니케이션에 대한 패러다임 접근과도 연결되어 있다.

즉 위험 커뮤니케이션을 단순한 정보 전달이나 마케팅의 시각에서 본다면 상품 마케팅 차원의 평가가 더 각광을 받겠지만, 심리 인식적인 차원이나 공중의 참여를 중시하는 패러다임에서는 좀더 공중의 정당성을 확보하기 위한 차원에서 평가를 바라보게 될 것이다. 프로그램 평가는 결국 위험 커뮤니케이션을 보는 시각에 따라 다르게 적용될 수 있다. 하지만 중요한 것은 점점 상품 마케팅 차원에서 공중의 정당성 평가 위주로 위험 커뮤니케이션의 패러다임이 변해 가고 있다는 것이다.

위험 커뮤니케이션 평가의 실제적인 실행은 주로 목표 설정에 대비한 평가의 범위를 정하는 것을 비롯하여, 평가의 시점, 평가자 오리엔테이션, 실제 측정 방법 등의 요소들로 이루어져 있다고 할 수 있다(Kasperson & Palmlund, 1989). 위험 커뮤니케이션 프로그램을 평가하는 실제 과정에서 필요한 열 가지 기준으로 공중의 필요 충족에 대한 평가, 위험의 복잡성과 사회적인 다양성의 고려, 사회 맥락을 고려한 위험의 평가, 위험 관리자를 통한 인식의 적절성 평가, 적절한 평가 시점 여부의 평가, 반복적인 평가의 필요성에 대한 평가, 관련 공중의 역량 강화 여부 평가, 커뮤니케이션 주체의 신뢰도 평가, 윤리 차원의 민감성 평가, 마지막으로 위험 이전 상태로 회복할 수 있는 능력에 대한 평가 등을 포함한다(Kasperson & Palmund, 1989, 표 6-4 참조).

위험 커뮤니케이션 프로그램을 평가한다는 것은 결국 공중의 참여와 대화를 중심으로 위험 커뮤니케이션 프로그램이 얼마나 위험 이슈에 대한 공중의 인식을 수용하고, 커뮤니케이션을 통해서 문제를 해결하며, 커뮤니케이션 주체의 신뢰도를 높여서 위험에 대한 공중의 수용을 진작시키는가를 살펴보는 것으로 요약할 수 있다. 이러한 목적에서 평가

표 6-4. 위험 커뮤니케이션 프로그램 실제 평가 시 고려 요소

1. 공중의 필요 충족에 대한 평가
2. 위험의 복잡성과 사회적인 다양성에 대한 고려
3. 사회 맥락과 문화적인 특성을 고려한 위험의 평가
4. 위험 관리자를 통한 인식의 적절성 평가
5. 적절한 평가 시점 여부의 평가
6. 반복적인 평가의 필요성에 대한 평가
7. 관련 공중의 역량 강화 여부 평가
8. 커뮤니케이션 주체의 신뢰도 평가
9. 윤리 차원의 민감성 평가
10. 위험 이전 상태로 회복할 수 있는 능력에 대한 평가

활동은 당연히 양적인 방법론과 질적인 방법론의 상호 보완 조사를 통해서 한쪽 방법론이 가질 수 있는 약점을 보완하고 인과적인 관계와 심층적인 정보를 동시에 얻을 수 있도록 노력해야 한다. 위험 커뮤니케이션에서 평가는 개선을 위한 지속적인 과정이지 일시적인 판단에만 의존할 수는 없다.

위험 커뮤니케이션 프로그램의 평가와 함께 커뮤니케이션 주체로서 조직이 준비할 수 있는 활동은 위험 커뮤니케이션과 관련된 조직 차원의 일반적인 규범을 형성하는 것, 워크숍, 사례 연구 등 교육 훈련 기회의 마련, 조직 내 의사 결정 체제의 정비 등을 포함한다(Bennett, Coles, & McDonald, 1999). 이러한 노력들은 이 책 제3부에 나오는 위기 관리와 관련한 조직 시스템 정비 문제와 연결되어 체계적인 활동으로 준비될 수 있다.

앞서 설명한대로 이 책의 위험 커뮤니케이션 프로그램은 공중 참여를 기본으로 한다. 따라서 프로그램 진행 과정에서 형성된 공중 관계를 계속 유지해 나가는 것은 처음으로 공중 관계를 형성하는 것만큼이나 중요하다. 왜냐하면 위험 커뮤니케이션 프로그램이 어떤 목적을 달성함으로써 끝나는 단기 프로그램이 아니라 공중과의 상호 이해와 의미 공유를 통해서 장기적인 조직-공중 관계를 이끌어 가도록 설계되어야 하기 때문이다. 예를 들어 핵폐기물 처리장 건설을 위한 위험 커뮤니케이션 프로그램을 시작한 조직이 처리장 건설이 확정되고 나서 관련 공중과의 관계 유지에 실패한다면 이후의 프로그램이나 위험 커뮤니케이션을 굉장히 불리한 여건에서 시작해야 할 것이다. 앞서 설명했던 사회 신뢰 social trust의 문제는 계속해서 조직의 발목을 잡게 될 것이다.

관계와 관련해서는 많은 커뮤니케이션 이론들이 있다. 관계 관련 이론들의 공통적인

속성들을 보면 관계는 쌍방향 커뮤니케이션을 통해서 형성되며 가변적이고 주관적이다. 또한 만족의 정도도 대상과 맥락에 따라 차이가 있다. 이는 관계가 조직 중심의 인식보다는 공중 중심의 인식에 바탕을 두어야 한다는 것을 보여 준다. 대인 커뮤니케이션에서는 관계를 유지하기 위한 방법으로 다섯 가지 요소를 들었다(Stafford & Canary 1991). 그것은 적극성positivity, 확신성assurance, 개방성openness, 의무 분담sharing tasks, 그리고 사회 네트워크의 형성social networks을 말하는데, 위험 커뮤니케이션 프로그램에서도 그대로 적용될 수 있다.

우선 위험 사안에 대해서 뉴스레터라든지 소식지를 통해 적극적으로 고지함으로써 조직 활동을 명확하게 알리고, 항상 지역 주민들을 중요한 공중으로 생각하고 있다는 것을 보여 주어야 한다. 또한 위험 관련 사안에 대한 결정이 분명한 사회적인 가치를 달성하고 있다는 의미를 다양한 공중과의 접촉을 통해서 확신시켜 줄 필요가 있다. 또한 위험 사업의 진행을 위해서 제시했던 편익이 정당한 방법으로 배분되고, 이러한 과정이 완전히 공중에게 개방되어 쓸데없는 의심을 사는 일이 없도록 해야 한다. 특히 중요한 것은 모든 후속 사업들을 지역 주민들의 참여와 의사 결정에 의해서 실행하고, 어느 정도 책임을 분담하는 것이다. 대체적인 선진국의 사례에서 보면 모든 것을 위험 관련 시행 주체가 결정하는 것보다는 관련 공중에게 결정권을 이양하는 것이 훨씬 더 성공적인 프로그램이 될

표 6-5. 관계 유지를 위한 다섯 가지 기준과 관련 활동

1. 적극성
   - 위험 사안 정보의 자발적인 고지
   - 사안과 관련한 공중의 중요성 확인
2. 확신성
   - 분명한 조직 가치의 이해 제고
   - 조직 활동과 사회 가치 달성과의 연계
3. 개방성
   - 프로그램 집행의 투명성
   - 공중 참여와 참여 장벽의 제거
4. 의무 분담
   - 공중 자치 원칙의 프로그램 진행
   - 자발적인 제안 시스템과 의사결정권 이양
5. 사회 네트워크의 형성
   - 사후 차원 사회 커뮤니케이션 통로의 확대
   - 위험 사안에 대한 전반적인 사회 신뢰 제고

확률이 높다고 한다. 마지막으로 이러한 모든 일들이 사회적인 커뮤니케이션 연결망을 이룰 수 있도록 전체 사회의 평판과 연결시켜 나가는 활동이 필요하다.

한편 공중 관계 커뮤니케이션에서 관계 유지 전략으로 가장 많이 인용되거나 참고로 삼는 전략으로 4R 활동이 있다. 관계 유지 전략stewardship이라고도 불리는데, 이것은 공중과 좋은 관계를 유지하기 위해서 조직은 호혜reciprocity, 책임responsibility, 보고reporting, 관계 증진relationship building 등의 4R 전략이 필요하다고 주장한다. 이것은 앞에서 설명한 다섯 가지 기준과 겹치는 면이 있다. 즉 좋은 관계를 유지하기 위해서는 쌍방향 커뮤니케이션을 통해서 지속적으로 상호 이해를 진작시켜야 하며, 위험 관련 사안에 대해서 책임지는 자세, 개방적인 자세를 유지해야 한다는 것이다. 이러한 활동이 지속적이고 일관되게 이루어졌을 때 장기적인 관계 증진이 가능하다는 것이다. 위험 커뮤니케이션 프로그램은 관계 유지를 통해서 비로소 안정적이고 사회 전반적인 지원을 획득할 수 있게 되는 셈이다. 위험 커뮤니케이션 프로그램 담당자들에게 단기적인 성과보다는 장기적인 안목이 필요한 이유가 여기에 있다.

사회적인 불신을 고려한 위험 커뮤니케이션 프로그램

위험 커뮤니케이션 프로그램의 성패와 관련하여 가장 많이 인용되는 변수는 신뢰다. 신뢰는 좋은 가치를 오랜 동안 쌓아온 사람이나 조직에 해당되는 것이다. 좋은 프로그램과 시스템을 구축하고 있더라도 커뮤니케이션 주체를 신뢰할 수 없다면 그 프로그램은 성공할 수 없다. 따라서 프로그램의 질적인 향상을 떠나서 신뢰의 문제는 별도의 영향 변수로서 다루어져야 한다. 특히 위험 커뮤니케이션에서 갈등의 요소를 포함하는 경우에는 신뢰의 문제가 가장 큰 쟁점으로 부상한다. 예를 들어 원자력 핵폐기물 처리장을 건설하는 문제에서 지역 주민과 안전성에 대한 원칙적인 합의를 이루어 내는 문제는 신뢰의 문제를 떠나서는 해결될 수 없다.

사회 조직 신뢰의 문제는 여러 가지 차원에서 장기간 형성되어 왔기 때문에 단기간의 프로그램을 통해서 불신을 제거하는 프로그램은 있을 수 없다. 사회적인 불신을 없애고 신뢰를 회복하기 위한 프로그램은 다차원적이고 장기적이어야 한다. 특히 위해 물질이나 위험을 내포한 시설에 대한 부지 선정에 대한 인식은 그 정도가 심하다고 할 수 있다

(Kasperson, Golding, & Tuler, 1992). 그 이유는 사회적인 불신이 오랫동안 사회적인 현상으로 자리잡아 왔기 때문이고, 위험에 대한 불확실성 또한 현재 진행형이기 때문이다.

이러한 위험에 대한 불확실성은 전문가집단의 상이한 의견, 기술적인 불확실성 등으로 인해서 증폭된다. 또한 사회적인 불신은 다차원적으로 구성되기 때문에 정확한 이유를 꼬집어 내기도 어려울 뿐 아니라, 복잡한 단서들로 구성되기 때문에 확실한 진단을 통한 수정이 어려운 면도 있다. 사회 조직의 신뢰 상실은 아주 작은 단서에서 비롯되는 경우가 많으며, 복잡한 증폭 과정을 거쳐 확대된다. 따라서 사회 조직이 신뢰를 되찾기 위해서는 신뢰의 다차원적인 속성을 고려해서 장기적인 프로그램을 펼쳐가야 한다.

사회적인 불신과 관련하여 위험 커뮤니케이션 프로그램이 강조해야 하는 것은 쌍방향 커뮤니케이션two-way communication의 필요성이다(Kasperson, Golding, & Tuler, 1992). 따라서 위험 커뮤니케이션의 목적은 정보의 전달이나 설득에 있기보다는 의미의 공유나 공론의 장 마련에 있어야 한다. 일방적인 정보의 전달은 공중의 반발을 불러올 것이고, 사회적인 불신을 더욱 심하게 할 뿐이다. 사회적인 불신이 팽배한 상황에서 위해 물질이나 위험 요소가 관련된 부지 선정 절차와 같은 위험 커뮤니케이션을 실행하는 것은 매우 어려운 일이다. 하지만 정책 담당자로서는 장기적으로 신뢰를 형성하지 못해 왔거나 불신을 받은 상황에서도 사업 진행을 위한 위험 커뮤니케이션을 해야 할 경우가 생긴다. 이런 경우가 위험 커뮤니케이션에서 가장 힘들다고 할 것이다.

이러한 상황에 대한 연구를 한 학자들은 일단 위험 커뮤니케이션은 공중의 요구에 가장 충실한 커뮤니케이션 프로그램을 기반으로 실행하는 것이 중요하다고 주장했다. 구체적으로 프로그램 기획 과정에 들어가야 할 요소들은 1) 공중 요구 평가, 2) 논란의 내용 평가, 3) 위험 커뮤니케이션 과정의 수립, 4) 위험 커뮤니케이션 전략과 전술의 수립, 5) 지속적인 모니터링 평가 시스템의 선택 등이다(Kasperson, Golding, & Tuler, 1992).

이러한 과정은 사실상 RACE(조사–계획–실행–평가) 과정 모델에서 크게 벗어났다고 할 수 없다. 하지만 조사와 계획 과정에서 공중의 요구와 논란의 실체를 충분히 파악하여 반영하려고 하는 것이 다르다고 할 수 있다. 공중 요구 평가와 논란의 내용 평가는 일반 프로그램의 상황 평가와 조사 과정을 의미하는데, 일단은 신뢰의 정도와 관련하여 앞서 설명했던 신뢰의 구성 요소들, 즉 사회 기여도에 대한 평가, 능력에 대한 평가, 배려하는 마음에 대한 평가, 예측 능력에 대한 평가 등을 우선 파악해서 위험과 관련하여 조직에 대한 공중의 인식 상황을 먼저 파악하는 것이 필요하다.

이러한 신뢰도 평가와 연관하여 공중의 요구와 논란의 내용, 가치관의 차이 등을 파악하게 된다. 이러한 공중 요구와 논란의 내용을 평가하는 과정에서 조직과 공중이 위험 이슈에 접근하는 방법이 상이하다는 것을 이해해야 하고, 그러한 차이점으로부터 전략적인 요소를 추출하는 것이 중요하다.

전반적인 위험 커뮤니케이션 프로그램을 설계하는 과정은 사회적인 힘의 분배와도 밀접하게 연결되어 있다. 위험 커뮤니케이션 프로그램은 위험 결정과 관련하여 지역사회에 힘을 부여하는 것이 필요하고, 자생적으로 위험 문제를 다룰 수 있도록 지원해야 한다. 즉 공개되고 풍부한 정보를 통해서 지역사회 스스로 위험 문제를 결정하면서 사회적인 신뢰를 조금씩 쌓아가는 방향으로 나아가야 한다. 우리나라의 경우에도 노사 갈등이 잘 해결되는 조직을 해부해 보면 과감한 권리 이양, 작은 합의에 의한 실천 등이 쌓여서 장기간에 걸쳐 신뢰를 회복한 경우가 대부분임을 알 수 있다.

이러한 위험 커뮤니케이션의 청사진 위에 실제적인 커뮤니케이션 전략과 전술은 지금까지 논의되어 왔던 전략적인 단서들을 수용해서 기획하는 것이 필요하다. 무엇보다도 실천 가능한 목적과 목표를 설립하는 것이 우선이고, 다양한 공중의 요구를 반영하는 것이 필요하다. 따라서 관련 공중을 세분화하고, 세부 공중에 맞는 커뮤니케이션 전략을 수립하는 것도 중요하다. 위험 커뮤니케이션 프로그램의 가장 중요한 원칙은 쌍방향 커뮤니케이션에 있다. 하지만 많은 경우 결정권을 가지고 있거나 위험에 가장 많이 결부되어 있는 공중은 확실한 자기 의사를 밝히기보다는 무조건적인 반대로 일관하는 경우가 많다. 이런 공중의 정확한 의사를 파악해서 결정권을 이양하고 쌍방향 커뮤니케이션 원칙을 수립하는 것이 무엇보다도 중요하다.

마지막으로 위험 커뮤니케이션 평가 단계를 수립한다. 앞서 설명했듯이 평가 단계는 어떤 결과에 대한 평가도 중요하지만 과정에 대한 평가를 통해서 커뮤니케이션 프로그램을 지속적으로 수정해 가는 것이 중요하다. 따라서 평가 단계도 다차원적으로 구성하는 것이 좋다. 예를 들면 직접적인 결과에 대한 평가도 필요하지만, 공중의 인식과 태도를 통한 평가, 신뢰나 관계 형성 정도를 통한 평가 등을 함으로써 공중 신뢰를 적극적으로 관리해 나가는 것이 사회 신뢰를 증진시켜 나가는 한 방법이다.

한편 사회 불신 상황에서도 지역사회에 영향을 미칠 수 있는 위험물질 관련 부지 선정이 꼭 필요한 경우에는 위험 커뮤니케이션 프로그램 절차에서 특히 다음 네 가지 요소를 무엇보다도 고려할 필요가 있다(Kasperson, Golding, & Tuler, 1992에서 추가 수정, 표 6-

6 참조). 그것은 위험성에 대한 해결, 역사적인 피해자 관점의 수용, 공평성 문제의 해결, 보상 문제 해결과 인센티브의 제시 등이다. 예를 들어 공군 사격장 문제가 사회적인 이슈로 등장하는 경우가 있다. 사격장 증설을 반대하는 공중의 경우는 지역사회에 미칠 위험 요소가 해결되지 않는다면 어떠한 계획도 받아들일 수 없다고 주장한다. 또한 국방부나 정부는 전문가적인 견해를 통해서 안전성을 입증하거나 과거 사격장보다 훨씬 더 주민 경제에 해를 덜 끼칠 것이라고 주장하겠지만 주민들이 그 동안 받아왔던 고통을 이해하지 못하고 현재의 관점으로 위험 커뮤니케이션을 시도한다면 주민들의 감정적인 분노를 잠재울 수 없다. 하지만 우리나라 조직은 피해자 관점을 수용하고 필요한 사과를 하는 데 매우 인색한 편이다. 아마 이것은 앞에서 논의했던 체면 문제와도 깊숙이 연관되어 있다고 생각한다.

표 6-6. 불신 상황의 위험 커뮤니케이션 프로그램 고려 사항

1. 위험 가능성에 대한 철저한 답변
2. 역사적인 피해자 관점의 수용과 과거에 대한 사과
3. 공평성 문제 인식에 대한 감정이입과 해결
4. 보상 합의를 위한 공중 참여와 지속할 수 있는 인센티브 제시

또한 이 문제는 공평성의 문제와 연결되는데, 이러한 위험의 분배와 관련한 공평성의 문제는 위험 커뮤니케이션을 근본적으로 지배한다. 위험과 관련한 공평성의 문제는 과정상의 공평성evidentiary equity과 결과상의 공평성outcome equity으로 나눌 수 있는데, 위험과 관련한 정보가 공평하게 배분되고, 결과상의 이익이나 부담이 공평하게 분배되는 것을 의미한다. 이러한 공평성의 문제는 결국 사회적인 차원에서 다른 지역사회와의 공평성 문제와 상대적으로 연결된다. 지역 주민의 입장에서는 왜 우리만 피해를 당해야 하는가라는 억울한 심정에 사로잡힐 수 있다. 이러한 감정을 고려하지 않는 프로그램은 성공하기 어렵다. 우리나라의 많은 국책 사업이나 위험 사안들이 공평성과 관련한 지역 주민들의 피해 의식 때문에 진행되지 못하고 있다. 이러한 상황에서는 정책 담당자들이 지역 주민들의 인식을 이해하고 그것을 공유하려는 노력을 보여 주어야 한다. 이와 함께 해당 사업의 시행이 결과적으로 공평성을 가져올 수 있음을 함께 설명해야 한다.

이러한 고려 사항들이 충족된 이후에 보상 문제와 인센티브 문제가 해결되어야 한다.

우리나라의 경우는 너무 무리하게 보상과 인센티브를 통해서 위험 부지 선정 문제를 해결하려는 경향이 있는데, 이는 앞선 세 가지 쟁점들이 해결되지 않은 상황에서 부작용을 불러올 가능성이 농후하다. 또한 위험 요소를 제거하려는 자세보다 보상을 통해서 해결하려는 태도는 오히려 갈등을 악화시킬 수 있다. 안전 문제 해결 없는 보상 문제에 대한 커뮤니케이션은 오히려 관련 조직의 신뢰를 악화시키고 장기적인 관점에서 문제 해결을 어렵게 할 뿐이다. 결국 위험 커뮤니케이션 프로그램에서 중요한 것은 공중의 관점에서 생각하면서, 의사결정권과 관련한 독점을 해제하고, 장기적인 신뢰를 고려하는 지속적인 커뮤니케이션을 펼쳐가는 것이라고 결론내릴 수 있다.

이상적인 위험 커뮤니케이션을 위한 일반적인 원칙

위험 커뮤니케이션 프로그램이 성공하기 위해서는 배려하는 태도, 기술 중심이 아닌 대화 중심의 접근, 그리고 공중에게 중요한 결정권을 갖게 하는 위험 커뮤니케이션 대응 등이 이루어져야 한다(Ulmer, Sellnow, & Seeger, 2007). 배려하는 태도는 어떤 기존의 유형 분석에 머물거나 한 가지 관점에서 위험을 바라보는 것이 아니라 새로운 유형을 창안해 내고 새로운 정보에 열려 있으면서 다양한 시각을 받아들이는 것을 의미한다. 이러한 태도는 위험 분석에 개방적인 태도를 견지함으로써 다양한 공중의 시각을 수용할 수 있게 한다. 배려하는 태도를 통해서 조직의 위기 관리를 성공적으로 수행하기 위해서는 실패를 통한 교훈의 획득, 사안에 대한 단순한 해석의 거부, 조직 운영 사항에 대한 민감성 확보, 전문가를 통한 의견 조정 등의 사항이 위험 커뮤니케이션에서 중요해진다(Weick & Sutcliffe, 2001).

다음으로 고려해야 할 사항은 다양한 공중을 고려하는 대화 중심의 커뮤니케이션 접근 방법이다. 기술 중심의 접근법은 전문가 위주의 위험 커뮤니케이션을 의미하며 일방향 커뮤니케이션을 대표한다. 이에 반해 대화 중심의 커뮤니케이션은 공중을 대화의 파트너로 인정하는 것으로 쌍방향 커뮤니케이션을 의미한다. 이는 민주적인 대화와 합의를 통한 의사 결정, 전문성보다는 공중의 인식을 존중하는 커뮤니케이션 방식과 해결 방법을 의미한다.

이러한 접근은 위험 커뮤니케이션의 두 가지 요소, 즉 전문가적 위해성hazard과 공중의 분노outrage, 이 두 가지 측면을 함께 고려해야 한다는 것과 일맥상통한다(Sandman, 1993). 위험 커뮤니케이션은 당연히 과학적으로 증명된 위험의 위해성을 고려해야 하겠지만, 이와 함께 공중이 느끼는 위험 인식과 불안도 동시에 고려해야 한다는 것이다. 이는 공중 인식을 고려하는 위험 커뮤니케이션 모델mental models approach과 견해를 같이하는 것으로 공중의 인식을 고려하지 않은 전문가 위주의 일방적인 커뮤니케이션은 공중과 소통될 수 없다는 것을 의미한다(Morgan, Fischhoff, Bostrom, & Atman, 1992).

이러한 쌍방향 커뮤니케이션의 필요성은 앞서 말한 중요한 선택권을 갖는 공중의 존재를 인정하는 것과 연결된다. 우리가 위험 커뮤니케이션을 하는 이유는 공중의 존재를 인정하고 그들에게 올바른 결정을 하도록 도와 주는 역할을 하는 것이다. 이는 커뮤니케이션이 이성적인 결정을 도와 주기 위한 도구가 되어야 한다는 주장과 일치한다(Nielson, 1974). 공중은 1) 물리적이거나 정신적인 압박에서 자유롭고, 2) 모든 가능한 정보를 획득하며, 또한 3) 모든 선택 가능한 대안들을 인지하고, 4) 장단기 결과에 대해서 예상할 수 있으며, 마지막으로 5) 커뮤니케이션 참가자들의 동기가 개방되어 있는 상황에서 중요한 결정권을 가질 수 있게 된다(Nielson, 1974). 이러한 중요한 선택권을 공중에게 부여하기 위한 조건은 하버마스의 이상적인 발화ideal speech 상황과 또한 유사한 의미로 해석될 수 있다.

하지만 현실은 그렇게 이상적이지도 단순하지도 않다. 불충분하고 편견이 가득한 정보가 넘치고 있으며, 전문가의 모호한 의견이나 복잡한 통계치, 상관없는 학문적인 결과를 일방적으로 자신의 입장을 유리하게 만들기 위해서 이용하는 경우가 많고, 감정적인 언어를 통한 선동이나 긴박함을 조성하기 위한 수사들이 난무하고 있다(Nielson, 1974). 트로이 닐슨Troy R. Nielson이 이러한 주장을 했던 1970년대와 비교하면 오늘날의 상황은 훨씬 더 심각하다고 말할 수 있다. 대부분의 대중 매체가 사용하는 전문가 인용, 통계치, 학문적인 결과는 부정확하거나 아전인수격으로 사용되는 경우가 많다. 또한 인터넷의 발달은 그나마 있던 자체 게이트키핑 기능을 약화시킴으로써 확인되지 않은 정보, 객관을 가장한 정보가 공중의 의사 결정을 심각하게 방해하는 지경에 이르고 있다. 찰스 페로Charles Perrow의 저작 『일반적인 사건*Normal Accidents*』(1999)에서 말한 환상 메시지fantasy message, 즉 과장되고 부정확한 메시지가 현재의 위험 커뮤니케이션을 주도하고 있다. 수많은 조직들이 만들어 내는 과장된 메시지에 주목해 보라. 그곳에서 과연 위험을 판단할 중요한 선택권을 확보할 수 있겠는가?

결국 위험 커뮤니케이션의 기본은 위험 커뮤니케이션 주체와 그를 둘러싼 공중 간의 관계 형성에 있다는 결론에 이르게 된다. 위험 커뮤니케이션이 성공하기 위해서는 공중을 배려하는 태도, 대화 중심의 접근을 통해서 공중 관계를 형성하는 것이 무엇보다도 중요하며, 이는 자신이 결정권을 가지겠다는 것이 아니라 공중과 결정권을 능동적으로 분할하겠다는 의지를 표명하는 것이다. 공중 관계 이론에 나오는 균형적인 커뮤니케이션이 의미하는 것은 상대방을 변화시키려는 것만큼 자신도 변화하려는 균형 감각을 유지하는 것이다. 위험 커뮤니케이션에서 위험 주체로서 개인이나 조직이 공중을 설득하는 데만 초점을 맞추고 공중에게 올바른 선택을 할 수 있는 기회 제공에 인색하거나 공중이 원하는 만큼 자신이나 조직을 변화시키려는 의지를 가지지 않는다면 그것은 진정으로 균형잡힌 위험 커뮤니케이션을 실행하고 있다고 말할 수 없다. 그러한 균형 감각이 결여되었을 때는 우호적인 공중 관계를 형성하는 것이 힘들어진다.

커뮤니케이션의 기본 목적이 관계의 형성에 있다고 할 때 불균형적인 위험 커뮤니케이션은 결국 공중과의 관계를 악화시키고 향후 커뮤니케이션을 위한 신뢰를 떨어뜨리게 된다. 많은 조직이 위험 커뮤니케이션을 하고 있으며, 모든 일반 시민들이 위험 커뮤니케이션의 영향권에 들어 있다. 앞서 예를 들었던, 식품의약품안전청의 과자 아토피 성분 함유 발표, 미국산 쇠고기 수입 협상, 한미 자유 무역협정FTA에 따른 우리나라 농촌 경제의 위험 상황, 부안군의 원자력 핵폐기물 처리장 건설을 둘러싼 각종 사회 계층 간의 갈등, 새만금 물막이 사업과 환경 파괴 논란, 건강과 참살이 식품과 관련한 관심의 증대 등 우리들의 생활은 이제 위험 커뮤니케이션과 함께 이루어지고 있으며, 관련 조직을 중심으로 소통하거나 대립하고 있다. 이러한 상황에서 조직의 일방적인 커뮤니케이션은 다른 사회구성원들의 반발을 불러올 가능성이 많으며, 상호 작용을 무시한 커뮤니케이션이 관련 공중의 지지를 획득할 가능성은 매우 낮다. 공중이 함께 위험 문제와 관련한 결정 과정에 참여하는 것이 필요하고, 위험 주체로서 조직은 공중의 참여를 통해서 의견을 조정하고 합의를 창출하는 과정을 거치는 것이 중요하다. 하버마스가 커뮤니케이션 행위이론에서 설명했던 것처럼 위험 주체로서 조직은 오직 조직의 목적 달성만을 생각하는 도구적인 이성에서 벗어나서 사회 전체의 이익과 인류 공동의 선을 고려하는 광범위한 이성을 회복하는 것이 필요하다. 조직의 위험 커뮤니케이션은 전략적인 행위가 아니라 공중과의 장기적인 관계와 소통을 도모하는 진정한 커뮤니케이션이 되어야 한다.

제7장

위험 커뮤니케이션, 공중 관계 그리고 공론의 장

이 장은 기존 위험 커뮤니케이션에서 아직까지 다루어지지 않았지만 인접 학문과의 통합을 통해서 이론적인 발전을 도모하고자 쓰여졌다. 지금까지 위험 커뮤니케이션의 역사적인 발전 과정을 살펴보면 크게 일곱 가지 단계로 나눌 수 있다(Fischhoff, 1995, 표 7-1 참조). 이러한 과정은 크게 보면 단순히 메시지 송신자의 입장에서 점점 더 수신자 즉 공중의 입장에서 커뮤니케이션하고자 하는 노력이 커지고 있다는 것을 알 수 있다. 단순히 정확한 정보를 보유하고 있거나 공중에게 알려 주는 수준에서 공중에게 위험에 대해 설명하고 이해를 구하는 수준으로 발전하게 되고, 최종적으로 6단계와 7단계에 나타나는 것처럼, 공중과 쌍방향 커뮤니케이션을 하면서 진정한 관계를 형성하는 단계로 발전해 왔다. 이러한 발전은 조직 중심의 커뮤니케이션에서 공중 관계 중심의 위험 커뮤니케이션으로 발전해 왔다고 요약해 볼 수 있다.

커뮤니케이션 학문에서 공중과의 우호적이고 지속적인 관계를 이론화한 학문이 공중관계학이다. 공중관계학은 기존에 알려진 언론 관계 중심의 활동publicity과는 차별되는 것으로 조직과 공중의 우호적인 관계 형성을 위한 광범위한 커뮤니케이션 활동을 의미한다. 따라서 위험 커뮤니케이션이 "공중과 진정한 파트너 관계를 형성하는 것"을 의미하는 것으로 발전해 온 것은 위험 커뮤니케이션을 공중관계학과 직접적으로 연결시키는 이유가 된다. 위험 커뮤니케이션이 전문가집단의 아집에서 벗어나 공중과 교류하는 수단이

표 7-1. 위험 커뮤니케이션의 역사적인 발전 과정

1. 정확한 정보를 보유하는 수준
2. 공중에게 정보를 알려 주는 수준
3. 공중에게 정보를 설명하는 수준
4. 공중에게 수용 가능성을 이해시키는 수준
5. 공중에게 그들의 입장에서 이해를 구하는 수준
6. 공중과 상호 교류하는 커뮤니케이션을 하는 수준
7. 공중과 진정한 파트너 관계를 형성하는 수준

되고, 이러한 교류에는 커뮤니케이션 주체에 대한 신뢰가 기본이 되어야 한다. 이러한 신뢰는 당연히 평소 커뮤니케이션 활동을 통한 공중과의 관계 형성에 의해서 좌우된다. 따라서 위험 커뮤니케이션은 기존의 공중 관계 이론을 수용할 필요가 있다.

위험 커뮤니케이션과 공중 관계 커뮤니케이션

균형이론과 위험 커뮤니케이션

공중과 진정으로 파트너 관계를 형성하는 것으로 발전해 온 위험 커뮤니케이션의 역사 발전 단계와 함께, 또한 위험 커뮤니케이션 패러다임이 정보 시스템, 마케팅, 심리학적인 접근, 위험의 문화적인 가정 그리고 공중 참여 패러다임으로 변화해 왔다는 것을 앞에서 설명했다(Kasperson & Palmlund, 1989). 이러한 공중 참여 패러다임은 주체적인 공중의 역할을 상정하는 커뮤니케이션 활동을 근간으로 한다. 이러한 커뮤니케이션 활동의 주목적은 공중과의 균형잡힌 관계 형성에 있다. 따라서 공중과의 관계 형성을 학문 영역으로 다루는 공중관계학은 위험 커뮤니케이션에 많은 시사점을 줄 수 있다.

우선 공중관계학에서 주로 인용되는 균형이론symmetry theory은 앞서 설명했던 이상적인 위험 커뮤니케이션 활동을 위한 이론적인 기반을 제공한다(김영욱, 2003; 2005). 균형이론 혹은 균형 모델은 조직의 커뮤니케이션 담당자가 공중과 균형적인 공중 관계 형성을 위한 커뮤니케이션을 할 수 있는 경우에 상호간에 이익을 가져올 수 있는(윈-윈 게임) 윤리적인 활동을 할 수 있다고 보는 시각이다. 여기서 말하는 균형은 커뮤니케이션의 기회, 반박, 수용 등의 쌍방간 균형 상태를 의미한다.

균형적인 공중 관계 커뮤니케이션, 혹은 공중 관계 이론상에서 지칭하는 쌍방향 균형 모델two-way symmetrical model은 공중 관계 커뮤니케이션의 규범이론normative theory이라고 말할 수 있다(Grunig, 2001). 규범이론이라는 것은 공중 관계 커뮤니케이션이 이상적으로 어떻게 실행되어야 하는가에 대한 방향성을 제시하는 것이다. 쌍방향 균형 모델은 조사를 통해서 조직으로 하여금 갈등 관계를 유발할 수 있는 전략적인 공중을 찾아내고 쌍방간의 지속적인 대화를 통해서 갈등 해소를 위한 방안을 모색하는 능동적인 변화의 과정을 만들어 내는 것이다.

많은 설득 커뮤니케이션은 쌍방향 불균형 모델이라고 할 수 있는데, 쌍방향 불균형 모델은 조사를 통해서 공중을 설득하기 위한 커뮤니케이션 활동을 모색하고 있지만, 공중을 어떻게 변화시킬 것인가에 초점을 맞추고 있을 뿐, 이와 반대로 조직을 공중의 의도에 맞게 변화시키겠다는 의지가 부족하기 때문에 불균형적이라고 볼 수 있다(Grunig & Hunt, 1984; Grunig, 1992). 다른 사람의 위험에 대한 인식을 변화시키기 위해서 노력하면서 내가 가지고 있는 위험 요소에 대한 개선은 부정한다면 그러한 커뮤니케이션은 불균형적일 수밖에 없다.

이러한 균형 모델과 불균형 모델을 균형적인 세계관과 불균형적인 세계관으로 나누기도 한다. 균형 모델이라는 것은 어느 한쪽의 희생을 통해서 한쪽을 일방적으로 지지하는 것이 아니라 조직의 이익과 공중 이익의 균형을 통해서 상호 호혜를 달성하는 것이다. 따라서 균형이론을 불균형에 대한 반대 개념으로 맹목적으로 개념화하는 것보다는 조직의 입장과 공중의 입장에서 어떻게 균형점을 찾을 것인가를 모색하는 이론으로 이해하는 것이 바람직하다. 균형이론은 [그림 7-1]에서 보는 것처럼 수정 과정을 거쳐 왔다.

초기의 균형이론은 불균형 모델과 균형 모델을 구분하는 데 역점을 두었지만(Grunig & Grunig, 1992), 수정된 균형 모델은 좀더 균형의 의미를 분명히 정의하고자 했다. 즉 초기 모델이 균형적인 세계관에 기초한 관념적인 의미에 중점을 두었다면, 수정된 균형 모델은 조직과 공중과의 상호 이해를 최종 목적으로 하는 커뮤니케이션 활동을 균형 모델이라고 보았다(Murphy, 1990). 따라서 수정된 균형 모델은 공중을 일방적으로 위하거나 pure cooperation, 조직을 일방적으로 옹호하는pure advocacy 두 경우가 모두 불균형적이라고 보고, 그 사이에서 서로 상호 이익이 되는 지점(윈-윈 지역)을 찾는 것이 균형적이라고 보았다(Grunig, Grunig, & Dozier, 2002). 이는 게임이론에서 쌍방 간의 혼합된 동기를 고

a) 초기 균형 모델 (Grunig & Grunig, 1992)

불균형 |————————————| 균형

b) 수정된 균형 모델 (Dozier, Grunig, & Grunig, 1995)

조직 중심 |————————————| 공중 중심
불균형 | 윈-윈 | 불균형
균형

그림 7-1. 초기 균형 모델과 수정된 균형 모델

려하는 혼합형 동기 모델mixed motives model과 매우 유사한 의미를 갖는다.

균형 모델은 따라서 조직과 공중이 서로 다른, 때로는 갈등 관계에 있는 이해 관계를 소유하고 있다는 것이 오히려 자연스러운 관계라는 것을 역설한다. 현대 사회에서 위험은 불가피하게 발생하며 위험을 둘러싼 갈등 관계는 긍정적으로 해석하면 장기적인 위험 문제 해결에 도움을 줄 수 있다는 것이다. 바람직한 조직은 갈등 관계에 있을 때 협상을 통해 상호 이해를 도모하거나 설득을 통해서 갈등 상황을 해결해 나가려고 한다. 이 때 결국 바람직한 커뮤니케이션 담당자는 수용과 옹호의 양 극단에서 협상 혹은 설득을 통해서 조직과 공중에게 상호 이익이 되는(윈-윈) 균형 지역으로 옮겨가기 위해서 노력할 것이다. 이 윈-윈 균형 지역은 절대적인 수용 혹은 절대적인 옹호를 거부하는 진정한 균형 상태를 의미하게 된다. 위험 커뮤니케이션이 지향하는 공중 참여 혹은 공중 관계 커뮤니케이션은 이러한 균형 상태를 지향하고 있다고 말할 수 있다.

다양한 공중 관계 패러다임의 수용: 기능, 수사, 비판적인 관점의 통합

균형이론과 함께 위험 커뮤니케이션에서 응용할 수 있는 공중 관계 이론 접근은 기능, 수사, 비판적인 관점을 통합하는 다양한 공중 관계 패러다임을 수용하는 것이다. 이러한 통합 과정을 공중 관계 이론에서는 "공중 관계 커뮤니케이션의 민주주의화" 과정이라고 부른다(김영욱, 2003). 공중 관계 이론의 균형이론은 기본적으로 기능주의적인 혹은 체계 이론에 바탕을 둔 이론이다. 기능주의적인 입장이라는 것은 조직의 입장에서 조직의 목적을 달성하기 위해서 공중 관계 커뮤니케이션을 이용하는 것을 말한다. 공중 관계 커뮤니케이션 담당자가 공중과 상호간에 이익을 가져올 수 있는(윈-윈 게임) 균형적인 커뮤니케이션 활동을 할 수 있다고 하지만 결국 이러한 접근도 조직의 이익이라는 부분을 배제하기는 어렵다는 비판이 항상 제기되어 왔다.

균형이론을 옹호하는 쪽에서는 윤리적인 조직이 되어 언제나 쌍방향 커뮤니케이션을 할 수 있도록 내부 시스템을 정비하면 해결될 문제라고 하지만, 이러한 시각을 비판적으로 바라보는 입장에서는 조직의 민주화에 모든 것을 맡기기에는 현대 사회 조직의 이기주의화가 심각하고 사회적인 차원의 힘의 불균형 상태를 무시하는 행위라고 반박한다. 예를 들어 균형이론 옹호자들은 우리나라 기업들이 공중 관계의 중요성을 잘 이해해서 윤리적이고 쌍방향적인 공중 관계 커뮤니케이션을 통해 기업과 사회가 함께 발전할 수 있는 커뮤니케이션 활동을 할 수 있다고 주장한다. 하지만 그러한 시각은 우리나라 재벌들이 안고 있는 구조적인 모순, 힘의 집중, 천민 자본주의 속성 등 조직 차원에서 균형적인 커뮤니케이션만으로는 이해할 수 없는 본원적인 사회 차원 한계들이 도사리고 있다는 것을 무시하는 것이다. 따라서 공중 관계 이론에는 이러한 기능주의적인 접근 외에도 다양한 공중 관계 패러다임을 수용하려는 노력이 있어 왔다. 대표적인 패러다임이 수사학적인 접근과 비판학적인 접근이다(김영욱, 2003).

앞서 위험 논의가 사회적으로 재구성되고, 그에 따라 커뮤니케이션과 의미 공유의 필요성이 증가하고 있다고 주장했다. 이러한 커뮤니케이션과 의미 공유의 필요성은 현대 수사학적인 논의와도 밀접하게 연관되어 있다. 현대 수사학은 상대방에 대한 설득에 그 목적이 있는 것이 아니라 의미의 공유를 통한 정체성 형성에 그 목적이 있다. 따라서 사회구성원들 간의 의미 공유를 통해서 위험을 정의하고 위험과 관련한 합의를 이루어 내는 것은 현대 수사학의 의미와 일치한다. 현재 이러한 위험과 관련한 현대 수사학적인 논의가 활발히 이루어지는 분야가 공중 관계 커뮤니케이션 이론의 수사학적인 접근이다. 공중 관계 커뮤니케이션의 수사학적인 접근은 조직과 공중 간의 커뮤니케이션을 통한 상호 이해와 의미의 공유를 목표로 하고 있으며, 논쟁의 시장을 통한 의견의 자유로운 교환과 합의를 지향한다. 따라서 위험과 관련한 커뮤니케이션도 한 조직의 기능적인 목적과 편익을 달성하기 위한 목적인 아니라 사회적인 위험 논의의 공론의 장을 넓히면서 공중 간의 의미 공유에 초점을 맞추게 된다.

공중 관계에 대한 또 다른 패러다임인 비판학적인 관점은 공중 관계 커뮤니케이션의 역할에 대해 기능주의와는 정반대의 관점을 보유하고 있다. 기능주의적인 관점은 조직이 공중 관계 커뮤니케이션을 통해서 조직과 공중 모두에게 상호 이익이 되는 윈-윈 상태를 창출할 수 있다고 보았지만, 비판학적인 관점은 이러한 윈-윈 상황은 허상에 불과할 뿐, 조직의 이익은 언제나 일반 공중의 희생을 바탕으로 이루어진다고 본다. 비판학적인 관점에서 공중 관계 커뮤니케이션은 공중의 희생을 무마하고 조직의 이익을 안정적으로 확보하기 위한 수단에 불과하다고 보는 시각이다. 따라서 기능주의적인 관점이 상호 이해나 협력에 가치를 부여하고 있다면, 비판학적인 관점은 사회 구조를 대응 혹은 대립에 두고 조직과 공중의 관계를 해석하게 된다(Toth, 1992; 김영욱, 2003). 따라서 공중 관계 커뮤니케이션의 비판학적인 접근은 커뮤니케이션 활동이 지배 권력의 유지와 착취 구조를 정당화하는 데 쓰이며 힘을 가지지 못한 사람들을 억압하기 위한 도구로 활용될 수 있다고 주장한다. 비판학적인 관점에서 커뮤니케이션 활동은 상호 이해와 관계의 형성이 아니라 힘의 불균형을 유지하기 위한 수단에 불과하다.

하지만 비판학적인 관점을 좀더 사회적인 관점에서 받아들인다면 공중 관계를 형성하기 위한 커뮤니케이션이 너무 조직 중심의 기능주의적인 함정에 빠지는 것을 방지할 수 있는 근거를 제시하기도 한다(Dozier & Lauzen, 2000). 비판학적인 관점은 공중 관계 커뮤니케이션 활동을 사회 차원에서 분석하면서 진정한 공중 관계 커뮤니케이션은 사회적으로 발생하는 힘의 불균형을 교정할 수 있는 방향으로 실행되어야 한다는 것을 시사한다. 따라서 비판학적인 관점은 기능주의의 역기능을 보정할 수 있는 균형잡힌 시각을 제시한다고 할 수 있다. 예를 들어 위험 상황에서 조직보다는 피해자의 입장에서 사안을 해석하고 커뮤니케이션을 수립한다면 그것이 좀더 견고한 공중 관계를 형성하는 데 기여할 수 있다. 또한 위험 커뮤니케이션이 역사적으로 형성된 힘의 불균형 상태를 지적하고 시정하려고 한다면 공중 관계가 한 차원 더 단단해질 수도 있다. 균형이론이 가장 이상적인 형태로서 현실에 구현된다면, 그것이 비판학적인 관점이 추구하는 것과 접점을 찾는 것은 어려운 일이 아니다.

이러한 공중 관계에 대한 기능주의적, 수사학적, 비판학적인 관점은 서로 대응되는 관점으로 이해하기보다는 통합적인 시각에서 바라보는 것이 필요하다(Toth, 1992). 김영욱(2006)은 커뮤니케이션 학문의 관점에서 다양한 관점들이 통합될 수 있다고 주장한다. 수사학적 관점 또한 과거의 설득이나 선전 수사 중심의 활동에서 벗어나 사회구성원 간 의미의 공유를 통한 커뮤니케이션의 역할을 강조한다. 또한 수사학적인 관점은 사회구성원

간 의미 공유를 위한 담론의 장을 형성할 것을 주장하는데, 이러한 담론의 장은 비판론적인 관점이 제시하는 사회 불균형을 해소하기 위한 실질적인 대안으로 작용할 수 있다.

수사학적인 관점이나 비판학적인 관점은 결국 기능주의적인 관점이 가지는 한계를 지적하면서 발전적인 대안을 형성한다고 할 수 있다. 결국 비판론적 관점과 수사학적 관점은 공중 관계 이론의 영역을 확장할 뿐 아니라, 자칫 기능주의에 빠지기 쉬운 공중 관계 활동을 좀더 사회 차원에서 바라보게 하는 역할을 한다고 할 수 있다. 즉 공중 관계를 기능주의적인 입장에서 논의한다면 조직 차원의 한계를 벗어나기가 어렵지만, 수사학적인 관점과 비판학적인 관점을 통해서 공중 차원, 사회 차원으로 확대한다면 바람직한 공중 관계 활동의 논의 차원을 넓혀 나갈 수 있다.

따라서 지금까지 소개한 세 가지 다른 관점들은 서로 독립적으로 운용된다기보다는 상호 보완적으로 이해하는 것이 바람직하다(Toth, 1992). 위험 커뮤니케이션은 공중 관계 이론의 기능주의적, 수사학적, 비판론적 접근의 통합을 통한 균형적인 수용과 연결될 수 있다. 이러한 상호 균형잡힌 시각을 "공중 관계 커뮤니케이션 민주주의"라고 명명하기도 한다(김영욱, 2003). 김영욱(2005)은 지금까지 초점을 맞추어 왔던 기능주의적인 접근에서 벗어나, 기능주의적인 편익과 함께 커뮤니케이션을 통한 공동체 형성 노력과 비판주의적인 시각을 잃지 않을 때 공중 관계 커뮤니케이션 학문도 민주주의 사회의 학문으로서 균형 감각을 찾을 수 있다고 보았다. 위험 커뮤니케이션도 전문가 중심의 조직 위험 인식에서 벗어나 공중의 인식을 우선적으로 고려하고 공중의 참여와 지속적인 공중 관계 형성을 위한 커뮤니케이션 활동을 추구한다는 측면에서 이러한 공중 관계 커뮤니케이션 이론의 통합적인 접근과 밀접하게 연결된다.

또한 김영욱(2005)은 이러한 통합이 가능한 이유로서 조직의 커뮤니케이션 활동은 여론과의 일치선상에서 평가를 받기 때문이라고 보았다. 아무리 조직이 좋은 커뮤니케이션 활동을 펼치더라도 공중 여론이 그것을 외면한다면 그러한 조직 커뮤니케이션 활동은 아무런 소용이 없게 된다. 예를 들어 핵폐기물 처리장 건설을 둘러싸고 아무리 기능적으로 우수한 방법으로 조직의 입장에서 정보를 유통시키더라도 공중의 여론이 악화되어 있다면 건설 사업을 추진하는 것은 불가능하다. 이런 측면을 고려한다면 조직의 입장에서 조직의 이익을 강화하기 위한 수단으로서 커뮤니케이션보다는 의미의 공유와 힘의 불균형을 고려하는 수사학적이고 비판학적인 관점을 수용하는 것이 바람직하다. 이러한 시각에서 핵폐기물 처리장 건설에 접근한다면 처음부터 조직의 입장을 주장하기보다는 지역 주

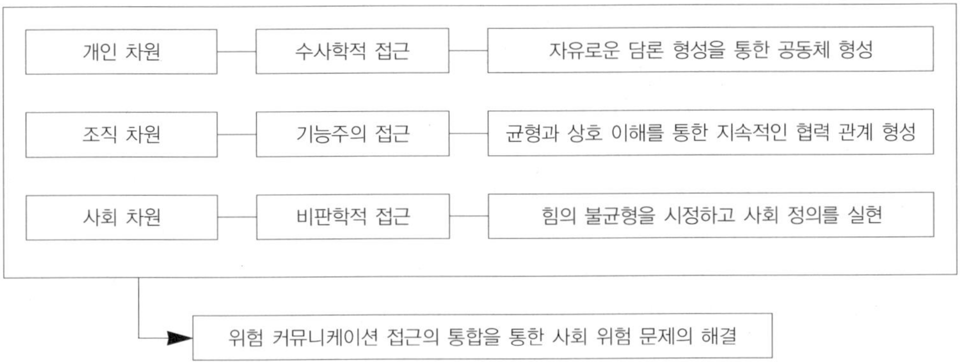

그림 7-2. 공중 관계 커뮤니케이션 이론 접근과 위험 커뮤니케이션 연결

민의 참여를 통한 의사 결정, 사회적인 약자에 대한 발언권의 부여, 갈등을 최소화하기 위한 조직 커뮤니케이션의 균형 감각에 초점을 맞추어 커뮤니케이션을 진행했을 것이다. 이러한 통합적인 커뮤니케이션 활동은 기본적으로 장기적으로 우호적이고 지속 가능한 공중 관계를 형성하는 데 초점을 맞추고 있다.

이와 함께 이미 관계 관리relationship management 분야를 통해서 공중 관계 커뮤니케이션 이론은 기능, 수사, 비판 접근을 통합적으로 수용하는 방향으로 나아가고 있다. 많이 쓰이는 관계라는 개념 자체도 상호 이해라는 측면의 균형이론 접근과 의미 공유를 목적으로 하는 수사학적인 접근을 함께 포함한다. 또한 균형이론에서 많이 논의되고 있는 갈등 해소와 협상 등의 개념은 힘의 불균형 시정이라는 측면에서 비판이론의 요소를 많이 가져오고 있다. 공중 관계 커뮤니케이션의 주요 배경으로 등장하는 게임이론, 기호학적인 접근, 문화이론 등은 사실상 어느 한 관점에서 정리되었다고 보기에는 무리가 있으며, 이미 통합적이다.

최근 들어 공중 관계 이론들은 더욱 진화 발전하고 있다. 균형이론을 집단주의collectivism, 협력collaboration, 사회조합주의societal corporatism의 관점에서 재해석하기도 하고, 비판적인 관점을 응용한 페미니즘, 포스트모더니즘 등의 다양한 이론들이 공중 관계 이론으로 도입되고 있다. 이러한 다양한 이론적인 논의들은 스파이서(Spicer, 2000)가 주장했던 공중 관계 이론의 통합적인 논의와도 맞닿아 있다. 스파이서는 공중 관계 이론은 한 이론의 일방적인 수용이 아니라 다양한 이론들이 견제 충돌하는 과정에서 발전할 수 있으며 그것이 다양성을 기초로 하는 민주주의 원칙과도 일맥상통한다고 보았다. 이러한 공중 관계 이론의 통합적인 논의는 위험 커뮤니케이션이 일방적인 커뮤니케이션이 아니라 상호 이해, 협상, 갈등 해소 등을 통해서 공중과의 진정한 관계 형성을 목적으로 한다는 것과 그 목적에서 일치하는 것이다.

위험 커뮤니케이션을 공중 관계 학문의 입장에서 접근하는 것은 기존의 일반적인 커뮤니케이션 방식과는 차이가 있다. 예를 들어 우리나라 정부기관이 식품의약품 안전이나 금연 등 건강 관련 이슈를 국민들과 커뮤니케이션한다고 했을 때, 일방적인 정보의 유통이나 대對국민 설득에 의존하기보다는 모든 관련 공중과 장기적인 관계를 맺기 위한 전략적인 활동을 기획하고, 커뮤니케이션 활동 과정에서 사회적인 약자를 고려하고 배려하는 커뮤니케이션 활동을 진행할 수 있다. 즉, 설득 커뮤니케이션이 필요한 시기에도 사회적인 책임감에 대한 균형 감각을 잃지 않음으로써 조직의 목표 달성과 공동체의 공공 이익을 합치시켜 나가는 커뮤니케이션 활동이 가능해진다. 이러한 예들은 많은 성공적인 조직 커뮤니케이션 사례에서 찾을 수 있는데, 내부 조직원을 포함한 공중과의 우호적인 관계 형성, 사회 공헌 활동, 공중과의 의미 공유 및 담론의 장 형성 등을 통해서 공중을 진정한 조직의 파트너로 만들고, 그러한 활동을 통해서 위험 커뮤니케이션이 성공한 사례를 얼마든지 찾을 수 있다.

위험과 공중 관계, 공론의 장 그리고 민주주의

위험 요인에 대한 사회의 담론이 전문가의 객관적인 판단을 통해서 결정될 수 없다는 것을 설명했다. 그렇다면 민주주의 사회에서 위험 요인을 판단할 수 있는 근거는 무엇일까? 일반적으로 사람들은 민주주의 다수결의 원칙을 제시할지도 모른다. 하지만 다수결의 원칙으로 위험 논의를 결정할 수 없는 경우가 대부분이다. 예를 들어 새만금 물막이 공사가 환경 파괴에 큰 영향을 주지 않는다고 다수가 인정하더라도 상대적으로 소수인 반대론자들이 심한 반대를 한다면 그 공사는 진행될 수 없다. 위험에 대한 판단은 다수가 하는 것이 아니라 소수를 끌어안아 공론의 장을 작동시키고 커뮤니케이션을 통해서 충분한 숙의를 거친 다음, 가장 최소한의 반발을 기초로 결정할 수밖에 없다. 물론 완벽한 커뮤니케이션 시스템이나 절차가 존재할 수는 없지만 최소한 이러한 절차상의 합의와 과정을 필요로 한다. 조직이 펼치는 공중 관계 활동들도 이러한 공론의 장 형성과 숙의 민주주의의 절차를 추구했을 때 사회의 위험 커뮤니케이션 담론과 민주주의의 발전에 기여할 수 있다. 따라서 위험 커뮤니케이션과 공중 관계 활동을 조합하여 사회 민주주의에 기여할 수 있는 방법을 찾는 것이 위험 커뮤니케이션의 최종 목적이 될 수 있다.

위험 문제에서 커뮤니케이션의 중요성

무엇보다도 중요한 위험 커뮤니케이션의 원칙은 위험과 관련한 논의에서 상대 조직에게 전제 조건으로 내세우는 원칙을 서로 포기하는 것이다. 예를 들어 노조가 임금 협상에서 무조건 해고 근로자들을 복직하고 난 다음에 협상이 진전될 수 있다고 한다면 협상 자체가 깨어질 가능성이 크다. 이와 마찬가지로 위험 부지 선정과 관련하여 지역 주민이 농성을 풀어야만 협상할 수 있다는 정부의 태도도 바람직하지 않다. 커뮤니케이션은 어떠한 전제 조건이 없는 상황에서 진행되어야 하며, 또한 어떠한 조건 하에서라도 진행되어야 한다. 하지만 중요한 것은 커뮤니케이션 참가자에게 동등한 기회가 부여되었을 때만 이상적인 대화 상황이 진행될 수 있다는 것이다(Habermas, 1981, 1989). 따라서 위험 커뮤니케이션의 원칙은 하버마스가 주장한 공론의 장 개념을 원용할 수 있다.

하버마스는 근대 사회의 지나친 도구적인 이성을 비판하면서 의사 소통 합리성을 통해 현대 사회의 문제를 해결할 것을 주장한다. 의사 소통 합리성에 근거한 의사 소통 행위는 담론 과정에서 어떠한 강제성을 배제하고 상호 논증을 무기로 대화하는 형식이며, 대화 주체의 타당성 요구에 응답해 논증으로써 상호 정당성을 추구하는 커뮤니케이션 방식이다. 설명이 어렵지만 한마디로 말을 통해서 서로 간에 정당하다고 인정받을 때 합의가 이루어진다는 것이다. 하버마스는 의사 소통 행위가 성공적으로 이루어지기 위해서 담론 참가자 누구나 자유롭게 동등한 입장에서 논증을 갖춘 주장을 개진하고 서로의 주장을 공정하게 검토할 수 있으며 반박할 기회를 동등하게 가지는 것이 중요하다고 생각했다. 이러한 과정에서 하버마스는 '이해 가능성', '진실성', '성실성', '정당성'의 타당성 요구를 충족하는 담론을 통해서 궁극적으로 합의에 도달하게 된다고 보았다(Reese-Schäfer, 1991/1998).

하버마스가 주장한 의사 소통 합리성에 기초한 광범위한 이성적인 합의를 이끌어 내기 위한 이상적인 발화 상황ideal speech situation을 정리하면, 첫째, 모든 커뮤니케이션 참여자가 의사 소통적인 언어 행위를 개진할 수 있는 균등한 기회가 보장되어야 한다. 둘째, 모든 담론 참여자가 해석, 주장, 권고, 해명, 정당화를 개진하고 근거를 제시하거나 반박할 수 있는 균등한 기회가 보장되어야 한다. 셋째, 자신의 입장, 감정, 소원을 표현하는 행위를 사용할 수 있는 균등한 기회가 보장되어야 한다. 마지막으로, 명령, 반항, 허락, 금지, 약속, 변명 등 규제적 언어 행위를 사용할 수 있는 균등한 기회가 보장되야 한다(Reese-Schäfer, 1991/1998). 하버마스가 주장한 이상적인 발화 상황은 위험 커뮤니케이션에도 그대로 적용될 수 있으며, 위험 담론을 둘러싼 관련 주체와 공중이 아무런 제약 없이 논증의 타당성 요구를 서로 충족하면서 커뮤니케이션에 참여할 때 위험에 대한 사회적인 합의를 이끌어 내는 것이 가능해진다.

위험 논의에 대한 사회적인 합의, 절차상의 정당성이 중요한 이유는 위험에서 커뮤니케이션이 필요한 이유와 같다. 일단 위험은 전문가들의 판단에 의존하지 않는다. 많은 연구에서 위험에 대한 전문가들의 판단이 옳지 않을 수 있다는 것이 입증됐고, 전문가의 판단 또한 서로 일치하지 않는 경우가 많았다. 또한 일반인의 인식과 판단이 잘못되었다고 주장할 근거도 희박하다.

또한 위험과 관련한 판단은 결국 사회적인 가치의 문제와 밀접하게 연결되어 있다. 많은 사회 갈등 사안에서 나타나는 것처럼 어떤 사람들에게 위험한 것이 다른 사람들에게는 위험하지 않을 수도 있다. 이것은 결국 위험의 문제가 전문가 차원의 기술적인 판단 문제가 아니라 커뮤니케이션을 통해서 풀어야 하는 문제라는 것을 보여 준다. 예를 들어 FTA 협상의 결과에 대한 위험 인식은 사람들이 가지고 있는 가치와 상황에 따라 달라진다. 그렇다고 누군가 이러한 문제에 대해서 정확한 판단을 해 줄 수 있는 사람도 없다. 결국 위험의 문제는 커뮤니케이션 문제로 인식하는 것이 필요하고, 문제의 해결을 위해서는 공론의 장을 형성해 대화를 통해서 서로 간의 합의를 이끌어 내는 수밖에 없다. 그것이 정답인가 아닌가의 문제, 혹은 객관적으로 유효한 것인가의 문제는 이미 판단의 영역을 벗어나는 것이다. 중요한 문제는 절차상의 합법성을 확보하고 커뮤니케이션을 통해서 관련 주체들이 합의를 이루어 낼 수 있느냐의 문제다.

조직이 내건 전제 조건만을 고집하거나 원칙적인 가치만을 고집한다든지 위험을 과장해서 포장하려는 태도 또한 위험 커뮤니케이션 과정에서 지양해야 한다. 모든 위기 관련 주체들이 위험은 객관화될 수 없고 인식의 문제이며, 커뮤니케이션을 통해서 합의를 이루어 나가야 하는 사회 담론의 대상임을 받아들여야 한다. 결국 위험 커뮤니케이션은 인식의 문제이기 때문에 정치적인 사안이다. 하지만 정치적인 사안이라고 해서 정치인들이 풀 수 있는 문제는 더더욱 아니다. 결국 사회의 숙의 민주주의 시스템이 강화되어 커뮤니케이션을 통한 공론의 장을 통해서 위험에 대한 인식의 합의를 이루어 나가는 수밖에 없다.

의사 소통 합리성, 공론의 장 그리고 위험 커뮤니케이션

공론의 장과 관련해서는 하버마스의 논의를 좀더 살펴볼 필요가 있다. 하버마스의 시각에서 현대 사회의 병리 현상이 나타나게 된 원인은 커뮤니케이션에 기반을 둔 일반 사람들의 생활 세계가 도구적 합리성에 기반을 둔 사회 체계에 의해서 식민지화되었기 때문이다. 근대에 이르러 과학 기술의 발달은 인류 역사상 전례 없는 물질적 발전을 가져왔고 기술 자체에 대한 믿음이 커지면서 과학 기술적 사고 방식을 제외한 정신적인 대상을 부수적인 것으로 취급하게 되었다(김영욱 · 박정윤, 2006). 그 결과 주어진 목적을 가장 효율적으로 달성하려는 도구적 의식 상태가 인간의 내면 세계를 지배하게 되었다(Habermas, 1973). 점차 사람들 간의 커뮤니케이션이 가지는 의미가 축소된 것이다. 그러나 하버마스는 이러한 현대 사회가 처한 문제들을 극복하기 위해서 좀더 광범위한 이성을 제시했다. 그의 시도는 광범위한 합리성을 통해서 도구적인 이성이 만들어 낸 병폐를 해소하고자 하는 이성의 재구성 프로젝트라고 할 수 있다. 즉 이성에는 현대 과학 기술에 지나치게 의존하는 도구적 이성뿐만 아니라 상호 이해와 대화에 바탕을 둔 실천적, 의사 소통적 이성도 있음을 적극적으로 규명함으로써 커뮤니케이션의 힘을 회복하려고 한 것이다(Habermas, 1981; 1984).

의사 소통 합리성과 연관된 것이 의사 소통 행위다. 하버마스는 인간의 사회적 행위 중에서 커뮤니케이션을 통한 상호 이해를 목적으로 하는 행위를 의사 소통 행위라고 보았다. 따라서 의사 소통 행위는 목적 달성에 집착하는 전략적인 행위와는 다른, 대화와 담론을 통한 상호 이해를 지향하는 행위다(김영욱 · 박정윤, 2006). 따라서 의사 소통 행위는 서로 대화하는 행위이며 담론에 참가하는 모든 참가자들의 대화를 통한 관계 형성을 목적으로 한다. 따라서 이러한 의사 소통 행위는 앞서 말했던 우리 사회가 접하고 있는 여러 가지 위험 문제들을 해결할 수 있는 방안과 연결된다.

언어의 보편성에 근거한 의사 소통 행위는 담론의 형태로 이루어진다. 담론은 서로 간의 상호 커뮤니케이션을 통해서 타당성을 논증하고자 하는 행위를 말한다(이진우, 2003).

담론 속에서 의사 소통 행위는 자유로운 커뮤니케이션을 위한 타당성 논증 행위를 주도한다. 모든 주장들은 1) 이해 가능성, 2) 진리성, 3) 성실성, 4) 정당성의 네 가지 타당성을 무기로 담론을 이끌어 간다. 이러한 내용을 정리하면 의사 소통 합리성은 외부의 압력이 없는 이상적인 발화 상황 속에서 담론을 통해 이성적인 합의를 이끌어 가게 된다(김영욱 · 박정윤, 2006). 결국 하버마스의 주장에 따르면, 어떠한 외부적인 압력이 없고 대화의 참가자들이 타당성에 근거한 담론을 이끌어 간다면 서로 간의 합의를 도출하는 것이 가능하고, 그러한 합의가 진리를 대신할 수 있다고 보았다.

이러한 논리를 위험 문제에 적용하면 위험 커뮤니케이션의 방향성을 설정하는 것이 가능하다. 위험 문제와 관련한 당사자들도 의사 소통 합리성에 근거한 담론을 통해서 이성적인 합의를 이끌어 내는 것이 최종 목적이 되어야 한다. 여기서 이끌어 낸 합의는 객관적인 진리라기보다는 서로 간의 합의를 통해서 타당성을 인정받은 가변적인 합의체로 인식할 수 있다. 결국 위험의 문제도 도구적 이성의 미망에서 벗어나 광범위한 의사 소통 합리성을 중심으로 대화와 합의를 통해서 해결하는 것이 가장 빠른 해결책이라고 할 수 있다. 사실상 얼마나 많은 현대 사회의 문제들이 과학 기술에 대한 도구적인 이성에서 비롯되었는가? 황우석의 가짜 줄기세포 사건도 과학의 문제를 도구적 이성으로 바라보았기 때문에 일어난 문제라고 할 수 있다. 커뮤니케이션이 생략되고, 담론을 통한 이성적인 합의가 이루어지지 못한다면 어떠한 진리도 그대로 인정되어서는 곤란하다. 위험의 문제는 이제 과학 기술의 문제가 아니라 커뮤니케이션의 문제인 이유가 여기에 있다.

한편 하버마스의 공론의 장은 이러한 커뮤니케이션을 통한 공론이 형성되는 생활 세계의 영역이다. 생활 세계는 권력과 경제력에 기반한 사회 체계에 반대되는 개념으로 커뮤니케이션을 통한 상호 교류를 통해서 문제 해결이 이루어지는 곳이다. 공론의 장에서는 공적 사안에 대한 결정이 전통이나 권위가 아닌 합리적인 커뮤니케이션을 통해서 이루어진다(김영욱 · 박정윤, 2006). 즉 사적 영역에서 이루어지던 담론이 의사 소통 행위를 통해서 공적 토론으로 확장되고, 이러한 공적 대화를 통해서 합의를 가능하게 하는 공간이 공론의 장이다(김영욱, 2005).

공론의 장이 형성되면 참가자들은 논증에 기반을 준 담론 행위를 통해서 자유로운 의사 표시와 상호 이해, 절충과 대화를 통해서 합의를 형성하고 그러한 합의는 여론의 형태로 사회 문제에 대한 해답을 제시하게 된다(김영욱, 2005). 이러한 공론의 장 형성은 민주주의의 존속에 매우 중요한 의미를 가진다. 공론의 장에서 합리적인 절차를 통해 서로 간에 만족할 수 있는 합의를 이끌어 내지 못한다면, 사적 이익과 외부의 압력이 지배하는 여론이 질식되어 버린 공론의 장을 형성할 수밖에 없게 된다. 이러한 공론의 장에서는 합의가 도출되기 어려우며, 민주주의의 위기를 초래할 수밖에 없게 된다.

따라서 위험 문제 해결도 공론의 장의 중요성과 그대로 연결된다. 이익집단이나 전문가 혹은 언론 매체에 의해서 점령당한 공론의 장은 담론적 상호 작용 기능을 상실했기 때문에 자유로운 공적 담론의 형성을 방해하고 전문가나 일부 소수 의견을 통한 왜곡된 합의를 강요할 가능성이 많아지게 된다(김영욱 · 박정윤, 2006). 이러한 상황에서 위험 문제는 더 증폭될 수밖에 없고, 정치적인 정당성을 확보하는 것은 매우 어려워진다. 따라서 사회 위험의 문제는 외부의 압력으로부터 해방되고 합리적인 토론 절차를 거치는 건강한 공론의 장 형성을 통해서 해결되어야 한다.

위험 문제 해결을 위한 커뮤니케이션 행위는 결국 사회적인 위험 문제 담론을 가능하게 하는 공론의 장의 형성에 달려 있다. 예를 들어 어떤 지역에 들어서게 될 쓰레기 처리장의 유치 절차와 관련하여 행정기관의 일차적인 목적은 그러한 시설에 대해서 이야기하고 위험 문제와 관련한 담론을 교환할 수 있는 공론의 장을 형성하는 데 맞춰져야 한다. 그렇지 않고 정부 입장을 담은 정보의 유통과 효율적인 설득 커뮤니케이션에 집중한다면, 대부분의 경우 지역 주민의 반발을 불러오고 성공적인 사업 시행을 위한 추진력을 상실하게 되는 수가 많다. 결국 부안군의 핵폐기물 처리장 유치는 실패했지만 같은 시설이 들어서는 경주의 경우 성공한 사례에서 알 수 있는 것은 공론의 장 마련을 위한 정부의 노력이 충분이 이루어졌을 때만 위험 문제 해결도 가능하다는 것이다.

하지만 공론의 장 형성이 모든 문제를 해결해 주는 것은 아니다. 하버마스는 사회의 모든 주체들이 공론의 장을 자유롭게 드나들면서 다원적인 담론들을 통해서 합의를 창출해 냄으로써 사회 문제를 해결할 수 있다고 보았지만, 이러한 공론의 장 형성은 너무 절차적인 민주주의에 집착할 뿐, 실질적인 사회 문제 해결에는 미흡하다는 주장도 제기되고 있다(Mouffe, 1993). 이러한 절차적인 민주주의의 강조는 일면 실질적인 다원주의의 감소로 이어져서 오히려 대화를 통한 문제 해결을 피상적으로 만들 가능성을 배제할 수 없다. 하지만 하버마스도 이러한 공론의 장을 통한 사회 문제 해결이 성공하기 위해서는 사회 중심적인 세력보다는 주변층의 사람들이 더 많이 공론의 장에 참여함으로써 담론의 전개가 좀더 역동적으로 이루어져야 한다고 보았다(김영욱, 2005).

이러한 소외된 계층의 참여가 공론의 장을 통한 사회 문제 해결에 매우 중요한 요소를 차지한다. 하지만 이러한 공론의 장의 균형 문제는 결국 공론의 장 참가자들 중에서 사회적인 자원과 힘을 보유하지 못한 약자 입장의 목소리를 반영하는 문제와 연결되는데, 이러한 문제는 시민단체와 비영리단체와 같은 시민운동 조직들의 활성화와 이를 통한 소외된 목소리의 활발한 공론 참여를 의미한다. 한편 공론의 장 논의는 대의 민주주의를 보완하기 위한 숙의 민주주의 논의와 연결되어 좀더 현실 세계에서 실질적으로 적용될 수 있는 방법을 찾기 위한 노력으로 이어지고 있다.

> 공론 영역은 다수의 경쟁적인 목소리들이 자유롭게 의사를 개진할 수 있는 민주주의의 실천의 장을 의미한다. 숙의 민주주의가 의미하는 것은 공론 영역을 통한 의견 개진과 대의 민주주의를 통한 제도적인 논의가 함께 조화를 이루어나가는 의사 소통의 공적인 정당성 획득 방법이다. 즉 법, 제도, 권력이 의사 소통 정당성에 기반한 절차적인 합리성과 조화를 이루고 견제를 받으면서 실질적으로 사회 문제를 해결해 나간다(김영욱, 2005c: 97).

이슈 경쟁, 시민 사회단체 그리고 위험 커뮤니케이션

위험 사안 해결을 위해서는 커뮤니케이션, 공중 관계, 공중 참여 등이 중요하고, 이러한 활동은 사회 공론의 장의 활성화로 연결된다. 앞서 설명했듯이 현대 위험 사회의 문제를 해결하기 위한 공론의 장 형성의 전제 조건 또한 시민 사회의 역동적인 참여와 다양한 의견을 유지하기 위한 소외된 계층의 목소리를 반영하는 데 있다. 이는 필연적으로 정보원情報源의 균형과 낙관적인 다원주의의 형성, 시민단체와 비영리단체의 커뮤니케이션 활동의 활성화와 연결된다. 따라서 공론의 장 문제는 다시 사회 각 구성원들이 위험 커뮤니케이션을 어떻게 할 것인가의 문제로 돌아오게 된다. 이슈 경쟁issue competition 개념은 이러한 커뮤니케이션 과정이 어떻게 미디어를 중심으로 벌어지는가를 설명해 준다.

소스-미디어 관계를 단순한 정보 제공자와 게이트키퍼gatekeeper 역할로만 한정짓는 것은 현대 위험 사회에서 큰 의미가 없다. 곳곳에서 위험은 양산되고 있으며 그러한 위험은 미디어의 판단에 의해서 분명히 구분될 수 있는 객관적인 지식들과는 거리가 멀다. 사회의 위험 사안들은 성찰성을 필요로 하며, 이러한 성찰을 돕기 위한 관련 공중의 의사 표시가 자유로운 공론의 장에서 활발하게 이루어질 때, 현대 사회의 위험 문제 해결을 위한 단서를 마련할 수 있다. 이러한 상황에서 이해 주체 간 대립을 조정하고 사회 갈등의 증폭 현상을 조정할 공중 관계 커뮤니케이션의 역할은 점점 더 커질 수밖에 없다(Davis, 2002b). 이는 모든 소스들이 공중 관계 커뮤니케이션을 통해서 자신들의 사회적인 영향력을 확보하기 위해 경쟁하게 되고, 미디어 이슈 경쟁을 통해서 유리한 여론을 형성하려고 시도하는 상황에서 당연한 일이다. 여기서 이슈 경쟁은 미디어를 통한 의제 경쟁agenda competition과 소스 경쟁source competition을 포괄하는 개념이다.

새롭게 제시된 '이슈 경쟁'이라는 개념은 사회의 다양한 정보원들이 자신들의 이슈 속성을 가지고 공론의 장에서 경쟁하는 체제를 의미하며, 미디어도 이러한 이슈 경쟁을 위한 공론의 장의 중요한 부분을 차지하게 된다. 이러한 이슈 경쟁 상황에는 공론의 장 특히 미디어 공론의 장에 대한 고착화된 접근성, 소스 접근의 차이에 따른 목소리의 불균형 존재, 그리고 사회적인 약자 그룹의 도전 등 다양한 연구 주제들이 존재한다(Cottle, 2003; Davis, 2000, 2002b). 이러한 현상을 설명하는 이론들로 사회적으로 공식적이고 힘을 가진 그룹에 미디어들이 정보를 의존하게 된다는 중요 정의자prime definer 개념이나 미디어가 사회적으로 힘을 가진 그룹의 의제를 그대로 반영한다는 지표이론 등이 있다.

이러한 이론들이 공통적으로 지적하는 것은 공론의 장에서 이슈 경쟁이 원활하게 이루어지지 않는 문제점은 미디어가 권력기관에 더 관심을 가지기 때문이라는 것이다. 이러한 상황을 타개하기 위해서는 사회적으로 힘이 약한 그룹들이 원활한 공중 관계 활동을 통해서 효과적인 커뮤니케이션 활동과 이슈 경쟁을 할 수 있는 역량을 키우는 것이다. 이는 특히 미디어-정보원情報源의 관계에서 공식적인 집단이나 전문가집단에 지나치게 의존하는 미디어 관행을 없애고, 다양한 목소리를 반영하기 위한 노력과 연결된다. 위험 문제에서도 지나친 전문가 주도의 위험 커뮤니케이션은 공론의 장을 축소시키고, 사회 차원의 문제 해결을 가로막을 가능성이 많다. 우리나라도 일단 위험 문제가 발생하면 정부나 공식 소스에 지나치게 의존하여 위험 문제를 오히려 증폭시키는 경우가 많다. 대부분 언론은 공정성이라는 가면 뒤에 교묘하게 숨어 버리지만, 엄밀하게 말하면 이러한 편향된 소스 의존도 오보의 한 형태라고 볼 수 있다. 지역 주민이나 일반 피해 공중의 목소리가 언론을 통해서 전달되지 못했을 때 커뮤니케이션을 통한 합리적인 문제 해결을 바라는 것은 무리가 있다.

미디어와 소스 혹은 정보원의 관계는 크게 자유 다원주의liberal pluralism와 비판주의critical Marxism로 나누어 볼 수 있다(Davis, 2000; 2002b). 자유 다원주의는 정보원들이 자유로운 경쟁을 통해서 소스 접근의 균형을 가져올 수 있다는 것이고, 비판주의는 사회의 힘을 가진 세력들이 사회 지배력과 이미 정착된 미디어-정보원 관계를 통해서 기존 권력을 고착화한다고 보는 시각이다. 앞에서 말했던 중요 정의자 개념과 지표이론은 상당히 비판주의적인 접근을 하고 있는 셈이다. 소스 간에 자유 경쟁을 통해서 자연스럽게 의견의 균형을 이루어갈 것이라고 보는 자유 다원주의는 사회 현상을 너무 순진하게 본다는 비판이 제기될 수 있고, 비판주의는 우후죽순처럼 생겨나는 시민 사회단체의 힘을 너무 과소 평가하고 있다는 주장이 제기될 수 있다.

자유 다원주의에서 주장하는 것처럼 사회적인 힘의 균형이 자연스럽게 이루어진다고 보기는 어렵지만, 사실상 중요 정의자 간의 경쟁이나 가파르게 상승하는 비공식적인 소스의 미디어 접근, 지배 세력의 빈번한 교체 등을 놓고 본다면 비판주의적인 입장의 접근도 너무 도식화된 시각으로 사회 현상을 바라본다는 비판을 면하기 어렵다(Schlesinger, 1990). 이러한 비판에는 미디어-정보원 관계뿐 아니라 시민사회 세력의 활동을 좀더 거시적인 이슈 경쟁의 시각에서 바라보길 주문하면서, 역동적인 변화를 이끌어 낼 수 있는 가능성에 주목하자는 의도를 담고 있다. 즉 이러한 시각은 담론 경쟁이 공정하게 이루어진다면 공론의 장의 균형이 회복되어 현대 사회의 위험 문제가 해결될 수 있다는 낙관론을 담고 있다.

이러한 비판을 수용하여 등장한 제3의 관점이 낙관적인 다원주의다(Davis, 2000). 낙관적인 다원주의 관점에서는 공중 관계 커뮤니케이션의 중요성이 무엇보다도 강조된다. 즉 미디어의 객관적인 판단을 통한 균형 만들기에 의존하기보다는 정보원의 역동성과 경쟁을 통해서 공론의 장이 균형을 이루어 갈 수 있을 것으로 보는 시각이다. 이러한 시각에는 미디어 공론의 장도 중요하지만 조직이 동원할 수 있는 모든 커뮤니케이션 수단들이 힘의 균형을 유지하기 위한 방법으로 사용될 수 있다고 본다. 인터넷의 등장, 대안 매체의 등장, 시민 사회단체의 성장 등이 이러한 추세를 뒷받침하고 있다. 무엇보다도 조직의 효과적인 공중 관계 커뮤니케이션 활동이 힘이 약한 그룹도 공론의 장에 접근할 수 있는 방안을 제시한다. 공중 관계 활동을 통해서 정당성과 신뢰로 무장한 약자 그룹은 사회의 기존 세력들과 충분히 이슈 경쟁할 수 있다. 즉 공중 관계 커뮤니케이션 활동은 사회적으로 힘이 없는 그룹, 비공식적인 집단, 소외된 계층이 자신의 목소리를 낼 수 있는 가장 효과적인 수단으로 이용될 수 있다.

따라서 비영리 시민단체를 위한 공중 관계 커뮤니케이션 활동이 가지는 의미는 매우 크다. 김영욱(2005b)은 비영리단체를 위한 공중 관계 커뮤니케이션 활동이 가지는 의미를 다섯 가지로 요약했다. 그것은 1) 사회 담론에 대한 미디어 중심주의 탈피, 2) 미디어 접근권의 확대와 공중 관계 활동을 통한 민주주의 실현, 3) 의사 소통 합리성을 통한 공론 영역의 다양화, 4) 시민 사회운동의 발전, 그리고 5) 조직 공중 관계의 사회 차원 확대를 들었다.

사회 담론에 대한 미디어 중심주의의 탈피는 공중 관계 커뮤니케이션 활동이 조직의 목적 달성이 아니라 사회의 공공 이익을 위해서 이루어질 때 미디어 중심주의 시각에서 바라보던 조직의 커뮤니케이션 활동에 대한 편향된 시각이 교정될 수 있다는 것을 의미한다. 비영리 시민조직을 위한 공중 관계 커뮤니케이션 활동은 정보원의 측면, 조직의 측면에서 사회적인 의미를 달성할 수 있음을 보여 준다. 많은 건강 관련 캠페인, 위험과 관련한 지역사회 활동, 노인 복지와 청소년 이슈 등은 시민 사회조직이 공중 관계 커뮤니케이션을 통해서 민주주의 사회의 공동선을 달성하는 데 기여한다는 것을 보여 준다.

시민 사회단체의 확대는 미디어의 공적 소스 의존을 줄여서 다양한 목소리들의 미디어 접근을 가능하게 하고, 위험 문제 해결을 위한 풀뿌리 민주주의의 확대를 가져올 수 있다. 시민 사회단체의 확장과 미디어 접근의 확대는 또한 공론 영역을 다양화하고 커뮤니케이션을 통한 합의 창출을 가능하게 할 것이다. 이와 함께 전문가나 공적 소스의 공론의 장 지배를 타파함으로써 위험 문제에서 일반 공중의 참여도 훨씬 늘어나게 된다. 공중 관계 커뮤니케이션 활동은 기존의 가진 자의 힘을 강화시켜 주는 전략적인 커뮤니케이션이 아니고, 시민 사회가 위험 문제를 의사 소통할 수 있는 새로운 수단으로 대두될 수 있다.

따라서 위험 커뮤니케이션을 통한 위험 문제의 해결은 비영리 시민 사회조직의 활성화를 기반으로 하여 사회적인 힘의 균형이 이루어질 때 가능하다. 위험 문제 해결을 위한 공론의 장 확대는 다양한 사회단체의 목소리가 제한 없이 반영됨으로써 이루어지며, 이러한 다양한 그룹의 참여는 공중 관계 커뮤니케이션 활동을 통한 이슈 경쟁, 낙관적인 다원주의의 실현, 시민 사회단체의 효율적인 커뮤니케이션 능력 배양을 통해서 가능해진다. 성공적인 위험 커뮤니케이션은 결국 조직의 공중 관계 커뮤니케이션 활동을 사회적인 차원에서 실현함으로써 가능하다. 전문가적인 시각, 조직 중심의 시각, 기능적인 목적 중심의 시각에서 벗어나 관련 공중과의 관계 형성에 주목하는 광범위한 커뮤니케이션 행위를 통해서 위험 커뮤니케이션이 사회적인 의미를 획득하는 것이 중요하다.

제3부

위기와 커뮤니케이션

제8장

위험, 위기 그리고 조직

지금까지 위험과 관련된 논의는 사변적인 논의에 그치는 경향이 있었다. 대부분의 논의에서 현대 사회에는 위험이 편재되어 있으며 이를 극복하기 위해서는 공론의 장의 형성을 통한 사회적 합의를 유도해야 한다는 규범적인 결론이 제시되고 있다. 하버마스는 사회적인 행위를 의사 소통 행위와 전략적인 행위로 구분하고, 전략적인 행위를 조직의 도구적인 이성이 지배하는 체계 중심적인 행위로 보았다. 여기서 전략적인 행위는 성격에 따라서 개방적인 전략행위와 은폐된 전략 행위로 나뉘기도 한다(Habermas, 1984). 하지만 전략적인 행위는 기본적으로 조직 중심적이며 공중 전체의 이익과는 거리가 있다.

대부분 위험 논의와 관련하여 공론의 장의 필요성을 주장하는 사람들도 하버마스와 동일하게 전략적인 행위 자체를 부정적으로 보는 경향이 있다. 이러한 주장에는 사회적으로 힘이 있는 집단이 전략적인 행위를 통해서 힘의 불균형을 강화하고 공론 영역을 재봉건화할 것이라는 경고가 깔려 있다. 하지만 이러한 주장을 거꾸로 생각해 사회적으로 힘이 없는 집단이 힘을 강화하여 전략적인 행위를 통해서 힘의 균형을 가져올 수 있다면, 조직이 행하는 전략적인 행위는 좀더 긍정적으로 해석될 수 있다. 앞 장에서 설명했던 낙관적인 다원주의 차원의 해석이 가능한 것이다. 또한 대표적인 전략 행위로 분류되는 공중관계 커뮤니케이션의 경우를 놓고 보아도, 기능주의 접근에서 벗어나 조직과 관련 공중의 의미 공유를 목적으로 하면서, 조직과 공중이 함께 편익을 얻을 수 있는 공동체 형성을 주장하는 방향으로 이론화가 전개되고 있다. 이러한 시각들은 하버마스와는 조금 다른 차원에서 전략적인 행위를 해석하려는 경향을 보여 준다(김영욱, 2003).

즉 전략적인 행위의 긍정적인 면을 인정한다면 위험 문제의 해결도 사변적인 논의와 규범적인 해결책에서 벗어나 조직 차원에서 조직의 커뮤니케이션 문제로 다루어지면서 실질적인 해결점을 모색하는 것이 가능하다. 현대 사회 커뮤니케이션의 역할은 조직화를 중심으로 형성되는 것이 분명해 보인다. 힘이 없는 집단이 사회적인 목소리를 강화하는 것이든, 기존 조직의 공중과의 의미 공유 행위이든 간에 조직 중심의 커뮤니케이션을 통해서 자신의 목소리를 공중에게 전달하고자 애쓴다. 비판학자들에 의해서 전략적인 행위에 대한 경고가 있어 왔지만, 시민 사회 세력의 성숙, 인터넷 미디어 시대에 따른 조직 중심 미디어화 현상, 분권주의와 소수집단의 정치 세력화, 개인 관심의 조직화 등 개인의 사회 행위가 조직화되고, 조직 단위로 커뮤니케이션을 통해서 문제를 해결하려는 열망이 높아지고 있는 것은 엄연한 사실이다. 이는 위험 문제에도 그대로 적용된다. 힘이 약한 집단이 조직화와 커뮤니케이션을 통해서 힘의 균형을 이루고자 하는 경우가 많으며, 기존 조직들도 커뮤니케이션을 통해서 여론의 호의적인 반응을 획득하고자 힘쓴다. 이제 위험 문제가 실질적인 해결을 위해서 조직 단위와 만나게 될 때 비로소 위기라는 개념이 등장하게 된다.

이후 조직이 또한 사회적인 차원에서 갈등을 관리해야 하는 부분에서 자세하게 설명하겠지만, 위험에서 비롯되는 사회의 갈등 요소에 효과적으로 대응하기 위해서는 조직institution 단위의 노력이 무엇보다도 중요하다(Shariff, 2003). 현대 사회에서 대부분의 위험과 갈등은 조직 단위로 이루어지며, 조직 단위의 대응 체계를 마련하는 것이 가장 합리적이다. 현재 갈등 해소와 관련하여 조직 단위의 분쟁 시스템 디자인dispute systems design(DSD)이 논의되고 있는 것도 그러한 이유다. 저자의 생각에도 조직 중심의 사고는 현대 사회의 위험 문제 해결에 가장 효과적으로 대응할 수 있는 방향성을 제시한다. 물론 조직의 의미는 광범위한 사회 조직을 모두 포함한다. 조직의 위기 관리는 개인적인 위험과 사회적인 갈등을 연결하고, 문제 해결을 위한 동인을 제시한다. 조직은 결국 개인의 인식을 구조화하고, 일정한 규범과 가치를 형성하여 개인에게 영향력을 행사하며, 다른 조직과의 상호 작용을 주도한다(Senge, 1990). 우리 사회에서도 위험 인식이 조직화되고 조직 차원에서 사회적인 갈등이 형성되고 해결되는 경우를 흔하게 찾아볼 수 있다. 이러한 활동의 근거에는 조직 차원의 위기 인식이 있다.

위험, 위기 그리고 커뮤니케이션

지금까지 대부분의 논의에서 위험과 위기는 '쟁점'과 '협의의 위기'로 분류되어 구분되는 경향이 많았다(김영욱, 2002). 즉 위험risk은 앞으로 일어날 사안에 대한 사전적인future-oriented 의미의 성격이 강했고, 위기crisis는 어떤 특정한 사건이나 발생한 일에 대한 대응 처리의 성격이 강했다(Reynolds & Seeger, 2005). 이는 쟁점과 위기를 구분하면서 쟁점은 일어나지 않은 사안에 대한 조직의 예방 차원의 대응을 의미하고, 위기는 일어난 사안에 대한 조직의 사후 처방을 의미한다는 초창기 위기 관리 학자들의 구분과 일맥상통한다. 하지만 최근의 위기와 위기 관리에 대한 학문적인 논의와 실질적인 업무들은 위기를 사후 대응적인 차원에서만 접근하는 것이 아니라 위기 상황이 일어나기 전에 사전 예방하는 방법에 초점을 맞추고 있다. 따라서 위기 논의에서 사후 대응적인 차원에서만 바라보는 것을 협의의 위기 관리라고 하고, 위기 예방을 포함한 사전 사후 단계를 모두 통틀어 광범위한 조직 활동으로 보는 것을 광의의 위기 관리라고 한다. 따라서 현재의 위기 관리는 이러한 광의의 위기 관리를 의미한다.

같은 맥락에서 위험 커뮤니케이션과 위기 커뮤니케이션을 사전 · 사후의 의미로 구분하는 것도 큰 의미가 없다. 위험 커뮤니케이션을 잘함으로써 위기를 사전에 예방할 수 있고, 위기 커뮤니케이션은 일어난 사건에 대한 효과적인 대응 정도라고 본다면 오늘날 위기 커뮤니케이션이 가지고 있는 예방적 의미를 지나치게 축소한다고 말할 수 있다. 이러한 구분보다는 위험의 속성이 위기에도 그대로 적용되며 조직이라는 주체의 행위와 결부되면 위험이 위기 상황으로 발전한다는 데 주목할 필요가 있다. 모든 위험 상황에서 위기는 조직의 행위와 결합되어 발생한다. 즉 개인 차원에서 머물던 위험이 조직 차원으로 발전하면 위기가 된다.

한편 기존의 위험과 위기 구분을 보면, 위험과 위험 커뮤니케이션의 의미를 너무 축소하고 있다고 할 수 있다. 예를 들어 위험이 단지 기술적인 전문가나 과학자에 의해서 다루어지고 대중 미디어를 통한 커뮤니케이션에 의존하고 있다고 보는 경우가 많은데(Ulmer, Selnow, & Seeger, 2007: 155에서 인용, 표 8-1 참조), 이러한 논의들은 앞선 장에서 설명했던 커뮤니케이션을 통한 위험 논의의 민주화, 사회 참여의 활성화, 전문가와 일반인의 대화와 합의의 창출이라는 목적과는 너무 동떨어진 논의가 되고만다. 따라서 기존의 위험과 위기 구분보다는 위험과 위기의 광범위한 의미를 모두 수용하는 쪽으로 개

표 8-1. 기존의 위험과 위기의 구분

위험	위기
미래 지향적	특정 사건 중심
발생 가능성을 낮추는 메시지 관련	책임 전가 및 결과 중심의 메시지 관련
현재 상황에서 알려진 것에 기초	알려진 것과 알려지지 않은 것의 혼합
장기적인 측면	단기적인 측면
기술적인 전문가, 과학자 중심	사안에 일정한 권위를 가진 사람 중심
개인적인 영역	지역사회 관점
미디어를 이용한 커뮤니케이션 캠페인 중심	언론 회합, 보도 자료 배포, 발표 중심
통제되어 있고 구조적인 접근	즉흥적이고 사후 반응적인 접근

념 정의를 바꾸어 가는 것이 바람직하다고 할 수 있다.

위험과 위기는 큰 차이 없이 혼용되어 사용되고 있다. 위험은 어떤 일이 일어날 수 있는 가능성에 무게를 두는 반면, 위기는 어떤 주체가 위협 요인에 의미를 부여하게 되는 상황을 강조하기도 한다(Drennan & McConnell, 2007). 현실에서 두 개념이 확실하게 구분되어 사용되고 있지 않으며 두 개념을 구분하려는 노력도 별로 없었다. 하지만 위험은 조직 행위와 연결되지 않고 개인 인식의 수준에 더 가깝다고 보는 것이 타당하다.

이러한 논의는 위험 관리에 대한 기존의 개념 정의와도 연결된다. 기존의 위험 관리의 개념을 살펴보면 위험을 어느 정도 희생을 감안하는 조직의 의사결정 행위로 보고 있다. 즉 현대 사회에서 위험 인식은 불가피한 측면이 있고 이러한 위험을 어떻게 감수할 것인가에 초점을 맞추는 것이 위험 관리라고 보는 것이다. 나중에 위기 관리에 대해서 더 자세하게 설명하겠지만 위기 관리는 위험 인식과 조직 목표 달성에 초점을 맞추기보다는 조직과 공중과의 관계에 초점을 맞추는 행위라고 할 수 있다(김영욱, 2002).

위험을 감수하면서 조직 목표를 달성할 수 있더라도 조직과 공중과의 관계에 나쁜 영향을 미치고, 장기적인 조직 활동에 도움이 되지 않는다면 그러한 조직 행위는 위기 관리 차원에서는 허용되지 않는다. 이러한 측면에서 본다면 위험 관리는 개인이나 조직의 이기적인 측면이 강조되고, 위기 관리는 조직과 공중의 관계 측면이 강조되는 개념이라고 할 수 있다. 현대 사회에서 어느 정도의 희생을 감안하는 위험 관리 접근은 용납될 수 없으며, 근본적으로 법적 혹은 사회적인 한계를 가진다. 따라서 기존의 위험 관리 측면의 위험 논의는 보험 관리나 재정 관리 측면에서 발달하고 있을 뿐, 위험의 커뮤니케이션 측면을 너무 간과하고 있기 때문에 수용하기 어렵고 이 책의 위험 논의와도 맞지 않다.

일반적으로 위험 커뮤니케이션은 보건과 안전, 사회 갈등에 대한 합의 창출, 위기 대응을 포함하는 전체 사회적인 위험 관련 커뮤니케이션을 총체적으로 표현한다(Lundgren et al., 2004). 이러한 위험 개념에 대해 문제 해결을 염두에 두고 조직 차원으로 좁혀서 보게 되면 위험의 문제는 조직 차원에서 위기가 된다. 만약 위기 개념을 단순히 조직이 겪는 사건이나 조직에게 결정적으로 부정적인 영향을 주는 일만으로 좁혀서 정의한다면 위험 커뮤니케이션에서 논의하는 보건과 안전, 사회 갈등에 대한 합의 창출을 위한 활동 등 광범위한 위험 관련 활동들이 위기 개념에서 제외될 수 있다. 하지만 위기의 개념을 좀더 광범위하게 본다면 위기는 사건, 사고를 포함하여 앞으로 조직에 부정적인 영향을 줄지도 모르는 모든 일을 포함할 수 있다(김영욱, 2002). 이런 시각에서 본다면 보건과 안전, 사회 갈등의 문제도 조직의 문제로 다루어질 수 있다. 예를 들어 원자력 핵폐기물 처리장을 건설하는 것은 정부나 원자력 관련 기관에게 앞으로 부정적인 영향을 줄 가능성이 있는 위기의 문제가 될 수 있다.

따라서 위기는 위험을 조직 차원에서 광범위하게 바라보는 개념이라고 정의하는 것이 더 포괄적인 의미라고 할 수 있다. 위험 커뮤니케이션은 보건과 안전, 위기 대응, 사회 갈등에 대한 합의 창출을 모두 포괄하는 커뮤니케이션 행위이고, 이것이 커뮤니케이션 실행 주체로서 조직 행위와 결합하게 되면 위기 커뮤니케이션이 된다고 이 책에서는 정의한다. 따라서 위험 커뮤니케이션 담론은 위기 커뮤니케이션보다 훨씬 다양한 차원에서 논의될 수 있지만, 위기 커뮤니케이션은 조직 차원에 초점을 맞추어 논의된다고 할 수 있다(표 8-2 참조).

표 8-2. 위험과 위기의 비교

	위험	위기
차원	개인 인식 중심	조직 행위 중심
목적	위험 감소 및 회피	조직-공중 관계 유지
커뮤니케이션	위험 커뮤니케이션	위기 커뮤니케이션
논의의 강조점	위험 현상 중심	조직 행위 중심

예를 들어 위험 커뮤니케이션에서 이야기하는 금연 관련 논의도 금연 관련 조직이나 단체에게는 위기 상황이나 위기 예방 상황이 될 수 있으며, 합의를 필요로 하는 천성산 터널 공사 같은 위험 커뮤니케이션도 정부나 환경단체에게는 위기 상황이라고 인식될 수

있다. 앞서 설명한 대로 위기를 위험의 극단적인 상황이라고 보지 말고 좀더 광범위하고 포괄적인 개념으로 본다면 위험은 조직 차원에서 위기가 된다고 정의할 수 있다. 또한 지금까지 위기는 어떤 일이 일어나고 나서 사후 대응하는 활동을 중심으로 개념화되는 경향이 있었는데, 위기 또한 예방 측면을 강조하게 되면서 위기 관리를 단순히 사후 대응 활동으로 보는 시각이 많이 줄어들고 있다. 이런 측면에서 본다면 위험은 위험 상황 자체를 의미하고, 위기는 위험이 구체화되고 난 후의 상황을 의미한다는 구분도 적절한 구분이라고 보기 힘들다. 여러 면에서 조직의 위기에 위험 논의에서 제시된 모든 속성들이 포함될 수 있으며, 현대 사회에서 점점 가해자와 피해자 개념이 모호해져 가고, 명확하게 위험 상황과 위기 상황을 구분하는 것이 어려워지고 있다는 것을 감안한다면, 위험과 위기를 명확하게 구분하기보다는 위기는 위험 상황이 조직 활동과 결합한 개념이라고 보는 것이 더 타당할 것 같다(표 8-3 참조).

표 8-3. 기존의 위기 개념과 개념의 재정립

기존의 위기 개념	이 책에서의 위기 개념
극단적인 부정성	포괄적인 부정성
사후 대응 중심	예방 측면의 강조, 사후 대응과의 결합
명확한 피해자 개념	피해자 개념의 모호성
즉답적인 문제 해결	커뮤니케이션을 통한 사회적인 합의 강조

위험의 요소가 조직의 책임성과 결부되어 조직의 체계적인 행위를 요구할 때 조직 위기로 발전하게 된다. 위험의 요소는 조직의 시스템과 연결되어 위기화된다. 따라서 위험은 조직 차원에서는 위기의 포괄적인 전前 단계 의미를 가지고 있다고 정의해 볼 수 있다. 또한 위험 커뮤니케이션은 구체적인 조직 행위와 결합했을 때 위기 커뮤니케이션이 된다. 따라서 위기 커뮤니케이션은 조직 행위와 결합하지만 위험 커뮤니케이션 요소를 계승하고 있다고 할 수 있다. 이런 점에서 지금까지 위험 커뮤니케이션과 위기 커뮤니케이션 학문 영역이 상호 교류 없이 발전해 왔지만 통합적인 시각을 통해서 서로의 관련성과 차이점을 찾아내는 작업이 앞으로 계속 이어지는 것이 필요하다.

이 책에서 위험은 좀더 추상적이고 광범위하며, 조직과 결부되지 않은 위험 인자의 발생 가능성과 결과를 의미하고, 위기는 조직과 결부되어 실질적인 책임성을 논의하는 주체가 조직화되어 있는 경우를 의미한다. 경우에 따라서 위험은 위기의 포괄적이고 전 단계적인 의미를 가지기도 하고, 위기를 불러오는 인식 자체를 의미하기도 한다. 또한 위기는 위험 요소를 포함하며 실질적으로 조직에 영향을 미치는 부정적인 사안을 의미한다고 할 수 있다. 현대 사회의 위험 담론과 관련해서도 이야기했지만 현대 사회의 조직 위기는 위기 자체가 가지는 파괴력보다는 위험에 대한 사람들의 인식이 더 중요하다. 사람들의 입장에서 조직이 비자발적인 위험을 생산해 내고 있다고 인식했을 때 조직의 생존은 위협받으며 조직의 어떠한 프로그램도 성공할 수 없다.

최근 현대 사회 조직의 존재 의미에 대한 이론을 보면, 조직의 생존을 결정하는 변수는 공중이 얼마나 조직이 정당하다고 느끼느냐의 정도에 달려 있다(Coombs, 1999). 조직을 둘러싼 사람들, 즉 공중이 조직의 존재 자체에 정당성을 부여해 주지 않는다면 그 조직은 생존할 수 없다. 하물며 그 조직이 공중에게 위협을 주는 비자발적인 위험 요인을 만들어 낸다면 조직의 존재 정당성은 유지될 수 없다. 조직의 입장에서는 이러한 현대 사회가 안고 있는 위험 과민 반응 증후군에 대응할 필요가 있다.

따라서 조직의 공중에 대한 커뮤니케이션 활동이 무엇보다도 중요한 시점이다. 위험은 명백한 위험 요인에 의해서 위험을 감수해야만 하는 상황에 따라 확대되지만, 필요 이상으로 위험 요인을 강조함으로써 위험 요인만이 불균형적으로 확대될 수 있는 여지를 함께 가지고 있다. 조직의 입장에서는 후자의 경우 즉 위험 요인에 대해서 필요 이상으로 강조함으로써 오히려 다른 위험 요인을 확대 재생산하는 경우를 경계할 필요가 있다. 예를 들어 아주 미미한 부작용에도 불구하고 많은 생명을 구할 수 있는 약품이 발명되었다면 이는 사회적인 공론화를 통해서 편익이 더 강조될 필요가 있다.

하지만 현대 사회의 메커니즘은 조직의 의도를 신뢰하기보다는 이익 중심의 경영 마인드를 불신하는 풍조가 팽배해 있다. 한마디로 조직 전체에 대한 신뢰 없이는 어떠한 조직 프로그램도 성공하기 힘들다. 위험 요인과 관련한 조직의 커뮤니케이션 활동의 중요성과 관련하여 한 가지 더 중요한 사실은 위험을 인식하는 사람들의 생각이 전부 다르다는 것이다. 어떤 의도를 가지고 위험 요인을 확대하는 사람들이 있는가 하면, 위험 요인에 대해서 관대하게 받아들이면서 이익 요인을 강조하는 사람들도 있다. 예를 들어 천성산 터널 공사나 새만금 물막이 공사 등을 둘러싼 많은 논란들은 의견을 달리하는 사람이나 조직들이 여론 시장에서 자신의 주장을 유리한 쪽으로 끌고 가기 위한 여론 전쟁의 형태를 띤다. 이런 상황에서 어떤 것이 객관적인 진실인가는 중요하지 않다. 애초부터 객관적인 진실이란 존재하지 않는지도 모른다. 무엇보다도 사람들이 어떻게 인식하느냐가 가장 중요한 이슈로 등장하는데, 이러한 모든 상황에서 커뮤니케이션은 관련된 모든 조직이 사용할 수 있는 유일한 합법적인 무기다. 현대 사회에서 조직의 커뮤니케이션은 위험에 대한 지나친 과민 반응을 줄여 주는 역할도 하지만 또한 위험 요인을 둘러싼 공론의 장을 형성함으로써 합의를 통한 문제 해결을 유도하는 측면을 동시에 가지고 있다.

한편 위험 요소와 관련해서 관련 조직이 결부되었을 때, 위험 요소 발생과 관련한 책임성을 얼마나 관련 조직들 간에 합리적으로 분배하느냐가 조직 활동의 중심 사안이 된다. 이 과정에서 커뮤니케이션이 중요한 역할을 한다. 위험 요소와 관련한 이익집단 간 갈등을 조정하고, 위험 요소에 대한 책임을 분담하며, 손실과 이익을 공정하게 배분하는 문제는 커뮤니케이션을 통해서만 풀 수 있다. 이러한 문제가 커뮤니케이션을 통해서 관련 공중의 의미 공유와 관련 조직 간의 합의를 이루어 내지 못한다면 조직의 위기는 악화될 수밖에 없다. 따라서 위기 사안에서도 커뮤니케이션을 통한 사회적인 합의가 무엇보다도 중요해진다.

한편 책임성 배분 문제는 위험 요인이 발생했을 때 조직이 대응 커뮤니케이션을 통해서 얼마나 책임을 떠안을 것인가의 문제와 밀접하게 관련되어 있다. 조직이 어떻게 위기 커뮤니케이션하느냐는 공중이 위험 사안을 어떻게 볼 것이며, 향후 조직에 대한 평판을 어떻게 형성할 것인가의 문제와 밀접하게 연결되어 있다. 따라서 잘못된 조직의 커뮤니케이션 활동은 위험에 대한 공중의 인식을 악화시킬 뿐만 아니라 향후 조직의 공중 관계에도 치명적인 악영향을 미칠 수 있다. 그만큼 조직의 위기 커뮤니케이션은 중요하다. 예를 들어 태안 유조선 기름 유출 사고와 관련하여 삼성중공업은 50여 일 지난 후에야 사과를 했다. 이러한 위기 커뮤니케이션은 삼성 나름대로의 전략적인 목적에 따라서 이루어진 것이겠지만 명백하게 위험 사안에 대한 일반 공중의 부정적인 시각을 강화시켰을 뿐 아니라 삼성이라는 조직 전체에 대한 부정적인 평판을 심각하게 고착화시켰다고 할 수 있다. 위기 커뮤니케이션은 이러한 상황에서 어떠한 변수들을 고려하여 커뮤니케이션 할 것인가를 논의하고 있다.

위기란 무엇인가?

지금까지 좀더 추상적이고 다양한 차원을 고려하는 위험과 위험 인식, 위험 커뮤니케이션이 조직을 중심으로 하는 위험 주체에 의해서 관리되거나 실질적인 피해나 피해의 가능성을 가져오게 되면 위기가 된다는 것을 설명했다. 위험은 사람의 인식 속에 언제나 존재하는 것이지만 위험과 관련된 주체에게 구체화됨으로써 비로소 위기가 된다. 따라서 좀 더 구체적이며 조직 중심적인 의미를 가지는 위기의 정의와 속성을 아는 것이 필요하다.

일단 조직이 위기를 맞게 되면, 조직은 큰 혼란을 겪게 된다. 조직의 구성원들은 심리적인 불안감을 느끼게 되고 업무는 중단되며 조직을 둘러싸고 있는 관련 공중으로부터 위기 상황 해결에 대한 압력을 받게 된다. 하지만 만약 조직이 사전에 이러한 위기 상황을 준비하고 대비책을 마련해 두었다면 혼란의 크기는 현저히 줄어들 것이다. 또한 준비된 조직은 위기 상황으로 인해서 받는 물질적 · 정신적 피해 또한 줄일 수 있다. 이와 함께 위기를 잘 처리함으로써 조직의 문제를 해결하고 도약을 위한 계기를 마련할 수 도 있다. 여기에서 위기의 양가적兩價的인 의미를 발견할 수 있다. 위기는 조직이 처한 위험 상황을 의미하지만 분명 평상시에는 시도할 수 없는 변화의 기회를 제공하기도 한다. 위기危機의 한자 의미가 그것을 내포하고 있다. 그렇다면, 위기 상황에서 슬기롭게 대처하기 위해 우리가 알아야 하는 '위기'의 의미는 과연 무엇일까?

위기는 경제학, 심리학, 사회학, 정치학 등 다양한 학문 분야에서 경제 위기, 과도한 스트레스, 실업, 정치 지도력의 상실 등으로 서로 다르게 해석되고 있다. 하지만 분명한 것은 위기는 평소 조직에 잘 일어나지 않는 상황을 의미하며, 조직에 대한 부정적인 의미를 내포하고 있다는 것이다. 김영욱(2002: 66)은 위기를 "조직의 일상적인 업무를 뒤흔들고 조직의 미래 활동에 위협을 주며 주요 공중과의 관계에 부정적인 영향을 주는 사건을 통틀어서 지칭하는 것"으로 정의했다. 위기가 조직에 대한 부정적인 영향과 결부되어 있다는 것은 기본적인 속성이다. 러빈저(Lerbinger, 1997)도 위기는 조직의 생존에 부정적인 사건을 의미한다고 보았다.

하지만 이러한 정의가 위기는 반드시 조직에 부정적인 결과를 가져올 것이라는 것을 의미하지는 않는다. 많은 조직들이 장단기적인 의미에서 위기를 극복하고 조직에 유리한 결과를 가져왔기 때문이다. 따라서 위기에 대한 정의는 위기 자체가 가져올 수 있는 광범위한 속성과 결합되어 함께 정의되는 것이 더 정확하다고 할 수 있다.

허만(Hermann, 1963)은 위기의 세 가지 속성으로 놀람, 위협, 짧은 반응 시간을 들고 있다. 이와 비슷하게 울머 등(Ulmer et al., 2007)은 조직에 닥치는 위기 개념의 요소들로 비예고성, 비일상성, 불확실성 그리고 조직 목적에 대한 위협을 들고 있다. 대부분의 자연 재해들은 예고 없이 발생한다. 또한 다양한 사건 · 사고들은 관련 공중에게 위협 요인으로 작용하며, 대부분의 위기들이 대응할 시간 여유를 제공하지 않는다. 이와 함께 조직이 처한 불확실성을 확대하며 조직의 성장 목표를 방해한다. 대부분의 위기들은 이러한 속성들이 복합적으로 작용하고 있다고 할 수 있다. 따라서 위기는 조직의 일상에 부정적인 영향을 주는 일들을 지칭하지만, 부정적인 결과와 상관없이 놀람, 불확실성, 비일상성, 위협 등의 속성을 지니고 있는 조직과 관련된 위험 사안을 모두 포함한다고 말할 수 있다.

위기는 위험과 비교하여 조직 차원에서 일어나는 위험 상황을 의미하기 때문에 조직의 일상적인 활동과 결합된다. 위기란 특수한 상황에서만 일어나는 것이 아니라, 때에 따라서 조직의 일상적인 업무 상황에서 의사 결정의 실수로 인해 일어날 수 있는, 지극히 일상적인 조직 행위의 한 부분이 될 수 있다. 하지만 위기는 조직이 예측하지 못하는 부분에서 일어날 수도 있으며, 불가항력적인 재해에서 비롯되기도 한다. 이러한 위기의 다양함은 조직을 공황 상태로 몰고갈 수도 있다.

하지만 위기에 대한 이러한 불안한 전망에도 불구하고, 조직은 평소 관련 공중과의 우호적인 관계 형성을 통해서 위기의 결과에 영향을 미칠 수 있다. 이는 위기의 예고 불능성과 불확실성에 비추어볼 때 조직이 위기에 가장 능동적으로 대응할 수 있는 부분이 조직-공중 관계 형성에 있음을 의미한다(김영욱, 2002). 조직은 좋은 관계를 형성함으로써 위기에 대응할 수 있는 반응의 폭을 넓힐 수 있으며 위기 커뮤니케이션에 대한 공중의 인식을 우호적으로 이끌 수 있다(Coombs, 1999; Coombs & Holladay, 2004).

한편 핑크(Fink, 1986)는 위기가 중요한 변화를 수반하는 조직의 의사 결정 과정을 초래한다고 보았다. 이는 조직의 입장에서는 일상성을 뒤흔드는 불안전성을 어떤 식으로든 해결하려 한다는 것을 의미한다. 하지만 이러한 불안전성은 언제나 사전 징후적인 상황 prodromal situation을 포함하고 있다. 즉 위기는 위기 징후를 보이는 신호를 먼저 내보내며, 이러한 상황이 악화됨으로써 주요 공중의 감시가 강화되고, 조직의 활동에 제약을 받는 상황이 오게 된다. 대부분의 위기는 조직이 준비할 틈도 없이 갑자기 일어나는 것처럼 보이지만, 사실은 많은 사전 신호가 무시되는 상황에서 축적된 결과로서 발생한다. 사전 신호를 무시해 온 조직의 입장에서 위기는 사실 새로운 것이 아니다. 따라서 위기는 위기의 발생뿐만 아니라 위기가 일어나기 전에 사전 징후를 통해서 조직에 끊임없는 신호를 보내고 있다. 즉 대부분의 위기는 이미 발생 전후로 조직과 긴밀한 관련을 맺고 있는 대상이라고 할 수 있다.

많은 학자들이 내렸던 정의를 종합하면 위기는 분명 일상적인 문제 상황보다는 조직에 훨씬 더 심각한 영향을 주는 사건을 의미하고, 일정 부분 일어나기 전에 징후 요인을 가지며, 공중과의 관계 속에서 위기에 대한 인식과 조직의 대응 폭이 형성된다는 것을 알 수 있다. 따라서 위기는 발생 전 징후 요인을 포함하여 광범위하게 조직 활동과 연계되어 있다. 여기서 위기가 조직에 부정적인 영향을 준다는 것은 물질적으로 손해를 입히는 것뿐만 아니라 조직의 사회적인 명성과 이미지 따위가 심각하게 훼손되는 등의 상징적인 영향력을 함께 포함하고 있다. 이런 의미에서 조직의 위기와 명성은 밀접하게 관련되어 있는 개념이다.

이러한 여러 가지 속성을 종합하여 살펴볼 때 위기란 조직이 평소에 해 오던 일상적인 업무를 마비시키고, 조직의 안정적인 미래 활동을 어렵게 하며, 조직과 관련된 주요한 공중과의 관계에 부정적인 영향을 주는 일을 통틀어서 일컫는 것으로 정의된다. 한편 사안이 위기의 결과와 상관없이 앞에서 설명한 고유의 속성을 보유하고 있는 경우에는 위기라고 지칭할 수 있다.

관련 개념과의 차별성

위기에 대한 이해의 폭을 넓히기 위해 관련 개념과의 차별성을 알아보는 것이 필요하다. 포챈트와 미트로프(Pauchant & Mitroff, 1992)는 두 가지 차원, 즉 물질적/상징적, 부분/전체 차원에서 위기와 관련한 개념을 사건incident, 사고accident, 갈등conflict, 위기crisis로 구분했다. 사건은 물질적인 차원에서 조직의 일부분에 영향을 주는 것이고, 사고는 물질적인 차원에서 조직 전체에 영향을 미치는 것이다. 한편 갈등은 상징적인 차원에서 부분적으로 조직에 영향을 미치는 것이고, 위기는 상징적인 차원에서 전체 조직에 영향을 끼치는 것이다.

여기서 상징적인 차원과 물질적인 차원은 독립적인 개념이기보다는, 상징적인 차원이 물질적인 차원을 포함한다고 보는 것이 타당하다. 예를 들어 어떤 사건이나 사고가 조직의 문화나 비전에 타격을 입히고 공중 관계를 악화시킨다면, 그것은 상징적인 영향력을 발휘하는 위기가 될 수 있다. 즉 상징성은 조직에 대한 내·외부의 신념 체계를 의미하며, 이것이 흔들릴 때 조직의 위기로 발전한다. 물질적인 차원에서 영향을 미치는 사건·

사고가 조직에 대한 공중의 신념에 영향을 미치지 않을 수 없기 때문에, 현대 사회의 조직 위기는 대부분 이러한 네 가지 개념들이 지니는 특징을 모두 포함하고 있다고 보는 것이 타당해 보인다. 다만 어떤 특성이 좀더 강조될 수 있느냐에 따라서 이러한 구분이 유효할 수도 있겠다.

또한 위기는 문제problem 혹은 대재앙catastrophe과 구분되기도 한다(김영욱, 2002). 문제는 조직 차원의 위기로 발전하기 전의 쟁점 상황을 의미하며, 이러한 상태가 조직의 명성에 영향을 줄 수 있는 충분한 상징성을 획득하게 되면 위기로 발전하게 된다. 대부분의 조직은 이러한 위기 상황을 피해 가기 힘들다. 왜냐하면 조직의 모든 문제를 사전에 모두 관리하고 예방하기는 불가능하기 때문이다.

하지만 위기 상황을 대재앙과는 구별할 필요가 있다. 위기는 조직 전체에 영향을 주는 부정적인 사건이지만 관리 가능성을 내포하고 있다. 즉 위기는 그 징후를 잘 관리함으로써 예방할 수 있을 뿐만 아니라 발생한 위기에 잘 대응함으로써 영향을 축소할 수도 있다. 따라서 위기는 조직의 입장에서 감수해야 하는 일이지만 그것을 대재앙으로 받아들여 조직 차원의 대응 노력을 소홀히 해서는 곤란하다. 어떻게 보면 대재앙이라는 개념은 종교적인 개념을 제외하고는 실재하는 개념이라고 보기 힘들다. 관리의 영역을 벗어난 대재앙은 이 세상에 존재하지 않으며 위기 상황에 의연하게 대처하는 인간의 노력이 더 강조될 필요가 있다. 예를 들어 쓰나미 참사와 같은 경우는 인간이 어찌할 수 없는 대재앙이라고 주장하는 사람이 있을 수 있다. 하지만 쓰나미 참사에서 예방 가능한 부분, 사람이 관리할 수 있는 영역이 없었다고 주장하는 것은 무리가 있다.

한편 위기를 내/외부 발생, 의도/비의도 여부로 나누어 사고accidents, 책임 추궁faux pas, 위반transgression, 테러리즘terrorism으로 분류하기도 했는데(Coombs & Holladay, 1996), 이는 위기가 이러한 유사 개념들과 차별되기보다는 이런 개념들을 포함하는 개념이라는 것을 강조한 것으로 보인다. 따라서 조직에 부정적인 영향을 미칠 가능성이 있는 모든 일들을 위기로 상정하고, 다만 조직에 미치는 영향의 정도와 그 속성에 따라서 다른 개념으로 분류할 수 있다고 보는 것이 타당하다고 본다. 한편 위기와 쟁점의 구분과 관련해서도 모호한 부분이 있는데, 이는 뒷 장의 쟁점 관리 부분에서 다루기로 한다.

위기는 어떤 속성을 가지는가?

앞서 위기를 정의하기 위해 관련 속성들을 살펴보았지만, 앞으로 전개될 위기 담론에서 위기가 가진 속성을 이해하는 것이 무엇보다 중요하기 때문에 위기의 속성을 여기서 좀더 자세하게 다룬다. 위기는 모든 사람, 모든 조직에게 반드시 일어나는 피할 수 없는 현실이다. 현대를 살고 있는 모든 개인과 조직은 위기를 동반한 채 살아가고 있다. 현대사회를 사는 우리는 똑같이 한정된 자원을 가지고 무한의 경쟁을 해야만 하고 그러한 경쟁은 위험하고 불안정한 요소를 포함할 수밖에 없다. 따라서 현대 조직에게 위기는 불가피하다. 하지만 위기에 대한 논의가 의미를 가지는 것은 위기에는 언제나 관리 가능한 부분이 있기 때문이다. 위기는 잘 관리한다면 충격을 최소한으로 줄일 수 있고, 장기적인 조직 발전의 활력소로 활용할 수도 있다. 예를 들어, IMF 경제 파탄은 분명 우리나라에 위기였지만 이를 잘 관리해서 구조 조정에 성공했다면, 또 다른 발전의 분수령이 될 수도 있었을 것이다. 따라서 위기에서 관리 가능한 측면을 살펴보고, 효과적인 대처 방법을 모색함으로써 위기를 오히려 조직의 기회 요인으로 활용하는 것이 위기 사안에 대한 조직의 목표가 된다.

보통 위기 상황이 발생하면 개인이나 조직은 당황하게 되고 상황에 대한 정보를 무조건 감추려고 하는 것이 일반적이다. 이것은 위기 상황에서는 정보의 공황panic 현상이 뚜렷해지기 때문에 생기는 속성으로 위기를 미리 준비하지 않은 조직의 경우 더 심하다는 것을 알 수 있다. 따라서 개인이나 조직은 위기 상황에서 이러한 정보의 공황 상태를 미디어나 다른 매체에 앞서 메우면서 관련 정보를 능동적으로 이끌어 가는 것이 필요하다.

하지만 위기 상황에서 완벽한 정보 선점이란 있을 수 없다. 위기는 일상에서 이탈한 상태를 의미하기 때문에, 항상 일정한 기간의 정보 공황 상태를 내포할 수밖에 없다. 이러한 시점에서 조직은 개방적인 태도를 가지고 공중과 능동적으로 커뮤니케이션을 함으로써 그러한 정보 공황 상태를 메워 나가려는 노력을 해야 한다. 하지만 이러한 개방적이고 능동적인 대처는 위기를 예상하고 위기 상황에서 다양한 공중과의 커뮤니케이션 방법을 미리 구상하고 정기적인 사전 연습을 실시해 온 준비된 조직에만 가능한 일이다.

허만(Hermann, 1963)의 고전적인 위기 연구에 따르면 위기의 특징을 나타내는 세 가지 속성으로 놀람, 위협, 짧은 반응 시간을 들고 있다. 이러한 속성들은 이후의 위기 인식 연구에서 비판을 받았지만(Billings, Milburn, & Schaalman, 1980), 여전히 위기의 속성을 간명하게 보여 주고 있다. 한편 빌링스 등(Billings et al., 1980)의 위기 인식 모델은 가능한 손실에 대한 가치 인식, 손실의 가능성 인식, 그리고 시간 제약성 인식을 위기 인식의 변수로 들었다. 위기는 확실히 놀람이라는 속성을 가지고 있다. 하지만 이것은 손실의 가능성을 예측하지 못했을 때 발생할 가능성이 높다. 또한 위협의 정도는 손실에 대한 가치 인식과 손실의 가능성이 복합적으로 작용해 이루어진다. 따라서 허만과 빌링스 등의 모델은 미래에 대한 불확실성, 위협의 크기, 시간 제약성 등의 위기 속성을 각각 다르게 표현하고 있다고 할 수 있다.

앞의 속성들과 유사하게 러빈저(Lerbinger, 1997)의 경우에도 위기의 속성으로 급작성, 불확실성, 시간 제약성을 들고 있다. 먼저 위기는 생각지도 못한 시점에서 급작스럽게 찾아온다. 위기가 일어나기 전에 미리 사전 징후 상황들을 포착할 수 없는 것은 아니지만 위기의 대부분은 예상하지 못한 시점에서 나타나 개인이나 조직을 당황케 한다. 따라서 위기의 급작성은 조직이 위기와 관련된 징후를 사전에 포착하고 위기 발생을 예방하는 활동과 관련되어 있다. 또한 자연 재해와 같이 예측 가능성이 낮은 위기의 경우에는 조직의 위기 준비 여부에 따라 그 피해 정도가 달라지게 된다. 이런 의미에서 예방을 위한 사전 징후의 포착뿐만 아니라 위기가 일어날 것을 전제하고 실제의 위기 상황에서 빠른 시간 내에 위기를 봉쇄할 수 있도록 준비하는 위기 준비 활동 또한 중요하다.

또한 위기는 불확실성과 시간 제약성이라는 속성을 지닌다. 위기의 불확실성이란 위기가 조직이 생각지도 못했던 부분에서 일어날 수 있음을 의미한다. 위기는 실제로 예상했던 범위를 벗어나서 발생하기도 하는데, 특히 규모가 큰 조직의 경우에는 과다한 업무량과 일상 업무에서 생기는 타성에 의해 그냥 무시하고 넘어가는 부분에서 위기가 발생하곤 한다. 발생할 가능성이 큰 사건만을 생각한 채 사소한 변수들을 놓치게 되면 예상치 못했던 부분에서 대형 사고가 일어나게 되는 것이다. 환경과 관련된 결함 등의 사소한 위험 요소를 철저하게 관리하지 않으면 거의 일어나지 않을 것이라고 생각했던 위기가 현실화되기도 한다. 따라서 위기를 잘 관리한다는 것은 예상 밖의 범위 즉 발생 가능성이 낮다고 여겨지는 작은 일에도 관심을 가지는 것을 의미한다.

이와 함께 위기의 불확실성은 위기가 발생한 후의 진행 방향을 예측하기가 어렵다는 의미도 있다. 처음에는 아주 사소해 보이는 일이 어떤 사회 문화적인 요인과 결합하여 급속하게 확대되기도 한다. 앞서 위험의 사회적인 확산이론에서 설명한 걷잡을 수 없는 물결 효과처럼 예상치 못한 순간에 위기가 확산될 수 있다. 따라서 조직의 입장에서는 이러한 위기 진행의 불확실성을 염두에 두고, 모든 가능성을 고려한 위기 준비를 하는 것이 필요하다.

위기가 발생한 순간부터 시간의 경과는 언제나 급박하게 진행된다. 또한 위기는 개인과 조직에 급작스럽게 또한 불확실하게 다가오기 때문에 이러한 위기 상황을 해결하기 위해서는 조직구성원의 빠른 의사 결정이 요구된다. 위기의 시간 제약성은 위기를 담당하는 사람과 조직원들에게 큰 스트레스와 불안감을 안겨 주게 된다. 심리학적으로 과도한 스트레스는 문제 해결을 위한 촉매 역할을 넘어서서 비정상적인 방법을 사용하여 위기 상황을 극복하려는 시도를 하게 만들기도 한다. 예를 들어, 거의 대부분의 위기 상황을 살펴보면 초기에 상황을 부인하거나 자신과의 관련성을 부정하는 개인이나 조직이 많이 있는데, 이는 과도한 스트레스로 인해서 나타나는 공황 현상이라 할 수 있다. 이러한 상황 부정은 이후 위기의 심각성을 확대하고 사회적인 후유증을 더 크게 만드는 요인으로 작용한다. 따라서 개인이나 조직은 위기 상황이 다가오기 전에 미리 사전 징후를 포착하는 시스템과 위기 대응을 위한 준비에 만전을 기해야 한다. 막상 실제로 위기를 맞으면 정보의 공황 상태로 인해서 당황하게 되고, 그 때는 이미 행동 강령을 정하기에는 늦어버린 상태이기 때문에 사전에 체계적인 위기 준비를 하는 것이 위기의 속성을 고려할 때 필수적이라고 할 수 있다.

울머, 셀나우와 시거(Ulmer, Sellnow, & Seeger, 2007)는 위기의 속성으로 예측 불능, 비일상성, 불확실성, 조직 목표 달성 위협을 들고 있다. 예측 불능과 불확실성은 앞의 속성들에서 설명했고, 비일상성은 위기가 일반적인 문제 상황이나 사건과는 차이가 있음을 보여 준다. 위기는 일상적인 대응 수단으로는 해결될 수 없고 위기의 심각성을 인정하는 비일상적인 처방을 필요로 한다. 또한 위기는 조직의 목표 달성을 방해하고 평판에 심각한 부정적인 영향을 미침으로써 위기의 영향력을 지속하게 하는 속성이 있다. 예를 들어 김승연 한화그룹 회장의 폭행사건을 따라가 보면, 그룹 회장에 의해서 촉발된 위기가 한화그룹이 새로 회사CI 작업 등을 통해서 선포한 미래 비전과 목적에 심각한 타격을 주었다는 것을 알 수 있다. 위기는 위기 자체로서 끝나지 않고 그것과 연관된 조직의 행위와 목적 달성에 심대한 방해 요인으로 작용하게 된다.

위기는 확실히 단순한 사건보다는 충격이 크며 사람의 기대를 벗어난 영역에서 일어난다. 대부분의 위기 사건을 보면 예고 없이 발생하여 위협적인 상황을 연출한다. 대표적인 위기가 유니언 카바이드 사의 인도 보팔 화학공장 가스 누출 사고일 것이다. 하지만 위기는 예고 없이 다가와서 조직에 놀라움을 안겨 주지만 그것을 전혀 예상할 수 없는 것은 아니다(김영욱, 2002). 위기는 불가피하게 일어나게 되지만 언제나 사전 징후를 내포하고 있으므로 그 징후를 파악하여 예방하는 것이 가능하다. 또한 예방을 위한 관리 활동에도 불구하고 불가피하게 일어나는 위기는 그 충격을 완화하기 위한 관리 활동도 함께 가능하다. 엑손 사의 유조선인 발데스 호가 기름을 유출한 사건과 타이레놀 사망 사건의 위기 관리는 분명히 다른 결과를 낳았다. 이는 위기의 불가피성에도 불구하고 조직에게는 관리 가능성이라는 희망이 남아 있다는 것을 보여 준다. 즉 위기를 잘 관리함으로써 타이레놀 사건처럼 위기의 충격을 최소화할 수도 있지만, 엑손 발데스 호 사건처럼 서투른 대응으로 위기가 걷잡을 수 없이 확대될 수도 있다.

페로(Perrow, 1999)에 따르면, 기술 문명이 발달하고 인구가 지속적으로 증가하는 상황에서 위기는 일상화될 가능성이 많다고 보았다. 앞으로 더 많은 위기 상황이 조직과 결부되어 일어날 수 있다는 것이다. 위기가 편재할 수밖에 없는 이유들을 앞장의 위험 논의들과 결부시켜 분석해 보면 우선은 기술의 발달이 지나친 문명에 대한 확신을 가져왔고, 이러한 과도한 기술 의존은 필연적으로 위험 상황을 만들어 낼 수밖에 없다. 또한 현대 사회는 모든 주체들이 직 · 간접으로 연결되어 있다. 하나의 사건은 전체 사회구성원들에게 영향을 미치고 그것은 전 지구적인 차원으로 확대된다. 예를 들어 중국에서 불어오는 황사의 문제는 이제 위험 상황이 한반도 내에서 해결될 수 없다는 것을 보여 준다. 이는 조식의 위기도 마찬가지다. 이제 경쟁 업체의 위기도, 국가의 위기도 자기 조직의 위기가 될 수 있다는 것을 이해하는 것이 필요하다. 마지막으로 치열한 경쟁은 조직의 위기를 확대시켜 갈 수밖에 없다. 현대 사회의 자원은 한정되어 있고 이를 선점하기 위해서 조직은 무리수를 둘 수밖에 없다(Benoit, 1995). 변화에 민감하지 않거나 무리수를 던지지 않는 조직도 도태될 가능성이 높은 것이 현대 사회의 작동 원리다. 이러한 세 가지 이유 때문에 현대 사회에서 조직 위기가 편재하게 될 것이라는 것을 전망하는 것은 그리 어려운 일이 아니다.

김영욱(2002)은 위기의 속성을 여덟 가지로 정리했다. 그것은 첫째, 위기는 피할 수 없다. 둘째, 위기는 관리할 수 있는 여지가 있다. 셋째, 위기는 독립된 사건이 아니고 조직 시스템의 실패에서 기인한다. 넷째, 위기는 정보의 공황 상태를 몰고 온다. 다섯째, 위기는 예측할 수 없지만 예상은 가능하다. 여섯째, 위기는 갑자기, 불확실한 형태로, 엄청난 시간적 압력 속에서 온다. 일곱째, 위기는 불안정하고, 스트레스를 주며, 공중과의 관계를 악화시킨다. 여덟째, 공중과의 관계 유지 실패는 위기 상황을 확대시킨다 등이다. 여기서 불가피성과 관리 가능성, 불확실성과 시간 압력 등은 다른 학자들의 주장과 유사하지만 조직 시스템 실패와 공중 관계 유지 실패가 위기 상황의 근본적인 원인이 된다는 것은 매우 중요한 지적이다.

미 우주항공국의 챌린저 호 폭발사고와 이후 컬럼비아 호 폭발사고의 근본 원인은 자그마한 기술적인 결함에 있는 것이 아니라 조직 내부의 의사 결정 시스템이 불합리하고 내부 커뮤니케이션 통로가 원활하게 작동하지 않은 것이 가장 근본적인 원인인 것으로 드러났다. 이러한 진단은 위기의 원인 귀인을 일부의 잘못으로 몰아가기보다는 전체 조직의 시스템이 왜 작동하지 않았는가를 따짐으로써 근본적인 치유책을 내놓을 수 있다는 장점이 있다. 우리나라의 경우 많은 사건·사고들이 일어나지만 대부분 하위 직원이나 몇몇의 담당자를 징계하는 선에서 사건이 마무리되는 경우를 많이 보게 된다. 이러한 위기 진단은 결국 유사한 위기의 재발을 불러오는 미봉책이 될 가능성이 농후하다. 예를 들어 과거 시랜드 캠핑 컨테이너 화재로 인해 많은 어린이들이 유명을 달리했지만, 위기의 진단 및 처리는 몇몇 인허가 담당 하위 공무원을 징계하는 선에서 마무리되고 말았다. 어린이 캠핑 시설에 대한 근본적인 안전 진단이나 국가 차원의 어린이 시설 안전 시스템에 대한 전반적인 진단과 개선이 이루어지지 않는다면 이러한 사건은 또 일어날 수밖에 없다.

이와 함께 공중 관계의 실패는 위기를 불러오고 확대시킨다. 많은 위기가 일회성으로 일어나는 것 같지만, 근본 원인을 찾기 위한 심층적인 진단을 해보면 대부분 지속적이고 반복적인 이유를 가지는 경우가 많다. 예를 들어 지역 정유공장의 기름을 실어 나르는 유조선에서 기름이 유출되었다고 해보자. 그 손해의 크기와 불확실성, 시간의 압력, 대응 방법 등이 위기의 진행 상황에 영향을 미치겠지만 가장 큰 영향력을 가지는 것은 그 정유공장이 지역사회와 평소에 어떤 관계를 맺고 있느냐가 될 것이다.

예를 들어 평소에도 환경오염의 주범으로 불리면서 지역사회에 기여하는 것이 없는 회사라는 평판을 가지고 있다면 이러한 위기는 조직에 치명적인 사건이 될 수 있다. 하지만 평소에 지역 주민들과 좋은 관계를 형성하고 있고, 지역사회에 기여하는 기업이라는 이미지를 가지고 있다면 이러한 위기 상황에서 조직이 선택할 수 있는 대응 수단의 폭을 넓혀갈 수 있는 것은 당연하다. 공중 관계는 꼭 지역에만 머무는 것이 아니다. 예를 들어 태안 유조선 기름 유출 사건을 보면, 사건의 당사자로 지목된 삼성중공업에 대한 비난이 최근에 일어난 삼성 일가의 재산 상속에 대한 비판이나 비자금 의혹 사건 등으로 악화된 여론에 의해서 더욱 증폭되고 있다는 것을 알 수 있다. 즉 전체 사회 차원의 공중 관계도 위기의 진행에 매우 중요한 역할을 하고 있음을 알 수 있다.

하지만 지금까지 설명한 속성 분류들은 위기의 속성과 위기 관리의 속성이 뒤섞여 있다고 할 수 있다. 공중과의 평소 관계의 중요성, 전체 시스템의 위기 등은 위기 관리의 속성이라고도 할 수 있다. 따라서 위기의 속성과 위기 관리의 방향성을 대응시켜 정리하는 것이 필요하다. 위기는 불가피하게 일어나고 불확실하게 확대되어 조직에 심대한 영향을 주며, 실제 위기가 일어났을 때 대응할 수 있는 시간적인 여유를 주지 않는 속성을 가진다. 이에 반해 조직은 어떠한 위기라도 그것이 대재앙을 의미하는 것은 아니기 때문에 언제나 관리할 수 있는 영역을 가지며, 오히려 조직의 시스템을 일신하는 기회로 활용할 수도 있다.

이와 함께 위기는 불확실성을 확대시키며 조직의 평판에 심각한 타격을 가져오기 때문에 무엇보다도 예방 노력이 중요하다. 위기는 일어났을 때 충격을 최소화하는 것이 필요하지만 징후 파악을 통해서 일어나지 않게 하는 것이 가장 최선의 방책이다. 또한 위기는 일어났을 때 그 충격이 걷잡을 수 없이 확산되며 일어난 상황에서 대비책을 마련하기는 매우 어렵다. 따라서 미리 위기에 대한 준비를 하고 대응 계획을 마련하는 것이 무엇보다도 중요하다. 위기는 불가피하게 일어나고 불확실하며 엄청난 시간적인 압박 속에서 발생하지만 위기를 기회로 전환하고, 발생을 미연에 방지하거나 대응 상황을 준비하는 과정을 통해서 위기는 관리될 수 있다. 이러한 위기와 위기 관리의 속성들은 현실에서는 서로 중첩되어 연결되어 있다고 보는 것이 타당하다.

위기의 이러한 속성들과 함께 위기는 사람들의 인식 속에서 사회적으로 재구성된다는 속성을 함께 인지할 필요가 있다. 명확하게 객관적인 위기는 있을 수 없으며, 사람들의 인식 속에서 구성되기 때문에 가변적이고 상대적이다. 드레넌과 맥코넬(Drennan & McConnell, 2007)의 경우, 위기는 자명하고 객관적인 현상을 의미하기도 하지만, 개인의

표 8-4. 위기의 속성과 위기 관리 속성의 중첩

1. 불가피성 vs. 관리 가능성
2. 불확실성 vs. 예방 노력의 필요성
3. 시간 제약성 vs. 대응 준비의 중요성

인식에 달려 있어서 사회적으로 재구성된다고 보았다.

여기서 위기 인식의 사회적 재구성 차원은 위기를 이해하는 데 매우 중요하다. 위기는 객관적인 기준을 중심으로 한 자명한 현상으로 평가될 수도 있지만, 또한 공중의 인식을 중심으로 사회적으로 재구성된다. 이는 위기 관리의 기능주의적인 측면과 수사학적인 측면으로 연결된다. 위기를 객관적인 현상으로서 보고 사실 관계를 분명히 하는 것도 중요하지만, 위기가 사람들의 인식 속에서 어떻게 형성되고, 의미 공유되고 있는지 파악하는 것도 중요하다. 같은 위기 사안이지만 더 심각하게 느껴지는 위기는 공중의 인식 속에서 다르게 사회적으로 재구성된 것이다. 위기에 대한 통합적인 이해의 필요성과 커뮤니케이션의 중요성이 여기서 제기된다.

위기의 유형에 대한 논의

우리가 평상시에 겪거나 보게 되는 위기 상황을 생각해 본다면 화재와 참사, 홍수와 폭풍, 살인, 파업과 조직원 비리, 경영권 탈취, 독극물 주입, 교통 사고, 기름 및 독극물 유출, 집단 식중독 등 매우 다양한 위기들을 떠올릴 수 있다. 하지만 이러한 위기들에 개별적인 대응을 시도한다면 조직으로서는 효율적인 자원 배분을 하기가 어려울 것이다. 위기의 유형화는 이러한 수많은 위기를 몇 가지 특징으로 묶어 줌으로써 조직의 입장에서 위기를 효율적으로 예방 및 준비하려는 시도라고 할 수 있다. 또한 많은 위기 중에서 조직의 특성에 따라 다른 유형의 위기 상황을 맞는다고 할 수 있으며, 위기 유형화를 통한 위기 상황 예측과 대비도 조직이 처한 상황에 따라 달라진다고 할 수 있다.

우선 위기는 두 가지 차원으로 나뉜다(Pauchant & Mitroff, 1992). 기술 경제적/인간사회적, 정상 상태/심각한 상태의 차원이 그것이다. 이러한 두 가지 차원에 의한 네 가지 유형의 위기 상태는 개별적인 여덟 가지 종류의 위기를 포함하게 된다. 먼저 기술 경제적이면서도 심각한 위기 유형에는 외부에서 조직의 금전적 · 경제적 요소와 관련된 부분을 공격하는 것과 큰 규모의 피해 사건 등이 있다. 외부의 금전 관련 공격에는 뇌물 사건과 보이콧, 적대적 합병 등이 있으며, 큰 규모의 피해 사건에는 기름 유출이나 방사능 유출 등 환경과 관련된 대규모 사건 등을 예로 들 수 있다.

두 번째 기술 경제적이면서 조직의 일상적 · 정상적인 상태에서도 발생할 수 있는 위기 유형에는 외부의 정보와 관련된 공격과 결함이 있다. 외부에서 조직의 정보와 관련되어 공격하는 위기의 경우에는 조직의 저작권 침해나 정보 유출, 위조품 관련 사고, 소문 등이 있다. 결함이란 리콜 상황, 제품의 구조적 결함, 시스템의 작동 중지, 운영자의 실수, 안전사고 등을 의미한다. 세 번째 인간 사회적이면서 조직에 심각한 영향을 줄 수 있는 대표적인 위기로는 정신병리학적인 요인과 관련된 사건이 있을 수 있는데, 테러리즘, 모방 범죄, 조직 내에서의 파괴 작업, 조직 밖에서 일어나는 파괴 작업, 경영층 유괴, 성희롱 사건과 소문 등이 대표적인 예다.

마지막으로 인간 사회적이면서도 조직의 일상적인, 정상적 상태에서 발생할 수 있는 위기에는 인식 차원 위기와 인력관리상의 위기가 포함된다. 인식 차원의 위기란 공중이 조직에 대해서 가지는 인식에 점차적으로 부정적인 영향을 미치는 것으로 조직의 명성이나 이미지에 대해서 타격을 주거나 소문을 형성하는 것을 의미한다. 이러한 부정적인 영향은 장기간에 걸쳐 축적된 효과에 의해서 일어나기 때문에 예민한 위기 모니터링 시스템을 갖추지 못한 조직은 평상시에는 인식하지 못하고 넘어갈 수도 있다. 인력 관리상의 위기는 조직원들의 사기 저하나 경영진의 교체 등과 같이 조직의 인력과 관련된 위기 요인을 의미한다. 이 밖에도 일상 직업적인 위험 요소가 있을 수 있는데 이것은 작업 환경에 따른 조직원의 건강 악화 또는 질병 등을 포함한다.

하지만 이러한 위기 유형 분류의 문제점은 위기 발생 상황의 특성이나 공중과의 관련성, 사회 문화적인 맥락과 책임성 등 위기 인식에서 질적인 요인의 고려가 너무 미약하다는 것이다. 다분히 기계적인 분류로 인해, 현실 상황에서는 이러한 유형 분류가 큰 함의를 주지 못할 수도 있다. 예를 들어 뇌물 사건과 적대적 합병은 함께 기술 경제적인 심각한 위기 유형에 해당한다. 하지만 조직의 입장에서 뇌물 사건과 적대적 합병을 같은 유형의 위기로 묶는다는 것이 현실적으로는 어려울 수 있다. 이는 이언 미트로프Ian I. Mitroff의 분류가 수많은 위기를 유형화하고 간결하게 정리하는 데 탁월한 아이디어를 제시하지만, 좀더 다른 질적인 유형 변수들과 결합될 필요가 있음을 보여 준다.

이후 미트로프는 조직 중에서 특히 기업에게 올 수 있는 위기를 일곱 가지 유형으로 구분한다(Mitroff & Anagnos, 2001, 표 8-5 참조). 그것은 경제적인 위기economic, 정보 관련 위기information, 물질적인 위기physical, 조직원 관련 위기human resource, 평판 관련 위기 reputational, 정신이상적 행위psychopathic acts, 자연 재해natural로 나뉘는데, 앞서 말한 두 가지 차원의 분류를 좀더 자세히 서술했다고 할 수 있다.

표 8-5. 미트로프의 기업의 위기 유형 분류

1. 경제적인 위기—파업, 주가 하락, 노동시장 불안, 시장 불안, 수입 감소 등
2. 정보 관련 위기—비밀 정보 유출, 잘못된 정보 입수, 전산 정보 사고 등
3. 물질적인 위기—핵심 장비 혹은 공급 물자의 손실, 중요 장비 혹은 공장의 가동 불능, 중요 물자의 손실, 공장 파손 등
4. 조직원 관련 위기—핵심 경영진 손실, 핵심 조직원 손실, 결근의 증가, 조직원에 의한 파괴 행위, 작업장 폭력 등
5. 평판 관련 위기—가십, 루머, 명예 훼손, 기업 평판의 손실, 기업 상징물의 훼손, 기업의 희화화 등
6. 정신이상적 행위—제품 훼손, 납치, 인질극, 테러, 작업장 폭력 등
7. 자연 재해—지진, 화재, 홍수, 범람, 폭발, 태풍, 허리케인 등

쿰즈(Coombs, 1999)는 여러 학자들의 위기 유형 분류를 통합하여 아홉 가지 위기 유형으로 분류했다. 위기의 아홉 가지 유형이란 자연 재해natural disasters, 악의적인 사건malevolence, 기술적인 문제technical breakdown, 사람에 의한 문제human breakdown, 도전challenge, 대규모 피해mega damage, 조직의 비행organizational misdeeds, 현장 비행workplace violence, 소문rumors을 지칭한다.

먼저 자연 재해는 지진과 폭풍, 홍수, 허리케인, 토네이도 등 조직이 통제하는 것이 불가능한 자연의 행위로 피해를 받는 경우를 뜻한다. 악의적인 사건은 조직에 반대하는 외부 세력 등이 조직에 대한 적대적 감정을 표출해 보이는 것으로 상품을 오염시키는 행위, 납치, 악의적인 소문 퍼뜨리기, 테러리즘 등의 극단적인 수단을 사용하는 것이다. 기술적인 문제는 산업 현장 사고, 소프트웨어 작동 실패, 제품 리콜 등을 포함하며, 이는 조직 내에서 사용하거나 다른 조직으로부터 공급받는 기술에서 문제가 발생한 경우를 의미한다.

도전이란 보이콧, 파업, 소송, 정부의 처벌과 데모 등을 지칭하는 위기 유형으로 조직의 활동에 불만족한 공중이 그들의 기준에 부합되지 않는 조직과의 정면 대응을 꾀하는 사건을 뜻한다. 특히 도전 유형은 시민 사회와 행동주의자의 역할이 상대적으로 커지면서 활발한 위기 유형으로 떠오르고 있다. 대규모 피해는 기름 유출 사고나 방사능 유출 사고 등 자연과 환경에 중요한 피해를 미치는 사건을 말한다. 대규모 피해의 경우는 책임 소재와 보상 문제 등과 관련하여 도전 위기와 결합되기도 한다. 대규모 유출 사고가 일어나고 나서, 이어지는 전국적인 불매 운동이 그것이다.

조직의 비행非行이란 조직의 평판에 가장 큰 부정적 영향을 미칠 수 있는 것으로 조직

이 공중과 사회에 피해를 줄 수 있다는 것을 미리 알고 있으면서도 의도적으로 비윤리적인 행위를 하는 것이다. 이에는 조직의 극단적인 이윤 추구와 공중에 대한 의도적인 사기, 경영층의 비도덕적 · 불법적 행위 등이 포함된다. 현장 비행은 종업원이나 한때 종업원이었던 사람이 현장에서 동료 폭행이나 살해 등의 폭력을 휘두르는 사건을 말한다. 두 가지 비행의 경우, 조직 비행이 현장 비행에 비해서 좀더 조직 평판에 부정적인 영향을 미친다고 할 수 있다. 마지막으로 소문은 조직 자체나 제품에 대한 잘못된 정보가 떠돌아다니는 것을 의미하고, 다양한 종류의 소문이 이러한 분류 유형에 속한다. 쿰즈의 경우에는 소문을 조직의 책임성과 무관하게 구성된 외부의 악의적인 소문으로 보았다.

드레넌과 맥코넬(Drennan & McConnell, 2007)은 위기 관련 속도와 관련하여, 위기의 유형을 두 가지 차원에 의해서 구분했다. 두 가지 차원은 위기 발전의 속도(느림/빠름)와 위기 종료의 속도(느림/빠름)다. 이에 따라서 위기를 '갑자기 타오르는 위기fast burning crisis'(발전과 종료의 속도가 빠름), '길게 드리워진 위기long shadow crisis'(발전의 속도는 빠르지만 종료의 속도는 느림), '카타르시스 위기cathartic crisis'(발전의 속도는 느리지만 종료의 속도는 빠른 위기), '늦게 타고 잔존하는 위기slow burning or creeping crisis'로 나누었다.

'갑자기 발생하는 위기'는 일반적인 사건 사고의 경우에 해당하고, '길게 드리워진 위기'는 9 · 11, LA 경찰 로드니 킹 폭행 사건 등 사건의 충격이 오래 가는 경우를 말한다. '카타르시스 위기'는 사건은 천천히 진행하지만 급격한 종료로 인해서 카타르시스를 발생시키는 경우다. 탈레반의 한국 인질 사건, 연쇄 살인범 사건 등이 있을 수 있다. 마지막으로 '늦게 타면서 오래 잔존하는 위기'의 경우는 지구 온난화, 비만 문제 등 우리의 생활 속에 상존하면서 확실한 발생 지점을 구별하기 어려운 위기를 포함한다. 하지만 이러한 위기의 속도에 따른 유형은 위기의 내용에 따라 여러 가지 유형의 속도를 가질 수 있다는 측면에서 한 위기를 일반적으로 규정하기는 곤란한 부분이 있다. 하지만 위기의 진행과 종료 속도에 따라 조직의 위기 대응 방법은 달라질 수밖에 없고, 예방과 준비 또한 달라야 한다는 측면에서 이러한 유형화는 위기 관리에 많은 시사점을 준다.

김영욱(2002)은 두 가지 분류 방법에 의해서 각각 네 가지 유형의 위기를 분류했다. 먼저 첫 번째 분류 방법은 위기의 종류를 조직의 "책임성의 여부"와 "기술 경제적인 문제인가 아닌가 여부"로 나누는 방법이다. 책임성의 여부는 위기 유형 분류에서 매우 중요한 변수가 될 수 있는데, 많은 학자들이 책임성 혹은 의도성의 여부를 위기의 성격을 구별하는 중요한 변수로 삼았다(Coombs, 1999; Ulmer et al., 2007). 여기에서 책임성이 없고 기술 경제적인 문제가 아닌 경우는 보통 자연 재해, 현장 비행, 소문, 악의적인 사건 등이 있고, 책임성이 없고 기술 경제적인 문제 중심인 위기는 보통 소문, 악의적인 사건 등이 있다. 한편 조직의 책임성이 있고 기술 경제적인 문제가 아닌 경우는 일반적으로 사람에 의한 문제 혹은 대규모 피해와 도전 등이 해당된다. 마지막으로 책임성이 있고 기술 경제적인 문제가 중심이 되는 위기는 대부분의 경우 소문, 악의적인 사건 등이 해당된다. 물론 이러한 구체적인 위기의 예들은 대표적인 성격이 그렇다는 것이고, 사건의 성격에 따라 다른 유형으로 분류될 수도 있다.

두 번째 분류 방법은 조직의 "책임성 여부"와 위기 발생의 "원인이 내부 혹은 외부에 있는지 여부"가 결합되어 만들어진 유형이다. 책임성은 없지만 조직 내부에 위기의 원인이 존재하는 경우는 보통 현장 비행, 사람에 의한 문제 등이 해당하고, 책임성이 없고 위기의 기원도 조직 외부에 있는 경우는 보통 자연 재해, 소문, 악의적인 사건이 해당한다. 한편 조직에 위기의 책임이 있고 조직 내부에 위기 소재가 있는 경우는 일반적으로 기술적인 문제, 사람에 의한 문제, 대규모 피해, 조직의 비행 등이 해당하고, 마지막으로 책임성이 있고, 위기 소재가 조직의 외부에 있는 경우는 조직에 대한 도전 등이 이에 해당한다. 첫 번째 분류 방법과 마찬가지로 이러한 분류는 대표적인 경우를 의미하고, 사건의 성격에 따라 바뀔 수 있다.

앞에서 말했듯이 미트로프의 분류 방법은 위기와 관련한 질적인 변수가 고려되지 않았다는 측면이 있다. 김영욱의 분류는 그러한 단점을 극복하여 구조적인 변수와 책임성, 책임 소재와 같은 질적인 변수를 함께 고려하여 위기를 분류하는 시스템을 보여 준다. 하지만 조직의 특성과 업무, 관련 공중의 성격에 따라서 조직에 맞는 위기 유형 분류 시스템을 가져가는 것이 무엇보다 중요하며, 위기 준비 과정에서 그 동안 일어났던 위기 데이터베이스를 통해서 조직에 가장 적절한 유형 분류를 찾아내는 것이 필요하다. [그림 8-1]은 우리나라 한 판매 회사의 위기 유형 분류를 보여 준다. 이 회사의 경우에는 위기 원인의 내부/외부 차원과 함께 인적/시스템 분류를 다른 차원으로 이용하고 있다. 이러한 분류가 이루어진 이유는 판매 회사의 특성상 인적인 요소에 의한 위기 유형이 중요한 차원을 차지하고 내부적인 문제 요소와 함께 외부적으로 불가피하게 주어지는 압력의 요소가 많기 때문이다. 이처럼 한 조직의 위기 유형 분류는 그 조직의 특성을 반영하여 가장 명확하게 발생 가능한 다양한 위기를 분류할 수 있는 방법을 찾아내는 것이다. 따라서 위기 유형의

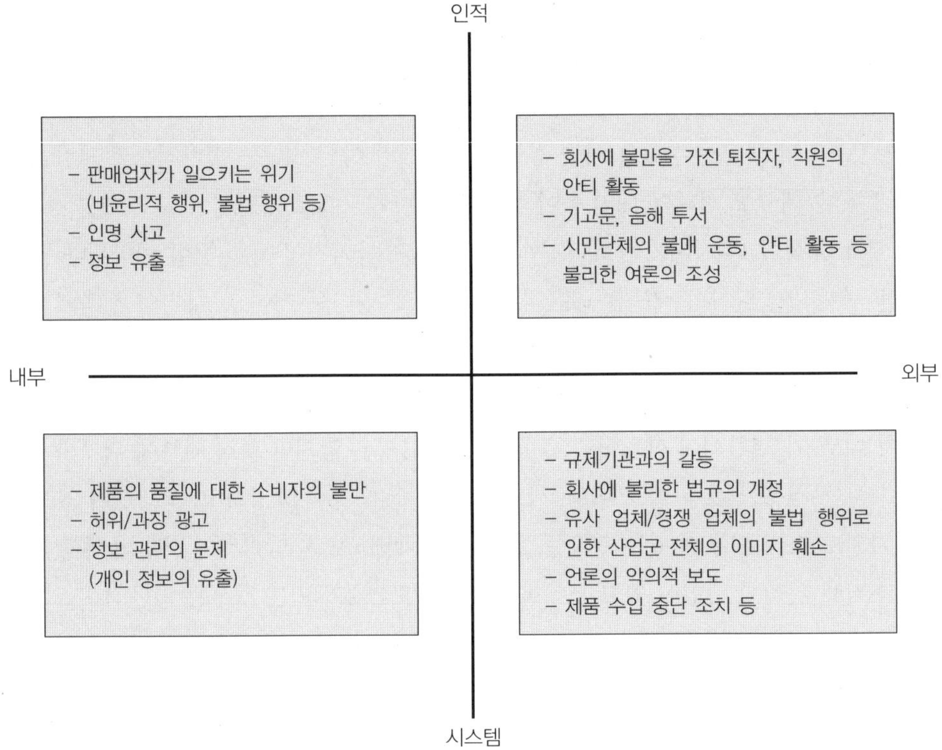

그림 8–1. 우리나라 한 판매 회사의 위기 관리 유형 분류 예

분류에 정해진 원칙은 있을 수 없다.

위험, 위기 그리고 책임성

위기 유형을 분리하면서 과연 조직이 해당 위기에 대해서 책임이 있느냐 없느냐가 가장 중요한 사안으로 등장한다는 것을 알 수 있다. 책임성의 문제는 커뮤니케이션의 문제와 연결되기도 하는데, 그것은 책임성 판단에 따라서 조직의 입장에서는 커뮤니케이션을 확대하거나 제한하기도 하기 때문이다. 예를 들어 태안 유조선 기름 유출 사고의 경우, 삼성중공업은 법적인 책임 문제가 확실해질 때까지 공중과의 커뮤니케이션을 미루는 태도를 보였다. 이는 커뮤니케이션 행위가 자칫 책임성을 인정하는 것으로 보일 것을 두려 위해서 생긴 일이다. 이처럼 조직의 입장에서는 위기에 대한 책임성에 민감하게 반응할 뿐만 아니라, 위기에 대한 대응 정도도 책임성 인식 정도에 중요한 영향을 받는다고 할 수 있다.

그렇다면 공중이 조직의 위기와 관련하여 가장 신경을 쓰는 부분은 무엇일까? 그것은 아마 위험 요인 혹은 위기에 대해서 아무도 책임지는 사람이 없는 경우일 것이다. 조직 위기의 경우, 위험 요인을 야기한 조직이나 주체들이 위험을 야기한 책임을 균등하게 나눠 가지지 않거나 위험으로 인해서 피해를 입은 공중에게 충분한 보상이 이루어지지 않는다면 조직의 위기 관리는 성공하기 힘들다. 사건은 일어났고 심각한 피해를 당한 사람들은 있는데 아무도 책임지겠다는 사람이 없다면 공중은 분노할 수밖에 없다.

위험 사안에 대한 효과적인 커뮤니케이션은 공중의 입장에서 위기에 대한 책임을 얼마나 잘 공평하게 할당했는가를 인식하는 정도에 달려 있다고 설명했었다(Leiss & Chociolko, 1994). 예를 들어, 우리나라에서 자주 일어나는 대형 사건의 경우, 초기 언론의 집중적인 대응이나 흥분된 여론으로 인해서 추상적이고 광범위한 성토가 이루어지지만, 대부분의 경우 말단 공무원이나 실무를 담당하는 사람 선에서 법적인 책임을 지우고 끝나는 경우가 많다. 이러한 위기 대응과 사후 처리는 결국 공중에게 위기와 관련한 책임성이 공정하고 공평하게 할당되지 못했다는 인상을 남기게 되며 해당 위험에 대한 인식을 감소시키는 데 부정적으로 작용하게 된다.

또한 조직 위기와 책임성의 관계에서 좀더 복잡한 경우는 위험 요소의 발생에도 불구하고 손해를 보는 편과 이익을 보는 편이 갈리는 경우다. 예를 들어 새만금 물막이 공사를 둘러싼 공방의 경우, 새만금 주변에 사는 어민들과 환경단체들은 생존권과 환경 보호를 위해서 반대의 입장을 분명히 하고 있다. 하지만 전라북도 도민들의 경우는 이미 낙후된 지역사회를 발전시키기 위해서 공사를 강행할 것을 주장하고 있다. 이런 경우 위험 요소의 발생으로 인해서 지역 주민들은 손해를 감수해야 하지만, 전라북도 도민들의 경우는 지역사회 발전으로 인한 이익을 기대할 수 있는 측면이 더 많다. 이런 경우 위험 요소의 발생으로 인한 부담을 지역 주민이 전적으로 져야 한다면 위험 인식을 완화시킬 수 있는 명분을 얻기는 힘들다. 위험 결과에 대한 인식이 서로 다른 조직 책임성 인식을 불러오게 된다. 즉 지역 주민들이 정부에 대해서 느끼는 책임성과 전라북도 도민들이 느끼는 책임성의 내용이 다르게 된다.

이런 경우 정부의 입장에서도 한쪽 편의 손을 들어 주어 지역 주민들의 강력한 반대에 부딪치게 되면, 위기가 고조되고 문제 해결을 이끌어 내기가 힘들어진다. 따라서 이런 경우에는 위험에 따른 결과를 관련 공중이 골고루 질 수 있도록 정책적인 대안을 마련해야 하고, 손실과 이익이 균등하게 배분될 수 있도록 효과적이고 효율적인 방안을 찾아내야 한다. 무엇보다도 중요한 것은 서로 간의 커뮤니케이션을 통해서 상대방의 입장을 이해할 수 있도록 노력해야 한다. 따라서 서로 다른 책임성 인식의 문제와 관련해서도 커뮤니케이션의 역할이 무엇보다도 중요하다. 위험을 둘러싼 책임성 인식에 서로 다른 시각을 가지게 되고, 위험의 분배가 공정하게 이루어지지 못한다면 관계된 조직에게는 위기로 확대될 수밖에 없다.

가장 사회적으로 문제를 야기하는 위험은 그러한 상황을 야기한 조직은 불분명하면서도 모든 공중이 위험의 결과를 나누어 가지게 되는 경우다. 즉 이러한 위험은 문제의 심각성은 있는데 확실하게 책임질 주체는 존재하지 않는 경우라고 할 것이다. 예를 들어, 공해나 매연 그리고 온난화로 인한 자연 재해 등 위험 상황을 야기한 조직은 분명하지 않은데 대부분의 사람들이 피해를 입고 있다. 현대 사회가 위험 요인과 조직 위기에 대해서 더 민감하게 반응하는 것은 이러한 위기를 야기한 주체가 불분명한 상황에 대한 경계를 반영하고 있다. 아무도 책임지지 않는 상황만큼 황당한 경우는 없다.

따라서 사람들은 위험 요인을 조금이라도 야기하는 조직에 대해서 과도한 책임을 부여하는 경향이 있고, 이는 현대 조직의 입장에서 가장 경계해야 할 대목이라고 할 수 있다. 다시 삼성의 예로 돌아가서 우리 사회의 양극화라든지 재벌 구조의 폐해 등이 모두 삼성의 책임이라고 볼 수는 없다. 하지만 공중은 누군가 책임을 질 것을 요구한다. IMF로 인해서 피해를 본 사람들, 실직으로 어려움을 겪은 사람들, 우리 사회의 부조리에 대해서 분개하는 사람들은 이러한 사회 위험 요인에 대해서 누군가 실체적인 책임을 질 것을 요구하고 있다. 삼성에 대한 공중의 책임 요구는 그래서 끈질기고 집요하다. 많은 정부 부처, 정치인, 비영리단체에 대한 공중의 요구 또한 그것이 사회적인 책임과 관련되어 있을 때는 별반 다르지 않다. 그렇다면 현대 조직은 공중의 책임성 요구에 어떻게 반응해야 할까? 여기서 우리는 조하리의 창(Johari's window)을 예로 들 필요가 있다.

조하리의 창에 따르면 현대 사회 들어서 자신이 모르거나 다른 사람이 모르는 경우는 현저히 줄어들고 있으며 모든 것이 공적 영역의 범주에서 개방되고 있다고 보았다 (Mitroff & Anagnos, 2001). 조하리의 창은 현대 사회에서 공적 영역의 확대가 대세를 이루게 된다는 것을 보여 준다. 조하리의 창을 통해서 우리가 알 수 있는 것은, 현대 사회의

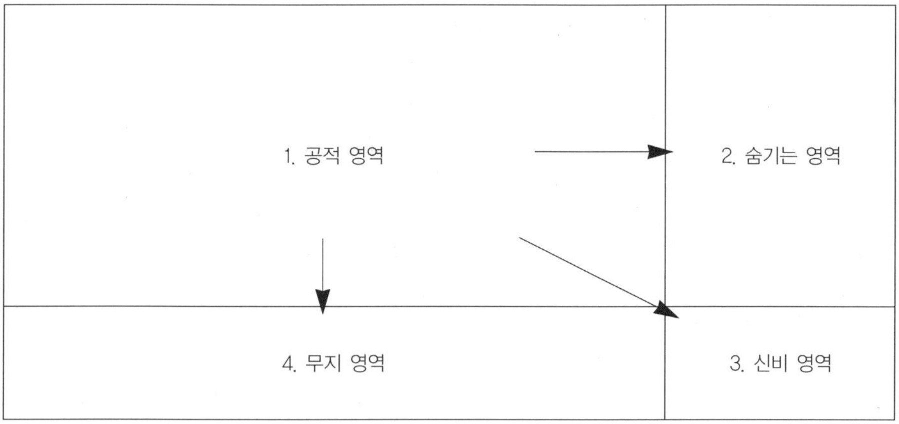

주) – 1. 나–아는 경우/다른 사람 – 아는 경우, 2. 나–아는 경우/다른 사람 – 모르는 경우,
3. 나–모르는 경우/다른 사람 – 아는 경우, 4. 나–모르는 경우/다른 사람 – 모르는 경우.
→ 화살표는 공적 영역의 점차적인 확장과 다른 영역의 축소를 의미한다.

그림 8–2. 조하리의 창과 공적 영역의 확장

편재된 위기 상황에 대한 조직의 대응은 투명하고 개방된 조직 체계로 빠르게 전환하는 것으로부터 시작해야 한다는 것이다. 조직 체계의 복잡성, 시민 사회 세력의 성장, 특히 미디어의 다원화는 인터넷과 더불어 비밀과 신비의 영역을 현저하게 줄이고 있다. 어떤 조직도 확대되고 있는 공공 영역public domain으로부터 벗어나기 힘든 것이 사실이다.

심화되는 미디어 경쟁과 개인 미디어로서 인터넷의 발달은 숨기는 영역hidden domain을 점점 줄여가고 있으며, 과학의 발달로 인해 현대 사회에서 신비 영역mysterious domain 또한 점점 줄어들고 있다. 무지 영역blind domain은 이미 정교화된 조직의 조사 기능이나 사람들 간의 자유로운 의견 교류 등을 고려할 때 현대 사회에서 현저히 줄어든 영역이다. 결국 조직에서 일어나는 일들은 알려지느냐 아니냐의 차원을 떠나서 언제 알려지느냐의 문제로 논의의 핵심이 변해 가는 것을 알 수 있다. 이런 상황에서 폐쇄적인 조직 체계와 가부장적인 의사 결정 구조에서 벗어나지 못한다면 위험을 확대 재생산하는 어리석음을 범하는 것이라고 예상할 수 있다.

감시의 눈은 과거와 비교할 수 없이 많아지고, 관리해야 하는 조직은 점점 더 복잡해져 가기 때문에, 위험 사안을 숨기거나 거짓말을 한다고 해서 해결될 수 있는 문제는 이제 거의 없다고 보아야 한다. 또한 투명성에 대한 국제적인 기준이 높아지고, 법률적인 규제도

강해졌기 때문에 정보의 개방은 선택이 아니라 의무에 해당한다고 할 수 있다. 하지만 아직도 관리를 통해서 조직을 통제하고 비밀을 유지할 수 있다고 생각하는 우리나라 일부 조직의 아집은 현대 사회의 변화를 생각할 때 안타까운 일이다. 이런 조직은 위험 사안을 해결할 능력을 가지고 있지 못하며, 언제든지 위기가 찾아올 수 있다.

따라서 언제 발생할지 모르는 조직의 책임 요구에 대해서 조직은 우선 투명한 조직 운영 체계를 갖추는 것이 무엇보다도 필요하다. 즉 현대 사회 조직에 대한 책임성의 요구는 개별적인 위기 사안에 대한 책임성보다는 좀더 근본적인 쟁점들, 즉 투명 경영, 사회 기여, 공공 이익, 공중 관계 등에 대한 책임을 함께 요구한다. 당장 개별 위기 사안에 대한 책임성에 급급해서 근본적인 치유책을 내놓지 못한다면 그러한 위기는 계속해서 반복될 수밖에 없다. 따라서 현대 사회 조직들은 공중의 요구 사항에 대한 근본적인 책임을 항상 생각하고 행동할 필요가 있다. 이러한 조직 행위가 공중의 위험 인식에 대한 근본적인 대응도 가능하게 한다.

마지막으로 위기 책임성 문제는 귀인이론attribution theory과 결합하여 위기 관리 이론의 중요 변수로도 자리잡고 있다. 위기 책임성은 우선 위기를 어떻게 유형화할 것인가 하는 부분에서 기준으로 작용한다. 예를 들어 위기 책임성의 상 · 중 · 하로 카테고리를 나누거나 책임성 정도에 따라서 연속적인 변수로 상정할 수도 있다. 대부분의 위기 관리 이론들은 이러한 책임성에 기반한 위기 유형에 따라서 다른 대응 전략을 구사할 것을 주문하고 있다(Coombs, 2006b). 예를 들어 조직의 책임이 큰 경우와 작은 경우, 위기에 대한 예방, 준비, 대응 방법이 다를 수밖에 없다.

조직의 책임이 큰 경우에는 위기에 대한 책임을 전적으로 인정하고 문제를 해결할 수 있는 가장 적절하고 빠른 방법을 내놓는 것이 무엇보다 중요하다. 하지만 조직의 책임이 없는 경우에는 자신을 희생자로 효과적으로 묘사하면서도 부수적으로 공중에게 발생할 수 있는 피해들에 대해서는 신속한 대응을 하는 모습을 보여야 한다. 결국 잘못한 것은 없지만 우리 조직은 공중의 안전을 최우선으로 생각한다는 원칙을 보여 주는 것이 중요하다. 조직의 위기 대응에서 실패 사례로 분류되는 위기들을 살펴보면, 대부분 이러한 위기 책임성 인식과 조직 행동 사이에 조화를 이루지 못하는 경우에 많이 발생한다.

만약 의도적이지는 않지만 조직의 책임이 어느 정도 있는 경우에는 어떻게 해야 할까? 제일 중요한 것은 무엇이든 숨기지 않고 공중과 공유하려는 자세를 가지는 것이다. 또한 솔직하게 자신의 실수를 인정하면서 신속하게 대응하는 것이 무엇보다도 중요하다. 의도적이지는 않았지만 자신의 잘못이 있다면 절대 주저해서는 안 된다. 분노하고 있는 피해자들을 어루만지고 진심으로 사과하는 모습을 보여야 한다. 이런 개방성, 신속성, 진실성이 위기의 확대를 막을 수 있다. 만약 법적으로 문제되는 부분이 있다고 하더라도 사과의 모습을 늦추어서는 곤란하다. 법적인 문제와 무관하게 사과할 수 있는 창의적인 방법도 많이 있다.

하지만 신속한 사과가 없는 상황에서 조직의 책임성은 기하급수적으로 불어나서 "호미로 막을 일을 가래로도 못 막는" 사태가 올 수도 있다. 이런 의미에서 태안 유조선 기름 유출 사건과 관련한 삼성의 대응은 안타까운 점이 많다. 의도성이 있었느냐 없었느냐를 따지는 법적인 대응만을 강조할 뿐 여론의 악화에 대해서는 아무런 조치를 취하지 않았기 때문이다. 앞에서도 설명했지만 위기는 사회적으로 재구성된다. 조직이 어떻게 대응하느냐에 따라서 위기의 결과는 큰 차이를 보일 수 있다.

쿰즈(Coombs, 2006b)는 위기의 책임성에 따라서 위기의 유형을 조직에 대한 공격, 사건 사고, 조직 비행의 세 가지 차원으로 나누었다. 여기서 공격은 조직의 책임이 낮은 경우이고, 비행은 조직의 책임이 높은 경우를 의미한다. 쿰즈도 이러한 세 가지 다른 책임 유형의 위기에 대해서 조직의 예방과 대응 전략이 차이를 보여야 한다고 주장했다.

제9장

위기 관리의 이론적인 접근

지금까지 제1부에서 현대 사회에서 위험이 증폭되는 원인을 살펴보고, 위험 인식의 중요성과 함께 위험 인식과 관련된 변수와 위험을 커뮤니케이션해야 하는 필요성에 대해서 알아본 다음, 제2부에서는 위기의 정의와 속성 등에 대해서 알아보았다. 위험이 현대 사회에서 필수적인 요소로 등장하면서 공중의 위험 인식이 무엇보다도 중요한 위험 결정 인자로 등장함에 따라 위험을 둘러싼 커뮤니케이션이 무엇보다도 중요하다는 것을 설명했다. 따라서 위험 커뮤니케이션의 목적은 위험 담론을 둘러싼 관련 공중의 참여를 독려하고, 공론의 장을 형성하는 것이라고 말할 수 있다. 위기는 이러한 위험 담론이 조직을 통해서 분명한 주체의 행위로 인식되는 것을 의미한다. 위험이 조직 차원에서 문제 해결의 대상이 될 때 위기로 진화한다. 지금부터는 지금까지 살펴본 위기에 대한 기본적인 개념 정의와 관련 논의에 대한 천착을 바탕으로 실제적으로 조직들이 어떻게 위기를 관리할 수 있는가를 살펴본다.

조직의 입장에서는 위기를 관리하기 위해서 크게 두 가지의 방향성을 가진다고 할 수 있다. 그것은 조직 체계의 입장에서 어떻게 조직 경영을 위기를 예방하고 대응하는 방향으로 변화시켜 갈 것인가를 고민하는 것과 조직이 위기와 관련하여 어떻게 관련 공중과 커뮤니케이션할 것인가를 살펴보는 것이다. 이와 같은 조직 차원의 위기에 대한 접근은 체계론적인 접근과 수사학적인 접근 혹은 경영관리 차원의 접근과 커뮤니케이션 차원의 접근으로 나누어 볼 수 있다. 위기 관리가 효과적으로 이루어지기 위해서는 이러한 두 가지 접근이 함께 이루어지는 것이 필요하며, 조직의 입장에서는 위기 예방과 대응을 위해서 이러한 두 가지 접근을 기반으로 하는 위기 준비를 하는 것이 필요하다. 지금부터는 이런 차원에서 조직 경영 관리 차원의 체계론적인 접근 논의들을 우선 다룬 뒤, 이것을 기반으로 수사학적인 접근 혹은 커뮤니케이션 차원 접근과의 조화를 시도하게 될 것이다. 따라서 궁극적으로는 조직의 경영 관리 측면에서 어떻게 공중과의 커뮤니케이션 요소를 통합하여 위기를 예방하고 대응할 것인가에 초점을 맞추게 된다.

위기 관리의 의미

우선 위기 관리crisis management는 위험 관리risk management와 구별될 필요가 있다. 위험 관리는 조직의 목표를 달성하기 위해서 불확실성을 이용하는 행위다(Drennan & McConnell, 2007). 불확실한 펀드 투자를 효율적으로 함으로써 조직의 이익을 달성하는 것은 위험 관리이지만 위기 관리라고 보기는 어렵다. 위험 요인을 어느 정도 가지는 생산품에 대해서 최대의 이익을 달성하기 위해 어떤 위험을 감수할 것인가를 결정하는 것은 위험 관리이지만 위기 관리라고 보기는 어렵다. 물론 조직의 목표를 달성하기 위해서 어느 정도의 위험은 감수할 수 있다. 위험 요인은 위험 평가와 의사 결정 과정을 거쳐 조직의 목표 달성에 맞게 가공된다. 하지만 위기 관리는 불확실성을 줄여서 공중과의 우호적인 관계를 지속하고자 하는 조직 행위다. 따라서 위험 관리에서 위기 관리로의 중심 이동은 조직 행위에서 공중과의 관계를 우선적으로 고려할 필요가 있다는 획기적인 사고의 전환과 연관되어 있다. 위기 관리 사고에 따르면 조직 목표를 달성할 수 있더라도 공중과의 관계에 나쁜 영향을 줄 수 있는 행위는 자제되어야 한다고 주장한다(김영욱, 2002).

따라서 위기 관리는 위험을 조직 목표의 달성을 위한 활용 대상으로 보는 위험 관리와는 차원이 다르며, 좀더 장기적인 공중 관계에 기반한 위험과 위기 관련 광범위한 조직 행위라고 할 수 있다. 그래서 위험 관리는 보험 회사나 투자 회사 등 위험 요인을 이용하여 조직의 목표를 달성하는 조직들이 주로 사용하지만, 위기 관리는 공중 관계를 기반으로 하는 모든 회사들에 광범위하게 적용되는 개념이라고 할 수 있다.

조직이 경험하게 되는 위기 관리는 여러 가지 속성들이 중첩적으로 작용하고 있다고 말할 수 있다. 우선 조직의 위기는 복잡한 조직 행동 역학과 관련되어 있다. 앞에서 예를 들었던 미국의 어린이 병원인 Kid's Place Hospital에서는 응급 환자를 실어 나르기 위한 헬리콥터 착륙장을 건설하려고 했지만 소음과 부동산 가격 하락을 우려한 지역 주민들의 반대에 부딪혀 착공하기까지 많은 위기 상황을 경험해야 했다. 또한 미국의 대표적인 편의점의 하나인 Circle K의 한 점포는 화장실을 이용하고자 하는 행인을 저지했다가 전국적으로 소비자들의 분노를 사게 되고, 결국 모든 점포의 화장실 개방을 결정하게 되었다.

이와같이 조직의 위기는 조직이 스스로 판단하는 행위의 정당성과는 상관없이 공중의 인식에 의해서 결정된다. 이것은 위험에 대한 판단이 전문가적인 시각에서 공중의 인식 위주로 변해 왔다는 것과 일맥상통한다. 따라서 조직은 공중 관계 속에서 규정되며 정치 조직으로서 복잡한 여론을 고려하면서 조직 행위를 결정해야 한다(Spicer, 1997). 이러한 의지가 없다면 그 조직은 위기를 자초하고 있는 것이다.

다음으로 위기는 평소의 공중 관계와 연관되어 있다는 것을 알 필요가 있다. 존슨앤드존슨의 타이레놀 독극물 사망 위기를 잘 살펴보면 존슨앤드존슨의 위기 관리 성공 뒤에는 공중 관계를 통한 평소 신뢰 관계가 큰 몫을 했음을 알 수 있다(김영욱, 2002). 존슨앤드존슨이 최초 발표에서 제조 과정에서는 독극물이 전혀 사용되지 않는다고 발표했다가, 회사 연구소에서 실험용으로 청산가리를 사용하고 있다는 것을 발견하고 최초 발표를 정정했을 때도 언론이나 공중이 존슨앤드존슨의 신뢰도에 의문을 제기하지는 않았다. 이는 평소에 관계 관리를 통해서 우호적인 공중 관계를 형성하는 것이 얼마나 중요한가를 보여 준다.

공중 관계가 좋은 조직은 위기가 발생했을 때 조직이 반응할 수 있는 선택의 수단이 넓어지고, 공중도 조직 행동에 대한 우군 역할을 담당하게 된다. 하지만 과거의 조직 행동 past performance or stability이 좋지 않았던 경우에는 조직이 떠안아야 하는 조직 책임성이 높아지게 되고, 위기 커뮤니케이션의 효과 또한 반감하게 된다.

위기 관리는 평소 공중 관계를 관리하는 것이라고 해도 과언이 아니다. 애틀랜타에 공장을 둔 제약 회사인 머크Merck의 공장 폐수 유출 사건이 진행된 경과도 이러한 주장을 뒷받침한다. 애틀랜타 인근의 언론이 폐수 유출 사건을 보도하기 위해서 공장 주변 지역사회 주민들을 인터뷰했지만 모두 머크의 지역사회 기여를 지적하면서 폐수 유출이 단순한 실수일 것이라고 오히려 옹호해 주었다. 이렇게 관련 공중이 우호적인 시각을 가지고 있을 때 위기의 파장이 축소되는 것은 당연하다. 위기의 책임성에 과거 유사한 위기 경험 여부가 포함되는 것도 이와 연관되어 있다.

위기에 대해서 일반인들이 가지는 가장 눈에 띄는 오해 중의 하나는 위기는 발생했을 때에야 비로소 사람들의 인식 세계에 들어오고, 위기를 잘 관리하는 것은 발생한 위기를 잘 축소하는 것이라고 생각하는 것이다. 하지만 위기는 발생하기 전에 더 많은 징후와 신호를 내보내며, 위기가 발생하는 것은 그러한 사전 신호들이 무시되었을 때 발생하는 경우가 대부분이다. 예를 들어 서울 아현동에서 일어났던 가스 공급기지 폭발 사고 같은 경우도 사전에 가스 누출과 관련한 많은 징후들이 있었지만 그것을 무시했기 때문에 폭발 사고로 이어진 것이다. 또 다른 예로 IMF 경제 환란과 관련해서 얼마나 많은 사전 신호들이 발생했던가? 이런 신호를 무시하는 무능한 조직에게 위기는 찾아올 수밖에 없다.

외국에서도 많은 예를 찾을 수 있는데, 미국 우주항공국NASA의 컬럼비아 호 폭발 사고도 사전 신호의 무시가 엄청난 재앙으로 발전할 수 있다는 것을 보여 준 사례다. 컬럼비아 호의 경우 발사 시 내열 타일이 떨어져 나가는 사고를 당했지만 이를 무시하고 무리하게 대기권으로 진입하려다 엄청난 재앙을 경험하게 된다. 하지만 컬럼비아 호 폭발 사고는 어찌 보면 그 전에 챌린저 호 폭발 사고에서 있었던 사고 원인들이 충분히 개선되지 않았기 때문에 일어났다고 볼 수 있다. 오류 제거와 관련한 수직 커뮤니케이션 통로의 문제점 등은 이미 챌린저 호 폭발 사고에서 지적되었던 사항이기 때문이다.

이와같이 위기는 대응에 초점을 맞춘 개념이기보다는 예방 및 징후 탐지의 중요성을 이해함으로써 더 잘 설명될 수 있는 개념이다. 빙산의 일각이란 말은 위기 상황을 잘 묘사한다. 실제 눈에 보이는 일은 훨씬 더 많은 징후들이 수면 아래에서 작용함으로써 드러난다. 따라서 위기를 잘 관리하는 조직은 대응보다는 징후 탐지와 예방에 초점을 맞추게 된다.

하지만 위기에서 예방 및 징후 탐지가 중요하다고 하여 위기에서 신속한 대응의 중요성을 간과할 수는 없다. 대부분의 인재들과 대규모 재난 사고는 신속하고 효과적인 대응이 있었다면 얼마든지 충격이 축소될 수 있는 것들이다. 예를 들어 대구 지하철 참사나 장마철 홍수 사고 등은 신속한 대응을 통해서 얼마든지 사건의 충격이 축소될 수 있다. 국가적인 위기 상황도 마찬가지인데 국가 경제를 위기로 몰아넣었던 IMF 사태의 경우, 국가 위기를 인지한 시점에서 신속하고 효과적인 대응을 통해 그 충격을 얼마든지 축소할 수 있었다. 하지만 이러한 위기에 대한 신속한 대응은 위기 상황에 대한 계획과 준비, 위기 상황에서 취하는 조직 행동의 신속한 결정, 위기 상황에서 이루어지는 조직의 일관성 있고 효과적인 커뮤니케이션 등을 필요로 한다(Sturges, 1994).

즉 위기에 대한 신속하고 효과적인 대응은 사전에 충분히 준비하고 훈련받은 조직에서만 가능하며, 실제 실행할 수 있는 능력을 항상 보유하고 있어야 한다. 결국 위기에 신속하게 대응하는 것은 사전에 위기 관리 매뉴얼을 통해서 준비하고, 준비된 계획에 따라 조직원과 관련 공중이 미리 취해야 할 행위를 인지하고 있는 조직에만 가능하다.

또한 많은 위기는 이해 당사자 간의 갈등으로 발생하기 때문에 위기 관리는 관련된 조직에 의해서 다발적으로 수행된다는 것을 이해할 필요가 있다. 예를 들어 천성산 터널 공사와 관련해서 사회적인 갈등이 발생하면 공사를 진행하려는 정부 측도 위기 관리 활동이 필요하지만, 공사를 반대하는 환경단체 측도 위기 관리 활동이 필요하다. 위기 상황은 위기를 대하는 조직에 따라 다르게 인식되고, 상이한 조직 목표에 의해서 위기 관리가 이루어진다.

따라서 위기는 그 해결책이 다를 수도 있으며 관련 조직들의 위기 관리 경쟁을 통해서 합의점을 찾게 된다. 이러한 관점에서 본다면 위기 관리는 그 자체로서 관련 공중과의 커뮤니케이션 과정이라고 할 수 있으며, 결과 자체가 역동적인 갈등 해소 과정이라고도 할 수 있다. 위기 관리의 기본에는 자유로운 커뮤니케이션을 통해서 문제를 해결할 것이라는 다원주의적인 관념이 있으며, 힘이 없는 집단들도 힘의 불균형을 해소하고, 커뮤니케이션을 통해서 문제 해결을 유도할 수 있다고 보는 지극히 낙관적인 다원주의의 가능성을 함께 지니고 있다.

지금까지 논의했던 이러한 속성들은 위기 관리 과정에서 서로 중첩되어 있다고 할 수 있다(표 9-1 참조). 위기 관리는 단순한 일회성의 사건이기보다는 정치 · 사회 · 경제적인 요소와 복잡하게 얽혀 있으며, 위기 관리 과정의 각 요소들 또한 밀접하게 연관되어 있다. 따라서 위기 관리를 조직의 사회 · 정치 · 경제 · 문화적인 맥락과 연계한 총체적인 노력으로 봐야 하는 이유가 여기에 있다.

표 9-1. 위기 관리에서 중첩되어 등장하는 속성

1. 정치 조직으로서 복잡한 조직 행동 역학의 이해
2. 평소 공중 관계 증진에 대한 이해
3. 예방 및 징후 탐지의 중요성
4. 신속한 대응의 필요성 이해
5. 이해 당사자 간의 갈등 해소를 위한 노력

위기 관리는 무엇인가?

우리는 앞에서 위기에 대한 정의를 살펴보았다. 그렇다면 과연 '위기 관리'란 무엇일까? 우리가 흔히 거론하는 대표적인 위기 관리 사례들은 타이레놀 독극물 주입 사건, 유니언 카바이드 사 인도 보팔공장의 화학가스 유출 사고, 엑손 사의 유조선인 발데스 호의 기름 유출 사고 등이 있다. 여기서 1982년에 일어난 타이레놀 사건을 위기 관리의 효시라고 일컫는다. 그 이전에도 위기 관리는 있었겠지만 조직 차원에서 전략적으로 위기를 관리하기 시작한 것은 이 무렵부터라고 추정된다. 후자의 두 사건은 대표적인 위기 관리 실패 사례로 일컬어지기도 한다. 세 사건 모두 사회적으로 엄청난 충격을 가져왔고 조직의 생존에 엄청난 타격을 주었지만 결과는 사뭇 대조적이라고 할 수 있다. 여기에서 위기는 조직이 어떻게 대응하느냐에 따라서 다른 결과를 가져올 수 있다는 것을 간접적으로 추정할 수 있다. 조직의 위기는 불가피한 측면이 있는 반면, 관리의 측면이 있으며, 어떻게 관리하느냐에 따라 오히려 기회 요인이 될 수도 있다. 위기의 불가피성과 관리 가능성이 조직으로서는 위기 관리를 필요로 하게 만드는 대응적인 속성이라고 볼 수 있다.

관련 문헌들을 종합하면 위기 관리는 위기 상황에 직면했을 때 체계적으로 대응하려는 조직의 움직임이라고 할 수 있다. 위기 관리는 위기가 일어난 그 순간에 대한 대응뿐만 아니라 위기가 일어나기 전, 위기 상황, 위기 발생 후까지의 모든 단계에 적절하게 대응하는 것을 의미한다. 즉, 조직은 위기 관리를 통해서 위기가 일어나기 전에 위기 발생의 징후를 파악하여 미리 대비하고, 위기 종결 후에는 적절한 평가 과정을 통해서 향후에 발생할 수 있는 유사 위기에 대한 대응 체계를 마련하는 것이 필요하다. 또한 위기 관리는 조직이 가지고 있는 고유의 문화와 조직 구조 등과도 밀접하게 연결되어 있기 때문에, 장기적이고 일관성 있는 조직 전체 차원의 경영 활동과도 밀접하게 연결된다.

지금까지 위기 관리는 조직의 홍보 부서에서 많이 다루어져 왔는데, 그 이유는 위기와 관련한 커뮤니케이션 업무들이 손쉽게 홍보 부서에 배당되었기 때문인 것으로 보인다. 예를 들면 위기가 발생했을 때 대변인을 선정하고, 사과문을 발표하며, 부정적인 측면을 노리는 언론을 상대해야 하기 때문에 위기 관리는 당연히 대외 커뮤니케이션을 담당하는 홍보 부서가 담당하는 것으로 인식되어 왔다. 하지만 이러한 제한적인 인식에 바탕을 둔 홍보 부서의 업무 처리는 그대로 홍보 부서의 부담으로 작용하기도 했는데, 그 이유는 위기가 원활하게 관리되지 못했을 때 홍보 부서의 무능력이 원인으로 지적되는 경우가 많았기 때문이다.

지금까지 홍보 부서가 위기 관리를 담당해 온 과정에서 문제점으로 지적될 수 있는 것은 위기 관리 업무를 너무 피상적인 위기 대응 커뮤니케이션 업무로 생각했기 때문에 조직의 장기적인 전략과 인력 운영, 업무 분담 등에서 체계적인 접근이 부족했다는 점이다. 이러한 전략의 부재는 위기 관리를 위기가 일어났을 때 대응하는 사후약방문 격으로 인식하게 함으로써 위기 예방, 준비, 인식, 사후 관리에서 심각한 문제점을 드러내는 원인으로 작용하게 된다.

또한 위기 커뮤니케이션 측면에서도 즉답적인 대응 커뮤니케이션에 집중함으로써 위기 메시지의 전략적인 측면, 공중과의 의미 공유 측면이 무시되는 경향이 강했다. 따라서 조직의 홍보 부서가 위기 관리 업무를 맡게 되는 것은 좀더 공중 관계 커뮤니케이션 철학에 준하는 위기 관리 활동을 했을 때에만 비로소 적절하다고 할 수 있다. 조직과 공중의 경계를 연결하는 공중 관계 커뮤니케이션의 영역 확장 기능을 생각할 때, 위기 커뮤니케이션을 통해서 우호적인 공중 관계를 증진시키려고 노력하는 것이 필요하며, 공중과 위기 사안과 관련한 의미의 공유를 이루기 위해서 노력해야 한다. 나중에 더 자세히 설명하겠지만 공중 관계 이론의 체계적인 접근과 수사적인 접근을 모두 받아들여서, 조직 체계의 측면에서는 좀더 전체 조직 전략 측면과 융합되고, 예방과 대응을 포함하는 광범위한 위기 관리 체계를 구축하며, 조직 수사 측면에서는 공중과의 의미 공유를 이룰 수 있고, 공중이 이해할 수 있는 위기 이야기를 구성하여 공중 관계를 증진시키는 커뮤니케이션을 구사할 수 있어야 한다. 이러한 조직의 체계적인 측면과 수사적인 측면이 잘 조화를 이루어 통합적으로 작용했을 때 조직의 위기 관리 역량이 극대화될 수 있다.

쟁점 관리와 위기 관리

위기 관리 분야에서 쟁점 관리issue management라는 말이 함께 쓰이는 경우가 많지만 두 개념을 정확하게 구분하기는 쉽지 않은 것 같다. 위기 관리에서 쟁점이 지니는 의미는 무엇일까? 이 책에서는 위기 관리가 쟁점 관리의 의미를 포함하는 것으로 개념화한다. 일반적으로 쟁점 관리는 사건이 발생하기 전의 조직 행위로서 긴 시간을 두고 실행되어야 하는 것으로, 또한 위기 관리는 이미 일어난 위기 상황 자체와 관련되어 급박한 시간적 제약 속에서 이루어지는 조직 행위로 구분한다. 하지만 현대적인 의미의 위기 관리는 장기적인 측면에서 공중과의 관계를 염두에 두기 때문에 사전적으로 해석되는 예방 차원의 쟁점 관리 요소를 함께 포함하고 있다. 즉 현재 학계의 논의에서는 사전 예방 차원의 쟁점 관리와 대응 차원의 위기 관리가 결합되었을 때 비로소 통합적인 위기 관리가 이루어질 수 있다고 주장한다(Coombs, 2006b; 김영욱, 2002).

쟁점 관리는 조직의 조사 활동에 비해서 상대적으로 좀더 적극적인 활동으로서, 쟁점을 형성하거나 구체화하고, 상시 스캐닝 및 모니터링을 실시하며, 위기 사안을 포함하여 장기적인 정책 결정에 영향을 미치는 사안을 관리하는 활동이다(김영욱, 2002). 이러한 활동의 주안점은 공중과의 관계 설정과 장기적으로 우호적인 관계를 유지하려는 노력에 있다. 이에 반해 전통적으로 논의해 온 협의의 위기 관리는 이미 일어난 사건에 대한 대응에 초점을 맞추기 때문에 수동적인 조직 대응이라고 할 수 있고, 위기의 충격을 최소한으로 봉쇄하고 극복하는 데 중점을 둔다. 물론 협의의 위기 관리에서도 갑자기 일어나는 위기 상황에 대응하기 위해 준비 과정을 두고 조직원들을 교육 훈련하기도 하지만, 위기를 예방하고 상시 관리하려는 노력이 부족하기 때문에 전체적으로 대응 요법의 성격이 강하다고 할 수 있다. 이 책에서 말하는 위기 관리는 이러한 쟁점 관리의 요소와 협의의 위기 관리 요소를 통합하여 위기 관리를 개념화하고 있다.

쟁점은 어떤 결정을 앞둔 풀리지 않는 문제를 의미한다(Jones & Chase, 1979). 하지만 이것은 사람들에 의해서 중요성이 인식되었을 때만 문제가 된다. 또한 이러한 문제가 그대로 방치되었을 때 갈등이나 위기로 발전해 간다. 쟁점은 크게 사실 쟁점issues of fact, 개념 정의 쟁점issues of definition or category, 가치 쟁점issues of value, 정책 쟁점issues of policy으로 나눌 수 있다. 사람들은 사실이나 개념 정의, 가치 체계, 정책 중요도 인식의 차이 때문에 끊임없이 쟁점을 생산해 낸다. 사람들이 가지는 인식의 차이가 없다면 사회적인 쟁점이 형성되지 않는다. 쟁점 관리는 이러한 인식의 차이를 좁히려는 노력의 일환으로 볼 수 있다. 따라서 위험 인식과 마찬가지로 쟁점의 인식도 객관적으로 존재하는 것이 아니라 주관적으로 구성되는 것이다.

쟁점은 개인/조직 차원, 기능적/상징적 차원으로 분류되기로 한다(Dutton & Ashford, 1993). 이러한 분류는 쟁점을 파는 행위 혹은 다른 사람에게 이해시키는 행위를 구분하는 과정에서 나온 것이다. 개인이나 조직의 기능적인 차원의 쟁점에 비해 개인이나 조직의 상징적인 차원의 쟁점은 실제 개인이나 조직이 보유하고 있는 평판이나 의미에 영향이 미치는 사안을 말한다. 따라서 상징적인 차원의 쟁점이 간접적이고 더 지속적인 영향력을 발휘할 가능성이 높다. 눈에 보이는 사안보다는 정확하게 분류되기 어렵지만 지속적으로 조직의 평판에 영향을 미치는 쟁점들이 현대 사회의 신화와 환상을 형성한다. 이렇게 해서 한번 형성된 평판은 좀처럼 바꾸기 어렵다. 조직의 입장에서 자신을 조금씩 갉아먹을 수 있는 상징적인 쟁점에 주목해야 하는 이유가 여기에 있다.

하지만 외부적인 쟁점 대응에 앞서서 내부적인 동의를 얻어내는 것도 매우 중요하다. 앞서 설명했듯이 사람들의 인식이 중요하기 때문에 쟁점에 대한 내부적인 합의가 없다면 쟁점에 대응하는 역량을 모을 수 없기 때문이다. 쟁점을 경영진에게 설득하는 행위는 우선 쟁점을 이해시키고자 하는 주체와 최고경영진의 흡수 능력에 따라 좌우된다. 이러한 능력이 확보되면, 쟁점을 내부 조직원에게 이해시키는 과정이 필요한데, 이러한 행위는 쟁점 내용을 결정하는 행위packaging와 내용을 전달하는 행위selling process로 구성된다(Dutton & Ashford, 1993). 쟁점 내용은 메시지를 어떻게 제시하느냐가 중요하고, 개인적인 네트워크를 포함해 다양한 전달 통로를 확보하는 것이 중요하다.

이러한 쟁점 이해시키기 모델에서 특징적인 것은 쟁점을 이해시킨 결과가 이원적으로 구성되어 있다는 것이다. 제일 성공적인 과정은 쟁점이 최고경영진의 주목을 받아 실질적인 조직의 정책적인 행위로 연결되는 것이다. 하지만 쟁점을 이해시키는 행위에 실패해서 궁극적으로 쟁점 관리에 실패하더라도, 쟁점을 찾아내어 메시지와 전달 방법을 결정하는 일련의 과정은 미래 쟁점 관리 행위에 도움을 줄 수 있다. 쟁점 이해시키기 과정이 합리적이었다면 쟁점 관리가 실패하더라도 장기적인 관점에서 볼 때 쟁점 관리 담당자의 위상을 올려 줄 수 있기 때문이다. 따라서 쟁점 관리 담당자는 조직 문화와 구조적인 한계 때문에 패배주의적인 생각에 빠져 있기보다는 쟁점 이해시키기 과정의 장기적인 편익에 항상 주목할 필요가 있다. 쟁점 관리는 사람들의 인식을 바꾸는 행위이기 때문에 지속적이고 장기적인 개선에 목표를 두어야 한다.

쟁점과 관련된 다양한 개념들의 비교를 통해서 쟁점의 특성은 크게 세 가지로 나타난다(김영욱, 2003). 첫째, 쟁점들은 인식하는 사람에 따라 그 크기나 유형에서 차이점을 지닌다. 쟁점은 바라보는 사람들이 그것을 어떻게 인식하고 정의하느냐에 따라서 다른 사람들이 생각하는 것보다 더 크게 혹은 더 작게 인식될 수 있다. 둘째, 쟁점은 그것을 해결할 만한 명확한 해답을 지니고 있지 않으며, 이로 인해서 모든 사람들을 똑같이 만족시킬 만한 해결책을 제시한다는 것이 불가능하다. 셋째, 모든 쟁점이 모두에게 똑같이 중요하지는 않다. 쟁점의 중요성은 조직이나 조직구성원이 그것을 어떻게 인식하느냐에 따라 달라지기 때문이다. 따라서 조직은 그들의 입장과 관련 공중의 인식을 조정하여 쟁점의 성향을 평소에 점검해 두는 것이 필요하다. 쟁점이 그 자체로서 해답을 가지지 않을 뿐만 아니라 인식하는 사람에 따라 다르게 해석된다는 것은 커뮤니케이션의 중요성을 다시 한 번 일깨워 준다. 쟁점의 해결도 커뮤니케이션을 통한 의미의 공유와 합의 창출을 통해서만 가능하다.

또한 쟁점은 라이프 사이클을 가진다. 크레이블과 비버트(Crable & Vibbert, 1985)에 의하면 쟁점은 잠재potential, 임박imminent, 현재current, 결정critical, 동면 상태dormant status의 다섯 단계를 거친다. 잠재 단계는 아직 쟁점이 수면 위로 부상하지 않은 상태이고, 임박 상태는 일반 공중이 서서히 인식하기 시작하는 단계다. 이 때에 몇몇 전문가들이 쟁점의 중요성에 대해서 커뮤니케이션하기 시작한다. 현재 상태는 주로 미디어에 의해서 사회적인 공적 의제로 등장함으로써 모든 사람들이 알게 되는 단계이고, 결정 상태는 쟁점이 어떠한 방법으로든 결정의 순간을 맞게 되어 해결의 수순을 밟는 과정을 말한다. 마지막으로 동면 상태는 해결된 쟁점이 다시 수면 아래로 가라앉게 되는 상태다.

여기서 보통 결정 상태에서는 쟁점을 해결하기 위한 조직의 정책 변화 및 선택이 주요한 활동이 된다. 하지만 쟁점의 라이프 사이클에서 중요한 것은 라이프 사이클은 순환한다는 것이다(그림 9-1 참조). 즉 동면 상태에 들어간 쟁점은 다시 잠재 상태로 연결되며, 언제든지 새로운 라이프 사이클을 밟을 준비를 하게 된다. 대부분의 조직이 해결된 쟁점이나 동면 상태로 들어간 쟁점을 다시 잠재 쟁점으로 인식하지 않고 그대로 방치해 두었다가 유사한 문제가 재발하는 경우를 경험한다. 이와 함께 조직의 입장에서는 다른 조직의 쟁점을 잠재 쟁점화해서 관리하는 것도 필요하다. 즉 경쟁 조직의 경험이나 사회 환경 등에서 쟁점의 요소를 뽑아내어 잠재 쟁점화하는 것도 쟁점의 라이프 사이클과 관련하여 매우 중요한 고려 사항이라고 할 수 있다.

쟁점의 라이프 사이클은 쟁점 관리가 시작되어야 하는 최적 지점은 쟁점이 잠재 상태에 있을 때라는 것을 보여 준다. 따라서 쟁점 관리는 조직을 둘러싼 쟁점을 사전에 파악하여 감지하고, 쟁점이 발전하는 과정에서 조직이 영향력을 행사해 보려고 하는 활동이다. 즉, 일반적으로 쟁점 관리란 잠재적인 쟁점을 사전에 파악하고 지속적으로 모니터링하며, 그러한 쟁점에 대해서 조직이 효과적으로 영향력을 발휘할 수 있도록 전략들을 형성하고, 최종적으로 조직이 지니고 있는 입장을 정리하여 경영 활동에 반영하는 모든 활동들을 의미한다(김영욱, 2002; Hainesworth & Meng, 1998). 쟁점 관리는 보통 쟁점 파악, 쟁점 분

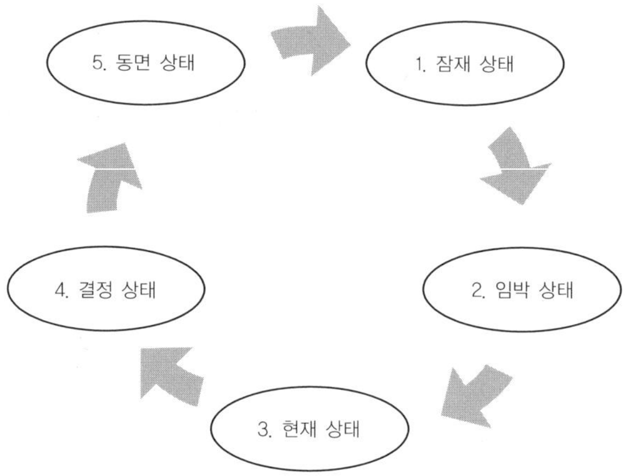

그림 9-1. 쟁점의 라이프 사이클
(Crable & Vibbert, 1985)

석, 정책 선택 고려, 프로그램 디자인 및 커뮤니케이션, 결과 평가로 이루어져 있다(국제 PR협회 모델; 김영욱, 2002). 이러한 과정을 일반적인 조사-목표-실행-평가 모델과 비교하면, 정책 선택 고려를 통해서 사전 예방적인 활동에 주력한다는 차이점이 있다. 한편 위기 관리 또한 이러한 사전 반응적인 활동을 모두 포함한다. 따라서 쟁점 관리는 위기 관리의 예방 행위와 유사한 개념이라고 할 수 있다.

한편 쟁점 관리에 비해서 위기 관리는 좀더 조직 중심의 광범위한 문제 해결을 상정한다. 쟁점과 위기는 상호 보완적인 측면이 있으며, 쟁점이 잘 관리되는 것은 쟁점을 조직의 위기로 인식할 때다(Dutton, 1986). 위기는 쟁점의 여러 속성들이 복합적으로 작용하는 상태라고 볼 수 있으며, 쟁점을 조직의 위기로 인식함으로써 더 나은 해결책을 이끌어 낼 수 있다고 보았다. 즉 쟁점을 조직의 입장에서 위기로 인식할수록 더 많은 조직의 자원을 이끌어 낼 수 있고, 최고 의사결정 그룹의 관심을 끌 수 있게 된다.

실제 실험에서도 쟁점을 위기라고 생각하는 사람이 더 많은 조직의 자원을 배분하고, 조직 전체 차원에서 통제하려는 성향이 강했다(Dutton, 1986). 또한 쟁점을 위기라고 생각하는 사람들은 메시지 생산 능력이나 커뮤니케이션 대응 정도도 훨씬 좋아지는 것으로 나타났다. 따라서 이러한 위기와 쟁점의 관련성을 고려할 때 쟁점 관리를 위기 관리와 따로 떼어내서 생각하기보다는 위기 관리의 한 분야로서 좀더 전향적이고 적극적인 정책 선택을 통한 사전 예방 차원의 활동으로 규정하는 것이 무난할 것 같다.

한편 쟁점 관리의 과정은 의제 형성 개념과도 연결된다. 의제 설정 개념은 미디어가 형성하는 의제가 공중이 중요하다고 생각하는 의제에 영향을 미치게 된다고 보는 것이다(McCombs & Shaw, 1972). 하지만 정보원의 의제가 점점 미디어의 의제에 영향을 미치는 상황이 고려되면서, 공중의 의제가 미디어 의제에 영향을 주고, 그것이 정책 의제에 영향을 미치게 된다는 의제형성이론이 발달하게 된다(Lang & Lang, 1983). 쟁점 관리도 의제 형성 측면에서 해석될 수 있다. 즉 조직은 의제 형성 노력을 통해서 쟁점이 조직에 유리하게 자리매김하도록 미디어 의제와 공중 의제를 관리해 나갈 수 있다. 현실에서는 미디어 의제, 조직의 의제, 공중 의제가 복잡하게 의제 형성 작용을 하고 있다고 볼 수 있는데(Rogers & Dearing, 1988), 조직의 입장에서는 쟁점 관리 활동을 통해서, 경쟁 조직이나 미디어의 의제보다 자신의 의제가 공중에게 채택되도록 전략적이면서 창의적인 마인드를 가지는 것이 중요하다고 하겠다.

하지만 이러한 의제 형성 과정에서 우리나라 언론의 공적 소스 혹은 전문가 소스 의존은 심각한 문제를 야기한다. 우리나라 조직들의 의제 형성 활동이 공론의 장에서 참여자들의 자유로운 논의와 합의에 의해서 형성되기보다는 언론의 수많은 편견 요인들에 의해 좌우된다는 것은 우리나라 여론 시장의 건전성 측면에서 문제를 야기한다. 따라서 우리나라 조직의 쟁점 관리 활동은 이러한 취약점을 이해하면서 한계를 뛰어넘으려는 노력을 계속할 필요가 있다. 최근의 연구에 의하면 우리나라의 시민 사회단체들도 점점 공식 조직으로 인정받고 있다는 결과를 보여 준다. 사회적으로 힘이 약한 조직들이 의제 형성 활동을 통해서 위험과 위기 사안에 대해 균형잡힌 의견을 생산할 수 있다면, 그러한 사회는 공론의 장을 통한 합의 창출에 한 발 다가섰다고 할 수 있다. 쟁점 관리의 의미를 조직에 직접적인 영향을 미치는 위험 요소만을 대상으로 할 것이 아니라 전체 사회 차원의 갈등 해소와 합의 창출 측면에서도 고려해야 하는 이유가 여기에 있다. 아래 연구 결과는 우리나라 스크린 쿼터 논란을 둘러싸고 일어난 소스 간 경쟁의 최근 변화를 반영하고 있다.

> 연구 결과를 정리하면 스크린 쿼터와 관련한 언론 보도에서 전반적으로 시민단체에 비해 정부의 중요 정의자 역할이 약간 우세하다는 결론을 도출할 수 있다. 하지만 언론의 보도 이데올로기에 따라서 시민단체의 소스 역할이 증가되는 경향을 보이는 것으로 나타났으며, 스크린 쿼터와 같은 사회적 논란이 많은 사건에서, 아직 정부에 대한 소스 의존을 넘어설 정도는 아니지만 시민단체의 목소리가 어느 정도 반영되고 있는 것으로 나타났다. 즉 전체적인

> 의제 속성 의존 정도에서는 아직도 정부가 더 비중 있는 중요 정의자 역할을 하고 있지만, 상당한 수준에서 시민단체가 언론 보도의 중요 정의자 역할을 수행하고 있는 것으로 드러났다. 특히 시민단체가 내세운 한국 영화 보호 관련 논리, 문화 논리는 언론이 시민단체에 상대적으로 더 의존하고 있는 것으로 분석되었다. 이 사실은 정부의 중요 정의자 역할이 아직도 막강한 영향력을 가지고 있지만, 시민단체도 노력 여하에 따라서 중요 정의자 역할을 담당할 가능성이 있다는 것을 보여 준다(김영욱, 2007: 169).

위기 관리의 큰 줄기에 대한 이해

지금까지 논의된 사항들을 종합해 보면 위기에 대한 이해를 높이고 위기 관리를 잘하기 위해서는 몇 가지 사항을 이해하는 것이 중요하다. 우선 위기와 대재앙이 다르다는 것을 이해해야 한다. 위기는 대재앙을 의미하는 것이 아니기 때문에 인간의 관리 가능성 안에서 이해되어야 한다. 따라서 위기가 일어났을 때 불가피성에 좌절하기보다는 영향력을 축소하거나 피해를 최소화하기 위해서 가장 최선의 방안을 모색할 필요가 있다.

하지만 무엇보다도 위기에서 가장 중요한 것은 예방이다. 일단 발생한 위기는 피해를 최소화시킬 수는 있어도 일어나기 전의 원 상태로 돌아갈 수는 없다. 따라서 예방이 위기 관리의 최선의 방책이라고 할 수 있다. 따라서 위기 관리는 크게 보면 위기를 예방하는 측면과 일어날 위기에 대해서 준비하고 대응하는 측면으로 나눌 수 있다. 이것을 위기 관리의 예방 경로와 봉쇄 경로로 구분한다(김영욱, 2002).

한편 위기 관리는 반드시 전체 경영 시스템과 연결되어 있다는 것을 이해하는 것이 필요하다. 조직의 위기는 어떤 한 부분이 잘못되어 발생하기보다는 전체 경영 시스템의 조화가 무너졌을 때 발생한다. 예를 들어 미 우주항공국의 챌린저 호 폭발 사고가 일어났을 때 표면적인 이유는 연료 분사 장치에 있는 오링O-ring의 결함으로 밝혀졌지만, 최종적인 사고 이유는 조직 커뮤니케이션 시스템의 붕괴를 들고 있다. 즉 부품의 결함은 직접적인 원인이 되지만 결국은 그러한 결함을 숙지한 기술자들의 건의가 의사결정자들에게 전달되지 못한 것이 근본적인 이유로 대두되었다. 결국 위기의 원인은 전체 경영 시스템의 결함과 연결되어 있으며, 부분의 잘못으로 치부하고 해결책을 진단한다면 근본적인 위기 관리는 요원하다고 할 수 있다.

또한 위기 관리는 각 단계별 대응전략을 이해할 필요가 있다. 보통 위기의 발전 과정은 징후 파악, 준비, 인식, 예방, 대응, 학습으로 나누어 볼 수 있다. 따라서 위기를 예방하기 위해서는 징후를 파악하고 인식한 다음 예방을 위한 조직 행위를 결정하게 된다. 한편 발생하는 위기에 대한 대응 과정은 사전에 위기 준비 과정을 통해서 불가피하게 일어날 위기에 먼저 대비하고, 위기 인식을 거쳐 예방으로 이르지 못하고 발생한 위기에 대해서 봉쇄하거나 이미지를 회복하는 대응 전략을 펼치게 된다. 이러한 예방과 대응의 과정이 끝나고 나면 학습 과정을 통해서 위기 관리를 위한 조직의 역량을 개선하기 위한 방안들을 마련하고 조직 경영 전략에 적용하게 된다. 따라서 위기 관리를 하나의 동일한 관리 기능으로 보기보다는 세부적인 활동들이 통합적으로 이루어져야 하는 다양한 조직 경영 활동으로 이해하는 것이 바람직하다.

위기 관리 준비 단계에서 가장 중요한 위기 관리 매뉴얼은 최대한 자세하게 구성되는 것이 필요하다. 또한 우리나라 대부분의 조직은 위기의 유형에 따른 위기 관리 절차가 상이하다는 것을 간과하고 있다. 예를 들어 홍수 피해와 경영진의 횡령 사건을 똑같은 위기 관리 매뉴얼로 대응할 수는 없는 일이다. 따라서 위기 관리 매뉴얼은 조직의 여건에 따라 위기의 유형을 나누고, 이러한 유형에 따라 위기 관리 계획을 짜두는 것이 필요하다. 또한 위기 관리 매뉴얼은 최대한 자세하게 짜져야 하고, 각각의 위기 상황에 대한 철저한 시나리오를 작성하고 있어야 한다.

또한 이러한 위기 준비 과정에서 중요한 것은 교육 훈련이다. 아무리 좋은 위기 관리 매뉴얼을 가지고 있어도 위기 관리 절차와 내용을 내부 조직원들이 체득하고 있지 않다면 실제 위기 상황에서는 무용지물이 되어 버리고 만다. 실제 대구 지하철 화재 참사의 경우, 출입문을 수동으로 조작할 수 있는 장치가 있었지만 실제 상황에서 그것을 사용할 수 없었기 때문에 대참사로 이어지고 말았다. 아무리 좋은 위기 관리 매뉴얼이 있더라도 그것을 교육 훈련하고 내부 조직원들이 철저히 숙지하고 있는 것이 무엇보다도 중요하다. 내부 조직원을 교육 훈련하는 방법에는 실제 조직원들이 매뉴얼 제작 과정에 참여하는 커리큘럼 개발 방법, 이야기 형식으로 위기의 진행 상황과 대응 방법을 숙지시키는 스토리텔링 밥법, 그리고 실제 위기 상황을 가상으로 체험해 보는 시뮬레이션 방법 등이 있다(김영욱, 2002).

마지막으로 위기는 순환성이 있다는 것을 이해하는 것이 필요하다. 따라서 경험한 위기를 학습하고, 재발을 방지하기 위해서 위기를 학습하는 것이 무엇보다도 중요하다. 쟁점 관리와 관련해서도 언급했지만 쟁점이 수면 아래로 가라앉는 동면 단계는 잠재 단계와 연결되어 있다고 보는 것이 옳다. 따라서 동면 단계의 쟁점은 언제든지 다시 현재화하여 조직의 위기로 발전할 수 있는 것이다. 미 우주항공국의 챌린저 호 폭발 사고 후 컬럼비아 호 폭발 사고가 다시 일어난 것이나, 롯데월드의 안전 사고들이 반복적으로 다시 일어나는 것 등은 조직의 위기 학습활동이 부족했기 때문에 벌어지는 현상이다.

이러한 학습 의지의 부족은 정부와 정당 차원에서도 많이 일어난다. 여름철 수해는 충분한 학습이 이루어지지 않기 때문에 매년 반복되는 것이고, 부패에 연루되었던 정당은 똑같은 부패 스캔들로 위기를 맞기도 한다. 그렇다면 학습은 어떻게 이루어져야 할 것인가? 존슨앤드존슨의 타이레놀 독극물 사망 사건에 대한 대응에서 그 해답을 찾을 수 있다. 존슨앤드존슨은 사건 후 타이레놀을 캡슐 형태에서 딱딱한 타블렛 형태로 바꾸고, 외부의 침입을 감지할 수 있는 새로운 포장 방법을 개발했다. 이러한 존슨앤드존슨의 학습활동과 개선 행위는 공중의 신뢰를 회복하게 되는데, 이는 공중의 눈높이에서 사건의 재발을 방지할 수 있는 확실한 개선 행위를 보여 줌으로써 조직 행위의 진실성을 인정받았기 때문에 가능한 것이다.

위기를 학습하는 조직은 반드시 공중에게 개선 행위의 진실성을 인정받아야 하고, 그러한 개선 행위가 실질적으로 재발을 방지할 수 있는 방안으로 채워져야만 한다. 위기를 관리하는 것은 객관적인 진실을 추구하는 것이 아니라 주관적인 현실을 재구성하는 것이다. 이는 사람에 대한 이해, 공중에 대한 배려가 없이는 이루어질 수 없다. 위험 커뮤니케이션에서 강조했던 것처럼 위기에 대한 공중의 인식이 조직의 위기 인식보다 훨씬 더 중요한 위치를 차지하기 때문이다. 공중과의 의미 공유에 실패한 위기 관리, 공중 관계에 기반하지 않은 위기 관리는 성공하기 힘든 이유가 여기에 있다.

한편 지금까지 위기 관리 연구는 사례 연구가 많았다. 이러한 사례 연구들을 살펴보면 위기 혹은 위기 관리를 이해할 수 있는 실제 속성들을 또한 탐색해 볼 수 있다(Burnett, 1998; Billings, Milburn, & Schaalman, 1980; Billings, 1994). 버넷(Burnett, 1998)은 그것을 몇 가지로 요약했다. 우선 위기는 각 조직이나 기능에 따라서 일어날 가능성과 충격이 다를 수밖에 없다. 위기의 유형과 관련해서도 언급했듯이 위기는 관련된 조직에 따라 다르게 해석될 수 있다. 예를 들어 위기에 취약한 조직과 위기에 잘 준비된 조직은 같은 위기라도 받아들이는 것이 다를 것이다(Pauchant & Mitroff, 1992).

다음으로 위기의 해결과 관련하여 단기적인 측면과 장기적인 측면을 함께 고려하는 것이 필요하다. 많은 위기 사례들을 살펴보면 단기적인 해결에 급급하다가 장기적인 조직

표 9-2. 위기 관리의 큰 줄기에 대한 이해

1. 위기와 대재앙은 다르다.
2. 위기에서 가장 중요한 것은 예방이다.
3. 위기 관리는 예방 경로와 봉쇄 경로로 나눌 수 있다.
4. 위기 관리는 전체 조직 경영 시스템과 연결되어야 한다.
5. 위기 발전 단계별 각 대응 전략을 이해하는 것이 필요하다.
6. 위기 관리 매뉴얼은 세부적인 상황에 대한 자세한 시나리오가 필요하다.
7. 사전에 충분한 위기 관리 연습이 필요하다.
8. 위기 관리의 순환성과 학습 기능을 이해해야 한다.
9. 위기 관리는 사람에 대한 이해, 사람과의 의미 공유가 중요하다.
10. 위기 관리는 공중 관계의 연장선상에 있음을 이해해야 한다.

의 평판 회복에 실패하는 경우를 찾아볼 수 있다. 예를 들어 엑손 발데스 호 알래스카 지역 기름 유출 사건 같은 경우, 엑손 측이 단기적인 처방에만 급급하다 장기적으로 지역 주민과 공중의 신뢰를 획득하는 데 실패함으로써 훨씬 많은 장기적이고 지속적인 손실을 가져왔다고 할 수 있다. 하지만 너무 장기적인 목표에만 신경쓴 나머지, 단기적인 해결책을 내놓는 데 소홀해서도 문제가 발생할 수 있다. 예를 들어 조직의 책임성이 별로 없는 위기의 경우를 생각해 보자. 조직의 입장에서는 소문이라든지 외부에 원인이 있는 위기 사안에 대해서는 장기적으로 별 문제가 없을 것이라고 판단하여 단기적인 해결책을 미뤄두는 경우가 있다. 하지만 이러한 경우 위기 사안에 대한 책임성보다는 신속하지 못한 대응책과 공중 배려 부족 등이 또 다른 위기를 몰고올 수 있다. 너무 장기적인 목적에만 치우쳐서 신속한 해결책을 내놓는 데 인색해서도 곤란하다.

세 번째 고려 사항은 위기는 어떻게 관리하느냐에 따라서 손실과 함께 이익을 가져올 수도 있다는 것이다. 위기는 위험과 기회의 합성어라고 했듯이 많은 기회 요인을 조직에 가져다 준다. 위기로 인해서 개혁의 주도자가 탄생할 수도 있으며, 잠재된 문제를 직시하게 됨으로써 변화를 긍정적으로 받아들이게 되고, 새로운 전략과 경쟁력을 갖출 수 있게 된다. 만약 위기로 인해서 조직이 큰 타격을 입기 전에 이러한 변화를 도모할 수 있다면 위기는 분명 기회 요인이다. 하지만 위기는 본질적으로 조직에 손실을 가져다 줄 가능성이 크다. 조직이 입게 되는 손실과 조직원들의 사기 저하는 기회 요인에 비해서 훨씬 더 충격적이다. 하지만 우리나라의 IMF 위기에서 경험했듯이, 우리나라 경제의 장기적인 발전을 위한 구조 조정 등은 IMF와 같은 위기 상황이 아니었다면 실현되기 힘들었을 것이다. 그러한 구조 조정이 성공적으로 이루어졌느냐는 차치하고, 위기 상황이 개혁에 대한 열망을 부추기는 것은 분명한 사실이다. 하지만 안타까운 것은 어떤 경우에나 희생자 공중은 발생한다는 것이며, 이를 얼마나 껴안고 갈 것인가는 사회가 얼마나 건강한 공론 시스템을 가지고 있느냐에 달려 있다.

마지막으로 위기 관리는 정립된 체계가 없다고 보아야 한다. 조직에 따라 다르게 해석되기 때문에 조직의 특성과 사회 환경에 맞는 전략을 조직 나름대로 수립하는 것이 무엇보다도 필요하다. 우선 내부 조직원들이 공통적으로 가지고 있는 어려움들을 극복하기 위해서 함께 노력하려는 자세가 중요하다. 대부분의 조직은 아직 위기 관리에 대한 인식이 높지 않기 때문에 대응 방안, 정보 유통, 조직원 간 협력 체계 및 조직 전체의 위기 관리에 대한 합의면에서 매우 취약하다. 이와 함께 위기를 예방하고, 일어난 위기에 잘 대응하는 것이 조직에 어떠한 편익을 가져올 것인가에 대한 확신도 부족하다. 이러한 사실이 많은 위기 사건의 배경에 자리잡고 있다.

많은 사례 연구를 통해서 드러난 것은 결국 위기 관리를 잘 이해하는 조직은 위기에서 기회 요인을 찾아 충격을 축소하고 발전의 계기로 삼을 수 있지만, 이해가 부족한 조직은 위기를 단기적인 차원 혹은 손실의 차원에서 다룸으로써 더 큰 재앙을 불러올 수 있다는 것이다. 예를 들어 인텔 사의 불량 칩 사건이나 포드 사의 신차 핀토스 폭발 사건 등은 회사 측이 이러한 위험성이 있다는 것을 미리 알고 있었으면서도 단기적인 이익/손실 계산을 통해서 생산을 밀어붙인 사례들이다. 조직원들 간에 위기 관리에 대한 진지한 철학이 공유되지 않는 한 근시안적인 대응으로 더 큰 재앙을 초래하는 예들은 수없이 많다. 조직 차원에서 위기에 대한 전반적인 이해와 철학을 갖추는 것이 얼마나 중요한지를 사례 연구들이 보여 준다. 또한 위기 관리를 위한 내부 조직원의 합의와 의미 공유를 위해서도 커뮤니케이션의 중요성은 다시 한 번 강조된다.

위기 환경의 변화: 인터넷 시대의 위기 관리

인터넷이 우리 시대에 끼친 영향은 대단하다. 인터넷이 산업 경제를 정보 경제 체제로 바꾸어 놓으면서 사회 전반이 상하 지시형에서 네트워크형으로, 양 중심에서 질 중심으로, 일괄 생산에서 주문 생산으로, 생산자 중심에서 고객 중심으로 바뀌고 있다(Holtz, 1999). 특히 인터넷을 통한 일반 시민들의 권리 찾기는 인터넷의 다-대-다 모델 특성과 광범위한 도달 범위, 그리고 무엇보다도 수용자 중심의 커뮤니케이션을 통해서 기존의 매스커뮤니케이션 언론 중심의 여론 시장을 흔들어 놓고 있다(Holtz, 1999).

기존의 공격 사이트 중심의 인터넷 위기 관리는 블로그와 손수 제작물UCC로 대변되는 인터넷 2.0 시대를 맞아 좀더 능동적이고 적극적인 조직의 위기 관리 활동을 주문하고 있다. 위기 관리 이론 논의에서도 언급되었지만 일어난 위기에 대한 대응 수준에서 인터넷 위기는 관리될 수 없다. 적극적으로 위기의 징후를 파악하고 예방하려는 노력이 평소 공중 관계를 관리하는 노력과 함께 통합적으로 이루어질 필요가 있다. 언론에 인터넷이 유발한 위기와 관련하여 이른바 '도넛 논쟁'에 대한 기사가 등장한 적이 있다(동아일보, 2007년 6월 5일자). 한 유명 베이커리 업체에 근무하는 직원이 인터넷 포털 게시판에 도넛 제조 과정 등 공장의 위생 상태를 고발하는 글을 올렸고, 이를 본 사람들이 게시판이나 블로그를 통해서 이 사실을 확산시킨 사건이다.

여기에는 인터넷을 통한 위기 발생에 중요한 요소들이 모두 등장하는데 그것은 내부 폭로, 손수 제작물, 블로그 등이다. 내부 폭로는 인터넷의 특성상 계속 늘어날 수밖에 없다. 내부 폭로자whistleblower에 대한 우리나라의 인식이 낮고 사회적인 보호 장치가 미흡한 상황에서 인터넷을 통한 익명성, 다-대-다 커뮤니케이션 특성을 통해 불만과 정의감을 가진 사람들의 내부 폭로는 늘어날 수밖에 없다. 또한 내부 폭로는 사실상 개별적으로 막을 수가 없기 때문에 조직의 커뮤니케이션 시스템과 투명성 확보를 통해서 근본적으로 대처하는 수밖에 없다.

손수 제작물인 UCC 동영상은 특히 영상물이 텍스트에 비해서 감정적인 호소가 더 강하다는 측면에서 빠른 파급 효과를 낳는다. 우리나라 대표적인 손수 제작물 사이트인 다음 커뮤니케이션과 판도라 상자의 자료를 보면 유명 회사의 고무장갑 제품에서 애벌레가 나오는 동영상, 인터넷 쇼핑몰에서 구매한 심하게 부패한 식품 동영상, 그 외 각종 제품 결함과 관련한 동영상 등이 이미 인터넷을 통해서 파급되고 있다(동아일보, 2007년 6월 5일자, B1면). 물론 이들의 위기 확산 효과는 현실에서 증명되었다.

이와 함께 개인 블로그의 등장에 따른 1인 미디어 시대의 등장은 언론 환경과 퍼블리시티 환경을 송두리째 바꾸고 있다. 전통적인 매스커뮤니케이션 미디어에서 구분되었던 메시지 송신자와 수신자의 뚜렷한 구별은 사라지고 있으며 상호 작용성interactivity을 통한 의미 공유와 민주적인 정보 교류가 미디어 시장의 화두로 등장하고 있다. 1인 미디어 시대에는 누구나 메시지 생산자가 될 수 있고, 동시에 수신자의 역할을 함께 수행한다. 이러한 시대에 전통적인 매스커뮤니케이션 중심의 여론 형성은 의미가 없다. 우리나라의 상황은 더욱 급변하고 있다. 한국인터넷진흥원의 조사에 따르면, 2007년 인터넷 이용자의 74퍼센트가 월 1회 이상 UCC를 보거나 이용하는 것으로 나타났다. 또한 그 중 과반수 이상은 UCC를 생산해 본 경험이 있는 것으로 나타났다. 한 트렌드 조사에서는 우리나라의 미디어 2.0 시대를 다음과 같이 묘사한다.

> 신문 및 TV 중심의 매스미디어 형식을 미디어 1.0이라고 한다면 미디어 2.0은 정보 통신을 바탕으로 한 개인화된 미디어라 할 수 있다. 개인이 직접 제작하거나 기존 저작물을 편집해 유튜브에 올린 동영상, 오마이뉴스의 시민 기자나 블로거에 의해 작성된 기사, 기존 공중파 방송국에서 자사의 제작 콘텐츠를 오픈 소스 포맷의 다운로드 서비스로 제공하는 것, 서평을 작성해 인터넷 서점에 등록하고 판매수익금을 분배받는 시스템 모두가 미디어 2.0 시대를 설명하는 모습들이다. 이제 누가 만든 콘텐츠를 어디서, 무엇을 통해, 언제 볼 것인지를 결정하는 것은 신문방송 매체의 편성부장이나 편집장이 아닌 사용자 집단이다. 우리는 그것을 심야 시간 인터넷으로 볼 수도 있고, 대낮에 거리를 활보하며 휴대폰, DMB 등의 유비쿼터스 장비를 통해 소비할 수도 있다. 개인이 작성한 기사, 개인이 그린 만화, 개인이 생산한 미디어 콘텐츠가 인터넷의 광대한 줄기를 따라 흐르며 전 세계의 미디어 환경을 재편하고 있는 것이다. 이것이 바로 미디어 2.0의 세계다(MBC시청자연구소, 2008: 133).

이러한 매스커뮤니케이션을 통한 힘의 집중이 분산되고, 서서히 사회 세력 간 힘의 불균형이 해소되어 가는 경향을 보이는 것을 감안하면, 인터넷 미디어의 등장은 정보 소스 간의 자유로운 경쟁을 통해서 매스커뮤니케이션 공론의 장을 대체할 가능성을 높인다(김영욱, 2007). 또한 블로그 등 개인 미디어의 여러 가지 네트워크 기능은 매스커뮤니케이션이 지금까지 시도하지 못했던 실제적인 시민 참여 기능을 대폭 강화하고 있다. 이러한 기술적인 발달이 민주주의 이론과 결합하여 진정한 사회 참여 미디어로 발전해 갈 것인가에 대해서는 확실한 결론을 내리기는 어렵지만, 그것이 변화의 대세라는 것은 짐작할 수 있다.

이러한 변화의 시기에 조직의 입장에서 투명하고 윤리적인 경영을 확립하는 것이 무엇보다 중요하다. 조하리의 창에서도 설명했지만, 인터넷 시대에 부정적인 부분을 감추는 것은 거의 불가능하다는 것을 경영진과 내부 조직원들이 빨리 깨달아야 한다. 이 밖에도 조직 내부의 자체적인 폭로 장치를 활성화할 필요가 있다. 내부 폭로자는 내부 내부 폭로자inside whistleblower와 외부 내부 폭로자outside whistleblower로 나눌 수 있는데, 내부에서 자신의 문제를 자유롭게 아무런 두려움 없이 폭로할 수 있는 시스템과 개선 절차를 마련해 둔다면 굳이 외부를 대상으로 폭로하려고 하지 않을 것이다. 한 가지를 예로 든다면, 공정한 외부인들로 구성된 독립적인 내부 폭로자 관리위원회를 통해서 폭로자의 신원이 드러나지 않으면서 폭로 내용을 조사할 수 있는 체계를 조직 내부에 마련하는 것도 내부 폭로를 위기 관리의 테두리 안으로 끌어들이는 좋은 방안이 될 수 있다.

위기에 대한 징후를 파악하고 인식해서 미연에 예방하는 방법과 절차도 내부 조직원들의 합의를 바탕으로 확립해 두는 것이 좋다. 만약 위기가 일어난다면 무엇보다도 개방적이고 신속한 대응이 필요하다. 인터넷 위기의 대응에는 무시하든지, 직접 쟁점을 설명하거나 법적인 대응을 하는 방법들이 있다(김영욱, 2002). 가장 효과적인 방법은 직접 당사자들과 관련 공중에게 쟁점을 설명하는 것이다. 쿰즈(Coombs, 2006a)의 경우에는 조직의 책임성이 현저히 낮거나 터무니없는 소문의 경우는 무시할 수도 있겠지만, 대부분의 경우 신속하게 직접 쟁점을 설명하고 투명하게 정보를 공개하여 위기 논의의 사회적인 확산 과정을 최소화하는 것이 필요하다고 보았다.

여기서 최소화는 모호한 개념이 될 수 있는데, 위기 논의의 최소화는 논의의 양도 있겠지만, 논의의 시간 변수도 무시할 수 없다. 우리나라의 경우 대부분의 조직들이 법무팀의 자문을 받아 위기 발생 초기에 정보를 은폐하려는 시도를 많이 하는데, 이런 경우 위기 초기의 사건에 대한 언급의 양은 줄 수 있을지 모르지만 이후 사건 은폐와 관련한 지루한 공방이 이루어진다고 보았을 때 위기 논의의 최소화와는 정반대의 결과를 가져올 수도 있다. 예를 들어 사회적인 논란이 되었던 한화그룹 김승연 회장 폭행 사건의 경우, 초기 정보의 은폐가 결국 더 큰 사회적인 확산 과정으로 발전해 간다는 것을 잘 보여 준다. 은폐라는 측면에서 본다면 조직 법무팀은 아마 인터넷 시대 위기 관리에는 부적합한 조언자들일 수도 있겠다. 또한 인터넷 시대 위기 관리에서 법적인 대응은 최후 수단으로 사용되는 것이 대부분 바람직하다.

기업 조직의 경우는 인터넷 시대를 맞아 위기 징후를 파악할 때 적극적인 온라인 스캐닝 시스템을 갖추고, 징후 파악을 예방 행위와 연결하려는 노력들이 이루어지고 있다. 예를 들어 우리나라 A회사의 경우, 온라인을 통한 조기 경보 및 위기 예방 시스템을 만들어 조직의 내 · 외근 직원들의 활동과 연계하여 신속하게 위기 징후에 대응하는 제도를 작동하고 있다. 정기적으로 이루어지는 위기 지수를 통한 감사crisis audit와 함께 이러한 적극적이고 능동적인 위기 예방 노력은 인터넷 시대의 적극적인 조직 위기 관리를 위한 방향성을 제시한다.

인터넷 시대의 위기 관리는 투명성과 개방이 화두가 되어야 한다. 대응에 초점을 맞추기보다는 예방에 초점을 맞추어 조직 체질을 개선하는 것이 필요하고, 일어난 위기에 대해서는 가능한 모든 수단을 동원하여 신속하게 대응하는 것이 바람직하다. 예를 들어 미국의 한 항공사(JetBlue Airways)가 폭설로 인해서 9시간이나 활주로에 승객을 잡아두어야 했던 사고의 처리를 보면, 회사의 신속한 사과 내용을 담은 손수 제작물 인터넷 유포와 CEO의 블로그 사과 등이 긍정적인 여론을 형성하여 위기를 반전시켰다. 인터넷 시대에는 숨기기보다는 앞서서 개방하고 신속한 대책을 마련하는 것이 무엇보다도 필요함을 보여 준다.

위기 관리의 패러다임 접근: 수사학적인 접근에 대한 이해와 통합

위기 관리를 경영학, 심리학, 사회학, 정치학 등 여러 학문적인 시각에서 다르게 보려는 노력은 꾸준히 있어 왔다. 이런 와중에서 피어슨과 클레어(Pearson & Clair, 1999)의 체계적인 접근은 다양한 학문적인 시각에서 위기를 정의하고 이를 또한 통합하려 했다는 측면에서 의미가 있다. 그들은 우선 4C 프레임(Shrivastava, 1993)을 이용하여 심리학적, 사회 정치학적, 기술 구조학적 측면의 위기를 비교해서 설명했다. 4C 프레임은 위기가 지니고 있는 네 가지의 중요한 속성으로 위기를 발생시키는 원인cause, 위기의 장·단기적 영향consequences, 발생 가능한 잠재적인 위기를 예방하거나 최소화하는 방법caution, 이미 일어난 위기에 대한 대처 방법coping을 의미한다. 심리학적, 사회 정치학적, 기술 구조학적 측면에서 위기를 각각 설명하면 그 위기가 발생한 원인, 위기의 영향력, 예방 혹은 최소화 방법, 대처 방법 등이 각각 다르게 설명될 수 있다.

그들의 주장에 따르면 이러한 다학문적인 접근들이 통합적으로 고려될 때 위기 관리는 성공할 수 있다. 즉 위기가 일어나면 사람들은 심리적으로 상처를 받고 사회적으로 구성된 공유 의미들도 손상을 받으며, 사회 공동체로서의 기반도 흔들리게 된다. 위기 관리는 이러한 심리학적, 사회정치학적, 기술 구조학적 원인을 통합적으로 분석하고, 이러한 통합적인 원인 분석에 어울리는 대응 및 해결 방법을 필요로 한다. 따라서 성공적인 위기 관리는 개인과 집단이 의미를 재구성해서 공유하고, 사회적으로 인정되는 가정들을 재정립하며, 새로운 사회 역학을 조정해 나가는 것이다. 이러한 측면에서 위기 관리를 다양한 관점에서 바라보는 것이 중요하며 통합적인 시각을 통해서 원인 분석, 영향력의 유추, 대응, 예방 노력 등이 논의될 때 공중과 좀더 의미 공유할 수 있는 위기 관리를 추진하게 된다.

따라서 다학문적인 분석은 사람들과 조직들이 일상으로부터의 일탈에서 받게 되는 충격을 이해하고, 개인이나 집단이 가지고 있던 신념의 손상과 평소 사회 신념 체계의 붕괴에 대해서 이해할 수 있는 프레임을 제공한다. 이러한 손상된 신념에서 비롯된 공중 반응에 대해, 어떻게 조직이 공중과 상호 작용하면서 해결책을 제시하고, 관련 공중이 신념을 재정립할 수 있게 돕느냐가 위기 관리의 성공과 실패를 결정하게 된다.

이러한 다학문적인 접근 차원의 위기 관리 이론은 개별 이론에 주목하기보다는 공중과의 의미 공유에 초점을 맞춘다는 측면에서 공중관계학에서 이론화되는 위기 관리와 통하는 면이 많다. 공중관계학에서 이론화되는 위기 관리는 크게 기능주의적인 접근과 수사학적인 접근으로 나눌 수 있다. 김영욱(2002)은 공중 관계 이론화에서 파생하는 기능주의 접근과 수사학 접근을 통합하여, 궁극적으로 공중과의 장기적인 관계 증진에 초점을 맞추는 위기 관리 활동을 시도한 바 있다. 하지만 많은 위기 관리 이론들은 아직까지 조직의 편익에 초점을 맞추는 기능주의적이고 조직 체계 중심적인 위기 관리 이론을 벗어나지 못하고 있다. 그러나 최근 들어서는 공중관계학과 갈등이론을 중심으로 좀더 커뮤니케이션 행위와 공중과의 의미 공유에 초점을 맞추는 수사학적인 접근의 위기 관리 이론화가 상당히 진행되고 있다. 관계의 측면이 단순히 조직 기능주의적인 측면 이외에도 상호 이해, 쌍방향 균형, 협력과 합의 등의 가치를 지향한다면, 위기 관리도 단순히 기능주의적인 측면보다는 수사학적인 접근을 통합하여 좀더 다양한 시각을 가져갈 필요가 있다.

이후 장에서 전개될 내용 중에서도 조직 체계 중심의 모델 논의들은 기능주의에 더 초점을 맞추고 있고, 위기 커뮤니케이션 관련 논의들은 수사학 접근에 더 가깝다고 할 수 있지만, 중요한 것은 앞으로 이러한 접근을 따로 떼어서 보려고 하지 말고 통합적인 시각에서 보려고 노력하는 것이다. 통합적인 시각은 궁극적으로 조직과 공중을 대립하는 주체로서 보는 것이 아니라 커뮤니케이션을 통한 의미 공유, 사회 합의의 창출을 위한 주체로서 보게 한다. 즉 조직의 위기 관리도 사회적인 의미 창출로 연결된다. 우선 좀더 심도 있는 논의를 위해서 공중 관계 이론에서 말하는 기능주의 접근과 수사학 접근의 차이점을 짚고 넘어갈 필요가 있다. 또한 지금까지 잘 소개되지 않았던 수사학 접근의 위기 관리에 초점을 맞추어 설명한다.

기능주의적인 접근과 수사학적인 접근의 차이점

공중 관계 이론에서 수사학적인 관점은 고전 수사학의 설득이론과는 약간 차이가 있다. 고전 수사학은 설득 자체에 의미를 부여하면서 개인 차원에서 언어를 어떻게 사용할 것인가에 초점을 맞추었지만, 현대 수사학은 경영수사학managerial rhetoric, 즉 조직 차원에서 어떻게 커뮤니케이션을 구사하여 조직과 공중과의 관계 증진에 기여할 것인가에 더욱 초점을 맞춘다(Toth, 1992). 공중 관계 이론에서 수사학적인 접근을 경영수사학 측면에서 본다면 기능주의와 큰 차이가 있다고 보기는 어렵다. 하지만 기능주의적인 접근과 수사학적인 접근의 차이는 근본적으로 철학적인 관점의 차이에서 찾는 것이 바람직하다.

공중 관계 이론에서 수사학적인 관점은 논쟁의 시장에서 의미 공유를 목적으로 하며, 텍스트와 담론을 통한 조직과 공중 간의 의미 공동 관리co-management of meaning에 초점을 맞춘다(Heath, 1993; 2000; 2001). 의미의 공동 관리는 문화의 공동 관리co-management of culture 혹은 공동 저작 서사co-authored narratives라고도 불린다. 수사학적인 관점에서 중요한 것은 참여 구성원들 간의 대화와 상호 설득 행위를 통해서 의미 공유의 영역과 궁극적으로 공동체 감각을 형성하는 것이다(김영욱, 2003). 이러한 접근에서는 기능주의 접근을 가장 뚜렷하게 나타내 주는 조직과 공중의 구분도 무의미해진다. 조직도 공중의 역할을 하며 공중도 조직의 역할을 떠안는다. 이러한 접근에서 중요한 것은 자유로운 의사 개진, 옹호와 반박, 커뮤니케이션 행위 자체에 대한 의미 부여와 의미의 공유이며, 궁극적인 지향점은 공동체의 형성, 공동체주의에 있다(Kruckeberg & Starck, 1998).

따라서 공중을 보는 관점도 기능주의적인 접근과는 차이가 있다. 공중을 보는 관점을 대중 차원 관점, 상황적인 관점, 의제 형성 관점, 이야기형 인간 관점homo narrans으로 나눈다면, 수사학적인 관점은 이야기형 인간 관점에 가깝다(Vasquez & Taylor, 2001). 매스커뮤니케이션을 통한 대중 조작, 커뮤니케이션 효과를 최대화하기 위한 상황에 따른 효과적인 공중 세분화, 공중의 의제 반영 정도에 대한 탐색 등은 모두 공중을 기능주의적인 관점에서 해석한 것이다. 하지만 이야기형 인간 관점은 언어 행위를 통한 서로 간의 의미 공유에 초점을 맞추며, 이야기narratives를 통한 공중의 공동체 형성에 더욱 초점을 맞춘다. 수사학적인 관점은 커뮤니케이션 행위 그 자체에 의미를 부여한다. 따라서 수사학적인 접근은 이야기를 통한 의미 공유에 초점을 맞추며, 대화를 통해서 공동의 선善을 위한 합의를 이끌어 내는 능동적인 공중을 상정한다. 이런 점에서 조직 중심적인 기능주의와는 확연히 구분된다.

또한 기능주의 관점과 수사학 관점은 인식론적, 가치론적, 존재론적인 관점에서도 근본적인 차이가 있다(김영욱, 2003). 기능주의 관점을 대표하는 체계론과 수사학적 관점의 경영수사학은 모두 조직과 공중의 대화와 관계 증진에 초점을 맞춘다는 점에서 비슷하지만 기능주의 관점이 조직과 공중의 구분을 통해서 이상적인 커뮤니케이션 형태를 탐색한다면, 수사학적인 관점은 커뮤니케이션 행위 자체를 강조하며 의미 공유와 공론의 장 형성에 초점을 맞춘다. 따라서 기능주의적인 접근은 인식론적으로 어떤 규범을 상정하고(인식론) 그것을 실천하기 위해서 가치가 배제된(가치론) 조직 중심 행위(존재론)에 초점을 맞추지만, 수사학적인 접근은 커뮤니케이션 행위 자체에 의미를 부여하며(인식론), 다분히 서로 간에 차이를 보이는 상대적인 가치를 인정하며(가치론), 그러한 차이를 커뮤니케이션 행위를 통해서 공동체를 형성하는 것(존재론)으로 해결하려고 한다.

공중 관계 이론에서 체계론을 대표하는 우수이론은 쌍방향 균형 모델을 통한 조직과 공중과의 관계 증진이라는 규범적인 목표를 내세우지만, 수사학적인 접근은 모든 커뮤니케이션이 의미를 가지며 모든 구성원들이 함께 수사학적인 시도rhetorical enactment를 통해서 의미 공유와 사회 전체의 이익을 도모한다. 정해진 체계가 없는 만큼 유동적이고 미시적이며, 언어 해석 중심의 접근을 이룬다. 또한 가치 평가에 따른 분석, 의미의 해석이 중요하고 개인의 경험이 중요한 고려 요소가 된다. 따라서 방법론적으로도 기능주의적인 접근이 실증주의적인 방법을 이용한 법칙성의 검증에 더 초점을 맞춘다면, 수사학적인 접근은 자연주의적인 방법론 즉 질적인 방법론이 많이 이용된다. 질적인 방법론에는 심층 인터뷰, 참여 관찰, 드라마 분석, 환상 주제 분석, 이야기 분석 등이 이용된다.

이러한 수사학적인 접근은 위기 관리에도 그대로 적용될 수 있는데, 기능주의적인 접근에 사로잡힌 위기 관리는 지나치게 조직과 공중을 구분하여, 어떻게 효과적인 위기 대응과 커뮤니케이션을 할 것인가에 더 초점을 맞춘다면, 수사학 접근은 조직도 사회의 일원이라는 생각을 기본으로 위기와 위기 관리에 대한 조직과 공중의 인식이 의미 공유를 이루고, 문제 해결을 위한 합의를 이루는 데 더 중점을 두게 된다. 최근 공중 관계 이론에서 대두되고 있는 관계 관리 이론은 이러한 두 접근을 통합화하려는 시도라고 할 수 있다. 위기 관리에서 조직이 체계적이고 전략적인 대응을 못한다면 그것도 문제이지만 공중과 위기와 위기 관리에 대한 의미의 공유를 이루지 못한다면 그것 또한 심각한 문제라고 할 수 있다. 따라서 이 두 접근을 모두 염두에 두고 위기 관리를 실행하는 것이 중요하다.

위기 관리의 통합적인 접근 필요성

위기 관리가 잘 되기 위해서는 조직 관리 등 시스템적인 접근을 포함한 조직의 목표 달성 지향적인 행위가 필수적인 것은 당연하다. 이러한 기능주의 접근은 위기의 속성 중에서 통제 능력과 통하는 부분이 있다. 위기가 닥쳤을 때 상황을 통제하지 못하고 우왕좌왕하는 조직을 공중이 신뢰하기는 어려울 것이다. 하지만 기능주의 접근은 지나치게 조직 중심의 통제력 강화에 집중하는 경향이 있다. 아무리 위기 상황을 잘 통제하는 조직이라고 하더라도 조직의 행위와 커뮤니케이션이 공중의 지지를 획득하지 못한다면 위기 관리는 조직이 의도하는 대로 이루어지지 않을 것이다.

따라서 공중과의 커뮤니케이션을 통한 의미 공유를 목적으로 하는 수사학적인 접근이 필요하다. 수사학적인 접근은 위기의 속성 중에서 배려하는 마음과 맞닿아 있다. 공중을 배려하고 피해자를 배려함으로써 조직의 행위가 사회 합의의 틀에서 이루어질 때 위기 관리 노력은 성공할 수 있다. 따라서 기능주의 접근과 수사학적인 접근은 위기 관리라는 수레를 움직이는 두 바퀴의 역할을 하고 있다고 상정할 수 있다. 한쪽 바퀴가 작동하지 않으면 수레는 움직일 수 없다.

위기 관리 논의에서 모델 접근 등은 기능주의적인 접근에 가깝고, 위기 커뮤니케이션 접근에서 이미지 회복 전략image restoration strategies 등은 수사학적인 접근에 더 근접해 있다고 말할 수 있다. 위기 관리 계획이 조직의 시스템 접근이나 목표 달성 방법만으로 이루어질 수 없고, 공중과 효과적으로 의미를 공유하기 위한 커뮤니케이션 계획을 담고 있어야 한다는 측면에서 수사학적인 접근이 통합적으로 작동해야 하는 것은 당연하다. 하지만 이론 형성 초기에 위기 관리의 기능주의적인 측면이 조직 경영 측면을 중심으로 강조되어 왔기 때문에 수사학적인 측면은 간과되는 경향이 강했다. 하지만 최근 들어 위기 커뮤니케이션 논의와 수사학적인 접근의 필요성(Heath & Millar, 2004), 이미지 회복이론

(Benoit, 1995), 방어 논변apologia(Hearit, 2006) 등이 조명되면서 위기 관리의 수사학적인 접근이 뚜렷한 한 축으로 등장하고 있다. 이러한 경향은 초기에 조직 경영 측면에서 이해되었던 위기 관리가 좀더 커뮤니케이션 학문의 한 영역으로 이해되는 계기로 작용한다. 사실상 위기 관리의 수사학적인 측면은 오랜 연구 전통을 가지고 있다.

고전 수사학의 공격kategoria과 방어론apologia을 제외하고도, 버크(Burke, 1973)의 드라마이론과 죄의식이론theory of guilt, 웨어와 린쿠겔(Ware & Linkugel, 1973)의 수사학적인 사과이론 등은 현재의 이미지 회복이론이나 조직의 대응 커뮤니케이션의 기반으로 작동하고 있다. 피셔(Fisher, 1987)의 이야기이론narrative theory과 보만(Bormann, 1972; 1996)의 환상 주제 분석fantasy theme analysis은 위기 관리와 직접적으로 관련되어 있는 것은 아니지만 모든 위기의 수사학적인 해석 기반으로 작용한다.

이야기이론에 따르면, 고전 수사학이 화자의 논증 능력에 집중하고 있다면, 현대 수사학의 논증은 드라마화된 이야기 구조의 그럴듯함에 의존한다고 보았다. 즉 이야기 이론 혹은 서사이론은 등장 인물과 이야기 구조의 연결을 통해서 이야기의 합리성을 추구한다. 이러한 이야기 합리성이 달성되기 위해서는 이야기의 그럴듯함과 진실성이 충족되어야 한다(Fisher, 1984; 1985; 1987). 이야기의 그럴듯함은 이야기 구성 요소들이 잘 연결되어 있어 완결성을 충족시킬 수 있어야 한다는 것이고 진실성은 이야기가 거짓이 아니고 관련된 다른 이야기들과도 상충하지 않아야 한다. 보통 이 두 가지 요소는 밀접하게 연결되어 있다. 보만(Bormann, 1996)의 환상 주제 분석은 텍스트를 수사학적인 유형으로 범주화하여 사람들이 어떤 환상, 즉 사안에 대한 해석 체계를 공유하는 가를 분석하는 방법이다. 여기서 환상의 의미는 사람들이 공유하는 의미를 말한다. 따라서 위기도 하나의 이야기로서 합리성을 갖추었는가, 사람들 간의 공유하는 의미를 형성했는가 등에 의해서

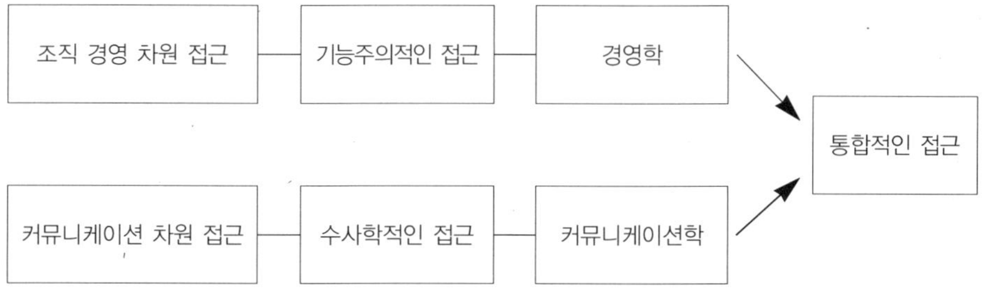

그림 9-2. 위기 관리의 패러다임 접근

평가받을 수 있다. 예를 들어 위기 사안에서 관련자들이 만들어 내는 사건의 본말이 전혀 일반인들의 시각에서 받아들여지지 않는다면 이는 오히려 위기를 확대하는 동기 요인으로 작용하기도 한다.

지금까지 소개한 다양한 현대 수사학 이론들은 위기 관리 활동을 해석하고 방향성을 제시하는 데 큰 도움을 준다. 예를 들어 한화그룹 김승연 회장 폭행 사건을 둘러싼 언변들을 분석한다고 해보자. 김회장은 처음에 폭행 사건과 연관이 없다고 했다가, 연관이 있지만 직접 폭행하지는 않았다고 했고, 나중에 폭행과 관련하여 국민들께 사과한다는 성명을 발표했다. 왈도 피셔Waldo R. Fisher의 이야기이론에 따르면 김회장의 언변은 이야기 합리성을 결여하고 있다. 이야기의 구성 요소들이 그럴듯하게 연결되어 있지 않기 때문에 처음부터 이야기에 결함이 있었다. 또한 말을 계속 바꾸었고 사실을 부정했으며, 앞으로의 사건 해결이 공중이 이해할 수 있는 수준으로 해결될 수 있다는 가능성을 제시하지 않았기 때문에 진실성을 결여하고 있다. 이러한 이야기를 국민들은 수용하기 어려웠을 것이다. 한화그룹 김승연 회장은 단절된 이야기를 복원할 수 있는 합리적인 이야기를 제시하지 못했고, 그것이 위기 관리의 실패로 이어졌다고 할 수 있다. 참고로 이야기의 진실성은 사실 부합, 논리 연관성, 가치 있는 결과에 대한 약속, 일관성, 그리고 초월적 방향성 제시 등을 갖추고 있어야 한다(Fisher, 1987). 사실에 부합하지 않는 이야기, 논리적인 연관성과 일관성이 부족한 이야기, 가치 있는 결과를 기대할 수 없는 이야기, 그리고 사건의 의미를 초월할 수 있는 정당성을 제시하지 못하는 이야기는 진실한 이야기로 공중에게 수용될 수 없다. 김승연 회장의 언변은 이 모든 사항들을 결여하고 있다.

물론 김승연 회장의 위기 관리 노력을 평가하면서 위기 관련 언변만을 분석하는 것으로 충분하다고 할 수는 없다. 위기 관리팀이 잘 작동했는가, 대변인의 지정은 적절했는가, 위기 상황과 조직 운영을 적절히 분리했는가, 조직원들의 사기 하락에 신속하게 대응했는가, 위기 관리의 목적을 설정하고 실행했는가, 관련 공중에게 신속하게 정보를 제공했는가 등 기능주의적인 측면도 함께 고려되어야 한다. 따라서 위기 관리는 기능주의적인 측면과 수사학적인 측면이 통합적으로 반영되어 조직의 위기 관리 노력을 효율적으로 운영함과 동시에 그러한 노력이 공중과의 의미 공유가 될 수 있도록 노력해야 한다. 결국 효율성은 조직 혼자만 결정하는 것이 아니고 공중의 수용에 달려 있기 때문이다. 이러한 측면에서 위기 관리가 공중관계학의 한 분야로 자리매김하는 것은 매우 자연스러운 일이다.

위기 관리의 수사학적인 접근

수사학적인 접근을 이해하기 위해서 고전 수사학을 조금 살펴볼 필요가 있다. 고전 수사학은 주로 메시지의 효과적인 고안이나 신뢰성ethos, 논증 능력logos, 감정이입 능력pathos을 통한 논증에 중점을 두었다(Borchers, 2005). 즉 고전 수사학은 말을 어떻게 사용하여 사람들을 설득할 것인가에 초점을 맞추었다. 고전 수사학의 다섯 가지 영역은 창안invention, 배열arrangement, 표현style, 전달 방법delivery, 기억memory으로 나눌 수 있다. 여기서 가장 중요하게 생각한 것이 창안 영역이었는데, 이러한 창안 영역에는 세 가지 장르와 다섯 가지 주제 영역으로 분류할 수 있다. 세 가지 장르는 정치적 담론deliberative discourse, 법정 담론forensic discourse, 사회적 담론epideictic discourse을 말하고, 다섯 가지 일반적인 주제는 정도degree, 가능성possibility, 과거의 사실past fact, 미래의 사실future fact, 그리고 크기magnitude다.

하지만 이러한 고전 수사학의 설득을 위한 메시지 가공은 현대에 들어 논쟁과 비난의 요소diatribe들이 다양화되면서 장르의 다양한 적용, 설득보다는 의미의 공유를 더 강조하게 되었다. 위기 관리와 관련하여 방어 전략apologia을 이론화하는 노력들도 고전 수사학의 장르 개념이 세분화하면서 다양하게 적용되는 과정에서 형성된 것이다. 버크, 보만 , 피셔 등이 주창한 이론들도 이러한 노력을 보여 준다. 이것보다 더 범위를 넓히면, 미셸 푸코Michel Foucault와 위르겐 하버마스Jürgen Habermas의 논의들도 궁극적으로 현대 수사학의 범주에 든다고 할 수 있다. 왜냐하면 현대 수사학 이론은 의미의 공유를 기본으로 커뮤니케이션을 통한 권력의 해체, 합의 형성을 위한 공론의 장 형성을 지향하고 있기 때문이다.

위기 관리의 수사학 접근은 이러한 고전 수사학에서 현대 수사학으로의 변화를 반영하고 있다. 위기 관리의 수사학 접근에서 위기는 하나의 내러티브narrative, 즉 이야기story로 해석된다. 수사학 접근에서 중요한 것은 커뮤니케이션 그 자체이며 사람들이 커뮤니케이션을 통해서 얼마나 의미의 공유를 이루어 내는가가 중요한 이슈로 등장한다. 위기는 기존의 사람들이 공유하고 있는 이야기의 붕괴 혹은 단절을 의미한다. 결국 조직의 입장에서 위기 관리는 이야기를 재구성하는 과정이고, 공중의 입장에서 진실하고 그럴듯한 이야기가 구성되었을 때 조직의 위기 관리는 효과적이라고 말할 수 있다(Heath & Millar, 2004).

경영학 차원의 위기는 위기가 가져오는 충격과 그것을 해결할 방법에 초점을 맞추는 경향이 있다. 하지만 수사학 차원의 위기는 그러한 명확한 충격이나 책임성, 지속성 등 위기의 속성을 가변적인 것으로 간주하며(Heath & Millar, 2004), 조직이 위기와 관련한 메시지를 개발하고 발표하는 것에 더 초점을 맞춘다. 위기는 확정적인 상황이 아니며 어떻게 조명하느냐에 따라 다르게 해석될 수 있다. 수사학적인 접근에서 위기는 인식의 문제이며 해석을 둘러싼 경쟁을 상정한다. 따라서 위기 관리의 수사학적인 접근은 위기를 둘러싼 담론 과정이며 위기 전 단계, 위기 발생 단계, 위기 후 단계에 걸쳐 조직의 메시지를 프레임하고 해석하여 전달하는 일련의 커뮤니케이션 과정을 의미한다(Heath & Millar, 2004). 또한 위기 관리의 수사학적인 접근은 위기 상황에 의해서 영향을 받는 공중과의 의미 공유를 통해 위기를 예방하고, 대응하며, 충격으로부터 회복해 가는 커뮤니케이션 과정이라고 정의할 수 있다.

수사학적인 접근은 위기에 대한 의미 공유라는 측면에서 갈등 관리와 통하는 면이 있다. 왜냐하면 갈등은 서로 다른 세계관이 충돌하는 것이며 이의 해결을 위해서는 서로가 공유할 수 있는 지점을 찾아내는 것이 중요하기 때문이다. 예를 들어 한미자유무역협정은 분명 우리나라 농민들에게는 위기라고 할 수 있다. 따라서 농민단체 등은 '농업의 위기'라는 현실을 재구성하게 된다. 하지만 한미자유무역협정을 찬성하는 측에서는 '경제발전'이라는 현실 인식을 재구성하여 농민단체의 위기 프레이밍을 반박할 것이다. 이러한 위기 상황에서는 다르게 재구성된 현실들이 서로 충돌하게 되며, 누가 공중과 의미 공유를 많이 이루느냐를 놓고 경쟁을 벌이게 된다. 갈등은 재구성된 현실들이 충돌하는 것이며, 모든 갈등 주체들은 자신들의 이야기가 공중에게 채택되도록 서로 경쟁하는 구도를 가지게 된다.

위기와 관련한 의미를 공유하기 위해서는 조직이 하는 이야기가 주제, 장르, 등장 인물, 논증 등 수사학적인 요소들을 잘 구성하여 공중에게 수용될 수 있도록 해야 한다. 결국 수사학적인 접근에서 위기는 조직의 사건에 대한 이야기 중심의 해석이며 이러한 이야기가 진실성과 그럴듯함 혹은 개연성을 갖추었을 때 공중과 의미의 공유가 일어날 수 있다(Heath, 2004). 조직은 위기가 일어났을 때 위기 상황에 대한 설명을 요구받는다. 이러한 설명은 스토리텔링을 의미하며 사건에 대해서 어떤 해명을 하며, 어떤 식으로 책임을 질 것이며, 어떻게 사건의 재발을 방지할 것인가에 대한 스토링텔링이 위기 관리의 성패를 좌우하게 된다.

위기의 수사학적인 접근에서 위기는 수사 측면의 긴급 상황을 의미한다. 따라서 위기 상황을 일으킨 가능한 원인, 위기를 확대하는 요소, 위기를 축소시키는 요소, 위기 상황에서 추정하는 충격의 크기, 위기 상황에서 추정하는 지속 정도 등이 조직의 위기 관련 커뮤니케이션과 관련하여 문제 상황으로 대두되는 경우가 많다. 따라서 위기 관리를 수사학적인 접근에서 본다면 문제 상황으로 대두되는 부분에 대한 진실하고 개연성을 갖춘 이야기를 구성하고 있는 것이 무엇보다도 필요하다. 위기에 대한 확정적이고 객관적인 현실은 없지만 진실하고 개연성을 갖춘 현실이 재구성되었을 때 조직과 공중의 의미 공유는 일어날 수 있다. 하지만 거짓으로 재구성된 현실은 개연성이 존재하기 어렵다.

수사학적인 접근과 위기 이야기

위기 관리의 수사학적인 접근에 따르면 위기는 이야기의 단절이나 붕괴를 가져온다 (Heath & Millar, 2004). 따라서 조직은 끊어진 이야기를 이어 주거나 복원할 필요가 있다. 위기를 둘러싼 이러한 조직의 커뮤니케이션 행위와 이야기 복원하기 프로그램이 곧 위기 관리라고 할 수 있다. 이야기는 항상 구성 요소를 가진다. 구성 요소에서 어떤 요소를 강조하느냐에 따라서 화자의 동기가 드러나기도 하고, 의미 공유의 정도가 결정되기도 한다. 이러한 이야기의 적절한 구성은 위기를 둘러싸고 문제를 제기하는 편이나 적절한 반응을 보여야 하는 모든 개인이나 조직에게 필수적이다. 위기 관리의 수사학적인 접근은 결국 위기를 둘러싼 위기 해석 이야기들의 경쟁 상황을 상정한 것이다.

위기 이야기의 구성과 함께 또한 중요한 것이 이야기 전개의 스타일이다. 이야기를 구성하는 내용도 중요하지만 이야기를 전개하는 커뮤니케이션 스타일도 매우 중요한 요소가 된다. 따라서 위기의 이야기가 잘 구성되기 위해서는 내용과 스타일이 잘 조화를 이루도록 해야 한다. 이러한 전달 스타일과 관련해서는 걱정과 감정이입의 표현, 배려하는 마음의 표현, 문제의 해결에 대한 초점, 침착함과 문제 해결 능력 표현, 책임감 있는 태도 견지, 개방성과 비판에 대해 수용하는 태도 등의 요소들이 주로 거론된다(Heath & Millar, 2004). 공중과 의미 공유할 수 있는 이야기의 내용 구성과 그것을 전달하는 스타일이 적절하다면 위기에 대응하는 조직의 위기 관리는 효과적으로 진행될 수 있다.

원론적으로 수사학적인 관점에서 성공적인 위기 관리가 이루어지기 위해서는 조직과 공중의 의미 공유에 초점을 맞추어야 하고, 조직의 이익뿐만 아니라 공중의 이익을 함께 도모할 수 있는 커뮤니케이션 활동을 펼쳐야 한다. 히스와 밀러(Heath & Millar, 2004)는 이러한 의미 공유가 가능하기 위해서는 조직의 커뮤니케이션 활동이 조직의 평판에 대한 이해, 조직의 잘못이나 책임성에 대한 이해, 위기가 만들어 낸 손해와 불확실성에 대한 이해, 조직의 장악력과 향후 가능성, 위기의 규모와 위기의 충격을 완화하기 위한 수단, 위기의 지속 가능성과 이에 대비한 지속적인 커뮤니케이션 통로, 조직과 공중 간의 관계 악화에 대한 극복 방법, 위기의 각 발전 단계별 조직의 대응, 위기 해석에 대한 책임감 있고 윤리적인 자세, 공중과의 상호 협력적인 의사 결정 체계 등의 광범위한 내용을 담아내야 한다고 보았다.

지금까지 실패했던 위기들을 살펴보면 이러한 요소들이 결여되어 공중과의 의미 공유를 이루지 못했다는 것을 알 수 있다. 예를 들어 엑손 발데스 호의 알래스카 기름 유출 사건 같은 경우는 위기의 지속 가능성과 이에 대비한 지속적인 커뮤니케이션 통로가 부족했고, 위기가 만들어 낸 손해와 불확실성에 대한 이해와 조직의 장악력이 절대적으로 부족했다고 할 수 있다. 유니온 카바이드의 인도 보팔공장 폭발 사고의 경우도 위기 해석에 대한 책임감 있고 윤리적인 자세가 부족했고 위기의 규모와 위기의 충격을 완화하기 위한 수단도 턱없이 부족했다. 우리나라의 경우, 태안 유조선 기름 유출 사고를 보면, 위기 주체였던 삼성중공업 측이 생각했던 손해와 불확실성에 대한 이해, 위기의 규모와 위기의 충격을 완화하기 위한 수단, 조직과 공중 간의 관계 극복 방법 등에서 공중의 인식과는 심각한 괴리가 발생했음을 알 수 있다. 이런 상황에서 위기 해석에 대한 책임감 있고 윤리적인 자세, 공중과의 상호 협력적인 의사 결정 체계 등을 바라기는 어렵다.

따라서 성공적으로 위기 커뮤니케이션이 이루어지기 위해서는 앞서 말한 사항들이 공중과 커뮤니케이션하는 이야기 속에서 합리적으로 구성되었을 때 그 이야기의 수용 가능성이 높아지게 된다. 수용된 이야기는 다시 숙성 과정을 거쳐 조직의 평판으로 자리잡게 된다. 수사학적인 측면에서 위기 관리는 조직의 끊어진 이야기를 연결시켜 주는 역할을 한다. 이러한 이야기의 연결을 결정하는 것은 당연히 공중과의 의미 공유다.

위기 이야기의 구성

조직의 위기 이야기crisis narrative가 목표로 하는 것은 일상의 이야기로 돌아가는 것이다(Heath, 2004). 하지만 일상의 이야기로 돌아가기 위해서는 위기를 둘러싼 많은 경쟁 이야기들을 극복할 수 있어야 한다. 위기가 일어나면 조직도 이야기를 구성하지만 정부, 시민단체, 지역사회, 언론 등 다양한 관련 공중이 각자의 입장에서 이야기를 구성한다.

위기 이야기는 본질적으로 경쟁적일 수밖에 없다. 많은 위기 이야기 중에서 자신의 이야기가 경쟁력을 가지기 위해서는 이야기의 구성이 합리적으로 이루어져야 하고, 공중과 의미의 공유가 이루어져야 한다.

이야기 구성을 둘러싼 드라마이론은 버크에서 시작한다. 그의 드라마이론은 사람들의 동기 요인을 분석하면서 다섯 가지 구성 요소로 설명하고 있는데, 그것은 장면scene, 행동act, 등장 인물agent, 수단 방법agency, 목적purpose을 말한다(Burke, 1969). 버크는 이러한 구성 요소들의 비율을 통해서 사람들이 가지고 있는 동기를 파악할 수 있다고 보았다. 예를 들어 어떤 이야기가 장면과 행동의 비율(장면/행동)에서 장면 쪽의 구성에 치우쳐 있다고 한다면, 이는 이야기하는 사람이 장면에 더 치중하는 동기 요인을 가지고 있다고 추정할 수 있다. 모든 위기의 이야기는 조직의 역할을 둘러싸고 드라마화되는 경향이 있다(Mitroff & Pearson, 1993). 따라서 드라마이론은 위기를 둘러싼 이야기의 구성 요소들이 어떤 화자의 의도에 의해서 동기화되는지를 파악하는 데 도움을 줄 수 있다.

현대 수사학은 이야기의 동기가 공유되는 것을 목표로 삼는다. 장면/행동 비율로 이야기를 살펴보아 행동에 비해서 장면을 화자가 더 강조하고 있다면, 이러한 이야기에서는 장면을 통해서 화자가 하고 싶은 이야기가 있다고 해석할 수 있다. 많은 역사적인 사건들에 대한 해석, 사건의 맥락이나 시대상에 대한 강조 등은 모두 장면 배경이 동기화된 것이다. 그 때 그러한 일이 일어날 수밖에 없었다든지 그 상황을 이해하지 못하면 이 사건을 이해할 수 없다는 등의 논조는 상황 편향 동기를 나타낸다.

위기에 대한 이야기의 해석도 어떤 동기 구성 요소가 강조되는가에 따라서 공중과의 의미 공유에 큰 영향을 미치게 될 것이다. 예를 들어 한화그룹 김승연 회장의 폭행 사건을 다루면서 폭행이라는 행위보다는 다치고 들어온 아들을 희생자로 묘사하면서 이에 대해 아버지가 느꼈던 당연한 분노 등을 강조한다면, 화자의 동기가 행위보다는 등장 인물에 집중되어 있는 것으로 파악할 수 있다. 반면 이 사건을 구성하면서 조직폭력배의 동원, 폭행 기구의 사용을 둘러싸고 논의를 전개한다면 수단 방법을 동기화하여 이야기가 전개되었다고 말할 수 있다. 이렇듯 모든 이야기에는 말하고자 하는 동기 요인이 숨어 있다.

버크 외에도 피셔(Fisher, 1987)의 이야기이론, 보만(Bormann, 1996)의 환상 주제 분석 등도 간단하게 말하면 이야기 구성을 이론화한 것이다. 현대의 논증은 드라마화된 이야기 구조에 의존하는 경향이 강하고, 이야기 혹은 서사는 따라서 고전적인 논증을 대변하는 이야기 구조를 의미한다고 해석해도 무방하다. 따라서 이야기는 등장 인물과 서론, 본론, 결론 등의 체계를 갖춘 의사 소통 구조를 의미한다고 개념화할 수 있다. 조직의 입장에서는 위기가 일어났을 때, 수사학 측면의 긴급 상황이 발생하고, 이를 이야기로 구성하는 능력이 위기 관리 능력을 좌우한다(Heath, 2004). 물론 이러한 이야기에는 진실성과 개연성을 바탕으로 공중과의 의미 공유가 일어나야 한다는 전제 조건이 작용한다. 수사학 측면의 합리성을 갖추지 못한 이야기는 공중에게 받아들여질 수 없다.

선행 이론을 통해서 살펴보았을 때 위기 관리의 수사학적인 접근에서는 이야기의 구성 요소를 보통 배경scene, 등장 인물personae, 주제theme, 플롯plot으로 나눈다(Heath & Millar, 2004). 배경은 위기가 일어난 배경과 그러한 배경이 가지는 중요도 등을 의미한다. 등장인물은 크게 영웅, 구조자, 적, 우군, 보호자, 악인, 희생자 등으로 묘사된다. 주제는 각 이야기가 가지는 중심 아이디어를 의미하고, 플롯은 이야기가 전개되는 스토리 라인을 의미한다. 관련 조직이 위기를 드라마화하면서 이러한 요소들 중에서 더 강조되거나 덜 강조하는 부분이 생기게 된다. 이러한 이야기 구성의 차이가 사건의 해석을 둘러싼 경쟁을 유발하게 될 것이고, 공중과 가장 의미 공유가 잘 이루어지는 이야기가 채택되고 지지받게 된다.

조직의 위기 이야기가 잘 구성되기 위해서는 〈표 9-3〉에 나타나는 물음에 적절하게 답할 수 있어야 한다(Heath, 2004: 176-181). 이러한 물음은 위기 이야기에 대한 공중의 인식 정도와 반응 정도를 묻고 있다. 이와 함께 위기 이야기에 대한 동기의 적절성, 조직의 안정성과 이야기 합리성에 대한 공중의 수용 정도도 중요한 고려 요인이 된다.

표 9-3. 조직의 위기 이야기 구성을 점검하는 척도

1. 사람들은 위기를 하나의 이야기로서 얼마나 인식하고 있는가?
2. 사람들이 인식하는 위기 이야기에서 조직의 반응은 적절하다고 할 수 있는가?
3. 어떤 이야기의 구성 요소가 주어진 위기를 설명할 가장 적절한 동기를 담고 있는가?
4. 이야기는 조직의 상황 장악력과 회복 능력을 보여 주고, 주요 공중을 안심시키는가?
5. 이야기는 진실성과 개연성을 충족시키고 있는가?

위에서 서술한 다섯 가지 조건을 지키면서 위기 이야기를 구성하기는 쉬운 일이 아니다. 한화그룹 김승연 회장 폭행 사건의 예를 다시 들어보자. 김승연 회장의 폭행 사건은 희귀성, 사회적인 충격 등 드라마틱한 요소를 모두 갖추고 온 국민의 지대한 관심을 받을 수 있는 완벽한 위기 이야기였다. 이런 상황에서 김승연 회장 측은 적절하고 일관성 있는 커뮤니케이션을 통해서 붕괴된 일상의 이야기를 복원하고 가장 국민들에게 수용될 수 있도록 이야기 구성 요소들을 주제화하는 것이 무엇보다 필요했다. 하지만 김승연 회장 측이 최초에 내놓은 이야기는 폭행에 가담하지 않았으며 자신이 오히려 피해자라는 입장이었다. 이것은 아마 변호사들의 조언을 따라서 법적인 책임을 면제받고 상황을 손쉽게 통제하기 위해 내놓은 어이없는 실수였다고 말할 수 있다. 왜냐하면 그 이야기는 사실에 따른 진실성이 결여되었고, 국민들이 생각하기에 그럴듯하다는 인식을 줄 수 있는 이야기의 개연성을 갖추지 못했기 때문이다. 그러한 이야기는 불신을 증폭시켜 다른 관련 공중의 이야기를 더 신뢰하게 되는 결과를 낳는다.

또한 김승연 회장 측의 이야기는 위기를 설명할 수 있는 적절한 중심 동기를 갖추지 못했기 때문에 지속적으로 유지할 수 있는 주제가 생략되어 있다. 주제가 없는 이야기는 플롯 또한 부자연스러울 수밖에 없다. 당장의 상황을 모면하려는 이야기는 결국 조직에 부메랑이 되어 더 큰 위기를 불러오게 된다. 만약 김승연 회장 측이 처음부터 폭행을 인정함과 동시에 상황 측면을 더 강조하면서, 보호자로서 부모의 역할이 악인의 역할로 변한 것을 진심으로 사과하고 기업인으로서 자신에게 한 번 더 기회를 달라고 호소했다면 어떻게 되었을까? 처음부터 이러한 주제로 이야기를 잡아갔다면 국민들과의 의미 공유는 훨씬 잘 이루어졌을 것이고, 재발 방지를 위한 다짐, 회사와 개인으로서 회장의 분리 등 오히려 다양한 이야기의 발전 과정이 형성될 수 있었을 것이다.

위기 장악력도 결국 위기에 대한 책임성의 측면에서 상대적으로 결정된다(Heath, 2004). 김승연 회장 폭행 사건에서도 볼 수 있는 것처럼 위기를 장악하려는 노력도 책임성이 어느 정도인가에 따라서 결정될 필요가 있다. 많은 책임성이 있다고 공중이 인지하는 위기에 대해서 상황을 다른 사람에게 책임 전가하거나 관련성을 부정하는 행위는 위기 상황을 장악하기보다는 혼돈 속으로 몰고갈 가능성이 많다. 책임성이 큰 위기에서는 섣부른 장악력보다는 진실성과 개연성이 우선되는 이야기를 구성해야 하고, 일관성 있게 발전할 수 있는 주제와 플롯을 갖춘 위기 이야기를 구성해야 한다. 우리 주위의 많은 위기에서 섣부르게 책임을 부인하고 위기를 장악하려고 시도하다가 실패한 사례들을 많이 찾아볼 수 있다.

지금까지 논의를 정리해서 잘 구성된 위기 이야기를 창안하기 위해서는 다음과 같은 원칙들을 기억할 필요가 있다(Heath, 2004). 우선 일상적인 조직의 이야기가 위기 상황의 이야기로 연결되고, 위기 이야기가 다시 일상의 이야기와 연결될 수 있도록 위기에 대한 기민한 반응을 형성하는 것이 필요하다. 위기 이야기는 일상의 이야기가 단절되는 순간이다. 위기 관리는 이러한 단절된 이야기를 연결하여 미래의 이야기로 이끌어 주는 역할을 해야 한다. 평소의 조직-공중 관계가 중요하고 필연적으로 위기 이야기와 연결되는 이유가 여기에 있다. 만약 위기에서 공중이 미래의 청사진을 발견한다면, 오늘의 잘못은 경감될 수도 있다.

두 번째는 위기에 대한 진술이 아무리 상황에 따라 변화하더라도 어떤 원칙을 견지할 필요가 있다. 원칙을 견지한다는 것은 이야기의 구성 요소에서 주제에 해당되는 것인데, 조직의 커뮤니케이션이 어떤 주제를 통해서 일관성 있게 이루어지지 않으면 이야기의 진실성과 개연성은 멀어질 수밖에 없다. 김승연 회장 폭행 사건에서도 어떤 지속적인 주제 의식이 없이 상황에 따라 진술했기 때문에 국민의 입장에서 믿기 어려운 이야기가 되고 말았다. 만약 '사과와 함께 부정父情에 호소'라는 주제 의식을 가지고 처음부터 일관된 진술을 했다면 훨씬 빠르게 이미지 회복을 이루어 낼 수 있었을 것이다. 한화그룹 법무팀의 조언은 이야기 형성을 통한 일관된 대응이 아니라, 법리적인 상황 대처에 모아져 있었다고 보아야 한다. 대부분의 법무팀이 행하는 위기 관리는 수사학적인 측면에서 보면 성공하기 힘들다. 위기 관리를 위한 커뮤니케이션 전문가가 요구되는 이유가 여기에 있다.

세 번째는 위기 이야기가 독립적으로 처음부터 끝까지 변화 없이 존재한다고 생각해서는 곤란하다. 어떤 주제 의식은 반드시 필요하지만 그것이 변화 없는 형태로 존재한다고 생각해서는 안 된다. 다른 경쟁 이야기들과 항상 공동 창조의 과정을 거쳐 수정하는 과정을 거쳐야 한다. 이러한 노력은 다른 공중을 대상으로 창의적으로 개작된 위기 이야기를 가지는 것도 포함한다. 이와 함께 사회에 존재하는 기존 원형의 이야기들을 조직의 위기 이야기와 접목시켜 나가는 노력도 함께 이루어져야 한다. 예를 들어 어떤 종교 지도자가 횡령을 저지르는 사건이 일어났다면 그 종교단체는 즉각적으로 '개인과 단체의 분리' 이야기를 형성하여 개인을 처벌함으로써 위기에서 벗어나려고 할 것이다. 하지만 사회 대부분의 사람들이 종교 지도자와 종교단체를 동일시하는 시각을 가지고 있다면 '종교단체 차원의 사과와 함께 개인의 탈선 방지를 위한 대책의 마련'이라는 차원에서 이야기를 수정할 필요가 있다.

위기 이야기는 고정된 것이 아니고 언제나 유동적으로 변화한다고 보는 것이 바람직하다. 2005년 11월 LG CNS 신입사원 선발 과정에서 전상상의 오류로 불합격자를 합격자로 통보하는 실수가 있었다. 처음 LG CNS 측의 발표는 전산 담당자의 실수가 있었음을 인정하면서도 현실적으로 합격자를 구제할 수 있는 방법이 없다고 발표했다. 하지만 이러한 보도가 부정적인 여론을 몰고오게 되자, LS CNS 측은 다음 날 이번 사건이 개인의 일생을 좌우하는 일이기 때문에 법적 책임을 떠나서 기업의 책임을 다하기 위해 모두 합격 처리하기로 했다고 발표했다. 이러한 변화는 여론을 읽은 내부 담당자들의 노력이 작용한 것으로 보인다. 이러한 유연한 변화가 위기 커뮤니케이션을 성공적으로 이끌어 갈 수 있다.

네 번째는 위기 이야기에 학습의 과정이 포함되는 것이 유리하다. 위기가 일어나고 나서 그러한 위기가 재발되지 않을 것이라는 인식을 심어 주지 못한다면 위기의 진실성에 엄청난 타격을 준다. 앞서 얘기했듯이 타이레놀 독극물 테러로 인해서 사람들이 사망하는 사건이 발생하고 나서, 포장 침해 방지 용기와 함께 사건 재발 방지를 위한 조직의 수정 행위를 보여 주었기 때문에 타이레놀은 공중의 신뢰를 다시 얻을 수 있었다. 평소 공중 관계와 함께, 위기 이야기의 구성이 학습 과정과 수정 행위를 담고 있을 때 진실성을 획득하기가 훨씬 쉬워진다.

마지막으로 다양한 공중과의 상호 호혜라는 원칙에 부합하면서 위기 상황을 장악할 수 있는 위기 이야기를 개발하는 것이 필요하다. 이 조건은 위기 이야기에서 공중 관계가 얼마나 중요한 것인가를 설명한다. 평소의 공중 관계도 위기 이야기의 수용에 영향을 미치지만 위기 상황에서 조직의 이야기 또한 공중 관계에 영향을 미친다. 공중과 의미를 공유할 수 없는 위기 이야기는 위기 관리를 악화시킬 뿐이다. 모든 위기 관리는 우호적인 조직-공중 관계라는 큰 테두리 안에서 이해되어야 한다. 위기 관리의 수사학적인 접근도 이런 면에서 기능주의적인 위기 관리와 접목되는 점이 있다.

삼성중공업과 관련된 태안 유조선 기름 유출 사건을 예로 들면, 삼성 측이 검찰의 발표가 있을 때까지 사과 발표를 미룬 것은 지역 주민을 포함하여 일반 공중의 분노를 증폭시킨 측면이 많다. 한편 삼성 측은 이번 위기 커뮤니케이션의 주제를 법원의 책임 판결에 따른 최소한의 보상으로 구성한 것 같다. 하지만 세계적인 조류를 볼 때 이러한 대형 환경 사고에서 최소한의 법적 보상만으로 책임성에서 벗어날 수 있는 경우는 없었다. 또한 삼성 측은 자신들이 세운 원칙을 끝까지 밀어붙이는 것이 능사라고 판단한 것 같다. 하지만 상황의 변화에 따라 조직의 위기 커뮤니케이션도 변화할 필요가 있다. 처음에 법적인 판단에 맡기겠다고 한 것이 나쁜 여론을 불러왔다면, 그것을 수정하는 것은 위기 이야기의 공동 창조 과정으로 이해될 수 있다.

마지막으로 이러한 위기 이야기 구성 능력과 함께 삼성 측이 확실한 수정 행위, 즉 환경 보존에 기여하는 기업이라는 이미지를 보여 주기 위한 대책들과 지역 주민을 비롯한 관련 공중과의 장기적인 관계 증진 대책을 보여 주는 것이 무엇보다도 필요하다. 앞으로 삼성 측이 계속해서 이러한 위기 커뮤니케이션을 견지한다면, 삼성 측이 바라는 대로 최소한의 책임만을 묻는 법원 판결이 나서 금전적인 손해를 최소화하는 것은 가능할지도 모르겠지만, 공중에게 각인된 악인의 이미지는 계속해서 삼성 측을 괴롭힐 가능성이 높다. 그것은 결국 기업 활동에 엄청난 부담으로 작용하게 될 것이다.

주요 수사학적인 접근의 관련 이론

위기 관리의 수사학적인 접근과 관련된 이론들은 대부분 고전 수사학의 전통을 현대적으로 위기 상황에 계승한 것이라고 할 수 있다. 고전 수사학은 설득에 초점을 맞추었지만 현대 수사학은 의미의 공유, 정체성identification의 상호 교환에 초점을 맞춘다. 이러한 관점에서 위기는 조직에서 발생하는 수사학적인 문제로 상정해 볼 수 있으며, 수사학적인 관점에서 위기 관리는 이러한 문제를 해결하기 위한 조직의 커뮤니케이션 활동이라고 볼 수 있다. 앞서 수사학적인 문제는 조직이 평소에 표방했던 이야기, 즉 내러티브의 단절을 의미하며, 위기 관리는 위기에 대한 해석을 통해서 단절된 이야기를 복원하는 노력이라고 정의했었다. 현대 수사학은 모든 이야기에 화자의 동기가 내재해 있다고 보며, 이러한 동기가 공중과 의미 공유되기 위해서는 진실성과 개연성이 갖추어져 있어야 한다. 위기 관리를 잘 한다는 것은 위기 이야기를 잘 구성하여 공중의 입장에서 볼 때 가장 적절한 커뮤니케이션 대응을 하는 것이다.

현대 수사학을 창안한 사람은 케네스 버크Kenneth Burke였다. 버크(Burke, 1973)의 죄의식이론theory of guilt은 개인이나 조직이 위기 상황을 맞아 느끼게 되는 죄의식을 분석하고, 그것에서 회복하는 과정을 이론화하고 있다. 인간은 어쩔 수 없이 완벽성perfection, 위계성hierarchy, 부정성negativity 등의 성향으로 인해서 죄의식을 느낄 수밖에 없으며, 죄의식에서 벗어나서 평상심으로 돌아가기 위해, 사과 혹은 회개, 희생양 만들기 혹은 책임전가, 상황 초월 등의 수사를 구사하게 된다(Hearit, 2006).

버크의 드라마이론은 이러한 일련의 과정을 드라마 혹은 이야기의 차원에서 이론화한 것이다. 이러한 인간의 죄의식과 극복 과정과 함께 그는 인간의 커뮤니케이션 활동에는 언제나 동기가 내재되어 있다고 보았고, 이러한 동기 요인은 앞서 설명했듯이 장면, 행동,

등장 인물, 수단 방법, 목적의 다섯 가지 요소, 즉 펜타드pentad로 구성되어 있다. 조직의 위기 상황에 버크의 이론을 적용하면 위기로부터 야기된 죄의식을 벗어나기 위한 조직의 커뮤니케이션 행위를 이해할 수 있고, 위기 이야기를 구성하는 조직 커뮤니케이션의 동기 요인을 펜타드 분석을 통해서 실행할 수 있게 된다.

위기 상황의 커뮤니케이션과 관련하여 수사학을 가장 많이 활용한 사람은 웨어와 린쿠겔(Ware & Linkugel, 1973)이었다. 그들의 사과이론 혹은 방어이론theory of apologia은 위기를 겪은 사람들이 실행하는 자기 방어 방법을 개량 전략reformative strategies과 변환 전략transformative strategies으로 나누고, 그것을 바탕으로 위기 상황에서 자신을 방어하기 위한 커뮤니케이션을 이론화했다. 이들 외에도 수사학을 활용한 연구는 최근 들어 늘어나고 있다(Millar & Beck, 2004; Huxman, 2004; Marsh, 2005; Hearit, 2006).

밀러와 벡(Millar & Beck, 2004)은 고전 수사학의 은유를 위기 커뮤니케이션과 연결하고 있고, 헉스만(Huxman, 2004)은 고전 수사학의 장르 접근을 위기 커뮤니케이션과 연결하여 위기의 유형, 위기 커뮤니케이션, 커뮤니케이션 장르 형식을 서로 연결했다. 마쉬(Marsh, 2005)는 고대 수사학 평형이론stasis theory을 이용하여 공격의 논리에 맞춘 위기 커뮤니케이션 논리의 균형을 설명하고자 시도했다. 이와 함께 헤릿(Hearit, 2006)은 위기 커뮤니케이션을 사회 드라마를 통한 의식 행위rituals라고 상정하고, 이러한 의식 행위가 공중에게 받아들여지기 위한 요소들을 탐색하고 있다.

지금까지 언급한 내용들은 위기 커뮤니케이션과 관련한 장에서 좀더 자세히 설명하기로 한다. 한편 수사학적인 접근과 관련하여 왜 이미지 회복 전략의 대표적인 학자인 윌리엄 베노이트William L. Benoit는 포함되지 않았는가에 대한 설명이 필요할 것 같다. 베노이트(Benoit, 1995)도 수사학과 사회과학을 통합하여 위기 커뮤니케이션 혹은 이미지 회복 전략을 유형화하고 실제 위기 사례에 적용하는 데는 탁월한 성과를 올렸지만 고전 수사학의 한계를 벗어나지 못했다는 단점을 가진다. 베노이트의 입장에서는 이미지 회복 전략이 조직의 실추된 평판을 회복하기 위한 목적 지향적인 행위라고 보았으며, 대부분의 고전 수사학이 설득을 지향했던 것처럼 조직의 위기 커뮤니케이션 혹은 이미지 회복 전략은 조직의 평판 회복이라는 기능적인 목적에 집중되어 있다고 보았다. 이러한 시각은 현대 수사학이 지향하는 의미 공유나 정체성 상호 교환과는 거리가 있다. 베노이트의 이미지 회복 전략 논의는 이런 점에서 앞서 논의한 수사학적인 접근들과는 차이를 보인다고 말할 수 있겠다.

수사학적인 접근, 커뮤니케이션 그리고 공중 관계

위기 관리의 수사학적인 접근은 위기 이야기를 통해서 공중과 의미를 공유하고, 이야기 구성 요소를 통해서 자신의 세계관을 정리하고 표현하는 것이다(Foss, 1996). 수사학적인 접근에서 확정적이고 객관적인 위기는 없으며 위기는 공중의 인식에 절대적으로 의존하기 때문에 조직이 어떻게 커뮤니케이션을 통해서 공중과 의미 공유를 하느냐가 위기 관리의 관건으로 등장한다. 위기 상황이 수사학적인 긴급 상황으로 인식됨으로써 조직으로서는 위기를 해석하고 적절하게 반응함으로써 단절된 이야기를 복원해야만 한다. 따라서 위기 이야기는 조직이 과거와 현재의 상황을 통합하여 미래의 비전을 제시하는 것이다. 이런 조직의 이야기가 공중과 의미의 공간을 형성해서 서로 이해하게 되면 조직과 공중은 관계를 형성하게 된다. 이러한 관계는 이야기가 과거와 현재의 상황을 통합하고 미래의 비전을 제시하는 과정에서 결정적인 작용을 하게 된다.

또한 무엇보다 중요한 것은 조직과 공중의 평소 관계가 이야기의 해석에도 영향을 미치게 된다는 것이다. 공중은 평소 조직의 공중 관계 활동을 통해서 위기를 평가하기 때문에 우호적인 공중 관계가 형성되지 못한 조직은 이야기의 진실성과 개연성을 확보하는 데 어려움을 겪을 수 있다. 예를 들어 조직에 대해서 평소 좋지 못한 인상을 가진 사람은 위기 상황에서 조직이 제시하는 이야기를 귀담아 듣지 않을 것이다. 이러한 경우 의미의 공간이 형성되어 의미 공유가 일어나기 힘들다. 평소 부패 기업 이야기에 동의하는 사람은 김승연 회장 폭행 사건 같은 경우, 조직이 생산하는 메시지에 부정적으로 반응할 것이다. 하지만 자유시장 경제 이야기에 동조하는 사람은 같은 사건에 대해서 다른 해석을 할 가능성이 많다. 위기 상황은 경쟁적인 이야기들이 분출하기 때문에 평소의 공중 관계가 이야기의 해석에 중요한 역할을 하게 된다.

문화적인 원형으로서 이야기는 사회구성원들의 세계관을 반영한다. 재벌을 우리나라 사회의 착취자로 보는 사람들도 있을 것이고, 경제 개발의 주역으로 보는 사람들도 있을 것이다. 따라서 공중이 조직에 대해서 가지고 있는 선행 변수로서 관계성의 정도는 위기 이야기를 수용하는 데 조직을 바라보는 세계관으로 작용할 가능성이 많다. 앞서 들었던 예를 다시 들면, 머크Merck 제약회사에서 폐수가 유출되는 사건이 발생했을 때, 평소 지역 사회와의 좋은 공중 관계 때문에 지역 주민들이 위기가 확대되는 것을 오히려 막아 주었던 사례가 있다. 이는 공중이 우호적인 평소 관계를 감안하여 '지역사회에 피해를 주는 공장' 이라는 이야기 대신에 '실수를 용인할 수 있을 정도로 지역사회에 기여하는 공장' 이라는 이야기를 선택했기 때문에 가능한 일이다.

평소에 우호적인 공중 관계를 형성하는 것이 무엇보다 중요하다. 하지만 위기 상황에서 많은 공중 관계는 위기에 대한 조직의 대응에서 형성되는 경우가 더 빈번하다. 조직이 어떤 이야기를 선택하여 위기에 대응하느냐에 따라 공중이 위기를 해석하고 수용하는 정도가 달라질 수 있다. 관련 텍스트에 좋은 예가 나와 있다(Heath, 2004). 텍사스동부전송회사Texas Eastern Transmission의 천연가스 파이프라인이 터져서 가스가 지역사회를 덮치고 화재가 발생하는 사건이 일어났다. 사건이 발생하자마자 이 회사는 전형적인 '안전불감증 회사의 문제' 이야기가 지배적인 이야기화되는 것을 방지하기 위해서 노력했다. 현장에 즉시 출두하여 모든 문제를 전향적으로 해결했고, 지역 주민들의 요구 사항을 들어 주기 위해서 노력했으며, 사건의 원인 분석과 해결을 위해 최선을 다해서 정부에 협조했다. 이러한 과정에서 조직의 '지역사회의 문제를 함께 해결하는 기업' 이라는 위기 대응 이야기는 점차 힘을 얻게 되었고, 사건의 발단이 회사와 상관없는 어떤 개인의 잘못으로 판명나게 되자 공중 관계를 우호적으로 강화하는 계기로 작용하게 되었다. 이렇듯 조직의 입장에서 위기에 대응하는 것은 이야기를 통해서 공중과의 의미 공유 영역을 만들어 나가는 과정이고, 그러한 이야기의 선택이 조직과 공중이 이 사회의 구성원으로서 어떤 관계를 형성해 갈 것인가에 결정적인 영향을 미치게 된다.

수사학적인 위기 관리에서 중요한 것은 평소에 좋은 공중 관계를 가져가서 조직에 대해 긍정적인 이야기가 형성되도록 유지하는 것이고, 위기가 발생했을 때 진실되고 개연성 있는 위기 이야기를 통해서 공중과 의미의 공유를 이루어 내는 것이다. 위기 상황에서 형성된 의미의 공간은 평소 조직-공중 관계에 또한 영향을 미치기도 한다. 위기 관리의 수사학적인 접근은 평소 공중 관계와 위기 상황에서 반응의 선택이 변증법적으로 연결되는 이야기의 공간이라고 말할 수 있다.

제10장

위기 관리 모델과 과정에 관한 논의

위기 관리 모델에 대한 논의

지금까지 위기 관리 모델 논의에서 아쉬운 것은 모델의 제시가 기능주의적인 접근에 집중되어 있다는 것이다. 이것은 수사학적인 접근이 최근에 와서야 위기 관리에 도입되었기 때문이기도 하지만, 조직 중심의 위기 관리를 시스템을 정비하는 측면과 위기 상황에서 공중과 커뮤니케이션하는 측면으로 나누어 생각해 온 데에도 원인이 있다. 여기서 다루게 될 위기 관리 모델 논의는 조직 시스템과 실행 과정을 강조한다는 측면에서 기능주의적인 모델에 가깝다. 하지만 쿰즈(Coombs, 1999) 모델에서 보는 것처럼, 위기의 유형과 조직 커뮤니케이션 행위를 실질적으로 접목시키려는 노력도 점점 이루어지고 있는 편이다. 앞으로 위기 관리 모델은 기능주의적인 접근과 수사학적인 접근을 통합하는 형태가 주를 이루게 될 것이다. 우선 이 장에서는 초기 모델로서 기능주의적인 색채가 더 강한 모델들과 관련한 논의들이 주를 이룬다. 이와 함께 수사학적인 접근의 모델은 차후 위기 커뮤니케이션 활동과 조직의 이미지 회복 전략을 다루는 부분에서 중점적으로 다루게 된다. 따라서 이 책의 구성은 현실적인 논의를 반영하여 편의상 위기 관리 모델 부분과 위기 커뮤니케이션으로 따로 떼어내어 구성한다.

지금까지의 논의들이 위기와 위기 관리를 조직의 입장에서 어떻게 이해해야 할 것인가에 초점을 맞추었다면, 이제 이 장에서는 조직이 직면하게 되는 위기를 어떻게 해결할 것인가에 중점을 두게 된다. 버넷(Burnett, 1998)의 경우, 위기 상황에서 조직은 긴급하게 발생하는 중요한 질문들에 대한 의사결정을 해야 한다고 보았다. 그것은 1) 위기에 대한 인식의 문제, 2) 위기 상황에 대한 조직의 개입 정도, 3) 개입하기로 했을 때 개입 시기의 문제, 3) 위기 관리를 위한 담당자와 조직 구조의 문제 등을 말한다. 하지만 이러한 의사 결정은 많은 준비 과정과 조직 차원의 사전 합의를 통해서만 가능한 것이다. 즉 조직이 위기를 빨리 인식하고, 준비된 위기 관리 계획을 발동하여 잘 훈련된 위기 관리 담당자로 하여금 신속하게 대응케 하는 것은 가장 이상적으로 작동하는 위기 관리 상황이라고 할 수 있다. 하지만 위기 관리 계획을 미리 설정하고, 실행 계획을 마련하며, 조직원과 대변인을 훈련하고, 공중과의 우호적인 관계를 유지하는 것은 전사적인 차원에서 위기 관리 요소들을 모델화하는 전략적인 접근을 했을 때만 가능한 일이다. 따라서 모델 접근은 조직 차원의 위기 관리 전략 형성을 위한 토대를 제공하게 된다. 보통 모델은 상황을 기술하는 부분descriptions과 규범적인 방향성을 제시하는 부분prescriptions이 혼재되어 있다.

위기 관리를 효율적으로 하기 위해서 많은 학자들은 위기 관리를 둘러싼 다양한 영향 요인과 단계별 준비 및 수행 과정에서 발생하는 제반 요소들을 한눈에 보여 주려는 시도를 위기 관리 모델을 통해서 구현해 왔다(Coombs, 1999; Mitroff, 1988; Pauchant & Mitroff, 1992; Pearson & Mitroff, 1993; Sturges, 1994; 김영욱, 2002). 이 같은 위기 관리 모델을 통해서 위기 관리를 효율적으로 수행하기 위한 중요한 개념과 변수가 도출될 수 있으며, 조직의 위기 관리를 통합적으로 접근할 수 있는 시각을 제시할 수 있다.

김영욱 등(Y. Kim, Cha & J. Kim, 2008)은 학자들이 제시한 다양한 위기 관리 모델과 다양한 개념 및 영향 변수 등을 종합해서 네 가지 유형의 위기 관리 모델을 제시하고 있다. 첫째, 위기의 발전 단계에 초점을 맞춘 단계별 위기 관리 모델, 둘째, 조직 및 다양한 영향 변수들을 고려한 포괄적 위기 관리 모델, 셋째, 조직 중심의 변수와 구체적인 위기 관리 실행 방법에 초점을 맞춘 조직 시스템적 위기 관리 모델, 그리고 마지막으로 위기 시 대응 커뮤니케이션 전략에 초점을 맞춘 커뮤니케이션 중심의 위기 관리 모델 등을 들 수 있다. 이러한 분류 방법에서 커뮤니케이션 모델을 조직의 커뮤니케이션 대응 활동으로 따로 떼어내어 본다면 크게 세 가지의 종류로 유형화할 수 있다. 이를 좀더 자세하게 설명하면 위기에 대응하는 조직의 시스템에 초점을 맞춘 시스템 모델(양파 모델과 Burnett의 모델 등), 위기의 진행 단계 등 위기 관리 프로세스를 중심으로 위기 관리의 방향성을 제시한 프로세스 모델(모든 단계 모델과 Sturges의 모델 등), 그리고 시스템과 프로세스, 외부 변수가 통합된 통합적인 접근 모델(Mitroff의 모델과 김영욱의 모델)로 정리해 볼 수 있다. 이러한 유형화를 중심으로 각 모델들의 특징을 간단하게 알아본다.

표 10-1. 위기 관리 모델의 유형화

1. 시스템 중심 모델
   - Pauchant와 Mitroff의 양파 모델, Burnett의 위기 관리 모델, Littlejohn의 위기 관리팀 접근 모델 등
2. 프로세스 중심 모델
   - Gonzalez-Herrero와 Pratt의 위기 관리 모델, Sturges의 위기 커뮤니케이션 모델, Fink의 위기 관리 모델, Coombs의 위기 관리 모델, Marra의 위기 공중 관계 모델, Borda & Mackey-Kallis의 위기 관리 모델 등
3. 통합적인 모델
   - Mitroff의 위기 관리 모델, Pearson과 Clair의 다학문 차원 모델, 김영욱의 위기 관리 모델

시스템 중심 모델

조직 중심의 변수와 구체적인 위기 관리 실행 방법에 초점을 맞춘 시스템적 위기 관리 모델로는 위기 관리 양파 모델(Pauchant & Mitroff, 1992), 위기 유형-시스템 역할 모델(Burnett, 1998)과 위기 관리팀 접근 모델(Littlejohn, 1983)을 들 수 있다. 포챈트와 미트로프(Pauchant & Mitroff, 1992)는 위기 관리의 양파 모델을 제시하면서 조직의 위기 관리에 중요한 네 가지 요소로서 조직원 개인의 성격, 조직 문화, 조직 구조, 조직 전략 등을 제시했다(그림 10-1 참조). 이들 요인은 마치 양파처럼 겹을 이루고 있는데, 가장 바깥쪽의 한 겹이 조직의 위기 관리 계획이나 메커니즘, 위기 관리 절차 등과 같은 조직 전략이다. 바깥에서 두 번째 겹은 조직 구조로서 조직의 규범, 규정, 업무 체계 등 위기 관리를 위해서 집중화된 기관이나 구조 등을 의미한다. 세 번째 겹인 조직 문화는 조직 차원의 신념이나 가치 체계, 그리고 조직 문화 요소들을 포함하며, 가장 내부의 겹인 조직원 개인의 성격이란 조직구성원들의 위기 방어 메커니즘을 의미한다. 예를 들면, 위기가 발생했을 때 스트레스를 어떻게 받아들이는가 등의 개인적 성격, 교육 훈련을 통한 위기 적응성도 위기 관리 전략 수행에 영향을 미친다. 위기 관리의 양파 모델은 이후 5단계 기술적인 요인, 4단계 조직의 구조, 3단계 인력 관리 요소, 2단계 조직의 문화, 1단계 최고경영진의 심리 상태로 변형된다(Mitroff & Anagnos, 2001). 5단계에서 1단계로 다가갈수록 양파의 안쪽, 즉

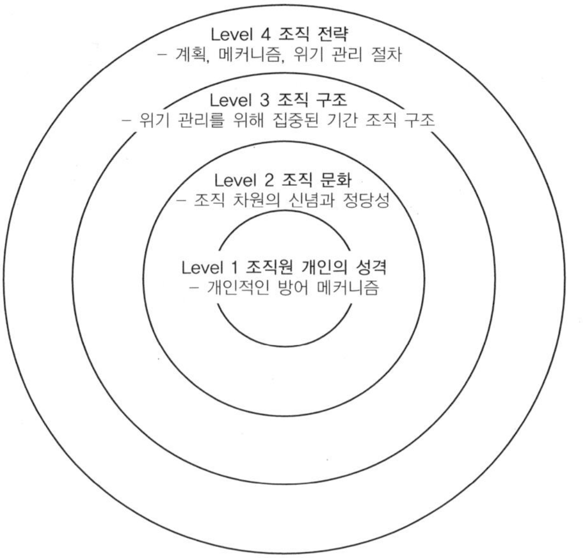

그림 10-1. 위기 관리의 양파 모델

(Pauchant & Mitroff, 1992)

주) 이후, 5단계 기술적인 요인, 4단계 조직의 구조, 3단계 인력 관리 요소, 2단계 조직의 문화, 1단계 최고경영진의 심리 상태로 변화했다(Mitroff & Anagnos, 2001).

조직의 더 핵심적인 사안으로 다가가게 되는 것을 의미한다.

버넷(Burnett, 1998)은 위기의 특성과 관리자의 시스템 과업을 연결하여 종합적인 위기 관리 모델을 형성하려고 시도했다. 우선 조직의 관리자가 담당해야 할 전략적인 과업은 1) 목표 설정goal formation, 2) 환경 분석environmental analysis, 3) 전략 설정strategic formulation, 4) 전략 평가strategy evaluation, 5) 전략 실행strategy implementation 그리고 6) 전략의 통제strategy control를 들 수 있다. 그리고 이러한 과업은 조직이 겪게 되는 위기의 특성과 연결되는데 위기는 시간의 압박time pressure, 사안에 대한 통제력control issue, 위협의 수준threat-level concerns 그리고 선택 가능한 대안의 제한response-option constraints에 따라 각기 다른 특성을 가진다. 따라서 위기가 가지는 특성은 조직의 위기 관리자가 시스템 과업을 수행하는 데 방해 요인으로 작용할 가능성이 농후하며, 위기 관리자는 위기가 가지는 특성에 따라 시스템 과업을 적절히 조정하여 가장 최선의 역할 수행이 될 수 있도록 노력해야 한다(그림 10-2 참조).

버넷(Burnett, 1998)은 위기의 유형을 나누면서 네 가지 변수인 시간의 압박, 사안에 대

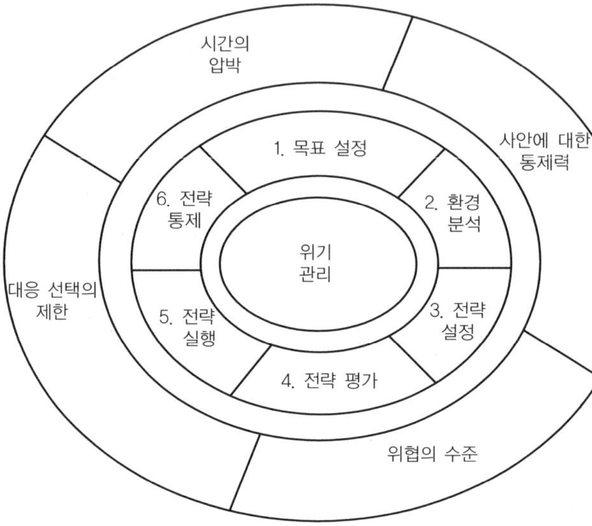

그림 10-2. 유형과 시스템 역할에 따른 위기 관리 모델
(Burnett, 1998)

한 통제력, 대응 선택의 제안, 위협 수준의 고저에 따라 16개의 위기 유형으로 나누고 있다. 예를 들어 레스토랑의 E-*coli* 바이러스 감염 사건 같은 경우는 시간의 압박도 크고, 사안에 대한 통제력도 약하며, 대응 선택의 여지도 없고 위협의 수준 또한 높은 가장 심각한 위기라고 할 수 있다. 조직의 입장에서는 이러한 위기의 심각성 정도에 따라 다섯 가지 단계(0, 1, 2, 3, 4 단계)로 나눌 수 있고, 0과 1단계는 조직이 위기로 발전할 가능성을 감지하고 예방하는 수순을 밟아야 한다. 하지만 2, 3, 4 단계는 조직이 본격적으로 대응에 나서야 하는데, 대응의 과정은 1) 인식(목표의 설정, 환경 분석), 2) 직면(전략 설정, 전략 평가), 그리고 마지막으로 3) 적응(전략 실행, 전략 통제) 과정으로 나누었다. 버넷의 모델은 각각의 위기 유형에 따라 어떻게 조직의 행위 모델이 달라져야 할 것인가에 대한 자세한 설명을 해 주지는 않는다. 하지만 위기 유형과 조직의 시스템 행위를 연결시켜 보려는 시도는 앞으로도 많은 연구 시사점을 제시할 뿐만 아니라, 실제 조직의 위기 관리 활동에도 유용하게 응용될 수 있는 아이디어를 제시한다.

리틀존(Littlejohn, 1983)의 위기 관리팀 접근 모델에서는 위기 관리를 조직이 장기적 관점에서 수행해야 할 과제라고 보고, 위기 관리팀이 조직 구조의 중요 요소를 차지하면서 다른 기능 부서와의 긴밀한 협조 하에 팀원을 구성하고, 위기 상황에서도 협조 체제를 유지하는 '다변조직 시스템matrix organization system'을 구성해야 한다고 보았다. 그는 이 조직 시스템의 위기 관리 기능 강화를 기본으로 위기 관리를 위한 여섯 가지 실행 단계를 창안했다. 그것은 조직 구조의 재편성, 위기 관리팀의 구성, 팀원의 교육 및 개발, 위기 감사의 계획과 실행, 비상 계획의 개발, 위기 관리 실행 단계를 말한다. 여기서 위기 감사는 위기 관리 활동에 대한 평가 시스템을 의미하는데, 주로 위기 관리 지수 개발 등을 통한 활동을 말한다.

시스템 모델에서는 조직의 시스템을 기본 구조로 파악하고, 이를 바탕으로 위기 방지를 위한 예방 활동이나 위기 대응 활동의 실행 방법을 논의하고 있다. 따라서 이러한 접근은 좀더 구체적으로 조직 단위에서 위기를 준비하고 예방하는 것을 가능하게 하며, 조직의 다양한 변수를 위기 준비 단계에서 고려하게 하는 장점을 가지고 있다. 하지만 시스템 모델은 너무 핵심 부서의 활동에 집중하는 경향이 있으며, 조직 내 · 외부와의 커뮤니케이션 측면을 간과하고 있는 측면이 있다. 수정된 양파 모델을 보더라도 모든 결정의 중심에는 CEO의 위기에 대한 심리 상태가 있다고 하는 것이 그 한 예다.

프로세스 중심 모델

위기 관리의 프로세스를 만들기 위해서는 크게 다섯 가지 기본적인 요소들을 고려하는 것이 필요하다(Burnett, 1998). 일단 조직의 사회 환경에 대한 통제 정도를 결정하는 선행 변수들과 조직에서 일어날 수 있는 위기의 인식을 결정하는 변수들을 파악하는 것이 중요하다. 이와 함께 이전에 일어난 위기의 성격을 평가하고, 위기를 관리하기 위한 조직 시스템과 위기 관리 성공을 위한 학습 요인 등을 평가하는 것 또한 필수적이다.

여기에서 일어난 위기에 대한 평가는 위협의 정도, 시간의 제약 정도, 조직의 관련 정도, 정보의 양과 질, 그리고 무대응 시 겪게 될 피해 등이 종합적으로 고려된다. 또한 위기의 인식을 결정하는 변수들로는 취약성, 통제 정도, 예상되는 결과 등이 있을 수 있다. 이는 위험 인식에서 거론되었던 위험 인식 영향 변수들과 유사하다. 위기도 조직의 입장에서 본 위험 상황이므로 위험 인식 연구를 이런 차원에서 위기 인식과 연결하는 것이 가능하다. 프로세스 중심의 위기 관리 모델은 그러한 기본적인 요소들을 고려하여 어떻게 단계적으로 위기를 관리할 것인가를 모델화한 것이다.

한편 위기 관리의 단계와 관련하여 많은 학자들의 모델이 있다. 미트로프와 피어슨

(Mitroff & Pearson, 1993)의 경우는 징후 탐색signal detection, 예방과 준비preparation/prevention, 봉쇄containment/damage limitation, 회복recovery, 학습learning의 다섯 가지 단계로 나누고 있고, 펀-뱅크스(Fearn-Banks, 1996)도 이러한 단계를 원용하고 있다. 현재 위기 관리 실행과 관련해서는 미트로프 등의 모델이 가장 많이 사용되고 있다. 이들 모델을 포함하여 대부분의 프로세스 모델은 위기 관리의 발전 단계를 중심으로 조직의 행위 변수를 결합하고자 시도한 것들이라고 할 수 있다.

곤잘레스-헤레로와 프랫(Gonzalez-Herrero & Pratt, 1995)의 위기 라이프 사이클 모델에서도 쟁점 관리, 계획과 방지, 그리고 위기 대응 방안 수행 세 가지를 위기 관리의 기본 요건으로 들고 있다. 이 요건들은 모든 위기가 라이프 사이클을 가지며 부정적 언론 보도를 피하기 위해서 좋은 평판을 획득해야 한다는 것을 전제로 한다. 그들의 위기 라이프 사이클 모델은 위기 관리의 단계를 쟁점 관리 단계－계획 예방 단계－위기 단계－위기 이후 단계로 분류하며, 각 단계에 맞는 조직의 활동 내용을 구체적으로 제시하고 있다.

위기 단계별 대응 커뮤니케이션 전략에 초점을 맞춘 커뮤니케이션 중심적 위기 관리 모델은 스터지스(Sturges, 1994)의 위기 관리 모델을 들 수 있다. 그의 "위기 단계와 위기 커뮤니케이션 모델"은 위기 발전 단계와 커뮤니케이션 유형을 종합하여 효율적인 커뮤니케이션 전략을 논의한 모델이다. 그의 이러한 시도는 위기 관리를 단순히 위기 대응 전략 차원이 아니라 조직의 전반적인 커뮤니케이션 정책과 이를 통한 공중의 여론 형성 차원에서 고려해야 한다는 것을 보여 준다. 이와 함께 그는 위기의 발전 단계별로 효과적인 커뮤니케이션 전략을 제안하고 있다. 예를 들면, 그는 초기 위기 발생 단계에는 정보 전달형 커뮤니케이션 전략, 위기 감소 단계에는 조정형과 내재화형 커뮤니케이션 전략, 그리고 마지막 종료 단계에는 내재화형 커뮤니케이션 전략에 집중할 것을 제안하고 있다.

핑크(Fink, 1986)는 위기의 발전 단계를 최초로 나누고 이론적 토대도 가장 먼저 세운 학자다. 그는 위기가 징후 단계, 발생 단계, 진행 단계, 그리고 종결 단계와 같은 네 단계로 발전한다고 보고, 위기 단계별로 위기를 철저히 준비하는 것이 필요하다고 역설했다. 특히, 그는 위기 관리를 준비하기 위해서 위기의 영향력과 위기의 발생 가능성, 두 축으로 위기 유형을 구분하여 각각에 따라 예산을 다르게 배분해야 한다고 지적한다. 즉, 위기를 적색 지대red zone(위기 영향력이 크고 발생 가능성 높음)와 황색 지대amber zone(위기 영향력이 크고 발생 가능성 낮음), 회색 지대gray zone(위기 영향력이 작고 발생 가능성 높음), 그리고 녹색 지대green zone(위기 영향력이 작고 발생 가능성 낮음) 등으로 구분하고 이에 따라 다른 위기 계획을 세워야 한다고 주장했다.

쿰즈(Coombs, 1999)의 3단계 모델에서는 위기 단계를 위기 전 단계, 위기 단계, 위기 후 단계로 구분하고 각 단계별로 위기 관리 계획을 구체적으로 세워야 한다고 주장한다. 위기 전 단계에서는 쟁점 관리와 위험 요소 관리, 관계 관리 등이 필요하며, 위기 준비는 취약성 파악과 위기팀 구성, 대변인 선출, 위기 관리 계획의 수립, 포트폴리오 개발, 위기 커뮤니케이션 시스템 확정 등을 포함한다. 위기 단계에서는 위기를 인식하고 이에 대한 봉쇄와 업무 회복을 위한 비상 대책 마련 등을 포함하고 있다. 마지막으로 위기 후 단계에서는 위기가 반복되지 않도록 평가와 학습을 하는 내용을 제시하고 있다. 이 이론의 특징은 위기 관리이론에서 처음으로 수사학적인 위기 커뮤니케이션 전략과의 통합을 시도했다는 것인데, 실제 상황에서 위기 유형에 따라 어떤 커뮤니케이션을 구사할 것인가를 고민한 부분이 높게 평가된다.

마라(Marra, 1992)는 위기 공중 관계 모델model of crisis public relations을 제시하면서 관련 공중과의 관계와 커뮤니케이션을 중심으로 위기 단계를 구분한다. 그는 공중과의 균형적인 커뮤니케이션을 유지하고 위기 커뮤니케이션을 미리 준비하는 조직이 위기 상황의 모든 단계에서 유리한 입장이 된다고 지적한다. 그런데 이 과정에서 조직의 커뮤니케이션 이데올로기와 조직 법률 고문의 영향력에 따라 공중 관계 전문가와의 마찰이 예상된다고 보았으며, 이러한 마찰을 어떻게 조절하느냐에 따라 위기 관리의 성과가 결정된다고 보았다. 그의 모델은 위기 관리와 공중 관계의 통합을 시도했다는 점에서 의미가 있지만, 위기 단계별 공중과의 관계 증진이 실제 위기 관리와 어떻게 연관되는지를 명확히 밝히지는 못했다는 것이 약점으로 남아 있다.

보다와 매키-칼리스(Borda & Mackey-Kallis, 2001)도 위기 관리의 프로세스를 보여 주는 3단계 모델을 개발했다(그림 10-3). 위기 관리는 위기 전 단계, 위기 단계, 위기 후 단계로 나뉘는데, 위기 전 단계는 위기 준비, 위기 계획, 계획 테스트 과정으로 이루어져 있고, 위기 단계는 정보 수집, 가공, 메시지 전달 단계로 나뉜다. 마지막으로 위기 후 단계는 평가, 보상, 지속적 통제의 과정으로 나뉜다. 이 모델은 핑크의 3단계 모델과 큰 차이를 보인다고 하기 어렵다. 하지만 각 단계별 세부 지침을 통해서 위기 관리 계획을 실행할 때 상세한 활동 영역을 보여 주는 것이 장점이라고 하겠다.

위기 전 단계

위기 준비	위기 관리 계획 수립	위기 관리 계획 테스트
- 위기 관리 팀의 구성 - 위기 계획에 대한 경영진의 지원 획득 - 조직의 취약점 규명 - 조직원 교육 훈련 - 사전 준비의 완료	- 메시지 실행 계획의 수립 - 목표 공중 정의 - 메시지 전달에 필요한 채널 및 방법 확보 - 역할의 분배	- 수립된 계획을 직접 테스트

위기 단계

관련된 정보의 수집	중요한 정보의 가공	위기 대응 메시지 전달
- 사건 배경 조사 - 대변인의 선정 - 위기 상황이 미칠 장 · 단기적 문제점 규명	- 모든 정보를 솔직하게 공개 - 진실을 말할 것 - 상대 조직이나 공중의 입장에서 생각할 것 - 관심과 염려의 표현	- 메시지를 신속하게 전달할 것 - 미디어가 추론 보도를 하지 않도록 먼저 입장을 표명할 것

위기 후 단계

위기 관리 캠페인 평가	조직 차원의 축하, 보상	상황에 대한 지속적 통제

그림 10-3. 보다와 매키-칼리스의 위기 관리 3단계 모델

통합적인 모델

가장 대표적인 통합 모델은 미트로프의 위기 관리 모델이다(Mitroff & Anagnos, 2001, 그림 10-4 참조). 미트로프의 위기 관리 모델은 조직이 위기 관리를 위해서 고려해야 할 네 가지 요소로 위기의 유형types, 위기의 발전 단계mechanism, 위기의 원인이 되는 조직의 시스템 요소system 그리고 위기에 의해서 영향을 받게 되는 관련 공중stakeholders을 들고 있다. 그는 이 네 가지 요소들이 모두 반영된 위기 관리 계획이 가장 이상적이라고 보았다. 다섯 번째 요소인 시나리오scenarios는 이러한 모든 요소를 통합한 준비 체계와 실행 역량을 확실하게 갖추는 것을 의미한다. 미트로프의 위기 관리 모델은 앞에서 설명했던

양파 모델의 약점을 보완한 모델이라고 할 만하다. 양파 모델은 위기 관리와 조직 특성이 어떻게 연결되어 있는가를 잘 보여 주었지만, 지나치게 시스템 분석 중심에 머문다는 한계가 있었다. 위기 관리 모델은 그러한 약점을 보완하면서 조직 시스템과 프로세스, 그리고 가장 궁극적인 목적인 공중과의 관계 증진을 함께 통합한 모델을 고안한 것이다.

위기의 유형에 대한 파악은 조직이 어떤 위기 유형에 가장 취약하며 어떤 위기가 향후 발생 가능성이 있는지 등을 알아보는 데에 유용하다. 조직은 각자에게 맞게 일어날 수 있는 여러 가지의 위기 유형을 사전에 파악하고 유형별로 위기 상황에 대처할 수 있는 계획을 수립해야 한다. 이 모델에서 보통 위기의 유형은 기업을 대상으로 일곱 가지로 분류되는데, 파업이나 주가株價 하락, 시장 붕괴 등의 경제적인 위기, 잘못된 정보의 제공이나 비밀 자료의 분실 등의 정보 관련 위기, 핵심 장비나 공장 등의 손실을 의미하는 물질적인 위기, 핵심 조직원을 잃거나 작업장 폭력 등의 조직원 관련 위기, 가십이나 루머, 기업 명성의 손실 등을 뜻하는 평판 관련 위기, 테러리즘이나 납치 등의 정신이상적 행위에 의한 위기 그리고 태풍, 허리케인, 지진, 화재 등의 자연 재해 등이 그것이다.

하지만 이러한 유형화는 모든 조직을 너무 유사하게 보는 경향이 있다. 위기를 잘 준비하는 조직은 자연 재해처럼 일반적인 위기 상황이나 다른 조직에서도 일어날 수 있는 공통적인 위기 유형뿐만 아니라, 조직과 관련하여 발생할 수 있는 모든 위기에 관심을 가진다. 따라서 실제 조직을 위한 위기 유형 분류에서는 조직에서 일어날 수 있는 모든 위기를 나열하여 목록을 만들고, 그것을 나름대로 유형화하는 것이 필요하다. 그리고 각 유형별로 조직의 상황에 적합한 위기 관리 대응책을 미리 준비하는 것이 필요하다. 이러한 활동을 보통 조직의 취약성 분석에 따른 위기 관리 준비라고 부른다.

미트로프가 말하는 위기 단계란 앞서 설명했던 다섯 가지 발전 단계를 의미한다. 징후 탐지 단계, 준비와 예방 단계, 봉쇄 혹은 충격 축소, 회복 그리고 학습 단계가 그것이다. 위기 발생시에 위기의 발전 단계를 고려하여 대응하는 것이 효과적이다. 조직은 위기 감지 시스템을 미리 준비하고 위기가 실제로 발생했을 때를 대비하여 위기의 발전 단계별로 적합한 전략을 구축해 두는 것이 좋다.

한편 위기 관리에서 조직의 시스템에 대한 이해는 필수이다. 조직 시스템은 앞서 설명했던 위기 관리 양파 모델과 유사하다(Pauchant & Mitroff, 1992). 시스템은 위기 관리 양파 모델의 요소들을 적용하기도 하고, 1) 기술적인 문제, 2) 조직 구조, 3) 인적 자원 요소, 4) 조직 문화, 5) 최고경영진 심리 상태로 나누어 점검하기도 한다. 위기 관련 공중 분석은 위기와 관련하여 조직과 직·간접적으로 연결되어 있는 광범위한 공중과의 관계를 분석하는 것이다. 미트로프 모델을 다른 모델과 구분짓는 것은 공중과의 관계를 위기 관리의 중요 요소로 포함시키고 있다는 점이다. 많은 위기 사례에서 목격했듯이 공중과의 평소 관계가 우호적이지 못하면 조직의 위기 관리 활동이 긍정적인 평가를 받기 어렵다. 따라서 평소 공중 관계를 점검하는 것은 위기 관리의 중요한 요소라고 보아야 한다.

마지막 다섯 번째 요소는 시나리오다. 시나리오는 조직이 지금까지 언급한 위기 관리의 모든 요소를 잘 이해하고 반영하여, 일관성 있는 조직의 역량으로 실제화하는 것을 의미한다. 예를 들어 위기 관리를 위한 매뉴얼을 제작한다든지, 조직원들을 교육 훈련하는 일 등은 시나리오 역량을 강화하는 행위들이라고 할 수 있다. 특히 우리나라 조직의 경우는 위기 관리 매뉴얼이 사문서화되어 구색 맞추기로 구비되는 경우가 많은데, 시나리오 측면은 위기 관리 매뉴얼을 실제 위기 대응 문서로 활용하기 위한 방안들을 구체화하는 것이다. 위기 발생 시간대별 행동 지침이나, 그림이나 도표를 이용한 행동 요령, 유사한 위기 사례에 대한 스토리텔링 방식의 재구성 등 위기 관리 매뉴얼을 실제 문서화하기 위한 모든 아이디어들이 포함된다고 하겠다.

한편 위기 관리를 심리학적, 사회 정치학적, 기술 구조학적 측면에서 비교 설명하면서, 다양한 차원에서 위기를 분석하고자 한 다학문 차원 위기 관리 모델도 통합적인 시각을 보여 준다(Pearson & Clair, 1992). 이 모델은 다학문적인 시각에서 위기 관리에 접근할 때 다양한 원인과 결과에서 비롯된 공중의 붕괴된 신념 체계를 재구축할 수 있다고 보았다.

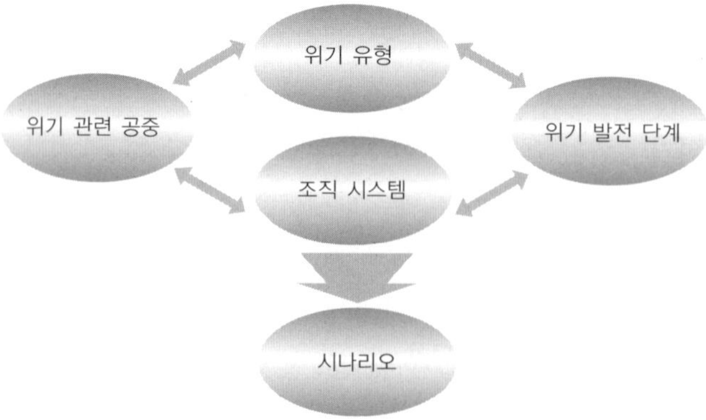

그림 10-4. 미트로프의 위기 관리 모델

이러한 과정은 위기의 원인 분석, 영향력의 유추, 대응, 예방 노력 등 조직의 대응 프로세스와 연결된다. 따라서 이 모델도 다학문적인 접근에서 시작해서 그것을 조직의 위기 관리 프로세스와 연결했다는 면에서 통합적인 모델 시도였다고 할 수 있다.

마지막으로 김영욱(2002)은 공중 관계에 초점을 맞춘 공중 관계 접근 위기 관리 모델을 제시한 바 있다(그림 10-5 참조). 그는 위기 관리 단계를 탐색 준비 단계, 집행 단계, 평가 단계로 구분하고, 각 조직은 두 가지 경로(예방 경로, 봉쇄 경로)의 여섯 가지 위기 관리 활동(징후 탐지, 위기 인식, 위기 예방, 위기 준비, 위기 봉쇄 및 회복, 위기 평가 및 학습)을 수행해야 한다고 지적한다. 또한 이러한 위기 관리 과정에서 역외 변수(조직 커뮤니케이션 문화, 관련 공중과의 관계)가 큰 작용을 하게 되므로 이를 고려하여 위기 관리를 실행할 것을 주문한다.

김영욱은 특히 위기 관리 활동은 공중 관계에 기초한 관계 경영의 입장에서 이해되어야 하며, 균형적 세계관에 기초하여 하나의 시스템으로서의 조직이 어떻게 공중과 관계를 맺고 상호 작용을 해나갈 것인가를 생각하는 데서 시작해야 한다고 주장한다. 따라서 전제 조건으로 하드웨어로서 내·외부 커뮤니케이션 통로 시스템을 구축하고, 소프트웨어로서 참여적이고 개방적인 커뮤니케이션 조직 문화를 갖추는 것이 필요하다고 보았다. 위기 관리의 기저에도 쌍방향적인 커뮤니케이션에 기반을 둔 윤리적인 공중 관계 활동이

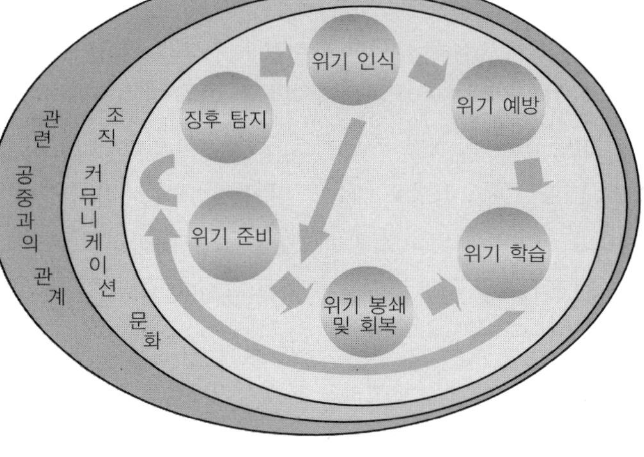

그림 10-5. 김영욱의 위기 관리 모델

무엇보다도 중요하다는 것이 이 모델의 특징이다(김영욱, 2002). 하지만 이 모델에서 커뮤니케이션의 기능과 공중 관계가 강조되기는 했지만 구체적으로 커뮤니케이션과 공중과의 의미 공유가 위기 관리 프로세스와 어떤 연관성을 가지는지 설명하지는 않았다. 이것은 위기 관리의 수사학적인 접근을 통해서 설명할 수 있는 문제다. 따라서 김영욱(2002)의 모델은 커뮤니케이션의 구체적인 방법으로서 수사학적인 접근을 받아들여 조직 기능과 커뮤니케이션 기능이 조화를 이루는 포괄적인 위기 관리 사고 체계로 발전하는 것이 필요하다.

지금까지의 논의들은 관련 문헌들에서 나왔던 위기 관리 모델 논의를 간결하게 보여 주고자 일반적인 특성에 따라서 분류한 것이다. 사실상 많은 모델들은 여기에서 구분한 여러 영역을 넘나들고 있으며, 정확하게 한 영역에 머물고 있지는 않다. 하지만 유형 분류를 통해서 위기 관리 모델을 논의한 이유는 학자들에 따라서 어떤 강조점을 두고 모델화를 하고 있는가를 보여 주기 위해서였다. 최근 학계의 공통된 연구 방향은 통합적인 모델로 향하고 있으며, 앞서 말했듯이 이러한 통합이 기능적인 측면뿐만 아니라 공중과의 의미 공유와 관계 증진을 목적으로 하는 수사학적인 관점을 포함하는 형태로 발전해 나가고 있다.

위기 관리 세부 활동에 관한 논의

위기 관리 활동의 세부 요소와 관련한 논의는 위기 프로세스 모델에서 설명했던 여러 단계들과 밀접한 관련이 있다. 위기 관리의 과정은 여러 학자들의 논의를 종합하면 크게 위기 전 단계, 위기 발생 단계, 위기 후 단계로 구분할 수 있다(Coombs, 1999; Drennan & McConnell, 2007; Fink, 1986; 김영욱, 2002). 위기 전 단계는 위기가 발생하기 전에 위기의 징후를 탐지하고 위기가 불가피하게 발생했을 때를 대비해서 위기 대응 방법을 준비하는 과정을 말하고, 인식 및 집행 단계는 위기를 인식하고 예방하거나 일어난 위기에 실제적으로 대응하는 과정을 말한다. 마지막으로 위기 후 단계는 종료된 위기에 대한 평가와 재발 방지를 위한 학습 요인을 탐색하는 과정을 말한다(김영욱, 2002). 지금까지 위기 관리는 너무 기능적인 측면에 초점을 맞추었기 때문에 위기 발생 단계의 대응에 초점을 맞추었지만, 공중 관계를 염두에 둔 포괄적인 위기 관리를 말할 때는 이 세 가지 과정을 모두 포함한다. 위기 관리가 이러한 세 가지 과정을 모두 포함한다는 것은 이러한 활동이 조직의 일상적인 경영 행위와 연결되어 있어야 한다는 것을 의미한다. 여기서는 위기 전 단계, 위기 단계, 위기 후 단계로 나누어 논의를 전개한다.

위기 전 단계: 위기 징후 파악 및 준비에 대한 논의

공중 관계 점검과 위기 징후 탐색

위기의 징후 파악에서 가장 중요한 요소는 평소 조직의 공중 관계 활동과 징후 포착 활동이 연결되어 있어야 한다는 것이다. 위기의 속성에서도 밝혔듯이 위기는 평소 조직의 공중 관계와 연관하여 발생한다. 많은 위기들이 평소의 조직-공중 관계가 나쁠 때 어떤 사건이 계기가 되어 증폭되는 과정을 거친다. 따라서 위기의 징후를 파악하기 위해서는 조직-공중 관계를 평소에 점검하는 것이 무엇보다도 중요하다.

조직-공중 관계를 점검하기 위해서는 조직의 내부 역량을 점검하는 것이 필요하다. 이를 위해서 그루닉(Grunig, 1992)의 우수이론excellence theory 요소들이 이용될 수 있다. 우수이론은 조직이 좋은 공중 관계를 형성하기 위해 필요한 조건들에 대해서 적시하고 있다. 이러한 조건에는 전략적 경영, 마케팅과 공중 관계 활동의 분리, 공중 관계 담당자의 최고 의사결정 과정dominant coalition 참여, 공중 관계 활동을 위한 하나의 통합된 부서 설치, 공중과의 커뮤니케이션에서 쌍방향 균형 모델 사용, 공중 관계 책임자의 경영자적 임무 부여, 공중 관계에 대한 최고경영층의 가치 인정, 평등과 참여 구조의 기업 문화 확립, 사회운동activism에 대한 원칙적인 지지, 여성과 소수인 등 사회적 약자 그룹에 대한 지원 등을 포함한다. 앞장에서 살펴보았듯이 현대 조직의 위기는 공중 관계의 악화와 붕괴에 의해서 초래한다. 따라서 사전에 이러한 우수이론 요소들을 점검하는 것은 위기에 대한 징후를 파악하고 예방하는 데 좋은 지침으로 작용할 수 있다. 또한 이러한 공중 관계는 향후 위기 상황에서 대응전략의 선택폭을 넓혀 줄 수 있는 요소로 작용하게 된다.

이러한 내부적인 조건에 대한 점검 외에도, 조직-공중 관계를 직접적으로 측정하기 위해서 개발된 지수들이 사용될 수 있다. 퍼거슨(Ferguson, 1984)에 의해서 관계성이 공중 관계 활동의 핵심으로 떠오른 이후로 많은 지수 개발 노력들이 있었다. 퍼거슨은 조직과 공중 관계의 질을 측정하기 위해서 활동성 대 정체성, 개방성 대 폐쇄성, 상호 만족도, 권력 혹은 결정권의 분배, 상호 이해 혹은 동의 등을 측정해야 한다고 보았다. 이를 뒤이어

그루닉 등은 상호 작용성, 신뢰trust, 신뢰도credibility, 상호 정당성mutual legitimacy, 개방성, 상호 이해를 조직-공중 관계를 측정하기 위한 변수들로 파악했다(Grunig, Grunig, & Ehling, 1992). 이후에는 본격적인 관계 경영 이론화 작업이 진행되었고, 브루닝과 레딩햄(Bruning & Ledingham, 1998)은 조직-공중 관계의 차원 변수로서 개방적인 커뮤니케이션, 신뢰의 정도, 관련성의 정도, 지역사회에 대한 투자, 장기적인 헌신을 지정했다. 이러한 시도들은 조직-공중 관계를 이루는 요소들이 과연 무엇인가에 대한 답을 제시한다.

하지만 본격적인 관계 경영 지수들의 개발 과정을 보면 대부분 대인 커뮤니케이션 관계 측정에서 아이디어를 얻어온 것들이다(특히 Stafford & Canary, 1991). 대인 커뮤니케이션에서는 관계 유지 전략과 관계의 결과를 구분했는데, 관계 유지 전략은 적극성positivity, 확신성assurances, 개방성openness, 의무 분담sharing tasks, 그리고 사회 네트워크의 형성social networks을 말하고, 관계의 결과는 상호 호혜적인 통제, 호감, 헌신, 관계 만족을 들 수 있다(Canary & Stafford, 1992). 또한 버군과 헤일(Burgoon & Hale, 1984)의 관계 커뮤니케이션 척도도 원용되었다.

이러한 대인 관계 측정을 응용하여 혼과 그루닉(Hon & Grunig, 1999)은 적극성, 개방성, 확신성, 네트워킹, 일의 분배, 신뢰, 상호 통제성, 헌신, 만족, 이타적 관계, 교환적 관계 등을 관계 측정의 변인으로 삼았다. 김영욱(Kim, 2001)의 경우는 마케팅 연구와 대인 커뮤니케이션 연구에서 가져온 변수들을 통합하여 신뢰, 헌신, 지역사회 혹은 사회 책임성, 평판을 관계의 네 가지 차원으로 삼았다. 이러한 연구들을 종합해 보면 관계는 대체적으로 신뢰와 헌신의 감정을 기본으로 상호 호혜적인 만족이 충족된 상황으로 정의해 볼 수 있다. 가장 많이 사용되었던 변수를 든다면 신뢰, 상호 호혜적인 통제, 관계 만족, 헌신을 들 수 있다(Ki & Hon, 2007).

하지만 조직의 평판reputation과 관련하여 평판이 조직의 행동적 관계를 의미한다면(Grunig, 1993), 조직의 평판을 관계의 한 차원으로 생각해 보는 것도 필요하다. 왜냐하면 일반 공중은 조직에 대해서 대인 관계 수준의 관계를 형성하기보다는 일반적인 평판 수준의 관계를 형성할 가능성이 많이 때문이다. 평판을 측정하는 지수에 대해서는 관련 문헌에서 이미 많이 논의되었다. 지금까지 논의된 변수들을 중심으로 평소 공중 관계를 점검한다면 조직에 위기 상황이 될 수 있는 징후들을 파악해 나가는 것이 가능하다. 하지만 일반적인 공중 관계 지수들이 구체적인 위기 징후에 대한 척도로 작용하려면, 공중 관계를 파악하기 위한 일반적인 지수에 구체적인 위기 징후를 파악할 수 있는 문항들을 추가하여 묻는 것도 좋은 방법이 될 수 있다.

공중 관계와 관련하여 공중과의 관계를 몇 가지 유형으로 나누어 평소에 관리하는 것도 가능한데, 공중과의 관계 유형은 크게 교환적인 관계와 공동체 지향적인 관계로 나눌 수 있다(Clark & Mills, 1993). 이 밖에도 서약적인 관계, 계약적인 관계, 착취적인 관계, 속이는 관계, 공생적인 관계를 추가하는 경우도 있다(Hung, 2005). 이러한 관계들은 자기 이익 추구와 타인 이익 추구라는 양 극단 사이에서 정렬될 수 있다. 만약 공중과의 관계 유형이 지나친 계약 관계나 착취 관계로 인식되고 있다면 공동의 선을 목적으로 하는 서약적인 관계나 공동체 지향적인 관계로 관계의 성격을 바꾸기 위해서 평소에 노력하는 것이 필요하다. 공중이 관계를 조직 중심적이고 계약적인 혹은 속이는 관계로 인식한다면 이는 위기의 징후를 보여 주는 것이라고 말할 수 있다. 관계의 유형을 바꾸기 위해서는 앞서 말했던 관계 유지 변수나 관계 결과 변수들을 이용하여 장기적으로 조직 행위에 변화를 줄 필요가 있다. 또한 이러한 관계의 유형은 공중의 유형별로 나누어서 살펴보는 것이 바람직하다.

추가로 서로 간의 이해도와 오해 정도를 측정하기 위한 정향 모델coorientation model도 조직-공중 관계 측정에 사용될 수 있다(Broom & Dozier, 1990; 김영욱, 2003, 그림 10-6 참조). 정향 모델은 조직과 공중 간의 인식이 얼마나 일치하는가를 측정하는 것과 함께 서로 간에 미루어 짐작함으로써 오해하는 부분은 없는지 알아내는 방법이다. 예를 들어 어떤 쟁점에 대해서 조직은 공중이 우호적인 입장을 가지고 있을 것으로 미루어 짐작하지만, 정작 공중은 적대적인 입장을 가지고 있다면, 조직은 공중의 입장에 대해서 오해하고 있는 것이다. 관계에서 가장 문제가 되는 것은 이러한 오해의 상황이다. 서로 간에 표면적으로 합의가 이루어지지 않는 것은 교정이 가능하지만 오해가 발생한 관계는 조직의 위기로 발전할 때까지 표면에 나타나지 않는다는 특성을 가진다.

예를 들어 우리나라의 많은 기업들은 서울에 본사를 두고 있고 지방 공장을 관리한다. 대부분의 기업들은 공장과 지역 주민과의 관계에 큰 이상이 없다고 생각하고 있는데, 어떤 사건이 발생하고 나서 지역 주민들이 공장의 입장을 지지해 주지 않아 위기로 발전해 가는 경우를 종종 보게 된다. 이는 평소 공중 관계 관리의 실패와 위기 관리 징후 파악의 실패가 연결되어 있음을 보여 준다. 따라서 평소에 조직은 공중과 어떤 면에서 합의되고 있으며 어떤 면에서 오해하고 있는지 정기적으로 점검하는 것이 필요하다.

대표적으로 사용되는 위기 징후 유형은 내적/외적 차원과 인적 징후/ 기술적 징후 차원

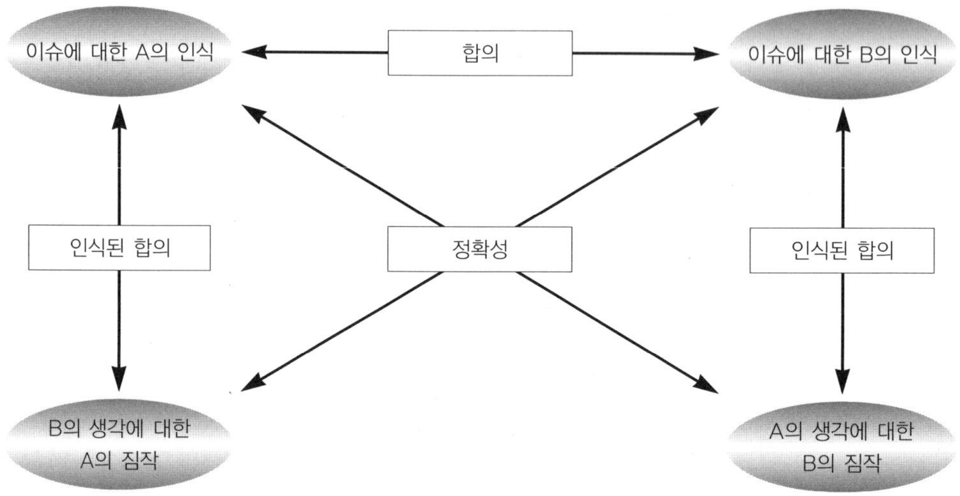

그림 10-6. 정향 모델을 통한 위기 징후의 분석
(Broom & Dozier, 1990에서 수정)

에 의해서 크게 내적/기술적 징후, 내적/인적 징후, 외적/기술적 징후, 외적/인적 징후 등 네 가지로 나눌 수 있다(Mitroff & Anagnos, 2001). 이 중에서 내적 징후들에 해당하는 것은 앞서 말한 우수이론의 조건을 중심으로 미비점을 찾아내거나 공중 관계 감사public relations audit, 위험 요소 평가 등의 방법을 사용하여 현재 조직이 처한 상황을 상시적으로 점검하는 것이 중요하다. 외적 징후에 해당하는 경우는 공중 관계 측정, 관계 정향성 측정 등을 통해서 외부 공중과의 문제점을 점검하고, 사회 활동 감사social audit 등을 통해서 조직과 사회와의 관계를 평가하는 것이 필요하다.

이러한 큰 테두리 안에서 위기 징후를 탐색하는 방법들을 나누어 볼 수 있지만, 이러한 방법들이 실제 조직의 위기 관리 업무와 연결되면 크게 두 가지 업무로 대별될 수 있다. 두 가지 활동은 위기의 징후를 모든 찾아내는 스캐닝 과정과 찾아낸 문제 징후 요소들을 집중적으로 감시하는 모니터링 활동을 말한다(Coombs, 1999). 이러한 활동을 통틀어서 환경 탐색environmental scanning 활동이라고 할 수 있는데(Lauzen, 1995), 이러한 활동은 조직을 둘러싼 내·외 공중에게 어떤 일이 일어나고 있는가를 능동적으로 평가하는 과정을 보여 준다. 앞에서 말했던 징후 파악 방법들은 스캐닝과 모니터링 과정으로 정리되어 조직 업무에 응용될 수 있다.

이러한 스캐닝과 모니터링 활동은 또한 정기적인 조사 평가 과정과도 연결되는데, 조사 평가의 주제는 스캐닝과 모니터링 과정에서 나타나는 의심되는 현상이나 인과 관계를 검증하는 차원에서 행해진다. 예를 들어 지방 공장에서 스캐닝과 모니터링 과정을 통해 제품에 대한 불만이 계속 제기되는 것이 발견되었다고 하자. 스캐닝과 모니터링 과정에서는 제품에 대한 불만이 이 지역의 조직에 대한 이미지와 연관되어 있다는 추측은 할 수 있지만 그러한 인과 관계를 확인하기는 어렵다. 이러한 상황에서 과학적인 연구방법론을 이용한 조사 평가는 이러한 의심되는 인과 관계를 확인할 수 있는 장치가 될 수 있다. 만약 확률 표본을 통해 조직에 대한 지역민의 불만이 제품에 반영되고 있다는 것이 드러난다면 조직으로서는 위기 징후를 받아들이고 해결하기 위한 자원을 배분할 수 있다.

정기적인 조사 평가에는 양적인 방법론과 질적인 방법론이 함께 이용될 수 있다. 양적인 방법론으로는 설문 조사, 내용 분석, 실험 연구 등의 방법이 사용될 수 있고, 질적인 방법론으로는 포커스 그룹, 심층 인터뷰, 참여 관찰 등의 방법이 사용될 수 있다. 가장 바람직한 방법은 질적인 방법을 통해서 문제점을 먼저 진단하고, 양적인 방법을 통해서 문제점의 인과 관계를 확인한 다음, 마지막으로 질적인 방법을 통해서 문제점의 인과 관계가 일어난 원인을 심층 분석하는 방법을 사용하는 것이다. 이러한 양적인 방법과 질적인 방법을 교차하여 사용함으로써 조사의 결과를 좀더 확증할 수 있다.

내부 공중을 대상으로 한 위기 징후의 파악도 무엇보다 중요하다. 앞서 말했듯이 내부 공중도 조직의 중요한 공중으로서 인식되어 관계 유지에 주의를 기울일 필요가 있다. 내부 공중 커뮤니케이션 감사communication audit 등이 정기적으로 실행되어 조직 커뮤니케이션 통로의 이상을 파악하고 만족도 조사, 제안 제도 등을 통해서 내부 공중의 목소리에 귀를 기울이는 것은 위기 징후 탐색에 필수적이다(Pavlik, 1987).

위기의 징후를 탐지하기 위한 구체적인 방법으로 매체 중심의 접근도 가능하다. 전통적인 미디어와 온라인 미디어는 내용 분석 등을 이용하여 주제, 보도 이데올로기, 방향성, 인용 방법, 수사적인 내용 등을 분석할 수 있다. 이런 과정에서 의제설정이론agenda-setting theory, 의제형성이론agenda-building theory, 프레이밍이론framing theory 등이 이용될 수 있다(김영욱, 2006). 언론이 사회적인 의제를 설정하기도 하고, 또한 다양한 사회 주체들 스스로 의제를 형성해 가기도 한다. 또한 언론은 의제를 다룰 때 어떤 특정한 시각으로 몰아가려는 경향도 가지고 있다. 위기 징후를 탐색하는 과정에서 매체 내용 분석이 의제 설정, 의제 형성, 프레이밍의 시각에서 장기적으로 비교 조명된다면 조직의 입장에서 문제가 될 수 있는 징후들을 파악하는 데 많은 도움을 줄 수 있다. 또한 정기적인 조사를 통해서 언론의 논조 변화와 조직 활동에 대한 사회 문화적인 인식의 변화 등을 감지하는 것도 위기 징후 파악에 매우 유용하다.

특히 인터넷의 생활 지배적인 역할은 전통적인 언론의 의제 지배적인 역할을 무너뜨리면서 누구나 매체를 소유하고 의제를 형성할 수 있는 기회를 가지게 되었다. 이러한 상황에서 조직의 환경 감시는 좀더 다변화되고 광범위할 필요가 있다. 특히 인터넷을 통한 소문, 부정적인 사이트를 통한 공격attack site, 클레임 제기 등은 신속한 징후 파악을 통한 조직의 위기 관리가 없다면 쉽게 관리 범위를 벗어나게 된다. 이와 함께 블로그를 통한 개인 미디어 시대에 대비한 전반적인 징후 분석 시스템도 필요하다고 하겠다.

결론적으로 조직이 징후 파악 과정에서 정책적인 선택을 통해 위기를 미연에 방지하게 되는 것은, 위기 징후를 위기의 예방으로 연결하는 선善순환 구조를 확립하게 되는 것을 의미한다. 지금까지 설명한 다양한 징후 파악 유형들은 사실상 조직의 특성에 맞게 선택적으로 이용될 수 있다. 쿰즈(Coombs, 1999)의 경우는 이러한 위기 징후 파악 활동을 내 · 외부로 나누어 위험 평가 활동, 쟁점 관리 활동으로 분류하고, 이러한 두 활동을 아우르는 주요 공중 관리 활동을 포함하여 세 가지 면에서 위기 징후 파악 활동을 거론하고 있다. 쿰즈의 유형화는 각 조직이 어떻게 고유한 여건에 맞추어 징후 탐색 방법론을 구비할 수 있는가를 보여 준다. 다양한 징후 파악 방법들 중에 우선 내부적인 위험 요소와 외부적인 쟁점 요소를 찾는 방법이 필요하고, 내 · 외부를 통틀어 다양한 공중과의 관계를 점검하여 위기 징후를 파악하는 방법이 필요하다는 것을 보여 준다. 구체적인 탐색 방법들은 각 조직의 여건에 맞추어 가장 효율적인 방법을 찾아내는 것이 중요하다. 예를 들어 전국적인 분산 조직을 가진 경우에는 양적인 방법이나 미디어 및 인터넷 분석 등의 방법이 유리하겠지만, 소수의 공중을 대상으로 하는 공중은 개인 네트워크 분석, 포커스 그룹이나 참여 관찰 등의 방법이 더 유리할 수 있다. 모든 그룹에 일률적으로 적용될 수 있는 탐색 방법은 없다.

예를 들어 우리나라 A 회사의 경우, 위기를 예방하기 위한 위기 징후 탐색 방법으로 두 가지 경로를 이용하고 있다. 그것은 전국적인 판매 조직망을 통한 위기 징후 단서의 수집과 정기적인 위기 지수 조사를 통한 공중 관계와 쟁점 인식의 변화 과정을 조사하는 것이다. 전국적인 판매 조직망을 이용하는 경우는 각 조직원들에게 위기의 징후가 될 만한 사안을 미리 교육하여 정기적 혹은 부정기적인 리포트를 제출하게 하는 것이고, 위기 지수를 통한 조사는 공중 관계, 업계 쟁점, 위기 준비 상황 등을 지수화하여 위기와 관련한 취약점을 사전에 파악하고자 하는 노력이다.

이러한 위기 징후 파악 활동은 전사적인 활동과 연관되어 있는데, 예를 들어 조직원들에 의한 위기 징후 리포트가 수직 커뮤니케이션 과정에서 무시되거나 형식적으로 다루어진다면 위기 징후 파악 활동의 의미를 찾기가 힘들다. 하지만 A 회사의 경우, 이러한 체계적인 위기 징후 파악 활동을 통해서 많은 위기를 예방하고 있는 것으로 알려졌다. 정작 위기가 예방되었을 때는 위기 관리의 가치를 확인하기가 힘들다. 하지만 일단 위기가 발생했을 때 위기가 조직에 얼마나 많은 손해를 안겨 주는가를 생각하면, 위기 징후 파악의 편익은 좀더 강조될 필요가 있다. 각 조직의 입장에서 공중 관계의 이상 징후를 파악하는 방법, 외부적인 쟁점과 내부적인 위험 요소를 관리할 수 있는 방법이 있는가 반문해 볼 필요가 있다.

위기 준비

위기를 준비하는 조직이 보통 가지는 문제점은 크게 네 가지로 정리해 볼 수 있다(Drennan & McConnell, 2007). 첫 번째는 위기가 조직에 가져올 큰 충격에도 불구하고, 조직의 위기 관리는 조직 활동의 중심에서 제외되기 싶고, 적은 자원 배분에 그치는 경우가 많다. 실질적인 위험 여부가 불투명한 상태에서 요행을 바라는 심리가 작용하기 때문이다. 두 번째는 위기 관리에서 사전 계획과 조율이 중요하지만, 위기가 가지는 광범위한 불확실성 때문에 사전 준비에 아예 착수하지 못하는 경우가 빈번하다. 이는 위기에 대한 체계적인 분석을 담당할 전문 인력의 부족과 함께 조직이 위기를 관리할 지식과 능력을 구비하지 못했을 때 일어난다. 앞서 논의했던 복잡한 위기를 유형화하는 방법과 위기 관리 행위의 모델화 등 광범위한 위기 관리에 대한 이해가 필요한 경우다.

세 번째는 위기 관리는 앞서 설명했듯이 조직의 통합적인 노력으로 이루어져야 하는데, 조직 내 부서 이기주의 등으로 국소적으로 혹은 분할적으로 이루어지는 경우가 많다. 위기 관리 부서만을 위한 위기 관리는 전체 조직 경영과 연결될 수 없기 때문에 효율적으로 운영될 수 없다. 마지막으로 위기 관리는 실질적인 준비가 되어야 하는데 상징적인 준비, 즉 대표적인 사례로서 위기 관리 매뉴얼을 제작하는 정도에 만족하는 경우가 많다. 위기 관리 매뉴얼이 아무리 준비되어 있더라도 그것이 실제 실행으로 이어질 수 없다면 아무 의미가 없다. 위기 관리 매뉴얼은 지침서는 될 수 있지만 그 자체로 위기 준비가 이루어졌다고 볼 수는 없기 때문이다(Coombs, 2006b).

위기를 준비하는 과정은 보통 위기 관리 매뉴얼을 제작하는 과정으로 알고 있지만 위기 준비 과정은 크게 조직의 취약성 진단, 위기 관리 매뉴얼 제작, 교육 및 훈련의 세 가지 요소로 이루어져 있다(김영욱, 2002). 조직의 위기 취약성을 진단하는 것은 현재 조직이 처한 상황을 분석하여 위기 관리 매뉴얼의 지표로 삼기 위함이다. 조직에 따라 서로 다른 위기 상황과 맥락을 가지기 때문에 발생하는 위기의 유형도 다를 수밖에 없고 대응 방법도 달라야 한다. 김영욱(2002)은 쿰즈(Coombs, 1999)와 펀-뱅크스(Fearn-Banks, 1996)를 종합하여 취약성 분석을 네 단계로 나누고 있는데, 그것은 조직이 경험할 수 있는 전체 위기 리스트의 작성, 조직에 맞는 위기 유목 변수의 선정, 조직의 위기를 유목 변수에 따라 유목화, 그리고 각 유목 별로 위기 발생에 대한 조직의 취약점을 진단하는 순으로 이루어진다.

여기서 주의할 것은 대부분 핑크(Fink, 1986)의 위기 지표crisis barometer가 너무 알려져 있다 보니 위기의 충격과 위기의 발생 가능성을 위기 유목 변수로 사용하려는 경향이 있다는 것이다. 많은 조직들이 적색 위기(위기 충격 높음/위기 발생 가능성 높음), 황색 위기(위기 충격 높음/위기 발생 가능성 낮음), 회색 위기(위기 충격 낮음/위기 발생 가능성 높음), 녹색 위기(위기 충격 낮음/위기 발생 가능성 낮음)로 색깔에 따라 분류하여 사용하는 것도 손쉽게 충격과 발생 가능성 변수로 위기를 유목화하기 때문에 나타나는 현상이다. 하지만 모든 위기는 충격과 발생 가능성을 가지기 때문에 조직의 위기를 유목화하는 변수로는 적당하다고 할 수 없다.

따라서 조직의 위기 유목을 나누기 위해서는 책임성의 경중, 기술 경제적인 위기의 여부, 사람과 관련된 인문 사회적인 위기의 여부, 위기의 소재가 조직 내부/외부에 있는가의 여부, 갑작스런 위기인가 만성적인 위기인가의 여부 등의 유목 변수들이 조직의 전체 위기를 유목화하는 데 더 적절하다. 이러한 유목 변수들을 이용하여 일단 위기의 유목화가 완성되면, 각 유목별로 앞서 말한 핑크의 위기 충격과 발생 가능성 변수를 이용하여 각 유목에서 가장 취약한 위기를 선정해 볼 수 있다. 예를 들어 한 기업의 위기 리스트를 인간 사회적 문제/기술 경제적 문제, 조직 내부/외부 발생 차원으로 유목화하고, 각 네 개의 유목별로 가장 취약한 위기를 선정해 볼 수 있다. 만약 제조업 공장이라고 하면, 조직 내부/인간 사회적 문제 유목에서 노사 분규가 발생 가능성과 피해 정도에서 가장 취약한 위기로 선정될 수 있을 것이다.

위기 관리 매뉴얼은 조직의 위기 관리 계획을 통합적으로 구성한 것이다. 일단 위기 관리 매뉴얼은 취약성 조사를 통해서 분류된 위기 유목을 중심으로 구성된다. 위기 관리 매뉴얼은 전반적인 위기 관리 계획을 보여 주는 계획서planning book와 시나리오 계획서scenario를 따로 작성할 수도 있다. 위기 관리 계획은 크게 조직 전체 시스템 차원의 계획과 커뮤니케이션 계획으로 나누어 볼 수 있다. 보통 시나리오 계획서를 따로 작성하는 경우 조직의 위기 커뮤니케이션 계획을 따로 떼어내어 시간대 별로 자세한 커뮤니케이션과 행동 요령을 보여 준다.

조직 전체 시스템 차원의 계획은 위기 관련 보고 체계, 대변인 등 담당 인원, 행정적인 절차 및 지원, 관련 정보 데이터베이스, 예산 배정, 계획 수정 절차, 교육 및 훈련 절차 등을 담게 된다. 위기 커뮤니케이션 계획을 따로 만드는 경우에는 위기 대응 커뮤니케이션 전략 및 대응 전술, 기본적인 커뮤니케이션 원칙, 위기 유목 및 위기 발전 단계별 커뮤니케이션 목표, 목표 공중과 접촉 리스트, 실제 유목 및 단계별 메시지 등의 요소들이 들어가게 된다.

위기 관리 매뉴얼 제작 과정에서 가장 중요한 것은 위기가 발생했을 때의 행동 요령만을 담아서는 안 된다는 것이다. 공중 관계에 기반한 위기 관리는 장기적인 공중 관계를 염두에 두고 행해지기 때문에 위기 발생 전과 위기 발생 후의 조직 행동들도 반드시 위기 관리 매뉴얼에서 함께 다루어져야 한다. 위기 발생 전에는 징후 탐색의 방법과 보고 절차, 인식 변화 절차 등을 설명하고, 관련 공중과의 관계를 평소에 점검하는 방법을 기술해야 한다. 위기 후에는 주요 공중과의 커뮤니케이션을 중심으로 학습 요인을 분석하고 수용하는 방법, 위기 관리 계획의 수정을 위한 절차 등을 서술하게 된다. 따라서 위기 관리 매뉴얼 제작에서 가장 중요한 요소는 위기의 유형별로 계획이 서술되어야 하며, 위기 발생 전후를 포함한 모든 과정을 매뉴얼에 포함시켜야 한다는 것이다.

한편 위기 준비 과정에서 조직의 입장에서 가장 함정에 빠지기 쉬운 부분들을 크게 세 가지로 정리해 볼 수 있다(Pearson, Clair, Misra, & Mitroff, 1997). 우선은 위기 관리팀 구성원들 간의 의견 충돌이나 근시안적인 대응이 전체 조직의 위기 관리에 방해 요소로 작용할 수 있다. 예를 들어 법률팀의 대응은 폐쇄적인 위기 관리를 지향하여 적절한 정보의 교류나 효과적인 위기 커뮤니케이션을 방해할 수 있다. 이러한 위기 준비 과정의 함정을 부서 기능주의적인 편견이라고 부를 수 있다. 언론 홍보 담당의 경우도 지나치게 언론 관계를 강조함으로써 실질적인 피해자 접촉이나 지역 주민 설득에 소홀해질 수 있다. 이러한 과도한 부서 기능주의는 조직 전체의 위기 관리가 광범위한 영역을 관리하는 데 방해 요인으로 작용할 수 있다. 따라서 위기 관리팀이 조직 전체의 이익을 균형감 있게 대변할 수 있도록 다양성을 확보하도록 노력하는 것이 필요하다.

다음으로 빠지기 쉬운 함정은 앞서 설명했듯이 매뉴얼만으로 위기 관리 준비가 끝났다고 생각하는 시각이다. 위기 관리 매뉴얼은 필요 조건이지 충분 조건이 될 수 없다. 많은 기업들을 보면 위기 관리 매뉴얼이 없기 때문에 위기에 취약한 것이 아니라 위기 관리 매뉴얼을 이용하여 위기에 대응하는 방법을 조직구성원들이 숙지하고 있지 못하기 때문에 위기가 확산되는 경우가 많다. 또한 개정되지 않고 부실한 위기 관리 매뉴얼을 중심으로 교육 훈련이 이루어지는 것도 문제다. 위기 훈련에는 위기 관리 매뉴얼 작성 참여, 스토리텔링 형식의 교육, 직접 시뮬레이션 등의 방법이 있을 수 있다(김영욱, 2002). 한편 드레넌과 맥코넬(Drennan & McConnell, 2007)의 경우에는 위기 훈련의 범위에 따라서 도상 훈련tabletop exercises, 시뮬레이션, 실제 훈련on-site function exercises, 그리고 모든 것을 포함하는 종합 훈련full-scale exercises으로 나누기도 했다. 조직의 입장에서는 도상 훈련과 시뮬레이션을 통해 위기 취약성을 자주 파악하면서, 정기적인 실제 훈련을 통해 전체 조직 역량을 점검하는 방향으로 위기 훈련을 할 수 있을 것이다.

교육 훈련이 중요시되는 이유는 위기에서 실제 참여하는 사람들의 중요성을 이해하고 그들의 역량이 위기 준비의 핵심임을 이해하기 때문이다. 조직원들의 참여를 통해서 위기 준비의 실제 적용 정도를 점검할 수 있고, 위기 매뉴얼을 개선할 수 있는 요인들을 찾아낼 수도 있다.

교육 훈련은 정기적으로 업데이트된 위기 관리 매뉴얼을 중심으로 실행되어야 한다. 매뉴얼 개정은 정기적으로 분기별 개정 보완 작업을 하는 것이 필요하고, 유사 조직에서 위기가 일어났을 때 그 대응 과정을 반영하여 개정 작업을 실행하는 것이 필요하다. 위기 관리 계획을 조직원들에게 숙지시키기 위한 과정에서 중요한 요소들은 조직의 위기 취약성을 이해하는 것과 대응 전략으로서 매뉴얼의 내용을 이해하는 것, 그리고 실행 전략을 완전히 이해하여 숙지하는 것이다(Dyer, 1995). 조직의 위기 취약성을 이해하고 매뉴얼 내용을 이해하는 것은 위기 관리 매뉴얼 제작 시 참여시키거나 정기적인 위기 관리 교육을 통해서 할 수 있지만 매뉴얼 내용을 스스로 숙지하고 실행 전략을 이해하는 것은 훈련 프로그램이나 시뮬레이션을 통해서만 가능하다.

최근에 발생한 남대문 화재 전소 사건의 경우를 보면 실질적인 위기 관리 준비의 필요성이 절실히 드러난다. 보도에 따르면 문화재청은 '문화재 재난 위기대응 실무 매뉴얼'이 준비되어 있었다고 발표했다. 그 내용을 보면 문화재별 화재 위기 대응 현장 조치, 산불 재난 위기 대응 현장 조치, 지진 해일 위기 대응 현장 조치로 나뉘어 있다고 한다. 조악한 위기 유형 분류와 매뉴얼의 내용도 문제이지만 의례적으로 구비되는 정도의 위기 매뉴얼은 오히려 위기민감성을 떨어뜨릴 수 있다. 실질적인 대응 방법에 대해서 조직원들이 숙지하고 있지 않다면 상투적인 안전 문구들이 무슨 의미가 있겠는가? 이 사건을 보면 위기 관리 매뉴얼을 개정하는 데도 문제가 많았던 것 같다. 몇 년 전에 해당되는 내용들이 그대로 개정되지 않고 실려 있었다고 한다. 이런 점들을 종합하면 위기 매뉴얼을 통한 준비 과정은 조직원 교육 훈련을 통한 숙지 정도, 정기적인 개정 작업과 시뮬레이션을 통해서 실제화되는 것 등이 무엇보다도 중요하다고 할 수 있다.

또한 한 가지 남대문 화재 전소 사건의 경우에서 볼 수 있는 것은 문제의 초점을 너무 전문가적인 진단에만 의존하는 경향이 있다는 것이다. 예를 들어 소방 전문가가 참여하지 않았고, 문화재별 전문적인 지식을 갖춘 방재 시스템이 있어야 한다는 것 등이다. 하지만 위기 관리에서 중요한 것은 그러한 전문적인 지식과 함께 사건의 본질을 꿰뚫어볼 수 있는 능력이다. 이번 사건은 전문가적인 식견의 부족이 낳은 측면도 있지만, 화재의 문제점에 대해서 예전부터 지적해 온 목소리들이 왜 받아들여지지 않았는가의 문제, 문화재 관리를 책임지는 기관들 간의 의사 소통 문제, 실제 안전을 책임지는 문화재 요원들의 위험 인식 문제, 전체 국민의 문화재에 대한 가치 공유의 문제 등 전체 사회적인 커뮤니케이션의 문제로 보는 것이 타당하다. 단순한 전문가적인 상황 진단으로는 근본적인 위기 준비를 하기에는 부족하다.

매뉴얼의 운용과 관련하여 또 한 가지 우려되는 것은 관련 업무가 소수의 조직원들에게 집중되어 전체 조직의 지지를 획득하지 못하는 경우다. 사무 직원들에 의해서 만들어진 매뉴얼은 실제 현장의 목소리와 절차를 반영하지 못함으로써 현실감을 결여한 경우도 종종 발견된다. 이러한 경우 매뉴얼의 실용 가치는 현저히 떨어진다. 또한 많은 조직의 매뉴얼은 위기가 일어났을 때의 대응 요령에 집중하는 경향이 있다. 하지만 김영욱(2002)에 따르면 위기 관리 매뉴얼은 위기가 일어나기 전의 징후 파악 단계와 예방, 준비 과정, 그리고 위기가 끝나고 나서 취해야 할 조직의 대응에 대해서도 자세하게 기술할 필요가 있다. 위기 관리 매뉴얼은 위기 상황에서만 적용되는 조직의 행동 지침이 아니라 조직의 전반적인 경영 활동과 연결된 경영 전략의 하나로 이해하는 것이 바람직하다.

마지막으로 위기 준비 과정에서 빠지기 쉬운 함정은 위기를 일선에서 관리하는 사람에 대한 고려가 부족한 경우다. 심리학 연구에 따르면 위기에 대응하는 사람들의 행동 패턴을 분류할 수 있다고 보았다(Janis & Mann, 1977). 위기에 타성적으로 대응하거나 회피하려는 사람도 있을 수 있지만 너무 쉽게 당황하는 사람도 있을 수 있다. 위기를 관리하는 데 가장 적합한 사람은 위기에 타성적으로 대응하거나 당황하지 않으면서 정보 탐색과 가능한 객관적인 판단을 통해서 신속하고 적절한 결정을 내릴 수 있는 사람이라고 할 수 있다. 위기에는 자기 포기형self-deflated personality과 자기 고양형self-inflated personality 인간형 모두 어울리지 않는다(Pauchant & Mitroff, 1992). 위기 상황을 너무 부정적으로 보거나 또는 너무 낙관적으로 보는 사람 모두 위기 관리에는 어울리지 않는다. 또한 너무 위기에 대해서 강박적으로 생각하거나, 자기 스스로 만족하는 타입, 그리고 너무 지나치게 상황을 부정적으로 생각하는 인간형 등도 위기 관리자로서는 적합하지 않다(Post, 2004). 하지만 조직이 위기 관리의 시스템이나 매뉴얼에 집중할 뿐 정작 이러한 시스템을 움직일 사람에 대한 배려를 하지 않는 것은 문제점으로 지적할 수 있다. 조직의 입장에서는 위기를 직접 관리하는 조직원들이 이러한 중용적인 성향을 가지고 있도록 준비 과정에서 선발하고 교육하는 것이 필요하다.

위기 단계: 위기 인식, 예방 그리고 봉쇄 및 회복에 대한 논의

위기 관리의 집행 단계는 크게 두 가지 경로를 의미한다. 위기의 징후를 조직이 적절하게 인식하여 그 심각성을 반영하여 기민하게 조직 행위를 조정함으로써 위기를 사전에 예방하는 경우가 있을 수 있고, 다른 경우 징후를 인식하지 못했거나 예방에 실패하여 발생하는 위기에 대해서 조직 차원에서 대응하는 과정이다. 위기는 어느 조직에게나 불가피하다(Mitroff & Anagnos, 2000). 다만 조직은 충격을 최소화하기 위해서 노력해야 하고, 조직 위기 관리의 궁극적인 목적은 위기 발생 전 단계로의 회복에 있다. 위기 봉쇄 활동의 궁극적인 목적이 조직 명성의 회복에 있다면 장기적인 공중 관계 차원에서 조직의 위기 관리 행위가 이루어져야 하는 것은 당연하다. 예를 들어 조직이 장기적인 공중 관계를 염두에 둔다면 위기 상황에서 사실을 은폐하고 우선 닥친 상황만을 모면하려는 수준의 위기 관리는 하지 않을 것이다. 이러한 근시안적인 위기 관리 행위는 장기적으로 조직의 명성을 회복하는 데 부정적인 영향을 줄 것이기 때문이다.

위기 인식

위기 인식은 위기 징후 파악과 직접적으로 연결된다. 위기 인식과 관련한 연구는 허만(Hermann, 1972)의 모델이 가장 많이 알려져 있다. 그는 위기 인식이 위협, 의사 결정 시간, 놀람으로 구성되어 있다고 보았다. 위협은 어떤 조직의 행위나 지향점에 대한 방해 요소를 의미하고, 의사 결정 시간은 의사 결정이 내려질 수 있는 시간적인 여유를 의미하며, 놀람은 상황에 대한 계획된 반응을 예측하지 못했을 때 일어난다. 하지만 빌링스, 밀번과 살만(Billings, Milburn, & Schaalman, 1980)은 허만 모델의 취약점을 지적하면서 위기 인식의 차원을 수정했으며, 현재는 이 수정된 모델이 가장 많이 인용되고 있다.

의사 결정 시간은 로버트 빌링스Robert S. Billings 등의 모델에서 시간적 압박과 유사한 개념이다. 하지만 위협은 인식된 가능한 손실의 가치와 인식된 손실의 가능성이 나뉜 것으로 본다. 사람들은 위협을 인식할 때 그것이 얼마나 손해를 미치며, 얼마나 일어날 가능성이 많은가에 따라 위험하거나 덜 위험하다고 느끼게 된다는 것이다. 하지만 놀람의 경우는 가능한 손실의 가치와 손실의 가능성이 인식되었을 때만 느끼게 되는 감정이다. 따라서 놀람은 하나의 독립적인 변수로서 삼기 어렵다. 즉 놀람은 위기 인식에 따른 결과로서 논의될 수 있는 것이지 위기 인식의 구성 요소로 보기는 어렵다.

또한 놀람과 상관없이 계획의 부재는 반응의 불확실성을 통해서 손실의 가능성에 영향을 미쳐 전체적인 위기 인식에 영향을 미치게 된다. 일어난 사건에 대해서 맞설 수 있는 계획이 없다는 것은 사람들로 하여금 위기가 일어날 것이라는 개연성을 더 높여 주게 된다. 따라서 계획의 유무는 손실의 가능성에 포함될 수 있다. 한편 인식된 가능한 손실의 가치 차원에서 문제를 인식하는 것은 현재 상태와 바라는 상태의 차이에서 문제를 인식하는 것이다. 즉 현재의 문제가 바라는 현실과 차이가 많을수록 더 큰 문제로 인식된다. 이는 위기 인식이 매우 주관적인 기준에 의해서 정해진다는 것을 인정하는 것으로 앞에서 논의한 위험 논의의 현실 재구성 과정과도 통하는 것이다. 이와 함께 문제에 대해서 얼마나 중요성을 부여하는가가 손실의 가치를 인식하는 또 다른 중요한 변수가 될 수 있다.

지금까지 논의를 정리하면 위기 인식은 가능한 손실의 가치, 손실의 가능성, 시간 압력으로 이루어져 있으며, 1) 손실의 가치는 문제에 대한 현실과 바라는 세계의 차이 인식, 문제의 중요성으로 이루어져 있고, 2) 손실의 가능성은 현실과 바라는 세계의 차이에 의해서 발생한 문제점의 정확성, 문제점에 대한 대안적인 설명 여부, 계획 부재 등에서 좌우되며, 이러한 요소들을 합쳐서 반응의 불확실성 정도라고 정의하기도 한다. 그리고 마지막으로 3) 시간의 압력은 문제를 무시했을 때의 부정적인 결과와 문제 해결을 위해서 주어진 시간으로 구성되어 있다고 본다(그림 10-7 참조). 이러한 모델을 위기 인식을 측정하기 위한 문항으로 쉽게 풀어서 빌링스, 밀번과 살만(Billing, Milburn, & Schaalman, 1980)을 참고하여 설문 형태로 구성하면 〈표 10-2〉와 같다.

한편 위기 인식과 관련하여 스터지스(Sturges, 1994)는 인식된 중요성, 급작성, 그리고 불확실성을 위기 인식의 구성 요소들로 정리했다. 여기서 인식된 중요도는 손실의 가치와 통하고, 급작성은 시간적인 압박, 불확실성은 손실의 가능성과 통하는 개념이라고 할 수 있다. 이렇게 위기를 인식하는 것은 다양한 변수의 영향을 받는다고 할 수 있다. 그렇다면 어떻게 이러한 위기 인식 변수들이 조직의 위기 관리 행위와 연결될 수 있을까? 지

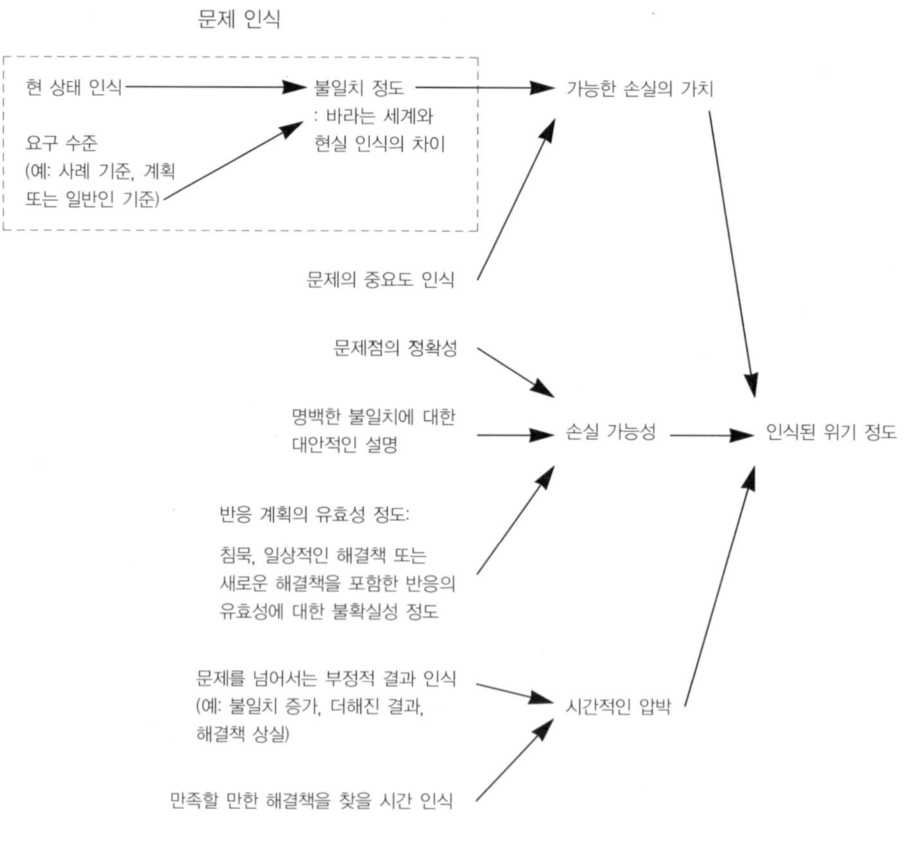

그림 10-7. 위기 인식 모델

(Billings, Milburn, & Schaalman, 1980에서 수정 인용)

표 10-2. 조직원 위기 인식 정도 측정 문항

가능한 손실의 가치 측정 문항

1. 당신은 이 사건이 심각한 위기 상황이라고 생각하십니까?
2. 당신은 이 사건이 당신의 조직에 심각한 영향을 준다고 생각하십니까?
3. 당신은 이 사건이 기업에 대한 평소 공중의 기대를 크게 벗어난 사건이라고 생각하십니까?

가능한 손실의 가능성 측정 문항

4. 당신은 이러한 사건이 당신의 조직에 심각한 경제적 위협을 줄 가능성이 높다고 생각하십니까?
5. 당신은 이 사건에 대해서 당신의 조직이 해결책을 제시했을 때 공중이 신뢰할 가능성이 있다고 생각하십니까?
6. 당신은 이러한 사건이 조직의 명성에 심각한 타격을 줄 가능성이 높다고 생각하십니까?

시간적 압박 측정 문항

7. 당신은 이러한 위기 발생 후 이어지는 조직에 대한 부정적인 상황들이 아주 빠르게 진행될 것이라고 생각하십니까?
8. 당신은 이러한 사건을 해결하기 위한 의사 결정을 내리는 과정에서 심각한 시간 압박을 받을 것이라고 생각하십니까?

금까지 대체적인 연구 결과들을 보면 좀더 전문성을 갖춘 위기 관리 인적 자원이 있으면서 공중과의 평소 관계에 신경 쓰는 조직이 사건을 위기로 인식하는 데 좀더 기민한 것으로 드러났다(Coombs, 1999). 따라서 조직 입장에서는 위기 관리 업무를 전문화하고 전문성을 갖춘 인적 자원과 조직 구조를 통해서 기민하게 위기를 인식하는 시스템을 갖추어 가는 것이 위기 관리를 위해서 필요한 전제 조건이 된다.

하지만 위기를 인식하는 시스템을 갖추고 있더라도 경영진에 의해서 위기가 받아들여지지 않았을 때, 조직 차원의 대응 행위가 나오기는 힘들다. 따라서 위기 인식 시스템과는 별도로 위기를 경영진에 인식시키는 과정이 또한 중요하다. 전반적으로 이러한 과정을 조직 내 쟁점 이해시키기 혹은 쟁점 제기 과정이라고 말한다(Dutton, 1986; Dutton & Ashford, 1993). 앞서 설명했던 전반적인 쟁점 이해시키기 과정을 그대로 적용할 수 있다. 쟁점을 경영진에게 제기할 때는 크게 두 가지 차원에서 쟁점을 구분한다. 그것은 조직/개인 차원, 기능적/상징적 차원을 말하는데, 조직/상징적 차원의 쟁점들이 가장 큰 영향을 발휘하는 쟁점들이다. 상징적 차원이라는 말은 기능적인 측면에서 조직에 영향을 주기도 하지만 장기적인 측면에서 조직의 명성, 공중 관계 등에서도 영향을 줄 수 있는 사안을 의미한다.

쟁점을 제기하는 과정에서 경영진에게 사안이 얼마나 조직 전체 차원에서 영향을 미치며 장기적으로 상징적인 의미를 가지는지 설명하는 것이 무엇보다 중요하다. 경영진에게 쟁점을 제기하는 과정은 쟁점 제기를 위한 자료 수집—쟁점 제기 전략 및 제기 방법 결정—쟁점 제기 과정—쟁점 수용 및 평가—쟁점 관련 행동 돌입의 순으로 이루어지게 된다(Dutton & Ashford, 1993). 여기서 쟁점 제기 전략 및 제기 방법은 쟁점 제기자의 연구 능력과 창의력에 달려 있다. 쟁점 메시지를 어떻게 프레이밍framing하고 어떻게 패키징packaging하느냐에 따라 경영층의 반응은 달라질 것이기 때문이다.

쟁점을 실질적으로 제기하는 과정은 경영진의 관여도에 따른 접근 방법의 전술적인 선택, 전달 채널의 선택, 실질적인 커뮤니케이션 방법 등에 의해서 달라질 것이다. 또한 쟁점 제기 과정의 평가는 쟁점이 경영진에 의해서 받아들여지는가도 중요하지만 쟁점을 제기하는 사람의 신뢰가 얼마나 유지될 수 있느냐에 더 중점을 두는 것이 필요하다. 쟁점이 받아들여지지 않아서 위기로 연결되더라도 쟁점 제기자의 신뢰가 유지된다면 쟁점 제기 과정이 실패했다고 보기는 어렵다. 이러한 과정에서 신뢰가 유지된다면 차후 위기 인식 과정에서 좀더 유리한 고지를 확보했다고 할 수 있다.

위기 예방

위기 예방은 대부분 위기 인식을 어떻게 조직 행위와 연결하느냐에 달려 있다. 많은 조직들이 위기의 징후를 파악하고 위기를 인식하지만 적극적인 대응을 하지 않거나 전략적인 선택에 의해서 그러한 상황을 무시하기 때문에 위기 예방에 실패하게 된다. 기술과 제도의 불완전성을 인정하고 위기의 발생 자체에 대한 의문보다는 위기가 언제, 어떻게 발생할 것인가를 고민하는 것이 무엇보다도 중요하다. 그런 의미에서 위기 관리와 기술에 대한 예측 모델anticipatory model of crisis management and technology은 시사하는 바가 많다(Olaniran & Williams, 2004).

위기 관리와 기술에 대한 예측 모델은 위기를 예방하기 위해서 조직이 갖추어야 할 두 가지 요소로서 의미 부여 과정과 광범위한 예측을 들고 있다. 조직의 입장에서 위기를 예방하기 위해서는 위기에 대해서 이해하는 것이 우선되어야 한다. 즉 위기의 실체를 인정하지 않고서 위기를 예방하기는 어렵기 때문이다. 예를 들어, 미 항공우주국에서 왕복 우주선의 외부 타일 손상이 위기 상황을 가져올 수 있다는 인식을 가지지 않는다면 우주선 폭발과 같은 위기를 예방하기는 어렵다. 이러한 이해의 과정은 결국 주어진 조건과 상황에 대한 지식을 바탕으로 형성되며, 이러한 이해 수준이 조직의 행위에 반영되기 위해서는 의미 부여 과정과 광범위한 예측 과정을 거쳐야 한다.

조직이 위기를 예방하기 위해서는 처한 환경에서 발견하는 모든 기회 요인과 위협 요인을 분석하여 조직 위기 상황과 관련지어 의미를 부여하는 과정이 필요하며, 이러한 의미 부여 과정은 어떤 사건이나 대상에 대한 광범위한 예측과 연결될 수 있다. 많은 경우 조직은 제도의 완벽성을 맹신하거나 기술에 의존함으로써 처한 상황에 의미를 부여하거나 발전 가능성을 예측하는 데 실패한다.

이는 대안적인 시각을 무시하는 자기 충족적 예언을 통해서 더욱 강화되기도 한다(Olaniran & Williams, 2004). 예를 들어 많은 기술 관련 위기들은 기술에 대한 맹신에서 비롯된 경우가 많다. 한번 만족한 것은 그것을 유지하기 위해서 반대 의견을 수용하지 않는다. 은행의 컴퓨터 시스템망의 마비, 전산망 해킹, 대규모 정전 피해 등이 이에 해당한다. 따라서 조직의 입장에서 위기를 예방하기 위해서는 조직 행위를 광범위하게 위기와 연관짓는 노력이 필요하고, 자기 충족적 예언에 빠지지 않도록 다양한 대안적 아이디어와 예측 활동이 의사 결정 과정에서 수용되는 조직 구조를 갖추고 있는 것이 좋다.

예를 들어 인터넷에 제기되는 사안들의 반복성 정도에 따라 경중에 상관없이 위기 평가 과정을 거치게 하고, 의사 결정 과정에서 위원회와 리뷰 시스템 등을 활용하여 내부의 다양한 목소리가 반영되도록 하는 것이 필요하다. 결국 위기를 예방하는 것은 얼마나 위기를 인식하느냐와 함께 그것을 얼마나 조직 행위로 기민하게 연결시킬 수 있느냐에 달려 있다.

한편 조직 구조 속에서 위기의 예방과 관련하여 조직의 엄격성은 중요한 의미를 지닌다(Olaniran & Williams, 2004). 엄격성은 좋은 의미로 해석하면 주목해야 할 위기 사안을 개인적인 판단보다는 조직의 시스템에 의존하게 함으로써 실수의 범위를 줄일 수 있지만, 그것이 일률적으로 적용되었을 때 개인의 자율적이고 능동적인 판단을 저해하게 되고 결국 위기를 예방할 수 있는 능력을 떨어뜨리게 된다. 조직의 입장에서 성공적인 위기 예방을 위해서는 위기 인식을 조직 행위로 연결하는 제도적인 장치와 함께 조직원들이 스스로 판단하고 해석할 수 있는 조직 분위기를 조성하는 것이 무엇보다도 중요하다. 조직원 모두가 주인 의식을 가지고, 실수를 두려워하지 않고 능동적으로 일한다면 위기를 예방하는 것이 그렇게 어려운 일은 아닐 것이다.

특히 예방 과정은 앞서 설명한 공중 관계 측면의 위기 관리와 직접적으로 맞닿아 있다.

공중과 좋은 관계를 유지하고 있다는 것은 평소 관계 자산으로 인해서 위기에 대응하는 조직 행위에 대해 긍정적인 해석을 이끌어 내는 것이 가능하다는 뜻이다. 또한 호의적인 관계 유지 과정에서 위기 징후를 좀더 빠르게 습득할 수 있고, 위기 상황으로 발전하는 것을 막을 정도의 우군 확보에도 성공할 수 있다. 공중 관계가 위기 예방에 필수적인 과정이고, 이러한 위기 예방의 성과를 평가할 수 있다면, 공중 관계 증진 활동이 조직에 미치는 긍정적인 성과를 산출할 수 있다(Hon & Grunig, 1999). 예를 들어 공중 관계를 통해서 법률적인 소송, 부정적인 법규 및 정부 규정, 압력 단체의 보이코트 등을 막아 내는 것을 객관적으로 수치화할 수 있다면 조직의 공중 관계 증진 활동을 통한 예방 효과를 산출해 내는 것이 가능하다(Kim, 2000).

앞서 설명했듯이 공중 관계를 유지하는 것은 여러 학문 분야에 걸쳐서 연구되어 왔다. 대인 커뮤니케이션 분야에서는 관계를 유지하기 위해서 적극성positivity, 개방성openness, 확신성assurances, 네트워킹networking, 업무 공유sharing tasks 등의 요소가 복합적으로 작용한다고 보았다(Hon & Grunig, 1999). 적극적이고 개방적이며 확신을 주는 관계, 사회적인 네트워킹과 업무 공유를 가능하게 하는 관계가 긍정적인 관계로 유지될 수 있다. 대인 커뮤니케이션은 이 밖에도 심리학, 사회학, 경영학, 갈등 해소 등의 분야에서 관계의 중요성이 강조되어 왔다. 이러한 연구가 포괄적으로 의미하는 것은 평소 관계가 매우 중요하며, 관계 증진의 정도에 따라 사안에 따른 공중의 인식이 변할 수 있다는 것이다. 좋은 관계에서는 위기로 인식되지 않는 것이 나쁜 관계에서는 위기로 인식된다.

공중관계학과 위기 관리 분야에서는 켈리(Kelly, 1998)의 봉사적 관계 유지stewardship와 쿰즈(Coombs, 1999)의 관계 유지를 위한 세 가지 요소가 거론되어 왔다. 캐슬린 켈리Kathleen S. Kelly의 봉사 정신은 상호 인정, 책임감, 사실 공유, 관계 증진 노력을 나타내며, 보통 4R 관계 유지 요소라고 한다. 쿰즈(Coombs, 1999)는 조직-공중 관계를 위한 세 가지 요소로서 가까운 관계 유지, 신뢰성, 기대 충족을 들었다. 관계의 친밀성과 신뢰성을 유지하면서 상대방이 가진 기대를 충족시켜 주는 것이 필요한데, 기대의 충족은 관계의 결과 변수로 주로 거론되는 관계 만족과도 관련되어 있다.

쿰즈(Coombs, 1999)는 신뢰성을 초기 신뢰성initial credibility, 유추 신뢰성derived credibility, 최종 신뢰성terminal credibility으로 구분하면서 조직의 입장에서는 평소에 유지해야 하는 초기 신뢰성을 통해서 위기가 일어난 후의 조직 행동에서 기인하는 유추 신뢰성과 위기 관리의 결과로 형성되는 최종 신뢰성을 긍정적으로 유지할 필요가 있다고 보았다. 이러한 신뢰성의 요소들은 최종 신뢰성이 다시 초기 신뢰성과 연결된다는 의미에서 순환적이며 평소 관계 자산 관리의 중요성을 말해 준다고 하겠다.

한편 펀-뱅크스(Fearn-Banks, 1996)도 지역사회와 관련한 쟁점으로 발생할 수 있는 위기를 예방하기 위해서는 평소 공중 관계 증진에 노력해야 한다고 주장했다. 그녀는 특히 공중의 의식 변화에 따른 정책의 변화, 조직원과 경영진의 커뮤니케이션 통로 확보, 쟁점과 관련한 지역사회 공론화 과정 참여, 지역사회와의 접촉과 지원 프로그램의 일상화, 지역 주민의 조직 의사 결정 과정 참여 등을 지역사회와의 관계 증진을 통한 위기 예방의 방안으로 제시했다. 이러한 전술적인 차원의 논의들은 쟁점 관리와 위험 요소 관리가 공중 관계 차원에서 장기적이고 통합적으로 이루어질 때 위기를 예방할 수 있다는 것을 보여 준다.

지금까지 논의를 정리하면 위기에 대한 조직의 민감성을 높이고 평소의 조직-공중 관계를 우호적으로 가져가는 것이 위기 예방을 위해서 가장 중요한 요소라고 할 수 있다. 또한 인식한 위기 징후에 대해서 예방을 위한 조직 행위를 체계적으로 갖추고 있는가를 점검하는 것도 중요하다. 예를 들어 위기 징후가 발견되었을 때 어떻게 보고하고, 어느 부서가 관장하고 어떤 식으로 역할을 분담하며, 조직 행위를 변경하기 위한 의사 결정은 어떻게 할 것인가 등이 구체적으로 짜여 있는 것이 좋다. 보통 조직의 위기 관리 매뉴얼이라고 하면 위기가 일어났을 때의 조직 행위만을 나열하는 경우가 많은데, 사실은 위기 예방을 위한 조직의 구체적인 행위와 위기 발생 시 조직의 행위를 구분해서 함께 보여 주는 것이 필요하다.

위기 징후가 인식되었을 때 조직 행위는 쟁점 관리의 과정과도 밀접하게 관련되어 있다. 쟁점 파악—분석—정책의 선택—실행 및 평가의 수순은 위기 징후 탐지—위기 영향력 분석—위기를 예방하기 위한 조직 행위의 선택—실행 및 평가의 수순으로 그대로 적용될 수 있다(김영욱, 2002). 여기서 가장 중요한 것은 위기를 예방하기 위한 조직 행위의 선택이며, 이러한 조직 행위의 선택 과정은 되도록 구체적으로 매뉴얼화되어 있는 것이 바람직하다. 예를 들어 조직 부서 사이의 이기주의나 배타성 때문에 충분히 예방할 수 있음에도 불구하고 어처구니없는 많은 위기들이 발생한다.

구체적인 매뉴얼화는 이러한 조직의 실수를 현저히 감소시킨다. 또한 쟁점 관리를 통한 위기 예방 과정에서 지나치게 개별 프로그램의 문제에만 집착하는 태도는 버리는 것이 좋다. 조직의 모든 문제는 서로 연결되어 있으며 프로그램의 문제는 조직 전체의 문제와 연결되어 있는 경우가 많다. 조직 전체의 정책과 문화, 명성 등에 문제가 있다면 프로그램 차원의 문제 해결은 근본적인 위기 예방이 되기 어렵다. 또한 앞서 말한 대로 쟁점 관리의 과정은 일회성으로 끝나는 것이 아니라 순환된다는 것을 인식해야 한다.

위기 봉쇄 및 회복

위기는 불가피하게 일어난다. 인식된 위기를 예방하지 못한다면 조직에 돌아올 충격을 최소화하는 방향으로 위기를 봉쇄하는 것이 필요하고, 위기를 봉쇄하는 과정에서 조직 전체 평판에 미치는 부정적인 영향을 최소화함으로써 위기가 일어나기 전의 상황으로 빠르게 회복할 수 있는 기반을 마련하는 것이 중요하다. 충격을 최소화하는 과정과 회복 과정에서 공중의 평판을 중요시하는 것은 위기 관리의 과정이 공중과의 관계라는 큰 틀에서 논의되기 때문이다.

위기 봉쇄와 관련하여 외부의 위협에 어떻게 대응하는 것이 가장 바람직한가에 대해서 우선 생각해 볼 필요가 있다. 외부의 위협에 적절히 대응하기 위해서는 정보의 평가를 바탕으로 적절한 위협 대응 방안을 마련하는 것이 필요하고, 외부와의 연합과 전문가 지원 그룹 등 우군을 형성하는 것과 함께 외부 공중과 원활한 커뮤니케이션을 실행하는 것이 무엇보다 중요하다(Drennan & McConnell, 2007).

위협은 그것을 완전히 없앨 수도 있지만 대부분 줄이거나 격리시키려고 하거나 아니면 피하려고 한다. 하지만 이러한 방법과 함께 중요한 것은 위협에 대한 조직의 탄력성을 높여 대응 능력과 회복 능력을 향상시키는 것이다. 현대 조직에게 위기가 불가피하게 일어난다면 이러한 조직의 대응 탄력성을 높이는 방안을 위협의 크기를 줄이는 방안과 함께 고려할 필요가 있다. 위기 탄력성을 높이는 방법은 준비 과정의 심도, 인력 구조, 조직 시스템과 문화, 교육 훈련 정도 등에 의해서 결정될 수 있다.

한편 위기에 대한 대응 정도는 조직의 리더가 가지는 리더십의 종류, 조직의 권력 구조, 위기 대응 정도에 대한 조직 내부의 합의 등에 의해서 결정된다. 폐쇄적인 리더십과 권력 구조를 가지고 있으면서 조직 내부에 재량권을 이양하지 않는 조직은 위기에 대한 대응 정도도 폐쇄적이고 자의적일 가능성이 있으며 조직의 리더가 권력을 과감하게 아래로 이양하고, 공중 관계에 대한 중요성을 인식하고 있을 때 개방적인 위기 대응이 실행될 가능성이 많아진다. 한편 개방적인 위기 대응을 결정하더라도 광범위한 위기 관리 계획이 없다면 봉쇄 활동은 구심점을 잃게 된다. 계획은 상황에 따라 탄력적으로 운용되어야 하겠지만 계획이 충분히 짜여져 있지 않다면 시간의 압박 속에서 내리는 조직의 의사 결정은 모든 것을 충분히 고려하기 어렵다.

위기 상황에서 내리는 의사 결정은, 프로그램화된 반응recognition-primed, 규칙만 준수하는 반응rule-based, 분석적인 반응analytical, 그리고 창의적인 반응creative으로 나누어 볼 수 있다(Crichton & Finn, 2002). 하지만 많은 경우 창의적인 반응은 위기의 충격이 약하고 시간이 많이 허락될 때 가능한 것이고, 보통의 긴박한 위기 상황에서는 미리 대응 방법을 프로그램화하여 조직원들이 인지하고 있는 방법을 쓰는 것이 중요하다. 위기 상황에서는 광범위한 사전 준비 활동과 조직원 교육 훈련을 통해서 프로그램화된 반응을 추구하는 것이 일차적으로는 필요하다. 신속한 일차 반응이 끝나고 나면 좀더 공중 관계를 염두에 둔 창의적인 방안을 이어갈 수 있다.

위기 봉쇄의 과정은 기본적으로 조직이 구축해 둔 위기 관리 계획crisis management plan(CMP)을 실행하는 과정이다. 실행 과정은 크게 두 가지 과정으로 구분할 수 있는데, 그것은 초기 대응 및 조직의 내부적인 역량을 결집하는 과정 그리고 내 · 외부 공중과의 커뮤니케이션 과정으로 나눌 수 있다(김영욱, 2002). 하지만 이러한 과정이 실행되기 위한 전제 조건은 사전에 조직의 상황에 맞는 철저한 위기 관리 계획이 마련되어 있어야 하고, 이와 함께 조직원들이 위기 관리 계획을 체득할 수 있는 교육 훈련이 미리 실행되어 있어야 한다는 것이다.

초기 대응 및 조직의 내부적인 역량을 결집하는 과정은 몇몇 실무적인 모델에서 잘 나타나 있다. 미트로프 등의 위기 대응 모델a bird's eye view of crisis management을 보면, 위기가 발생했을 때는 위기의 종류와 원인의 파악, 미디어의 반응에 대한 예측, 위기 관리팀 활성화, 피해자에 대한 즉각적인 도움, 위기의 속성에 대한 진단, 위기 봉쇄와 회복 노력의 실행, 외부와의 커뮤니케이션, 조직 평판 회복을 위한 프로그램의 실행 등이 필요하다고 보았다(Mitroff, Pearson, & Harrington, 1996).

좀더 구체적으로 위기의 초기 단계에서 조직이 어떻게 대응할 것인가를 살펴본 대응 절차에 따르면(Lukasewski, 1999), 신뢰감을 주는 커뮤니케이션, 공중의 기대에 부합하는 대응 순서의 조정, 대변인 선정 및 신속한 커뮤니케이션, 정보의 수집 및 기록, 책임자 선정, 핵심 의사 결정 및 기록, 자료의 정리, 주요 접촉자 데이터베이스 구축, 실행 시나리오의 신속한 확정, 사용 가능한 자료의 분류, 위기 대응의 단계별 우선 순위 선정, 조직 행위의 목적에 부합하는 커뮤니케이션 실행, 커뮤니케이션 주제 및 구체적인 메시지 실행, 지속적인 메시지 평가 등을 기본적인 초기 대응 요소로 들고 있다. 이러한 요소들은 결국 사전에 위기 관리 계획을 통해서 충분한 논의와 철저한 준비가 이루어지고, 교육 훈련을 통해서 운용할 인력이 확보되었을 때 가능한 일이다. 한편 좀더 구체적인 위기 대응 커뮤니케이션 실행과 관련해서는 대변인의 신속한 지정, 관련 사실의 신속한 수집 및 확인, 미디어 센터의 운영, 피해자 신원 확인 및 보안, 미디어 보도 협조, 사실 추측의 금지 등의 요소들을 중요하게 다루고 있다(Baskin, Aronoff, & Lattimore, 1997).

이러한 초기 대응 및 내부 역량 결집과 관련한 실무적인 모델들은 행동 요령을 되도록 이면 상세하게 보여 주려고 노력하고 있지만, 기본적인 요소에서 실행 모델 간에 큰 차이가 있는 것은 아니다. 대부분의 실행 모델들은 크게 두 가지 변수에서 벗어나지 않는다(김영욱, 2002; Coombs, 1999). 그것은 장악력과 배려하는 마음인데, 이 두 가지 변수가 상황 변수와 위기의 맥락에 따라 적절한 조화를 이루었을 때 충격을 최소화하고 회복할 수 있는 위기 관리가 가능하게 된다. 예를 들어 위기가 닥쳤을 때 조직은 상황을 장악하고 정보를 통제하는 것도 필요하지만 피해자들과의 대화 창구, 관련 공중과의 커뮤니케이션도 무엇보다 중요하다. 한쪽에 치우친 위기 대응은 지나친 장악으로 인한 반발과 너무 느슨한 관리로 인한 통제력의 상실을 가져올 수 있다. 따라서 이러한 기본적인 원칙들이 균형을 이루는 속에서 앞서 열거한 구체적인 절차들을 밟아가는 것이 무엇보다 중요하다.

이러한 구체적인 실행 전략과 함께 위기의 봉쇄 및 회복 과정에서 중요한 것은 공중과의 커뮤니케이션 과정이다. 초기 대응 및 조직의 역량을 통합하는 과정은 사실상 매뉴얼화하여 큰 변화 없이 적용할 수 있지만, 공중과의 커뮤니케이션 과정은 큰 원칙만 정해져 있을 뿐 각각의 상황에 맞게 창의력을 발휘하는 것이 무엇보다도 중요하다. 위기 상황에서 공중과의 커뮤니케이션은 위기 관리의 가장 핵심적인 부분이라고 할 수 있기 때문에 제4장 위기 커뮤니케이션과 이미지 회복에서 독립적으로 다루기로 한다.

위기 봉쇄와 관련한 활동을 쿰즈(Coombs, 1999)는 초기 대응 활동, 명성 관리와 관계된 우려 사항 점검, 비상 전략과 활동 재개 전략, 후속 커뮤니케이션 조치 등으로 나누었다. 초기 전략과 우려 사항 점검은 초기 대응 및 조직의 역량을 결집하는 과정이라고 할 수 있고, 비상 전략과 후속 커뮤니케이션은 내 외부 공중과의 커뮤니케이션을 통해서 위기의 충격을 최소화하면서 공중과의 장기적인 관계 정립을 모색하는 활동이라고 할 수 있다. 김영욱(2002)의 경우, 위기 봉쇄 및 회복 전략의 단계를 위기 상황 봉쇄 및 정보 취합, 대변인을 중심으로 한 발표 커뮤니케이션, 조직 이미지 회복을 위한 커뮤니케이션, 비즈니스 회복 및 후속 커뮤니케이션으로 나누었는데, 이러한 세부 단계들도 초기 대응 및 조직 역량 결집, 내 · 외부 공중과의 커뮤니케이션 이라는 봉쇄 활동의 두 가지 큰 틀 안에서 응용되는 것이라고 할 수 있다.

또한 위기 봉쇄 과정에서 커뮤니케이션은 공중 관계라는 큰 틀 안에서 실행되기 때문에 단기적인 편익에 집착하거나 비밀주의에 의한 편리함에 함몰되어서는 곤란하다. 또한 공중 관계는 조직 입장의 편향된 공중 관계를 의미하는 것이 아니기 때문에 광범위한 공중을 대상으로 커뮤니케이션 계획을 세워 실행하는 것이 필요하고, 조직에 적대적인 공중도 감싸안는 것이 필요하다(Fearn-Banks, 1996). 성공적인 위기 관리를 통해서 오히려 관계가 개선된 경우도 찾아볼 수 있다.

결국 위험 사안이나 위기 사안은 조직의 문제가 되어 문제 해결의 단계로 넘어가게 되는데, 이러한 과정에서 커뮤니케이션을 통한 공중 관계의 확립이 문제 해결의 가장 근본적인 원칙이 되어야 한다는 것이다. 예를 들어 고속전철 건설을 둘러싼 천성산 터널 공사와 관련한 대립, 즉 공사가 환경에 위협적이라고 해서 제기된 위험 현상은 고속전철을 건설하는 입장에서는 위기 현상으로 변모된다. 또한 이는 터널 공사를 저지하려는 환경단체의 입장도 마찬가지다. 이러한 경우 고속전철을 건설하려는 쪽은 모든 공중과의 장기적인 관계 속에서 위기 커뮤니케이션을 하는 경우에만 문제를 해결할 수 있다. 적대적인 공중을 배제하거나 장기적인 공중 관계를 외면하고 단기적인 편익에 집착하는 전략으로는 위험에서 촉발된 위기 문제를 해결할 수 없다. 이러한 관점에서 위험과 위기 담론은 커뮤니케이션과 공중 관계라는 테두리 안에서 논의될 수밖에 없다.

위기 후 단계: 위기 평가 및 학습에 대한 논의

위기를 평가하고 학습하는 것은 위기 관리를 조직의 순환적인 업무로 파악하는 것이다. 위기로부터 학습하는 조직은 위기의 재발을 막고 조직의 명성을 회복할 수 있기 때문에 재앙적인 상황으로 빠지는 것을 막을 수 있다. 드레넌과 맥코넬(Drennan & McConnell, 2007)의 경우도 위기가 종료되고 난 후의 세 가지 조직 활동으로, 원인 조사inquiry, 책임 구분post-crisis accountability, 그리고 학습post-crisis learning을 들고 있다. 여기서 원인 조사와 책임 구분은 평가의 단계라고 할 수 있다. 위기가 일어나고 나서 책임을 누구에게 얼마나 지울 것인가의 문제는 매우 어려운 문제다. 너무 지나치게 책임을 묻는 데 집중한다면 위기의 원인이 은폐되거나 지나치게 개인에게 책임 전가되는 형태로 평가가 이루어질 수 있다. 이러한 경우에는 진정한 원인을 찾아내는 데 실패할 수도 있다. 하지만 책임 구분을 분명히 하지 않는다면 실제 조직의 취약성을 찾아내거나 재발 방지를 위한 조직의 노력에 어려움을 겪을 수도 있다. 위기 평가는 이러한 사실들을 고려해서 한쪽에 치우치지 않도록 상호 보완적인 방법을 찾아내는 것이 필요하다. 하지만 무엇보다도 중요한 것은 위기를 평가하는 것은 개인에게 책임을 묻기 위해서가 아니라 전체적인 조직의 행위를 개선할 수 있는 방법을 찾아내는 데 있다는 것을 인식하는 것이다.

위기로 인해서 재앙적인 상황으로 빠지는 조직은 보통 비슷한 위기의 재발이 원인이 되며, 위기 학습이 이루어지지 않은 경우가 대부분이다. 앞서 말했던 타이레놀 독극물 사망 사건의 경우도 포장 용기를 수정하는 등의 전형적인 학습 과정이 공중의 신뢰를 회복한 사례다. 학습 과정은 위기를 오히려 발전의 기회로 바꾸는 계기가 되기도 한다. 많은 조직은 현실의 변화를 두려워하고 변화가 가져올 피로감을 앞당겨서 느끼기 때문에 쉽게 변화하려고 하지 않는다. 위기는 그러한 조직에게 자극이고 발전의 계기가 되기도 한다. 비록 성공했다고 볼 수는 없지만 우리나라의 IMF 경제 위기의 경우도 우리나라 경제 체제를 발전적으로 통폐합할 수 있는 계기를 마련해 주었다고 할 수 있다. 하지만 이러한 학습 과정이 잘 이루어지기는 어렵다. 대부분의 조직이 위기가 일어났을 때의 긴박감과 불안감을 쉽게 잊어버리고 현실에 안주하려는 습성을 가지고 있기 때문이다.

학습이론에는 기능적인 학습과 사회적인 학습이 있고, 기능적인 편익을 강조하거나 사회적인 모방을 통해서 학습할 수 있다(김영욱, 2002). 기능적인 학습은 보상, 강화, 소멸 등을 통해서 사람들이 기능적인 편익을 체득함으로써 학습하는 것이다. 위기가 일어나고 나서 어떤 점이 보상과 강화가 일어나고 어떤 점에서 소멸하는가 등을 학습함으로써 조직의 개선점으로 삼을 수 있다. 조직원들의 합의를 도출하거나 새로운 제도의 필요성을 역설할 때도 이러한 학습 요인들이 활용될 수 있다. 한편 위기 관리 학습 과정은 모방을 통한 사회적인 학습도 매우 중요하다고 하겠다. 이는 조직의 예방 행동과도 통하는 것인데, 특히 경쟁 조직이나 유사 조직의 위기를 통해서 대체 강화vicarious reinforcement할 수 있는 요인을 찾아낸다면 위기를 겪지 않고도 학습할 수 있는 기회를 가질 수 있다.

위기 관리의 효과는 크게 대응 효과와 예방 효과로 나눌 수 있다. 대응 효과는 일어난 위기에 대해서 얼마나 잘 대응했느냐를 의미하고, 예방 효과는 위기의 징후를 감지하고 인식함으로써 일어날 수 있는 위기 상황을 사전에 예방할 수 있었느냐를 의미한다. 하지만 지금까지 대응 효과에 대한 논의는 있었지만 예방 효과를 효과적으로 나타낼 수 있는 방법에 대한 논의는 이루어지지 않았다(김영욱, 2002). 예방 효과를 효과적으로 보여 줄 수 있는 방법으로는 몇 가지 안들을 생각해 볼 수 있는데, 가장 설득적인 방법은 사례 연구를 이용하는 방법이다. 비슷한 산업이나 업종 혹은 규모에서 일어났던 위기의 대응 방법과 피해 등을 데이터베이스화해서 사전에 예방할 수 있었던 위기에 대한 예방 효과로서 제시하는 것이다. 이러한 접근은 다분히 자의적인 측면이 있기 때문에 무엇보다도 조직 내 의사 결정 그룹의 동의를 획득하는 것이 무엇보다도 중요하다고 할 수 있다.

위기 관리를 평가하는 것은 크게 세 가지 차원으로 나누어 볼 수 있다. 그것은 사전/사후 차원, 프로그램/조직 차원, 효과/효율 차원이다(김영욱, 2002). 보통 사전 차원에서 하는 평가는 위기 취약성 조사 및 위기 관리 매뉴얼 작성 시 조직의 위기 관리 역량 평가crisis management capability assessment를 함께 하는 것이 좋다. 이러한 조직의 역량을 평가하는 데 주로 사용되는 것이 위기 관리 지수crisis management index다. 위기 관리 지수는 사전에 조직의 위기 관리와 관련한 역량을 파악하여 취약점을 사전에 개선할 수 있는 좋은 도구로 활용될 수 있다. 우리나라에서도 사전 예방의 중요도를 인식하고 위기 관리 지수에 대한 논의를 꾸준히 해오고 있으며, 몇몇 조직들은 이를 위기 관리 역량 평가에 활용하고 있다. 한편 사후 차원은 일어난 위기에 대해서 조직의 대응이 얼마나 적절했는가를 평가하는 것이다.

사후 평가에서 조직의 프로그램 차원과 조직 차원으로 나누어 평가하는 것이 필요한데, 프로그램 차원은 위기 자체와 관련한 대응이 얼마나 잘 이루어졌는가를 평가하는 것이고, 조직 차원은 이러한 위기가 조직 전체의 이미지와 공중 관계에 어떤 영향을 미쳤는가를 평가하는 것이다. 프로그램 차원과 조직 차원은 단기적인 효과와 장기적인 효과를 나타낸다고 할 수 있다. 하지만 현대 위기의 속성상 프로그램 차원과 조직 차원으로 구분하는 것은 점점 더 어려워진다고 할 수 있다. 예를 들어 두산전자의 낙동강 페놀 유출 위기가 전체 두산그룹 제품에 대한 불매 운동으로 퍼지는 것처럼, 사람들은 프로그램과 조직을 구분하여 생각하기 힘들게 되었다. 따라서 일반적인 평가의 한 차원이 되고 있는 프로그램/조직 차원은 위기의 장기적인 효과에 특별히 관심을 가져야 하는 경우를 제외하고는 병합적으로 운용되는 것이 바람직하다.

하지만 사후 평가에서 효과/효율 차원은 위기 관리 효과를 좀더 과학화한다는 측면에서 조직에 맞는 평가 방법을 찾아내는 것이 필요하다. 효과effectiveness는 조직이 설정한 목표를 얼마나 달성했느냐의 측면이고, 효율efficiency은 조직의 목표 달성이 비용 대비 혹은 경제적인 측면에서 효율적으로 이루어졌는가를 따지는 것이다. 따라서 지금까지 논의를 정리해서, 기본적으로 위기 관리 평가 업무는 사전 평가인 조직의 위기 관리 역량 평가, 위기 종료 후에 프로그램 차원과 조직 차원을 병합한 효과 측정과 효율 측정으로 구성되어 있다고 말할 수 있다. 아직 효율 측정은 학문적으로 정확하게 정해진 방법이 없으며 조직이 처한 상황에 맞게 설득력 있는 방법을 찾아내는 것이 필요하다.

참고적으로 다음의 몇 가지 효율 측정 방법은 아이디어를 제시할 수 있다(McElreath, 1996). 우선 비용/편익 분석cost-benefit analysis과 손실/효과 분석cost-effectiveness analysis 방법이 있다. 비용/편익 분석은 들어간 비용과 형성된 편익을 비교하여 그 차이를 기준으로 삼는 것이고, 손실/효과 분석은 비용과 편익과의 차이뿐만 아니라 이러한 성과가 다른 비슷한 프로그램에 비교하여 어느 정도 효율적인가를 함께 분석한다. 결국 비용 편익 분석을 어떻게 하느냐가 관건인데, 보통 비용은 쉽게 산출되지만 편익은 일부 자의적인 해석이 따라올 수밖에 없다. 예를 들어 일인당 얻게 된 편익이 얼마인데 이를 전체 조직원의 수와 곱하여 총편익은 얼마이다라고 계산하는 식이다. 우수이론의 수리적인 평가 부분도 이러한 비용/편익 분석에 근거하고 있다(Ehling, 1992). 비용/편익 분석에는 부재 시나리오법what-if-not-funded scenarios, 사례 연구 사용법case studies methods, 그리고 손실/편익 계산법cost-benefit compensation estimation 등을 사용할 수 있다. 손실/편익 계산법은 앞서 설명했듯이 편익이 얼마나 창출되었는가를 나름대로 상정하는 것이고, 부재 시나리오법은 만약 그러한 프로그램을 실행하지 않았을 때 입게 될 피해가 얼마인가를 추정하여 편익으로 삼는 것이다. 마지막으로 사례 연구 사용법은 유사한 사례들을 사용하여 평균적인 편익을 추정하는 것이다. 이러한 방법들은 다분히 자의적이고 정확한 방법이라고 보기는 어렵다. 하지만 위기 관리에 대한 평가는 처음부터 완벽할 수 없으며 조직이 처한 상황에 따라 계속적인 평가 방법의 수정이 이루어져야 한다. 그러한 과정을 거쳐 조직원들이 수긍할 수 있는 평가 방법을 찾아내는 것이 무엇보다도 중요하다고 하겠다.

한편 이러한 전형적인 프로그램 평가 방법과 함께 좀더 정성적이며 수사학적인 접근이 이용될 수도 있다. 위기의 원인 조사 과정에서 누가 위기를 통해서 가장 이익을 보았고, 또한 가장 피해를 본 사람과 위기 난국에 결부되지 않고 벗어난 사람 등을 조사하여 그러한 결과가 일어난 과정과 맥락을 조사하는 것도 다음 위기를 위해서 많은 참고 사항이 될 수 있다(Drennan & McConnell, 2007). 이 밖에도 위기 이야기의 스토리 전개crisis narratives를 조사하여 공중으로부터 가장 진실성이나 이야기 연결에서 의심을 받았던 부분을 조사하고, 인터뷰 등을 통해서 위기 상황 시 조직 행위의 결함 등을 조사하는 것도 좋은 방법이다.

한편 지금까지 논의한 평가와 학습 과정의 최종 목표는 조직의 변화를 이끌어 내는 것이다. 변화는 상징적인 제스처 수준에서 현존하는 조직의 기능을 개선하는 수준, 그리고 완전히 조직의 정책이나 시스템을 바꾸는 수준으로 구분할 수 있다(Rose & Davies, 1994). 많은 위기의 경우, 정치적인 계산에 의한 상징적인 제스처나 조직의 몇 가지 기능을 바꾸는 정도에서 위기 평가와 학습을 마무리하게 되는데, 이러한 변화는 근본적인 위기 대응책이 되지 못하는 경우가 많다. 조직의 입장에서 위기의 빈도, 심각성 등을 고려하여 조직 변화의 폭을 전향적으로 결정하는 것이 무엇보다도 중요하다고 할 수 있다. 조직은 과거로부터 근본적으로 벗어나기 힘들다. 따라서 조직의 입장에서 위기는 과거의 관행에서 벗어날 수 있는 기회를 제공한다. 과거에 머물 것인가, 미래로 향할 것인가, 위기는 조직의 생존을 위한 근본적인 선택을 강요한다.

제11장

위기 커뮤니케이션과 이미지 회복

위험 커뮤니케이션과 위기 커뮤니케이션

위험 커뮤니케이션은 크게 보호 혹은 보건 및 안전 관리care, 갈등 합의 혹은 합의 창출 consensus, 위기 혹은 위기 대응crisis을 포함하는 광범위한 커뮤니케이션 활동을 말한다 (Lundgren et al., 2004). 이 정의에 따른다면 위험 커뮤니케이션은 위기 커뮤니케이션을 포함하는 개념이라고 할 수 있다. 하지만 현실 세계에서는 위기의 의미가 위험을 대체하는 경우가 자주 있고, 위기와 위험의 경계가 불분명한 경우가 많다. 앞선 장에서도 설명했지만 현대 조직의 위기 관리는 예방 차원과 대응 차원을 함께 포함하고 있으며, 잠재적인 위기 요인을 탐색하고 관리하는 것을 중심으로 펼쳐지고 있다. 그렇다면 위기의 의미도 보호와 갈등 합의를 포함하고 있다는 의미가 될 수 있고, 이런 차원에서 본다면 위험 커뮤니케이션과 위기 커뮤니케이션은 서로 유사한 의미를 내포하고 있다고 할 수 있다.

이 책에서는 위험을 해결하기 위해서 조직 차원의 해결 노력이 필요하며, 주체가 되는 조직이 다른 조직을 포함하여 광범위한 관련 공중과의 관계 형성을 통해서 위험과 관련된 사회 문제를 해결해 나갈 필요가 있음을 강조하고 있다. 이런 의미에서 이 책에서는 커뮤니케이션 활동을 위한 주체로서 조직에 강조점을 두었을 경우, 위기 커뮤니케이션이라는 개념으로 통칭해서 사용한다. 사회의 모든 위험 사안이 조직의 입장에서 광범위한 의미의 위기가 될 수 있으며, 조직과 공중의 다양한 관계 설정과 증진 노력 속에서 문제가 비로소 해결의 실마리를 찾게 된다. 여기에는 물론 커뮤니케이션, 공중 참여, 공중 관계 등이 핵심적인 기능으로 자리잡고 있다.

위험 커뮤니케이션과 위기 커뮤니케이션의 개념상의 혼란을 정리하면 [그림 11-1]과 같이 설명해 볼 수 있다. 위험 커뮤니케이션의 보건 및 안전 관리, 합의 창출, 위기 대응 기능을 광범위한 위기 커뮤니케이션 기능과 연결시켜 본다면 보건 및 안전 관리 기능은 위기 커뮤니케이션의 예방 기능과 맞닿아 있고, 위기 대응 기능은 위기 커뮤니케이션의 대응 기능과 맞닿아 있다. 사회적인 갈등에 대한 합의 창출 기능은 위기 커뮤니케이션의 예방 및 대응 기능 양쪽에 걸쳐 있다. 특히 사회적인 갈등 사안에 대한 합의 창출 기능은 평소 공중 관계를 어떻게 관리하느냐에 성패 여부가 달려 있다고 해도 과언이 아니다. 평소에 신뢰할 수 없는 조직이라면 갈등 사안과 관련한 대화와 협상 자체를 거부할 가능성이 농후하기 때문이다. 따라서 사회적인 갈등 사안에 대한 합의 창출 기능은 갈등이 불거지기 전의 예방 차원의 관계 관리와 갈등이 표출되고 난 다음의 대응 커뮤니케이션을 모두 포함한다고 할 수 있다.

위험 커뮤니케이션과 위기 커뮤니케이션을 연결시켜 보려고 했지만 사실 두 개념 사이에 큰 차이점을 발견하기는 어렵다. 다만 이 책에서 가장 중요하게 생각하고 있는 것은

그림 11-1. 위험 커뮤니케이션과 위기 커뮤니케이션의 연결

현대 사회에서는 조직이나 그룹 중심의 위험 커뮤니케이션이 불가피하다는 것이고, 위험 문제를 해결하기 위해서는 모든 조직이나 집단이 자신들을 둘러싼 공중과의 관계 속에서 해결의 실마리를 찾아야 한다는 것이다. 따라서 광범위한 의미의 위험 커뮤니케이션에 대한 이론적인 배경을 바탕으로 조직 중심의 위기에 대한 실제적인 커뮤니케이션 활동에 대해서 논의해 보고자 한다. 이러한 논의는 위험 커뮤니케이션을 조직 중심의 문제 해결을 위한 커뮤니케이션 활동으로 구체화시킬 수 있다. 따라서 이 책에서는 이러한 조직 중심화된 위험 관련 커뮤니케이션 논의를 묶어서 위기 커뮤니케이션이라고 개념화한다.

한편 관련 문헌의 위기 커뮤니케이션과 관련한 논의는 주로 위기가 일어났을 때 어떻게 조직의 커뮤니케이션 원칙과 전략을 가져갈 것인가를 실무적으로 논의하는 수준에서 이루어졌다. 이러한 논의들을 어떤 이론적인 틀로 묶기는 어려워 보이지만, 그래도 변하지 않는 공통된 원칙은 발견할 수 있다. 이러한 원칙들은 실제 실무적으로 활용되고 상당한 성과를 거두었다고 생각되기 때문에 귀납적인 측면에서 이론화하는 것이 필요하다고 본다. 그러한 원칙은 위기 상황에서 전략적인 커뮤니케이션을 하되 윤리적이어야 한다는 것이다. 향후 실증적인 연구들은 과연 전략적이면서 윤리적인 위기 커뮤니케이션 활동이 궁극적으로 조직에 도움을 줄 수 있는가에 맞추어져야 한다.

전략과 윤리, 두 가지 원칙을 어떻게 통합할 것인가가 실무적인 논의의 근간을 이루고 있다고 할 수 있다. 위기 상황에서 대변인을 지정하는 등 일관성 있는 목소리를 내는 것, 비상 사태 해결과 피해자에 초점을 맞춘 커뮤니케이션의 구사 등은 조직이 미리 준비해 둔 위기 관리 계획에 따라 전략적인 커뮤니케이션을 하는 것이 중요하다는 것을 보여 준다(Baskin, Aronoff, & Lattimore, 1997). 또한 이러한 과정에서 외부 공중과의 개방적인 커뮤니케이션, 비판적인 공중에 대한 공평한 커뮤니케이션 원칙 등 윤리적인 기준을 함께 가져갈 것을 요구한다(김영욱, 2002; Baskin et al., 1997). 이는 실무적인 위기 커뮤니케이션 논의들도 공중 관계의 증진과 유지라는 큰 틀을 염두에 두고 행해지기 때문에 단기적인 측면의 이익에 급급한 커뮤니케이션에서 탈피할 것을 주문하는 것이다.

한편 이러한 원칙적인 논의 외에 어떻게 위기 커뮤니케이션 전략을 위기 매뉴얼을 통해서 구현할 것인가를 고민하는 내용들도 많다. 조직의 위기 커뮤니케이션 활동 목표를 설정하고 그것을 달성하기 위한 전략적인 메시지를 창출하는 일련의 과정들이 조직의 위기 관리 매뉴얼에 담겨 있어야 한다고 본다. 이것은 커뮤니케이션 원칙이 세워지고, 이러한 원칙이 위기의 유형별로 어떻게 실행될 것인가에 대한 사전 계획이 미리 마련되어 있어야 한다는 의미다. 좀더 구체적으로 이야기하면, 위기 유형별 커뮤니케이션 목표가 설정된 다음, 위기의 발전 단계별 커뮤니케이션 주제가 정해지고, 목표 공중과 중요 접촉 공중 리스트에 대한 세부적인 커뮤니케이션 전술과 실제 메시지의 용례 등이 미리 정해져 있어야 한다는 것이다(김영욱, 2002).

이러한 과정과 관련하여 스터지스(Sturges, 1984)의 위기 커뮤니케이션 모델 등이 적용될 수도 있다(그림 11-2 참조). 스터지스는 위기의 단계별로 조직이 어떤 점에 중점을 두어 커뮤니케이션해야 할 것인가에 대해서 연구했다. 예를 들어 위기가 처음 발생했을 당시에는 사실에 기반한 정보 중심의 커뮤니케이션이 중요하다. 하지만 위기가 잦아들고 종결 단계에 들어가면 조직의 이미지를 재평가하고 내부 조직원들의 사기를 진작할 수 있는 커뮤니케이션 활동이 필요해진다. 이러한 단계별 커뮤니케이션 강조점은 목표 공중의 필요와 맞물려 효과 측면에서 고려되는 것이 필요하다. 유형별 · 단계별 커뮤니케이션 주제를 정할 때 이러한 관련 이론들을 참조하는 것이 필요하다.

지금까지 논의된 구체적인 위기 커뮤니케이션 활동 과정을 다시 한 번 정리하면(김영욱, 2002), 1) 위기 유목 및 취약성 분석, 2) 각 유목별로 위기 발전 단계에 따른 커뮤니케이션 목표 및 주제 선정, 3) 목표 공중 선정 및 접촉 리스트 작성, 4) 주요 커뮤니케이션 혹은 이미지 회복 메시지 선정, 5) 필요한 자료 취합 및 세부 전술 확정 등으로 나눌 수 있다. 지금까지 논의된 위기 관리 과정에서 위기 커뮤니케이션 구성 부분이 가장 핵심적이

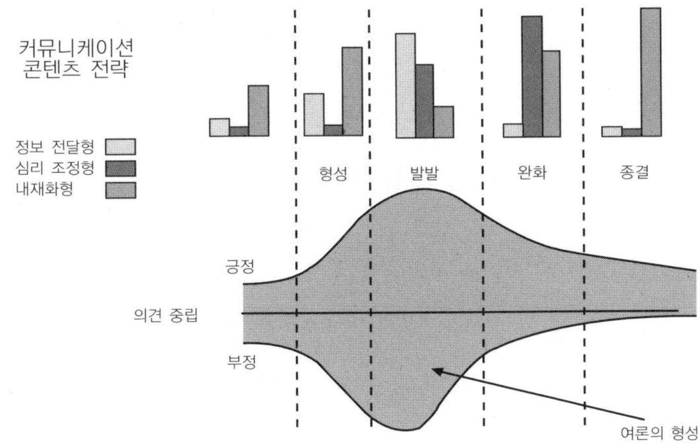

그림 11-2. 위기 단계별 커뮤니케이션 모델
(Sturges, 1984: 310)

면서 창의적인 과정이라고 할 수 있다. 앞서 논의된 과정들은 조직의 구성과 절차 등과 많이 관련되어 있는 반면, 위기 커뮤니케이션 분야는 어떤 정태적인 모범 답안이 존재하기가 힘들다. 따라서 위기 관리 매뉴얼 작성시 가장 조직의 특성에 맞게 창의적으로 만들어질 필요가 있다.

한편 이러한 위기 관리 커뮤니케이션 계획을 시나리오 형식으로 제작하여 시간대별 행동 요령을 보여 주려는 시도들도 있어 왔다. 시나리오 작성법이 대표적인데(Lukasewski, 2000), 위기의 진행 상황에 따라 조직의 대응과 위기 커뮤니케이션 방법을 기술하는 것이다. 시나리오의 요소는 상황 분석, 전략적인 고려 사항, 조직 차원의 대응 및 행동 단계, 커뮤니케이션 차원의 대응 및 행동 단계, 핵심 메시지 주제와 구체적인 메시지, 외부에 발표할 것과 하지 말아야 할 것의 리스트, 제기 가능한 핵심 질문과 응답, 위기 커뮤니케이션 관련 임무별 인원과 사용 가능한 커뮤니케이션 도구 등의 내용이 들어가게 된다. 시나리오는 커뮤니케이션 계획을 좀더 구체화한 것이라고 보면 된다. 특히 대응 및 행동 단계에서 사건 발생 후 시간대별 행동 요령을 기술하는 것이 보통이다. 조직은 이러한 시나리오를 통해서 위기 관리 매뉴얼을 좀더 실제로 운용할 수 있게 된다. 시나리오 접근은 실제적인 시뮬레이션 효과를 통해서 조직원들의 위기 대응에 대한 이해를 높일 수 있다는 측면에서 많이 채택되고 있다.

한편 지금까지 논의된 이러한 실무적인 차원의 논의들은 좀더 광범위한 논의로 옮아갈 필요가 있다. 즉 위기가 일어났을 때 어떻게 대응할 것인가의 수준을 넘어서 어떻게 조직의 이미지를 회복하고 공중 관계를 회복할 수 있는가를 함께 고려할 필요가 있다. 위기 발생시 대응 정도는 결국 궁극적으로 조직이 잃어버린 평판을 회복하고, 공중 관계를 복원하기 위한 장기적인 시각에서 결정되어야 한다. 예를 들어, 단기적으로 손해를 볼 수 있는 결정이더라도 장기적인 관점에서 조직의 신뢰를 회복할 수 있다면, 그러한 손해를 감수하는 결정을 내리는 것이 바람직하다. 따라서 이 장에서는 실무적인 위기 커뮤니케이션 대응 수준을 넘어서 위기 커뮤니케이션이 조직의 이미지 회복과 어떻게 연결되는가와 관련한 이론적인 논의들을 모아서 재해석해 보았다. 이러한 이론적인 논의들이 지속 가능한 위기 커뮤니케이션에 대한 이해를 높일 수 있다.

위기 커뮤니케이션의 이론화

위기 커뮤니케이션에는 수사학과 사회 과학 간의 긴장이 함께 존재한다. 위기 커뮤니케이션만큼 고전 수사학의 전통이 충실하게 적용되고 있는 분야도 없다. 수사학은 말 그 자체에 의미를 두면서 화자와 청중과의 의미 공유에 더 관심을 두지만, 사회 과학은 말을 둘러싼 인간 행동의 반응들에서 어떤 법칙성을 찾아내려고 애쓴다. 이것을 해석적인 접근과 실증적인 접근의 차이라고 하면 약간의 과장은 있지만, 두 접근이 가지고 있는 기본 철학의 차이점을 어느 정도는 설명한다고 할 수 있다.

베노이트(Benoit, 1995)의 경우는 수사학과 사회 과학 전통에서 뽑아낸 이미지 회복을 위한 커뮤니케이션 수단들을 통합하여 유형화하고 있다. 하지만 베노이트의 이미지 회복 전략 유형화는 상황을 기술하는 수준에 그치고 있을 뿐, 이론적인 함의를 형성하는 면에서는 소홀한 편이라고 평가할 수 있다. 따라서 위기 커뮤니케이션을 이미지를 회복하기 위한 전략으로 유형화하는 것 외에 커뮤니케이션 자체의 의미를 천착하거나 다른 영향 변수들과의 관련성을 이론화하는 시도들이 많아질 필요가 있다. 지금까지 있어 왔던 이론적인 논의를 간단하게 정리하면, 위기와 관련한 조직 커뮤니케이션으로서 방어 커뮤니케이션 담론과 의미 공유에 초점을 맞추는 현대 수사학의 이론적인 논의들과 사회 과학적 방법론을 이용하여 위기 커뮤니케이션에 대한 공중의 인식과 반응을 이론화하는 것에 초점을 맞추는 사회 과학적인 전통으로 양분화되어 발전해 왔다고 보는 것이 타당하다.

대표적으로 연구한 학자들을 살펴보면 앞서 말한 대로 위기 커뮤니케이션 상황을 기술하기 위해서 커뮤니케이션을 유형화하는 전통을 대변하는 학자로 베노이트(Benoit, 1995)를 들 수 있다. 한편 의미 공유에 초점을 맞추는 가장 수사학적인 커뮤니케이션 전통을 대표하는 사람이 버크(Burke, 1973), 헤릿(Hearit, 2006), 웨어와 린쿠겔(Ware & Linkugel, 1973) 등이며, 사회 과학적 전통을 대표하는 사람이 쿰즈(Coombs, 1999) 등 공중 관계 연구자들과 심리학의 인상관리이론impression management theory 연구자들이다. 우리나라에서도 최근 사회과학방법론을 원용하여 법칙성을 찾으려는 연구들이 이루어지고 있다(김영욱, 2004; 2006a, b; 박은혜 · 김영욱, 2006; 백진숙, 2006).

최근의 연구들은 거의 공중 관계 학자들 간에 이루어지고 있는데, 공중 관계 연구자들의 위기 커뮤니케이션 연구는 수사학적인 연구 전통과 사회 과학적인 연구 전통이 혼재한다고 보아야 한다. 이러한 연구 전통의 분화는 공중 관계 연구의 패러다임 접근과도 연계되어 있다. 공중 관계 이론은 크게 기능주의, 수사학, 비판학 패러다임으로 나눌 수 있는데, 사회 과학적인 위기 커뮤니케이션 접근은 기능주의 패러다임과 연결될 수 있고, 수사학적인 위기 커뮤니케이션 접근은 말 그대로 수사학 패러다임과 연결되어 있다고 할 수 있다(김영욱, 2003 참조). 공중 관계 연구에서도 드러나고 있지만 이러한 위기 커뮤니케이션 접근 방법은 서로 독립적으로 존재한다고 보기는 어려우며 상호간의 이론적인 보완을 통해서 통합적으로 발전하는 것이 바람직하다고 할 수 있다. 최근 쿰즈(Coombs, 2006a) 등의 상황적 위기 커뮤니케이션 이론situational crisis communication theory(SCCT)과 같은 시도는 수사학적인 전통과 사회 과학적인 전통을 연결하려는 시도라고 할 수 있다.

표 11-1. 위기 커뮤니케이션 연구의 세 가지 접근 방법

1. 커뮤니케이션 유형화 접근
   - Benoit(1992), Ware & Linkugel(1973)
   - 이미지 회복 전략image restoration strategies의 유형화 등 위기시 조직 커뮤니케이션 수단을 유형화하려는 연구
2. 수사학적인 접근
   - Burke(1973), Hearit(2006), Huxman(2004)
   - 공격 커뮤니케이션kategoria에 대한 방어 커뮤니케이션apologia 연구, 이야기와 의식rituals으로서 위기 커뮤니케이션 등 의미 공유를 목적으로 하는 연구
3. 사회 과학적인 접근
   - Coombs(1999), Scott & Lyman(1968), Sturge(1994), 김영욱(2004; 2006a, b)
   - 상황 위기 커뮤니케이션 이론 등 위기 커뮤니케이션을 공중의 수용 정도와 연결하고 일정한 법칙성을 찾으려는 연구

한편 최근 헤릿(Hearit, 2006)의 접근 또한 수사학과 기능주의 접근이 어떻게 통합되어야 할지를 잘 보여 주는데, 그의 연구는 위기 관리에서 수사학 차원 접근 방식에 초점을 맞추면서도, 커뮤니케이션 접근과 경영 관리 차원 접근을 접목하려고 시도하고 있다. 위기 관리가 점점 공중 관계 커뮤니케이션의 하부 분야로 자리매김하면서 이제 위기 관리의 커뮤니케이션 접근과 경영 관리 차원 접근은 매우 밀접한 관련성을 가지는 것으로 이해되고 있다. 즉 조직은 커뮤니케이션을 사용하여 위기가 일어났을 때 조직의 전략적이고 정치적인 입지를 최대화하려고 노력하며, 또한 조직 경영 역량을 강화하여 가장 효율적으로 조직 커뮤니케이션을 생산 전파하려고 노력한다. 따라서 커뮤니케이션 접근과 경영 차원 접근이 통합적으로 운영되었을 때 조직의 위기 관리 역량을 최대한으로 끌어올

릴 수 있다.

이러한 접근은 앞서 말한 대로 공중 관계 이론 접근의 통합적인 논의와 일맥상통하는 것이다. 위기 커뮤니케이션 연구는 유형화 접근, 수사학적인 접근, 사회 과학적인 접근이 서로 다른 접근을 보이며 공존하고 있지만, 통합적인 위기 관리의 측면에서 이러한 다양한 접근들이 함께 고려되는 위기 커뮤니케이션 이론을 고안할 필요가 있다. 쿰즈와 헤럿은 그런 의미에서 좋은 시작을 보여 준다. 한편 이러한 세 가지 접근은 독립적으로 존재하기보다는 서로 연결되어 있다고 보는 것이 옳다. 단지 여기서는 설명을 쉽게 하기 위해서 강조점의 차이를 바탕으로 앞에서 분류한 체계를 따르기로 한다.

위기 커뮤니케이션 유형화 접근

조직의 위기 커뮤니케이션은 위기 상황에서 일어나는 공격이나 비난, 불만으로 인한 이미지의 손상을 최대한 줄이면서 손상된 이미지를 회복하려는 커뮤니케이션 노력이다(Benoit, 2004). 이런 의미에서 베노이트는 위기 커뮤니케이션을 이미지 회복 전략이라고 부른다. 위기 상황에서 조직이 공격받는 이유는 두 가지다. 하나는 위기의 결과가 반사회적이기 때문이고, 다른 이유는 조직이 그러한 반사회적인 행위에 책임이 있다고 느끼기 때문이다(Benoit, 2004). 따라서 이미지 회복 전략도 이러한 두 가지 공격 이유를 방어하기 위해서 유형화되는 것이 보통이다.

베노이트(Benoit, 1995)는 이러한 위기 상황에서 조직이 사용하는 커뮤니케이션을 유형화하려는 시도를 집대성했는데, 그는 세 가지 연구 전통을 통합하여 위기 커뮤니케이션을 유형화했다. 그러한 배경 이론은 드라마이론dramatism, 수사학적인 방어 커뮤니케이션theory of apologia, 사회 과학적인 설명accounts 이론이다. 여기서는 이 세 가지 배경 이론을 차례대로 설명하고 나서 베노이트의 이론을 마지막에 설명하도록 한다.

버크(Burke, 1973)의 드라마이론에서는 사람들은 항상 어떤 동기를 가지고 행동하며, 그러한 동기의 저변에는 죄의식이 있다고 보았다. 따라서 사람들은 이러한 죄의식에서 벗어나기 위해 방어적인 커뮤니케이션을 구사하게 되는데, 이러한 대표적인 방어 커뮤니케이션이 희생양 만들기victimage or scapegoating 혹은 잘못에 대한 사과와 함께 용서를 비는 것이다. 이러한 중심 메시지와 함께, 때때로 현재 상황에서의 초월 등이 이용되기도 한다. 버크의 입장에서는 사람들이 동기를 가지는 모든 행위들이 드라마로 해석될 수 있으며, 이러한 인생 드라마에는 죄의식을 버리고자 하는 사람들의 방어적인 행위가 숨어 있다고 보았다. 따라서 사람들의 인생 드라마는 평온한 상태—죄의식 발동—방어 커뮤니케이션 작동—평온한 상태의 회복이라는 드라마적인 흐름을 반복하게 된다고 보았다.

버크의 드라마이론은 내러티브 요인 분석, 죄의식 이론 등을 포함하여 좀더 근원적인 인간 행위에 대한 탐구를 목적으로 한다. 따라서 그의 이론은 이 책의 범위보다 훨씬 광범위하게 걸쳐 있다. 하지만 인간은 죄의식을 느끼며, 그러한 죄의식으로부터 회복하기 위해서 사과와 희생양 만들기 등의 방어적인 행위를 하게 된다는 것은 위기 커뮤니케이션의 동기 요인을 잘 설명해 주고 있다. 한편 버크에 따르면 사람들은 자기가 남들과 다르다고 느끼거나(차이의 문제), 자기보다 성공한 사람을 만나거나(계층화 문제), 깔끔한 일 처리를 못했을(완벽의 문제) 때 죄의식을 느끼게 되는데, 이러한 죄의식으로부터 자유로워지고 싶은 것은 인간의 근원적인 욕망이라고 할 수 있다(Burke, 1973). 그렇다면 어떤 방법을 가장 많이 사용할까? 사람들은 자신이 사과하는 것보다는 남을 희생양으로 만드는 방법을 더 많이 사용한다. 개인 비리와 관련된 위기에서 진정한 사과보다는 희생양 만들기를 더 많이 목격할 수 있는 것도 이러한 경우에 해당한다. 따라서 사람들이 겪게 되는 위기의 드라마는 인간의 열등감, 수치, 재탄생 욕구, 자신과 남에 대한 분노 등이 복잡하게 얽혀 있으며, 이러한 위기가 가지는 드라마적인 요소를 이해하지 못하면 위기와 관련한 커뮤니케이션의 본질 또한 이해하기 어렵게 된다.

베노이트가 인용한 두 번째 이론은 웨어와 린쿠겔(Ware & Linkugel, 1973)의 사과 혹은 방어이론이다. 사실 웨어와 린쿠겔의 이론은 위기 커뮤니케이션 연구의 가장 선구적인 유형화라고 할 수 있다. 그들은 사람들이 가장 많이 사용하는 자기 방어 커뮤니케이션으로서 부정denial, 입지 강화bolstering, 차별화differentiation, 초월transcendence을 들고, 공격으로부터 자신을 방어하기 위해서 이러한 수단들을 적절히 조합하게 된다고 주장했다. 이러한 차원에서 본다면 사실 웨어와 린쿠겔의 모델은 사과이론이라고 하기보다는 자기방어이론이라고 부르는 것이 더 적절하다.

이 모델이 인간 행위를 설명하는 데 탁월하다고 볼 수 있는 점은, 사람들이 사용하는 자기 방어와 이미지 회복을 위한 요소들을 행위자 의도의 측면에서 1) 듣는 사람의 생각 자체를 바꾸고자 했는가 혹은 2) 듣는 사람의 생각을 바꾸려고 시도하기보다는 오히려 자신의 입장을 더 강화하려고 했는가로 나누어 두 개의 그룹으로 유형화한 것이다(Benoit, 1995; 김영욱, 2002). 공격으로부터 자신을 방어하려고 하는 행위는 어차피 다른 사람의 생각을 바꾸거나, 그와는 상관없이 네 입지를 강화하려는 두 종류의 행위에서 벗어나기 힘들다. 이것을 변환 전략transformative strategies과 개량 전략reformative strategies이라고 한다.

변환 전략에는 차별화와 초월이 해당하고, 개량 전략에는 부정과 입지 강화가 포함된다. 또한 인간의 방어 행위를 면밀히 검토하면 한 가지 전략을 일방적으로 사용하기보다는 변환 전략과 개량 전략을 적절히 조합함으로써 가장 효과적인 방어가 이루어질 수 있도록 노력한다는 것을 알 수 있다. 예를 들어 어떤 정치인의 비리가 발견되었다고 했을 때, 그 정치인은 사건 자체를 부정하기도 하지만 그 사건의 성격은 다른 정치 스캔들과 성격 차원에서 완전히 다른 사건임을 주장하는 경우가 많다. 이런 경우 개량 전략인 부정 전략과 변환 전략인 차별화 전략이 함께 사용된 경우라고 말할 수 있다. 따라서 웨어와 린쿠겔(Ware & Linkugel, 1973)은 사람들의 방어 전략을 개량 전략과 부정 전략으로 조합하여 총 네 가지의 방어 전략으로 유형화했다. 그것은 방면 전략absolutive, 전환 전략vindicative, 설명 전략explanative, 정당화 전략justificative이다. 방면 전략은 부정과 차별화, 전환 전략은 부정과 초월화, 설명 전략은 자기 입지 강화와 차별화, 마지막으로 정당화 전략은 자기 입지 강화와 초월화 접근을 집중적으로 사용한다. 이러한 전략은 모두 변환 전략과 개량 전략을 하나씩 채택하고 있다.

한편 부정이란 자신의 잘못을 인정하지 않고 부정하는 것이고, 입지 강화는 잘못을 한 여부와 상관없이 과거의 다른 행위로부터 자신의 입지를 강화하는 것이다. 차별화란 자신의 행위가 과거의 다른 행위와 어떤 점에서 차별화되는가를 보여 주는 것이며, 초월은 더 높은 가치를 가지는 목표로 자신의 행위를 귀속하는 것을 말한다. 웨어와 린쿠겔(Ware & Linkugel)의 모델은 이러한 커뮤니케이션 행위들이 어떤 형식으로 조합될 수 있는가를 간결하게 보여 준다. 하지만 이들의 모델은 어떤 상황을 묘사하는 데는 탁월한 설명력을 보여 주지만(Benoit & Lindsey, 1987), 어떤 규범적인 방향성을 보여 주지는 못한다. 이러한 점이 유형화 연구(나중에 설명할 수사학적인 접근을 포함하여)의 가장 큰 단점이라고 할 수 있다. 예를 들어 위기와 관련된 사람이나 조직의 언변을 구체적으로 분석하는 데는 탁월한 접근을 보여 주지만 그러한 언변들이 과연 얼마나 효과적이며, 어떤 상황이나 조건에서 더 유리할 것이라는 전망을 내놓는 데는 소홀하다고 할 수 있다. 이것은 학문적인 접근들이 가지고 있는 철학적인 기반의 차이에서 비롯된다고 할 수 있다. 유형화와 수사학적인 접근은 사안에 대한 인과 관계나 법칙성보다는 상황을 이해하고 해석하는 데 더 중점을 두고 있다고 말할 수 있다.

베노이트 유형화의 세 번째 배경 이론은 스콧과 라이먼(Scott & Lyman, 1968)의 고전적인 설명이론classic works on accounts이다. 이들은 사회 과학적인 관점을 가지고 어떤 설명들이 특정한 상황에서 사람들에게 더 잘 받아들여지는가에 관심을 가졌는데, 베노이트의 경우는 이들의 설명이론 중에서 유형화 부분에 더 관심을 가졌다고 할 수 있다. 설명이론은 앞의 배경 이론들에 비해서 변명과 정당화에 초점을 맞추고 있는 것이 특징이다. 사람들은 어떤 비난받을 수 있는 일을 하게 되면 그것을 설명하려는 경향이 있다. 따라서 설명은 비난받을 소지가 있는 일에 대해서 그것이 자신의 평판에 부정적인 영향을 미치지 않도록 커뮤니케이션하는 행위다.

가장 대표적인 설명 방법이 변명과 정당화다. 변명과 정당화는 정반대의 의미를 가진다. 변명은 자신의 잘못된 행동이 미치는 결과에 대해서는 인정하지만 그 행위에 대한 책임은 인정하지 않는 것이지만, 정당성은 자신의 책임은 인정하지만 그 행위가 일반적으로 생각하는 것만큼 잘못된 것이라고는 인정하지 않는 것이다. 이러한 변명과 정당화에는 각각 네 가지의 변명 전략과 여섯 가지의 정당화 전략이 사용될 수 있다(Scott & Lyman, 1968). 네 가지의 변명 전략에는 사고accidents, 불능 상태defeasibility, 본능적 충동biological drives, 희생양 만들기scapegoating, provocation 등이 있다. 사고는 예기치 못한 외부적인 개입을 의미하고, 불능 상태는 비난받을 만한 일이 일어났을 때에 행위자의 상태가 책임을 질 만한 정상적인 상태가 아니었다고 주장하는 것이다. 또한 동물 본능적인 충동이나 제어할 수 없는 충동적 행위였다고 주장하거나 행위의 원인이 다른 사람에게 있거나 혹은 다른 사람이 촉발했다고 주장하는 것도 변명의 한 형태다. 만약 수업 시간에 늦게 들어온 학생이 갑자기 차가 막혀서 늦었다고 한다면 이는 "사고" 언변의 전형적인 예를 보여 준다. 그 학생은 일어난 결과에 대해서는 인정하지만 자신의 책임에 대해서는 인정하지 않고 있다.

정당화의 여섯 가지 방법은 피해의 거부denial of injury, 희생자에 대한 거부denial of victim, 공격자 비난하기condemning the condemners, 충성심에 호소하기appeal to loyalty, 감정에 호소하기sad tales, 자기 실현 호소self-fulfillment 등을 포함한다. 피해의 거부나 희생자에 대한 거부는 사건이 일어난 것에 대한 책임은 인정하지만 자신의 행위로 피해를 입었다거나 희생자가 발생했다는 것에 대해서 거부하는 것이다. 이러한 예는 주로 강자들이 자신의 폭정을 정당화할 때 많이 발견된다. 일본이 우리나라의 식민 지배를 인정하면서도 오히려 근대화를 앞당겼다거나 희생자는 없었다는 식으로 미화하는 것, 박정희 대통령이 민주주의를 억압했다는 것은 인정하지만 우리나라를 가난으로부터 구하고 국민들을 더 잘살게 했다는 것 등은 모두 정당화의 한 방법이다. 나중에 설명하겠지만 이러한 정당화 언변들은 상황을 초월하거나 더 큰 의미를 연결시키려는 방법들을 주로 사용한다. 더 확장된 이야기narratives를 통해서 현재의 이야기에 새로운 의미를 부여하려는 것이다.

공격자를 비난하는 것은 오히려 공격을 하는 사람이 잘못을 저질렀다고 주장하는 것인데, IMF 사태에서 김영삼 전 대통령의 언변을 보면 IMF의 사태의 궁극적인 잘못은 김대중 전 대통령에게서 비롯되었다고 야당을 역으로 공격하는 언변들이 자주 등장한다(김영욱, 2004). 이러한 언변은 IMF의 책임은 인정하지만 그것이 꼭 자신의 잘못이 아니라 지금 자신을 공격하는 야당의 탓이라고 역공격하는 것이다. 이러한 정당화 방법은 약간의 논란이 있을 수 있다. 아무리 책임을 인정하더라도 자신이 잘못한 것은 없고 다른 사람이 원인이라고 주장하는 것은 책임을 지겠다는 태도로 보기 어렵기 때문이다. 이러한 이유에서 쿰즈(Coombs, 1999) 같은 경우는 공격자 공격하기를 오히려 부정과 비슷한 수준의 부정 행위로 간주하고 있기도 하다.

충성심에 호소하기는 지금의 잘못을 인정하지만 현재까지 형성된 관계를 통해서 넓은 이해를 구하는 것이다. 충성심이 높은 공중은 아무래도 사건의 피해를 축소하는 방향으로 바라보려고 할 가능성이 많다. 즉 충성심에 호소하기는 공중 관계와 직접적으로 연관되어 있는데, 평소 호의적인 공중 관계를 가져가는 조직은 위기가 발생했을 때 공중의 이해를 구하는 데 훨씬 유리할 것이다. 예를 들어 공장 주변의 지역사회와 좋은 공중 관계를 유지해 온 회사의 경우, 장마로 인해 폐수가 방류되는 사건이 일어났더라도 지역사회의 이해를 바탕으로 위기를 조기에 마무리할 수 있다. 이는 사건에 대한 책임은 인정하는 것이지만 사건이 미치는 영향력에 대해서는 자연스러운 축소가 가능하다는 것이다.

감정에 호소하기도 충성심에 호소하기와 비슷한 심리 상태를 유도한다. 좋았던 관계, 과거 함께했던 힘들었던 일 등을 통해서 감정적인 유대를 형성하고자 하는 시도다. 감정적인 유대가 일어난 공중은 현재의 상황을 초월하려는 성향을 가지게 될 것이다. 마지막으로 자기 실현 호소는 개인이나 조직의 욕구 충족을 위해서 쓸 수밖에 없는 무리수를 설명하는 것이다. 사건의 책임을 인정하지만 그러한 상황으로 갈 수밖에 없었던 불가피성을 내세움으로써 자기의 입지를 강화하려는 수단이다.

지금까지 설명했던 변명과 정당화 언변들은 실제 사회 생활에서 많이 사용되고 있으며, 상호 독립적이라기보다는 몇 가지 요소가 복합적으로 작용하는 경우가 대부분이라고 할 수 있다. 한편 이러한 스콧과 라이먼(Scott & Lyman, 1968)의 설명이론은 이후 사회심리학의 인상관리이론impression management theory 등과도 연결되는데, 인상관리이론은 비난을 받을 수 있는 상황에서 자신을 연출하는 행위에는 부정, 변명, 정당화, 사과 인정 등의 네 가지 방법이 있다고 보았다.

이러한 세 가지 배경이론을 집대성해서 베노이트(Benoit, 1995)는 위기시에 조직이 사용하는 언변을 이미지 회복 전략으로 정리했다. 즉 이미지 회복 전략은 수사학에서 사용되어 왔던 방어 언변, 드라마이론의 죄의식으로부터의 회복하기, 사회 과학 차원에서 논의되던 변명과 정당화 등의 설명이론들을 모두 합해서 위기가 일어났을 때 개인이나 조직이 자신의 평판을 유지하기 위해서 행하는 모든 커뮤니케이션 행위를 통합하여 이미지 회복 전략이라고 지칭한 것이다(김영욱, 2002).

이미지 회복 전략은 크게 다섯 가지로 요약 정리되는데, 그것은 부정, 책임 회피, 사건 충격 최소화, 개선 행위 그리고 사과로 구분될 수 있다. 여기서 책임 회피는 변명과 의미가 통하고 사건 충격 최소화는 정당화와 비슷한 의미라고 할 수 있다. 부인에는 사건의 존재 자체를 부인하는 '단순 부인'과 사건을 부인하는 차원에서 비난을 다른 곳에 전가하는 '비난 전가'가 있고, 책임 회피의 전략에는 희생양 만들기, 불가항력, 사고, 좋은 의도 등이 있다. 한편 사건 충격을 최소화하는 전략에는 입지 강화, 최소화, 차별화, 초월, 비난자 공격, 보상 등의 세부 전략이 있다. 개선 행위는 사건의 재발을 방지하기 위한 조직의 대응 조치를 밝히는 것이고, 마지막으로 사과는 사건에 대한 모든 책임을 인정하고 공중의 가치 판단을 기다리는 행위다. 여기서 개선 행위는 사건이 일어나기 전의 상태로 회복하려는 의미와 사건의 재발을 막기 위해 원인을 분석하고 처방을 내놓는 것을 함께 의미한다. 하지만 위기 언변에서는 주로 후자의 의미를 내포하는 경우가 대부분이다. 개선 행위가 사과와 다른 점은 책임을 완전히 인정하지 않는 상황에서도 개선 행위는 이루어질 수 있다는 것이다.

이러한 베노이트 전략 외에도 사건에 대해서 일절 논평을 거부하는 침묵 전략(McLaughlin, Cody, & O'Hair, 1983), 법적인 책임성은 회피하면서도 사건에 대해서 연민을 표현하는 '법적 책임을 회피하는 차원에서 조직의 연민 표현 전략'(Englehardt, Sallot, & Springston, 2004), 상황에 대한 명확한 답변을 피하면서 사건을 설명할 여지를 남겨두는 '모호한 표현 전략' 등이 몇몇 연구에서 제기되었다. 이러한 연구들이 보여 주는 커뮤니케이션 전략들은 베노이트의 이미지 회복 전략 리스트가 철저하지는 않다는 것을 의미하며,

위기의 맥락에 따라서 독특한 이미지 회복 언변들이 고안될 수 있음을 보여 준다. 〈표 11-2〉(김영욱, 2006a, b; 박은혜 · 김영욱, 2007)는 베노이트의 이미지 회복 전략 외에 지금까지 논의되었던 전략을 추가해서 구성했다.

지금까지 유형화 관련 논의를 정리하면, 개인이나 조직이 위기를 겪게 되면 매우 다양한 언변을 고안해 낸다는 것을 알 수 있다. 하지만 유형화 논의의 단점은 일어난 사실을 분류하고 기술하는 데는 도움을 주지만 어떠한 언변들이 더 효과적이며, 위기 변수와 관련하여 어떤 함의를 가지고 있는가에 대한 답을 주지는 못한다는 것이다. 위기 언변을 좀 더 이해하기 위해서 혹은 숨은 법칙성을 탐색하기 위해서 수사학적인 접근이나 사회 과학적인 접근으로 발전해야 하는 이유가 여기에 있다.

표 11-2. 이미지 회복 전략과 조작적인 정의

이미지 회복 전략		정의
부인 denial	단순 부인simple denial	사건의 부인
	비난 전가shifting the blame	사건을 부인하는 차원에서 비난 전가
책임 회피 evading responsibility	희생양 만들기provocation, scapegoating	책임을 다른 사람에게 전가함
	불가항력defeasibility	불가항력적이었음을 드러냄
	사고accident	단순한 사고로 묘사
	좋은 의도good Intentions	의도 자체는 좋았음을 주지시킴
사건의 공격성 축소 reducing offensiveness of event	입지 강화bolstering	예전의 선행을 들어 입지를 강화
	최소화minimization	사건 자체가 사소한 것임을 드러냄
	차별화differentiation	사건의 차별성을 드러냄
	초월transcendence	더 큰 맥락, 대의명분을 드러냄
	비난자 공격attack accuser	비난자를 오히려 공격함
	보상compensation	피해를 보상함
수정 행위corrective action		행동 수정, 사건 이전 상태로의 수정
사과mortification, apology		책임을 인정하고 사과함
침묵 simple	단순 침묵simple salience	무대응
	숨기기hiding	일부러 숨김
연민 표현compassion without blame		책임을 지지 않고 연민을 표현함
모호함equivocation		사실과 상관없이 모호하게 표현

한편 유형화 접근 중에서 웨어와 린쿠겔(Ware & Linkugel)의 유형화는 수사학적인 접근과 직접적으로 통한다. 앞서 설명한 대로 그들의 입장에서는 인간의 자기 방어 행위에는 개량 전략과 변환 전략이 있다고 보았고, 이러한 전략이 적절히 혼합되었을 때 수사학적인 언변이 사람들과 공유될 수 있다고 보았다. 하지만 웨어와 린쿠겔의 유형화를 적용한 연구들이 그러한 유형화가 어떻게 공중과 공유될 수 있는가에 대해서 깊게 성찰하지 않았기 때문에 비록 수사학적인 접근에서 아이디어를 가져왔지만 유형화 접근으로 분류하는 것이 타당하다고 생각했다.

사실상 위기 커뮤니케이션의 유형화 접근은 모든 이론화의 기본을 이루기 때문에 독립적인 접근으로 보기는 어려운 면이 있다. 예를 들어 쿰즈(Coombs, 1999) 같은 경우, 위기의 유형화를 바탕으로 책임성에 따라 위기 커뮤니케이션 유형을 연결시킨다. 또한 헤릿(Hearit, 2006)의 경우도 위기 커뮤니케이션을 사과, 공격자 공격, 차별화, 부정, 법적인 대응으로 나누고, 이러한 조직의 커뮤니케이션 행위가 사회적인 드라마로서 의식화rituals되는 과정을 보여 준다. 따라서 위기 커뮤니케이션의 유형화 접근은 모든 이론화의 기초를 제공한다고 보아야 한다.

이 밖에도 많은 학자들이 위기 커뮤니케이션의 유형화를 시도했다. 헤릿(Hearit, 2000)의 경우, 위기 상황에서 조직이 쓸 수 있는 태도로서 부정, 책임 전가counterattack(번역하면 공격자 공격이지만 내용상 책임 전가에 가까움), 차별화differentiation(희생양 만들기도 여기에 포함시켜서 설명함), 사과, 법적인 대응 다섯 가지를 들고 있다.

한편 베노이트(Benoit, 2004)는 이러한 이미지 회복 전략의 유형화 접근들이 효과적으로 운용되기 위해서는 몇 가지 원칙을 지키는 것이 필요하다고 보았다. 우선 이미지 회복 전략도 설득 커뮤니케이션의 한 방법이기 때문에 상대방이 어떻게 받아들일 것인가에 신경을 써야 한다. 거짓 주장이나 적절한 설명이 결여된 주장, 나중에 뒤집어질 수 있는 주장 등은 스스로 자제해야 한다. 또한 신속하게 잘못을 인정하는 것이 무엇보다도 중요하고, 책임을 남에게 전가하는 것은 사건의 충격을 더 확대할 수 있으므로 조심해야 한다. 이와 함께 여러 가지 이미지 회복 전략을 한꺼번에 사용하거나, 좋은 주제 영역을 선택하여 커뮤니케이션을 집중하는 것은 맥락에 따라 좋은 전략이 될 수 있다. 하지만 무엇보다도 베노이트가 강조하는 것은 이미지 회복 전략이 전가의 보도처럼 사용될 수는 없다는 사실이다. 이미지 회복 전략은 일어난 위기의 충격을 조금은 줄일 수 있을지 모르지만 위기 전체를 통제할 수 있을 정도로 강력한 힘을 지녔다고 보기는 어렵다. 이러한 이미지 회복 전략의 한계를 인식한다면 좀더 위기 커뮤니케이션을 장기적인 관점에서 슬기롭게 사용하는 것이 필요하다는 것을 깨닫게 된다.

위기 커뮤니케이션의 수사학적인 접근

위기 관리의 수사학적인 접근은 조직의 커뮤니케이션 자산을 경영 자산과 동등한 입장에서 바라보아야 한다고 주장한다(Hearit, 2006). 조직 경영에서 자금, 인력, 생산 능력 등도 중요하지만, 조직이 사회적인 담론discourse을 형성하고 이끌어 갈 수 있는 능력도 이에 못지않게 중요하다는 것이다. 위기 커뮤니케이션의 수사학적인 접근은 전체 위기 관리의 수사학적인 접근과 궤를 같이한다. 수사학적인 접근의 위기 관리는 위기가 하나의 이야기narratives로 구성되어 있다고 보고, 공중과 이러한 이야기에 대해서 얼마나 의미 공유를 이루어 내기 위해 조직 활동을 조율하느냐가 관건이라고 보았다. 위기 커뮤니케이션은 이러한 위기 관리를 위한 조직 활동에서 조직의 담론 형성 및 유지 과정, 이야기의 구성 및 전달 과정에 좀더 초점을 맞추는 것을 의미한다(Heath & Millar, 2004). 따라서 위기 커뮤니케이션의 수사학 접근은 위기 관리에서 가장 커뮤니케이션 중심의 접근, 커뮤니케이션을 통한 위기 관리 활동의 이해, 위기 커뮤니케이션을 통한 공중과의 의미 공유 등을 총괄한다고 말할 수 있다.

현대 수사학 접근은 버크에서 시작한다고 할 수 있으며, 버크의 드라마이론과 죄의식이론은 위기 커뮤니케이션의 근간을 형성한다고 해도 과장이 아니다. 드라마이론은 드라마 형식과 요소를 통한 커뮤니케이션 상황의 분석에 유용한 반면, 죄의식이론은 위기 상황에서 평판에 상처를 입은 개인이나 조직이 어떻게 다시 자신의 평판을 복원할 수 있는가를 보여 준다. 즉 버크(Burke, 1966)의 죄의식이론은 개인이나 조직이 위기 상황을 맞아 느끼게 되는 죄의식을 분석하고, 그것에서 회복하는 과정을 이론화하고 있다.

위기 관리의 수사학적인 접근은 위기에 처한 조직을 사회적인 드라마의 한 등장 인물로 간주하는 것이다(Hearit, 2006). 위기가 일어나면 조직은 평판, 이미지 혹은 체면face or mask에 상처를 입게 된다. 따라서 조직은 실추된 조직의 이미지를 회복하기 위한 활동에 참여하게 되고, 이러한 대부분의 활동은 커뮤니케이션 활동을 통해서 조직의 위기 담론으로 형성된다. 결국 조직은 위기 담론을 통해서 잃어버린 정당성을 재창조하는 것이 필요하며, 그러한 정당성이 공중에게 받아들여질 때 위기 관리에 성공할 수 있다. 따라서 위기 커뮤니케이션은 위기의 발발로 단절된 조직의 손상된 이미지를 연결하는 행위이며, 드라마의 구성 요소들을 결합하여 방어 커뮤니케이션apologia이라고 하는 사회 드라마social drama를 구성하는 행위라고 정의할 수 있다(Hearit, 2006). 예를 들어 미 민주당 대통령 후보 경선에 나온 오바마 상원의원은 그와 오랜 친분을 맺어온 담당 목사의 인종 문제 관련 극단적인 발언이 문제가 되어 곤경에 처한 적이 있다. 이런 위기 상황에서 그는 기자 회견을 자청하여, 그러한 발언이 옳고 그름을 따지기보다는 미국이 처한 인종 문제를 함께 돌아보고, 변화를 통해서 문제를 해결할 계기로 만들어 보자고 호소했다. 그의 이러한 위기 커뮤니케이션은 상황을 초월하는 이야기를 통해서 그가 펼쳐 온 선거운동이 가지는 정당성을 재창조하는 데 성공하게 만든다. 이처럼 위기 커뮤니케이션은 결국 공중과 의미의 공유를 이루어 내는 한 편의 드라마 같은 것이다.

버크(Burke, 1966)의 경우 인간은 본원적으로 죄의식을 느끼는 존재라고 보았다. 아담과 이브가 선악과를 따먹었을 때 이미 인간은 죄의식과 함께 살도록 규정된 존재다. 또한 인간은 이러한 죄의식에서 벗어나려고 끊임없이 노력하면서 언어 사용의 동기를 만들어낸다. 앞서 설명했듯이 버크에 따르면 인간은 보통 부정성negativity, 위계성hierarchy, 완전성perfection에 의해서 죄책감을 형성한다. 즉 부정적인 사안에 대한 도덕적 판단, 다른 대상과의 위계화된 차별, 완전무결에 대한 열망 때문에 인간은 괴로워하고 죄책감에 사로잡힌다. 버크가 이러한 근원적인 의미에서 죄의식을 찾아낸 이유는 모든 인간이 죄의식을 느낄 수밖에 없고, 그러한 죄의식에서 탈피하려는 노력이 커뮤니케이션을 사용하는 동기라는 것을 설명하기 위해서다. 버크(Burke, 1970)는 이러한 죄책감에서 벗어나기 위해 인간은 평정의 단계－죄책감의 단계－정화의 단계－회복의 단계를 밟아간다고 보았다. 사람들은 죄책감에서 벗어나기 위해 책임을 회개 혹은 사과하기도 하며, 책임을 다른 사람에게 전가하거나, 자신이 처한 상황에 더 큰 의미를 부여하려고도 한다.

버크(Burke, 1970)에게 인간의 죄의식은 자연스러운 것이며, 언어 사용의 동기 요인으로 작용한다. 이런 의미에서 볼 때 위기와 그것을 관리하려는 인간의 노력은 아주 보편적인 행위다. 따라서 이것을 조직 차원에서 해석하면, 조직 차원에서 느끼게 되는 죄의식이 위기이며, 위기 커뮤니케이션 행위는 이러한 죄의식을 탈피하고 평정을 되찾기 위한 조직의 커뮤니케이션 행위로 이해할 수 있다. 결국 조직은 위기를 겪었을 때, 죄책감을 느끼게 되고, 그러한 죄책감에서 벗어나기 위해 위기 커뮤니케이션을 하게 된다. 평정을 회복하기 위해 사과, 희생양 만들기, 초월 전략이 쓰일 수 있으며, 이러한 커뮤니케이션 행위들은 결국 공중과 의미 공유가 이루어질 때 비로소 목적을 달성할 수 있다.

즉 죄의식에서 벗어나기 위한 조직의 행위는 공중에 의해서 같은 의미로 받아들여졌을 때만 유효하다. 이러한 의미 공유 행위를 정체화identification라고 하며, 현대 수사학이 설득을 대신해서 정체화를 커뮤니케이션 목적으로 내세우는 이유도 일방적인 설득보다는 의미를 둘러싼 눈높이 맞추기가 중요하다고 보기 때문이다. 다른 사람과 사물을 보는 눈높이를 맞추지 못하면 인간은 죄의식을 씻어낼 수 없다. 위기 커뮤니케이션의 수사학 접근은 결국 커뮤니케이션 행위가 얼마나 공중과 공유될 수 있는가에 초점을 맞추는 것이며, 커뮤니케이션이 얼마나 공중의 공감을 얻어낼 수 있느냐에 관심을 둔다. 크루즈(Kruse, 1984)도 버크와 비슷한 맥락에서 사과가 받아들여지기 위해서는 윤리적인 측면의 반성과 자신의 평판을 정화하기 위한 노력이 스스로의 언변을 통해서 공중에게 진실되게 받아들여져야 한다고 보았다. 예를 들어 이명박 정부 들어 과거의 위법 행위로 인해서 많은 인사들이 임명되자마자 여론의 혹독한 비판을 받는 경우가 많아졌다. 하지만 이러한 일에 대해서 "업무를 수행하지 못할 정도로 문제가 있지는 않다"거나 "부자라고 해서 비난할 수는 없다" 등의 언변을 사용하는 것은 국민들과의 커뮤니케이션 의미 공유에 실패할 수밖에 없는 이유를 보여 준다. 국민들과 눈높이를 맞출 수 있는 의미를 창출하지 못한다면, 그러한 위기 커뮤니케이션은 오히려 분노를 증폭시키게 될 뿐이다.

헤릿(Hearit, 2006)도 현대 조직의 방어 커뮤니케이션이 점점 더 중요해지고 있다고 주장하면서, 그 이유로서 기술의 발달, 미디어의 다양화, 소비자주의의 팽배, 조직에 대한 사회적인 책임성 요구의 증가 등을 들고 있다. 이제 현대 조직의 입장에서 공격이나 위기 상황에 대해서 방어 커뮤니케이션을 사용하는 것은 자연스러운 일이 되어 가고 있으며 조직의 일상 업무가 되고 있다. 따라서 조직은 이러한 변화 과정에서 사회적인 등장 인물social actor로서 위기와 관련한 담론을 주도하고 사회적인 드라마를 형성해 가는 구성 요소로서 자리매김하고 있다. 즉 조직은 위기 담론을 통해서 존재 정당성을 공중으로부터 인정받을 때 비로소 생존 기반을 마련할 수 있게 되었다. 조직이 구사하는 여러 가지 위기 커뮤니케이션들은 위기에서 벗어나기 위한 하나의 치료 의식remediation rituals, 즉 공중의 충격을 어루만지는 하나의 사회적인 드라마를 형성하게 된다. 이러한 커뮤니케이션 활동이 공중과 공유되지 못하고, 조직 중심으로 흐르게 되면 오히려 상처를 더 크게 만들게 되는 것이다. 예를 들어, 이명박 정부의 쇠고기 협상은 부실한 협상 과정, 검역 주권의 포기, 광우병 위험으로부터 안전성 확보 등의 여러 가지 국민적인 의구심을 불러왔지만, 이후 정부의 대응은 광우병을 근거 없는 괴담 수준으로 격하시키거나, '비 오는 날의 벼락,' '독을 제거한 복 요리' 등의 담론을 통해서 위험성을 표현함으로써 국민들과 의미를 공유하는 데 실패했다. 이러한 사례에서 알 수 있듯이 공중과 공유할 수 없는 커뮤니케이션은 오히려 사태를 악화시킬 수 있다. 한편 헤릿(Herit, 2006)은 이러한 사회 드라마에서 조직이 사용하는 위기 커뮤니케이션을 크게 부정, 책임 전가, 차별화, 사과, 법적인 대응 등으로 나누고 있다.

위기 커뮤니케이션을 드라마와 사회적인 의식rituals으로 보려는 헤릿의 시도는 버크와도 연결된다. 사회적인 드라마 속에서 조직의 의식 행위는 죄의식을 벗어나서 평상심을 회복하려는 인간의 동기와 연결된다. 여기서 헤릿은 버크가 제시한 절차에서 사회적 드라마로서 위기 커뮤니케이션이 공중과 의미를 공유하는 데 필요로 하는 구체적인 요소를 추가한다. 그는 방어 커뮤니케이션이 공중과 의미 공유를 이루기 위해서는 조직이 자신의 행위를 적절하게 설명하면서, 차후의 개선 행위에 대한 확신을 가져올 수 있어야 한다고 보았다. 여기서 방어 커뮤니케이션은 정당화 담론justificatory discourse을 통한 상징적인 의식 행위를 의미한다(Hearit, 2006).

그는 정당화 담론이 공중과 의미 공유를 이루기 위해서는 다음의 의식 행위 조건들을 만족시켜야 한다고 보았다. 그것은 행위 포함, 시연performance 능력, 자발성, 이성주의 배격noninstrumental, 사회적인 구조화, 신성함 요건을 의미한다(Hearit, 2006, 표 11-3 참조). 즉 사회적인 의식이 공중과 공유되기 위해서는 어떤 나름대로의 의미를 표현하는 의식rituals이 수반되는 행위를 포함하고 있어야 하며, 커뮤니케이션 활동이 그러한 의식을 이끌 수 있을 만큼 효과적인 시연이 이루어져야 한다. 이와 함께 자발적인 참여에 의해서 의식이 이루어져야 하며, 지나친 산술적인 이성주의는 배격되어야 한다. 즉 방어 커뮤니케이션은 화자의 어떤 계산적인 행위에 의해서 달성될 수 있는 성질의 것이 아니다. 이런 접근이 기능주의적인 접근과 수사학적인 접근의 차이를 보여 준다. 마지막으로 방어 커뮤니케이션 의식은 그 사회의 문화와 통용되는 의미를 받아들여 구조화해야 하며, 의식은 신성할 정도로 진실함을 담고서 진중하게 진행되어야 한다. 이러한 조건들이 갖추어질 때 방어 커뮤니케이션이라는 사회 의식은 공중에게 수용될 수 있다. 하지만 지금까지 논의되어 왔던 많은 위기 사안들이 이러한 정당화 담론을 위한 의식 행위의 요건을 충족하지 못했기 때문에 실패한 경우가 많았다. 이는 공중과 의미를 공유하겠다는 생각보다는 조직의 이해 관계 속에서 위기 커뮤니케이션을 실행했기 때문에 일어난 결과다. 위기 커뮤니케이션에 성공한 사례와 실패한 사례를 비교해 보면 그러한 차이를 쉽게 발견할 수 있다.

표 11-3. 사회 의식으로서 위기 정당화 담론의 요건

1. 행위 포함	2. 시연 능력
3. 자발성	4. 이성주의 배격
5. 사회적인 구조화	6. 신성함

헤릿(Hearit, 2006)의 논의를 요약하면 의식 행위와 이야기이론을 조직의 방어 커뮤니케이션과 연결함으로써 가장 적절하게 위기 커뮤니케이션을 실행하는 방법을 제시하고 있다고 할 수 있다. 헤릿은 조직이 위기라는 사회적인 드라마의 출연자로서 방어 커뮤니케이션을 통해서 정당성을 유지해 나가기 위해서는 공중과 공유할 수 있는 사회 의식을 형성하는 것이 중요하다고 보았으며, 위기의 상황에서도 그러한 의식 행위를 통해서 조직의 이야기를 이어가는 것이 위기 커뮤니케이션의 요체라고 보았다. 즉 공중과의 의미 공유는 조직의 생존을 위해서 무엇보다 중요하며, 이러한 조직의 노력이 위기 커뮤니케이션과 이야기 형성을 통해서 의식화되어야 한다는 것이다.

이 밖에도 위기 커뮤니케이션을 수사학적인 측면에서 바라본 연구가 최근 활발히 이루어지고 있다. 특히 앞서 살펴보았던 현대 수사학의 논의뿐 아니라 고전 수사학에서 위기 커뮤니케이션의 모티브를 가져오려는 노력이 눈에 띈다. 밀러와 벡(Millar & Beck, 2004)은 고전 수사학의 은유를 위기 커뮤니케이션에 적용하고 있다. 은유는 공통점이 없는 두 대상 사이의 연결고리를 형성하는 작업이다. 예를 들어 위기를 전쟁으로 은유할 수도 있지만 파괴적 창조 행위로 은유할 수도 있다. 위기 상황은 어떻게 은유되느냐에 따라 다르게 해석될 수 있다. 이러한 작업은 사안을 어떻게 규정할 것인가를 논의한다는 면에서 프레이밍이론과도 연결된다. 예를 들어 제2차 세계대전에서 영국의 처칠 수상은 영국인의 전쟁 참가를 인류의 악인 전체주의에 대한 영국인들의 신성한 의무로 묘사함으로써 전체 국민을 결집할 수 있었다. 하지만 이러한 시도들이 공중과의 의미 공유에 실패하여 때로는 부작용을 낳기도 한다. 미국 부시 대통령이 이라크 전쟁을 이라크 민중해방 전쟁으로 묘사한 것 등이 어설픈 은유의 실패 사례라고 할 수 있다.

헉스먼(Huxman, 2004)은 고전 수사학의 장르적인 접근을 위기 커뮤니케이션에 적용

하여 이론화하고자 했다. 그는 고전 수사학의 정치적 담론deliberative discourse, 법정 담론forensic discourse, 사회적 담론epideictic discourse 장르를 화자의 입장, 커뮤니케이션 목적, 쟁점의 성격, 대표적인 공중에 따라서 구분하고, 이를 위기 커뮤니케이션에 적용하여 장르 구분을 시도하고 있다. 그는 위기 커뮤니케이션이 어떠한 장르로 분류될 수 있으며 장르별 담론 성격의 차이를 가지는지 보여 준다.

헉스먼(Huxman, 2004)에 따르면, 방어 커뮤니케이션apologia이 고전 수사학의 세 가지 장르deliberative, epideictic, forensic를 모두 포함하는 변형 장르의 의미를 가진다고 주장하면서, 그것은 방어 커뮤니케이션이 사실(법적 담론과 연결), 가치(사회적 담론과 연결), 정책(정치적 담론과 연결) 등 고전 수사 설득을 위한 광범위한 세 가지 메시지 차원과 모두 밀접하게 연결되어 있기 때문이라고 보았다. 이런 취지에서 그는 이전에 개발된 위기 반응 커뮤니케이션 전략(Ware & Linkugel, 1973; Benoit, 1995)도 이러한 세 가지 차원에 의해서 재조정될 수 있다고 보았다. 예를 들어 부인과 책임 회피는 법정 담론 상황과 연결되어 있고, 강화와 사과는 사회적 담론 상황과 연결되어 있으며, 초월과 개선 행위는 정치적 담론 상황과 연결되어 있다. 따라서 그는 어떤 장르의 위기 커뮤니케이션 상황인가를 먼저 판단한 다음, 그것에 맞는 적절한 위기 커뮤니케이션 유형을 사용하는 것이 공중과의 의미 공유에 도움이 된다고 보았다.

공격과 방어의 수사학

공격과 방어를 하나의 세트로 보는 것은 고전 수사학이 시작한 이래로 정착된 인식이었던 것 같다(Ryan, 1982). 케네디(Kennedy, 1963)에 따르면 플라톤Platon은 웅변oratory을 공격accusation과 방어apology 두 장르로 구분했고, 소크라테스Socrates는 네 가지 종류의 웅변에 공격과 방어를 포함시켰다. 또한 아리스토텔레스Aristoteles 같은 경우는 법정 수사학을 공격과 방어로 나누었다. 지금까지 이루어진 위기 상황과 관련한 개인이나 조직의 언변과 관련한 연구들도 공격과 방어가 세트로 이해되었을 때 수사적인 이해를 높일 수 있다고 주장한다(Benoit, 2004; Ryan, 1982). 따라서 다음에서 설명하게 될 수사정황이론stasis theory과 같은 경우는 공격과 방어를 함께 수사 정황에 따라 구분하고 비교해 볼 수 있다는 면에서 의미가 있다. 만약 공격하는 측의 사안에 대한 이해와 언변의 차원이 방어하는 측의 사안 이해와 언변 차원과 상이하다면, 이 차이로부터 상호 작용 정도에 대한 수사학적인 해석이 가능해진다. 공격이 없는 방어는 있을 수 없으며, 방어를 예상하지 않는 공격 또한 있을 수 없기 때문이다. 또한 서로의 이해 정도에 차이가 있다면 그것이 서로 효과적으로 연결되기란 매우 어렵다.

마쉬(Marsh, 2005)는 수사정황이론을 이용하여 공격과 방어의 수사학을 이론화했다. 수사정황이론은 고전 수사학 이론으로서 사실, 정의, 가치의 세 가지 논리 단계를 설정하는 것이며, 마쉬는 이를 삼단 논법과 연결하여 위기 상황의 공격과 방어 커뮤니케이션을 분석하고 개선점을 제안하는 데 사용했다. 예를 들어 공격 커뮤니케이션은 사실, 정의, 가치 중에 어느 한 곳에 중점을 두게 되는데, 방어 커뮤니케이션도 이러한 차원에 맞게 대응함으로써 의미 공유의 가능성을 높일 수 있다는 것이다. 예를 들어 위기 사건과 관련하여 일어난 사실에 대한 공격에 이어 얼마나 이러한 위기가 사회에 해를 미치는가에 대해서 지적하고 있는 상황에서, 조직의 입장에서는 이미 입증된 사실에 대한 부정에만 매달린다면 공중과의 의미 공유가 이루어지기는 힘들 것이다.

고대 그리스 수사학을 창안, 배열, 표현, 기억, 그리고 전달 등의 다섯 가지 분야로 나눈다면, 수사정황이론은 어떤 아이디어를 만들어 내기 위한 창안 과정의 수사학과 연관되어 있다고 볼 수 있다. 〈표 11-4〉는 수사정황이론의 정의, 사실, 가치 혹은 성격 단계들이 어떻게 삼단 논법과 연결되어 공격 커뮤니케이션에서 사용되는가를 보여 준다.

표 11-4. 수사정황이론과 삼단 논법을 통한 공격 언변의 구조 분석

2. 대전제(중간 용어와 최종 용어의 연결) : 정의의 단계
 - 술집에서 여 종업원과 술을 마시는 의원은 자질이 없는 의원이다.

1. 소전제(시작 용어와 중간 용어의 연결): 사실의 단계
 - 박모 의원은 술집에서 여 종업원과 술을 마셨다.

3. 결론(시작 용어와 최종 용어의 연결): 사건의 가치 혹은 성격 단계
 - 박모 의원은 자질이 없는 의원이다.

주) 일련 번호는 논리의 연결 순서를 이야기한다. 삼단 논법에서 대전제가 먼저 등장하지만, 현실적으로 모든 공격 언변은 사실의 확인, 즉 소전제에서 시작한다.

위의 표에서 보면 사실의 단계는 어떤 사안에 대해서 주장하는 사실이 실제로 있었느냐의 여부를 묻는 것이고, 정의의 단계는 사실의 단계가 입증되고 나서 사안의 정의 측면에서 과연 정당한 것인가의 여부를 묻는 것이다. 사실 단계와 정의 단계가 별 설득력을 가지지 못하게 되면, 사안에 대해 공격하거나 방어하는 쪽은 사건의 성격 단계로 넘어가

게 된다. 이 단계에 이르게 되면 사실과 정의의 단계에서 형성되었던 언변을 중심으로 사안에 대한 결론이 도출되며 사건의 성격이 규정된다. 따라서 이 단계에 오면 방어를 하는 입장에서는 사건의 성격을 바꾸려고 노력할 수는 있어도 사실과 정의를 바꾸려고 노력해서는 안 된다.

결론 부분에서 사건이 가지는 성격, 즉 박모 의원은 자질이 없는 의원이라고 논의되는 경우에는 사건의 성격과 관련한 사과나 개선 행위 등이 적절한 방어 커뮤니케이션이 된다. 공격자의 입장에서 사건의 성격에 대한 해명을 요구하는데, 술집 여 종업원과 술을 마시는 의원이라고 해서 자질이 없다고 할 수는 없다는 등의 사건 정의에 매달리는 해명만을 한다면, 이러한 방어 언변은 공중과 의미 공유를 이루어 낼 수 없다. 예를 들어 삼성의 불법 경영권 상속과 관련한 비판에 대해서 삼성 측이 그러한 불법 경영권 상속이 국가경제 차원에서 불가피한 것이라는 사건 정의 차원의 방어 언변만을 사용한다면, 삼성의 불법 행위를 곱지 않은 시각으로 바라보는 일반 공중과 의미의 공유를 이루어 내기는 힘들다. 이러한 정의나 성격 차원의 방어 커뮤니케이션이 힘을 얻기 위해서는 위기 발생 초기에 조직의 입장을 확실히 정리하여 초반 사실 확인 단계에서 조직이 먼저 발표하거나, 이러한 주장을 받쳐 줄 확실한 논리적인 근거를 가지고 있는 것이 필요하다.

마쉬(Marsh, 2005)는 수사정황이론의 단계에 따라 쿰즈와 베노이트의 방어 커뮤니케이션을 정리하기도 했다. 쿰즈와 홀러데이(Coombs & Holladay, 2004)의 이미지 회복 전략 중에서 부인, 책임 전가, 공격이 사실 차원의 공격에 대한 방어 커뮤니케이션에 해당하고, 초월은 정의 차원의 공격에 대한 방어를, 그 밖의 변명, 정당화, 개선 행위, 사과 전략이 사건의 성격 차원의 공격에 대한 방어 커뮤니케이션을 의미한다고 보았다. 베노이트(Benoit, 1995)의 유형과 관련해서는 부인, 책임 전가, 공격자 공격이 사실 차원에 해당하고, 차별화와 초월 전략이 정의 차원에 해당하며, 희생양 만들기, 능력 부족, 사고, 좋은 의도, 강화, 최소화, 보상, 개선 행위, 사과는 사건의 성격 차원에 해당한다고 보았다. 여기서 희생양 만들기의 경우, 다른 사람의 영향으로 어떤 사건이 일어났다는 것을 주장하면서 사건의 정의를 바꾸려고 하는 경우, 정의 차원으로 분류될 수도 있다. 또한 능력 부족의 경우도 지나치게 상황 요인에 모든 원인을 돌릴 경우, 사실 차원의 방어 커뮤니케이션으로 분류될 수도 있다.

수사정황이론이 사용된 예로서, 유명한 에드워드 케네디 상원의원의 여비서 익사 사건과 같은 경우(1969년 7월 18일 에드워드 케네디 상원의원과 여비서가 파티 후 새벽에 차를 몰다 차파퀴딕Chappaquiddick 섬 다리에서 차와 함께 물에 빠지는 사건이 발생해서 케네디 상원의원만 살아남은 사건으로, 이 때 케네디 상원의원은 사건 직후 현장을 떠났던 것이 밝혀짐으로써 사람들의 비난과 많은 의혹을 받았다), 자신이 익사 사건의 현장을 떠났다는 것과 관련해서 자신의 잘못을 일찌감치 인정함으로써 사건의 성격을 법적인 문제에서 개인의 인간성과 관련한 문제로 재정의하고 있다(Benoit, 1988). 그에 대한 이후의 많은 논란에도 불구하고, 사건 현장을 떠났던 잘못을 스스로 유죄로 인정하면서, 사실 차원의 논의를 넘어섰던 것은 단기적인 사건의 파장에서 벗어나는 데 도움을 주었다.

또한 닉슨 대통령의 워터게이트 사건의 경우도 도청의 문제를 다른 초점의 쟁점으로 변환시키기 위해서 많은 노력을 했고(Benoit, 1982), 클린턴 대통령의 경우도 화이트워터Whitewater 관련 의혹을 개인 비리로부터 공화당의 정치 공작으로 초점을 옮기기 위해서 많은 노력을 했다(Benoit & Wells, 1998). 이러한 분석들은 방어 커뮤니케이션을 사용하는 사람이나 조직이 수사 정황을 암시적으로 활용하고 있으며, 수사 정황의 차원을 고려하여 가장 효과적인 방어 커뮤니케이션을 구사하기 위해서 노력한다는 것을 알 수 있다. 사실 위에서 든 예들은 수사 정황에서 정의 차원과 관련된 것이지만 이미지 회복 이론과 관련한 다른 많은 연구들은 공격에 대한 방어 커뮤니케이션에서 사실과 정의를 넘어 사건의 성격에 대한 규정 방법을 분석하는 경우가 많다고 할 수 있다. 하지만 지금까지 든 예에서도 나타나지만 수사정황이론은 그 자체로서 사건 조작과 같은 윤리적인 문제를 또한 안고 있다. 따라서 수사정황이론이 위기를 둘러싼 조작에 쓰이지 않도록 비판적인 눈을 가지고 살펴보는 것도 위기 커뮤니케이션 분야의 학문적인 요구라고 할 수 있다.

라이언(Ryan, 1982)도 공격과 방어 커뮤니케이션을 함께 고려해서 분석해야 한다고 주장하면서 모든 공격 혹은 주장과 방어의 언변들이 고전적인 수사정황이론과 연결되어 있다고 보았다. 헉스먼(Huxman, 2004)도 위기 커뮤니케이션이 하나의 변형 장르로서 위기의 상황 요인, 위기에 대한 개인이나 조직의 설명 태도, 그리고 수사 논증의 집행이 서로 밀접하게 연결되어 있다고 보았다. 즉 위기에 대응하는 커뮤니케이션은 위기 상황과 공격자의 유형에 영향을 받으며, 사실, 정의, 가치의 차원에서 설명하는 태도와 실제 커뮤니케이션 집행 과정을 살펴볼 필요가 있다고 주장했다. 즉 이러한 위기 커뮤니케이션의 사실, 정의, 가치 차원은 수사정황이론과 밀접한 관련이 있으며, 공격과 방어가 상호 작용하며 밀접하게 연결되어 있다는 것을 보여 준다.

또한 이런 시각에서 수사학적인 장르 접근은 수사정황이론과 연결된다(Huxman,

2004). 고전 수사 설득의 세 가지 차원은 방어 커뮤니케이션에 순차적으로 적용되며, 이러한 적용은 또한 담론의 장르와도 관련이 있다(Huxman, 2004; Marsh, 2005 등, 표 11-5 참조). 예를 들어 법정 담론, 즉 과거의 사실에 기초한 언변은 주로 방어자의 입장defendant posture이 되어 상황을 설명할 것이고, 정치 담론, 즉 현재의 정의에 기초한 언변은 주로 친구 혹은 지지자의 자세friend posture가 되어 상황을 설명할 것이다. 마지막으로 사회 담론, 즉 미래에 기초한 언변은 주로 실용주의자의 자세pragmatist posture에서 미래를 향한 실용적인 언변을 선택하게 될 것이다. 따라서 사실, 정의, 사건 성격 차원의 요소들이 담론 장르와 수사 설득의 차원을 서로 연결하게 되고, 이러한 관련성을 통해서 고전 수사학과 방어 커뮤니케이션이 연결되어 현실에서 유용한 위기 커뮤니케이션을 창조하는 데 도움을 줄 수 있다.

만약 조직의 입장에서 위기 상황을 다른 장르로 해석하든지, 수사 정황과는 다른 잘못된 설명 태도를 견지한다면 공중과의 의미 공유를 이루어 내기는 어려울 수 있다. 예를 들어 태안의 유조선 기름 유출 사건 같은 경우 피해자들은 위기 사안이 사실의 단계를 넘어 어떻게 피해를 보상하며 문제를 해결할 것인가를 주문하는 정치 담론, 즉 현재에 바탕을 둔 친구의 자세를 조직에 요구하고 있다. 하지만 삼성의 경우는 사실 차원의 확인과 방어자의 입장을 중심으로 한 법률적인 담론에만 머물렀기 때문에 국민들과 공감을 이루어 내기는 매우 힘들었다고 할 수 있다.

표 11-5. 위기 상황에서 수사정황이론, 장르 그리고 설명 태도의 연결

수사 정황	장르	중심 시점	설명 태도
1. 사실	법정 담론	과거	방어자의 입장
2. 정의	정치 담론	현재	지지자의 자세
3. 성격	사회 담론	미래	실용주의자 자세

김영욱(2006b)은 황우석 박사의 줄기세포 조작 위기와 관련하여, 황우석 박사의 방어 커뮤니케이션 언변이 고전 수사학의 정황이론에 비추어볼 때 자연스러운 논리의 단계로 연결되지 못하고 자신만의 논리에 갇혀 있음으로써 공중과의 의미 공유에 실패한 대표적인 사례로 기록될 수 있다고 주장했다. 사실이 이미 입증되고 사회적으로 받아들여지기

힘든 사건으로 정의되면, 진실한 사과와 개선 행위만이 가장 효과적인 의미 공유 행위가 될 가능성이 높다. 황우석 박사 사건은 그런 차원에서 계속에서 사실의 부정에 집착했기 때문에 공중과의 의미 공유에는 실패할 수밖에 없었고, 전체적으로 부실한 방어 커뮤니케이션으로 기록될 수밖에 없었다.

> 전체적으로 황우석은 정당화 전략을 방어 커뮤니케이션으로 가장 많이 사용했고, 사건이 가지는 공격성을 축소하면서, 사건과의 관련성을 부인하는 양면 전략을 방어 커뮤니케이션으로 사용했다. 사건이 전개되면서 책임 전가를 통한 부인 전략이 늘어나는데, 이는 황우석의 방어 커뮤니케이션이 공격의 수사 정황과 무관하게 이루어지고 있다는 것과 연결된다. 황우석의 방어 커뮤니케이션은 1차, 2차, 3차 기자 회견을 통틀어서 공격 커뮤니케이션의 수사 정황을 고려하지 않고 나름대로 사건을 정의하거나 성격 규정하고 있으며, 이러한 전략이 책임 전가를 통한 사실 차원과 연결되어 있다는 것은 이해하기 힘든 부분이다. [상대방의] 공격은 수사 정황의 위계를 그대로 밟아 가는데 반해서 방어 커뮤니케이션은 유지될 수 없는 사실 차원에 머물러 있거나, 사실 부인 전략을 계속 유지하면서 정의와 성격 차원의 방어 커뮤니케이션을 함께 쓰고 있는 것이 문제로 지적될 수 있다(김영욱, 2006b: 27-28).

논의를 종합하면 위기 커뮤니케이션의 수사학적인 접근은 공중과의 의미 공유를 위한 방법 찾기라고 할 수 있다. 버크는 그것을 인간의 죄의식과 그것을 탈피하기 위한 인간 행위에서 찾음으로써 가장 근원적인 커뮤니케이션 동기 차원에서 의미의 공유를 이룰 수 있다고 본 것이고, 헤릿의 입장에서는 위기를 둘러싼 정당화 담론이 사회적인 의식rituals으로서 몇 가지의 요건을 갖출 수만 있다면 공중과의 의미 공유에 성공할 수 있다고 본 것이다. 그 외 밀러와 벡, 헉스먼, 마쉬 등의 접근도 공중과의 의미 공유를 위한 커뮤니케이션 방법론에 집중하고 있다고 말할 수 있다.

하지만 위기 커뮤니케이션의 수사학적인 접근에서 가장 미비한 것은 조직 커뮤니케이션에서의 미디어의 역할이다. 수사학적인 접근이 다분히 인간 커뮤니케이션에 집중하는 것을 고려하더라도 조직의 위기 커뮤니케이션은 미디어의 역할로부터 자유로울 수 없다. 오히려 현대 사회의 위기는 미디어를 통해서 증폭되기도 감소되기도 한다. 또한 미디어 자체가 갈등을 해소하는 역할을 담당하기보다는 갈등을 부추겨서 미디어의 역할을 강화하려는 속성을 가지고 있기 때문에 미디어가 위기 커뮤니케이션에 미치는 영향을 고려하지 않고서는 수사학적인 접근은 불충분한 논의에 머무를 수밖에 없다(김영욱, 2006c, d). 기능적인 접근이 아니더라도 미디어 수사학 차원에서 어떤 위기가 미디어에 의해서 증폭되며, 어떤 식으로 담론이 왜곡되거나 첨삭되는지 알아보는 것은 매우 중요하다. 특히 위험의 사회적인 확산과 같은 모델을 활용하여 어떻게 위기가 사회적으로 확산되며, 그러한 과정에서 미디어가 어떤 수사적인 역할을 담당하고 있는지 알아내는 것은 무엇보다 중요하다.

김영욱(2006c; 2007)에 따르면 사회적인 위기 사안에서 미디어는 갈등을 중재하기보다는 사회적으로 힘있는 세력에 더 의존하는 경향을 보이며, 우리나라의 경우 언론들이 너무나 정파적으로 무장되어 있기 때문에 언론의 보도 이데올로기에 따른 갈등 부추기기는 더욱 심해지는 것으로 나타났다. 이러한 상황에서 조직의 위기 커뮤니케이션은 언론의 이해 관계나 보도 이데올로기에 의해서 확산되거나 축소될 가능성이 높으며, 이는 조직의 위기 커뮤니케이션이 공중과의 의미 공유를 지향하고 있다고 하더라도 언론의 전달 과정에서 왜곡될 가능성이 많음을 보여 준다. 현재 우리나라 사회에서 일어나고 있는 많은 위기는 언론의 정파성에서 비롯되며, 이러한 상황에서 개인 차원의 혹은 조직 차원의 커뮤니케이션 의도만을 고려하는 것은 현실성을 무시하는 것이다. 앞으로 위기 커뮤니케이션의 수사학적인 접근이 의미 공유의 과정을 미디어로까지 확대해야 하는 이유가 여기에 있다.

위기 커뮤니케이션 사회 과학적인 접근

위기 커뮤니케이션의 사회 과학적인 접근은 어빙 고프먼Erving Goffman의 자기표현이론self presentation theory과 사회 심리학의 인상관리이론impression management theory 등과 연결되어 있다(김영욱, 2002). 수사학적인 접근에 비해서 사회과학적인 접근의 특징은 공중과의 의미 공유라는 막연한 목표에 머무르지 않고, 위기 커뮤니케이션이 어떻게 공중에게 수용되는지를 법칙화하려는 시도로 요약된다.

이러한 사회과학 접근에서는 실험 연구를 도입하여 이론을 정립하고자 한 쿰즈(Coombs, 1999)의 시도가 눈에 띈다. 쿰즈의 접근은 위기 커뮤니케이션의 유형화 접근에서 공중의 수용 정도를 접목시켜 통합적인 이론화를 모색하고 있다. 쿰즈는 책임성에 의해서 이미지 회복 모델을 분류할 수 있다고 보고, 책임성의 정도가 다른 위기 유형에 따라서 위기 커뮤니케이션을 달리 사용해야 한다고 주장한다. 그는 위기의 책임성 정도에 따라 위기 유형을 '소문, 자연 재해, 악의적 사고, 사건, 비행' 등의 다섯 가지 유형으로 구분한다(Coombs, Hazleton, Holladay, & Chandler, 1995). 여기서 소문은 책임성이 가장 낮은 위기이며, 비행은 개인이나 조직의 책임성이 가장 높은 위기다. 그리고 책임성이 낮은 위기 유형에서는 방어적 커뮤니케이션 전략(공격자 공격, 부정, 변명, 정당화 전략 등)을 사용하고 책임성이 높은 위기 유형에서는 수용적 커뮤니케이션 전략(사과, 개선 행위, 환심사기 전략 등)을 사용할 것을 주장한다.

한편 김영욱(2002)의 경우는 책임성 변수에 의해서만 위기의 유형과 이미지 회복 전략을 연결하는 것은 위기의 속성을 너무 단편적으로 보는 것이라고 보고, 책임성과 함께 위기의 심각성을 추가 도입하여 모델화한다. 심각성은 위기의 충격 정도와 발생 가능성과도 연결되어 있지만 얼마나 사회 일반적인 규범에서 벗어나 있는가와 관련되어 있다. 예를 들어 책임성과 심각성이 모두 높은 경우에는 개선 행위와 사과를 쓰는 수밖에 없다. 하지만 책임성은 높지만 사건의 심각성이 그리 높지 않다면 사과와 함께 정당화 전략을 함께 쓰는 것을 고려해 볼 만하다. 왜냐하면 정당화 전략은 책임성을 인정하면서 사건의 충격을 축소하려는 전략이기 때문이다. 만약 책임성이 낮고 심각성이 높은 전략이라면 사과와 정당화 전략과 함께 변명 전략을 함께 사용하는 것도 가능하다. 왜냐하면 변명 전략은 위기의 발생을 인정하면서도 책임성은 지지 않는 전략이기 때문이다. 마지막으로 위기의 책임성과 심각성이 모두 낮다면 사과, 정당화, 변명과 함께 위기를 부정하는 전략을 쓰는 것도 고려할 수 있다. 김영욱(2004)의 IMF 경제 환난에 대한 김영삼 전 대통령의 언변을 분석한 것을 보면 책임성과 심각성의 인식 정도에 따라 우리나라 사람들은 어느 정도 이 모델에서 보여 주는 것처럼 이미지 회복 전략에 대해서 순차적인 수용을 보여 주는 것으로 나타났다. 하지만 이러한 결과는 좀더 많은 후속 연구를 통해서 검증될 필요가 있다.

쿰즈(Coombs, 2006a; Coombs & Holladay, 2004)의 경우, 위기의 유형과 위기 커뮤니케이션을 연결하는 작업을 좀더 발전시켜 상황적 위기 커뮤니케이션 이론situational communication theory(SCCT)을 고안해 낸다. 상황적 위기 커뮤니케이션 이론은 조직의 방어 커뮤니케이션, 이미지 회복 전략 등을 아우르는 위기 반응 전략과 다양한 위기의 유형을 귀인이론attribution theory으로 묶는 시도다. 귀인이론은 사건의 책임이 어디에 있는가를 규명하는 것으로 보통 책임 소재, 대인 통제, 외적 통제, 반복성 등의 요인으로 구성되어 있다. 일반적으로 책임 소재가 내부에 있으며 대인 통제가 가능하고, 외적 통제가 별로 없으며 반복해서 일어나는 위기는 책임성이 높은 위기라고 말할 수 있다. 책임성 정도는 네 가지 차원을 각각 세 항목씩 질문하는 귀인 차원 척도Causal Dimension Scale(CDS II)를 많이 사용한다(McAuley, Duncan, & Russell, 1992). 〈표 11-6〉에서는 책임성을 측정하기 위한 귀인 차원 척도의 구성 요소들을 보여 준다.

표 11-6. 책임성 측정을 위한 귀인 차원 의미 분별 척도

1. 자신과 관련된 것이다.	상황에 의한 것이다.
2. 스스로 관리가 가능한 것이다.	스스로 관리할 수 없는 것이다.
3. 지속적으로 일어난 것이다.	일시적으로 일어난 것이다.
4. 자신이 통제할 수 있는 것이다.	자신이 통제할 수 없는 것이다.
5. 타인에 의해서 일어난 것이다.	타인에 의해서 일어난 것이 아니다.
6. 내부의 문제다.	외부의 문제이다.
7. 계속적으로 지속되어 온 것이다.	때에 따라 변화해 온 것이다.
8. 타인의 영향력 아래 놓여 있는 일이다.	타인의 영향력 아래 놓여 있는 일이 아니다.
9. 자신에 대한 문제다.	다른 사람에 대한 문제다.
10. 자신이 이런 상황을 만들었다.	자신이 이런 상황을 만든 것이 아니다.
11. 고질적인 문제다.	일시적인 문제다.
12. 다른 사람들이 통제할 수 있다.	다른 사람들은 통제할 수 없다.

주) McAuley, Duncan, & Russell(1992)에서 수정.

따라서 상황적 위기 커뮤니케이션 이론은 위기 유형, 커뮤니케이션 반응 전략, 귀인이론 등 세 가지 요소로 구성되어 있으며, 조직은 위기의 책임성 정도에 따라 가장 적절한 반응 전략을 선택해야 한다. 쿰즈(Coombs, 1999)는 초기에 위기를 소문, 자연 재해, 악의적 사고, 사건, 비행으로 나누었지만, 상황적 위기 커뮤니케이션 이론에서는 위기의 네 가지 군집을 소개한다(Coombs, 2006a; Coombs & Holladay, 2004). 그는 위기 유형을 자연재해, 훼손tampering, 사고, 위반transgression 군집으로 나누고, 위기 커뮤니케이션 반응 전략도 귀인이론에 따라 부인denial, 축소diminish, 복구repair 등의 세 가지 군집으로 나눈다. 부인 군집은 해명clarification, 공격attack, 비난 전가shifting the blame를 포함하고, 축소 군집은 변명과 정당화, 그리고 복구 군집은 고통 감수suffering, 강화bolstering, 타인 칭찬praising others, 보상compensation, 개선 행위corrective action, 사과apology를 포함한다. 부인에서 축소, 복구로 갈수록 조직의 책임성을 더 많이 인식하는 행위가 된다. 따라서 위기의 네 가지

군집과 세 가지의 반응 전략은 귀인이론의 책임성 정도에 따라 서로 연결된다. 이러한 개정된 모델은 앞서 보여 주었던 쿰즈(Coombs, 1999)의 연구들에서 위기 유형과 반응 전략의 군집을 좀더 간단하게 정리해서 이론화한 것이라고 할 수 있는데, 앞선 연구들과 큰 차이를 보인다고 할 수는 없다.

이러한 위기 유형에 따른 반응 전략을 이론화한 것 외에 스터지스(Sturges, 1994)의 위기 커뮤니케이션 모델은 위기의 발전 단계에 주목하면서 조직의 능동적인 위기 커뮤니케이션을 통해서 우호적인 여론을 형성함으로써 위기에 효과적으로 대처할 수 있다고 보았다. 스터지스는 위기 상황에 따라서 정보 전달형instructing, 심리 조정형adjusting, 내재화형internalizing 위기 커뮤니케이션이 있다고 보고, 위기의 발전 단계에 따라 적당한 위기 커뮤니케이션 유형을 선택하는 것이 필요하다고 보았다.

보통 위기가 일어나기 전이나 위기가 종결되고 난 후에는 내재화형 커뮤니케이션을 하는 것이 좋다. 내재화형 커뮤니케이션은 공중에게 조직의 평판을 심어 줄 수 있는 커뮤니케이션 활동을 말한다. 이는 조직의 평판을 높이고 사회 내의 조직 정당성을 높이기 위한 모든 활동을 일컫는다. 이러한 커뮤니케이션은 실제적인 위기와 상관없이 이루어진다. 위기가 발생한 단계에서는 사실을 전달하는 정보 전달형 커뮤니케이션이 효과적이고, 위기의 충격이 줄어드는 시기에는 심리 조정형 커뮤니케이션이 가장 효과적이다. 위기가 발생했을 때 정보의 공황이 위기의 확산을 부채질한다. 위기 발생 초반에는 최대한 정보 제공에 집중하는 것이 바람직하다. 또한 위기는 일상을 뒤흔들고 조직에 대해서 가졌던 태도에 변화를 가져오기 때문에 공중이 겪는 심리적인 혼란이나 내부 조직원들이 겪는 사기 저하에 적절히 대처하는 것이 필요하다. 사건의 성격에 대한 적절한 프레이밍이나 개선 행위 등이 이러한 커뮤니케이션에 해당한다. 스터지스(Sturges, 1994)에 따르면 위기 커뮤니케이션은 위기 발전 단계에 따라 내재화형－정보 전달형－심리 조정형－내재화형으로 발전해 가는 것이 필요하다. 스터지스의 위기 커뮤니케이션 모델은 중요성, 즉각성, 불확실성과 같은 위기 상황 속성에 대한 고려와 함께 단계에 따른 커뮤니케이션 유형을 잘 조합함으로써 효과적인 위기 커뮤니케이션이 가능하다고 본다.

결국 위기 커뮤니케이션의 사회 과학적인 접근은 수사학적인 접근을 기초로 조직 커뮤니케이션과 공중의 수용을 연결하는 어떤 법칙성을 탐색하는 시도라고 할 수 있다. 우리나라의 경우, 김영욱(2004; 2006)의 실험 연구들도 이러한 이미지 회복 전략의 공중 수용에 초점을 맞추고 있다. 하지만 위기 유형과 위기 커뮤니케이션의 연결에 초점을 맞춘 모델에서는 실무자들이 활용 가능한 커뮤니케이션 전략을 위기의 특성에 따라 분류했다는 점에서는 의미 있는 연구이지만, 대응 커뮤니케이션 전략에 지나치게 초점을 맞춤에 따라 위기 관리의 의미를 지나치게 한정짓는 경향이 있다.

위기 관리가 어떤 유형의 위기에 대한 커뮤니케이션 형식의 정답 찾기로 흘러서는 곤란하다. 우선 사회과학 차원의 위기 관리 연구는 좀더 이론적인 스펙트럼을 넓힐 필요가 있다. 이를 위해서는 심리학적인 변수와 사회 차원의 변수, 그리고 조직 구조와 특성상의 변수를 위기 유형 및 커뮤니케이션 활동과 연결하려는 노력이 필요하다. 같은 유형의 위기가 언제나 같은 결과를 가져오지 않는 것은 그만큼 외부적인 영향 변수들의 역할이 지대하다는 것을 보여 준다. 사회과학 차원의 후속 연구들은 이러한 영향 변수들을 묶는 포괄적인 이론grand theory을 탐색하는 데 힘을 기울여야 한다. 이를 위해서 경영학, 심리학, 행정학, 정치학, 커뮤니케이션학 등 관련 학문들의 협조는 필수적이다.

실제 위기 커뮤니케이션 원칙 논의

베노이트(Benoit, 1995a)의 경우 바람직한 방어 커뮤니케이션 혹은 이미지 회복 전략으로서 거짓 주장을 하지 말 것, 주장에 대한 적절한 보충 증거를 제시할 것, 이미지 회복을 위한 메시지 주제를 설정할 것, 그리고 반박될 수 있는 주장을 하지 말 것 등을 실행 원칙으로 내세우고 있다. 이러한 원칙들은 위기를 겪은 조직의 위기 커뮤니케이션 과정을 사례 분석한 결과 얻은 결론들인데, 모든 위기에 적용될 수 있다고 본다. 이미지 회복을 위한 중심 주제와 원칙을 정하고 일관성 있는 커뮤니케이션을 하지 않는다면, 실제 위기에서 상대방은 공격의 수위를 더 높이거나 위기를 확산시킬 가능성이 많다. 한편 많은 위기 커뮤니케이션이 실패하는 원인을 살펴보면 빨리 위기에서 벗어나고 싶은 조급함 때문에 반박이 가능한 주장들을 함으로써 그것이 위기를 더욱 확산시키는 원인으로 작용하기도 한다. 적절한 증거 제시가 가능하고, 비판적인 시각을 견뎌낼 수 있는 참된 주장만이 위기 커뮤니케이션에 힘을 부여한다.

또한 위기 커뮤니케이션 과정에서 조직 스스로 논리성을 유지하는 것이 필요하다. 예를 들어 클린턴 대통령의 모니카 르윈스키 사건의 경우(Kramer & Olson, 2002), 처음에는 백악관 인턴과 성관계를 가지지 않았다고 주장했다가 나중에 이 사실을 부정할 수 없게 되자, 그 사실을 깨끗이 인정하면서 자신이 생각했던 성관계의 정의는 다른 것이었으며, 또한 이러한 일들은 자신의 가족에게 국한된 문제임을 주장하면서 사건을 사실에서 재정의의 단계로 가져간다. 이러한 방어 커뮤니케이션의 논리성은 사회적으로 충격이 큰 위기일수록 좀처럼 받아들여지기 힘들다. 즉 사실이 드러났을 경우에는 깨끗이 사실을 시인하든지, 자신의 실수를 인정하는 것이 위기 커뮤니케이션의 논리성을 높여 주기 위해서 매우 중요하다. 하지만 많은 위기에서 자신의 실수를 인정하지 않으려고 하거나, 드러난 사실을 수용하지 않기 때문에 위기의 충격이 더 확산되는 경우가 대부분이다.

이미지 회복 전략을 분석한 많은 연구를 종합하면 명백한 잘못을 한 경우, 그것을 가능한 빨리 인정하는 것이 이미지 회복을 위한 첩경임을 알 수 있다(Benoit, 2004). 레이건 대통령의 이란 콘트라 사건이 그랬고(Benoit, Gullifor, & Panic, 1991), AT&T의 내부 사고로 인한 뉴욕 시외 전화 불통 사건도 책임감 인정이 사건 해결의 열쇠였다(Benoit & Brinson, 1994). 어떤 잘못을 저지른 사람이나 조직이 그것을 인정하지 않는 상태에서 평판을 회복하는 것은 불가능하다. 황우석 박사 사건의 경우를 살펴보더라도 명백하게 밝혀진 사실에 대해서 인정하지 않고 사실을 부인하거나 재정의하는 전략을 구사했기 때문에 공중이 황우석 박사의 언변을 믿기 어렵게 만들었다.

이와 함께 실제 위기 커뮤니케이션에서 책임 전가는 궁극적으로 이미지 회복에 긍정적인 영향을 줄 수 없다(Benoit, 2004). 황우석 사건의 경우에도 책임을 전가하는 행위가 오히려 더 위기에 비겁하게 대응하는 것으로 비춰짐으로써 부정적인 반응을 불러왔다. 외국의 경우도 비슷하다. 엑손 발데스 호 기름 유출 사건에서 사고를 낸 선장에게 모든 책임을 전가하려던 회사의 노력이 오히려 더 큰 반발을 불러일으켰다(Benoit, 1995). 위기에서 책임의 문제는 분명 커뮤니케이션의 방향을 결정한다. 하지만 중요한 것은 책임을 지려는 태도가 책임을 전가하려는 태도보다는 공중의 수용성을 높일 수 있다는 사실이다. 이는 제4부의 위기 커뮤니케이션과 윤리의 문제에서 자세히 다뤄지겠지만, 법적인 책임만을 우려하여 위기의 책임을 전가하는 행위는 분명 잘못된 결정이다.

실제 위기 상황에서 커뮤니케이션을 실행할 때 수사정황이론에서 이야기하는 차원에 따른 방어 전략을 이해하는 것이 필요하다. 즉 위기 정황에 따른 체계적인 연결고리를 통해서 상대방을 설득하거나 이해시키는 것이 필요하다. 여기서 말하는 설득은 자신의 정체성을 확실히 함으로써 상대방과의 의미 공유가 이루어져야 한다는 의미를 담고 있다. 클린턴 대통령의 사례(Kramer & Olson, 2002)에 나오는 것처럼, 사건의 방어 커뮤니케이션은 사실, 정의, 가치 혹은 성격의 단계를 체계적으로 밟아갈 필요가 있다. 한편 크레이머와 올슨(Kramer & Olson, 2002)은 사실에서 다음 단계로 넘어가는 경우에 사실의 모호함을 유지하는 것이 낫다고 했지만, 저자의 생각에는 베노이트(Benoit, 1995), 베노이트와 브린슨(Benoit & Brinson, 1994)의 경우처럼 사실을 그대로 인정하고 다음 단계로 이동하는 것이 더 효과적인 전략이 될 수 있다고 본다. 사실의 모호함을 유지하든, 그대로 인정하든 간에 이 두 경우 모두 다음 단계로의 이동과 논리적으로 연결되는 것이 무엇보다 중요하다.

한편 사실에 대한 부인은 유지될 수 있거나 모호하게라도 방어될 수 있을 때에만 사용할 수 있다(Benoit & Anderson, 1996). 증거나 논리에 의해서 바로 반박될 수 있는 사실 부인은 효과가 없다. 예를 들어 신정아 동국대 교수 학위 조작 사건의 경우, 박사 논문을 쓰지 않았다는 사실이 금방 입증될 수 있는 상황에서 박사 논문을 계속 받았다고 주장하는 것은 위기 커뮤니케이션으로서 가장 나쁜 접근이라고 할 수 있다. 유지될 수 없는 주장은 위기를 오히려 확대할 뿐이다.

위기 커뮤니케이션 실행 과정에서 섣부른 도덕적인 판단을 내리는 것은 고전 수사학에 대한 과도한 철학적인 비판과 다르지 않다. 위기 커뮤니케이션의 실행이 어차피 잘못을 저지른 사람이나 조직의 입장을 대변해 주는 악마의 언변이 아니냐고 반문한다면 세상은 그렇게 간단하지 않다고 반박할 수 있다. 이러한 질문에 직면했을 때 커뮤니케이션이 가지는 공론의 장 형성 기능을 설명할 필요가 있다고 생각된다. 위기 커뮤니케이션이 도덕적인 판단을 내리지 않는 것은 모든 사회구성원이 자유롭게 공격과 방어를 할 권리를 가진다는 것을 인정하는 것이며, 그러한 공격과 방어의 자유로운 과정을 통해 사회적인 합의가 형성될 수 있다는 신념을 밑바탕에 깔고 있기 때문이다. 위기 커뮤니케이션에서 진리는 주어지지 않으며 커뮤니케이션을 통해서 구성되는 것이라고 본다. 따라서 의미의 공유가 이루어지지 않은 진리는 죽은 것이며, 이미 교조화된 것이다. 나쁜 커뮤니케이션은 그러한 과정을 통해서 자연스럽게 그 실체를 드러낼 것이다.

한편 위기 상황이 발생하면 조직은 위기를 봉쇄하기 위해서 1) 초기 조치, 2) 명성에 영향을 미치는 요인들 점검, 3) 대응 전략 및 활동 재개 전략, 4) 후속 커뮤니케이션을 실행한다(Coombs, 1999). 위기가 발발했을 때 책임성, 심각성 등의 위기 속성을 고려하여 위기 발전 단계별로 가장 적절한 이미지 회복 전략을 구성해서 실행하는 것과 함께 위기 커뮤니케이션 전략이 공중과 의미를 공유할 수 있는 주제 하에서 일관성 있는 커뮤니케이션으로 이루어지는 것이 중요하다고 설명했다. 실제적인 대변인 활동이나 위기 커뮤니케이션의 실행 과정 및 세부 전술 등은 선행 문헌들을 참조할 수 있다(김영욱, 2002; Fearn-Banks, 1996; Mitroff & Anagnos, 2001; Pauchant & Mitroff, 1992). 이와 함께 위기 상황이 종료되고 나면 위기에 대한 후속 커뮤니케이션을 계속 이어가는 것이 필요하다. 이러한 활동은 조직의 내재화형 커뮤니케이션의 한 형태라고 할 수 있는데, 위기에 대한 조직의 문제 해결 능력을 강조함으로써 신뢰를 획득하는 효과를 얻을 수 있다.

즉 위기 후의 커뮤니케이션은 위기에 대응하는 조직의 진정함을 보여 주고 계속적인 공중 관계를 형성하는 데 반드시 필요하다(Coombs, 1999). 위기 종료 후 커뮤니케이션은 이미지 회복과 관련한 커뮤니케이션 활동과 함께 위기 후의 진행 상황, 개선 노력, 조치 후의 결과 등을 계속해서 공중에게 전달하는 것이다. 또한 조직의 입장에서는 위기로 인해서 공중이 느끼게 되는 비우호적인 감정을 인식하면서 앞으로 조직의 행위가 어떤 점에서 다를 것이라는 것을 이해할 수 있게 해 주는 것이 필요하다(Drennan & McConnell, 2007). 위기가 사회와 조직에 가지는 의미를 분명히 함으로써, 공중이 위기와 조직의 관계에 대해서 분명한 입장을 가질 수 있도록 하는 것이 필요하다. 예를 들어 식품 오염 사고가 발생했다면 그것이 어느 한 공장의 작은 실수이지 회사 전체의 문제가 아님을 분명히 하면서, 앞으로 더 엄격화된 삼중 위생 처리 시스템을 통해서 그러한 문제가 재발하지 않도록 최선을 다할 것이며 앞으로 회사는 계속적으로 위생을 최우선을 생각하는 시스템을 갖추어 나갈 것이라는 다짐을 한다면 위기로 인해서 발생했던 조직-공중 관계의 균열을 어느 정도 방지할 수 있을 것이다.

우리나라의 위기 커뮤니케이션

각 나라의 위기 커뮤니케이션은 문화적인 특성을 수용하고 있다고 보아야 한다. 미국에서 받아들여지는 커뮤니케이션이라고 해서 우리나라에서 받아들여지기는 힘들다. 우리는 모든 커뮤니케이션에서 포지션position 지향적인 의사 소통을 한다. 그래서 그런지 우리나라 사람들은 위기의 상황에서 명백한 잘못을 하더라도 사과하기를 꺼린다. 많은 사과 커뮤니케이션에서 정당화가 확연하게 우세한 것은 아무리 잘못을 했더라도 자신의 현재 위치나 사회적인 포지션에 맞는 체면 유지 커뮤니케이션을 하기 때문에 나타나는 현상이라고 추론해 볼 수 있다(김영욱, 2004; 2006a, b).

일본의 경우에는 사과가 우리에 비해서 좀더 의식적ritual이다. 이는 일본의 체면面子이 의식적인 사회 행위를 지향하고 있기 때문에 그렇다. 예전에 무사들이 할복 자살을 한다는 것은 상대방에 대한 사과의 의미보다는 자신의 명예에 대한 보존에 더 무게를 둔 것이다. 이는 사과의 초점이 상대방을 향하고 있기보다는 자신을 향하고 있다고 할 수 있다. 반면에 미국의 사과는 좀더 개인적이며 또한 법률적인 차원에서 고려된다. 미국인들은 사과를 개인적인 에티켓의 차원으로 해석하거나, 심각한 사과의 경우는 법적인 책임과 연결시킨다. 그래서 미국인들은 조금만 부딪쳐도 사과하지만, 심각한 배상 책임의 경우에는 사과하지 않는다. 하지만 미국의 경우는 우리나라처럼 사회적인 포지션이 사과의 실행에 영향을 미치고 있다고 보기는 어렵다.

여기서 예를 들지는 않았지만 많은 나라들이 나름대로 독특한 사과 문화를 가지고 있다. 그렇기 때문에 각 나라의 위기 커뮤니케이션은 고유의 문화적인 특성을 반영하여 나름대로 이론화될 필요성이 있다. 아직 우리나라의 위기 커뮤니케이션과 비정상적인 위험이나 갈등 상황에서의 커뮤니케이션 활동은 실증적인 연구 결과를 바탕으로 이론화되어 있지 못하다. 따라서 아래에서 보여 주는 최근의 연구들은 연구의 방향성을 어느 정도 제시해 준다고 할 수 있다.

위기 유형 중심의 접근

이미지 회복 전략의 위기 상황에 따른 다른 적용은 위기 인식의 문화적인 요인과도 연결된다. 즉 우리나라 사람들이 사용하는 이미지 회복 전략과 그 전략에 대한 인식은 서양의 수사학적인 전통과는 분명히 다를 것이다. 서양에서는 침묵의 의미를 죄의식과 능력 부족으로 연결지을 수 있지만, 동양 문화권 특히 유교 문화권에서는 신중함과 진지한 접근으로 해석할 수 있다. 특히 책임을 지지 않는 연민의 표현과 같은 접근은 감정 이입과 집단주의적인 사고를 중시하는 유교 문화권에서는 상당히 효과적인 전략이 될 가능성이 높다. 물론 이러한 주장이 실증적인 차원에서 검증된 것은 없지만 집단의 조화를 중시하는 문화적인 가치를 가지고 있는 우리나라에서 일단 사건의 책임성 여부와 상관없이 사건에 대한 연민과 피해자에 대한 배려를 표현하는 것은 공중의 입장에서 위기를 인식하는 데 상당한 영향을 미칠 것이라는 것을 생각해 볼 수 있다. 또한 침묵과 모호함도 서양에서 받아들이는 것과 우리나라 사람들이 받아들이는 것에는 차이가 있을 것이다.

몇몇 선행 연구(김영욱, 2004; 2006a, b; 박은혜 · 김영욱, 2007)에서도 나타나지만 우리나라 사람들은 정당화 전략 즉 자신의 입지를 강화하거나 더 큰 맥락에서 대의명분을 내세워 사건의 충격을 축소하려는 전략에 대해서 심한 거부감을 나타냈다. 이러한 전략들은 풍부한 언변과 사건에 대한 인식을 바꾸려는 적극적인 노력을 대변한다. 즉 지금까지 나타난 연구 결과를 바탕으로 살펴보면 우리나라 사람들은 적극적인 언변을 통해서 사건의 성격 자체를 바꾸려고 하는 커뮤니케이션에 대해 심한 거부감을 가지고 있다는 것을 알 수 있다. 또한 이러한 결과는 오히려 사건의 책임성을 부인하는 변명 전략들이 사건의 책임성은 인정하면서도 적극적으로 사건의 성격을 바꾸려고 시도하는 언변보다는 선호되고 있음을 보여 준다(김영욱, 2004; 2006a, b). 이러한 연구 결과들은 우리나라에서 많이 사용되는 커뮤니케이션 유형들이 위기 커뮤니케이션 상황에서는 역효과를 내고 있음을 실증적으로 보여 준다.

우리나라에서 일어난 실제 위기들을 살펴보면 침묵이나 책임을 지지 않는 연민 표현과 같은 전략은 많이 사용되지 않는 것으로 나타났다(김영욱, 2004; 박은혜 · 김영욱, 2007). 하지만 식품 관련 위기의 경우, 모호한 표현 전략은 상대적으로 많이 사용되는 것으로 나타났는데(박은혜 · 김영욱, 2007), 이는 사건의 성격과 관련되어 있는 것으로 보인다. 이러한 결과들을 해석하는 과정에서 한 가지 아쉬운 것은 아직 우리나라의 독특한 문화적인 특성을 반영하는 이미지 회복 전략들이 유형화되지 않았다는 것이고, 그러한 전략들이 얼마나 우리나라 사람들의 위기 인식에 영향을 주는지 실증적으로 확실하게 밝혀진 것은 없다는 사실이다.

지금까지의 연구 결과들을 토대로 한 가지 예상할 수 있는 것은 많은 언변을 통한 사건의 성격 변화보다는 사건에 대한 인정을 토대로 공동체 유지를 도모하기 위한 커뮤니케이션을 구사하는 것이 위기 상황에서 더 효과적일 수 있을 것이라는 가정이다. 이제 후속 연구들이 우리나라의 독특한 문화 가치를 반영한 이미지 회복 전략을 탐색하고, 그것을 위기 상황 및 맥락 변수와 연결지어 분석하는 실증적인 결과를 많이 만들어 내는 것이 필요한 시점이라고 할 수 있다. 이러한 연구는 단순히 위기 상황에서 조직이 어떻게 커뮤니케이션할 것인가의 차원에 머무는 것이 아니라, 한국 사회에 위험, 위기, 갈등이 상존하는 상황에서 어떠한 커뮤니케이션이 문제를 해결하고 갈등을 해소하는 데 도움을 줄 것인가를 연구하는 아주 중요한 연구 주제가 성립된다고 할 수 있다.

문화적인 가치, 귀인 그리고 위기 커뮤니케이션

한국인의 문화적인 가치를 탐색한 연구들은 대부분 집단주의 차원을 한국 문화의 가장 중요한 가치로 인정한다. 많은 연구들을 통해서 문화적인 가치는 갈등을 인식하고 조정하는 과정에 영향을 미치는 것으로 나타났으며(Ting-Toomey, 1999), 이러한 현상은 위기에 대한 인식에도 영향을 미치게 된다. 한국인의 집단주의적인 성향과 내부 귀인의 성향이 위기 상황에서 위기 커뮤니케이션 수용에 어떤 영향을 미치는지 알아본 연구(김영욱, 박소훈 · 차희원, 2004)에서는 집단주의 성향이 귀인 성향과는 큰 관련성이 없는 것으로 나타났다. 우리나라 사람은 집단주의 성향을 가지고 있기 때문에, 그러한 성향이 내부 동질감을 자극해서 외부 귀인을 높이게 될 것이라는 예상은 빗나갔다. 하지만 이는 위기의 유형이나 성격에서 많은 영향을 받은 것으로 예상할 수 있다.

그러나 집단주의 성향은 위기 커뮤니케이션과는 유의미한 관련성을 가지는 것으로 나타났다. 집단주의 성향을 가진 사람일수록 위기의 책임을 수용하는 전략을 더 선호하는 것으로 나타났고, 조직의 책임을 인정하지 않거나 회피하는 방어적인 전략에는 심한 거부감을 나타내는 것으로 드러났다. 이러한 결과에서 예상해 볼 수 있는 것은 집단주의 성향이 높은 사람들은 위기를 자신이 속한 전체 집단의 문제로 보기 때문에 위기에 대한 방어 커뮤니케이션이 전체 집단의 조화를 깰 수 있다고 인식하는 것으로 추정해 볼 수 있다.

한편 귀인 성향과 위기 커뮤니케이션의 수용 간에도 유의미한 상관 관계가 드러났다. 즉 위기를 내부의 원인으로 돌리는 사람일수록 방어적인 커뮤니케이션을 실행하는 것에 대해서 부정적으로 평가하는 것으로 드러났다. 집단주의 성향의 사람들은 위기가 일어났을 때 그것을 집단이 함께 풀어가야 할 문제로 상정하고 내부 집단에서 전향적으로 위기에 대응할 것을 주문하는 것으로 보인다. 결국 집단주의 문화 특성을 지닌 우리나라 사람들은 위기 커뮤니케이션 전략에서 방어적 커뮤니케이션보다는 수용적 커뮤니케이션을 훨씬 더 선호하며, 이는 집단주의와 결부된 겸양 선호 등과 연결된 결과로 보인다.

물론 이러한 연구는 우리 사회에서 집단주의 성향이 높은 사람과 낮은 사람을 비교했기 때문에 전체 우리나라 사람들의 성향이라고 하기에는 무리가 있다. 하지만 많은 선행 연구에서 우리나라 사람들의 집단주의 성향이 높다고 나타난 이상, 집단주의 성향이 어느 정도 우리나라 사람들의 위기 커뮤니케이션 인식에 영향을 미치고 있다는 것을 예상해 볼 수 있다. 이러한 집단주의 성향이 위기 커뮤니케이션에 미치는 영향과 함께 고맥락

/저맥락high/low context 문화의 차원도 위기 커뮤니케이션에 영향을 미칠 것이라는 것을 예상해 볼 수 있다. 고맥락 문화는 특히 모호함과 침묵을 선호하기 때문에 위기 상황에서 조직이 침묵과 모호함을 지키는 것이 서양의 경우와 비교했을 때 어떤 차이를 보이는지 알아보는 것도 문화적인 특수성을 고려한 좋은 연구 주제가 될 수 있다고 생각한다.

이 밖에도 권력과의 차이 인식, 자기 실현 정도, 갈등의 스타일과 체면 유지 욕구, 우리 의식 등이 위기와 위기 커뮤니케이션 인식에 어떤 영향을 미치는지 알아보는 것이 후속 연구의 당면한 과제라고 할 수 있다.

위기 커뮤니케이션의 수용

우리나라 상황에서 사회과학방법론을 이용하여 위기 커뮤니케이션의 효과를 측정한 연구들도 시작 단계이지만 비교적 일관된 결과들을 보여 주고 있다. 김영욱(2004)의 경우, 김영삼 대통령의 IMF 경제 환난 위기와 관련한 방어 커뮤니케이션을 베노이트의 이미지 회복 전략 유형에 따라 분석하고, 그러한 이미지 회복을 위한 커뮤니케이션이 국민들에게 어떻게 받아들여지는지 실증 분석했다. 이 연구의 결론을 보면 김영삼 대통령의 초반 위기 대응 전략의 주류는 사과였지만 책임을 전가하거나 책임성을 의도적으로 축소하려는 모습을 동시에 사용했기 때문에 국민들이 김영삼 대통령의 사과를 진실된 것으로 받아들이지 않는 것으로 나타났다. 김영삼 대통령의 책임성과 위기 발전 단계에 부합하지 않는 언변이 국민들과 소통할 수 없는 결과를 낳은 것이다.

다른 김영욱(2006a)의 연구는 우리나라의 다양한 조직들이 구사하는 사과 전략을 위기 상황을 겪은 조직의 사과 광고문을 통해서 분석하고, 그러한 사과 내용을 공중이 어떻게 수용하는지 살펴보았다. 사과 광고문을 내용 분석한 결과, 우리나라의 조직들은 정당화 전략을 사과와 함께 가장 많이 사용하는 것으로 나타났다. 특히 초월 전략과 같은 현재 상황을 뛰어넘어 더 높은 가치로 귀결하는 전략을 많이 사용하고 있는데, 이러한 결과는 우리나라가 가지고 있는 사회 문화적인 가치나 체면 유지 전통과 관련이 되어 있을 것으로 추측해 볼 수 있다. 하지만 실험을 통해서 공중의 사과 메시지 수용 여부를 알아본 결과, 우리나라 조직들의 이미지 회복 전략은 공중의 수용 여부와 무관하게 이루어지고 있으며, 효과면에서 매우 비효율적임이 드러났다.

연구 결과 특히 우리나라 조직들이 사용하는 정당화 전략은 공중에게 매우 낮은 수용을 나타내었다. 이것은 우리나라 특유의 체면이나 유교 전통의 문화 특성이 조직과 공중 사이에서 충돌하면서 오히려 갈등을 증폭시키는 현상이라고 짐작해 볼 수 있다. 예를 들어 2008년 미국산 쇠고기 수입을 둘러싼 논란에서 이명박 대통령과 정부 측은 광우병과 검역 시스템의 허점에 대한 국민들의 많은 의혹에도 불구하고, "어느 정부가 국민에게 해로운 것을 먹이겠는가?"라는 물음으로 대답을 대신하고 있다. 이것은 전형적으로 상황을 초월하는 전략이다. 하지만 이러한 사실 관계를 무시하고 초월하는 전략, 혹은 자신의 체면 유지에 지나치게 집착하는 전략은 우리나라 사람들의 위기 수용에는 큰 감흥을 주지 못하는 것으로 나타났다.

김영욱(2006b)의 황우석 교수 줄기세포 조작 사건과 관련한 언변을 조사한 연구에서도 우리나라의 위기 주체들은 공중이 수용할 수 있는 메시지의 진실성을 획득하는 데에 실패하고 있다는 것을 잘 보여 준다. 2007년 김승연 한화그룹 회장 폭행 사건이나 신정아 동국대 교수의 학력 위조 사건 등에서 나타나는 것처럼 대부분의 위기 상황에서 위기 주체들이 처음부터 지속적으로 이야기를 이끌어 갈 수 있는 이야기 주제 생산에는 실패하고 있다. 이러한 상황에서 위기 커뮤니케이션의 진실성validity과 구성 가능성probability은 현저히 떨어질 수밖에 없고, 공중은 그러한 커뮤니케이션 활동을 외면하게 된다. 황우석 사건에서 가장 많이 쓰인 전략은 입지 강화였는데 이러한 정당화 전략은 낮은 우호도를 보였다. 하지만 앞의 연구 결과와 마찬가지로 위기의 책임성 인식은 위기 커뮤니케이션의 수용에 유의미한 영향을 미치는 것으로 나타났다. 백진숙(2006)의 경우도 사과 광고 실험을 통해서 위기 커뮤니케이션을 사용할 때 사과와 함께 자신의 의도를 부정하는 것이 입지 강화나 초월과 같은 정당화 전략을 사과와 함께 쓰는 것보다 사과 대상의 평판 회복, 사과 주체의 평판에 미치는 충격 정도를 완화하는 데 도움을 줄 것이라고 보았고, 사람들이 사과 광고의 내용도 훨씬 더 진실하다고 믿는 것으로 나타났다.

한편 위기 커뮤니케이션 전략은 미디어를 통해서 공중에게 전달되기 때문에 커뮤니케이션의 수용 여부는 메시지를 전달하는 미디어의 프레임 전략, 미디어 이데올로기 등과 상호 작용할 수밖에 없다. 예를 들어 한나라당의 정치 자금 수수와 관련한 사과 내용을 보수 언론에서 다루는 것과 진보 언론에서 다루는 것은 최종적인 수용자의 태도에 다른 결과를 불러올 가능성이 높다. 이와 함께 수용자들이 보유한 정치적인 태도, 사회 · 경제 · 문화적인 요소들이 위험 커뮤니케이션 수용 정도에 영향을 미칠 것도 당연히 예상할 수 있다. 아래 인용 내용은 미디어의 프레임이 위기 유형, 위기 커뮤니케이션과 어떻게 상호 작용하여 수용자의 커뮤니케이션 수용에 영향을 미치는지 살펴본 연구 결과다.

> 사건의 유형을 제외하고 주제와 일화 간의 프레임만으로 비교 분석한 결과에서도 역시 주제 프레임일 때 이미지 회복 전략의 선호도가 더 높은 것으로 밝혀졌다. 이러한 프레임 유형별 이미지 회복 전략 수용도의 차이는 위기 사건에 대한 조직의 입장을 제시하는 과정에서 주제 중심의 프레임 유형이 일화 중심으로 구성된 유형보다 긍정적인 반응을 이끌어 낼 수 있음을 보여 주는 것이라 할 수 있다. (중략) 분석 결과, 위기 유형과 프레임 유형은 이미지 회복 전략과는 각각 상호 작용하여 수용자들의 인식에 영향을 주는 것으로 나타났다. 우선, 위기 사건 보도의 프레임 유형과 이미지 회복 전략에 대한 공중의 인식에서 유의미한 차이가 발견되어 프레임 유형이 결국 조직이 형성한 이미지 회복 전략 메시지 해석에 영향을 준다는 이 연구의 주된 연구 문제를 검증할 수 있었다. 위기 유형에 따른 이미지 회복 전략의 수용도에서는 기존 연구와 동일한 결과를 보여, 책임성의 높고 낮음의 차이가 이미지 회복 전략의 수용에 영향을 주는 것으로 드러났다. 그러나, 위기 사건의 책임성 여부가 언론 보도의 프레임 유형에 따른 이미지 회복 전략 메시지 수용도에는 영향을 미치지 않는 것으로 나타나 프레임과 공중의 인식 사이에서 위기 유형은 뚜렷한 상호 관련성을 갖지 않는 것을 알 수 있었다. 즉, 프레임 유형과 이미지 회복 전략 및 위기 유형과 이미지 회복 전략은 서로 상호 작용성을 가지고 있으나, 프레임 유형, 이미지 회복 전략, 위기 유형 간의 상호 작용성은 발견되지 않았다(박은혜 · 김영욱, 2007: 110).

한편 조직의 위기 커뮤니케이션 수용과 관련하여 상이한 위기 상황에서 조직이 사용하는 방어 커뮤니케이션을 공중이 어떻게 받아들이는지 알아보는 것은 우리나라 조직의 위기 커뮤니케이션 수용 여부를 이론화하는 과정에서 필요한 일이다. 앞서 논의되었던 수사정황이론을 둘러싼 공격과 방어의 상호 담론을 조사하는 것도 위기에 따라 가장 타당한 방어 커뮤니케이션을 탐색하려는 시도의 일환으로 볼 수 있으며, 이는 위기 유형별, 장르별, 공격과 방어의 비교 차원 등에서 다양하게 이루어질 수 있다(Marsh, 2005; Huxman & Bruce, 1995; Ryan, 1982; Kramer & Olson, 2002).

또한 위기 책임성이 방어 커뮤니케이션의 수용 정도에 영향을 미친다는 것은 기존의 연구에서 드러났다(Coombs & Holladay, 2004). 우리나라에서도 위기 책임성과 방어 커뮤니케이션의 상호 작용을 살펴본 연구에서 위기 책임성의 정도가 방어 커뮤니케이션 수용 여부에 영향을 미치는 것으로 나타났다. 김영욱(2006a, b)의 사과 광고와 황우석 사과 언변 분석 결과에 따르면 위기 책임성의 고/저에 따라 사용된 방어 커뮤니케이션에 대한 수용자의 태도가 달라지는 것으로 나타났다. 이러한 영향은 수정 행위, 정당화, 변명, 부인 등 모든 커뮤니케이션 유형에 두루 걸쳐서 일어났다.

지금까지 논의를 종합해 우리나라 사람이나 조직들의 위기 커뮤니케이션을 사회과학 방법론으로 연구한 결과들에 따르면, 우리나라 사람들은 위기를 겪었을 때 정당화 전략을 많이 쓰는 것으로 나타났으나, 이미지 회복의 효과는 미미한 것으로 나타났다. 이러한 사실은 매우 일관성을 지니고 있어, 우리나라의 문화적인 요인들과 많은 연관성을 지닐 것으로 추정된다. 또한 책임성 인식이 매우 중요한 변수임에도 불구하고 위기에 대응하는 개인이나 조직의 언변은 이야기의 타당성 척도(진실성과 구성 가능성)를 위반하고 있는 것으로 나타났다. 이러한 사실들이 아직 우리나라의 위기 커뮤니케이션은 공중의 수용과는 무관하게 이루어지고 있으며, 그 효과면에서 심각한 문제가 있음을 보여 준다. 향후 우리나라의 위기 커뮤니케이션 효과를 이론화하는 작업은 체면과 우리 의식과 같은 문화적인 요인에 의해서 많은 영향을 받는다는 것을 입증할 것으로 예상된다.

결론적인 논의: 위기 커뮤니케이션과 실패의 수사학

현실적으로 볼 때 책임성이 큰 위기에 대한 조직의 커뮤니케이션은 성공하기 힘들다. 책임성이 큰 위기는 조직이 사회에 위해가 되는 행위를 한 것을 의미하기 때문에 아무리 위기 커뮤니케이션을 잘 하더라도 본래의 이미지를 회복하기는 힘들다. 그렇다면 왜 위기 커뮤니케이션을 잘 해야 하는 것일까? 이는 위기 커뮤니케이션이 영속적인 사회구성원으로서 조직의 존재 이유에 정당성을 부여하는 역할을 하기 때문이다. 위기가 일어나면 사회적인 비난이 쏟아지고, 조직은 위기 커뮤니케이션을 통해서 반응하게 된다. 당장은 이러한 위기 커뮤니케이션이 즉각적인 효력을 발휘하기 힘들겠지만 장기적인 차원에서 본다면 위기 커뮤니케이션이 조직의 생존 이유를 제시하게 되며, 새로운 조직 운영의 비전을 제시하는 역할을 할 수 있기 때문이다.

이런 이유 때문에 헤릿(Hearit, 2006)은 위기 관리의 과정을 실패의 수사학rhetoric of failure이라고 명명했다. 위기 커뮤니케이션은 어떻게 하든 조직의 실패와 연관되어 있기 때문이다. 하지만 조직이 위기 상황에서 커뮤니케이션 하는 이유는 위기에 대한 대응이라는 단기적인 목적도 있지만, 조직의 역사적인 정당성을 확보하는 차원에서 보아야만 한다. 장기적인 차원에서 위기 커뮤니케이션이 조직의 존재 이유에 어떤 도움을 줄 것인가, 당장의 실패가 미래의 정당성 부여에 어떤 도움을 줄 것인가에 위기 커뮤니케이션의 목적을 맞추는 것이 필요하다. 따라서 지금 당장은 힘들더라도 후대가 평가해 줄 결정을 내리는 것이 중요하다.

한편 이 장에서 본격적으로 다루지는 않았지만 위기 커뮤니케이션 혹은 이미지 회복 전략은 사과와 관련한 많은 다른 학문 영역의 연구들과 연결된다. 법학, 사회학, 경영학, 심리학 등에서 사과와 관련한 많은 연구들이 이루어져 왔으며(Lazare, 2004; Tavuchis, 1991), 특히 니콜라스 타부키스Nicholas Tavuchis의 사과의 사회학 연구는 많은 후속 연구들의 자극제 역할이 되어 왔다. 법학의 경우는 갈등 해소를 둘러싸고 사과가 어떤 작용을 하며, 법적인 판단과는 어떤 관련성이 있는가를 연구해 왔고(Robbennolt, 2003), 심리학과 경영학의 경우에도 사건의 유형에 따른 사과의 효과에 대해서 많은 연구가 이루어져 왔다(Kim, Dirks, Cooper, & Ferrin, 2006). 이러한 연구들은 필연적으로 위기 커뮤니케이션과 연결될 수밖에 없으며, 사과와 위기 커뮤니케이션을 광범위한 학문적인 시각에서 해석해야 한다는 것을 보여 준다. 따라서 광범위한 범위의 접근을 시도하고, 사과와 관련한 심리적 · 사회적 · 법적인 논의들과 커뮤니케이션의 사회적 역할을 연결하는 일은 별도의 후속 작업을 필요로 한다.

제12장

갈등 해소와 합의 창출: 위기 관리의 사회적인 확장

갈등 해소로서의 위기 관리

위기 관리의 기본적인 접근 방법은 공중과의 관계를 근간으로 한다는 것을 여러 차례 설명했다(김영욱, 2002). 위기 관리가 공중 관계를 기본으로 한다는 것은 자연스럽게 조직과 공중 간에 발생하는 갈등을 조직 중심의 사고를 가지고 해결하는 것이 아니라, 상호 간에 이익을 창출할 수 있는 접근 방법으로 풀어가야 하는 것으로 연결된다. 따라서 이러한 조직의 위기 관리 활동을 사회 차원의 갈등 문제로 확장하게 되면 갈등 해소conflict resolution와 합의 창출consensus building 분야와 자연스럽게 연결할 수 있다.

예를 들어 A 조직이 공장 소유의 부지에 유통 공간을 증설하는 것과 관련하여 공해 및 소음을 우려하는 B 지역 주민의 강력한 반대에 직면한다고 해보자. 이것은 분명히 사회 구성원들의 위험 상황이고, 이것을 조직의 입장에서 위기 관리해 나가야 하는 사안이다. 하지만 공중 관계 차원의 위기 관리 노력을 사회 차원으로 확장시켜 보면 결국 조직의 위기 관리 활동은 관련 공중과의 갈등 해소 노력과 유사한 의미를 가지게 된다. 즉 A 조직의 위기 관리와 B 지역 주민의 위기 관리가 만나 사회 차원의 갈등으로 발전해 간다.

따라서 사회 현상 차원의 위험 인식은 조직 차원의 위기 관리를 통해서 해결점을 모색하며, 조직의 위기 관리는 사회 차원의 갈등 해소를 통해서 비로소 합의를 창출하고 장기

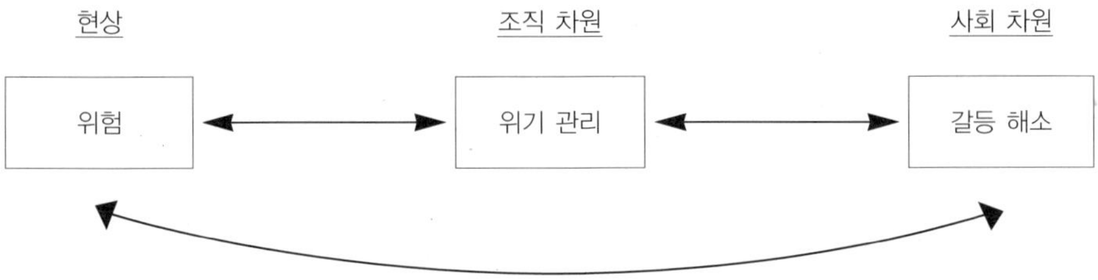

그림 12-1. 현대 사회 위험, 위기 관리 그리고 갈등 해소

적인 공중 관계를 형성하는 것이 가능해진다. 이러한 구분은 차별화에 중점을 두어 다분히 의도적이며, 실제 현실을 반영하고 있다고 보기는 어렵다. 예를 들어 개인 차원의 위험과 위기 갈등 개념은 혼재해서 쓰이기 때문에 명확한 구분이 현실적으로는 어렵다. 하지만 이 책에서 사용하는 의도적인 구분이 아무런 개념화 없이 현실에서 사용되고 있는 유사 개념들을 정리하고(그림 12-1 참조), 문제 해결 방향성을 제시하는 데는 도움을 줄 수 있다고 생각한다.

따라서 이 책에서 갈등 해소는 위기 관리 노력이 사회 차원으로 확장되었을 때, 다수 조직이 참여하는 다양한 위기 관리 노력이 사회 갈등의 해소라는 차원에서 서로 간의 통합적인 문제 해결을 위해 동시에 논의되어야 한다는 의미로 쓰인다. 하지만 협상을 포함하여 갈등 해소 분야는 이미 독립적으로 상당히 두터운 이론을 형성하고 있으며, 광범위한 분야에서 다양한 형태로 적용되고 있다. 따라서 이 책에서는 광범위한 분야를 전부 다루기보다는 사회 차원의 위기 관리 논의에 가장 적절한 이론적인 논의와 적용 방법들을 중심으로 논의를 이끌어 간다. 갈등 해소와 관련한 광범위한 접근을 정리하고, 한국적인 갈등 해소 이론을 제시하는 일은 후속 작업으로 이어간다.

갈등 해소 연구의 필요성과 원칙

현대 사회에서 갈등은 불가피하다(Susskind & Cruikshank, 1987). 그렇다면 현대 사회는 어떤 갈등 해소 체계를 가지고 있을까? 가장 먼저 생각할 수 있는 것이 선거와 투표를 통한 문제 해결이나 법적인 소송을 통한 문제 해결이다. 하지만 이러한 다수결의 원칙이나 일방적인 결정에 의한 문제 해결이 모든 문제를 해결해 주는 것은 아니다. 다수결의 원칙에서는 힘이 없는 소수의 의견이 무시될 수 있고, 이러한 고착화된 불균형은 또 다른 갈등을 불러올 수 있다. 또한 모든 공공 정책을 다수결에 의해서만 밀어붙일 수도 없는 일이다. 법적인 소송을 통한 문제 해결도 일방적인 승리와 패배를 한쪽에 강요한다는 측면에서 갈등을 해소하기보다는 부추기는 측면이 있다.

특히 우리나라처럼 오랫동안 권력의 불균형을 경험하면서 불합리한 인내를 강요당한 경험이 있는 경우에는 다수결이 더 큰 갈등을 자극할 수도 있다. 공공 갈등의 경우에는 모두는 아니더라도 최대한의 공중이 합의할 수 있는 공동의 선을 추구하는 것이 필요하며, 함께 참여할 수 있고 결정권을 공유할 수 있는 시스템이 필요하다. 이와 함께 개인과 조직 차원의 갈등에서도 법적인 소송을 통한 일방적인 대결보다는 서로 간의 만족도를 높일 수 있으면서 균형적인 합의점을 찾을 수 있는 방법을 찾는 것이 시급하다. 이러한 의미에서 현대 사회의 갈등 해소에 대한 논의의 필요성이 증폭될 수밖에 없다.

공공 갈등의 경우, 우리가 권력의 불균형에서 완전히 벗어날 수는 없지만 최소한 대화를 통해서 공론을 형성하고, 사회적인 합의를 통해서 문제를 해결할 수 있다는 측면에서 이상적인 형태의 숙의 민주주의를 상정해 보는 것은 가능하다. 대화와 공론의 장 형성을 기반으로 하는 숙의 민주주의는 다수결의 횡포에서 벗어나 커뮤니케이션을 통한 문제 해결에 초점을 맞추었다는 점에서 좀더 갈등 해소 과정에서 진일보한 측면이 있다. 하지만 대의 민주주의뿐 아니라, 숙의 민주주의 또한 갈등 해소 측면에서 불완전한 문제 해결 방법이라는 비판을 받기도 한다(Shapiro, 2003). 즉 숙의 민주주의에서 주장하는 대화와 공론의 장을 통한 문제 해결은 너무 이상적이며 추상적이라는 것이다. 어떤 사회 문제를 상정하고 공론의 장을 형성했다고 하더라고, 그것이 어떤 결정을 이끌어 내야 할 시점에서는 대화를 끝낼 수밖에 없으며, 어떠한 결정에 의존할 수밖에 없다는 것이다. 이러한 공론의 장을 통한 문제 해결에 대해서는 아직도 많은 논란이 자리잡고 있다.

따라서 지금까지 논의한 다수결에 대한 비판과 숙의 민주주의에 대한 비판을 함께 받아들여 좀더 갈등 당사자의 참여를 이끌어 낼 수 있으면서, 실질적인 측면에서 사회 갈등을 해결할 수 있는 방법을 찾는 것이 현재의 공공 문제 갈등 해소 연구가 추구하는 방향성이라고 할 수 있다. 물론 이러한 논의는 공공 문제에 대한 갈등과 더 밀접하게 연결되어 있다. 하지만 개인이나 조직 차원의 갈등 해소와 관련한 논의도 이러한 방향성과 크게 다르지 않다. 개인이나 조직 차원에서도 어떻게 갈등 당사자들이 직접 갈등 해소에 참여할 수 있으며, 단기적인 경쟁에서 벗어나 장기적인 관계 형성과 상호간의 만족을 높일 수 있는가를 고민하고 있다.

한편 현대 사회에서 갈등 해소를 어렵게 하는 이유는 많겠지만, 주로 앞서 말한 다수결의 횡포, 장기적인 관계 형성에 대한 의지 부족, 투표를 통한 문제 해결의 단순화, 전문가적이고 기술적인 수사 언변의 사용, 승리 지상주의적인 행동 등으로 요약할 수 있겠다(Susskind & Cruikshank, 1987). 갈등 해소를 어렵게 하는 이러한 요인들은 우리 사회 갈등의 모든 요소들에 깊숙이 배어 있다. 따라서 갈등 해소의 필요성을 충족시키기 위해서는 전반적인 의식의 변화를 고려할 필요가 있다. 그것은 전통적인 대결 위주의 의식으로부터 합의를 창출하기 위한 커뮤니케이션과 관계 형성에 바탕을 둔 갈등 해소를 모색하는 것이다. 경쟁에서 앞서기 위한 행위가 아니라 커뮤니케이션을 통한 합의 창출로서 갈등 해소에 접근할 필요가 있다. 이는 앞서 말했던 위험과 위기의 해결 방법과 궤를 같이하는 것이다.

갈등과 갈등 해소의 원칙

갈등은 다양한 의미를 가지고 있다. 다른 사람들과의 어떤 차이로 인해서 일어나는 불편한 감정을 의미할 수도 있고, 상대방과의 공존이 주는 불편함을 의미할 수도 있으며, 실제적인 행동의 대립을 의미할 수도 있다(Menkel-Meadow, 2003). 따라서 갈등은 인식 차원, 감정 차원, 행동 차원을 모두 포함한다. 또한 갈등은 개인, 조직과 같은 다른 차원, 다른 주제, 다른 사회 맥락을 가지고 나타나며, 다른 시간의 경과 과정과 연결되어 있다. 예를 들어 갈등은 개인 차원의 금전 문제와 관련되어 오래된 친구 간에 한 번 일어날 수도 있고, 사회 차원에서 환경 문제와 관련되어 인접 지역 주민 간에 반복적으로 일어날 수도 있다. 다른 차원, 주제, 사회 맥락, 경과 과정을 고려했을 때 갈등의 양상은 매우 광범위해진다. 하지만 이 책에서는 광범위한 의미의 갈등 중에서 조직의 위기가 조직의 경계를 넘어 사회 문제화되는 공공 갈등public disputes or public conflicts에 초점을 맞추고 있다고 할 수 있다.

갈등을 유형화하는 방법은 여러 가지가 있지만 갈등의 성격에 따라 실제적인 대립 갈등veridical conflict, 해결 가능 갈등contingent conflict, 숨겨진 갈등displaced conflict, 잘못 대상을 상정한 갈등misattributed conflict, 잠재된 갈등latent conflict, 가짜 갈등false conflict으로 나눌 수 있다(Deutsch, 1973). 잘못 대상을 상정한 갈등은 갈등의 대상이나 이슈가 정말 갈등을 가지고 있는 집단에 향하지 않는 경우를 말하고, 가짜 갈등은 실제로는 갈등이 없는데도 조작된 경우를 말한다. 이러한 구분은 갈등의 성격을 진단하고 대응의 수위를 조절하는 데 도움을 줄 수 있다. 하지만 이러한 유형화는 모든 사회 갈등 사안을 지나치게 획일적으로 상정한다는 단점이 있다.

이러한 구분보다는 오히려 갈등의 영역을 나누어 유형화하는 것이 다양한 사회 갈등을 이해하는 데 도움을 줄 수 있다. 보통 갈등의 영역은 자원resources, 가치나 신념values or beliefs, 선호나 관심preferences or interests, 관계relationship, 정체성identity 영역의 갈등으로 나눌 수 있다(Menkel-Meadow, 2003). 영역으로 유형화한 갈등은 많은 시사점을 준다. 우선 가치나 신념과 관계된 갈등은 자원이나 선호와 관련된 갈등보다 문제 해결이 어렵고, 실제적인 대립 갈등이 될 가능성이 많다. 또한 이러한 갈등은 평상시에 잠재된 갈등으로 수면 아래에서 작용할 가능성이 많다. 관계나 정체성과 관련한 갈등은 집단 내부의 문화와 관습에 많은 영향을 받을 것이며 숨겨진 갈등이나 잘못 대상을 상정한 갈등으로 이어질 가능성이 많다. 아무튼 지금까지 논의한 갈등 유형들은 정확하게 구분되어 있다기보다는 중첩되어 있다고 보는 것이 타당하며, 갈등 상황의 특수성에 맞게 유연하게 적용하는 것이 바람직하다고 할 수 있다.

한편 이러한 갈등을 해소하기 위한 접근 또한 다양하다. 갈등 해소와 관련하여 사회 통념적으로 관습화된 생각은 상대방을 굴복시킴으로써 내가 원하는 것을 얻어야 한다는 것이다. 우리가 실제 많이 사용하는 자신의 포지션에 기초한 경직된 협상 방법들은 이러한 전통적인 의미의 갈등 해소 인식을 많이 담고 있다. 하지만 상대방을 굴복시켜서 내가 이겨야 한다는 이러한 경쟁적인 접근은 많은 문제점을 안고 있다. 우선 갈등 해소를 한번에 끝나는 일회성의 사건으로 인식하는 것이 가장 큰 문제다. 이 부분에서 지금까지 이 책에서 논의한 관계의 개념이 접목될 수 있는데, 대부분의 갈등 사안들이 당사자 간 계속적인 관계 형성으로 이어진다는 것을 생각하면, 현재의 갈등을 승리로 이끄는 데만 초점을 맞추는 접근은 큰 의미가 없다. 또한 이러한 경쟁적인 접근은 나눌 수 있는 편익이 한정되어 있다고 생각함으로써 새로운 편익을 창조할 수 있는 기회를 스스로 축소시킨다. 즉 새로운 가치를 창출할 수 있는 기회를 스스로 없애는 것이다. 이와 함께 경쟁적인 접근은 윤리적인 문제 또한 내포하고 있다. 어떤 수단을 사용해서라도 상대방을 이겨야 한다는 의식은 비윤리적인 행위로 이어져 새로운 사회 갈등을 낳게 된다.

갈등을 해소하기 위해 공공 갈등 분야에서 내세우는 원칙으로 공정성fair, 효율성efficient, 안정성stable, 창의성wise을 주로 든다(Susskind & Cruikshank, 1987). 이러한 원칙은 광범위한 갈등 해소 원칙으로 적용될 수 있다. 공정성은 주로 갈등 당사자들에게 균등한 기회가 주어졌는가, 공개적으로 논증할 수 있는 기회와 균형잡힌 정보가 주어졌는가에 초점을 맞춘다. 공정성을 확보하기 위해서 무엇보다도 중요한 것은 갈등 해소 과정에 참여하는 당사자들이 느끼는 인식이다. 따라서 공정성은 결과에 대한 공정성보다는 과정상의 공정성에 더 초점을 맞춘다. 과정상의 공정성을 존중한다는 것은 법적인 절차에서 보는 것처럼 어떤 규칙을 만들고 그것을 그대로 준수해야 한다는 의미와 함께, 갈등 해소 과정에서 갈등 당사자 간의 합의에 따라 규칙이 유연하게 수정될 필요가 있다는 의미도 담고 있다. 예를 들어 부안 원자력 핵폐기물 처리장 건설과 관련하여 정부 측은 지역 주민들의 불만에도 불구하고 정부 주도의 절차를 그대로 강행했는데, 그 논리는 공공 정책의 실행에 대한 규정이 훼손되어서는 곤란하다는 것이었다. 하지만 이러한 정부 주도의 규정 준수가 지역 주민들의 공정성 인식과는 거리가 멀었던 것은 확실하며, 갈등 해소에도 별 도움이 안 되었던 것은 분명해 보인다.

공정성과 함께 시간이나 비용의 효율성도 고려 요인이다. 시간이나 비용이 너무 많이 드는 갈등 해소 접근은 사회적인 합의를 어렵게 할 수도 있다. 하지만 효율성을 고려하라는 의미가 당사자 간의 충분한 커뮤니케이션 기회를 무시하라는 의미는 아니다. 합의가 이루어지지 않았을 때의 심각한 사회적인 파장만을 고려하여, 당사자 간 충분한 커뮤니케이션 기회를 박탈하는 것은 또 다른 갈등의 소지를 낳게 된다. 안정성은 앞서 말했듯이 갈등 해소는 이후의 관계 형성과 밀접하게 관련되어 있다. 합의 이후에 실행 못할 약속이라든지, 단지 상황을 모면하기 위한 제스처는 더 큰 갈등을 유발할 수 있다. 앞서 설명했던 쟁점 관리의 순환 모델과 유사하게, 갈등 해소는 상황의 끝이 아니라 시작이라는 생각을 가지는 것이 중요하다.

마지막으로 창의성은 문제 해결을 주어진 틀 안에서만 생각하는 것이 아니라 새로운 가치를 창출하는 방향으로 해결하는 것을 말한다. 예를 들어 쓰레기 처리장 건립과 관련하여 지역 주민들의 극심한 반대에 부딪혔을 때, 쓰레기 처리장이 아니라 지역 주민의 고용을 창출하는 재활용 공장으로 프레이밍하면서 환경 오염에 대한 우려를 불식시킨다면 갈등은 새로운 해결점을 찾을 수 있다. 더럽고 냄새나는 쓰레기 처리장이라는 인식 틀에서는 갈등을 해소할 수 있는 방법을 찾기는 어렵다. 또한 정부 측 입장에서도 계속된 소송과 공사 지연으로 비용을 낭비하기보다는 비용을 더 들여서라도 새로운 개념의 공장을 건설하는 것이 유리할 것이다.

이러한 갈등 해소를 위한 원칙들을 아우르는 기본 전제는 커뮤니케이션에 있다고 할 수 있다. 예를 들어, 아무리 창의적인 가치를 창출한다고 하더라도 한쪽 주체에 의해서 일방적으로 밀어붙여지면 긍정적인 태도를 형성하기 어렵다. 공정성, 효율성, 안정성, 창의성은 모두 커뮤니케이션을 통해서 합의를 이루어야 하는 원칙들이지 절대적으로 주어지는 것이 아니다. 따라서 현대 사회의 갈등 해소에서는 원칙에 기반한 유연한 사고와 커뮤니케이션 의지가 무엇보다도 중요하다.

기본적인 갈등 해소 이론 접근에 대한 논의

다음 절에서 자세하게 설명하게 되겠지만 갈등 해소 방법을 크게 나누면 협상, 조정, 중재, 소송으로 나눌 수 있다. 협상에서 시작하여 점점 더 제3자의 결정권이 강해지게 되고, 소송에 이르면 모든 결론이 외부의 결정에 좌우하게 된다. 공공 갈등 해소에서 다자간 합의 창출 방법들이 논의되기도 하지만 이것도 엄밀히 말하면 협상, 조정, 중재 등의 범주에서 벗어나지 않는다. 주로 이 책에서 말하는 갈등 해소는 소송으로 가기 전의 갈등 해소 방법들을 의미한다. 하지만 소송을 포함해서 이 모든 갈등 해소 방법들의 기초를 이루는 것은 결국 협상이다. 협상은 당사자 간의 대화를 통해서 문제를 해결한다는 의미에서 모든 갈등 해소 방법들의 기본을 이룬다고 할 수 있다. 따라서 협상의 이론화는 모든 갈등 해소 방법들의 기본을 이룬다고 할 수 있다.

협상의 이론화는 광범위하고, 경제학 · 사회학 · 심리학 · 경영학 · 커뮤니케이션학 · 법학 · 행정학 등 많은 관련 분야의 성과들과 중첩되어 있다. 이러한 광범위한 협상이론을 간략하게 정리하는 것은 불가능에 가깝지만, 저자의 생각으로는 크게 게임이론을 비롯하여 사람들의 이성적인 판단을 이론화하려는 측면과 사람들이 현실에서 꼭 이성적으로만 판단하는 것이 아니며 편견에 기반하여 잘못된 결정을 내리는 경우가 더 많다고 보는 측면으로 크게 나눌 수 있을 것 같다. 전자의 경우는 경제학적인 이론화에 기초를 두고 있고, 후자의 경우는 좀더 행동 결정적인 이론, 즉 실제 사람들이 행하는 행동들을 살펴본 후에 무엇이 가장 이성적인 판단을 그르치게 하는가를 알아보려는 시도들이라고 할 수 있다. 행동 결정적인 이론은 좀더 현실을 이해하고, 그러한 현실 이해에서 협상을 위한 바람직한 행동들을 논의했다고 할 수 있다(Raffia, 1982; Bazerman & Neale, 1992). 게임이론을 비롯한 경제학 이론들은 이에 비해서 상황을 단순화하여, 실제 사람들의 행위보다는 이성적인 주체의 행위를 상정한 이론화를 시도하거나, 모든 가능한 결정 변수들을 고려하여 복잡한 상황을 이론적으로 설명하려고 시도한다고 할 수 있다.

게임이론은 이성적인 선택이론rational choice theory에 근거를 두고 있으며, 크게 본다면 애덤 스미스Adam Smith의 자기 이익을 위한 판단이 전체 사회의 공공 이익에 기여하게 된다는 낙관적인 주장과 맞닿아 있다. 하지만 게임이론은 사람들의 이성적인 선택을 기본으로 하고 있지만, 게임의 결과가 항상 이성적인 결과를 가져오는 것은 아니라는 것을 보여 주기도 한다. 나중에 설명할 죄수의 딜레마가 대표적인 경우다.

게임이론은 참가자들 간의 전략 게임이라고 할 수 있는데, 주어진 규칙이 지켜질 것이라는 가정을 전제하고 구성된다. 그러한 규칙은 제3자의 부재, 한 가지의 위협, 자신의 최하 협상 가격의 인식, 충분한 시간 등을 포함한다. 따라서 게임이론은 그것이 현실을 반영하고 있기보다는, 가장 효율적인 방법으로 사람들 간의 전략이 부딪치는 유형을 보여 주려고 시도하는 것이다. 이러한 부분이 행동결정이론의 비판을 받는다. 행동결정주의자들은 현실에서 일어나는 사람들의 실제적인 행위에 초점을 맞추고자 하기 때문에 과도한 규칙 하에 상정된 모델이론을 비현실적이라고 보기 때문이다. 하지만 두 사람 간의 경쟁이 계속될 때에는 상대방에 대한 즉각적인 반응 전략tit-for-tat strategy이 가장 유용하다는 것을 밝혀내는 등 모델 이론이 보여 주는 유용성과 방향성은 매우 크다고 하겠다. 하지만 참가자의 수가 많아질수록 모델이 너무 복잡해지고 협상 현실에 적용하기가 어렵다는 것은 역시 큰 단점으로 지적될 수 있겠다.

게임이론에서 많이 인용되는 게임은 두 사람 간의 게임이며, 죄수의 딜레마prisoner's dilemma, 치킨 게임chicken game, 사슴 사냥 게임stag hunt game, 이성 간의 선택 게임battle of the sexes 등 많은 게임 구조들이 있다. 협상이론에서 가장 많이 인용되는 게임은 죄수의 딜레마와 치킨 게임이다. 죄수의 딜레마는 〈표 12-1〉에서 보여 주는 것처럼, 두 사람이 모두 협력하게 되면 모두에게 좋은 결과를 얻을 수 있지만 서로를 신뢰할 수 없기 때문에 참가자 모두 배신하여 서로가 손해를 보는 상황을 받아들이게 된다는 것이다.

표 12-1. 죄수의 딜레마

	B 협력	B 배신
A 협력	1, 1	−2, 2
A 배신	2, −2	−1, −1

주) A가 얻게 되는 것은 첫 번째 숫자이고, B가 얻게 되는 것은 두 번째 숫자임.

예를 들어 두 사람이 강도 사건에 연루되었다고 해 보자. 두 사람이 전부 범행을 자백하지 않는다면, 증거 불충분으로 풀려날 수도 있다. 하지만 한 사람이 자백하고, 다른 사람은 자백하지 않는다면 자백하지 않은 사람이 모든 죄를 뒤집어쓸 수도 있다. 이러한 경우에 사람들은 자신이 모든 죄를 뒤집어쓸 수 있다는 우려 때문에 서로 협력하기보다는 자백하는 수순을 밟게 된다는 것이다. 이 게임에서 자백을 했을 경우에는, 상대방이 자백하게 되면 죄를 나누어 가지고(-1, -1의 경우), 상대방이 자백을 하지 않으면 가장 많은 것을 얻기 때문에(2, -2의 경우) 자백하는 경우가 모든 경우에서 가장 최선의 경우가 된다. 따라서 모든 참가자들이 자백하는 선택(-1, -1)을 하게 된다.

이러한 죄수의 딜레마는 실생활에서도 많이 찾아볼 수 있다. 예를 들어 신호등이 고장난 경우에는 각 방향별로 순차적으로 한 번씩 가면 모든 사람들이 가장 빨리 갈 수 있다. 하지만 사람들은 상대방이 협조할 것이라는 확신이 없기 때문에 서로 먼저 가려고 하게 되고, 결국 교차로에 막혀서 오도가도 못하는 경우에 빠지게 된다. 협상의 경우에도 마찬가지다. 서로를 신뢰할 수 있다면 가능한 정보를 공개하여 모두에게 가장 좋은 방향으로 합의를 유도하는 것이 가능하다. 하지만 많은 경우, 자신의 정보가 공개됨으로써 그것을 이용하여 상대방이 이익을 모두 챙겨갈 것을 두려워하여 일단은 대립적인 구도 속으로 협상을 밀어넣게 된다. 이러한 공멸의 길을 막기 위해서 제도적인 장치나 약속을 지키기 위한 규제 등이 사용되기도 하는데, 결국은 당사자 간의 신뢰 문제가 풀리지 않는다면 근본적인 문제 해결은 어렵게 된다. 신호등이 고장난 교차로에서 교통 경찰이 문제 해결의 역할을 할 수는 있지만, 교통 경찰이 항상 적재적소에서 모든 문제를 해결할 수 있는 것은 아니다. 결국 죄수의 딜레마를 통해서 본 협상의 문제도 신뢰 혹은 관계 형성의 문제와 연결된다. 서로를 신뢰할 수 없다면 이성적인 판단이 이성적인 결과로 연결되지는 않는다는 것이다.

이러한 관계의 중요성은 로버트 액슬로드Robert Axelrod의 유명한 책 『협력의 진화*The Evolution of Cooperation*』(1984)에도 잘 나타나 있다. 그는 죄수의 딜레마 게임이 한 번이 아니라 계속하여 게임이 이어지는 경우를 상정하는 컴퓨터 시뮬레이션을 고안해서 실험을 진행했다. 재미있는 사실은 게임이 계속 이어진다는 것을 사람들이 아는 경우에는 상대방과의 관계를 생각하여 배신하기를 망설이게 된다는 것이다. 또한 이렇게 계속 이어지는 게임의 경우에는 상대방이 하는 결정을 그대로 따라 하는 경우에 가장 많은 이익을 얻게 된다는 것도 알아냈다. 즉 처음에는 협력으로 시작해서, 상대방이 협력을 하는 경우에는 협력하는 모습을 보여 주어 관계를 증진시켜 나가고, 배신을 하는 경우에는 자신도 배신을 함으로써 빠른 응징을 보여 주는 것이다. 또한 상대방이 한 번 배신했다고 해서, 그것에 실망하여 향후 상대방의 대응과 상관없이 스스로 계속 배신하는 것은 용서를 통한 관계 형성을 거부하는 행위와 맞먹기 때문에 좋은 결과를 가져올 수 없다.

현실적으로 살펴보면, 서로가 서로에게 배신이 불리하다는 것을 인식하는 선에서 관계를 계속 이어가기 위한 선택을 하는 것이 가장 현명하다. 협상에서도 앞으로의 관계가 계속 이어질 것을 안다면 자기 이익을 극대화하기 위해서 배신하는 행위는 이후의 징벌이 두려워서라도 망설이게 된다. 하지만 일부분의 사람들 중에는 갈등 조장을 통해서 문제를 해결하려는 사람들도 있기 때문에, 이러한 경우에는 관계를 통한 문제 해결이 어려워질 수도 있다. 예를 들어, 이혼 문제에서 서로의 타협을 통해 문제를 해결하기보다는 법적인 소송을 통해 공멸의 길을 일부러 선택하는 사람들에게 협상의 여지는 매우 좁다고 하겠다. 치킨 게임은 이런 경우를 좀더 잘 설명한다.

협상을 하기가 매우 어려운 상대방을 상정하는 게임이 치킨 게임이다(표 12-2 참조). 치킨 게임은 미국의 문제 청소년들이 차를 서로 마주보고 달리게 하는 게임에서 상대보다 자신이 먼저 충돌을 피하기 위해서 핸들을 틀게 되면 치킨, 즉 겁쟁이라고 놀림을 받게 되는 것에서 비롯되었다. 치킨 게임은 상대적으로 갈등 상황과 가깝고 극한 대립 상황에서 사람들이 어떤 선택이 가능한가를 잘 보여 준다. 치킨 게임은 죄수의 딜레마에서 볼 수 있는 최적의 전략 선택점dominant strategy equilibrium이 없다. 죄수의 딜레마에서 상대방의 어떤 전략에도 대응할 수 있는 최적의 선택은 서로 배신하는 행위였다. 하지만 치킨 게임에서는 그러한 최적의 선택은 없고, 두 사람에게 각각 최선에 해당하는 경우, 즉 내가 핸들을 틀지 않았는데 상대방이 핸들을 틀었을 두 가지 경우(10,0와 0,10)가 각각 최선의 경우가 된다. 하지만 이 두 가지 최선의 경우는 둘 중 하나에 대한 선택을 강요받게 된다. 갈등 당사자들은 모두 자신에게 유리한 선택을 고려하기 때문에 결국에는 두 사람 모두에게 가장 불행한 사태, 즉 정면 충돌로 인한 사고(-5, -5)의 선택을 하는 경우도 생기게 된다. 사실상 사고로 죽는 것보다는 겁쟁이가 되는 것이 낫다. 하지만 사람들은 협력을 통해서 모두에게 이익이 되는 상황보다는 자신이 겁쟁이가 되는 것을 피하기 위해서 극단적인 행동을 하게 된다.

표 12-2. 치킨 게임

	B 협력	B 배신
A 협력	(5, 5)	(0, 10)
A 배신	(10, 0)	(–5, –5)

주) A가 얻게 되는 것은 첫 번째 숫자이고, B가 얻게 되는 것은 두 번째 숫자임.

사실상 치킨 게임에서는 상대방에게 극단적이고 비이성적으로 보일수록 유리하다. 극단적인 확신이 강한 사람에게는 최악의 충돌이 예상되기 때문에 상대방은 겁을 먹고 피할 수밖에 없다. 인질 테러리스트들이 폭탄을 몸에 두른다든지, 치킨 게임에서 핸들을 뽑아버리는 등의 행위는 가장 강력한 위협 요소로 작용하게 된다. 이러한 경우에는 먼저 겁을 먹는 편이 양보할 수밖에 없다. 하지만 치킨 게임에서 중요한 것은 이러한 게임이 반복될 경우에는 양보가 더 큰 피해를 자초할 수 있다는 것을 인식하는 것이다. 자국의 국민들을 인질로 납치한 테러리스트들에게 보상을 할 경우, 계속된 인질 납치극을 초래할 수도 있다. 많은 나라들이 테러리스트와의 직접적인 협상을 거부하는 것도 이러한 이유에서다. 따라서 치킨 게임에서도 원칙을 준수하는 협상이 진행될 필요가 있다. 협상 과정에서 가장 중요한 것은 어떤 경우에라도 상대방과의 대화 채널을 확보하여 서로에게 도움이 되는 방향으로 양보할 수 있는 지점을 찾는 것이다.

예를 들어 탈레반의 한국인 인질 사건에 대한 협상의 경우, 사건 발생 직후 정부는 탈레반의 위협을 완화시키기 위해서 아프가니스탄에 있는 한국군을 철군하겠다는 등의 발표를 자발적으로 하거나 연합군에 의한 무력 공격 가능성을 배제하는 등의 발표를 했다. 이러한 행위가 추후 협상에서는 원칙 없는 양보 가능성으로 받아들여졌을 가능성이 농후하다. 탈레반이 계속해서 인질을 죽이는 극단적인 방법을 동원해서라도 우리 정부를 압박한 것은 그만큼 극단적인 확신 측면에서 자신들이 유리하다고 인식했기 때문에 가능한 것이다. 우리 정부로서는 원칙을 지키는 면모를 보여 주지 못했기 때문에 탈레반과의 협상에서도 질질 끌려다니는 모습을 보였을 뿐만 아니라, 이후에도 유사한 사건이 일어날 수 있는 빌미를 제공한 측면이 있다. 상대가 극단적으로 나올수록 합의점을 찾기가 힘들겠지만, 원칙 없는 양보는 오히려 사태를 더 악화시킬 수 있다. 치킨 게임은 죄수의 딜레마에 비해서 좀더 대립적인 갈등 상황을 설명하는 데 적합하다고 할 수 있다.

게임이론에 비해서 행동결정이론behavioral decision theory은 사람들이 항상 이성적으로 행동하지 않는다는 것을 보여 준다. 현대 사회에서 사람들의 결정은 너무나 많은 요소들을 고려해야 하기 때문에, 보통 가장 통용되는 원칙이나 자연스럽게 무의식화된 방향성을 따르게 된다. 하지만 이러한 손쉬운 결정은 많은 결정 편견들과 연결되어 있으며, 합리적인 결정을 방해하게 된다. 협상을 잘하기 위해서는 이러한 쉬운 방향성과 편견들을 극복하고 합리적인 판단을 유도하는 것이 필요하다.

무의식화된 방향성은 크게 이용 가능성availability, 대표성representativeness, 긍정 가설 입증positive hypothesis testing, 감정 전도affect heuristic 등으로 나눌 수 있다(Bazerman & Moore, 2008). 이러한 무의식화된 방향성은 외견상 합리적인 판단을 할 것처럼 보이는 의사결정자들이 경제적인 효용과는 거리가 먼 결정을 하게 되는 상황들을 잘 설명한다. 이러한 무의식화된 방향성은 협상 과정의 의사 결정에 심각한 영향을 미치게 된다.

이용 가능성 방향성은 사람들이 자신의 기억에서 가장 손쉽게 꺼낼 수 있는 단서들을 이용하여 의사 결정을 한다는 것이고, 대표성 방향성은 부분적으로 유사한 특성을 일반화하여 같은 집단으로 치부하는 것이다. 또한 긍정 가설 입증 방향성은 자신이 가진 입장에서 모든 사물을 보기 때문에 합리적인 비교 없이 자신이 설정한 테두리 안에서 의사 결정하는 것이고, 감정 전도는 일견 합리적인 판단을 하는 것처럼 보이는 사람들도 결국은 감정적인 판단에 기반한 결정을 하고 있다는 것이다. 이러한 무의식화된 방향성은 사람들이 내리는 의사 결정의 실수나 편견의 기반을 이룬다. 예를 들어 긍정 가설 입증 방향성과 같은 경우에는 자신이 이미 가진 것의 긍정적인 면을 강화하는 정보만을 찾는다든지confirmation bias, 처음 시작하는 기준에 집착하거나anchoring bias, 또는 자신의 신념을 과신하거나overconfidence 자신의 결정을 이후에도 계속 합리화하는 편견들hindsight bias과 밀접하게 연결되어 있다.

이러한 행동결정이론과 관련하여 협상 참가자들이 범하기 쉬운 실수들을 정리한 문헌들은 현재 많이 나와 있다(대표적으로 Bazerman & Neale, 1994을 참조할 수 있다). 한편 최근 문헌에는 이러한 협상 관련 실수와 편견들을 크게 여섯 가지로 정리하고 있다(Bazerman & Moore, 2008). 그것들은 1) 기존의 자원을 한정된 것으로 상정하는 것, 2) 프레이밍에 좌우되는 의사 결정, 3) 비이성적인 갈등의 상승 작용, 4) 자신의 가치에 대한 과대 평가, 5) 자기 보호 편견, 그리고 6) 시작점 편견을 말한다.

기존의 자원을 한정된 것으로 상정하는 것은 미리 협상 상대방과 함께는 가치를 창출할 수 없다는 인식을 가지고 협상에 임하는 태도이고, 프레이밍에 좌우되는 의사 결정은 예상이론 혹은 프로스펙트이론prospect theory에서 보는 것처럼(앞서 언급한 위험 논의의 프로스펙트이론 설명 참조), 메시지가 어떻게 프레이밍되는가에 따라서 의사 결정이 다르게 나타나는 현상을 말한다. 갈등의 상승 작용은 자신의 처음 제안에 너무 충실하고자 함으로써 비이성적인 갈등이 극대화되는 경우를 말하며, 자신의 가치에 대한 과대 평가는 자신이 가진 가치를 교환 또는 비교할 수 없는 신성불가침의 영역으로 상정함으로써 스스로 협상의 여지를 좁히는 경우를 말한다.

한편 자기 보호 편견은 자신이 설정한 공평성 잣대를 통해서 자신에게 유리한 결정을 내리는 것이고, 마지막으로 시작점 편견은 자신이 설정한 협상의 시작점이나 기준점에 너무 집착하여 합리적인 합의점을 모색하지 못하는 경우를 말한다. 아주 간단하게 살펴보았지만 이러한 여섯 가지 영역들은 이미 많은 실증 연구들이 이루어져 있고, 개인이나 집단의 의사 결정이 가지는 일반적인 문제점들을 잘 설명하고 있다(좀더 심도 있는 논의를 위해서 Bazerman & Moore, 2008; Bazerman, Tenbrunsel, & Wade-Benzoni, 1998; Kahneman, Slovic, & Tversky, 1982; Kahneman & Tversky, 1979; Rabin & Thaler, 2001; Raiffa, 1982; Thaler, 1999 등을 참조할 수 있다). 즉 협상이론으로서 행동결정이론이 강조하는 것은 현상에서 발견할 수 있는 실수와 편견의 가능성을 인정함으로써 더 나은 협상의 발판을 마련하자는 데 있다.

한편 행동결정이론이 실제 협상에 적용되는 과정에서 분석의 틀로서 이용되는 것은 크게 세 가지 요소다. 그것은 협상에 의해서 합의를 도출하지 못하게 되었을 경우의 대안, 각 참가자의 이해 관계들, 그리고 참가자 이해 관계의 상대적인 중요성이다(Raffia, 1982; 2001). 즉 사람들은 이러한 세 가지 요소들을 고려하여 자신에게 가장 유리한 결정을 내리려고 노력한다. 하지만 이러한 결정은 기존의 가치를 단순히 나누어 가지기도 하고, 새로운 가치를 창출하기도 한다(Lax & Sebenius, 2002). 가치를 나누어 가지게 되는 경우는 전형적인 분배 협상을 말한다. 즉 협상 당사자들 간에 양보할 수 있는 선을 설정하고 각자의 이해 관계에 따라 기존의 자원을 분배하는 것이다. 이러한 협상 태도에서는 앞에서 소개했던 의사결정자의 실수나 편견이 여과 없이 적용된다. 이것은 전형적인 경쟁 관계의 협상을 말한다. 하지만 가치를 창출하는 협상은 앞에서 얘기했던 실수나 편견을 넘어서려는 노력을 말한다. 한계점을 드러내는 기존의 프레임에서 벗어나서 새로운 가치를 창출함으로써 서로 간의 협력이 모두에게 좋은 결과를 낳을 수 있는 방향을 모색한다.

가치를 나누는 협상은 한 가지 이슈에 집착하지만, 가치를 창출하는 협상은 여러 가지 이슈를 한꺼번에 고려하여 새로운 편익을 창출하기 위해서 노력한다. 예를 들어 1978년에 있었던 캠프 데이비드Camp David 협상에서 이스라엘과 이집트는 이스라엘에 의해서 강점되었던 시나이반도의 반환을 둘러싸고 대립하게 된다. 영토 분배를 둘러싼 서로 간의 입장은 사실상 좁히기 힘들었다. 하지만 영토 분배라는 이슈를 떠나서 서로의 이해 관계를 고려하기 시작하자 협상은 합의점을 찾게 된다. 즉 이스라엘은 자국의 안전이 가장 큰 문제였고, 이집트는 시나이반도의 자국 영토화가 가장 큰 관심였다. 따라서 두 국가는 시나이반도를 이집트의 영토화하는 대신, 이 지역을 비무장 지대화하고 이스라엘의 공군기지를 설치하는 것으로 합의를 이루었다. 이집트는 자국의 영토를 돌려받았고, 이스라엘은 안전을 약속받게 되었다. 이렇게 기존 가치의 분배를 넘어서는 참가자 이해 관계의 극대화를 도모하는 행위를 가치 창출 협상이라고 한다.

이러한 구분과 관련하여 갈등 해소 연구는 갈등 해소의 방법을 분배형distributive과 통합형integrative으로 나누기도 한다. 분배형은 전형적인 경쟁 지향적인 갈등 해소 방법을 의미하고, 통합형은 갈등 당사자 간의 균형잡힌 이익을 도모하는 방법이다. 흔히 말하는 가치의 주장과 가치의 창조는 각각 분배형과 통합형 구분과 가깝다. 가치를 주장하는 것은 기존의 파이에서 어떻게 나눌 것인가를 주장하는 것이지만, 가치를 창조하는 것은 파이를 더 크게 해서 상호간에 이익이 될 수 있는 방법을 찾는 것이다. 또한 피셔와 유리(Fisher & Ury, 1991)가 주장한 위치position에 기반한 협상과 상호 관심에 기반한 협상도 이러한 구분과 맞닿아 있다.

예를 들어 한 부부가 여름 휴가 여행을 계획하고 있는데, 남편은 산으로 가고 싶어하지만, 부인은 바다로 가고 싶어한다고 가정해 보자. 이런 경우, 분배형의 협상을 한다면 따로 여름 휴가를 가든지, 아니면 5일씩 쪼개서 가든지 기존의 효용에서 분배하는 방법을 찾게 될 것이다. 하지만 가치를 창조하는 협상에서는 바다와 산이 맞닿아 있어서 함께 즐

길 수 있는 장소를 선택하는 등의 창조적인 해결 방법을 찾게 된다. 이것은 결국 상대방의 관심 사항이 무엇인가에 초점을 맞춤으로써, 경쟁이나 분배가 아니라 서로 간의 관심을 충족시킬 수 있는 창의적인 해결점을 찾으려고 노력하는 것이다. 서로 간의 위치에 기반한다면 남편의 권위나 아내의 보상 심리가 더 중요하겠지만, 서로의 관심 사항으로 접근한다면 남편은 조용하게 사색하면서 휴가를 보내고 싶은 것이고, 아내는 즐거운 분위기에서 평소의 일상에서 벗어난 휴가를 보내고 싶은 것이라고 할 수 있다. 서로의 위치에만 집착한다면 문제 해결이 어렵지만, 서로 간의 관심 사항을 이해한다면 이러한 욕구를 조정할 수 있는 창의적인 아이디어가 얼마든지 개발될 수 있다.

실제에서는 분배형과 통합형을 좀더 세분화하여 갈등 해소 방법을 모델화하기도 한다. 두 가지 차원으로 자신의 이익에 대한 관심(높음/낮음)과 타인의 이익에 대한 관심(높음/낮음)을 두고 다섯 가지 형태의 모델로 만들기도 한다(Thomas, 1976). 그것은 경쟁competition or domination, 협력collaboration or integration, 타협compromise or sharing, 회피avoidance or neglect, 수용accommodation or appeasement을 말한다. [그림 12-2]에서 보는 것처럼, 경쟁은 자신의 이익을, 수용은 타인의 이익을 우선하는 것이고, 협력은 상호 이익을 지향하는 것을 말하며, 회피는 갈등 해소 노력을 방기하는 것이다. 타협은 경쟁과 수용

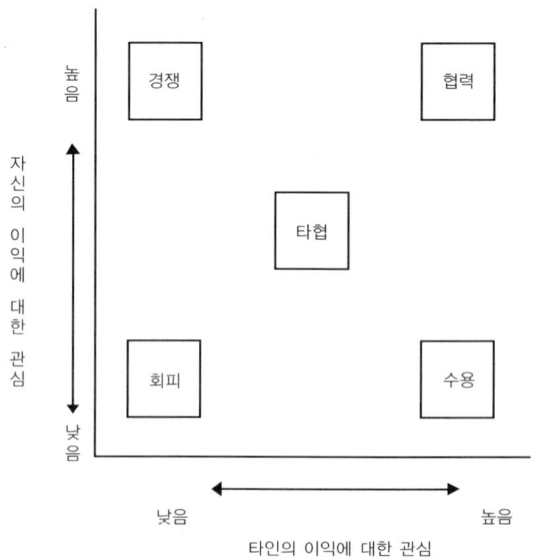

그림 12-2. 갈등 해소와 관련한 다섯 가지 접근 방법
(Thomas, 1976)

사이의 어정쩡한 상황을 말한다. 따라서 타협의 상황에서는 갈등 당사자 모두가 불만족한 상황에 머물게 된다.

하지만 이 모델은 가능한 갈등 해소 접근을 간략하게 보여 준다는 장점에도 불구하고 타협이나 협력 등의 개념들 간에 확실한 차별화가 이루어지지 않아 계속 논란거리가 되어 왔다. 미국에서 개발된 협상이론들은 대부분 협력의 상황과 타협의 상황을 창조성 혹은 가치 창조의 차원에서 비교한다. 하지만 실제로는 가치 창조와 무관하게 자신의 것을 어느 정도 양보하고 타협함으로써 상황을 반전시키고, 상호간의 이익을 도모하며, 관계를 유지해 나가는 경우를 쉽게 찾을 수 있다. 실제 갈등 해소에서는 타협과 협력의 의미를 구분하기 어려운 경우가 많다.

한편 이 모델과 관련하여 서양과 동양의 사고 차이도 짐작해 볼 수 있는데, 민주주의와 대화 문화가 일찍 발달했던 서양에서는 협력을 통해서 창의적인 문제 해결 방법을 찾는 것이 용이할지 모르지만, 동양적인 유교 질서가 지배하는 나라에서는 자신의 것을 먼저 양보하고 타협하는 자세가 더 미덕으로 칭송받는 경향이 있다. 아직까지 계급주의적인 성향이 남아 있는 사회구성원들 간에 무조건적으로 서로가 만족할 수 있는 창의적인 방법을 찾으라고 하는 것은 문제가 있다. 이 모델을 우리나라 상황에 적용할 때, 이러한 점이 충분히 고려될 필요가 있다. 한편 가치 창출 혹은 협력의 모델은 갈등 당사자 쌍방 간의 이익 실현 방법을 고려했다는 의미에서 복수 이익 관심 모델 혹은 양면 고려 모델dual concerns model이라고도 한다(Lewicki & Leterer, 1985).

기존의 전통적인 협상과 갈등 해소 과정을 보면 대부분 경쟁 지향적이고 이익의 분배 과정에서 얼마나 자신의 이익을 최대화할 것인가에 초점을 맞추는 경향이 강하다. 지금도 어느 면에서 보면 이러한 협상 기술이 실제 세계에서는 더 다수를 점하고 있다고도 할 수 있다. 이러한 전통적인 모델은 우선 협상의 시작 과정에서 협상 가능 영역zone of possible agreement(ZOPA)의 최상위를 점할 수 있는 제안을 하고, 메시지의 프레임을 상대방을 가장 설득할 수 있는 방향으로 가져가서, 최대의 편익을 추출하는 것에 목적을 둔다. 하지만 이러한 접근은 자칫 잘못하면 서로 간의 신뢰를 무너뜨릴 수 있고, 서로에게 최상의 결과를 가져다 줄 수 있는 정보의 교환을 가로막을 수 있다. 또한 필요 없는 대치 상황을 만들어 창의적인 결과를 창출하는 것을 막을 뿐만 아니라, 더더욱 문제인 것은 합의된 결과도 장기적인 관점에서 지속되기 어렵다는 단점이 있다.

따라서 좀더 상대방을 이해하고, 모두에게 이익mutual gains approach(MGA)을 가져다 줄 수 있는 방향으로 협상과 갈등 해소에 접근하고자 하는 시도가 최근 들어 각광을 받고 있다. 이러한 접근은 우선 전통적인 접근에 비해서 자신의 이해 영역과 함께 상대방의 이해 영역을 충분히 고려하고, 자신의 이익을 선점하기 위한 제안을 가능한 한 삼간다. 이와 함께 하나의 이해에 집착하기보다는 여러 가지 이해 관계를 한꺼번에 고려함으로써 서로 간에 가치를 창조할 수 있는 종합적인 협상package deal을 시도하게 된다(Fisher & Ury, 1991; Consensus Building Institute, 2002). 이러한 시각을 통합적인 협상integrative bargaining이라고도 한다(Lewicki & Leterer, 1985). 상호 이익 접근은 과거의 문제보다는 미래의 관계에 중점을 두고, 서로 간의 이해 사항을 모두가 만족할 만한 방향으로 충족시키며, 대화와 관계 형성을 통해서 문제를 해결하는 가장 관계 지향적인 갈등 해소 모델이라고 할 수 있다.

한편 이러한 이론화와는 별도로 실제적인 갈등 해소나 협상 과정에서 사용되는 많은 개념들이 개발되고 있다. 피셔와 유리가 개발했던 협상 포기 시 최적 결과best alternative to a negotiated agreement(BATNA) 개념은 협상 과정을 이해하는 데 중요하다. 서로 간의 갈등 해소나 성공적인 협상은 당사자 모두 협상 포기 시 최적 결과보다 나은 곳에서 협상 가능 영역ZOPA이 설정될 때 이루어질 수 있다. 따라서 갈등 해소나 협상 당사자들은 서로 간의 관심 사항을 정확하게 파악하고 목표를 설정한 다음, 합의 가능한 영역을 탐색하기 위해서 대화에 돌입하게 된다. 만약 외부 요인에 의해서 한쪽이 협상 포기 시 최적 결과보다 못한 수준에서 협상이 타결된다면 이는 오히려 사회 갈등을 증폭시킬 수 있다. 일방적으로 합의가 이루어진 협상은 이후 합의 내용의 지속성에도 문제를 가지게 된다.

지금까지 설명한 협상 개념들은 협상 과정의 효율성을 높이고, 상호 이익을 가져올 수 있는 결과를 도출하는 데 유리하며, 또한 자신의 협상 카드를 조절하는 데도 필요하다. 따라서 협상을 위한 사전 준비도 이러한 개념을 이용하여 점검할 수 있다. 다시 한 번 예를 들어 2008년 미국과의 쇠고기 협상을 둘러싼 논란 같은 경우, 우리나라 협상 팀이 미국에 쇠고기 시장을 개방하기로 하면서 사전에 협상 포기 시 최적 결과BATNA를 상정하고 협상에 임했는지, 최대 양보선reservation price은 정했는지, 협상 가능한 영역ZOPA은 정했는지 등이 의문으로 떠오르게 된다. 언론을 통해 드러난 협상의 내용을 살펴보면, 다양한 이슈와 이해 관계를 설정한 후 모두에게 이익이 될 수 있는 상호 가치를 창출하는 과정이 생략되어 있음을 알 수 있다. 한국 정부는 쇠고기 수입에 반대하는 국민 여론을 등에 업고 협상력을 발휘하기보다는 상대방의 관심 사항을 일방적으로 수용하는 협상을 한 것으로 드러났다. 협상을 위한 중요 개념들이 적절하게 적용되지 못했을 때 실패할 수 있다는 것을 한미 쇠고기 협상이 잘 보여 준다.

사실상 갈등 해소와 협상의 과정은 커뮤니케이션의 과정이다. 각자의 목표와 관심 사항을 바탕으로 대화를 통해서 서로 간에 용인할 수 있는 객관적인 기준들을 마련하고, 이러한 기준을 중심으로 서로 간의 합의점을 찾아야 한다. 이러한 과정은 얼마나 잘 듣느냐, 얼마나 잘 설득하느냐, 얼마나 이해하느냐, 얼마나 관계를 이어갈 의지가 있느냐 등 가장 커뮤니케이션적인 요소들을 포함한다.

하지만 대체적인 갈등 해소와 협상 교과서들을 살펴보면 커뮤니케이션의 영역을 너무 기능적인 측면에서만 고려하고 있다는 인상을 지울 수가 없다(Stone, Patton, & Heen, 1999). 갈등 해소의 철학적인 기반으로서 커뮤니케이션을 받아들이지 않고, 커뮤니케이션을 단순히 수단화했을 때는 과도한 기능주의의 폐해를 경험할 가능성이 높다. 커뮤니케이션 영역은 상호간의 이해, 관계 형성, 가치 창조, 커뮤니티의 형성, 공론의 장의 형성, 숙의 민주주의 등 현대 갈등 해소 이론이 요구하는 가치들을 모두 수용하여 이론화하고 있다. 따라서 단지 대화를 이끌기 위한 기능으로서가 아니라 현대 사회의 문제 해결 중심 영역으로서 커뮤니케이션을 바라볼 필요가 있다.

갈등 해소 접근: 협상, 조정, 중재

사회 차원에서 주로 이루어지는 갈등 해소 연구 분야는 크게 법적인 갈등 해소, 공공 갈등 해소, 조직 갈등 해소를 위한 연구로 포괄적으로 나누어 볼 수 있다. 법적인 측면은 대안적인 분쟁 해소alternative dispute resolution(ADR)로 대변될 수 있는데, 소송을 대신해서 갈등을 해소할 수 있는 방법을 찾는 노력을 의미한다(Menke-Meadow, Love, Schneider, & Sternlight, 2005). 법적인 소송의 대안으로 제시되는 협상, 조정mediation, 중재arbitration 활동 등이 이에 해당한다. 이에 반해 공공 갈등 해소 분야의 연구들은 사회적인 갈등 당사자들을 어떤 식으로 조정하여 갈등을 해소할 것인가에 초점을 맞춘다. 따라서 공공 갈등 해소 분야는 커뮤니케이션을 통한 합의 창출에 가장 중요한 목적을 둔다. 법적인 연구 측면은 양측을 나누는 분명한 분쟁dispute에 초점을 맞추는 특성이 있으며, 변호사와 조정인을 중심으로 직업화되어 있는 경향이 강하다. 하지만 사회 갈등을 해결하기 위한 갈등 해소 연구들은 다자간의 갈등이 특징적이며, 조정을 중심으로 어떻게 공공의 선을 창출하기 위한 절차와 합의 과정을 마련할 것인가에 초점을 맞추는 경향이 강하다(Susskind & Cruikshank, 1987).

하지만 공공 갈등 과정에서도 협상, 중재 등 법적인 연구에서 설명한 다양한 방법이 사용될 수 있다. 또한 대안적인 갈등 해소ADR를 광범위한 의미로 보았을 때, 법적인 대안분쟁 해소와 공공 갈등상의 분쟁 해소를 나누어 다른 영역이라고 구분하기는 어려운 측면이 있다. 이러한 구분은 각각 다르게 이루어지고 있는 연구 경향을 나타낸다는 정도로 이해하는 것이 바람직하다. 한편 조직 갈등 해소 연구 분야에서는 주로 기업을 중심으로 협상을 통해서 가치를 극대화하기 위한 연구가 많았으며, 최근 들어서는 앞의 두 분야에서 다루어졌던 분쟁 시스템 디자인을 받아들이려는 노력이 이루어지고 있다. 물론 커뮤니케이션 분야에서 개인 간의 갈등을 둘러싼 커뮤니케이션과 해소 방법에 대한 논의가 이루어져 왔다. 이러한 개인 간의 갈등 문제는 지금까지 설명한 사회 차원 갈등의 기본 단위를 형성하고 있다. 하지만 이 책에서는 위험 인식이 조직화 과정을 거쳐 사회 갈등 차원에서 해결되는 것을 상정하고 있기 때문에 순수한 개인 간의 갈등을 다루지는 않았다.

세 가지 연구 분야를 통틀어 중요한 점은 갈등 해소 논의가 기존의 법적이거나 전문가적인 접근에서 벗어나 커뮤니케이션 차원 접근을 중심으로 이루어지게 되었다는 것이다. 대안적 분쟁 해결에서 당사자 간 협상이나 조정을 중요시하는 것이나, 공공 갈등에서 관련 공중과의 의견 교류와 관계를 중요시하는 것, 조직의 협상 과정에서 가치를 창출하고 통합적인 협력 방안을 지향하는 것 등은 모두 커뮤니케이션의 중요성을 기저에 두고 이루어지는 행위들이다. 갈등 해소의 패러다임이 전문가 중심주의에서 공중 중심으로 옮아가고 있음을 알 수 있다. 이는 앞서 논의했던 위험과 위기 커뮤니케이션의 변화 양상과 다르지 않다.

표 12-3. 주로 이루어진 갈등 해소 연구 분야

분야	내용	관련 학문
1. 법적인 갈등 해소 분야	대안적 분쟁 해소 방안	법학 등 중심
2. 공공 갈등 해소 분야	합의 창출 및 관계 형성	행정학, 도시계획학 등
3. 조직 갈등 해소 분야	가치 창출 및 통합 접근	경영학, 커뮤니케이션학 등

주) 여기서는 이 책의 주제에 맞추기 위해서 개인 차원에만 한정된 갈등 해소 부분은 다루지 않았다.

한편 이러한 접근의 차이와는 상관없이, 앞서 말했듯이 갈등 해소를 위한 구체적인 방법들은 크게 협상, 조정, 중재, 그리고 이러한 방법들의 복합적인 형태hybrid approaches들로 나뉠 수 있으며, 몇 가지 차원에 의해서 각각의 접근 방법들의 특성을 비교해 볼 수 있다(Menkel-Meadow et al., 2005, 표 12-4 참조). 그러한 차원은 사적/공적private or public, 자발적/의무적consensual or voluntary - compelled or mandatory, 선택 존중/강제 적용nonbinding or binding, 비공식적/공식적informal or formal, 구두 과정 및 결정/문서화된 과정 및 결정oral-unwritten process and decision - written rules, process, and decision, 일시적 혹은 가변적/영구적temporary or contingent - permanent decision or outcome, 당사자 해결/제3자를 통한 해결parties only - other participants, representatives or third party neutral, 양자 대응/다자간dyadic or two party - multiparty, 경쟁적/통합적competitive or distributional - collaborative, integrative, 사적인 규범, 문화의 존중/공적인 법률, 규칙의 존중private culture and norms - public law, rules, 상식 통용 혹은 지역사회 규범/전문가적 판단과 과학 기술의 존중commonsense or community norms - expertise or science, 전통적인 방식/혼합적인 방식pure forms - hybrids or combined processes, 분쟁 발생 전 계약/분쟁 발생 후 도입pre-dispute contractual - post-dispute election 등이 있다.

대부분의 갈등 해소 방법들은 이러한 차원 구분에 의한 서로 간의 차이가 존재한다. 예를 들어 조정은 좀더 사적이고, 자발적이며, 갈등 당사자의 선택을 존중한다. 하지만 중

표 12-4. 갈등 해소 분류의 가능한 차원

1. 사적	공적
2. 자발적	의무적
3. 선택 존중	강제 적용
4. 비공식적	공식적
5. 구두 과정 및 결정	문서화된 과정 및 결정
6. 일시적/가변적	영구적
7. 당사자 해결	제3자를 통한 해결
8. 양자 대응	다자간 대응
9. 경쟁적	통합적
10. 사적인 규범, 문화의 존중	공적인 법률, 규칙의 존중
11. 상식 통용/ 지역사회 규범	전문가적 판단과 과학 기술의 존중
12. 전통적인 방식	혼합적인 방식
13. 분쟁 발생 전 계약	분쟁 발생 후 도입

재는 조정에 비해서 공적이고, 의무적이며, 결과가 강제로 적용되는 특성을 지닌다. 이에 반해 협상은 조정과 비슷한 성격을 지니지만 양자 간의 대응을 통해서 자발적으로 문제를 풀어가는 데 반해, 조정과 중재는 제3자의 개입을 통해서 당사자 간에 이끌어 내지 못하는 합의를 이끌어 내거나 합의 결과를 강제하기도 한다. 대체적으로 보면 좀더 사적이고, 자발적이며, 갈등 당사자의 선택을 존중하는 측면과 공적이고 강제적이며 제3자의 결정에 의존한다는 측면으로 이분화할 수 있고, 협상, 조정, 중재는 이러한 연속선상에 차례로 위치한다고 할 수 있다.

지금부터 협상, 조정, 중재에 대해서 좀더 알아본다.

협상은 사적이며 자발적인 당사자 간 합의를 통한 문제 해결 과정이다. 또한 협상은 다른 갈등 해소 과정인 조정, 중재 등의 과정에서 기본적으로 적용되는 과정이다. 아무리 제3자가 개입한다고 하더라도 해결 방법의 중심에는 갈등 당사자 간의 협상이 있다. 앞에서 말했듯이 협상은 기본적으로 자신의 위치에 집착해서는 갈등을 해소하기 어렵다. 자신의 위치에서 벗어나 좀더 통합적이고, 문제 해결에 집중하며, 유연한 사고를 가지고, 가치를 창조하는 태도가 협상에서 가장 필요하다.

조정은 중립적인 제3자가 개입한다는 측면에서 협상과 구별된다. 하지만 제3자의 역할은 갈등 당사자 간의 합의를 돕는 데 한정된다. 즉 어떤 결정권을 가지지는 못한다. 하지만 조정에서 제3자가 행하는 역할에 대해서는 많은 논란이 있는데, 한쪽은 제3자의 역할이 단순한 협상 촉진자facilitator의 역할에 머물러야 한다고 주장하고, 다른 한쪽은 좀더 적극적으로 합의를 이끌어 내기 위한 상황 평가자evaluator의 역할을 수행해야 한다고 주장한다. 관련 연구 경향을 살펴보면 조정의 의미는 당사자가 가지고 있는 갈등 관계를 발전적으로 변형시키거나transformative mediation, 갈등 당사자들 간에 충분히 자신이 가진 이야기를 교환하는 과정을 통해서 상대방의 이해도를 높이는narrative mediation 방향으로 발전하고 있다(Bush & Folger, 1994). 이러한 논의의 발전 과정은 조정을 단순한 분쟁의 해결을 위한 도구로 보기보다는 커뮤니케이션 활동을 통한 갈등 관계의 초월, 진정한 인간성에 대한 이해, 인간 갈등에 대한 근원적인 치유의 문제로 보려는 경향이 반영된 것이다. 최근 협상과 갈등 해소 연구의 중심지 역할을 하고 있는 미국 하버드대 협상 프로그램Program on Negotiation(PON)의 세미나를 보면 초월적 사고와 조정, 심지어 불교의 참선을 조정과 연결하는 논의들도 등장하고 있는 실정이다.

조정이 활성화되어 있는 미국에서도 조정은 완전하게 정착되어 있다고 보기 어렵다.

주州별로 조정관련법을 통일화하기 위한 통합조정법안Uniform Mediation Act(UMA)은 마련되어 있지만 아직 미연방 의회 차원에서 입법화된 단계는 아니다. 따라서 조정과 관련한 연구 주제들은 비밀 유지confidentiality, 합의 강제 집행enforceability의 문제, 조정의 형태와 관련한 논의, 개별 비밀 면담caucus의 유효성에 대한 논의, 갈등 당사자 간 힘의 불균형 문제, 심리적인 변수와 윤리 쟁점 등 다양한 분야에서 논의가 이루어지고 있다(Kovach, 2005; Brown & Ayres, 1994; Trachte-Huber, 2007). 하지만 아직 미국에서도 직업적으로는 조정이 많은 발전을 이루었지만, 법적인 지위나 학문적인 이론화에서는 아직 갈 길이 멀다고 할 수 있다. 그럼에도 불구하고 조정은 커뮤니케이션과 갈등 해소를 제도적으로 연결할 수 있다는 측면에서 앞으로 가장 유효한 갈등 해소 커뮤니케이션 분야로 부상할 것으로 예상된다.

또한 위험 문제와 관련하여 조직의 위기 관리 노력이 사회 차원에서 갈등을 일으키게 될 때, 조정은 그러한 공공 문제의 갈등을 푸는 데 가장 유용한 갈등 해소 수단으로 이용될 수 있다. 예를 들어 미국산 쇠고기의 수입을 둘러싸고 일어났던, 광우병 등을 둘러싼 사회적인 위험 담론은 서로 반대되는 주장을 가진 조직들의 담론이 사회 갈등을 일으키는 방향으로 점차 발전했었다. 하지만 앞서 위험 관련 논의에서도 다루었지만, 위험 여부를 명확하고 단호하게 결정할 수 있는 전문가는 현대 사회에서 존재하지 않는다. 결국 위험은 공론의 장에서 커뮤니케이션을 통해 합의되고, 서로 간의 의견을 조정하여 갈등을 해소하는 수밖에 없다. 협상은 사회적인 갈등이 첨예화되었을 경우에는 창의적인 문제 해결이나 당사자 간 합의를 이끌어 내는 데 실패할 가능성이 많다. 이러한 상황에서 중립적인 제3자가 회의를 주선하고, 당사자 간의 자기 결정권이 최대한 보장된 상황에서 서로 간의 상호 이해를 유도한다면, 갈등 해소의 실마리를 마련할 수 있다. 하지만 우리나라는 아직 이러한 조정 제도가 본래의 의미 그대로 충분히 활용되지 못하고 있는 것이 사실이다(우리나라도 조정이라는 이름으로 많은 제도들이 시행되고 있지만, 실질적으로는 자기 결정권, 비밀 유지, 상호 이해를 근간으로 하는 본래 취지는 살리지 못하고 있다).

중재는 제3자를 갈등 해소에 이용한다는 측면에서 조정과 유사하지만, 조정과 달리 제3자가 결정권을 가진다. 그런 의미에서 중재는 조정에 가깝다기보다는 소송 판결에 가깝다. 하지만 중재도 여러 유형이 있어서, 결정권을 유보하는 중재들이 있다. 예를 들어 판단 범위를 정해 주는 중재도 있고, 마지막 제안 중에서 선택하는 중재도 있다. 전미야구협회의 경우 선수와 구단 간에 갈등이 발생하면 양측에 마지막 제안을 하게 하고 중재인이 두 제안 중에서 가장 합리적인 제안을 선택하게 된다. 따라서 양측은 자신의 제안이 선택되기 위해서 가장 합리적인 제안을 하려고 노력하게 될 것이다. 중재와 관련하여 가장 논란이 되어 온 것은 중재의 결정에 대한 법적 효력과 관련된 것이다.

미국의 최근 판례들을 살펴보면 중재의 효력을 지지하거나 철회하는 것이 섞여 있다. 하지만 대부분의 경향은 중재의 결정을 법원이 지지하는 방향으로 가고 있다. 이는 갈등 당사자 간의 계약을 법원이 법적인 효력으로서 인정하는 것이다(최근의 다양한 판례들은 Nolan-Haley, 2001을 참조할 것). 이는 연방중재법안Federal Arbitration Act(FAA)에 의해서도 법제화되어 있다. 하지만 효율성의 측면을 강조하여 잘못된 정보나 사기성의 진술에 바탕을 두고 이루어진 중재안에 대해서는 법원에서도 인정하지 않고 있다. 현재 미국의 경우 중재가 가장 많이 이루어지고 있는 부분은 공공 부문의 인사 관련 분쟁, 법원과 병합된 중재 프로그램, 의료 사고와 관련된 중재 등이다. 이 밖에도 상품 구입과 동시에 계약 관계가 형성되어 상품에 문제가 발생했을 경우 자동적으로 중재가 이루어지기도 한다.

중재는 기본적으로 갈등 당사자들의 자기 결정권을 제한하고, 제3자가 결정권을 가진다는 의미에서 공공 갈등의 경우에는 제한적으로 사용될 수밖에 없다. 따라서 중재의 운용 과정에서 점점 더 커뮤니케이션적인 요소를 가미하여 제도화하려는 노력들이 많은 부문에서 이루어지고 있다. 한편 우리나라의 경우는 중재의 의미를 좀더 문화적으로 해석할 필요성도 제기된다. 유교 문화권의 경우, 권위를 가진 제3자의 결정에 의존하는 경향이 뚜렷하다. 따라서 스스로 대화를 통해서 결정하는 조정보다는, 제3자에게 결정을 미루는 중재 제도가 더욱 각광을 받을 가능성이 많다(예를 들어, 언론 중재 제도 등). 하지만 중재는 기본적으로 당사자 간의 커뮤니케이션을 제한한다. 또한 쉽게 외부의 결정에 의존하려고 함으로써 당사자 간의 이해의 폭을 넓히거나, 관계를 개선하는 데 도움을 주기 어렵다. 이렇게 제3자에 의해서 주어진 결정은 지속성을 유지하기도 어려울 뿐만 아니라, 또 다른 사회 갈등을 야기할 가능성이 많다.

지금까지 갈등 해소의 근간으로 설명한 협상, 조정, 중재 등은 사실상 제도적인 접근이라기보다는 사회구성원들의 신뢰 정도와 관련된 접근이라고 할 수 있다. 이러한 미국 제도들을 우리나라 상황에 적용시켜 보면 긍정적인 측면보다는 부정적인 측면이 더 많이 발견된다. 예를 들어 우리나라의 천성산 터널 공사와 같은 공공 갈등 문제에서 양쪽의 갈등을 조정하기 위한 조정인이 지정되고 양측의 합의 과정에 개입하더라도 환경단체 입장에서는 조정인의 중립성을 의심할 가능성이 높다. 또한 정부 측에서도 자신의 정책 결정권을 훼손한다고 생각하여 조정인의 역할을 탐탁하지 않게 생각할 가능성이 높다. 이러한 상황은 결국 갈등 해소 방법은 제도의 문제가 아니라 신뢰의 문제이고, 관계를 염두에 둔 장기적이고 지속적인 커뮤니케이션을 통해서 사회구성원들이 서로 간의 신뢰를 형성하기 위해 노력함으로써 형성될 수 있다는 것을 보여 준다.

우리나라에서 조정이라는 이름으로 행해지는 많은 제도들이 사실은 제3자의 권위적인 결정에 의존하는 중재를 지칭하고 있는 것을 보면 아직 우리나라는 조정의 역할이 의심받는 상황이라고 할 수 있다. 예를 들어 우리나라 공공 갈등에 조정이 적용된 사례로 인용되는 한탄강댐 건설 관련 협의 과정을 살펴보면, 갈등 당사자들이 협의 후에 최종적으로 조정인에게 결정을 미루는 일이 발생한다. 이러한 사례는 아직 우리나라에 조정이 제대로 적용되지 못하고 있다는 것을 단적으로 보여 준다. 하지만 가장 커뮤니케이션에 바탕을 두고 제도화된 갈등 해소 방법으로는 조정을 들 수 있다. 제3자의 판단에 의존하지 않기 때문에 조정은 커뮤니케이션을 통해서 합의를 형성해야 하고, 이러한 당사자 간의 합의 창출은 그 결과가 장기적이고 지속적으로 이어질 수 있다는 장점이 있다. 이런 의미에서 본다면 우리나라도 조정 제도의 도입을 통해서 좀더 커뮤니케이션의 장점을 살린 갈등 해소의 제도화를 시도하는 것이 필요한 시점이라고 할 수 있다. 물론 이러한 과정에서 학문적인 연구를 바탕으로 우리나라의 문화적인 영향 요인들이 조정 제도에 충분히 반영되어, 가장 한국적인 제도가 마련될 필요가 있다.

한편 이러한 일반적인 조정 중재 등의 구분 외에도 조정과 중재의 성격을 혼합적으로 사용한 제도들이 많이 이용되고 있다(Menkel-Medow et al., 2005; Goldberg et al., 2007). 법원 외의 갈등 해소에서 많이 이용되는 것은 대표적으로 조정-중재med-arb와 약식 소송mini-trial이 있다. 조정-중재는 제3자가 조정인과 중재인의 역할을 함께 수행하는 것이다. 일단 조정에 들어가서 당사자 간의 합의를 유도하고, 당사자 간의 합의가 여의치 않을 때는 최종적으로 중재안을 제시하게 된다. 예를 들어, 우리나라의 이혼 조정 제도도 이 제도의 절차와 어떤 면에서 유사하다(우리나라의 이혼 조정 제도는 비강제 중재non-binding arbitration의 성격에 더 가깝다고 볼 수 있다). 약식 소송은 소송의 과정을 축소시킨 것이지만 제3자에 의한 판단의 과정은 생략한 것이다. 하지만 갈등 당사자들은 자신의 주장을 피력할 기회를 가지고, 서로 장 · 단점을 비교할 수 있으며, 그러한 의견 교환이 있고 난 다음 협상이나 조정 과정에 돌입한다. 조정 과정에 돌입하는 경우에는 중립적인 제3자가 합의 도출을 돕게 된다.

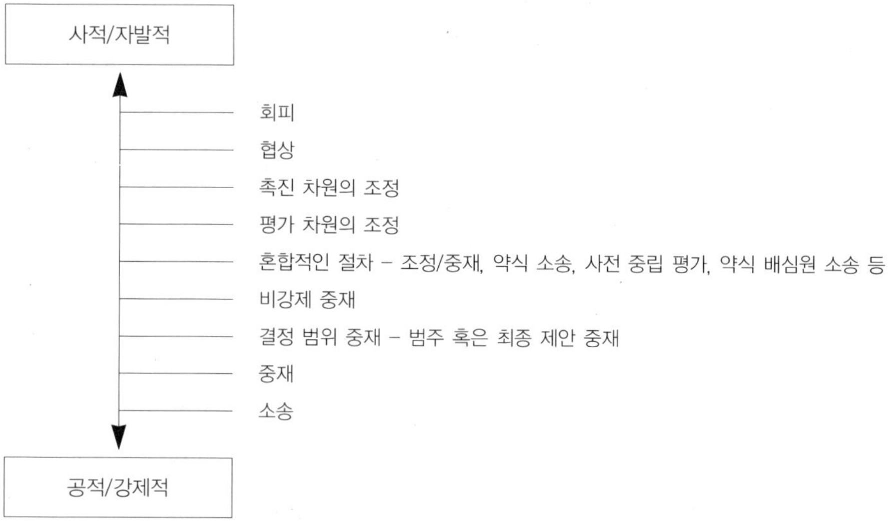

그림 12-3. 갈등 해소 과정의 유형 구분

공적인 행정 규칙의 제정과 관련해서는 협상에 의한 규칙 제정이 많이 이용된다. 협상 규칙 제정은 다자간 조정 구도를 이용한 합의 창출을 행정 규칙 제정 전에 이용하는 것이다. 이 제도는 행정 규칙 관련자들의 합의를 유도하여 당사자들 간의 갈등 요인을 사전에 제거하는 제도다. 이 밖에도 조직 내에 갈등 해소 전담을 지정하는 옴부즈맨ombudsman 제도, 다양한 대안적인 갈등 해소 절차를 동시에 진행하는 다단계 대안적인 분쟁 해소 multi-step ADR, 조정과 소송을 동시에 진행하는 복수 갈등 해소 접근two-track approach, 상호 참여 하에 사실 확인을 진행하는 사실 확인 절차fact-finding 등이 있다.

한편 법원에서 분쟁을 해결할 때 사용하는 방법으로는 앞에서 말한 조정, 중재, 조정-중재, 약식 소송 등이 모두 사용될 수 있고, 이 밖에도 법원에 의한 분쟁 해결에는 사전 중립 평가early neutral evaluation(ENE), 약식 배심원 소송summary jury trial, 합의 회의settlement conference 등이 있다. 사전 중립 평가는 조정과 비슷한 제도로 조정에서 많이 쓰이는 각 당사자와 조정인 간의 비밀 회합caucus을 통해서 사전에 합의 가능성을 평가하고 합의 가능 영역을 제안하는 제도다. 사전 중립 평가는 조정과 비강제 중재가 혼합되어 있는 제도라고 할 수 있다. 이에 반해 약식 배심원 소송은 비강제 중재와 유사하다. 판사나 중립적인 변호사가 사회를 보고 약식 배심원들이 비강제 중재안을 제시하게 된다. 갈등 당사자들은 중재안을 협상을 통해서 받아들일 수도 있고, 소송으로 갈 수도 있다. 이러한 법원 관련 분쟁 해결 방법들도 협상과 조정, 중재의 큰 틀에서 벗어나지는 않는다.

갈등 해소의 차원으로 이것 아니면 저것, 나쁜 사람이 아니면 좋은 사람, 나의 친구의 적은 나의 적 등의 이분법적인 구분으로는 공정하고 효율적인 갈등 해소를 성취할 수 없다. 무엇보다도 갈등 당사자 간의 관계, 사회적인 맥락, 갈등의 역사, 정치적인 역학 등이 고려되어 신축적인 갈등 해소가 이루어질 필요가 있다. 예를 들어 공공 갈등 사안에서 조정을 한다고 했을 때 당사자 간의 힘의 불균형을 고려하지 않을 수 없다. 과연 조정 과정에서 조정인이 중립적인 위치를 고수해야 하는가의 문제는 논란거리로 등장한다. 조정이 조정인의 중립적인 활동에 의해서 갈등 당사자 간의 합의를 이끌어 내는 장치이기는 하지만 힘의 불균형을 통해서 자유로운 커뮤니케이션이 어렵게 되거나, 상대적인 정보의 차이에 의해서 합의가 창출된다면 이는 차후의 갈등을 심화시키게 된다. 결국 협상이나 조정, 중재의 문제도 커뮤니케이션의 양과 질을 높일 수 있느냐에 모아져야 한다. 기계적으로 어떤 제도의 정해진 성격을 고수하는 것보다는 커뮤니케이션이 진작될 수 있는 방향으로 갈등 해소의 방법들이 운용되는 것이 바람직하다.

예를 들어 조정인은 한쪽이 심각한 정보 부족이나 힘의 열세를 경험하고 있다면, 이러한 불균형 상황을 조정해서 하버마스가 주장한 이상적인 커뮤니케이션 상황이 될 수 있도록 노력하는 것이 필요하다. 조정인의 역할과 관련하여 당사자 간의 커뮤니케이션을 유도하여 원활한 합의를 추진하는 단순한 회의 촉진자의 역할과 당사자 간의 힘의 불균형을 평가하고 가능한 해결 방법에 대한 조언을 적극적으로 개진하는 상황 평가자의 역할 사이에서 논란이 많아지고 있다. 이 책의 갈등 해소를 위한 기본적인 입장은 기본적으로 당사자 간의 원활한 커뮤니케이션이 충분히 이루어질 수 있는 촉진자의 역할을 담당해야 한다고 보지만, 힘의 불균형이나 이상적인 커뮤니케이션을 가로막는 상황이 발생한다면 적극적인 평가자의 역할을 담당하는 것이 필요하다는 생각이다.

조정의 과정은 좀더 당사자 간의 커뮤니케이션을 진작시키고, 그러한 커뮤니케이션이 궁극적으로 사회적인 합의로 연결될 수 있도록 노력하는 것을 목적으로 한다. 따라서 상황에 따라 갈등 해소 방법을 판단할 때는, 갈등 참가자들이 충분히 커뮤니케이션할 수 있고, 그러한 커뮤니케이션 상황을 바탕으로 문제 해결을 위한 합의를 이루어 낼 수 있느냐에 기준을 두는 것이 바람직하다.

법적인 측면의 대안적인 갈등 해소

법적인 해석에만 의존하는 갈등 해소는 공중의 지지를 얻기 어렵다. 사회적인 갈등 사안들은 법적인 해석뿐만 아니라 불평등과 소외와 같은 정치 사회적인 요소, 분노와 배신과 같은 감정적인 요소 등 법적인 해석을 넘어서는 광범위한 변수에 의해서 영향을 받는다. 하지만 조직이 사회적인 갈등을 법적인 차원에서만 접근하려고 했을 때 그러한 많은 영향 변수들은 무시되고 따라서 공중으로부터 외면받게 된다. 태안 유조선 기름 유출 사건을 일으켰던 삼성중공업이 사고가 일어난 지 47일 만에 사과문을 내면서 한 말들이 많은 언론에 반향을 일으켰다. 삼성중공업 측은 유조선에 의한 해상 오염은 무과실 책임주의로 사고 책임과 관계 없이 유조선 측에서 일차로 배상하게 돼 있으며, 따라서 이번 사고도 유조선 사가 우선 배상하고 삼성중공업에 대해서는 과실 정도에 따라 구상권을 청구할 수 있을 뿐이라고 말했다고 한다. 위기 사안을 법적으로만 해석했을 때, 과연 그 사고로 인해서 피해받은 사람들과 고통받은 사람들의 심정은 어땠을까? 갈등 해소를 법적인 차원에서만 접근하는 것은 갈등을 오히려 증폭시키고 갈등 당사자들의 전투 의지를 더 높이게 될 뿐이다. 이러한 지나친 소송 의존주의에 대한 회의가 미국에서도 1970년대부터 일었고, 그것이 소송 지상주의를 허무는 대안적인 갈등 해소 방법의 모색으로 이어지게 된다(Sanders, 1976).

앞서 얘기했듯이 미국 사회에서 대안적인 갈등 해소 혹은 분쟁 해소alternative dispute resolutions(ADR) 방법은 대립 위주의 소송 체계에 대한 반발에서 비롯되었다. 우선 효율성 측면에서 송사의 건수가 너무 많고 시간이 오래 걸려서 사회적인 갈등 해소로서의 기능을 수행할 수가 없다는 비판이 제기되었고, 질적인 측면에서도 너무 비용이 많이 드는 과정을 통해서 얻게 되는 결과는 당사자의 만족 또는 사회적인 화합과는 거리가 멀다는 지적 또한 제기되었다(Menkel-Meadow et al., 2005).

이러한 대안적인 갈등 해소에 대해서 미국 법조계에서는 반대의 목소리도 많은데, 그것은 법적인 심판을 통한 정의의 달성은 어떠한 제도적인 장치와도 맞바꿀 수 없다는 일반적인 인식과 궤를 같이한다. 하지만 현재 미국 갈등 관련 학계의 대체적인 대세는 대안적인 갈등 해소 방법을 통해서 갈등 당사자들이 좀더 만족할 수 있는 제도적인 장치를 마련해야 한다는 방향으로 모아지고 있다. 또한 법조계에서도 대안적인 갈등 해소를 통해서 법원의 업무가 분담됨으로써 사법 시스템이 좀더 정의 구현에 충실할 수 있다는 논리가 우세해지고 있다(1976년 Frank Sanders의 갈등 해소 과정의 다양화와 다변화된 법원 시스템 설치 주장을 참조할 수 있다).

다변화된 법원multi-door courts 시스템은 법원에서 사안이 청구되면 소송으로 갈 것인가 대안적인 갈등 해소 방법으로 갈 것인가를 먼저 결정하고, 법적으로 지정된 사안, 서로 간의 조정이 우선되어야 하는 사안, 중재를 필요로 하는 사안, 그 외 경미한 사항 등은 소송보다는 대안적인 갈등 해소를 통해서 문제를 해결하게 한다. 이러한 대안적인 갈등 해소와 관련한 법적 이론적 논의, 협상 조정 중재와 관련한 논의 등은 미국의 각 주states마다 다르게 매뉴얼화되어 있지만, 비교적 공통점들을 추려서 관련 서적에 잘 정리되어 있는 편이다(아래 서적 참조. Menkel-Meadow, Love, Schneider, & Sternlight, 2005; Goldberg, Sander, Rogers, & Cole, 2007; Nolan-Haley, 2001; Patterson, & Seabolt, 2001; Ware, 20001).

대안적인 분쟁 해소 방법을 크게 협상, 조정, 중재 등으로 나누기도 하지만, 이러한 방법들을 다르게 조합한 다양한 형태의 갈등 해소 방법들이 계속 고안되고 있다. 따라서 협상, 조정, 중재는 큰 구분을 위해서 확연하게 드러나는 차이를 유형화한 것일 뿐, 사실상 갈등 해소의 방법들은 협상, 조정, 중재의 방법들을 상황에 맞게 창의적으로 구성하고, 관련 당사자들의 합의를 바탕으로 창조적으로 적용하는 것이 바람직하다. 현재 갈등 예방 및 해소 센터International Institute for Conflict Prevention & Resolution(CPR)에서 정리한 다양한 대안적인 방법들을 보면 협상, 조정, 중재를 혼합한 형태들이 다양하게 사용되고 있는 것을 알 수 있다(홈페이지 www.cpradr.org 참조).

한편 대부분의 관련 기관에서 대안적인 분쟁 해결 방법을 정리한 것을 보면, 주로 독립성, 불편부당성 혹은 중립성의 원칙 하에, 협상, 조정, 중재 등의 방법을 소개하고 있다. 주로 법원과 연결되어 실행되는 대안적인 분쟁 해결 방법에서는 미국의 경우 조정이 압도적으로 많아지고 있다. 특히, 이혼 분쟁, 노동 분쟁, 손해 배상 등에서 소송으로 가기보다는 조정을 거치는 건수가 압도적으로 많아지고 있다. 한편 기업 활동과 계약법 차원에서는 중재를 갈등 해소를 위한 사전 수단으로 강제하고 있다. 대안적인 분쟁 해결이 제도적인 시스템으로 대두됨에 따라 각 주마다 관련법을 정리하고 대안적인 분쟁 해결의 법적인 근거를 마련하기 위해서 노력하고 있다. 하지만 현재는 주마다 다른 기준을 선택하고 있고, 법원에서도 앞서 말했듯이 조정과 중재를 혼합한 다양한 분쟁 해결 방법들이 계속 개발되고 있다(아래는 대표적으로 쓰이는 분쟁 해결 방법을 열거한 것이다. Arb/Med,

Baseball Arbitration, Bounded Arbitration, Confidential Listening, Dispute Resolution Board, Dispute Management Systems Design, Early Neutral Evaluation, Med/Arb, Mini-trial, Multi-Step Clauses, Ombudsman 등).

하지만 법적인 시스템으로서 대안적인 갈등 해소 제도는 너무 쉽게 기존의 소송 제도를 닮아감으로써 대안적인 갈등 해소 제도의 본질적인 철학이 훼손되는 경우를 빈번하게 발견할 수 있다(Alfini, 1991; Levy & Prather, 1999; Menkel-Medow et al., 2005). 예를 들어 자기 결정권과 갈등 당사자 간의 커뮤니케이션과 관계 형성을 기본 목적으로 하는 조정 과정도 변호사들이 개입하여 갈등 당사자 간에 커뮤니케이션을 못하게 한다든지, 조정인도 지나치게 개별 비밀 회합에 의지하여 이익의 분배에만 집중하는 등의 수단을 강조하다 보면, 대안적인 갈등 해소 제도도 또 따른 대립적인 소송 제도의 폐해를 그대로 드러낼 수 있다는 것을 보여 준다. 저자의 생각에 미국의 대안적인 갈등 해소 제도들이 이렇게 조금씩 변질되고 있는 이유에는 커뮤니케이션에 대한 몰이해가 한몫을 하고 있다고 본다. 커뮤니케이션을 너무 기능 중심적으로 받아들임으로써, 커뮤니케이션의 본질적인 의미들이 무시되고 있기 때문에 손쉬운 타협과 해결 중심의 대안적인 갈등 해소 제도들이 큰 반대 없이 받아들여지고 있다. 물론 미국 사회에서도 좀더 커뮤니케이션 중심적인 대안 갈등 해소 제도를 복원할 것을 주장하는 학자들과 실무자들의 목소리가 높아지고 있는 상황이다.

우리나라의 대안적인 갈등 해소 제도는 미약한 편이다. 조정이나 중재 제도가 여러 곳에서 쓰이고 있지만, 기본적으로 조정이나 중재 제도가 기존 소송 제도의 대안적인 방법으로 심각하게 제시된 적은 없다고 보아야 할 것 같다. 조정의 의미도 많은 차이가 있는데, 현재 우리나라의 조정 제도는 미국의 대안적인 갈등 해소 제도와 비교해 보면 비강제 중재에 가깝다고 보아야 한다. 조정인이 갈등 당사자들 사이에서 각자의 생각을 듣고, 조정안을 제시하면 갈등 당사자들은 그것을 받아들이든지 아니면 소송으로 갈 수 있다.

하지만 이러한 시스템은 갈등 당사자 자기 결정권의 강화, 당사자 간의 직접 커뮤니케이션 강조, 갈등 맥락에 따른 개별 회담의 활용, 갈등 당사자 간의 자발적인 합의와 참여, 제3자에 의한 커뮤니케이션 합의 촉진, 상호 이해의 진작 등 조정 기능이 가진 장점들을 전혀 살리지 못하고 있다(Menkel-Meadow, 2000). 이것은 아직까지 우리나라는 갈등 해소 방법에서 대안적인 접근을 찾으려고 하기보다는, 갈등 해소 방법 중에서 어떻게 하면 소송과 유사한 기능을 가지면서 좀더 간략한 절차를 마련할 것인가에 집중한 결과다(우리나라의 언론 중재 제도 등이 대표적이다).

미국의 대안적인 갈등 해소 제도들을 보면 소송의 절차와는 근본적으로 다른 접근을 시도하고 있음을 알 수 있다. 그것의 핵심은 완벽한 수준은 아니지만 커뮤니케이션에 있다고 할 수 있다. 즉 이러한 제도들은 갈등 당사자 간의 커뮤니케이션을 진작시켜, 권위에 의한 결정보다는 스스로 문제를 해결하는 과정을 도와 주는 데 초점을 맞추고 있다. 우리나라 방송 프로그램에서 꽤 시청률이 높은 이혼 조정 과정을 다룬 드라마("사랑과 전쟁")가 있는데, 어떤 결정을 내리는 조정인과 조정인을 도와 주는 전문가들, 그리고 갈등 당사자들이 등장한다. 하지만 이런 드라마의 내용을 보면(이것이 현실을 그대로 반영하지는 않겠지만), 조정 과정이 오히려 갈등 당사자들의 갈등을 부추기고, 전문가적인 의견을 당사자들에게 강조할 뿐, 갈등 당사자들이 주어진 상황을 받아들이고 상대방을 이해하며, 커뮤니케이션을 통해서 갈등을 해소하는 과정을 보여 주지는 못한다. 또한 전문가에 의한 갈등 당사자 간 선악 대비가 매우 뚜렷하고 자기 결정 능력이 모자란 사람들에게는 외부의 결정이 필요하다는 논리가 뒤따른다. 결국 모든 갈등이 첨예화된 다음에 조정인은 최종 결정을 내리게 되는데, 이러한 조정 제도 하에서는 갈등 당사자 간의 관계 유지, 문제에 대한 근본적인 해결, 상대방의 입장에 대한 이해 등 현대 조정 제도가 요구하는 조건들이 하나도 충족될 수 없다.

이제 우리나라도 법률대학원law school이 도입되면서 본격적으로 법률 시장이 다양화되는 시점에 와 있다. 법적인 차원의 대안적인 갈등 해소 제도가 커뮤니케이션 철학을 바탕으로 좀더 심도 깊게 논의되어야 할 시점에 와 있다고 할 수 있다. 물론 조정인을 변호사로 한정할 이유는 전혀 없지만, 조정 과정에서 변호사들이 갈등 해소를 위한 자문을 하기 위해 선진국에서 활용되는 조정 제도를 심도 있게 이해하는 것이 필요하다. 또한 우리나라도 법률적인 차원에서만 갈등 해소 제도를 손질할 것이 아니라 민간의 참여와 커뮤니케이션을 진작시킬 수 있는 다양한 갈등 해소 제도를 도입할 시점에 와 있다고 할 수 있다. 참고로 미국의 경우 일반 시민들에게 일정한 단기 교육 과정을 거치면 갈등 해소를 위한 조정인이 될 수 있는 자격을 부여하는 주가 늘어나고 있다.

분쟁 시스템 디자인과 조직 위기 관리

현재 갈등 해소와 관련한 논의에서 가장 위기 관리와 직접적으로 연결되는 논의는 분쟁 시스템 디자인dispute systems design과 관련한 것이다(여기서 분쟁이라는 말을 쓴 것은 좀더 법적인 절차에 주목한다는 의미를 지닌다. 하지만 기본적으로 조직과 관련한 갈등이라는 의미에서 유사한 의미를 지닌다고 보아도 무방하다. 분쟁 시스템에서 쓰이는 분쟁의 의미는 뒤에서 다시 설명한다.). 분쟁 시스템 디자인은 갈등 해소와 관련한 논의들을 조직 차원에서 수용하여 조직 중심의 갈등 해소를 모색하는 접근이다. 위기 관리 논의와 마찬가지로 분쟁 시스템 디자인은 사회의 갈등은 조직을 중심으로 해결책을 모색해야 하며, 조직 단위로 갈등 해소를 위한 시스템이 구축되어 있어야 한다고 본다. 현대 사회의 갈등은 조직institution을 중심으로 형성되며, 조직 행위의 가장 중요한 목적의 하나가 갈등 해소에 있다(Shariff, 2003).

이러한 조직 중심의 갈등 해소 접근은 사회 갈등의 문제를 개인 차원에서 인식하던 기존의 관행에서 벗어나 조직이 사회 갈등 해소를 위한 중추적인 역할을 담당해야 함을 보여 준다. 구조가 행위에 영향을 미친다는 것을 받아들인다면, 일단 조직의 가치와 규범을 갈등 해소에 맞게 정비하고, 시대의 변화에 맞게 조직 학습이 이루어질 수 있도록 유연한 조직 구조를 형성하는 것이 필요하다(Senge, 1990). 일단 가장 많이 이루어지는 분쟁 시스템 디자인은 대안적인 갈등 해소ADR 접근 등에서 논의되었던 다양한 갈등 해소 접근들을 조직의 시스템으로 받아들이는 것이다. 하지만 분쟁 시스템 디자인은 그 유용성에도 불구하고 지나치게 법적인 접근에 머물고 있다는 한계를 가진다. 예를 들어 조직에서 일어나는 갈등이 협상이나 조정, 중재 등을 통해서만 해결되는 것이 아니라, 다양한 위기 사안들, 예를 들어 자연 재해와 내부적인 비리 등을 포함하고 있기 때문에 이러한 갈등이 분쟁 시스템 디자인의 법적인 갈등 해소 절차만 정비된다고 해서 해결될 수 있는 문제는 아니라고 본다.

갈등의 본질에 깊숙이 들어가 보면 그것은 관련된 공중의 인식 문제와 연결되어 있고, 그것은 조직의 진실한 커뮤니케이션 활동을 통해서만 해결될 수 있다. 아무리 유연한 사고를 가지고 있다고 하더라도, 법적인 절차에서 이야기하는 피고와 원고의 구분이 존재하거나 문제 해결을 위한 반대측 상대라는 시각에 초점을 맞추는 한 근본적인 문제 해결에 이르기 어렵다. 따라서 궁극적으로는 분쟁 시스템 디자인과 위기 관리가 조직 내부에서 통합적으로 구성되어 사회 갈등 해소를 위한 효율적인 시스템으로 자리잡는 것이 필요하다. 즉 법적인 분쟁 시스템을 조직 내부에 받아들이면서, 광범위한 위기 관리 시스템을 함께 내부 조직에 제도화하는 하는 것이다. 섣부른 예상일 수도 있지만 이러한 통합적인 접근이 사회 갈등을 둘러싸고 조직 내부에서 일어나는 법무 담당자와 커뮤니케이션 담당자의 갈등을 조정하는 데도 기여할 수 있을 것으로 생각한다.

분쟁 시스템 디자인에서 갈등은 기대에 대한 차이, 목표 경쟁, 이해 관계의 대립, 커뮤니케이션의 실패, 소원한 개인 관계 등에서 오는 불만족이나 불일치의 직접적이거나 간접적인 표현이라고 정의해 볼 수 있다(Constantino & Merchant, 1996). 조직은 이러한 갈등이 일상적으로 일어나는 장소라고 할 수 있다. 왜냐하면 조직은 어떤 목적을 위한 행동으로 구성되었기 때문에 갈등을 일으킬 소지가 많다. 갈등에는 여러 가지 종류가 있겠지만 분쟁 시스템 디자인에서는 분쟁에 좀더 주목한다. 분쟁은 갈등 당사자가 확실히 눈에 보이며, 구체적이고, 각자의 쟁점과 인식, 포지션, 문제 해결에 대한 기대를 가진다(Constantino & Merchant, 1996). 따라서 분쟁 시스템 디자인은 갈등 상황 중에서도 분명한 갈등 당사자들이 이루어 낼 수 있는 가능한 합의에 주목한다. 하지만 현실적으로 조직의 갈등과 분쟁을 구분하기는 매우 어려우며, 분쟁 시스템 디자인도 다양한 갈등을 수용할 수 있는 개방적인 태도를 가지고 있는 것이 급변하는 현실 속에서 더 현명한 대처라고 할 수 있다. 사실상 조직의 많은 갈등 사안이 분쟁화하고 있으며, 과거에 없었던 새로운 분쟁들이 계속 양산되고 있다.

분쟁을 해결하는 데는 크게 세 가지 방법이 있다. 그것은 갈등 당사자 간의 합의를 유도하거나, 누가 옳다고 결정해 주는 것, 그리고 마지막으로 누가 더 힘이 센가를 결정해 주는 것이다(Ury, Brett, & Goldberg, 1988). 하지만 누가 옳은지 결정하는 것은 법원의 재판과 같이 제3자에 의한 결정 부여를 의미하고, 힘의 자웅을 겨루는 것은 전쟁과 같은 물리적인 방법이나 투표와 같은 일방적인 결정 방법을 의미한다. 조직의 입장에서는 분쟁 해결에 드는 시간과 노력, 경비, 향후 조직의 지속 가능성과 공중 관계, 결과의 만족도와 재발 방지 등의 여러 가지 측면을 생각할 때, 후자의 두 가지 방법보다는 분쟁 당사자들의 합의를 유도하여 분쟁을 해결하려고 노력할 것이다. 따라서 앞서 논의했던 ADR의 다양한 접근 방법과 갈등 해소 기법들이 갈등 당사자들의 합의를 중심으로 조직에 맞게 재구성되는 것이 분쟁 시스템 디자인이라고 할 수 있다.

분쟁 시스템 디자인의 목적은 분쟁에서 발생하는 조직의 위험을 파악, 평가하고, 효율적이고 공평하게 관리하기 위해서 조직이 고안한 신뢰할 수 있는 일관된 시스템을 의미한다(An ADR Primer, International Institute for Conflict Prevention and Resolution 홈페이지에서 인용). 예를 들어 한 기업에서 직원 사이에 육체적인 충돌이 일어났다고 해보자.

기업의 입장에서 준비된 분쟁 해소 시스템이 없다면, 분쟁이 극단으로 치닫다가 결국은 소송으로 가게 되든지, 서로의 관계 단절로 인해서 또 다른 분쟁을 잉태할 가능성이 많아진다. 하지만 분쟁 해소 시스템을 갖춘 조직은 협상을 주선하거나 제3자를 포함시킨 당사자 간 조정 과정을 거친다든지, 직원들로 구성된 분쟁해소위원회의 중재를 거치게 함으로써 분쟁의 해결을 효율적으로 도와 줄 수 있다. 또한 조직에 맞는 창의적인 방법을 통해서 분쟁 당사자들의 관계가 단절되지 않도록 노력할 수 있다. 예를 들어 미국에서는 이런 방법들이 논의되지 않았지만 조정이나 중재 결과로서 갈등 당사자들이 사회봉사 활동을 같이 하게 한다든지, 서로가 처한 위치를 돌아보고 상대방을 이해할 수 있는 기회를 제공함으로써 문제 해결에 접근해 볼 수도 있다. 이러한 분쟁 해소 시스템은 조직 외부와의 분쟁에도 그대로 적용될 수 있다.

이러한 분쟁 해소 시스템 디자인에는 크게 여섯 가지 원칙이 있을 수 있다(Ury, Brett, & Goldberg, 1988, 표 12-5 참조). 우선 무엇보다도 분쟁 당사자들의 이해 관계에 초점을 맞추는 것이 필요하다. 당사자들의 실제 관심에 초점을 맞추지 않고 눈에 보이는 갈등에만 집착해서는 문제를 풀 수 없다. 두 번째는 분쟁 해소 절차에서 항상 다시 당사자 간 협상으로 돌아올 수 있는 통로를 만들어 두는 것이 좋다. 예를 들어 첫 번째 협상에서 실패하여 중재를 통한 결정 단계까지 갔더라도, 갈등 당사자들이 언제든지 원하면 다시 협상을 할 수 있게 융통성 있는 시스템을 만드는 것이 좋다. 이런 절차는 권고 중재, 약식 소송, 정보 제공 세션 등을 이용하여 중재나 외부 판단을 이용하는 절차에 들어가더라도 언제든지 협상으로 돌아올 수 있도록 보완적인 절차를 삽입하는 것이다.

세 번째는 만약에 누가 옳다고 결정을 내려야 하는 경우나 힘에 의한 결정까지 간다면 가장 비용을 절약할 수 있고 효율적으로 문제를 해결할 수 있는 절차를 만드는 것이 좋다. 네 번째는 모든 분쟁 해소 절차에서 사전에 자신의 문제를 전문가와 상의하는 절차와 분쟁 해소 사후에는 계속적인 사후 관리를 해나가는 시스템이 필요하다. 다섯 번째는 조직 내의 분쟁 해소 절차를 고안할 때는 항상 비용이 가장 적게 드는 방법에서 점점 많이 드는 방법으로 절차를 조정하는 것이 중요하다. 그리고 마지막으로 분쟁 해소 시스템의 장점을 충분히 인지시켜 조직원들이나 관련 공중의 이용 동기를 형성하는 것이 필요하다. 조직으로서 그러한 동기 요인을 충족시켜 줄 충분한 세부 지식과 역량을 보유하고 있어야 하는 것은 당연하다.

표 12-5. 분쟁 시스템 디자인의 원칙

1. 분쟁 당사자의 이해 관계에 초점
2. 분쟁 당사자 간의 협상을 고무하는 시스템 디자인
3. 필요 시 비용을 절약할 수 있는 중재 방법의 채택
4. 사전 문제 상의 절차와 사후 피드백 절차의 준수
5. 비용이 적게 드는 방법에서 많이 드는 방법으로 접근 방법 정리
6. 참가자의 이용 동기 형성 및 조직 문제 해결 시스템의 역량 강화

따라서 이런 원칙에 근거하여 일반적으로 분쟁을 해소하기 위한 시스템은 비용이 적게 드는 방법에서 비용이 많이 드는 방법으로 정리할 수 있으며, 1) 예방을 위한 접근, 2) 이해 관계 조정에 바탕을 둔 접근, 3) 협상으로 돌아갈 수 있다는 전제 하에 제3자 결정이나 힘에 의존하는 접근, 4) 비용이 적게 되는 제3자 결정이나 힘에 의존하는 접근 등의 순으로 정리할 수 있다(Ury, Brett, & Goldberg, 1988). 이해 관계 조정에 바탕을 둔 접근은 우리가 흔히 알고 있는 협상과 조정 과정을 의미하고, 협상으로 되돌아가는 것을 권고하는 제3자 결정이나 힘에 의존하는 접근은 권고 중재, 약식 소송, 정보 제공 세션, 약식 배심원 소송summary jury trial, 제3자 개입, 진정 기간cooling-off periods 도입 등을 의미한다. 이 방법은 중재 등의 방법을 쓰기는 하지만 언제든지 당사자 간 협상으로 돌아갈 것을 권고하는 것이다. 이러한 과정이 실패로 돌아가면, 제3자 결정이나 상대적인 힘에 의한 결정에 돌입하게 되는데, 이러한 경우에도 가장 비용이 절약될 수 있는 방법을 선택하게 한다. 신속 중재expedited arbitration, 조정 중재med-arb, 최종 제시 중재final offer arbitration, 투표voting, 제한 파업limited strikes, 상징적인 파업symbolic strikes 등이 여기에 해당한다.

예를 든다면, 기업에서 노사 분쟁이 일어났다고 가정해 보자. 우선 기업 측과 노조 측은 분쟁을 예방할 수 있는 방법을 사전에 가지고 있거나 탐색하게 된다. 예방이 안 된 분쟁은 일단 당사자 간의 협상을 통한 해결을 원칙으로 협상과 조정 과정을 거칠 수 있다. 노사 분쟁의 성격에 따라 제3자 조정이 필요한 경우도 있고 아닌 경우도 있다. 하지만 대부분의 경우 제3자 조정이 더 효율적인 문제 해결에 접근할 수 있다. 하지만 당사자 간의 자율적인 문제 해결이 어렵다면, 권고 중재나 약식 중재와 같은 방법으로 제3자의 결정권에 의존하기는 하지만 권고적인 수준으로 받아들이면서 다시 당사자 간의 협상으로 돌아갈 수 있는 방법을 이용한다. 하지만 이런 모든 방법이 실패한다면, 최종 제시 중재, 조정 중재를 이용하여 문제를 해결할 수 있다. 물론 노조 측은 이 과정에서 상징적인 파업을 이용하여 자신의 의사를 분명하게 전달할 수 있다.

분쟁 시스템 디자인 과정에서 중요한 것은 많은 비용을 발생시키는 소송이나 파업 등의 방법에 의존하기보다는 당사자 간의 합의를 이루어 내는 것이 가장 중요하다는 점을 함께 공유하는 것이다. 보통 이러한 시스템을 이용하면 협상이나 조정 과정에서 대부분의 문제를 해결할 수 있다. 우리나라 노사 분쟁의 경우 이와 유사한 절차가 마련되어 있지만, 분쟁 시스템 디자인에서 보여 주는 다양한 방법과 절차, 당사자 간의 문제 해결을 위한 제3자 조정 방법의 이용, 협상으로 돌아올 수 있는 제도적인 장치의 마련, 조정과 중재 제도의 효과적인 운용 등에서 보완할 점이 많다. 또한 분쟁 시스템 디자인은 노사 분쟁에만 머물지 않고 다양한 종류의 분쟁에 대응할 수 있는 시스템 일원화를 가져올 수 있다. 하지만 분쟁 시스템 디자인은 조직에 따라 다른 체계를 갖추고 있어야 한다. 각각의 조직들은 서로 다른 조직 문화, 수평 수직 구조, 업종을 가지고 있을 뿐만 아니라 일어나는 위기의 유형, 해결 방법, 관련 공중 등이 판이하게 다르다. 조직의 입장에서는 각자의 상황과 여건에 맞는 분쟁 시스템을 마련하는 것이 무엇보다 필요하다.

위기 관리의 조직 수용 차원에서 분쟁 시스템 디자인이 가지는 문제점은 광범위한 위기의 요소들을 너무 법적 해결을 위한 대안적 갈등 해소 측면에서 바라보고자 한 것이다. 조직의 위기는 대안적 갈등 해소 측면뿐 아니라 좀더 광범위한 위기 사안들을 포함한다(예를 들어 자연 재해, 외부의 공격, 소문 등). 따라서 당사자 간 분쟁의 해소에만 집중하는 것은 광범위한 위기 관리를 한정시킬 위험성이 있다. 하지만 분쟁 시스템 디자인은 위기 관리를 조직의 시스템 측면에서 구체화한다는 측면에서 매우 탁월한 아이디어라고 할 수 있다.

사실 지금까지 위기 관리에 대한 사변적인 논의는 많았지만 이를 어떻게 조직의 시스템화할 것인가에 대한 논의는 적었다. 지금까지 위기 관리 학자들 사이에서 개발된 것은 위기지수를 통한 관리 시스템과 위기 관리 매뉴얼을 통한 위기의 예방 및 대응, 그리고 훈련과 학습 절차 등이었다. 하지만 분쟁 시스템 디자인을 조직의 위기 관리와 연결하면, 조직은 어떤 갈등 사안이 생겼을 때 어떤 방식과 절차를 밟아 문제를 해결할 것인가를 시스템화할 수 있게 된다. 예를 들어 직장 내 폭력 사태가 일어났을 경우, 서로에게 합의 조정 과정이나 중재 과정 등을 밟게 하거나, 다른 갈등 해소 절차를 제시할 수도 있다. 이러한 조직 시스템이 갖추어져 있으면, 어떤 사건이 일어났을 때 갈등 해소를 위한 절차에 대해서 일일이 고민할 필요가 없다. 하지만 앞서 말했듯이 위기 관리는 당사자 간 혹은 관런 공중과의 분쟁에만 집중되어 있는 것이 아니기 때문에 위기 관리 매뉴얼과 분쟁 시스템 디자인을 잘 결합하면 더 세련된 위기 관리 조직 시스템을 완성할 수 있을 것으로 기대한다. 이를 위해서는 위기 관리 전문가와 법률 전문가의 협력이 필수적이라고 할 수 있다.

공공 갈등과 성난 공중과의 문제 해결

갈등 해소 부문이 앞서 설명했던 법적인 분쟁과 관련된 대안적인 갈등 해소ADR 부문과 조직 차원에서 대안적인 갈등 해소 기법을 받아들여 시스템화하는 분쟁 시스템 디자인DSD 부문으로 적용되어 왔지만, 최근 들어 가장 눈부신 활동을 보여 주는 부문은 공공 갈등 부문이라고 할 수 있다. 현대 사회의 위험과 위기 담론에서 지적했듯이 사람들의 욕구를 조정할 수 있는 권위는 점점 사라져 가고 있으며, 당사자들 간의 대화를 통해서 갈등을 조정하고 합의를 창출해야 한다는 요구가 점점 더 커지고 있다. 따라서 갈등 해소를 법적인 소송이나 과격한 물리적 시위에 의존하지 않고 조정 등의 방법을 통해서 해결하려고 하는 대안적인 해결 방법, 특히 커뮤니케이션을 중심으로 하는 해결 방법이 각광받고 있다.

표 12-6. 갈등 해소 논의의 다양한 현실 적용

1. 법적인 분쟁에 대한 대안적인 분쟁 해소
2. 조직 분쟁에 대한 분쟁 시스템 디자인
3. 다자간 사회 갈등에 대한 합의 창출
4. 국제적인 분쟁의 평화적인 해결

공공 갈등을 해소하기 위한 시도는 대부분 다양하게 관련된 공중을 고려해야 하기 때문에 다자간 협상에 기초하고 있으며, 다양한 공중 간의 합의 창출을 목적으로 진행되는 것이 대부분이다(Susskind & Cruikshank, 2006). 합의 창출은 갈등 해소를 위해서 참가한 당사자들의 책임을 명확히 한 다음, 각자가 가진 미션, 의제, 합의 과정의 규칙, 그 외 결정할 사항 등을 일단 합의를 통해서 공유하는 것이 중요하다. 그런 후에 함께 사실을 파악하는 과정을 가지고, 그런 과정과 연결하여 모두가 가진 BANTA(협상하지 않았을 때

얻을 수 있는 결과)보다 나은 합의 결과를 도출하게 된다. 합의가 이루어진 다음에는 집행에 따른 어려움을 조정하고, 최종 합의를 문서화하는 과정 등을 거치게 된다. 따라서 합의 창출 과정은 보통 제3자의 도움을 얻어 모든 참가자들에게 만족스러운 결과를 도모하는 다자간 협상 조정 과정이라고 정의할 수 있겠다.

공공 갈등 해소에는 주로 다자간의 의견을 조정하기 위한 합의 창출 모델들이 이용된다. 다자간 협상에서 합의를 창출하기 위한 모델은 주로 네 가지 단계로 구성되는데, 그것은 준비–가치 창조–가치 분배–후속 조치 등의 과정을 거친다(Consensus Building Institute, 2002, 그림 12-4 참조). 준비 과정에서는 자신의 가능한 선택과 이해 관계를 점검하고, 가치 창조 과정에서는 어떤 제한을 두는 것 없이 서로 간의 이해 관계에 바탕을 둔 창의적인 문제 해결 방법을 고안한다. 이 때 제3자에 의한 조정 과정을 도입할 수도 있다. 다음 과정에서는 창조된 가치를 배분하는 것이 필요한데 이 때도 자신의 입장만을 고수하는 것이 아니라 객관적인 기준을 설정한 다음, 서로 간에 상호 이익을 실현할 수 있는 방법을 고안하고, 그것을 합의로 연결시킨다. 마지막으로 후속 조치에서는 합의가 상호 간의 관계 증진으로 이어질 수 있도록 계속 노력하게 된다.

한편 이러한 합의 창출 과정이 제3자의 조정에 의해서 행해지면, 조정인은 실제 합의 창출 과정에 들어가기 전에 갈등 분석을 시행하는 것이 필요하다. 조정인의 입장에서는 최대한 많은 정보를 사전에 입수하고 분석하여, 갈등 당사자들의 합의를 유도할 수 있는

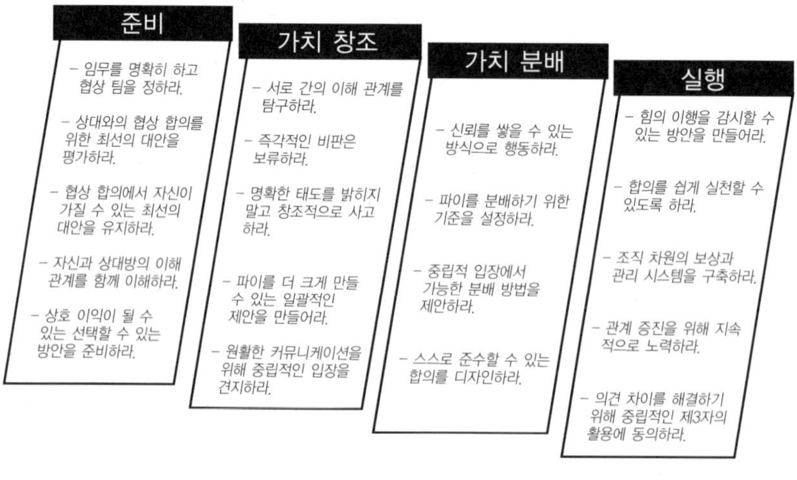

그림 12-4. 합의 창출 과정
(Consensus Building Institute, 2002)

방법을 사전에 찾는 것이 중요하다. 갈등 분석 과정은 시작—정보 수집—분석—갈등 해소 방법 디자인—공유 과정을 거친다. 시작 단계에서는 갈등과 관련된 가능한 이슈들을 정리하고, 정보 수집 과정에서 갈등 당사자들의 이해 관계와 관련된 모든 정보를 수집한다. 다음으로 수집된 정보를 분석하게 되는데, 이 때는 갈등 당사자들의 이해 관계에서 공통점과 차이점을 찾아내고, 합의 가능한 영역과 어려움을 정리한다. 일단 이러한 합의 가능 영역과 아이디어들은 조정인 차원에서 보관하고, 실제 조정 회의를 위한 구성원과 예산, 기본 진행 규칙, 이슈, 방법 등을 디자인하고, 갈등 분석 과정에서 수집된 기본적인 내용들을 정리하여 조정 회의에 참여할 구성원들과 공유하게 된다. 실제 갈등 해소를 위한 회합은 이러한 갈등 분석을 바탕으로 제시된 과정을 당사자들이 모두 동의했을 때 이루어지게 된다.

한편 공공 문제 합의 창출을 위한 실제 논의는 상호 이익 접근mutual gain approach(MGA)을 기본으로 한다. 특히 자신의 가치나 정체성과 관련된 경우에는 이러한 상호 이익 접근이 무엇보다도 중요하다. 가치 경쟁과 정체성, 과거의 피해 등과 관련된 경우에는 부정적인 감정이 지배적으로 되기 때문에 자기 이익 중심의 접근은 오히려 상황을 더욱 악화시킬 수 있다(Susskind & Field, 1996). 이러한 가치 경쟁에서는 상대방의 입장에서 생각해 보려는 상호 이익 접근이 가장 합리적인 선택이 된다.

상호 이익 접근은 공공 갈등 해소를 위한 다자간 합의 창출 과정의 원칙으로서 제시된 것인데, 갈등의 정도가 매우 심각한 경우에도 유용하게 활용될 수 있다. 상호 이익 접근의 여섯 가지 원칙은 특히 커뮤니케이션과 관계 형성에 초점을 맞추고 있다는 것이 특징이다(Susskind & Field, 1997, 표 12-7 참조). 자칫하면 간과하기 쉬운 사과의 중요성 등이 강조되는 것은 갈등 해소의 초점이 법적인 책임성보다는 장기적으로 발전적인 미래 관계

표 12-7. 상호 이익 접근의 원칙

1. 상대방의 걱정과 관심 사항을 인정하고 적절하게 반응하는 것
2. 공중과 함께 사실을 찾아내고 확인할 수 있도록 참여의 기회를 주는 것
3. 위기 발생 시 충격을 최소화하려는 성실한 자세를 보여 주고, 발생한 피해에 대해서는 현재 상태에서 가능한 보상 약속을 신속하게 발표하는 것
4. 상황에 대한 책임을 받아들이고 실수를 인정하며, 해결을 위한 방법을 공유하는 것
5. 언제나 신뢰를 쌓을 수 있는 방향으로 행동을 조정하고 커뮤니케이션하는 것
6. 언제나 장기적인 관계 형성에 초점을 두고 갈등 상황에 대응하는 것

를 형성할 수 있느냐에 맞추어져야 한다는 것을 보여 준다. 이러한 원칙은 상대방에 대한 인정, 과정의 공정성 확보, 상대방에 대한 진실한 대응, 신뢰와 관계 형성으로 요약할 수 있다.

우리나라에서 일어나는 많은 갈등 상황들은 사건의 심각성에도 불구하고 이러한 원칙들이 무시되는 경우가 많다. 많은 예들에서 볼 수 있듯이 심각한 갈등 상황들이 법적인 해결을 통해서 최소한의 보상만으로 해결되는 경우는 없다. 오히려 단순한 법적인 대응이 공중과의 관계를 악화시켜 조직의 피해를 좀더 장기적으로 끌고갈 뿐이다. 2007년 태안 유조선 기름 유출 사건에서 삼성중공업 측의 대응도 위에서 열거한 상호 이익을 위한 접근에 전혀 들어맞지 않는다. 예를 들어 삼성중공업 측이 검찰의 발표가 날 때까지 사과를 미루고 최소한의 법적인 보상만을 강조하는 것은 충격을 최소화하려는 성실한 자세와 신속한 보상 조치와는 거리가 멀다. 실수를 진심으로 인정하지 않으면서 관련 공중의 용서를 바라는 것은 가능하지도 않다. 소극적인 대응과 장기적인 관계를 염두에 두지 않은 조직 행위들은 이미 화가 난 공중을 더 자극할 뿐이다.

한편 상호 이익 접근은 게임이론에서 이야기하는 혼합형 동기 모델mixed motives model과 매우 유사하다. 혼합형 동기 모델은 쌍방을 함께 고려하는 전략을 의미하며, 상황에 따라 자신에게 유리한 전략을 쓰거나 혹은 상대방에게 유리한 전략을 혼합적으로 쓰게 되지만 궁극적으로 상호 협력과 관계 형성을 도모해 간다는 것이다. 이러한 양측을 고려하는 혼합 동기 모형은 항상 상호간에 균형점을 찾기는 힘들지만 궁극적으로 상호 협력을 지향한다면 갈등 해소에 도달할 수 있다는 것을 시사한다.

가장 접근하기 어려운 공공 갈등은 가치와 관련된 경우다. 예를 들어 천성산 터널 공사와 관련한 정부와 환경단체의 대립 상황을 살펴보면, 갈등의 핵심에는 경제적인 편익의 달성 여부보다 환경 보존이라고 하는 가치의 문제가 기저에 자리잡고 있다. 어떤 사람들은 자신이 가지고 있는 가치를 둘러싸고 타협할 수 없는 절대적인 태도를 견지하는 경우가 많다. 이것을 보호받는 가치라고도 한다(Baron & Spranca, 1997). 이러한 보호받는 가치의 특징은 협상을 통한 양보가 가신의 존재 근거를 부정하는 행위를 의미하기 때문에 조그만 양보나 합의도 받아들여질 수 없다(Tetlock, Kristel, Elson, & Lerner, 2000).

이러한 가치에 기초한 갈등에서는 평상시의 갈등 해소 방법들이 큰 효력을 발휘하지 못할 수도 있다. 근본적인 가치와 관련한 갈등은 따라서 갈등의 성격을 가치와 분리하고, 대화를 통한 문제 해결을 우선적으로 확인하는 것이 중요하다. 선불리 문제를 해결하려고 하기보다는 대화를 통한 의견의 교환을 협상의 우선 목적으로 삼는 것이 중요하다. 이와 함께 가치에 기초한 갈등에서는 서로 간에 갈등을 보는 프레임을 바꿈으로써 갈등 해소의 단서를 찾고자 하는 갈등 해소 프레임 접근들도 문제 해결에 기여할 수 있다(Schon & Rein, 1994).

우리나라의 많은 사회 공공 갈등은 가치 갈등과 연결되어 있다. 이는 오랜 권위주의 시대에 억눌렸던 시민들의 권리 찾기와 밀접하게 관련되어 있다. 따라서 무엇보다도 중요한 것은 가치를 보호하고자 하는 시민들의 정서와 피해 의식을 이해하는 것이다. 그런 다음, 무엇보다 가치를 보호하고자 하는 태도를 존중하면서, 커뮤니케이션을 통해 어떠한 대안적인 방법, 즉 서로가 가치의 훼손 없이 효용을 창출할 수 있는 방법을 모색하는 것이 중요하다. 결국 가치의 보호가 극단적인 투쟁으로 연결되지 않도록 개방적인 커뮤니케이션 통로를 확보하고, 이성적인 문제 해결을 함께 모색할 수 있는 자리를 마련하는 것이 가장 기본적인 활동이라고 할 수 있다.

이와 함께, 과거의 피해와 관련된 갈등에서는 무엇보다도 당사자가 마음에서 우러나오는 사과를 하는 것이 중요하다. 진정한 사과는 네 가지 요건을 가진다. 그것은 1) 자신의 잘못에 대한 인정, 2) 일어난 일에 대한 정확한 해명, 3) 잘못에 대한 진심 어린 후회, 그리고 4) 잘못에 대한 보상 등이다(Lazare, 2004). 여기에 다시는 그러한 행동이 재발하지 않을 것이라는 확신을 주는 것도 매우 중요하다고 생각한다. 구체적인 개선 행위들이 그러한 확신에 도움을 줄 수 있다. 이러한 진정한 사과를 통해서 자신의 가치를 보호할 수 있다면, 피해 당사자들에게 갈등을 해소하는 것은 부차적인 문제가 될 수 있다. 하지만 우리나라의 얼마나 많은 사회 갈등들이 진정한 사과의 기회를 놓침으로써 극대화되었는가? 이는 생각할수록 안타까운 일이다.

결론적인 제언: 사회 갈등 해소를 위한 통합적인 위기 관리

지금까지의 논의를 정리하면, 결국 문제 해결의 연속선상에 있는 조직 차원의 위기 관리와 위기 관리가 사회 차원으로 확장된 갈등 해소, 이 두 가지 개념이 통합적으로 논의되었을 때 사회적인 문제가 해결될 수 있다. 한편 이러한 두 가지 개념을 아우르는 문제 해결의 가장 기본적인 요소는 커뮤니케이션이다. 커뮤니케이션은 조직이 활동 개념을 사회 차원으로 확장하는 것을 의미하고, 갈등을 가진 주체들이 대립이 아니라 대화를 통해서 문제를 해결하겠다는 의지를 보여 주는 것을 말한다. 지금까지 설명한대로 갈등 해소를 포함하여 통합적인 위기 관리 노력은, 조직 중심의 기능적인 차원에서 벗어나 상대방을 이해하고 의미를 공유하려는 노력들이 함께 일어났을 때, 진정한 문제 해결에 접근할 수 있다. 이는 커뮤니케이션의 두 가지 요소, 즉 기능주의적인 측면과 수사학적인 측면이 동시에 두 개의 바퀴로 굴러갔을 때 문제 해결에 다가설 수 있다는 것을 의미한다.

한편 지금까지 위험과 위기의 개념을 구분하기 위해서 조직의 개입 정도를 이용했다. 위험에 비해서 위기는 조직을 중심으로 한 문제 해결에 집중되어 있다는 것을 설명했다. 이러한 설명에서 위험은 좀더 개인적인 접근에 가깝고, 위기는 조직적인 접근에 가깝다고 확연하게 구분한다면, 위험을 사회적인 차원에서 연구했던 사람들(예를 들어 위험의 사회적인 확산 등이 대표적인 이론에 속한다)은 이러한 주장을 받아들이기 힘들 수도 있겠다. 하지만 위험과 위기가 너무 비슷한 개념으로 혼용되고 있는 상황에서 위험은 개인의 인식에 중점을 두고 있고, 위기는 위험이 조직 차원으로 변용된 것이라고 개념화하는 것은 앞으로의 연구 방향을 명확하게 구분하는 데 도움을 줄 수 있다고 생각한다.

개인의 위험 인식들이 사회 차원으로 확대되면 이미 그것을 위기로 인식하는 조직이 등장하기 마련이고, 위험은 위기로 진화하면서 조직 차원의 문제 해결 대상으로 등장한다. 물론 위험도 조직 차원의 위험이 있을 수 있다고 주장할 수도 있지만 위험은 본질적으로 개인의 인식을 중심으로 형성되는 것이고, 위험과 관련한 커뮤니케이션도 현대 사회에서는 조직 중심의 위기 커뮤니케이션이 될 수밖에 없다. 이러한 구분이 지금까지 이루어진 연구 성과를 분명하게 구분하지는 못하지만 앞으로 연구 방향성을 확립하는 데는 도움을 줄 수 있다고 본다.

하지만 위기 관리는 본질적으로 조직 중심의 문제 해결을 의미하기 때문에, 기능적이고 조직 중심적으로 운용될 가능성이 많다. 또한 조직 차원의 커뮤니케이션에서 근본적으로 제기되는 문제인 힘의 균형 문제도 자연스럽게 대두된다. 즉 기존의 힘을 가진 조직은 위기 준비와 위기 대응에서 유리할 수밖에 없고 조직화되지 못한 사람들은 위기 관리에 불리할 수밖에 없다. 이러한 면은 위기 관리가 사회적인 문제 해결에서 불평등한 대응이 될 가능성이 많음을 보여 준다.

이런 면에서 이 책에서는 위험 문제를 해결하기 위해서는 조직 차원의 행동을 전체 사회적인 시각에서 보는 것이 필요하다는 점을 강조했다. 이러한 주장은 조직의 위기 관리에는 위험 문제를 야기한 조직의 방어적인 위기 관리 행위도 포함되지만, 또한 위험 문제를 해결하기 위한 적극적이고 공격적인 조직의 위기 관리 행위도 함께 포함된다는 것을 의미한다. 예를 들어 미국 광우병 쇠고기 논란과 관련하여 농수산부 등 정부 조직들의 방어적인 위기 관리 행위도 있지만, 광우병대책국민회의와 같은 단체들의 적극적인 위기 관리 행위도 함께 일어난다. 위험 문제 해결을 위한 조직 차원의 위기 관리 논의에서 중요한 것은 이러한 다양한 조직의 광범위한 위기 관리 노력을 함께 고려하는 것이다.

다원주의 입장에서 이러한 조직의 노력이 사회적인 힘의 균형을 찾을 수 있다면 문제 해결에 한 발짝 다가갈 수 있다고 본다. 하지만 힘이 약한 개인이 조직을 결성하여 기존 사회의 권력 조직에 대항하는 것은 대부분 힘겨운 싸움이 될 수 있다. 하지만 위험과 위기를 둘러싼 대립은 커뮤니케이션을 중심으로 이루어지기 때문에 힘을 가진 조직이 반드시 유리하다고만 할 수는 없다. 또한 기존 권력 조직도 현실의 힘을 이용하여 권위적으로 대응했을 때는 더욱더 위기와 사회적인 갈등을 확산시킬 가능성이 높다. 아무튼 조직 차원의 위기 관리는 이러한 다양한 측면에서 고려되는 것이 필요하며, 공론의 장에서 참여 조직 간의 힘의 균형이 어느 정도 이루어졌을 때 문제 해결에 한 발짝 다가설 수 있다고 할 수 있다.

또한 위기 관리는 본질적으로 조직 중심적이기 때문에 힘의 불균형을 초래할 가능성이 높다는 주장은 위기 관리의 수사학 접근이 가지는 중요성을 더욱 일깨운다. 위기 관리는 수사학적인 접근을 통해서 조직 중심적인 활동만을 의미하는 것이 아니라 위기를 둘러싼 조직과 공중의 의미 공유에 초점을 맞출 수 있다. 즉 위기가 일어났을 때 어떻게 조직의 입장에 유리하도록 위기를 관리할 것인가도 중요하지만 위기가 가지는 이야기narratives로서의 구성 요소를 통해서 공중이 좀더 수용할 수 있는 방향으로 조직 행동과 커뮤니케이션을 수행할 수 있다. 위기 관리의 두 축으로 일컬어지는 장악력과 배려하는 마음도 기능적인 접근과 수사학적인 접근이 잘 조화를 이룸으로써 조직 활동에서 균형 있게 발현될 수 있다.

좀더 공중을 끌어안는 위기 관리를 통해서 일방적인 조직 활동이 아니라 사회적인 약자와의 의사 소통에 중점을 두는 활동이 가능해진다. 예를 들어 태안 기름 유출 사건이나 경영권 승계와 관련한 논란과 관련하여 삼성 측이 보여 준 태도는 매우 대비된다. 태안 기름 유출 사건의 경우는 법적인 대응에 초점을 맞춘 과도한 조직 중심의 위기 관리를 보여 주었지만, 경영권 승계와 관련한 사회적인 논란에서는 공중과 의미를 공유하려는 노력, 예를 들어 이건희 회장이 물러나고, 재산을 헌납하며, 이재용 씨가 해외에서 좀더 경영 수업을 받겠다는 것 등은 공중에게 조직의 변화하는 모습을 보여 주며, 새롭게 공중과 공유할 수 있는 이야기를 만들어 내겠다는 노력으로 볼 수 있다. 물론 이러한 노력의 진정성은 공중에 의해서 판가름나겠지만, 이전에 보여 주었던 재벌들의 대응 태도와 비교하면 많이 발전한 것이라고 할 수 있다.

결국 이러한 통합적인 논의들은 관계relationships의 문제로 회귀한다. 만약 문제 해결에만 초점을 맞추어서 조직의 손해를 최소화하는 방향으로만 위기를 관리한다면 장기적인 관점에서는 공중과의 관계 악화를 우려해야 한다. 조직의 위기 관리는 일회성으로 끝나는 것이 아니며 관련 공중과의 관계 속에서 반복적으로 이루어지기 때문에 단기적인 관점에서 위기를 관리했을 때 관계 악화라는 역풍을 맞게 된다. 따라서 수사학적인 접근을 통해서 장기적인 관계, 의미를 공유하는 관계로 갈 수 있도록 유도하는 것이 무엇보다도 필요하다.

조직이 만들어 내는 이야기가 공중에게 받아들여지려면 진정성과 지속성을 갖추어야 한다. 예를 들어 현대자동차 정몽구 회장의 재산 헌납 지연 등 조직의 지켜지지 않은 약속은 결국 장기적으로 볼 때 실패한 이야기로 비춰질 가능성이 높다. 즉 진정한 사과와 수정 행위가 이루어지지 않은 위기 관리는 언제든지 다시 반복될 수 있기 때문에, 진정성과 지속성을 가지지 못하는 위기 관리, 즉 조직이 공중에게 제시하는 실패한 이야기는 이후 조직-공중 관계를 악화시킬 수 있다. 모든 것을 장기적인 관점에서 볼 필요가 있다.

가장 좋은 위기 관리는 상황을 설명하면서 진정한 후회를 보여 주고, 실질적으로 보상할 방법과 개선 행위를 표명하는 것이다. 예를 들어 식품 회사의 불량 재료 사용과 관련한 보도가 있었다면, 회사 입장에서는 사건의 피해를 축소할 수 있는 여러 가지 방법을 사용할 수도 있을 것이다. 하지만 이러한 위기 이야기가 공중에게 어떻게 받아들여질 것인가를 고려하는 수사학적인 접근을 받아들인다면 좀더 전향적이고 공중의 입장을 고려한 대응책을 마련할 수 있게 될 것이다. 수사학적인 접근은 공중과의 의미 공유를 고려한다는 의미에서 기능주의적인 접근에 비해 사회적인 힘의 불균형을 극복하는 데도 도움을 줄 수 있다. 왜냐하면 힘의 불균형에 의해서 이루어진 위기 관리는 지속적으로 유지될 수도 없고, 향후 더 큰 갈등의 불씨가 되기 때문이다. 이러한 의미에서 수사학적인 접근의 위기 관리 노력을 받아들여 장기적인 공중 관계를 고려한 통합적인 위기 관리를 실행할 필요가 있다.

그림 12-5. 위기 관리의 통합적인 접근

한편 위기 관리가 사회적인 힘의 불균형을 고착화하는 현상을 방지하기 위해서는 거시적인 차원에서 사회 약자 세력들을 조직화하고 힘을 부여하는 노력을 하는 것도 필요하다. 우선 중앙 및 지역 정부를 통해서 사회적인 약자 세력에 힘을 부여하는 제도적인 장치가 필요하다. 이는 법률, 행정, 입법적인 모든 요소들이 고려될 수 있다. 다음으로 비정부조직NGO, 시민 사회단체 등을 조직화하여 기존 세력의 네트워크에 대항할 수 있는 풀뿌리 민주주의의 기반을 강화하는 것도 중요하다. 마지막으로 지역사회 중심으로 문제를 해결하기 위한 자생적인 지역사회 단체들이 많이 생겨나서 생활 문제의 해결을 통해 시민들이 자연스럽게 사회적인 힘을 획득하게 되는 것도 필요하다. 위기 관리는 힘의 균형이라는 측면에서 사회의 문제가 될 수밖에 없고, 조직의 문제 해결이라는 차원에서 벗어나 사회 문제의 해결이라는 측면으로 진화할 수밖에 없다. 이러한 측면에서 위기 관리는 갈등 해소와 필연적으로 연결된다. 갈등 해소와 합의 창출은 결국 위험이라는 개인 인식과 조직 차원의 위기 관리가 사회구성원 전체의 문제 해결이라는 차원에서 논의되는 것이다.

제4부

윤리 문제와 커뮤니케이션 차원 통합

제13장

위험, 위기 그리고 윤리 문제

이 책에서 위험의 문제는 개인적인 차원의 인식과 관련이 깊다고 설명했다. 따라서 개인적인 의사 결정과 윤리의 문제는 깊은 연관성을 가지고 있다. 위험 문제와 관련한 개인의 의사 결정과 관련하여 정말 문제가 되는 것은 명백하게 자신에게 도움이 되는 방향으로 비윤리적인 결정을 하는 것이 아니라, 자신이 인식하지 않고 저지르게 되는 비윤리적인 행위들이다. 예를 들어 광우병의 위험성과 관련한 논란이 있을 때, 명백한 위험 물질을 식용으로 쓰느냐 아니냐 하는 문제는 누구나 알 수 있는 비윤리적인 결정이다. 이러한 결정은 사회적으로 지탄을 받게 되고, 위험의 문제를 공동의 문제로 관리할 수 있게 된다. 하지만 광우병 쇠고기 문제와 관련하여 미국산 쇠고기를 먹고 광우병에 걸릴 확률이 매우 낮기 때문에 미국산 쇠고기를 먹는 것은 괜찮다고 주장하는 사람들은 자신의 윤리성을 의심하지 않는다. 다만 자신이 비윤리적일 수 있다는 사실에 대해서 의심하지 않는 것이 문제가 된다. 예를 들어 자신이 속한 조직의 태도나 상관의 의견 때문에 반대편의 의견을 수용할 의지를 가지지 못했거나, 자신의 주장을 뒷받침할 논리만을 찾기 때문에 자신이 모르는 사이에 편견에 사로잡힐 수도 있다. 즉 위험 문제와 관련하여 진짜 문제가 되는 것은 자신은 의도하지 않았지만(혹은 자신이 합리화할 수 있다고 생각하지만), 비윤리적인 결정을 내리게 되는 경우다. 이것을 의사 결정 분야에서는 제한된 윤리성bounded ethicality이라고 한다(Bazerman & Moore, 2008). 우리 주위의 많은 위험 문제들은 이러한

표 13-1. 제한된 윤리성의 예

1. 자신에 대한 과도한 평가	2. 내부 조직원에 대한 편애
3. 미래에 대한 저평가	4. 암묵적인 태도
5. 자기 이익의 심리학	6. 간접적인 비윤리 행위
7. 신성한 가치 인식	

주) 이러한 제한된 윤리성들은 위험 문제와 관련한 의사 결정에도 그대로 적용될 수 있다.

제한된 윤리성에 의해서 발생한다고 해도 과언이 아니다.

제한된 윤리성은 자신의 의식적인 인식 없이 저질러지는 행위들이다. 이러한 행위들의 예를 우리 주위에서 쉽게 발견할 수 있다(Bazerman & Moore, 2008, 표 13-1 참조).

첫째, 자신에 대한 과도한 평가가 그것이다. 자신이 하는 일은 정당하고, 남에 비해서 훨씬 중요하다고 생각하게 되면, 자기 중심의 의사 결정을 하기 쉽다.

둘째, 내부 조직원에 대한 편애다. 이는 내부 조직원뿐만 아니라 자기가 속한 조직의 결정을 선호하거나, 자기와 비슷한 속성을 가진 사람을 편애하는 것이다(Dasgupta, 2004). 내부 조직과 관련된 제한된 윤리성은 특히 우리나라에서 문제가 될 가능성이 높다. 우리나라는 대표적으로 집단주의 문화를 가진 것으로 평가된다. 집단주의 문화의 특징은 내부의 조화를 우선시하면서, 내부 집단 자체에서 설정한 윤리성에 집착한다. 하지만 이러한 윤리 기준은 외부인의 시각에서 볼 때 비윤리적일 수 있다. 예를 들어 우리나라의 경우, 내부 폭로자에 대해서 비판적인 시각을 가진 사람들이 많다. 특히 위험과 관련한 내부 결정 과정에서 객관적인 시각에서 위험을 보기보다는, 내부 조직원들이 합의할 수 있는 일은 무엇이든지 옳다고 생각하는 것은 사회의 위험 사안을 극대화시킬 가능성이 높다.

셋째, 미래를 저평가하는 것도 제한된 윤리성과 관련이 있다(Loewenstein & Thaler, 1989). 우리는 현재의 이익에 민감하게 반응하지만, 미래에 발생할 위험에 대해서는 애써 무시하는 경향이 있다. 이러한 위험과 관련한 의사 결정은 미래의 지속 가능성은 무시하고, 현재의 편익에 몰두하게 만든다. 많은 환경 관련 문제들이 이에 해당한다. 미래 세대에 대한 보존보다는 현재의 발전을 위한 개발 논리가 모두 이에 해당한다. 이러한 제한된 윤리성은 위험 사안에 대한 예방 행위를 어렵게 하는 이유가 되기도 한다. 예를 들어 포드Ford 사는 핀토스Pintos라는 새로운 자동차를 출시하면서, 추돌 사고에 의한 폭발 가능성에 대해 인지하고 있었다. 하지만 그러한 위험을 알고 있지만 현재의 이익을 포기하기가 힘들었기 때문에 판매를 강행함으로써 심각한 위기 상황을 맞게 된다. 이처럼 미래에 다가올 위험보다는 현재의 이익에 집착함으로써 위험 사안에 대한 바른 판단을 그르치는 경우가 많이 있다.

넷째, 자신도 모르는 암묵적인 태도가 위험에 대한 판단을 그르칠 수 있다. 사람들은 보통 인종, 성, 나이에 대한 편견을 내재화하고 있다. 대부분의 사람들은 이것을 부정하지만 무의식적으로 선입견과 편견에 기반한 의사 결정을 한다(Nosek, Banaji, & Greenwald, 2002). 미국 하버드대학교 심리학과의 암묵적인 태도 실험implicit associations test(IAT)에 따르면 백인과 흑인 모두 백인들에게 우호적이었으며, 흑인들에게 비우호적이었다. 이는 사회적인 편견이 사람들이 알지 못하는 사이에 내재화되어 있음을 보여 주는 것이다(자신의 선입견과 편견을 알고 싶다면 하버드대학교 심리학과 연구팀이 개설한 http://implicit.harvard.edu에 들어가서 실험에 참여할 수 있다. 참고로 자신이 인종 차별 성향이 있다는 것을 알게 되더라도 너무 실망할 필요는 없다. 왜냐하면 대부분의 사람들이 그러한 성향이 있는 것으로 판명되었기 때문이다. 이 실험에 따르면 아직까지 성향과 실제적인 위해성의 관련성은 밝혀지지 않았다). 우리는 모르는 사이에 흑인, 동성연애자 혹은 그 밖의 일상적인 편견에 따라, 어떤 유형의 사안이나 대상이 더 위험하다고 판단하고 있는지 모른다. 예를 들어 어떤 지역이나 특정 그룹의 사람들에게서 위험이 유래하면 그것을 더욱 극대화하고, 과민한 반응을 보이는 경우를 어렵지 않게 찾아볼 수 있다.

다섯째, 자기 이익과 관련된 경우다. 사람들은 대부분 객관적으로 일을 처리할 수 있다고 주장하지만 누구도 자기 이익으로부터 자유로울 수는 없다(Moore, Cain, Loewenstein, & Bazerman, 2005). 특히 문제는 다른 사람은 자기 이익으로부터 자유로울 수 없지만, 자신은 자기 이익으로부터 자유로울 수 있다고 믿는 것이다. 이러한 경우는 자기 최면이 지나쳐 합리적인 정보 개방을 소홀히 할 수도 있다. 예를 들어, 전적으로 국가의 지원을 받는 국책연구기관에서 한반도 대운하의 환경영향평가를 한다고 해보자. 아무리 연구기관의 과학자들이 객관적인 시각에서 조사를 했다고 하더라도, 그러한 연구 결과에 편견이 결부되지 않았다고 보기는 어렵다. 이런 경우에는 연구와 관련된 정보의 완전한 개방이 가장 좋은 신뢰 회복 방법이라고 할 수 있다. 하지만 위험 사안과 관련한 대부분의 경우, 정보의 출처는 알 수 있지만, 정확한 배경 정보는 알기 어렵다.

여섯째, 간접적으로 비윤리적인 행위다. 사람들은 직접적으로 비윤리적인 결정을 내리는 것은 꺼리지만, 간접적인 방법으로 행하는 비윤리적인 행위에 대해서는 관대한 편이다. 자신이 하지 않고, 자신의 부하를 시키거나, 혹은 자기 조직이 하지 않고, 하청 업체를 이용하는 것 등도 모두 위험 사안과 관련된 제한된 윤리성을 보여 준다. 자신이 가진 특허나 권리를 비윤리적인 행위를 하는 조직에 넘기는 행위 등도 마찬가지다. 자신의 손을 직접 거치지 않은 위험에 대해서 관대한 입장을 가지는 것은 제한된 윤리성의 전형을 보여 준다. 남들이 알지 못하는 경우, 자기 합리화가 가능할 경우에도 이러한 의사 결정이 많아진다(Dana, Cain, & Dawes, 2006).

마지막으로 자신이 지키고자 하는 가치가 절대적인 기준이 될 때 오히려 윤리적인 행위를 제한할 수도 있다. 어떻게 보면 가장 역사적으로 유래가 깊고, 사회 갈등을 심화시켜 온 이유라고 할 수 있다. 십자군전쟁이 그러했고, 각 나라에 일어나는 종교 분쟁, 인종 청소, 종족 갈등에 의한 대량 학살 등이 그러한 예다. 사람들은 대부분 자신이 신봉하는 가치가 침해를 받았을 때 분노나 청산 행위를 통해서, 그 가치를 지키고자 한다(Tetlock, Kristel, Elson, Green, & Lerner, 2000). 이러한 감정적인 반응은 비윤리적인 행위를 정당화시켜 주기도 하고, 내부 결속을 통해서 개선의 가능성을 원천적으로 차단하게 된다. 사실상 가치와 결부된 이러한 의사 결정 행위가 자기 정당화를 가능하게 하기 때문에 더 큰 위험성을 내포하고 있다고 해도 과언이 아니다.

지금까지 설명한 내용을 정리해 보면, 결국 사람들은 자신도 모르는 사이에 비윤리적인 실수를 저지를 수 있으며, 이는 자신들의 윤리 기준이나 의지와는 관련이 없을 수도 있다는 것을 알 수 있다. 많은 위험 이슈들은 명백한 비윤리성이나 의도보다는 위험 주체들이 모르는 사이에 발현된다. 따라서 이러한 사회심리학자들의 연구 결과는 위험 문제와 관련하여 많은 함의를 가져다 준다. 자신들이 모르는 사이에 위험이 발현될 수 있다는 말은 커뮤니케이션을 통해서 다른 사람들과 소통하지 않으면 위험 이슈를 눈치챌 수도 없으며, 위험을 해결할 수 있는 방법을 찾아낼 수는 더더욱 없다는 의미다. 제한된 윤리성을 인정한다면, 위험 이슈와 관련하여 더더욱 공론의 장을 형성하고, 자신이 놓칠 수 있는 위험의 가능성을 점검하는 것이 무엇보다도 중요하다. 예를 들어, 2008년 한미 쇠고기 협상이 아주 비근한 예다. 우리 측 협상 담당자와 정부 당국자들은 자신들이 어떤 위험을 가져올 수 있는지 몰랐을 가능성이 높다. 이에는 여러 가지 제한된 윤리성 요인들이 작용했을 가능성이 높다. 따라서 이러한 경우는 협상의 내용을 사전에 일반 공중에게 공개하고, 협상 과정을 최대한 개방하는 것이 위험과 관련한 의사 결정에서 실수를 줄이는 길이다. 물론 위험 문제에 정답이 있을 수는 없다. 하지만 위험은 결국 커뮤니케이션의 문제임을 인식하는 것이 가장 중요하다.

한편 위에서 설명한 것처럼 위험과 관련하여 개인의 윤리적인 의사 결정도 매우 중요하지만, 현대 사회의 위험 문제가 조직화를 통해서 조직의 위기로서 문제 해결을 모색한다고 했을 때, 조직 단위의 윤리적인 의사 결정이 문제 해결 과정과 관련해서는 더 중요할 수 있다. 예를 들어 앞에서 논의한 광우병 쇠고기의 위험성과 관련한 문제도 개인의 의견이 중요하기는 하지만, 많은 의견이 정부나 시민단체 등의 조직을 통해서 개진되는 것이 보통이다. 물론 조직 위기와 관련한 의사 결정은 위험과 관련한 개인적인 의사 결정이나 개인적인 윤리 이데올로기를 함께 포함하는 개념이므로, 위험과 위기와 관련한 윤리 의식을 따로 구별하기는 어려운 면이 있다. 이 책에서는 조직 위기 차원의 문제 해결을 강조한다는 의미에서 조직 위기를 중심으로 윤리 문제를 다루게 된다. 하지만 위기와 관련한 윤리 문제는 앞에서 설명한 위험 인식과 관련한 개인의 윤리적인 판단이 광범위하게 포함되어 있다.

윤리와 관련한 논의를 이끌기 위해 위기 관리에서 대표적인 두 사건을 비교해 보는 것도 재미있다. 두 가지 대표적인 위기는 존슨앤드존슨의 타이레놀 독극물 사망 사건과 엑손 사의 발데스 호 알래스카 기름 유출 사고다(Hearit, 2007). 타일레놀 위기는 위기 관리의 모범 사례로 꼽히면서 위기 관리팀의 재빠른 구성과 대응, 테러라는 사건 성격의 규정, 학습 요건의 충족 등에서 성공적인 위기 관리로 평가된다. 하지만 엑손 발데스 호 위기의 경우는 위기 관리에서 하지 말아야 할 사례로 인용되고 있고, CEO가 신속하게 현장에 가지 않은 것이 지적되었으며, 발데스 호 선장에게 잘못을 전가하는 회사의 태도는 사람들의 분노를 불러일으켰다. 두 기업이 가장 극명하게 대비되는 경우는 존슨앤드존슨은 테러의 희생자로서 묘사되었지만, 엑손은 환경 파괴의 원인 제공자로서 직접적인 가해자의 모습으로 묘사되었다는 것이다.

두 사건의 경우 타이레놀 사건은 재빠르게 사건 발생을 인정하고 사고가 난 제품을 리콜하는 등 투명하고 신속한 반응을 보였지만, 엑손은 사건을 책임 전가하거나 심각성을 무시하는 태도를 보였다. 물론 사건의 성격이 다르기는 하지만 두 기업의 다른 위기 대응은 존슨앤드존슨을 희생자로 이야기narrative를 형성하는 결과를 낳았고 엑손을 가해자로 이야기를 형성하는 결과를 낳았다. 이러한 상황에서 두 조직에 대한 평판이 달라진 것은 당연한 일이다.

그렇다면 이 두 위기 대응 방법을 어떻게 윤리적인 기준과 연결시킬 수 있을까? 우선 조직의 입장에서 윤리적인 기준을 정하고 그것을 지키는 것이 필요하다고 할 수 있다. 투명한 공개, 신속한 반응, 피해자에 대한 고려, 사건에 대한 인정, 재발 방지를 위한 진실한 약속 등이 윤리 기준으로서 설정될 수 있을 것이다. 다음으로 중요한 것은 윤리적인 위기 관리 행위가 더 좋은 결과를 가져올 수 있다는 확신을 주어야 한다는 것이다. 예로 든 두 위기의 경우에서도 드러난 일이지만 엑손은 이후에도 엄청난 비용을 지불해야만 했지만 존슨앤드존슨은 얼마 있지 않아 예전의 판매고를 회복하고 오히려 성장할 수 있는 계기를 마련했다.

이러한 윤리적인 행동의 결과에 대한 함의는 윤리에 대한 아이디어, 즉 이데올로기와 연결된다. 윤리 이데올로기에는 상대주의적인 측면과 이상주의적인 측면이 있다. 윤리 이데올로기의 상대주의적인 측면에서 본다면, 윤리에 대한 어떤 기준을 가진다는 의미는 상대주의적인 윤리관을 지양하고 조직이 따라야 할 윤리 준칙을 스스로 마련하고 엄격하게 따른다는 것이다. 이와 함께 이상주의적인 이데올로기는, 윤리적인 행동을 했을 때 그것이 조직에게 어떤 편익을 가져올 것이라는 인식을 가지는 것이다. 앞에서 예를 든 두 사례를 보면 존슨앤드존슨의 경우 윤리적으로 확고한 기준을 적용했을 뿐만 아니라(낮은 상대주의) 또한 윤리적인 행위를 했을 때 그렇지 않은 경우보다 더 나은 결과를 가져올 수 있다는 확고한 신념(높은 이상주의)을 가졌다고 할 수 있다. 존슨앤드존슨은 낮은 상대주의와 높은 이상주의 윤리 이데올로기가 현장에서 잘 적용된 사례라고 할 수 있다. 이와같이 위기 관리의 실제적인 적용은 윤리적인 논의와 밀접하게 연관되어 있으며, 윤리적인 측면이 고려되지 않은 위기 관리는 현실 적용 과정에서 어려움을 겪는다.

윤리 문제와 위기

윤리에 대한 시각을 크게 규범주의deontology와 실용주의teleology로 나눈다면(김영욱, 2003), 윤리에 기반한 조직의 커뮤니케이션 활동은 크게 사회적인 책임과 윤리적인 원칙을 중요시하는 접근과 사회 다수의 실용적인 편익을 중시하는 접근으로 나눌 수 있다. 사회적인 책임과 윤리적인 원칙을 중요시하는 접근은 어떤 행위에 대한 동기가 중요한데, 이러한 접근은 애초부터 조직의 이익과 사회의 이익을 합치시켜 상호 이익을 추구하는 것이 윤리적이라고 판단한다. 대표적인 이론이 공중 관계 커뮤니케이션에서 주장하는 우수이론이나 쌍방향 균형 커뮤니케이션 모델을 말한다(Grunig, 1992). 하지만 사회 다수의 편익을 고려하는 실용적인 접근은 결과가 원칙을 고수하는 과정보다 중요하며, 결과의 편익이 조직과 다수에게 이익이 될 수 있다면 이를 윤리적이라고 수용한다. 이를 대표하는 공중 관계 커뮤니케이션 이론은 상황판단이론(이를 상황이론 혹은 우연성이론이라고 해석하기도 한다)이 있다(Cancel, Cameron, Sallot, & Mitrook, 1997). 상황판단이론은 항상 쌍방향 균형 커뮤니케이션을 할 것을 주장하기보다는, 조직에 이익이 될 수 있고 사회 갈등을 가장 효율적으로 풀 수 있는 방향으로 조직 커뮤니케이션을 운용할 것을 주장한다.

앞에서 언급한 시각은 둘 다 지나친 면이 있다. 문제 해결에서 과정과 결과는 모두 중요하다. 따라서 위험과 위기 사안과 관련해서는 이를 아우르는 접근이 필요한데, 세 번째로 제기되는 윤리 접근은 '상황 윤리'라고 할 수 있다(Hearit, 2006). 상황 윤리situational ethics는 규범주의와 실용주의를 동시에 고려하여 상황에 맞는 결정을 도출하는 것이다. 상황 윤리 접근에서는 조직이 가지는 동기 요인도 중요하지만 조직 행위에 대한 결과도 함께 고려되어야 한다. 하지만 상황적인 윤리 접근은 상황에 따라 규범주의와 실용주의를 적당히 아울러서 윤리적인 행위를 결정하라고 하지만, 실제 상황에서 어떤 결정을 내려야 할 것인지에 대해 명확한 답을 제시하지는 못하고 있다.

따라서 위험 혹은 위기 사안과 관련하여 이 책에서는 커뮤니케이션 윤리communicative ethics를 제시하고자 한다. 이것은 담론 윤리discursive ethics와 유사한 것으로(Hearit, 2006), 어떤 절대적인 기준에 윤리적인 판단을 맡기는 것이 아니라 사람들 간의 주관적인 인식을 인정하면서 커뮤니케이션을 통한 합의를 통해 윤리적인 판단을 도출할 수 있다고 본다. 이는 앞장의 위험 관련 논의에서 위험 인식의 주관성과 커뮤니케이션의 필요성을 주장하면서 언급했던 것으로, 사람들 간의 합의가 중요할 뿐, 절대적인 진리는 존재할 수 없다는 주장과 같은 맥락이다. 따라서 어떤 결정을 조직이 내리지 않고 커뮤니케이션 행위를 통한 합의에 윤리 기준을 둔다.

이는 또한 위기 관리의 수사학적인 접근과 통하는 것으로 위기에 대한 인식은 조직 행위에 대한 의미 공유에 바탕을 두고 있으며, 위기의 해결 또한 끊어진 이야기를 공동 창조하는 과정에 달려 있다고 본다. 커뮤니케이션 윤리는 상황 윤리와 유사하게 보일 수도 있지만, 상황 윤리는 조직의 결정에 의해서 규범주의와 실용주의의 원용 정도를 결정하는 반면, 커뮤니케이션 윤리는 상호 작용을 통해서 윤리의 기준 또한 합의를 이루어 간다.

따라서 상호 합의를 통한 결정만이 윤리적이다.

담론 윤리는 하버마스(Habermas, 1979)에서 비롯되어, 공중 관계 커뮤니케이션에서도 합의의 중요성과 공동체 형성을 강조하는 논의들로 꾸준히 있어 왔다(Leeper, 1996; Kent & Taylor, 2002). 담론 윤리는 의사 소통 행위와 연결되는데, 갈등 주체 간의 커뮤니케이션은 이해 가능성, 진리성, 성실성, 정당성 등의 타당성 요구를 충족하는 담론을 통해서 합의에 이르게 된다. 따라서 이러한 의사 소통 행위가 원활하게 이루어지기 위해서는 이상적인 커뮤니케이션 상황을 조성하는 것이 필요하다. 위험 혹은 위기 사안에 대한 커뮤니케이션 윤리는 사안과 관련되어 있는 커뮤니케이션 참가자들이 커뮤니케이션할 수 있는 기회가 균등하게 보장되는 것이며, 이러한 의사 소통 행위를 통한 합의는 공론의 장을 확대하여 궁극적으로 숙의 민주주의를 실현하는 데 기여할 수 있다. 예를 들어, 2008년 한미 쇠고기 협상 같은 경우에는 광우병의 위험성 등에 대해서 사전에 충분한 커뮤니케이션을 통한 합의 과정을 거치지 않았기 때문에 위험 판단이 윤리적이었다고 보기 어렵다.

한편 조직의 위기 관리 윤리의 적용과 관련하여 사례 연구를 통한 비교 윤리casuistry를 적용하는 것도 실제적인 접근이 될 수 있다(Hearit, 2006). 사례 연구를 통한 비교 윤리는 위기 관리의 적용과 관련하여 중요한 사회적인 반향을 불러일으켰던 사례들을 선정하여 실패 요인과 성공 요인을 분석하는 방법이다. 예를 들어 미국의 경우, 존슨앤드존슨의 타이레놀 독극물 사망 같은 경우는 위기 관리의 중요성을 인식하게 만드는 중요한 사건이었다. 우리나라의 경우는 두산전자의 낙동강 페놀 유출 사건이 위기 관리의 중요성을 일깨우고 선진적인 위기 관리에 대해서 기업들의 관심을 불러일으킨 사례라고 할 수 있다. 공공 부문의 위기 관리에서는 부안 지역 방사능 폐기물 처리장을 둘러싼 정부, 지역 주민, 시민단체의 갈등과 파행을 들 수 있다. 오랜 권위주의 시대를 거치면서 민주화를 위한 투쟁과 권위를 통한 억압에 익숙해져 있던 사람들에게 갈등 사안에 대한 합리적인 위기 관리는 매우 낯선 개념이었다. 하지만 이후 경주 지역 방사능 폐기물 처리장의 비교적 성공적인 유치는 정부의 위기 관리 원칙과 실행 계획이 진일보했음을 보여 주는 좋은 사례라고 할 수 있다. 즉 사례 연구를 통한 비교 윤리는 조직의 위기 관리 역량을 강화시키는 데도 이용될 수 있다.

헤릿(Hearit, 2006)에 따르면 사례 연구를 통해서 위기 관리의 교훈을 추출했을 때 대강 여섯 가지의 원칙을 발견할 수 있다고 한다. 그것은 진실성, 성실성, 적시성, 자발성, 포괄성, 그리고 적합성을 말한다. 진실성은 진실해 보이는 것에 가까운 개념이라고 할 수 있다. 즉 완벽한 진실은 존재할 수 없지만 공중이 진실이라고 받아들일 수 있는 수준의 위기 관리가 이루어져야 한다는 것이다. 예를 들어 미국의 대표적인 백화점인 시어스Sears의 차량정비센터에서 중고 배터리를 새 배터리로 속이고 교체해 주었다는 사실이 드러났을 때, 그것을 처음에 인정하지 않고 부정하는 커뮤니케이션을 한 행위가 이후 차량정비센터를 모두 폐쇄해야 하는 지경에까지 이르게 되는 원인을 제공하게 된다. 진실해 보이지 않는 언변은 이후 상황을 더 악화시킬 뿐이다.

성실성은 진심어린 후회와 위기 사안에 대해서 진지하게 성찰하는 모습을 보여 주는 것을 의미하고, 적시성은 위기에 대한 대응이 적절한 시간에 이루어져야 한다는 것을 의미한다. 시간의 적절성은 상황에 따른 고려가 필요하다. 엑손 발데스 호 알래스카 기름 유출 사건의 경우, 뉴욕의 본사에서 관리하다 보니 사건에 대한 대응이 느렸고, 사건에 대응하는 성의 있는 태도를 즉각적으로 보여 주지 않았기 때문에 실패한 것으로 평가받는다. 하지만 인도 보팔의 유니언 카바이드 화학 공장 폭발 사고의 경우를 보면 CEO가 너무 서둘러서 폭발 지역을 방문했기 때문에 지역 주민들과 마찰이 일어나 사건의 해결에 어려움을 준 사례로 꼽힌다. 사안에 대해서 신속하게 대응하는 것은 무엇보다 중요하지만, 아무런 대책 없이 빠른 해결에만 집착하는 것도 문제로 꼽힐 수 있다.

자발성은 위기에 대한 사과가 자발적인 태도로 이루어져야 한다는 것이다. 외부적인 요인에 의해서 강제적으로 행해진 사과는 공중에게 의미 없는 언변으로 받아들여질 수 있다. 포괄성은 관련된 모든 공중을 전부 위기 관리의 대상에 포함시키는 것이다. 특히 위기가 발생했을 때 가장 중요하게 생각해야 하는 공중은 새롭게 형성되는 피해자 공중이다. 또한 현대 사회의 위험 사안들인 환경이나 보건 문제들은 명확한 공중을 설정하기가 힘든 경우가 많다. 이런 사안에서 조직이 고려해야 하는 공중 분류는 포괄적일 필요가 있다. 이러한 접근이 마케팅 접근과 위기 관리 접근이 다른 점이라고 할 수 있다. 마케팅은 소비자들을 세분화하여 가장 효율적으로 최대의 효과를 올릴 수 있는 소비자 유형에 집중하는 경향이 있지만, 위기 관리는 광범위한 공중을 고려하여 모든 관련 공중을 포괄하는 방향으로 진행되기 때문이다.

마지막으로 적합성은 맥락을 고려한 위기 관리가 필요하다는 의미다. 예를 들어 위기 관리에서 아무리 개방성을 강조하더라도 피해자나 관련 공중의 사적 정보가 보호되어야 할 경우에는 조심스러운 접근이 필요하다. 모든 위기 관리는 사회 · 환경 · 문화 맥락에

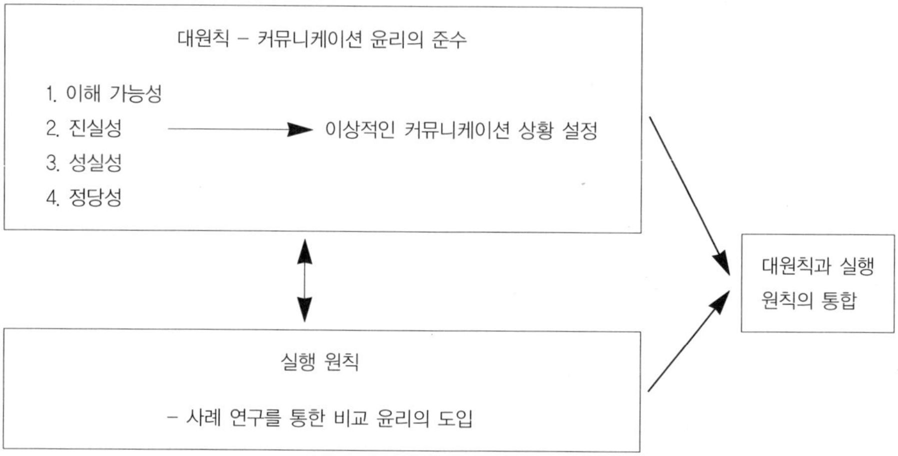

그림 13-1. 위기 관리를 위한 윤리 지침: 대원칙과 실행 원칙
주) 이러한 위기 관리를 위한 윤리 지침은 위험 커뮤니케이션에도 그대로 적용.

맞게 기획되고 실행되어야 한다. 지금까지 논의한 여섯 가지 속성 중에서 진실성 · 성실성 · 자발성은 서로 유사한 점이 있고, 적시성 · 포괄성 · 적합성도 공통적인 속성을 가지고 있다고 할 수 있다. 따라서 위기 사례의 윤리성 분석에서 중요한 두 가지 요소는 얼마나 진지한 태도로 상황에 맞게 반응했느냐에 달려 있다.

위기 관리에서 윤리의 기준을 커뮤니케이션 윤리에 두고 실제 위기 관리 실행 과정에서는 사례 연구를 통한 비교 윤리를 이용한다면 조직 행위에 대해서 좋은 길잡이 역할을 할 수 있을 것으로 생각한다. 커뮤니케이션 윤리를 지키기 위해서는 담론의 타당성을 충족시키기 위한 이해 가능성, 진리성, 성실성, 정당성의 기준을 지키면서 담론 참여자들이 자유로운 의사 소통을 할 수 있도록 이상적인 커뮤니케이션 상황을 만들기 위해서 노력해야 한다. 이와 같은 원칙과 함께 실제적인 조직 행위의 실행에서는 조직의 위기와 유사하거나 참조가 될 만한 사례들을 선정하여 성공 요인과 실패 요인을 분류하고 그로부터 조직 행위의 실제적인 방향성을 정립해 나갈 수가 있다.

이러한 사례 분석을 통한 비교 윤리를 적용하기 위해서는 평소 조직에서 일어날 수 있는 위기 상황을 예상하고, 이와 유사한 업계의 위기 사례를 수집하여 분석하는 노력을 사전에 해둘 필요가 있다. 이러한 윤리 지침은 모든 위기 사례에 적용될 수 있다. 예를 들어 2007년 한화그룹 김승연 회장 폭행 사건의 경우, 실제 위기 관리의 원칙에서 진실되거나 성실한 커뮤니케이션이 이루어지지 않았고, 퇴임한 경찰 고위 간부를 통한 압력 등 이상적인 커뮤니케이션 상황을 방해하고 의사 소통의 흐름을 제한하는 경우가 많았다. 이러한 조직 행위는 윤리적인 위기 관리에서 벗어나는 것이다. 또한 이러한 비윤리적인 위기 관리가 장기적인 관점에서 조직에 어떠한 도움도 줄 수 없다는 것을 알 수 있다. 이와같이 평소 위기 사례의 분석을 통해서 어떤 조직 행위가 더 효과적으로 위기를 관리할 수 있는가에 대한 원칙을 스스로 세워 두는 것이 필요하다.

위기 관리와 윤리 이데올로기

윤리 기준과 실행 원칙에 대해서 논의했지만 개인의 가치관과 윤리적인 판단에서 윤리적인 의사 결정이 미치는 영향은 매우 크다. 윤리적인 의사 결정에서 많이 인용되는 포터 상자 모델을 보면, 윤리적인 의사 결정의 과정은 1) 상황의 정의, 2) 관련된 가치의 탐색, 3) 자신의 원칙 설정, 4) 주요 공중에서 자신이 충성해야 할 대상 선정의 과정을 거치게 된다(McElreath, 1996). 관련된 가치를 탐색하고 자신의 원칙을 설정하는 것은 개인의 가치 체계, 신념 등이 총체적으로 작용하여 형성되는 것이다.

예를 들어 한화그룹 회장 폭행 사건의 경우, 홍보실 담당자는 상황을 정의한 다음 관련된 가치를 탐색하게 된다. 회사 회장이 현재 처한 어려움으로부터 벗어날 수 있게 하는 것이 월급을 받는 직장인의 자세라고 생각할 수도 있고, 바람직한 홍보 담당자는 정확한 정보를 통해서 조직과 공중의 가교 역할을 담당해야 한다는 가치를 도출할 수도 있다. 관련된 가치의 탐색과 함께 자신의 원칙을 설정해야 한다. 세태에 잘 적응하는 능률적인 사람이 원칙이 될 수도 있고, 정직한 사람이 원칙이 될 수도 있다. 개인의 원칙은 다를 것이다. 이렇게 가치와 원칙을 설정하게 되면, 자신이 충성해야 할 대상을 선정할 수 있게 된다. 충성의 대상이 그룹 회장이 될 수도 있고, 조직이 될 수도 있고, 공중이 될 수도 있고, 조직과 공중 모두가 될 수도 있다. 하지만 중요한 것은 조직 중심적인 결정이 언제나 조직에 좋은 결과를 가져오지는 않는다는 것이다. 김승연 회장의 사례에서도 홍보 담당자들이 법무 담당자들에게 밀려서 그런 결정을 내렸는지는 모르지만, 과도한 조직 중심의 언변과 폐쇄적이고 방어적인 자세가 공중의 분노를 불러일으켰던 것이 사실이다. 만약 홍보 담당자들이 자신의 가치와 원칙을 개방과 정직에 두고 조직과 공중 모두에게 충성할 수 있는 결정을 조직 내에서 주장하고 그것이 받아들여졌다면 결과는 사뭇 달라졌을 것이다.

결국 윤리적인 의사 결정은 개인의 가치와 신념의 차원에서 논의되는 것이 필요하다(김영욱, 2003). 도덕적인 진실은 인간의 합리성에 기초하고 있다(Bivins, 2004). 즉 윤리적인 의사 결정은 사람들 스스로 합리적이라고 믿을 수 있는 결정들로 이루어져 있다. 규범주의 혹은 실용주의를 선택하는 것도 어떠한 합리성에 근거하느냐에 달려 있다. 이러한 합리적인 결정은 사람들이 느끼고 있는 도덕적인 의무와도 연결된다. 도덕철학자인 윌리엄 로스William D. Ross는 모든 사람들이 도덕적으로 지켜야 한다고 생각하는 여섯 가지의 의무를 지칭하면서, 사람들은 이러한 의무를 기반으로 윤리적인 결정을 하게 된다고 보았다. 여섯 가지의 의무는 성실성fidelity의 의무, 감사gratitude의 의무, 정의justice의 의무, 호혜beneficence의 의무, 자기 개선self improvement의 의무, 불상사 방지noninjury의 의무다.

사람들은 자신을 둘러싼 관련 공중과 이러한 의무를 통해서 관계를 형성하게 된다. 이는 포터 상자 모델과 매우 유사한 것으로, 예를 들어 고용자는 고용주에게 성실성의 의무와 감사의 의무들을 가지지만, 위기 상황에서 조직의 비리를 보았다면 정의의 의무, 호혜의 의무, 불상사 방지의 의무 또한 지니게 된다. 이러한 상황에서 고용자는 윤리적인 판단을 해야 하는데, 이는 매우 주관적인 결정에 의존하게 된다. 비빈스(Bivins, 2004)는 이러한 경우, 모든 의무를 고려하는 가장 통합적이고 균형잡힌 결정을 하는 것이 중요하다고 보았다. 다양한 종류의 의무를 고려하는 이러한 접근이 분명한 정답을 제시하는 것은 아니지만 관련된 공중과의 관계 유지 측면에서 포괄적이고 통합적인 고려를 한다는 시각에서 보면 진일보한 공중 관계 차원의 접근이라고 할 수 있다. 한편 의무의 종류는 자신에 대한 의무duty to self, 클라이언트 조직에 대한 의무duty to client organization, 고용주에 대한 의무duty to employer, 직업에 대한 의무duty to profession, 사회에 대한 의무duty to society로 나누기도 한다(Seib & Fitzpatrick, 1995).

포터 상자 모델과 로스의 도덕적인 의무 논의를 고려했을 때 커뮤니케이션 윤리와 실행 원칙이 중요하지만 개인적인 차원의 윤리 의사 결정을 배제하고는 윤리적인 위기 관리를 논의하기 어렵다. 담배 회사에 근무하는 것이 윤리적이냐 아니냐를 따지기는 어렵다. 하지만 개인적인 신념 차원에서 담배는 인류의 건강을 위협하는 나쁜 존재라는 생각을 가진 사람이 담배 회사에 근무하는 것은 조직 차원에서도 윤리적이라고 할 수 없다.

왜냐하면 담배가 건강에 나쁘다고 생각하는 사람은 회사의 업무에 집중하기가 어려울 것이기 때문이다. 이는 위험 문제와 그대로 연결된다. 식료품 첨가물이 몸에 좋지 않다고 생각하는 사람이 첨가물을 사용하는 식품 제조 회사에 근무하는 것은 비윤리적이다. 또한 개인의 윤리적인 신념은 윤리적인 의사 결정이 결국은 조직과 공중에게 이익을 가져올 수 있다는 시각을 형성하기도 한다. 지금 당장은 조직에 쓴소리가 될 수 있지만 윤리적인 행위가 장기적으로는 더 큰 편익을 가져올 것이라고 믿는 사람은 좀더 자신의 가치와 원칙을 범사회적인 윤리적인 기준에 부합시키려고 노력하게 될 것이다. 이러한 개인 차원의 규범적인 가치와 윤리적인 행위의 결과에 대한 개인적인 신념을 설명하기 위해서 제시된 것이 윤리 이데올로기ethical ideology다.

윤리 이데올로기는 개인의 윤리 성향을 상대주의relativism와 이상주의idealism로 나눈다(Forsyth, 1980). 상대주의는 도덕적인 절대 규범에 대한 성향을 기준으로 낮은 상대주의는 절대적인 규범을 가지고 있는 경우를, 높은 상대주의는 도덕적인 상대주의를 인정하는 경우를 지칭한다. 이상주의는 도덕적인 행위의 결과에 대한 신념을 의미한다. 도덕적으로 옳은 일을 했을 때 좋은 결과를 얻게 될 것이라고 생각하는 사람은 이상주의가 높은 경우다. 하지만 도덕적으로 옳을 일을 하는 것이 바람직한 결과를 도출하지 못한다고 생각하는 경우는 이상주의가 낮은 경우다.

포시스(Forsyth, 1980)의 경우 이러한 두 가지 차원에서 네 가지 유형의 사람들로 구분한다. 그것은 상황론자situationists, 절대주의자absolutists, 주관주의자subjectivists, 예외론자exceptionists를 말한다. 상황론자는 이상주의와 상대주의가 모두 높은 경우를 말하고, 절대주의자는 높은 이상주의와 함께 낮은 상대주의를 지닌 사람을 말한다. 상황론자들은 절대적인 기준보다는 상황 논리에 따른 윤리 행위의 잠재적 이익에 초점을 맞추지만, 절대주의자들은 낮은 상대주의와 함께 칸트가 주장했던 것처럼 어디에나 적용되는 보편적인 도덕 기준을 신봉한다.

주관주의자는 낮은 이상주의와 높은 상대주의를 가진 사람들이다. 이들은 이기적인 개인의 판단을 우선시하는 높은 상대주의 성향을 보이며, 윤리적인 행위가 가져올 편익에 대한 확신도 부족한 사람들이다. 마지막으로 예외론자는 이상주의와 상대주의가 모두 낮은 사람들이다. 이런 사람들은 보편적인 도덕 기준을 받아들이지만, 도덕적인 행위가 가져올 편익에 대한 확신이 부족하기 때문에 예외적인 상황을 인정하고 받아들인다. 이렇게 사람들의 윤리 이데올로기를 유형화해 보면 왜 사람들의 윤리적인 의사 결정이 다를 수 있는가를 이해할 수 있다. 윤리적인 의사 결정은 개인의 가치와 신념이 반영된 것이며, 윤리적인 위기 관리를 위해서는 개인 차원의 판단 근거를 이해하는 것이 무엇보다 필요하다.

규범주의를 의미하는 윤리적 상대주의는 앞서 논의한 것처럼 커뮤니케이션 윤리를 따른다면 상대주의 자체에 의미를 부여할 수도 있다. 절대적인 기준이 없다고 보고, 커뮤니케이션을 통해서 합의된 기준을 만들어 나간다면, 위험과 위기 상황에서 상대주의의 문제는 해결이 가능하다. 하지만 우리나라 상황에서 좀더 문제가 되는 것은 이상주의의 결여다. 관련 연구에 따르면 우리나라 사람들은 이상주의 성향이 낮게 나타난 것으로 보고되었다(김영욱, 2003). 하지만 한 가지 주목할 것은 우리나라 사람들의 경우, 이상주의 성향이 높을수록 좀더 윤리 경영과 조직과 공중의 상호 이익에 대한 확신을 가지고 있다는 점이다. 따라서 위기 관리의 상황에서 조직에 필요한 것은 자유로운 의사 소통과 커뮤니케이션 윤리를 통해서 윤리적 상대주의의 간격을 좁히는 합의를 이루어 나가는 것도 필요하지만, 윤리적인 행위가 조직에 궁극적으로 이익을 가져올 것이라는 신념을 공유하는 것이 무엇보다도 중요하다.

앞에서도 예를 들었지만 포드Ford 사는 핀토스Pintos라는 신형 차의 결함을 발견하고도, 손실/편익 분석에 의해서 생산을 중단하고 결함을 고치는 것보다는 일단 출시하고 사고가 났을 때 보상을 지불하는 것이 더 유리하다는 결론을 내렸다. 하지만 포드 사의 그러한 결정은 예상했던 것보다 훨씬 많은 보상 비용과 손실을 회사에 부담하게 했을 뿐만 아니라, 회사가 가진 평판에 결정적으로 나쁜 영향을 미쳤다. 평판은 무형의 자산이기 때문에 외형적인 손실로 드러나지 않을 수도 있지만 장기적으로 조직에 막대한 손실을 가져올 수 있다. 이러한 위기 상황에서 극명하게 드러나는 것은 회사의 의사결정자들이 윤리적인 의사 결정 과정에서 이상주의 성향이 매우 낮았다는 것이다. 그들은 위기를 해결하기 위해서 윤리적인 대응을 하는 경우가 비윤리적인 행위보다 회사에 적은 손실을 가져올 수 있다는 확신이 없었기 때문에 잘못된 결정에 의존하게 된 것이다.

윤리적인 문제와 관련한 개인적인 결정에서 또한 대두되는 것이 신뢰의 문제다. 신뢰의 문제와 관련하여 죄수의 딜레마를 한 번 더 예로 들어보자(Little, 1991). 두 명이 서로 협력하면 죄를 사면받을 수 있는 죄수들도 서로 협력하기보다는 서로 협력하지 않는 편을 택한다. 그 이유는 자신이 협력하고 상대방이 협력하지 않았을 경우, 모든 잘못을 자신이 뒤집어쓸 수 있기 때문이다. 이러한 예는 조직에 속한 개인들의 결정에도 그대로 적용될 수 있다. 어떤 두 회사가 언론에 촌지를 주는 관행을 없애자는 캠페인에 동참하지만 그 관행을 바로 없애지는 못한다. 그 이유는 상대 회사들을 불신하기 때문에 혼자 그러한 관행을 없앴다가 더 큰 피해를 입을 것을 두려워하기 때문이다. 이처럼 개인은 서로 간에 신뢰하면 없앨 수 있는 관행들도 불신으로 인해서 없애지 못하며, 경쟁으로 인해서 윤리적인 기준을 망각하는 경우가 많다. 개인 윤리 의식을 높이기 위해서는 서로 간의 신뢰가 중요하며, 서로 간의 신뢰는 사회적인 윤리 의식이 높아질 때 자연스럽게 올라갈 수 있는 부분이다. 윤리적인 기준을 지키면 손해를 보고, 내가 기준을 지키더라도 남들이 지키지 않기 때문에 내가 손해를 보게 될 것이라는 의식이 남아 있는 한 개인적인 윤리 의식을 함양하기는 매우 어렵다. 개인적인 차원의 윤리 의식은 결국 전체 사회의 윤리 수준을 높이는 방향과 함께 고려되어야 한다.

비빈스(Bivins, 2004)의 경우에도 전문가와 클라이언트와의 관계와 관련하여 대리인agency과 보호자paternalism를 양 극단으로 하는 관계 모델을 제시하면서 양 극단에서 벗어난 좀더 신뢰에 바탕을 둔 위임자fiduciary 형태의 관계를 모범 답안으로 제시하고 있다. 대리인 모델은 클라이언트의 장악력에 의존하는 모델이고 보호자 모델은 전문가의 장악력에 의존하는 모델이다. 두 모델 모두 신뢰에 바탕을 둔 건전한 관계 형성을 저해하기 때문에 양쪽의 합의와 상호 호혜를 존중하는 위임자 모델 형태를 통해서 상호간에 신뢰를 형성할 수 있는 관계를 형성하는 것이 필요하다.

예를 들어 위기 관리 전문가와 조직의 관계에서도 전문가 중심이나 조직 중심의 일방적인 위기 관리는 상호 신뢰를 해치기 때문에 바람직하다고 볼 수 없다. 따라서 두 집단이 상호 협력하여 의사 결정을 내리고 신뢰를 형성하는 관계를 유지하는 것이 필요하다. 이러한 위임자 형태의 관계는 전문가와 전문가 사이, 조직과 조직 사이에도 그대로 적용될 수 있다. 위임자 모델을 기본으로 위기 관리 전문가는 정직함, 개방성, 능력, 열정, 충성도, 공명정대, 신중함 등이 업무에서 발휘될 수 있도록 노력해야 한다(Bivins, 2004). 따라서 위기 관리 전문가가 위임자 모델을 통해서 조직 혹은 관련 공중을 대상으로 쌓아가는 이러한 신뢰가 위험과 위기 사안과 관련된 전체적인 사회 신뢰를 높여 윤리적인 의사 결정을 위한 밑바탕을 만들어 갈 것으로 예상할 수 있다.

위기에 대한 공개 대응과 책임의 문제: 법적인 대응과 공중 관계적인 대응

위기 관리의 실행 원칙과 관련하여 사례 분석을 통한 공통적인 여섯 가지 원칙에 대해 앞에서 설명했다. 이러한 원칙들을 다시 정리하면, 진실한 언변 및 충분한 정보 공개, 책임성의 인정 및 수용, 진심어린 사과와 후회의 표현, 피해자 공중에 대한 고려, 화해 및 용서의 요건 충족, 공중의 기대에 대한 충족, 적절한 개선 행위와 보상 등이 포함된다(Hearit, 2006). 이러한 원칙을 엑손 발데스 호 알래스카 기름 유출 사건에 대입해 보면, 왜 이 사건의 위기 관리가 실패로 돌아갔는지 알 수 있다. 충분한 정보 공개가 부족했으며, 책임성을 선장 개인이나 정부에 돌리려 했고, 피해자 공중에 대한 고려가 부족했다. 또한 절대적으로 환경오염을 우려하는 공중의 기대치를 충족시키는 데 실패했다. 이러한 원칙을 고려했을 때 엑손의 위기 관리는 실패했다고 할 수 있다. 하지만 대부분의 위기 관리에서 어느 정도까지 정보를 공개해야 하고 얼마만큼 책임을 져야 할 것인가에 대해서는 논란의 여지가 많다.

위기의 대응 원칙과 관련하여 정보의 완전한 공개가 어느 정도의 수준이 되어야 할 것인가에 대해서는 모호한 부분이 있다. 원칙적으로 개방적이고 진실된 정보 공개를 기본으로 하지만 진실한 정보 공개가 모든 정보의 완벽한 공개를 목표로 하는 것은 아니다. 복(Bok, 1989)이 주장했듯이 진실하다는 것은 모든 비밀을 공개해야 한다는 것을 의미하는 것은 아니다. 모호하게 들릴 수 있겠지만 공중이 진실하다고 믿을 수 있는 정도의 수준을 의미한다고 할 수 있다. 예를 들어 클린턴 대통령이 백악관 인턴인 모니카 르윈스키와 부적절한 관계를 맺고 난 후 언론에 대해서 어떤 성적인 관계도 맺지 않았다고 주장하는 것은 진실성이 부족하고 정보 공개를 하지 않은 것이 틀림없다. 하지만 만약 성적인 관계를 인정했지만 그 밖의 부연 설명을 생략했다고 한다면 그러한 성적인 관계를 자세하게 묘사하지 않았다고 해서 정보 공개를 하지 않았다고 비난하기에는 고려해야 할 어려움이 있다. 성적인 관계와 관련된 비밀을 완전히 공개하는 것이 공중의 알 권리에 해당하느냐의 문제와 함께 모니카 르윈스키 개인의 사적인 정보를 보호해 주어야 한다는 주장이 제기될 수도 있기 때문이다.

이러한 사안들에서 우리가 알 수 있는 것은 위기와 관련한 조직의 대응에서 일반적인 원칙들이 실제 상황에 적용되는 데는 많은 어려움이 있을 수 있다는 것이다. 정보 공개의 수위를 조직의 입장에서 어느 정도 조절할 수 있느냐를 결정하는 것은 매우 어려운 문제다. 결국 최고의 원칙은 공중의 입장에서 생각해 보는 것이다. 어느 정도의 진실성과 정보 공개가 공중이 진실하게 받아들일 정도의 것인가를 생각해서 최대한 공중의 입장을 반영하여 결정하는 것이 중요하다. 즉 조직의 입장에서 정보 공개의 수위를 결정할 것이 아니라 공중의 시각에서 정보 공개의 수위를 결정해야 한다. 예를 들어, 정부가 국회에 정보를 제출하면서 중요하지 않다고 생각한 정보를 마음대로 생략했다고 해보자. 나중에 국회는 정부가 정보를 조작하려고 했다고 주장할 수도 있고, 정부의 의도에 대해서 비판을 가할 수도 있다. 따라서 정부의 입장에서 생각해야 하는 것은 정보의 중요성을 조직 입장에서 판단하는 것이 아니라 국회나 국민의 입장에서 바라보는 것이다.

정보를 공개할 것인가, 그렇지 않을 것인가는 필연적으로 법적인 책임성의 문제와 연결된다. 위기를 겪게 된 조직은 법무적인 접근과 공중 관계 혹은 커뮤니케이션 접근 사이에서 고민하게 된다. 우리나라의 지금까지 위기 관리를 살펴보면 법무적인 접근이 공중관계적인 접근을 앞섰다고 할 수 있다. 법무적인 접근의 요체는 정보의 규제에 있다. 하지만 정보 개방을 규제하는 데 초점을 맞추는 법무적인 접근은 법적인 책임성의 문제에서는 더 효과적일지 몰라도, 포괄적이고 장기적인 관점의 위기 관리에서 본다면 실패할 가능성이 높다(Hearit, 2006). 위기 관리의 과정은 법적인 책임성의 문제와도 연결되어 있지만 포괄적으로는 조직의 평판과 관련되어 있다. 따라서 법무적인 접근에 집착하여 정보를 개방하지 않거나 숨기는 듯한 인상을 주게 되면 위기에 대한 여론이 극도로 나빠질 것이며, 이것이 조직에 대한 압력으로 작용하여 더 큰 피해를 가져올 가능성이 높다. 따라서 위기 관리는 법무적인 접근보다는 좀더 개방적이고, 적극적이며, 조직에 해가 되는 정보도 공개할 수 있는 공중 관계적인 접근을 채용하는 것이 바람직하다고 할 수 있다(Hearit, 2006).

예를 들어, 앞서 설명했던 한화그룹 회장 폭행 사건은 법적인 대응과 공중 관계적인 대응의 갈등을 극적으로 보여 준다. 결론적으로 이야기하면 법적인 대응을 주장하는 변호사들의 입김이 더 세었고, 그러한 대응 원칙이 큰 실패로 돌아왔다는 것이다. 변호사들에게 소송은 자신의 영향력 측면에서 본다면 화려한(?) 절차가 될 수 있지만, 조직의 입장에서는 그러한 절차가 평판에 치명적인 손상을 가져올 수 있다. 한화그룹 김회장 사건의 경우 처음부터 공중 관계적인 접근을 채용하여 폭행 사실을 시인하고 잘못을 사과하는 커뮤니케이션 접근을 했다면 사건의 전개가 나중에 밝혀진 결과와는 달랐을 것이라고 예상해 볼 수 있다. 사건이 처음 일어났을 때 모든 정보를 공개할 수는 없지만, 일정 시간이 경과한 후 조직의 사과 태도를 결정하고 사건의 진상을 밝혔다면 말 바꾸기나 정보 은폐에서 비롯된 증폭된 비난으로부터는 자유로울 수 있었을 것이다. 당시 1년 6개월의 징역형을 선고한 1심 재판부의 판결을 살펴보면, 재판부는 "피고인은 대기업 총수의 지위를 이용해 '조직적으로' 사적인 폭행을 가했고 수사 초기 범행을 일절 부인하다가 구속을 앞두고 공소 사실을 일부 인정한 뒤 법정에 이르기까지 흉기 사용 여부 등에 대해서 부인하는 등 일관되지 못한 진술을 한 사실이 인정된다"고 판결했다. 여기서 우리가 주목할 수 있는 것은 사실의 은폐, 조작에 대한 사회적인 분노다. 위기 관리를 법무적인 차원으로 접근하는 것은 여론을 악화시켜 스스로 공중이 용서할 수 있는 여지조차도 없애고 만다.

물론 정보를 공개하기 위해서는 사회 환경적인 요인을 고려하지 않을 수 없다. 위기 상황에서 정보를 공개하는 것이 일반 공중에게 호의적인 평판을 얻을 수는 있지만 투자자들에게는 나쁜 인상을 줄 수도 있다. 하지만 이러한 상황에서도 장기적인 효과를 바탕으로 내부 반대자들을 설득해야 한다. 우리나라의 법률 상황도 집단 소송, 제조자 책임 입증(PL법) 등등 조직의 입장에서 민감하게 반응해야 하는 상황들이 점점 더 많이 생기고 있다. 하지만 이러한 모든 가변적인 상황들을 차치하고서라도 정보를 공개하는 것이 더 조직에게 유리하다는 신념을 가질 필요가 있다.

정보 공개가 유리한 근거를 몇 가지 들 수 있다(Hearit, 2006). 우선 귀인歸因의 측면에서 사건의 원인이 조직 내부에 있지 않고 조직 외부에 있다면 위기를 전면적으로 공개하는 것이 위기 관리에 훨씬 유리하다. 공개적인 위기 관리를 통해서 조직을 사건의 희생자로 만듦으로써 조직의 책임성에서 벗어날 수 있다. 타이레놀 독극물 사망 사건에 대한 대처가 이에 해당한다. 우리나라의 경우는 모든 위기에 대해서 폐쇄적인 입장을 취하는 경향이 있는데, 위기를 외부에 귀인할 수 있다면 개방적인 입장을 취하는 것이 훨씬 유리할 수 있다.

또한 정보 공개는 공중의 정서를 고려하는 측면이 있고, 그들의 분노를 불러일으키지 않으려는 의도도 담고 있다. 이와 함께 현실적으로 정보 은폐가 불가능하다는 측면을 고려해야 한다. 앞 장에서 말했듯이 윤리 이론에 자주 등장하는 조하리의 창Johari's window에 따르면 공중을 속일 수 있는 영역은 현대 사회에 거의 존재하지 않으며 그러한 시도 자체가 무의미하다고 보고 있다. 언론의 탐사 보도 기능은 나날이 강력해지고 있으며, 내부 폭로자의 역할도 사회적으로 고무되고 있다. 어차피 드러날 정보라면 스스로 개방하는 것이 가장 효과적이라고 할 수 있다.

다음으로 정보 공개가 중요한 이유는 사과와 함께 전향적인 정보 공개가 이루어진다면 공중이 용서할 수 있는 계기를 제공할 수 있기 때문이다. 많은 연구 결과와 사례를 참조하면, 조직의 책임이 확실한 위기에 대해서는 빠른 사과가 가장 효과적인 것으로 나타나고 있다(김영욱, 2002). 이러한 상황에서 사과와 함께 빠른 정보 공개가 이루어지면 조직의 손상된 평판을 회복할 수 있는 가능성이 높아질 뿐 아니라 위기 사건의 피해자들이 가지는 적대적인 감정을 감소시킬 수 있다. 즉 위기 관리를 장기적인 관점에서 본 피해자들과의 관계 형성이라고 생각한다면, 신속하게 사과하고 정보를 공개하는 것이 가장 합리적인 결정이라고 말할 수 있다. 사실상 법적인 측면에서 본다면, 미국의 경우 징벌적인 보상을 요구하고 판결하는 경우가 많다. 이런 경우, 정보를 공개하고 사과하지 않는 경우, 더 큰 금전상의 손해를 각오해야만 한다. 이러한 여러 가지 요인들과 상황들을 고려할 때 위기 관리의 대원칙이 정보의 전향적인 공개에 있어야 한다는 것은 분명한 것 같다.

물론 정보의 공개에서 법적인 책임성 문제를 완전히 무시할 수는 없다. 하지만 법적인 책임성이 문제가 된다고 하더라도 정보 공개의 원칙을 유지하려고 노력하는 것이 필요하다. 최근의 연구들을 보면 일단 조직은 법적인 책임성과 무관한 사과를 먼저 한 다음, 사실과 관련한 정보를 좀더 자세하게 보완해서 주도적으로 정보를 공개하는 방법 등이 제시되고 있다(Englehardt, Sallot, & Springston, 2004). 사과가 위기를 모두 해결해 줄 수는 없다. 하지만 정보의 공개와 함께 사과한다면 최소한 장기적인 관점에서 평판 회복을 도모할 수는 있다. 무조건 법적인 책임이 무서워서 정보 공개와 사과를 두려워하는 것은 장기적인 공중과의 관계 형성 측면에서 보았을 때 좋은 방법이 아니다. 따라서 금전적으로도 더 손해를 끼칠 수 있고, 평판의 회복에도 문제점이 있는 법무적인 접근을 지양하고, 정보의 개방을 기본으로 하는 공중 관계와 커뮤니케이션 측면의 접근이 위기 관리에서는 윤리적이면서 또한 가장 효과적이라고 할 수 있다. 어디서나 진실성은 통하기 마련이다.

제14장

결론적 논의:
위험과 위기의 커뮤니케이션 차원 통합

위험, 위기를 어떻게 다른 개념으로 볼 수 있을 것인가? 이 책에서는 조직 차원의 강조점을 중심으로 위험과 위기를 분류하려고 했지만, 사실상 위험과 위기는 구별하기가 힘든 개념이라고 할 수 있다. 여기에 갈등도 함께 고려될 필요가 있는데, 갈등이 위험 개념과 연관되어 있는 상황에서 발생한다면 갈등도 위기와 구별하기 어려운 면이 있다. 예를 들어 시중에 판매되는 과자에 아토피를 일으키는 성분이 들어 있다는 시민단체의 발표를 인용한 뉴스 보도가 있었다면 아토피는 보건과 관련한 위험의 문제다. 하지만 과자를 생산하는 기업의 입장, 그것의 위험성을 사전에 알아채지 못한 식품의약품안전청의 경우에는 조직 위기의 문제가 된다. 또한 과자에 아토피 성분이 있느냐 없느냐 혹은 건강에 유해한 정도인가 아닌가를 놓고 시민단체와 제과 업체가 대립한다면 그것은 갈등의 문제가 된다. 따라서 한 사안에 위험 요인, 위기 요인, 갈등 요인이 총체적으로 작용하고 있다고 할 수 있다.

이 책에서는 위험, 위기, 갈등을 개인, 조직, 사회 등 중심적인 분석 차원에 맞추어 구별하려고 했지만, 세 개념이 꼭 한 차원에만 머문다고 보기는 어렵다. 중점을 두는 분석 차원을 통해서 세 개념을 구별하는 것은 유효하지만, 세 개념은 함께 고려되고 묶으려고 노력하는 것이 바람직하다. 예를 들어 조직 위기에서 위험에 대한 조직원 개인이나 사회구성원 개인의 인식은 여전히 유효하며, 사회 갈등에서 조직의 위기 커뮤니케이션이 어떻게 작동하는가는 동시에 고려되어야 할 연구 주제들이기 때문이다. 이해를 돕기 위한 개념의 구분은 유효하지만, 그러한 개념들을 틀에 맞추어 너무 기계적으로 구분할 필요는 없다고 생각한다.

이 책에서는 위험과 위기에 대해서 좀더 집중적으로 살펴보았지만 갈등의 문제도 위험과 위기 사안과 밀접하게 연관되어 있는 분야라고 할 수 있다. 갈등은 조직 차원의 위기가 서로 대립되는 시각을 가진 조직 주체들에 의해서 대립되는 양상을 보이게 된 것이다. 갈등은 학자들에 따라 다른 정의를 가지는 경우도 있지만, 위기의 사회 차원 확산을 의미한다고 할 수 있다. 여기서 중요한 것은 위험, 위기 그리고 비슷한 관련 개념들이 서로 밀접한 관련성을 가지면서 얽혀 있다는 사실이다. 따라서 이러한 유사 분야들을 구분하여 각기 다른 학문 분야로 발전시켜 나가려는 노력은 의미가 없으며 통합적인 노력만이 사회적인 문제를 해결하기 위한 지름길이 될 수 있다. 그리고 이런 통합적인 노력의 중심에 커뮤니케이션이 있다는 것이 이 책의 중심 지론이다.

위험의 문제는 이제 현대 사회의 총체적인 문제가 되고 있다. 이는 모든 사람이 관련되어 있으며 누구도 현대 사회 위험의 문제로부터 벗어날 수 없다는 것을 의미한다. 또한 위험은 과도하게 주관적이며 다른 사람들에게 위험한 것이 나에게도 위험한 것이라고 할 수 없으며 그 반대도 역시 성립한다. 이러한 위험의 편재성과 주관성은 기술적이며 전문적인 시각을 갖춘 사람들이 위험과 관련한 사회 담론을 주도하고 위험 관련 문제를 해결할 수 있다고 보는 시각이 환상에 불과하다는 것을 시사한다. 예를 들어 이번 미국산 쇠고기 수입 재개와 관련한 광우병 논란에서 보듯이 정부나 정부 측 전문가가 사안에 대해 정의한다고 해서 여론은 그것에 따라가지 않는다. 전문가 의견도 전체 사회 담론 속에서 일부분으로 존재한다. 하물며 대부분의 현대 사회 위험은 전문가 간의 의견 또한 일치하지 않는다.

이명박 정부 들어 대운하 건설과 관련한 논란도 마찬가지다. 이제 이런 위험 문제는 전문가 담론에 의해서 주도되지 않는다. 현대 위험 사회에서 모든 의견을 억누를 만큼 확실한 전문가가 존재할 수도 없다. 이제 위험 문제는 커뮤니케이션에 의해서만 해결될 수 있고, 공론의 장을 통해서만 합의를 이룰 수 있다. 이제 사람들은 위험의 문제에 참여하여 문제 해결자가 될 수 있는 능동적인 역할을 요구하고 있으며, 스스로 위험 문제에 대한 의사결정권을 요구하고 있다. 즉 위험 논의는 전문가적인 시각에서 실제 공중 인식의 문제, 그리고 커뮤니케이션의 문제로 옮아 왔다. 이는 사회 주체들의 커뮤니케이션을 통한 합의만이 사회 위험 문제 해결의 유일한 해결책임을 시사하는 것이다.

위험 문제와 관련한 위기의 문제도 조직의 단순한 위기 대응 차원의 논의에서 좀더 쟁점 관리를 통한 예방 차원의 위기 관리와 평소 공중 관계 관리를 통한 광범위한 조직 경영 행위로서 위기 관리가 강조되고 있다. 또한 위기가 일어나게 되면 조직의 영속적인 발전을 위해서 위기 사안을 어떻게 공중에게 알리고, 조직이 만들어 내는 위기 관련 의미를 어떻게 공유할 것인가에 최근 논의의 초점이 맞춰지고 있다. 위기는 어떤 사건에 대한 단순한 조직의 대응 행위를 의미하는 것이 아니라 우호적인 공중 관계를 통해서 위기를 사전에 예방하고, 장기적인 차원에서 공중이 수용할 수 있는 조직 이야기를 형성해 가는 과정이다. 위기에 대응하는 것뿐 아니라 위기 종료 후의 조직 행위도 이러한 통합 커뮤니케이션 차원의 논의에 맞추어져 있다. 광범위한 위기 관리, 우호적인 공중 관계의 형성 및 유지, 장기적인 조직의 생존을 위한 의미 공유 활동은 커뮤니케이션이 뒷받침되지 않는다면 어려운 것이다. 시스템의 문제로서 경영학적인 접근이 퇴조하고 커뮤니케이션 접근이 최근 각광을 받는 것도 이러한 이유 때문이다.

이제 위험과 위기의 문제는 커뮤니케이션에 집중되고 있다고 말할 수 있다. 어떻게 보면 위험과 위기 자체가 커뮤니케이션 현상이라고 말할 수 있다. 정부 측은 미국산 쇠고기 광우병 논란과 관련하여 방송사의 프로그램이 위험 문제를 자극하여 있지도 않은 위험을 확대 생산해 내었다고 비판한다. 이러한 시각은 한편으로 위험하다. 이는 위험과 위기에 대한 인식이 객관적인 실체에 고정되어 있다는 것을 의미한다. 정부 측 시각에 따르면 있지도 않은 위험을 방송사가 만들어 내었으며, 이는 단지 잘못된 커뮤니케이션을 통해서 발생한 문제이기 때문에 진정한 위험 문제가 아니라는 것이다. 이는 위험과 위기 자체가 커뮤니케이션 현상이라는 것을 정면으로 부인하는 것이다. 하지만 만약 사람들이 어떤 커뮤니케이션 요소에 의해서 자신의 인식을 형성하고 그로부터 불안감을 느낀다면, 그것은 사회적인 공론의 장에서 자유롭게 논의되어 잠정적인 사회 합의를 이루어 내었을 때 해소될 수 있는 것이지, 객관적인 실체가 없다라고 말하는 것은 오히려 위험을 증폭시킬 뿐이다. 이 책에서도 거듭해서 주장했지만, 현대 사회에서 진정한 위험을 결정할 수 있는 유일한 주체는 없다. 위험에 대한 적극적인 커뮤니케이션과 공론의 장 형성이 필요한 시점에 전문가 담론이나 커뮤니케이션 현상 자체를 부정하는 것은 위험 문제 해결에 아무 도움이 될 수 없다.

앞에서 계속 강조했듯이, 현대 위험 사회의 문제는 필연적으로 조직의 위기 관리로 연결될 수밖에 없다. 왜냐하면 현대 사회의 위험 문제의 해결은 조직 단위로 이루어질 수밖에 없기 때문이다. 따라서 위험과 위기를 별개의 개념으로 생각하는 것은 의미가 없으며, 위험에 대한 이해가 위기 관리의 기본적인 환경을 이루고, 위기에 대한 이해가 위험에 대한 실질적인 해결 수단으로 이용되는 것이 바람직하다. 따라서 이 책에서는 위험과 위기를 연결하려고 노력했고, 그러한 노력의 핵심으로 조직의 커뮤니케이션 노력을 들고 있다.

이 책에서는 위험과 위기를 연결하면서 그 연결고리로서 커뮤니케이션과 그 지향점으로서 공중 관계를 사용했다. 위험과 위기를 연결하려는 시도는 학계에서 이루어진 적이 없기 때문에 약간의 무리가 있다는 것을 인정한다. 여기서 무리라고 말하는 것은 이론적인 기반이나 선행 연구를 통한 주장의 보완이 미약하다는 의미다. 하지만 위험과 위기를 연결하면서 현대 사회의 위험이 조직 행위를 통한 위기 관리를 통해 경감될 수 있다는 이 책의 일관된 주장은 이론적인 논의라기보다는 현실적인 필요를 더욱 반영하고 있다고 말할 수 있다. 현대 사회의 위험을 인식하면서도 위험 양산의 주범으로서만 조직을 지목할 뿐, 해결의 동인으로서 조직을 내세우지 못한다면 문제 해결 능력을 결여한 비판주의에 머물고 말 것이다. 좀더 능동적이고 낙관적인 다원주의를 받아들인다면 조직이 스스로 문제 해결을 위해서 나설 수 있다는 것을 인정할 필요가 있다. 물론 힘을 가진 정부나 기업이 스스로 힘을 내놓을 것이라는 전망은 현실주의를 무시한 것이다. 하지만 수많은 견제 조직과 사회적인 담론 시스템이 작동한다면 적어도 힘을 가진 조직들이 공중의 의사를 무시하는 조직 행위를 하기는 힘들 것이다. 이러한 가운데 스스로 위험을 위기 관리하려는 조직이 늘어날 것이고, 현대 사회의 총체적인 위험은 줄어들 수 있다고 생각한다. 결국 기든스의 구조화이론이 주장하는 것처럼 조직의 구성원과 사회의 구조가 함께 변화를 꾀할 때 현대 사회의 위험 문제는 해결될 수 있다. 이러한 의미에서 조직의 위기 관리는 긍정적인 평가를 획득할 수 있다.

지금까지 집단이나 조직 단위의 커뮤니케이션에 대한 커뮤니케이션 학자들의 견해는 매우 부정적이었다. 조직 단위의 커뮤니케이션을 일차적으로 거짓으로 규정하고, 전략적인 커뮤니케이션이 지니는 지나친 조직 중심의 도구성에 대해서 비판적인 견해를 보여왔다. 이런 맥락에서 조직의 PR커뮤니케이션 활동이나 광고 마케팅 커뮤니케이션 노력에 대해서 부정적이었던 것은 당연하다. 이러한 견해는 하버마스의 전략 커뮤니케이션에 대한 비판과 상통하는 것이다. 하지만 이런 조직 단위의 커뮤니케이션에 대한 이해가 현실을 반영하는가의 문제, 또한 실제적으로 사회 문제를 해결하는 데 어떤 도움이 되는가의 문제에 대해서는 명쾌한 답을 찾기가 어렵다.

현실적으로 조직 단위의 커뮤니케이션은 거의 모든 개인 단위의 커뮤니케이션을 지배하고 있다고 해도 과언이 아니며(예를 들어 개인이 집단을 소속으로 밝히는 경우나 집단으로부터 자신의 정체성을 끌어오는 경우들), 사회적으로 힘이 약한 집단들도 현실의 거짓과 힘의 불균형을 해소하기 위해서 조직 단위의 커뮤니케이션을 사용한다. 그렇다면 조직 커뮤니케이션 자체의 본원적인 동기를 도구적이라고 보기보다는 조직 단위의 커뮤니케이션이 공론의 장에서 발휘하게 될 자유로운 의사 교환의 힘, 상호 견제를 통한 긍정적인 변화 동력의 창출, 긍정적인 다원주의를 통한 사회 갈등의 조정 역할에 대해서 주목할 필요가 있다.

만약 우리가 모든 조직 단위의 커뮤니케이션을 죄악시하면서 최소한의 조직 중심적인 도구성이 구현되기만을 주장한다면 사회 변화에 대한 긍정적인 힘을 포기하는 것이나 마찬가지다. 그런 의미에서 이 책은 조직 단위의 커뮤니케이션을 문제의 근원으로 보기보다는 문제 해결의 동력으로 보았다. 현대 사회의 위험 문제는 커뮤니케이션을 통해서 소통될 수밖에 없으며, 직접적으로 위험 문제를 해결하기 위해서 조직 단위의 위기 커뮤니케이션과 갈등 해소 커뮤니케이션이 활성화되는 것이 필요하다는 것을 역설했다. 벡과 기든스는 사람들이 현대 사회의 발전 양태에 대해서 반성적인 태도를 보이지 않는다면, 극대화된 위험으로 인해서 인류는 공멸의 길로 가게 될 것이라고 경고했다. 이 책은 이러한 반성적인 태도가 극대화되기 위해서는 조직 단위의 커뮤니케이션이 필요하다고 보며, 이러한 조직 단위의 커뮤니케이션이 맞부딪치는 지점에서 활발한 토론과 의사 교환을 통해 갈등이 조정될 수 있다고 보았다. 따라서 이 책에서 커뮤니케이션은 조직의 도구이기도 하지만, 궁극적으로 문제 해결을 위한 공론의 장 역할을 의미한다.

조직과 공중의 갈등, 혹은 정부와 위험 수용 공중 간의 갈등은 커뮤니케이션을 보는 시각의 차이에서 기인하는 경우가 많다. 공중에게 절박한 생존의 문제가 단지 조직에게는 완성되어야 하는 하나의 사업에 지나지 않는다면 위험 사안에 대한 인식 차가 너무 크다고 할 수 있다. 자신의 목소리를 들어 주기를 바라는 절박한 커뮤니케이션과 단지 문제를 해결하기 위한 의례적인 커뮤니케이션이 만나는 접점은 오히려 갈등을 조장하고 서로간의 불신을 깊게 할 가능성이 높다. 결국 위험과 위기 커뮤니케이션은 모호한 개념이지만 얼마나 서로 간에 '커뮤니케이션 진정성'을 느낄 수 있느냐에 달려 있다. 상대방의 이야기를 들어 줄 수 있는 능력listening, 상대방의 어려움을 헤아릴 수 있는 능력empathy, 상호 호혜적인 커뮤니케이션을 나누는 능력two-way communicating이 무엇보다도 중요하다. 우리나라 조직들이 얼마나 조직의 오만에서 벗어나 공중과 커뮤니케이션할 수 있느냐가 문제의 핵심에 자리잡고 있다.

지금까지 논의한 위험과 위기 문제에 대한 커뮤니케이션 방법론은 크게 몇 가지로 요약된다. 이것은 이론적인 논의와 실행 측면의 고려 사항을 아울러서 생각할 수 있다.

첫째, 우선 커뮤니케이션의 실행과 관련하여 도덕적인 판단은 유보된다. 도덕적인 일반 원칙은 유보되는 대신 실행 원칙이 더 중요해지는데, 그것은 문제를 사회적으로 재구성하기 위한 사회적인 토론의 중요성을 재확인하는 것이다. 예를 들어 위험 문제에 대한 사회 도덕적인 판단이 먼저 내려지게 되면 그것은 구성원과 가치 갈등으로 발전하여 오히려 사회적인 커뮤니케이션을 방해할 가능성이 더 짙어진다.

둘째, 위험과 위기 문제를 해결하기 위해서는 어떤 위험, 위기 사안에 대한 조직화를 통한 분명한 의견 표명이 필요하다. 현대 사회 개인의 힘은 제한적일 수밖에 없으며 문제 해결에 도움이 안 된다. 따라서 자신과 비슷한 의견을 가진 사람들을 조직화하여 문제 해결을 위한 추진력을 확대해야 하며, 사회적인 정당성을 확보해야 한다. 이러한 조직화 과정에서 커뮤니케이션은 필수적이다.

셋째, 커뮤니케이션 실행 과정에서 커뮤니케이션 개방성에 대한 확신을 필요로 한다. 위험과 위기 문제를 해결하기 위한 조직화는 조직 이기주의를 기반으로 한 폐쇄적인 갈등 주체가 아니다. 위험과 위기 문제를 해결하는 주체는 자신의 의견을 자유롭게 말할 수 있는 대신, 상대방도 자유롭게 의견을 말할 수 있다는 열린 마음을 가질 수 있어야 한다. 또한 모든 정보가 개방되고, 참여하는 모든 사람들이 필요한 정보에 대한 접근을 제한받아서는 안 된다. 누구나 자신의 의견을 개진하는 것에 대해서 지탄받아서는 안 되며, 모두에게 공평하게 발언의 기회가 주어져야 한다. 이러한 개방성을 바탕으로 이루어진 합의만이 지속 가능한 문제 해결로 이끌 수 있다.

넷째, 개방성에서도 논의되었지만, 개방적인 커뮤니케이션의 궁극적인 목적은 사회적인 합의의 도출이다. 누구나 커뮤니케이션을 통해서 분풀이를 할 수는 있지만, 분풀이에서 끝난다면 이는 문제 해결에 전혀 도움이 될 수 없다. 커뮤니케이션의 목적은 합의의 창출이다. 따라서 다분히 커뮤니케이션은 목표 지향적이며, 또한 의미의 공유를 지향한다. 이러한 커뮤니케이션의 목적은 본문에서 논의되었던 커뮤니케이션 기능적인 측면과 수사적인 측면을 모두 포함하고 있다고 할 수 있다.

다섯째, 마지막 고려 사항은 역시 커뮤니케이션 과정에 참가하는 사람들과 관련되어 있다. 위험과 위기 커뮤니케이션에 참가하는 사람들에게 어떤 구분을 두어서는 안 된다. 우리나라의 경우, 전문가 의존형 위험과 위기 커뮤니케이션이 주류를 이루는데, 이는 위험 인식 논의에서도 논의되었듯이 문제 해결에 도움을 줄 수 없다. 위험과 위기 커뮤니케이션에 참가하는 사람들에게 평등한 발언 권리를 주어야 하고, 전문가 의존형 커뮤니케이션에서 탈피하여 일반 대중이 어떤 인식을 가지고 있는가에 더 강조점을 두는 것이 좋다.

한편 위험과 위기의 문제는 자연스럽게 사회 갈등의 문제와 연결된다. 위험과 위기의 커뮤니케이션 논의는 사회 갈등의 공론의 장 형성 논의와 맞닿아 있다. 결국 위험이나 위기에서 기인하는 사회 갈등은 대화와 공론의 장 형성을 통해 해결될 수 있는데, 이러한 토론의 장에서는 서로 다른 전문가집단과 갈등 대상자들이 눈높이를 맞추고 상대방의 입장을 개방적인 태도로 대면하게 된다. 하버마스가 주장한 대로 사람들의 언어는 보편적으로 서로 이해될 수 있는 특성을 가지고 있기 때문에 이상적인 커뮤니케이션 조건만 충족된다면 충분히 공론의 장을 형성해 나갈 수 있다. 예를 들어 개발 업자와 환경단체 서로가 제한 없이 의견을 이야기하고 열린 마음으로 서로의 의도를 확인하려고 한다면 공론의 장을 형성하고 토론을 통해서 합의에 이르는 것이 불가능하지 않다.

따라서 문제는 공론의 장을 형성하고 대화를 이끌어 갈 수 있는 장치를 마련하는 일이다. 즉 갈등 당사자들이 대화를 위해서 한자리에 모이고 대화를 할 수 있는 방법을 찾는 것이다. 한편 그러한 시스템을 개발하고자 하는 연구가 미국의 갈등 해소 연구의 주류를 형성하고 있다고 할 수 있다. 앞서 갈등 해소 부분에서 논의되었던 합의 창출 과정, 다자간 갈등 해소 과정, 조정이나 중재, 대안적인 갈등 해소 방법 등은 그러한 과정을 시스템화하고자 하는 노력이다. 이러한 노력들은 공론의 장을 형성하고 문제를 해결하기 위한 다양한 과정을 제시한다.

하지만 우리나라 상황에서 심각하게 우려되는 부분은 대표적인 공론의 장으로 지목되는 언론이 그 역할을 충실히 수행하지 못하고 있다는 사실이다. 우리나라 언론은 공론의 장 역할을 수행하는 것은 차치하고, 위험 상황에 대한 정파적인 왜곡을 중단하는 것이 무엇보다도 시급해 보인다. 기자 개개인의 윤리 의식이나 보편적인 언론 윤리에 따른 객관적인 정보 수집보다는 언론 사주의 입김과 언론사의 정파성이 기사 내용을 결정하고, 힘 있고 권력 있는 집단의 의견이 과도하게 반영되는 상황에서 언론 공론의 장 형성을 요구하는 것은 무리인지도 모른다. 결국 언론의 공론의 장 형성 기능을 요구하는 시민들의 구체적인 저항과 대안 공론의 장 설치 요구가 함께 일어나는 것은 매우 자연스러운 현상이다. 언론이 공론의 장을 주도하거나 제 기능을 다하지 못하는 상황에서는 시민 스스로 대안 공론의 장을 형성하고 언론을 견제하는 것이 필요하다. 현재 우리나라의 인터넷 토론방과 시민 참여형 모임들이 위험과 위기 문제에서 어느 정도 언론의 독주를 견제할 수 있을지는 두고 볼 일이다.

시민이 공론의 장에서 점점 더 큰 역할을 차지하기 위해서는 다원주의에 대해서 사람들이 낙관적인 태도를 갖추는 것이 무엇보다 중요하다. 다수의 횡포나 비합리적인 밀어붙이기가 아니라 대화와 토론을 통해서 문제를 해결할 수 있다는 확신을 가지는 것이 필요하다. 시민의 참여가 또 다른 비민주적 행태를 만들어 낸다면 갈등은 증폭될 수밖에 없다. 다름을 인정하고, 갈등을 긍정적으로 받아들이며, 민주적인 절차를 통해서 문제를 해결하겠다는 태도를 유지하는 것이 무엇보다 중요하다. 이것은 위험, 위기, 갈등에서 중요한 것은 진리를 찾는 것이 아니라, 진리를 찾아가는 과정을 함께 공유하는 것임을 서로 인정하는 것이다. 이러한 도덕적 · 원칙적 우월성만이 현재의 불합리와 위험 문제의 증폭을 넘어설 수 있다.

이 책을 통틀어서 아무리 전문가나 조직의 논리가 중요하다고 하더라도 공중의 인식을 가장 최우선으로 생각해야만 위험과 위기 문제를 해결할 수 있다는 것을 일관되게 주장했다. 전문가 의견이 그럴듯하더라도 결국은 공중이 그러한 의견을 어떻게 받아들이는가가 가장 중요하다. 공중이 전문가 의견을 받아들이지 않는다면 그러한 의견의 가치는 하향 조정될 수밖에 없다. 이명박 정부의 대운하 건설과 관련한 논란에서도 보면, 전문가 중심의 담론이 위험 문제의 핵심을 이룬다. 하지만 공중에게 이해될 수 없고, 공중의 인식 범위를 벗어나는 전문가 담론은 현대 위험 문제를 해결하는 데 아무 도움을 줄 수 없다. 이와 관련하여 지나친 실용주의적인 접근, 비용과 편익을 계산하여 전체적으로 비교하는 것 등은 위험 문제 해결에 결코 도움을 주지 않는다. 결국 공중의 인식을 살피고, 전문가 담론들도 공중의 이해 범위 안에서 공론의 장을 통해 논의되었을 때 비로소 문제 해결에 이를 수 있다. 정부의 입장에서도 공론의 장 형성에 대해서 경계하기보다는 기회 요인을 찾으려고 노력하는 것이 오히려 사회 문제 해결에 도움을 줄 수 있다. 우리 국민들은 황우석 박사 줄기세포 거짓 논문 사태와 미국산 쇠고기 광우병 위험 논란 등을 거치면서 과학의 문제도 커뮤니케이션의 문제가 될 수 있음을 이미 실감했다고 할 수 있다. 이제 이것을 거스르는 것은 다시 권위주의 사회로 돌아가지 않는 한 불가능해 보인다.

이러한 논의는 정책 담당자와 위험, 위기 문제를 연결한다. 앞선 논의에서 위험은 자신이 통제할 수 없는 일이라고 느끼거나 다른 사람이나 조직에 의해서 자신에게 영향력이 가해지고 있다고 느끼게 될 때 더욱 심각하게 받아들여진다. 특히 생소한 위험이나 위험의 징후를 잘 눈치채지 못하는 사이 자신에게 위해가 가해질 수 있다고 느끼게 될 때 사람들은 경악한다. 하지만 위험을 다루는 우리나라의 정책 담당자들은 이러한 일반 공중의 위험 심리를 잘 이해하지 못하고 있는 것이 분명하다. 왜냐하면 위험 관련 사안에서 공중을 우선시하는, 즉 공중의 위험 심리를 먼저 이해하려는 태도보다는 전문가적인 아집에 빠져 있거나, 데이터 우선주의에 빠져 쉽게 공중을 무지몽매한 집단으로 몰아가려는 태도를 보이고 있기 때문이다.

많은 국책 사업이나 건설 사업, 식품 관련 위기 사안에서 우리나라 정책 담당자들이 보여 주는 섣부른 전문가 위주의 접근이나 공중 인식에 대한 이해 부족이 이를 증명한다. 기능적인 측면뿐만 아니라 사안과 관련된 역사적인 배경, 심리 상태, 상호 이해를 위한 신뢰의 구축 등 정책 담당자들이 공중의 이해를 구하고 서로 발전적인 의견 교환이 가능한 분위기를 창출하는 것이 무엇보다 중요하다. 이를 위해서는 커뮤니케이션의 역할이 무엇보다도 중요하다. 어떤 커뮤니케이션 프레임frame과 논증arguments을 쓸 것인가에 따라서 도저히 화합할 수 없어 보이는 위험 사안에서도 커뮤니케이션은 지속될 수 있다. 커뮤니케이션을 통해서 위험 사안에 대한 기능적인 측면과 상호 이해 측면이 통합적으로 운용되고, 위험 문제 해결을 위한 커뮤니케이션 공론의 장이 확대될 때 비로소 근본적인 문제 해결에 다가설 수 있다. 결국 정책 담당자의 커뮤니케이션 철학이 위험 문제 해결을 위한 근본적인 변화를 가져올 수 있다.

지금까지 위험과 위기와 관련하여 현대 조직에게 커뮤니케이션이 얼마나 중요한가에 대해서 어느 정도 설명이 되었다. 하지만 많은 조직이 아직도 조직의 커뮤니케이션 필요성이나 의무에 대해서 무관심한 측면이 많다. 삼성의 불법 상속 의혹 사례에서도 볼 수 있듯이 어떤 문제가 발생하고 나서 삼성은 8천억이라는 거금을 사회에 환원하겠다고 발표했지만, 국민들은 여전히 의혹의 눈길을 거두지 않고 있다. 국내 최고 기업 삼성이 그동안 쌓아 올린 명성과 브랜드 파워와 상관없이 위기는 삼성을 옥죄고 있는 것이다. 이는 우리나라의 조직에게도 위험 요인에 대한 엄격한 잣대를 적용해야 할 시점이 성숙해졌다는 징표라고 할 수도 있고, 모든 종류의 비자발적이고 광범위한 위험에 대해서 사람들이 경계의 시선을 가지고 있다는 것을 인식해야 할 계기를 제공하기도 한다. 삼성의 입장에서는 삼성의 문제를 조직의 문제, 집안의 문제로 한정하고 싶겠지만 사람들은 삼성이 잘못함으로써 국민 경제에 미칠 수 있는 타격에 대해서 비자발적인 위험으로 인식하고 있는 것이 분명하다. 이에는 분명 발생할 수 있는 위험 요인을 더 많이 강조함으로써 국가 경제라는 큰 틀에서 볼 수 있는 편익의 부분을 놓치는 경우나 조직의 입장에서 다양한 관련 이해집단의 요구를 소화하려는 노력을 축소하는 부분이 있을 것이다. 하지만 이러한 노력과 별도로 중요한 점은 삼성이 위험 요인과 관련해서 국민을 설득할 수 있을 정도의 충분한 위기 커뮤니케이션을 하지 못했다는 것이고, 공중의 관점에서 위험 요인을 줄일 수 있는 방안을 제시하지 못했다는 점이다. 현대 사회에서는 이제 위험과 위기에서 공중의 인식이 가장 중요하며, 이를 해결하기 위해서는 지속적이고 장기적인 공중 관계 증진 노력을 펼쳐가는 수밖에 없다. 공중이 이해해 주지 않는 지점에서 효율적인 조직 행위가 펼쳐질 수 없기 때문이다.

공중의 위험과 위기 인식은 분명 현대 사회의 조류와도 밀접하게 연결되어 있는데, 특히 민주화와 지방 자치제의 발달로 인해 강화되는 지역 공동체의 유대와 님비NIMBY(Not In My Back Yard) 현상도 그 일례로 들 수 있다. 불행한 일이지만 현대의 지역 공동체 형성은 일반적인 호혜주의와 의미 공유를 통한 동질 문화의 향유 욕구라는 의미보다는 좀더 이기적인 지역 결사의 목표를 가지는 경우가 많다. 즉 문화의 공유보다는 이익의 공유에 맞춰져 있는 경우가 대부분이다(물론 예술가 공동체 등 문화가 공유되는 경우도 있다). 현대 물질 사회에서 이익의 공유를 통한 공동체 형성은 파괴적인 성향을 띠기도 하는데 이는 이성적인 논의의 결여와 공론의 장 형성을 어렵게 만드는 원인으로 등장하기도 한다. 공중의 위기 인식이 그 사회의 물질적인 문화와 이기적인 속성과 결합된다면 위험 요인과 관련된 조직의 입장에서는 커뮤니케이션의 중요성이 더 강조될 수밖에 없다. 왜냐하면 이런 상황에서는 장기적인 관계 형성을 통해서 공중의 신뢰를 획득하지 못한다면 위험 요인과 관련한 조직의 어떠한 활동도 공중의 지지를 이끌어 내기 힘들기 때문이다. 조직을 둘러싼 관련 공중과의 관계 형성은 결국 공중 관계 커뮤니케이션이 추구하는 일반적인 목적과 연결될 수밖에 없다.

결론적으로 사회의 위험은 조직을 단위로 재구성되는 경향이 있으며, 결국 조직의 위기는 사회적인 갈등 해소 차원에서 문제 해결의 실마리를 찾아야 한다. 즉 이 책에서 말하고자 하는 것은 사회적인 위험 인식은 커뮤니케이션 활동을 필요로 하며, 따라서 위험 문제를 둘러싸고 커뮤니케이션 효과를 극대화하기 위해서 조직 중심의 활동이 필수적이라는 것이다. 한편, 이러한 조직화 과정을 통해서 조직 중심으로 재구성된 위기의 문제는 또한 사회 차원에서 문제 해결의 실마리를 찾을 수밖에 없다. 왜냐하면 사회 차원의 커뮤니케이션을 중심으로 하는 갈등 해소 노력이 결여된 일방적인 조직 위기 관리는 오히려 위험과 위기 문제를 극대화시킬 뿐이기 때문이다. 사회 차원에서 공중과의 장기적인 관계를 고려하고 사회 공동체가 용인하는 지속 가능한 발전을 추구하는 위기 관리만이 사회 갈등을 넘어설 수 있다. 따라서 위험, 위기, 갈등은 서로 긴밀하게 연결되어 있으며, 그 중심에는 커뮤니케이션이 자리잡고 있다고 할 수 있다.

결국 성숙한 사회에서 성숙한 갈등 해소 제도가 탄생한다. 위험과 위기의 문제도 얼마나 커뮤니케이션하겠다는 의지가 있느냐, 얼마나 상대방의 의사를 존중할 것인가, 어떻게 서로 간의 발언권을 존중할 것인가 등을 기준으로 하는 사회 성숙도와 밀접하게 연결되어 있다. 이러한 성숙도는 하버마스가 말한 이상적인 커뮤니케이션을 충족하는 상황을 말하지만, 쉽게 말하면 나와 다른 것에 대한 이해와 모두가 만족하는 차선의 선택을 수용하고자 하는 의지다. 이 책에서 설명했던 제3자에 의한 조정 등 여러 가지 갈등 해소 방법들이 구체적인 방법의 부재로 인해서 증폭되고 있는 우리나라의 갈등 상황을 어느 정도는 해결해 줄 수도 있겠지만, 근본적으로는 민주주의에 대한 시민들의 이해와 대화와 합의 문화를 통해서 점진적으로 변해 가는 수밖에는 다른 방법이 없다. 이를 위해서는 요즘 유행하고 있는 사회 자본이라는 개념도 유용하다. 위험, 위기, 갈등의 문제를 해결하기 위해서는 커뮤니케이션이 중요한데, 이러한 커뮤니케이션 활동이 진작되기 위해서는 사회구성원 간의 신뢰가 정착되어 있어야 한다. 이 책에서 설명하는 위험, 위기, 갈등 커뮤니케이션은 그러한 사회 자본을 축적하기 위한 방법론이라고 할 수도 있다. 공중의 인식을 항상 고려하고, 장기적이고 지속 가능한 공중 관계를 형성하겠다는 의지를 가진 커뮤니케이션 노력만이 사회구성원 간의 신뢰를 축적할 수 있다.

기존 커뮤니케이션 학문의 약점은 대부분 현상 제시에서 끝났다는 것이다. 하지만 이 책은 커뮤니케이션 학문이 위험, 위기, 갈등 해소에 실질적으로 기여할 수 있다는 것을 보여 준다. 또한 기존 갈등 해소와 관련한 문헌에서 커뮤니케이션의 역할은 전술적인 접근과 상징적인 의미를 보여 주는 데 국한되어 온 측면이 많다. 하지만 이 책은 커뮤니케이션 행위가 갈등 해소의 결과를 도출하는 행위, 예를 들어 숙의 민주주의와 관련한 논의 등과 결합하여 실질적인 결과를 유도하는 방향으로 논의될 수 있다는 것을 보여 준다. 커뮤니케이션이 수단으로만 이용되는 것이 아니라 결과로서 자리매김할 수 있다는 것을 보여준다. 따라서 이 책에서 제시하는 위험, 위기, 갈등과 관련한 커뮤니케이션 논의는 커뮤니케이션의 실질적인 역할 확대를 위한 방안을 제시하고 있다고 말할 수 있다.

에필로그

이 책에서 위험, 위기, 갈등 문제와 관련하여 커뮤니케이션의 필요성을 일관되게 주장했다. 위험, 위기, 갈등은 커뮤니케이션 현상이며, 사회 공론의 장 형성을 통해서 문제 해결을 위한 담론이 풍부하게 교류되고 잠정적인 사회 합의를 이끌어 낼 때 위험, 위기, 갈등의 문제를 해결할 수 있다고 보는 것이다. 하지만 혹자는 이러한 문제 해결 논의가 가지는 지나친 추상성에 대해서 비판할 수 있을 것이다. 커뮤니케이션한다는 것은 좋은 말이다. 하지만 그것을 어떻게 할 것인가? 방법이 제시되지 않는다면, 담론은 너무 이론적인 논의에만 머문다고 비판할 수 있다. 하지만 이 책 곳곳에서 어떻게 커뮤니케이션이 사용되어야 하고, 어떤 원칙들이 적용되어야 하는가에 대해서 나름대로 구체적인 방법론과 연결될 수 있는 이론적인 논의들을 정리하려고 노력했다. 그러한 내용은 이론적인 접근이라기보다는 실제 현실에 적용될 수 있는 구체적인 내용 방법을 다루고 있다고 말할 수 있다.

그러나 이러한 저자의 방어 논리에도 불구하고, 여전히 실제적으로 위험이나 위기와 관련한 사회적인 갈등이 일어났을 때, 그러한 갈등의 문제를 풀 수 있는 우리나라 상황에 맞는 구체적인 방법 제시가 부족하다는 비판이 제기될 수 있다. 저자의 생각에는 그러한 구체적인 갈등 해소의 방법들은 앞으로 더 많은 연구가 필요하다고 본다. 갈등 해소와 관련해서 논의되었던 협상, 조정, 중재 등의 방법들은 우리나라에 그대로 적용되기에는 문제가 있다. 하지만 우리나라에서 많이 사용되지 않았던 조정 등 제3자의 개입과 당사자

간 대화를 통한 해결은 앞으로 좀더 구체적으로 적용될 가능성이 많다고 본다. 특히 우리나라는 제3자의 개입을 통한 문제 해결에 매우 익숙한 전통을 가지고 있다.

예를 들어 동네에서 어떤 문제가 발생하면 동네의 어른이 개입하여 서로 간에 조금씩 양보하게 하고, 웃으면서 악수하게 만들어 주는 분위기가 있었다. 비록 사회가 빠른 속도로 현대화되면서 이런 전통들이 많이 사라지긴 했으나 요즘도 조직에서 개인 간에 문제가 발생하면 제3자가 개입하여 술자리를 만들어 문제를 해결하는 경우를 자주 보게 된다. 하지만 공적인 문제 해결과 관련하여 제3자가 개입하여 갈등을 해소하는 시스템은 우리나라에 도입되지 않았다. 물론 누가 제3자의 역할을 담당할 것인가와 관련해서 논란의 여지가 많지만, 제3자의 권위를 이용하거나, 제3자가 문제 해결의 분위기를 형성하는 방법은 분명 우리나라에 반드시 필요한 접근이라고 할 수 있다. 이와 관련한 논의는 후속 연구들을 통해서 활발히 이루어질 필요가 있다고 생각한다.

한편 하버마스의 의사 소통 행위이론과 함께 지금까지 활발한 논의가 이어져 온 숙의 민주주의와 관련한 논의에서 공통적으로 찾아볼 수 있는 안타까움은 제시된 커뮤니케이션 활동이 얼마나 현실성을 담보하고 있는가 하는 문제다. 하버마스의 이상적인 의사 소통을 위한 엄격한 요건들과 숙의 민주주의 학자들이 주장하는 어떤 원칙의 문제들은 모두 커뮤니케이션을 통한 문제 해결을 위해서는 어떤 조건들이 사전에 먼저 충족되어야 한다는 것을 보여 준다. 커뮤니케이션 학자들의 문제도 여기에 함께 머문다. 커뮤니케이션 학자들은 송신자, 메시지, 매체, 수신자라는 구도 속에서 커뮤니케이션 현상을 분석하는 부분에서는 많은 발전을 이루었지만, 실질적인 사회 문제 해결을 위한 커뮤니케이션의 역할은 어떤 원칙의 문제로 치부하는 어리석음을 범해 왔다. 사회 문제에서 커뮤니케이션은 비판의 영역이었지 문제 해결의 영역은 아니었다.

하지만 커뮤니케이션 학문은 어떤 커뮤니케이션 현상을 진단하고 분석하는 데 머물 것이 아니라, 실질적으로 사회 문제를 해결할 수 있는 방향으로 발전해야 한다. 송신자, 메시지, 매체, 수신자 분석을 통해서 의제 설정 및 이용과 충족을 이해한다고 해서, 그것이 사람과 사람 사이의 커뮤니케이션 문제, 조직과 조직 사이의 커뮤니케이션 문제, 국가와 국가 사이의 커뮤니케이션 문제를 실질적으로 해결해 줄 수는 없다. 커뮤니케이션 학문은 좀더 직접적인 문제 해결을 위한 방안들에 대해서 고민해 볼 필요가 있다. 위험, 위기 그리고 커뮤니케이션을 연결하는 작업은 이러한 기존의 커뮤니케이션 학문이 가지고 있던 약점을 충분히 보완해 줄 수 있다. 커뮤니케이션을 단순한 현상 분석을 위한 수단으로 보는 것이 아니라, 사회 실질적인 문제 해결, 즉 위험, 위기, 갈등의 문제를 정면으로 받아들여 커뮤니케이션을 통해서 해결하는 방안을 제시할 수 있다.

또한 위험과 위기 갈등과 관련한 커뮤니케이션 논의는 커뮤니케이션 학문의 지향점, 즉 사회 문제 해결을 위한 응용 학문으로서의 역할을 분명하게 보여 준다. 따라서 이후 위험과 위기에 관련한 기본적인 커뮤니케이션 논의뿐만 아니라 미디어의 역할, 사회 토론장의 역할, 공론의 장 형성 방법, 사회 갈등 조정 등에서 커뮤니케이션 논의가 확대되는 것이 바람직하다. 지금까지 이러한 커뮤니케이션을 통한 문제 해결 논의들이 상당히 제한적으로 이루어져 왔기 때문에, 이 책의 논의들이 다분히 규범적으로 제시될 수밖에 없다. 이 점은 이 책의 어쩔 수 없는 약점이다. 하지만 향후 위험, 위기와 관련한 커뮤니케이션 관련 연구들이 많이 이루어지고, 특히 한국적인 위험과 위기 현상에 대한 논의들이 심화되면 좀더 실증적인 논의들로 채워질 수 있을 것으로 기대한다.

이 책에서 좀더 광범위하게 다루지 못한 것은 미디어와 위험, 위기와의 관련성이다. 미디어와 재난 보도, 위험의 증폭에 대한 역할 등 몇몇 연구를 소개하고 있지만, 미디어가 사회적인 위험과 조직 위기의 전개에 어떻게 관련되어 있는가를 밝히는 것은 현대 사회 언론의 힘과 역할을 생각할 때 이 책에서 중요하게 다루어야 할 주제다. 미디어가 위험과 위기 사안을 사회적으로 확산시켜 나가는 것은 분명한 사실이며, 위험 사안에 선별적으로 주홍글씨를 새기는 데 기여하고 있는 것도 사실이다. 우리나라 언론의 문제점은 위험, 위기, 갈등 사안을 둘러싼 공론의 장을 형성하는 것이 아니라, 언론사 이기주의, 정파주의로 흐름으로써 위험, 위기, 갈등 사안을 둘러싼 사회적인 담론 형성과 커뮤니케이션 흐름을 현저하게 방해하고 있다는 것이다. 이러한 언론의 역할과 문제점, 그리고 개선점 등에 대해서 좀더 심도 있는 논의가 이루어질 필요가 있다.

또한 미디어의 범주와 관련하여 종전의 매스미디어 중심의 사고에서 벗어나서 개인화된 새로운 미디어 2.0 현상에 또한 주목할 필요가 있다. 예를 들어 미국산 쇠고기 수입을 둘러싼 논란도 미디어가 위험 문제를 어떻게 보느냐에 따라 좌우되는 측면이 강했다. 또한 이를 받아들이는 수용자의 인식 탄력성, 사회 · 경제 · 문화적인 배경, 역사적인 배경 등도 함께 상호 작용 효과를 일으킬 가능성이 높다. 또한 위험 인식이 시작되고 나서 어떤 변수들에 의해서 위험이 증폭되는지 밝히는 것은 매우 중요한 문제다. 위험의 사회적인 확산의 경우, 우리나라에서도 서양에서 개발된 변수들이 똑같이 적용될 것이라고 보는 것은 무리다. 본문에서도 다루었지만 위계 의식과 체면 등 우리 고유의 변수들과 피해

의식, 공동체 의식 등 우리나라의 위험 상황을 설명해 줄 수 있는 요인들을 미디어의 영향력을 조정 중재하는 변수로 삼아 실증적으로 검증하는 것이 무엇보다도 필요하다. 따라서 미디어와 위험 커뮤니케이션의 상호 관련성에 대한 연구는 이후의 후속 연구를 통해서 좀더 실증적인 연구 결과를 보여 줄 수 있을 것이다.

또한 사회 갈등 사안과 관련하여 우리나라의 언론이 제 역할을 못하고 있다는 것은 많은 경험적인 연구들에서도 드러났다. 이는 위험 인식에서 미디어의 역할을 밝히는 것과 함께 미디어가 위험 문제의 해결을 위해서 어떻게 기여할 수 있는가에 대한 논의와도 연결된다. 향후 연구에서 위험과 미디어의 관련성에 대한 논의가 현상 진단과 문제 해결을 함께 보여 줄 수 있기를 기대한다.

문화가 다르면 위험에 대한 인식도 다르다. 이는 우리나라의 위험 인식에 대한 키워드를 우리나라 고유 상황에서 찾아야 한다는 것과 일맥상통한다. 위험 인식과 관련하여 우리나라의 특성들이 고려되어야 한다는 것은 매우 중요하다. 위험 주체 사이에서 위험 사안과 관련한 커뮤니케이션이 실패하고 자존심 경쟁을 벌이는 경우가 빈번히 발생한다. 이러한 과정에서 우리나라의 체면 의식이 문화적인 요인으로 작용할 가능성이 높다. 우리나라의 체면 의식이 독특한 사회 지위 의식과 남들에 의한 인정에 기반하고 있기 때문에 위험 사안의 문제 또한 실용적인 문제 해결 사안이 아니라 자신의 존재 의미와 연결되는 경우가 종종 발생한다. 따라서 위험과 위기 커뮤니케이션에서 체면과 같은 문화 변수들의 영향력을 최대한 고려할 필요가 있다.

예를 들어 다른 마을에 비해서 더 낙후되고 상대적으로 계층적인 열등감에 사로잡혀 있는 마을에 쓰레기 처리장을 건설한다면 그것은 그 마을의 자존심, 역사적인 피해 의식 등과 밀접하게 연결될 수밖에 없다. 단순히 많은 보상과 경제 발전을 보장한다고 해서 해결될 수 있는 문제가 아니다. 이런 경우, 계층적인 열등감을 뛰어넘을 수 있는 장기 발전 계획, 특히 2세 교육을 통한 마을 발전 계획 등이 요구된다. 이러한 사례에서 보듯이 체면과 같은 우리나라 고유 문화 변수를 고려하는 것은 위험, 위기 커뮤니케이션에서 무엇보다도 중요하다. 하지만 이 책에서는 후속 연구를 위한 기본적인 내용만을 다루었을 뿐 본격적인 연구 결과를 수용하지는 못했다. 전체적으로 그러한 실증 연구가 부족한 것도 큰 이유다. 따라서 후속 연구를 통해서 우리나라 문화 변수들과 위험, 위기 커뮤니케이션을 연결하는 작업이 활성화되기를 기대한다.

이 책에서 좀더 광범위하게 다루지 못한 것은 갈등과 갈등 해소 분야다. 본문에서도 설명했듯이 위험 커뮤니케이션은 사회 갈등을 어떻게 해소하느냐와 밀접하게 관련되어 있다. 위험 커뮤니케이션을 전문가 위주 커뮤니케이션과 민주주의 지향의 커뮤니케이션으로 나누었을 때, 민주주의 지향의 커뮤니케이션은 위험 사안이 사회적인 갈등과 연결되어 있음을 직접적으로 시사하는 것이다. 위험에 대한 인식이 다르기 때문에 커뮤니케이션이 필요하다는 말은 위험을 둘러싸고 사회적인 갈등이 존재할 수밖에 없으며 커뮤니케이션을 통해서 사회적인 합의를 이루는 것이 중요하다는 의미다. 하지만 이 책에서 갈등 해소와 관련한 광범위한 논의는 빠져 있다. 두 가지 이유가 있는데, 우선은 갈등 해소 분야가 매우 방대하고 이론과 실제 응용과 관련한 논의가 다양하기 때문에 본격적인 내용은 다른 책에서 체계적으로 다루는 것이 마땅하다고 보았고, 두 번째는 위험과 위기 사안을 조직과 커뮤니케이션에 집중하여 묶는 것이 이 책의 본래 의도였기 때문에 갈등 해소와 관련한 논의는 개념적으로만 연결시키려는 수준에서 멈추었기 때문이다. 하지만 위험과 위기 논의는 궁극적으로 갈등과 갈등 해소와 연결될 수밖에 없으며, 갈등과 갈등 해소를 이해하기 위해서는 위험과 위기 논의가 기본적이라는 것이 이 책의 분명한 의도다.

갈등의 문제에서 중요한 것은 위험과 위기의 문제를 배경으로 하고 있다는 것이며, 서로 간의 개념 정의를 구별하기가 쉽지 않다는 것이다. 또한 분명한 것은 위험과 위기의 문제에 대한 이해 없이 갈등을 다루는 것은 숲만 보고 나무는 보지 않는 어리석음을 범할 수 있다는 것이다. 개인적으로 받아들일 수 있는 위험의 문제와 조직이 느끼는 위기의 속성을 이해하지 않고, 그 주체들의 대립에만 초점을 맞추는 것은 바람직한 갈등 해소 방법이라고 할 수 없다. 갈등의 문제는 분명 위험과 위기의 문제와 연관되어 있으며, 위험과 위기에 대한 이해를 통해서 갈등의 문제를 더 쉽게 풀 수 있다.

이런 점에서 볼 때 서구의 갈등과 갈등 해소를 연구하는 학자들은 위험과 위기를 갈등과 연결하는 데 실패하고 있으며, 그러한 연결점을 형성하지 못하고 있다. 예를 들어 서구에서는 위기에 대해 이야기하면서 갈등을 해소하기 위한 시점을 이야기할 뿐, 조직 중심의 위기 관리 행위나 커뮤니케이션 행위 등에 대해서 종합적인 분석을 내놓지 못한다. 위기에 대한 맥락만을 말할 뿐 위기가 갈등 해소와 어떤 식으로 연결되는지 보여 주지 못하는 것이다. 따라서 서구의 경우 위험, 위기, 갈등에 대한 연구들이 매우 분절적으로 이루어져 있는 형국이다. 그런 점에서 본다면 위험, 위기, 갈등을 연결하려는 이 책의 시도는 나름대로 새롭다고 할 수 있으며, 어떤 문제 상황에 대한 종합적이고 광범위한 분석을 위한 바탕을 제공한다고 할 것이다.

참고 문헌

김성재 (1996). "환경문제와 모험 커뮤니케이션." 한국언론학보, *37*, 92-132.

김영욱 (2002). 위기 관리의 이해: 공중 관계와 위기 관리 커뮤니케이션. 서울: 책과 길.

_____. (2003). PR커뮤니케이션: 체계, 수사, 비판이론의 통합. 서울: 이화여자대학교출판부.

_____. (2004). "정치인의 이미지 회복 커뮤니케이션 분석: 김영삼 대통령의 IMF사태 관련 언변 중심." 광고학연구, *15*(5), 397-421.

_____. (2005a). "PR커뮤니케이션 이론과 미디어 중심주의의 극복." 커뮤니케이션이론, *1*(1), 296-331.

_____. (2005b). "비영리PR과 PR커뮤니케이션 이론의 확장: 공론장 논의와 수사학 패러다임의 적용." 한국광고홍보학보, *7*(5), 7-40.

_____. (2005c). "하버마스 의사 소통 합리성과 PR커뮤니케이션 의미의 확장." 한국언론정보학보, *30*(가을), 89-119.

_____. (2006a). "우리나라 조직의 사과 수사학: 신문에 난 사과광고문의 내용과 수용 여부 분석." 광고학연구, *17*(1), 179-207.

_____. (2006b). "공격과 방어의 수사학: 황우석 사건 위기 커뮤니케이션 분석." 한국언론학보, *50*(4), 5-32.

_____ (2006c). "뉴스 속성의 정부소스 의존 정도: 행정수도 이전을 둘러싼 언론보도와 정부 제공 이슈 속성의 관련성 중심." 언론정보학보, *32*, 75-111.

_____. (2006d). "위험사회와 위험 커뮤니케이션: 위험에 대한 성찰과 커뮤니케이션의 필요성." 커뮤니케이션 이론, *2*(2), 192-232.

_____. (2007). "소스 경쟁과 의제 속성 의존: 스크린 쿼터를 둘러싼 정부와 시민단체의 영향력 분석." 언론정보학보, *39* (가을), 140-177.

김영욱 · 박소훈 · 차희원 (2004). "한국인의 집단주의 성향과 귀인 성향, 그리고 위기 커뮤니케이션 수용 간의 관련성." 한국언론학보, *48*(4), 271-298.

김영욱 · 박정윤 (2006). "PR커뮤니케이션 비판이론의 방향성에 관한 논의: 푸코와 하버마스를 중심으로 한 전개." 홍보학연구, *10*(2), 125-167.

매경이코노미 (2003). "기업 위기 관리 시스템 풀가동." 1194호(3월 5일자), 26-37.

민경환 (1986). "사회심리학의 방법론 논쟁." 김경동 · 안청시 편. 한국사회과학 방법론의 탐색. 서울대학교출판부.

박은혜 · 김영욱 (2007). "언론 프레이밍과 이미지 회복 전략이 공중의 위기 인식에 미치는 영향." 한국언론정보학보, *38*(2), 73-118.

백진숙 (2006). "사과 광고의 메시지 유형에 따른 공중의 반응 연구." 한국광고홍보학보, *8*(2), 184-229.

MBC시청자연구소 (2008). 2008 문화트렌드. 서울: MBC.

이진우 (2003). 하버마스의 비판적 사회이론. 서울: 문예출판사.

이홍균 (1995). "체계의 확장과 근대, 탈근대: 하버마스, 루만, 벡의 이론에서." 현상과 인식. *19*(4), 71-91.

조긍호 (1995). "문화와 인지: 타인 이해의 연구를 중심으로." 한국심리학회 편. 심리학 연구의 통합적 탐색(121~177쪽). 서울: 한국심리학회.

조동필 (2005). "폭음행위 이해: 계획행동 이론의 적용과 확장." 한국언론학보, *49* (3), 346-390.

최재석 (1994). 한국인의 사회적 성격. 서울: 개문사.

한경BUSINESS (2003). "한국기업 위기관리 현주소." 한경 BUSINESS, 8월 4일자, 16-34.

한규석 (1991a). "사회심리학 이론의 문화특수성: 한국인의 사회심리학 연구를 위한 고찰." 한국심리학회지: 사회, *6*(1), 132~155.

한성열 · 안창일 (1990). "집단주의와 나이, 교육, 결혼 및 주거 형태와의 관계." 한국심리학회지: 사회 및 성격, *5*(1), 116~128.

홍성태 (1994). "성찰적 근대화, 현재 위험사회의 환경위기를 극복하는 길." 환경과 생명, 창간호(봄), 232-235.

Ajzen, I.(1985). From intentions to actions: A theory of planned behavior. In J. Kuhl & J. Beckman (eds.), *Action control: From cognition to behavior* (pp. 11-39). Heidelberg: Springer.

Ajzen, I. & Fishbien, M.(1980). *Understanding attitudes and predicting social behavior.* Englewood Cliffs: Prentice-Hall.

Ajzen, I. & Madden, T. J. (1986). Prediction of goal-directed behavior: Attitudes, intentions, and perceived behavioral control. *Journal of Experimental Social Psychology, 22*, 453-474.

Alfini, J. J. (1991). Trashing, bashing, and hashing it out: Is this the end of 'good mediation'?. *Florida State University Law Review, 19*, 47-73.

Alinsky, S. D. (1971). *Rules for radicals: A pragmatic primer for realistic radicals.* New York: Random House.

Axelrod, R. (1994). *The evolution of cooperation.* Basic Books.

Baird, B. N. (1986). Tolerance for environmental health risks: The influence of knowledge, benefits, voluntariness, and environmental attitudes. *Risk Analysis, 6*(4), 425-435.

Bandura, A. (1982). Self-efficacy mechanism in human agency. *American Psychologist, 37*, 122-147.

Baron, J. & Spranca, M. (1997). Protected values. *Organizational Behavior and Human Decision Processes, 70*(1), 1-16.

Baskin, O. W., Aronoff, C. E., & Lattimore, D. (1997). *Public relations: the profession and the practice* (4th eds). Dubuque: Brown and Enchmark.

Bazerman, M. H., & Moore, D. A. (2008). *Judgment in managerial decision making* (7th eds). New York: Wiley.

Bazerman, M. H. & Neale, M. A. (1994). *Negotiating rationally.* New York: Free Press.

Bazerman, M. H., Tenbrunsel, A. E., & Wade-Benzoni, K. A. (1998). Negotiating with yourself and losing: Understanding and managing competing internal preferences. *Academy of Management Review, 23*(2), 225-241.

Beck, U. (1986). *Risikogesellschaft: Auf dem Weg in eine andere Moderne,* Frankfurt am Main, Suhrkamp Verlag. 홍성태(역). (1997). 위험 사회: 새로운 근대(성)을 위하여. 서울: 새물결 (Mar Ritter (trans.) (1992). *Risk society : Towards a new modernity.* London: Sage).

_____. (1997). *The reinvention of politics: Rethinking modernity in the global social order.* Cambridge: Polity Press.

Beck, U., Gidddens, A., & Lash, S. (1996). *Reflexive modernization: Politics, tradition and aesthetics in the modern social order*. Oxford, UK: Polity Press.

Becker, M. H. (1974). The health belief model and sick role behavior. *Health Education Monographs, 2*(4), 409-419.

Becker, M. H. & Maiman, L. A. (1975). Sociobehavioral determinants of compliance with health and medical care recommendations. *Medical Care, 13*, 10-24.

Bennett, P. (1999). Understanding responses to risk: some basic findings. In P. Bennett & K. Calman (eds.), *Risk communication and public health* (pp. 3-19). Oxford: Oxford Univ. Press.

Bennett, P. & Bozionelos, G. (2000). The theory of planned behavior as predictor of condom use: A narrative review. *Psychology, Health & Medicine, 5* (3), 307-320.

Bennett, P. & Calman, K. (eds.) (1999). *Risk communication and public health*. New York: Oxford University Press.

Bennett, P., Coles, D., & McDonald, A. (1999). Risk Communication as a decision process. In P. Bennett & K. Calman (eds.), *Risk communication and public health* (pp. 207-221). New York: Oxford University Press.

Bennett, W. L. (2003). Communicating global activism, strengths and vulnerabilities of networked politics. *Information, Communication & Society, 6*(2), 143-168.

Benoit, W. L. (1982). Richard M. Nixon's rhetorical strategies in his public statements on Watergate. *Southern Speech Communication Journal, 47*, 192-211.

_____. (1988). Senator Edward M. Kennedy & the Chapaquiddick tragedy. In H. R. Ryan (ed.), *Oratorical encounters: Selected studies and sources of twentieth-century political accusations and apologies* (pp. 187-200). Westport, CT: Greenwood.

_____. (1995). *Accounts, excuses, and apologies: A theory of image restoration strategies*. Albany, NY: State University of New York Press.

_____. (2004). Image restoration discourse and crisis communication. D. P. Millar & R. L. Heath (eds.), *Responding to crisis: A rhetorical approach to crisis communication* (pp. 263-280). Mahwah, NJ: Lawrence Erlbaum Associates.

_____. (2005). *News: The politics of illusion*. New York: Pearson Education.

Benoit, W. L. & Anderson, K. K. (1996). Blending politics and entertainment: Dan Quayle versus Murphy Brown. *Southern Communication Journal, 62*, 73-85.

Benoit, W. L. & Brinson, S. L. (1994). AT&T: Apologies are not enough. *Communication Quarterly, 42*, 75-88.

Benoit, W. L., Gullifor, P., & Panici, D. (1991). Reagan's discourse on the Iran-Contra affair. *Communication Studies, 42*, 272-294.

Benoit, W. L. & Lindsay, J. J. (1987). Argument strategies: Antidote to Tylenol's poisoned image. *Journal of the American Forensic Association, 23*, 136-46.

Benoit, W. L. & Wells, W. T. (1998). An analysis of three image restoration discourses on Whitewater. *Journal of Public Advocacy, 3*, 21-37.

Berger, B. K. (2005). Power over, power with, and power to relations: critical reflections on public relations, the dominant coalition, and activism. *Journal of Public Relations Research, 17*(1), 5-28.

Berkowitz, D. (1990). Refining the gatekeeping metaphor for local television news. *Journal of Broadcasting & Electronic Media, 34*, 55-68.

Billings, R. S. (1994). Crisis management and environmentalism: A natural fit. *California Management Review, 36*, 101-113.

Billings, R. S., Milburn, T. W., & Schaalman, M. L. (1980). A model of crisis perception: A theoretical and empirical analysis. *Administrative Science Quarterly, 25*, 300-316.

Bivins, T. (2004). *Mixed media: Moral distinctions in advertising, public relations, and journalism.* Mahwah, CA: LEA.

Blumer, J. G. (1946). Collective behavior. In A. M. Lee (ed.), *New outlines of the principles of sociology* (pp. 167-222). New York: Barnes and Noble.

Boholm, A. (1996). Risk perception and social anthropology: Critique of cultural theory. *Ethos, 61*, 64-84.

Bok, S. (1982). *Secrets: On the ethics of concealment and revelation.* New York: Pantheon Books.

_____. (1989). *Lying: Moral Choice in Public and Private Life* (2nd ed). New York: Vintage.

Borchers, T. A. (2005). *Persuasion in the media age* (2nd ed). Boston, MA: McGraw Hill.

Bord, R. J. & O'Connor, R. E. (1990). Risk communication, knowledge, and attitudes: Explaining reactions to a technology perceived as risky. *Risk Analysis, 10*(4), 499-506.

Borda, J. L. & Mackey-Kallis, S. (2001). A model for crisis management. In D. P. Millar & R. L. Heath (eds.), *Responding to Crisis.* Ch.8. Mahwah, NJ: Lawrence Erlbaum Associates.

Bormann, E. G. (1972). Fantasy and rhetorical vision: The rhetorical criticism of social reality. *Quarterly Journal of Speech, 58*, 396-407.

_____. (1996). Symbolic convergence theory and communication in group decision-making. In R.

Y. Hirokawa & M. S. Poole (eds.), *Communication and group decision-making* (pp. 219-236). Beverly Hills, CA: Sage.

Broom, G. M. & Dozier, D. M. (1990). *Using research in public relations: Applications to program management*, Englewood Cliffs, NJ: Prentice-Hall.

Brown, J. G. & Ayres, I. (1994). Economic rationales for mediation. *Virginia Law Review, 80* (2), 323-402.

Bruning, S. D. & Ledingham, J. A. (1998). Organization-public relationships and consumer satisfaction: The role of relationships in the satisfaction mix. *Communication Research Reports, 15*, 199-209.

Burgoon, J. K. & Hale, J. L. (1984). The fundamental topoi of relational communication. *Communication Monographs, 51*, 193-214.

Burke, K. (1966). *Language as symbolic action*. Berkeley: University of California Press.

_____. (1969). *A rhetoric of motives*. Berkeley: University of California Press.

_____. (1970). *The rhetoric of religion*. Berkeley: University of California Press.

_____. (1973). *The philosophy of literary form*. Berkeley: University of California Press.

Burnett, J. J. (1998). A strategic approach to managing crises. *Public Relations Review, 24*(4), 475-488.

Bush, R. A. B. & Folger, J. R. (1994). *The promise of mediation: Responding to conflict through empowerment and recognition*. San Francisco, CA: Jossey-Bass Publishers.

Canary, D. J. & Stafford, L. (1992). Relational maintenance strategies and equity in marriage. *Communication Monograph, 59*, 243-267.

Cancel, A. E., Cameron, G. T., Sallot, M., & Mitroof, M. (1997). It depends: A contingency theory of accommodation in public relations. *Journal of Public Research, 9*, 31-63.

Checkoway, B. (1981). The politics of public hearings. *Journal of Applied Behavioral Science, 17*, 566-582.

Clark, M. S. & Mills, J. (1993). The difference between communal and exchange relationships: What it is and is not. *Personality and Social Psychology Bulletin, 19*, 684-691.

Consensus Building Institute (2007). *The mutual gains approach to negotiation: A four step process*. Cambridge, MA: CBI.

Coombs, W. T. (1993). Philosophical underpinnings: Ramifications of a pluralist paradigm. *Public Relations Review, 19*(2), 111~120.

_____. (1999). *On-going crisis communication: Planning, managing, and responding.* Thousand Oaks, CA: Sage.

_____. (2006a). Crisis management: A communicative approach. In C. H. Botan & V. Hazleton (eds.), *Public relations theory II* (pp.171-197). Mahwah, NJ: Lawrence Erlbaum Associates.

_____. (2006b). *Code red in the boardroom: Crisis management as organizational DNA.* Westport, CT: Praeger.

Coombs, W. T., Hazleton, V., Holladay, S. J., & Chandler, R. C. (1995). The crisis grid: Theory and application in crisis management. In L. Barton (ed.), *New avenues in risk and crisis management* (Vol. 4, 30-39), Las Vegas, NV: UNLV Small Business Development Center.

Coombs, W. T. & Holladay, S. J. (2004). Reasoned action in crisis communication: An attribution theory-based approach to crisis management. In D. P. Millar & R. L. Heath (eds.), *Responding to crisis: A rhetorical approach to crisis communication* (pp. 95-115). Mahwah, NJ: Lawrence Erlbaum Associates.

Cottle, S. (2000). Rethinking news access. *Journalism Studies, 1*(3), 427-448.

_____. (2003). News, public relations and power: Mapping the field. In S. Cottle (ed.), *News, public relations and power* (pp. 1~24). London: Sage.

Covello, V. T. (1983). The perception of technological risks: A literature review. *Technological Forecasting and Social Change, 23*, 285-297.

Covello, V. T. & Johnson, B. B. (1987). The social and cultural construction of risk: Issues, methods, and case studies. In V. T. Covello & B. B. Johnson (eds.), *The social and cultural construction of risk: Essays on risk selection and perception* (pp. vii-xiii). Dordecht, Holland D. Reidel.

Covello, V. T., McCallum, D. B., & Pavlova, M. T. (1989). Principles and guidelines for improving risk communication. In V.T. Covello, D. B. McCallum, & M. T. Pavlova(eds.), *Effective risk communication: The role and responsibility of government and nongovernment organizations (3-16).* New York: Plenum Press.

Crable, R. E. & Vibbert, S. L., (1985). Managing issues and influencing public policy. *Public Relations Review*, Vol 11, No.2, 3-15.

_____. (1986). *Public relations as communication management.* Edina, MN: Bellwether Press.

Crichton, M. & Flin, R. (2002). Command decision making. In R. Flin & K. Arbuthnot (eds.), *Incident command: Tales from the hot seat.* Aldershot, UK: Achgate.

Curran, J., Gurevitch, M., & Woollacott, J. (1982). The study of the media: Theoretical Approaches. In M. Gurevitch, T. Bennett, J. Curran & J. Woollacott (eds.), *Culture, society and the media* (pp. 11-29). New York: Methuen, Inc.

Cvekovich, G., Siegrist, M., Murray, R., & Tragesser, S. (2002). New information and social trust: Asymmetry and Perseverance of attributions about hazard managers. *Risk Analysis, 22*(2), 359-367.

Dake, C. (1991). Orienting dispositions in the perceptions of risk: An analysis of contemporary worldviews and cultural biases. *Journal of Cross-Cultural Psychology, 23*, 61-82.

Dake, K. (1992). Myths of Nature: Culture and the social construction of risk. *Journal of Sociology, 48*, 21-37.

Dana, J., Cain, D., & Dawes, R. M. (2006). What you don't know won't hurt me: Costly (but quiet) exit in a dictator game. *Organizational Behavior & Human Decision Processes, 100*, 193-201.

Dasgupta, N. (2004). Implicit ingroup favoritism, outgroup favoritism, and their behavioral manifestations. *Social Justice Research, 17*(2), 143-170.

Davis, A. (2000). Public relations, news production and changing patterns of source access in british national media. *Media, Culture, and Society, 22*(1), 39~59.

_____. (2002a). Public relations, business news and the reproduction of corporate elite power. *Journalism, Theory, Practice and Criticism, 1*(3), 282-304.

_____. (2002b). *Public relations democracy*. Manchester: Manchester University Press.

Deutsch, M. (1973). *The resolution of conflict: Constructive and destructive processes*. New Haven: Yale University Press.

Douglas, M. (1982). *The active voice*. London, UK: Routledge and Kegan Paul.

Douglas, M. & Wildavsky, A. (1982). *Risk and culture: An essay on the selection of technological and environmental dangers*. Berkeley: University of California Press.

_____. (1983). *Risk and culture: an essay on the selection of technological and environmental dangers*. Berkeley: University of California Press.

Dozier, D. M., Grunig, J. E., & Grunig, J. E. (1995). *Manager's guide to excellence in public relations and communication management*. Mahwah, NJ: Lawrence Erlbaum Associates.

Dozier, D. M. & Lauzen, M. M. (2000). Liberating the intellectual domain from the practice: Public relations, activism, and the role of the scholar. *Journal of Public Relations Research, 12*(1), 3-

22.

Drennan, L. T. & McConnell, A. (2007). *Risk and crisis management in the public sector.* New York: Routledge.

Dutton, J. E. (1986). The processing of crisis and non-crisis strategic issues. *Journal of Management Studies, 25*(5), 3501-3517.

Dutton, J. E. & Ashford, S. J. (1993), Selling Issues to Top Management, *Academy of Management Review*, Vol. 18, No.3.

Dyer, S. C. (1995, Fall). Getting people into the crisis communication plan. *Public Relations Quarterly, 40*, 38-41.

Ebbin, S. & Kasper, R. (1974). *Citizen groups and the nuclear power controversy.* Cambridge, MA: MIT Press.

Ehling, W. P. (1992). Estimating the value of public relations and communication to an organization. In J. Grunig (ed.), *Excellence in Public Relations and Communications Management* (pp. 617-638). Lawrence Erlbaum Associate, Hillsdale, NJ.

Englehardt, K. J., Sallot, L. M., & Sprintston, J. K. (2004). Compassion without blame: Testing the accident decision flow chart with the crash of ValuJet flight 592. *Journal of Public Relations Research, 16*(2), 127-156.

Epstein, E. J. (1973). *News from nowhere.* New York: Random House.

Falkheimer, J. (2006). *The role of public relations in a runaway world : With reference to Anthony Giddens.* A paper presented to the public relations division of International Communication Association, Dresden, Germany.

Fearn-Banks, K. (1996). *Crisis Communications: A casebook approach.* Mahwah, NJ: Lawrence Erlbaum.

Ferguson, M. A. (1984). *Building theory in public relations: International relationships.* Paper presented to the Association for Education in Journalism and Mass Communication, Gainesville, FL.

Fink, S. (1986). *Crisis Management: Planing for the inevitable.* New York: AMACOM.

Fischhoff, B. (1985). Managing risk perceptions. *Issues in Science and Technology, 2*(1), 83-96.

_____. (1995). Risk perception and communication unplugged: Twenty years of process. *Risk Analysis, 15*, 137-145.

Fischhoff, B., Lichtenstein, S., Slovic, P., Derby, S. L., & Keeney, R. L. (1981). *Acceptable risk.*

Cambridge: Cambridge University Press.

Fischhoff, B., Slovic, P., Lichtenstein, S., Read, S., & Combs, B. (1978). How safe is safe enough?: A psychometric study of attitudes towards technological risks and benefits. *Policy Sciences, 8*, 127-152.

Fischhoff, B., Watson, S. R., & Hope, C. (1984). Defining risk. *Policy Sciences, 17*, 123-139.

Fisher, W. R. (1984). Narration as a human communication paradigm: The case of public moral argument. *Communication Monographs, 51*, 1-22.

_____. (1985). The narrative paradigm: An elaboration. *Communication Monographs, 56*, 55-58.

_____. (1987). *Human communication as narration: Toward a philosophy of reason, value and action*. Columbia: University of South Carolina Press.

Fisher, W. R. & Ury, W. (1991). *Getting to Yes*. Boston, MA: Houghton-Mifflin.

Fishbein, M. & Ajzen, I. (1975). *Belief, attitude, intention and behavior: An introduction to theory and research*. Reading, MA: Addison-Wesley.

Flynn, J., Slovic, P., Kunreuther, H. (eds.) (2001). *Risk, media, and stigma: Understanding public challenges to modern science and technology*. London: Earthscan.

Forsyth, D. R. (1980). A taxonomy of ethical ideologies. *Journal of Personality and Social Psychology, 39*, 175-184.

Foss, S. K. (1996). *Rhetorical criticism: Exploration & practice* (2nd ed.). Prospect Heights, IL: Waveland Press.

Fredrikson, M. (2006). *The symbolic dimensions of subpolitics: Strategic communication in the light of Ulrich Beck's theories on reflexive modernization*. A paper presented to the public relations division of International Communication Association, Dresden, Germany.

French, S. & Maule, J. (1999). Improving risk communication: Scenario-based workshops. In P. Bennett & K. Calman (eds.), *Risk communication and public health* (pp. 241-253). New York: Oxford University Press.

Gans, H. J. (1979). *Deciding what's news: A study of CBS evening news, NBC nightly news, Newsweek, and Time*. New York: Vintage.

Gardner, G. T. & Gould, L. C. (1989). Public perceptions of the risks and benefits of technology. *Risk Analysis, 9*, 225-42.

Gerrard, S. (1999). Learning from experience: The need for systematic evaluation methods. In P. Bennett & K. Calman (eds.), *Risk communication and public health* (pp. 254-265). New York:

Oxford University Press.

Giddens, A. (1990). *The consequences of modernity.* Stanford University. 이윤희 · 이현희 (역). (1991). 포스트 모더니티. 서울: 민영사.

_____. (1991). *Modernity and Self-Identity.* London: Polity.

Gonzalex-Herrero, A. & Pratt, C.B. (1995). How to manage a crisis before-or whenever-it hits, *Public Relations Quarterly, 40*(1), 25-29.

Graber, D. A. (1982). The impact of media research on public opinion studies. In D. C. Whitney, E. Wartella, & S. Windahl(eds.), *Mass Communicatin Review Yearbook*(Vol.3, pp.555-564). Beverly Hills, CA: Sage.

Grunig, J. E. (1992). Communication, public relations, and effective organizations: An overview of the book. In J. E. Grunig (ed.), *Excellence in public relations and communication management* (pp. 285-326), Hillsdale, NJ: Lawrence Erlbaum.

_____. (1993). Image and substance: From symbolic to behavioral relationship. *Public Relations Reviews, 19*, 121-139.

_____. (2001). Two-way symmetrical public relations: Past, present, and future. In R. L. Heath (ed.), *Handbook of Public Relations* (pp. 11 - 20). Thousand Oaks, CA: Sage.

Grunig, J. E. & Grunig, L. A. (1992). Models of public relations and communications. In J. E. Grunig (ed.), *Excellence in public relations and communications management* (pp. 285-326). Hillsdale, NJ: Lawrence Erlbaum.

Grunig, J. E., Grunig, L. A., & Ehling, W. P. (1992). What is an effective organization. In J. E. Grunig (ed.), *Excellent public relations and communication management*, Hillsdale, NJ: Lawrence Erlbaum.

Grunig, J. E. & Hunt, T. (1984). *Managing public relations.* NY: Holt, Reinhart & Winston.

Grunig, L.A., Grunig, J. E., & Dozier, D. (2002). *Excellent public relations and effective organizations: A study of communication management in three countries.* Mahwah, NJ: Lawrence Erlbaum Associates.

Habermas, J. (1973). *Theory and practice.* Boston: Beacon Press.

_____. (1979). *Communication and the evolution of society.* (T. McCarthy, Trans.). Boston : Beacon Press.

_____. (1981). *The theory of communicative action.* Boston: Beacon Press.

_____. (1984). *The theory of communicative action, Vol. 1: Reason and the rationalization of society* (T. McCarthy, Trans.). Boston: Beacon Press. (Original work published 1981).

_____. (1989). *The structural transformation of the public sphere: An inquiry into a category of bourgeois society* (T. Burger, Trans. with the assistance of F. Lawrence). Cambridge: Polity Press. (Original work published 1962).

Haefner, D. P. (1974). The health belief model and preventive dental behavior. *Health Education Monographs, 2*(4), 420-432.

Hainesworth, B. E. & Meng, M. (1998). How corporations define issue management. *Public Relations Review, 14*(4), 18-30.

Hall, S., Critcher, C., Jefferson, T., Clarke, J., & Roberts, B. (1978). *Policing the crisis: Mugging the state and law and order.* London: Macmillan.

Hallahan, K. (2000). Inactive publics: The forgotten publics in public relations. *Public Relations Review, 26*, 499-515.

Hance, B. J., Chess, C., & Sandman, P. M. (1989). Setting a context for explaining risk. *Risk Analysis, 9*, 113-117.

Hansson, S. O. (1989). Dimensions of risk. *Risk Analysis, 9*, 107-112.

Hearit, K. M. (2000). Corporate apologia: When an organization speaks in defense of itself. In R.L. Heath (ed.), *Handbook of public relations* (595-605). Thousand Oaks, CA: Sage.

_____. (2006). *Crisis management by apology: Corporate response to allegations of wrongdoing.* Mahwah, NJ: Lawrence Erlbaum Associates.

Heath, R. L. (1993). A rhetorical approach to zones of meeting and organizational prerogatives. *Public Relations Review, 19*, 141～155.

_____. (2000). A rhetorical enactment rationale for public relations: The good organization communicating well. In R. L. Heath(ed.), *Handbook of Public Relations* (pp. 31-50). Thousand Oaks, CA: Sage.

_____. (2000). *Encyclopedia of Public Relations.* London: Sage.

_____. (2004). Telling a story: A narrative approach to communication during crisis. In D. P. Millar & R. L. Heath (eds.), *Responding to crisis: A rhetorical approach to crisis communication* (pp. 167-187). Mahwah, NJ: LEA.

_____. (2006). Onward into more fog: Thoughts on public relations' research directions. *Journal of public relations research, 18*(2), 93-114.

Heath, R. L. & Millar, D. P. (2004). A Rhetorical Approach to Crisis Communication: Management,

Communication Processes, and Strategic Responses, In D. P. Millar & R. L. Heath (eds.), *Responding to Crisis,* Ch.1.

Herman, E. S. & Chomsky, N. (2002). *Manufacturing consent: The political economy of the mass media.* New York: Pantheon Books.

Hermann, C. F. (1963). Some consequences of crises which limit the viability of organizations. *Administrative Science Quarterly, 8,* 61-82.

_____. (1972). Threat, time, and surprise: A simulation of international crises. In C. F. Hermann (ed.), *International crises: Insights from behavioral research* (pp. 187-211). New York: Free Press.

Hirokawa, R. Y. & Rost, K. (1992). Effective group decision making in organizations. *Management Communication Quarterly, 5,* 267-288.

Hofstede, G. (1980). *Culture's consequences: International differences in work-related values.* Beverly Hills. CA: Sage.

Holtz, S. (1999). *Public relations on the net: Winning strategies to inform and influence the media, the investment community, the government, the public, and more!.* New York: AMACOM.

Hon, L. & Grunig, J. E. (1999). *Guidelines for measuring relationsships in public relations.* Institute for Public Relations. University of Florida, PO Box 118400, Gainesville, FL 32611-8400.

Hui, C. H. & Triandis, H. C. (1986a). Individualism-collectivism. *Journal of Research in Personality, 22,* 17-36.

_____. (1986b). Individualism-collectivism: A study of cross-cultural researchers, *Journal of Cross-Cultural Psychology, 17,* 225-248.

Hung, C. J. F. (2005): Exploring types of organization-public relationships and their implications for relationship management in public relations. *Journal of Public Relations Research, 17,* 393-426.

Huxman, S. S. (2004). Exigencies, explanations, and executions: Toward a dynamic theory of the crisis communication genre. In D. P. Millar & R. L. Heath (eds.), *Responding to a crisis: A rhetorical approach to crisis communication* (pp. 281-297). Mahwah, NJ: LEA.

Huxman, S. S. & Bruce, D. B. (1995). Toward a dynamic generic framework of apologia: A case study of Dow Chemical, Vietnam, and the napalm controversy. *Communication Studies, 46,* 57-72.

Janis, I. L. & Mann, L. (1977). *Decision-making: A psychological analysis of conflict, choice and commitment*. New York: The Free Press.

Jones, B. L. & Chase, W. H. (1979). Managing public policy issues. *Public Relations Review, 5*(2), 3-23.

Johnson, B. B. & Covello, V. T. (eds.), (1987). *The social and cultural construction of risk*. Dordrecht. Reidel.

Johnson, F. R. & Fisher, A. (1989). Conventional wisdom on risk communication and evidence from a field experiment. *Risk Analysis, 9*, 209-213.

Kahneman, D., Slovic, P., & Tverksy, A. (eds.), (1982). *Judgment under uncertainty: Heuristics and biases*. New York: Cambridge University Press.

Kahneman, D., & Tversky, A. (1979). Prospect theory: An analysis of decision under risk. *Econometrica, 47*(2), 263-291.

Kasperson, R. E. (1986). Six propositions on public participation and their relevance for risk communication. *Risk Analysis, 6*, 275-281.

_____. (1992). The social amplification of risk: progress in developing an integrative framework. In *Social theories of risk* (ed. S. Krimsky & D. Golding), 153-178. Praeger, Westport CT.

_____. (2005). Introduction and overview. In R. E. Kasperson & J. E. Kasperson (eds.), *The social contours of risk: Publics, risk communication & the social amplification of risk* (pp. 1-16). Sterling, VA: Earthscan.

Kasperson, R. E., Emel, J., Goble, R., Hohenemser, C., Kasperson, J. X., & Renn, O. (1987). Radioactive Wastes and the Social Amplification of Risk. In R. G. Post eds. *Waste Management 87*. Tucson: Arizona Board of Regents.

Kasperson, R. E., Golding, D., & Tuler, S. (1992). Social distrust as a factor in siting hazardous facilities and communicating risks, *Journal of Social Issues, 48*, 161-187.

Kasperson, R. E., Golding, D., & Kasperson, J. X. (2005). Risk, trust and democratic theory. In J. X. Kasperson & R. E. Kasperson (eds.), *The social contours of risk: Publics, risk communication & the social amplification of risk* (pp. 181-201). London: Earthscan.

Kasperson, R. E. & Kasperson, J. X. (2005). Considerations and principles for risk communication for industrial accidents. In J. X. Kasperson & R. E. Kasperson (eds.), *The social contours of risk* (pp. 68-94). Sterling, VA: Earthscan.

Kasperson, R. E. & Palmlund, I. (1989). Evaluating risk communication. V. Covello, D. McCallum, & M. Pavlova (eds.), *Effective risk communication: The role and responsibility of government* (pp. 143-160). Dordrecht: Kluwer Academic/Plenum Press.

Kasperson, R. E., Renn, O., Slovic, P., Brown, H. S., Emel, J., Goble, R., Kasperson, J. X., & Ratick, S. (1988). The social amplification of risk: A conceptual framework. *Risk Analysis, 8*, 177-187.

Kasperson, R. E. & Stallen, P. M. J. (ed.) (1991). *Communicating risks to the public: International perspectives*. Kluwer, Dordrecht.

Keeney, R. L. (1992). *Value-focused thinking*. Boston, MA: Harvard University Press.

Kelly, K. S. (1998). *Effective fund-raising management*. Nahwah, NJ: Lawrence Erlbaum.

Kennedy, G. (1963). *The art of persuasion in Greece*. Princeton, NJ: Princeton University Press.

Kent, M. L. & Taylor, M. (2002). Toward a dialogic theory of public relations. *Public Relations Review, 28*, 21-37.

Ki, E-J. & Hon, L. C. (2007). Testing the linkages among the organization-public relationship and attitude and behavioral intentions. *Journal of Public Relations Research, 18*, 225-248.

Kim, P. H., Dirks, K. T., Cooper, C. D., & Ferrin, D. L. (2006). When more blame is better than less: The implications of internal vs. external attributions for the repair of trust after a competence- vs. integrity-based trust violation. *Organizational Behavior and Human Decision Processes, 99*, 49-65.

Kim, Y. (2000). Measuring the bottom line impact of corporate public relations. *Journalism and Mass Communication Quarterly, 7*(2), 273-291.

Kim, Y., Cha, H., & Kim, J. (2008). Developing a Crisis Management Index: Applications in South Korea. *Journal of Public Relations Research, 20*(3), 328-355.

Kovach, K. K. (2005). Mediation. In M. L. Moffitt & R. C. Bordone (eds.), *The handbook of dispute resolution* (pp. 304-317). San Francisco, CA: Jossey-Bass.

Kramer, M. R. & Olson, K. M. (2002). The strategic potential of sequencing apologia stasis: President Clinton's self-defense in the Monica Lewinsky scandal. *Western Journal of Communication, 66*, 347-369.

Krukeberg, D. & Starck, K. (1988). *Public relations and community: A reconstructed theory*. New York: Praeger.

Kruse, N. W. (1984). Motivational factors in non-denial apologia. *Central States Speech Journal, 28*, 13-23.

Lang, G. E. & Lang, K. (1983). *The Battle for Public Opinion: The President, the Press, and the*

Polls during Watergate. New York: Columbia.

Langford, I. H., Marris, C., & O'Riordan, T. (1999). Public reactions to risk: Social structures, images of science, and the role of trust. In P. Bennett & K. Calman (eds.), *Risk communication and public health* (pp. 33-50). New York: Oxford University Press.

Lauzen, M. M. (1995). Toward a model of environmental scanning. *Journal of Public Relations Research, 7*(3), 187-203.

Lax, D. A. & Sebenius, J. K. (2002). Dealcrafting: The substance of three dimensional negotiation. *Negotiation Journal, 18*, 5-28.

Lazare, A. (2004). *On apology*. New York: Oxford University Press.

Leeper, K. A. (1996). Public relations ethics and communitarianism: A preliminary investigation. *Public Relations Review, 22*, 163-179.

Leiss, W. (1996). Three phases in the evolution of risk communication practice. *Annals of the American Academy of Political and Social Science, 545*, 85-94.

Leiss, W. & Chociolko, C. (1994). *Risk and responsibility*. Montreal & Kingston: McGill-Queen's University Press.

Leitch, S. & Neilson, D. (2001). Bringing publics into public relations: New theoretical frameworks for practice. In R. L. Heath (eds.), *Handbook of public relations* (pp. 127-138). Thousand Oaks, CA: Sage.

Lerbinger, O. (1997). *The crisis manager: Facing risk and responbility*. Mahwah, NJ: Lawrence Erlbaum Associates.

Levy, J. S. & Prather, R. C. (1999). Fly on the wall. In *Texas practice guide: Alternative dispute resolution* (Appendix A). St. Paul, MN: West Group.

Lewicki, R. J. & Leterer, J. A. (1985). *Negotiation: Readings, exercises, and cases*. Homewood, IL: R. D. Irwin.

Lewis, J. D. & Weigert, A. (1985). Trust as a social reality. *Social Forces, 63*(4), 967-985.

Lim, T. & Choi, S. (1996). Interpersonal relationships in Korea. In W. Gudykunst, S. Ting-Toomey & Nishida (eds.), *Communication in personal relationships across cultures*. Thousand Oaks: Sage.

Lindell, E. M. & Earle, T. C. (1983). How close is close enough: Public perceptions of the risks of industrial facilities. *Risk Analysis, 3*(4), 245-253.

Lipset, S. M. & Schneider, W. (1983). The decline of confidence in American institutions. *Political*

Science Quarterly, 98(3), 379-402.

Little, D. (1991). *Varieties of social explanation: An introduction to the philosophy of social science.* San Francisco, CA: Westview Press.

Littlejohn, R. F. (1983). *Crisis Management: A team approach.* New York: AMA Publications.

Loewenstein, G. & Thaler, R. H. (1989). Anomalies: Intertemporal choice. *Journal of Economic Perspectives, 3*(4), 181-193.

Luhmann, N. (1980). *Trust and power.* New York: Wiley.

_____. (1993). *Risk: A sociological theory.* R. Barrett (Trans.). New York: Walter de Gruyter.

Lukasewski, J. E. (1999). *Current crisis communication issues.* New York: The Lukaszewski Group.

_____. (2000). *First Response.* New York: The Lukaszewski Group.

Lundgren, R. E. & McMakin, A. H. (2004). *Risk communication: A handbook for communicating environmental, safety, and health risks* (3rd ed). Columbus, OH: Battelle Press.

Lyotard, J. F. (1984). *The postmodern condition: A report on knowledge.* Minneapolis: University of Minnesota Press.

MacCrimmon, K. R. & Wehrung, D. A. (1986). *Taking risks: The management of uncertainty.* New York: The Free Press.

Marra, F. J. (1992). *Crisis public relations: A theoretical model.* Doctoral dissertation unpublished. University of Maryland, College Park, MA.

Marsh, C. (2005). *The syllogism of apologia: Rhetorical stasis theory and crisis communication.* A paper presented at Association of Education for Journalism and Mass Communication, Houston.

McAuley, E., Duncan, T. E., & Russell, D. W. (1992). Measuring causal attributions: The revised causal dimension scale (CDII). *Personality and Social Psychology Bulletin, 18,* 566-573.

McComas, K. (2006). Defining moments in risk communication research: 1996-2005. *Journal of Health Communication, 11,* 75-91.

McCombs, M. E. & Shaw, D. L. (1972). The agenda-Setting Function of Mass Media, *Public Opinion Quarterly 36*(2), 176-187.

McElreath, M. P. (1996). *Managing systematic and ethical public relations campaigns.* Madison, WI: Brown & Benchmark.

McLaughlin, M. L., Cody, M. J., & O'Hair, H. D. (1983). The management of failure events: Some contextual determinants of accounting behavior. *Human Communication Research, 9*, 208-24.

McNeil, B. J., Pauker, S. G., Sox, H. C., & Tversky, A. (1982). On the elicitation of preferences for alternative therapies. *New England Journal of Medicine, 306*, 1259-1262.

McQuail, D. (1992). *Media performance: Mass communication and the public interest.* London: Sage.

Menkel-Meadow, C. J. (ed.) (2000). *Introduction to mediation: Theory, policy, and practice.* Aldershot, England: Ashgate/Dartmouth.

______. (2003). Conflict theory. In K. Christensen & D. Levinson (eds.), *Encyclopedia of community: From the village to the virtual world* (pp. 323-326). Thousand Oaks, CA: Sage.

Menkel-Meadow, C. J., Love, L. P., Schneider, A. K., & Sternlight, J. R. (2007). *Dispute resolution: Beyond the adversarial model.* New York: Aspen.

Millar, F. E. & Beck, D. B. (2004). Metaphors of crisis. In D. P. Millar & R. L. Heath (eds.), *Responding to crisis: A rhetorical approach to crisis communication* (pp. 153-166). Mahwah, NJ: Lawrence Erlbaum Associates.

Mitroff, I.I. (1988). *Break-away thinking: How to challenge your business assumptions (and why you should).* New York: John Wiley & Sons.

Mitroff, I.I. & Anagnos, G. (2001). *Managing crisis before they happen: What every executive and manager needs to know about crisis management.* New York: AMACOM.

Mitroff, I. I. & Pearson, C. M. (1993). *Crisis Management: A diagnostic guide for improving your organization's crisis-preparedness.* San Francisco, CA: Jossey-Bass Publishers.

Mitroff, I. I., Pearson, C. M., & Harrington, L. K. (1996). *The essential guide to managing corporate crises: A step-by-step handbook for surviving major catastrophes.* New York: Oxford University Press.

Moore, D. A., Cain, D. M., Loewenstein, G., & Bazerman, M. H. (eds.), (2005). *Conflicts of interest: Challenges and solutions in law, medicine, and organizational settings.* New York: Cambridge University Press.

Morgan, M. G., Fischhoff, G. B., Bostrom, A. & Atman, C. J. (2002). *Risk Communication: A Mental Models Approach.* Cambridge University Press, New York.

Morgan, M. G., Fischhoff, G. B., Bostrom, A., Lave, L., & Atman, C. J. (1992). *Risk communication: A mental models approach.* New York: Cambridge University Press.

Morton, L. P. (1986). How newspapers choose the releases they use. *Public Relations Review,*

12(3), 22-27.

Mouffe. C. (1993). *The return of the political.* London, New York: Verso.

Murphy, P. (1990). Game theory as a paradigm for public relations process. In Botan, C. & Hazleton(eds.), *Public Relations Theory*(pp. 173-192). Hillsdale, NJ: Lawrence Erlbaum Associates.

Nathan, K., Heath, R. L., & Douglas, W. (1992). Tolerance for potential environmental health risks: The influence of knowledge, benefits, control, involvement, and uncertainty. *Journal of Public Relations Research, 4*, 235-258.

National Research Council (NRC). 1989. *Improving risk communication.* Washington, DC: National Academy Press.

Nielson, T. R. (1974). *Ethics of speech communication* (2nd ed.). Indianapolis, IN: Bobbs-Merrill.

Nolan-Haley, J. M. (2001). *Alternative dispute resolution.* St. Paul, MN: West Group.

Nosek, B. A., Banaji, M. R., & Greenwald, A. G. (2002). Harvesting implicit group attitudes and beliefs from a demonstration web site. *Group Dynamics: Theory, Research, and Practice, 6*(1), 101-115.

Olaniran, B. A. & Williams, D. E. (2004). Burkean Counternature and the vigilant response: An anticipatory model of crisis management and technology. In D. P. Millar & R. L. Heath (eds.), *Responding to crisis: A rhetorical approach to crisis communication* (pp. 75-94). Mahwah, NJ: Lawrence Erlbaum Associates.

Otway, H., Maurer, D. & Thomas, K. (1978). Nuclear power: The question of public acceptance. *Futures, 10*, 109-118.

Otway, H. & Wynne, B. (1989). Risk communication: Paradigm and paradox. *Risk Analysis, 9*, 141-145.

Palenchar, M. J. & Heath, R. L. (2002). Another part of the risk communication model: Analysis of communication processes and message content. *Journal of Public Relations Research, 14*(2), 127-158.

Palmlund, I. (1989). The case of Estrogens: An Inquiry into Societal Risk Evaluation. Unpublished doctoral dissertation, Clark University.

_____. (1992). Social drama and risk evaluation. In S. Krimsky & D. Golding (eds.), *Social theories of risk* (pp. 197-214). Westport, CT: Praeger.

Patterson, S. & Grant, S. (2001). *Essentials of alternative dispute resolution.* Dallas, TX: Pearson.

Pauchant, T.C. & Mitroff, I.I. (1992). *Transforming the crisis-prone organization: Preventing individual, organizational, and environmental tragedies.* San Francisco: Jossey-Bass.

Pavlik, J. V. (1987). *Public relations: What research tells us.* Newbury Park, CA: Sage.

Pearson, C. M., Clair, J. A., Misra, S. K., & Mitroff, I. I. (1997). Managing the unthinkable. *Organizational Dynamics*, Autumn, 51-64.

Pearson, C.M. & Mitroff, I.I. (1993). From crisis prone to crisis prepared: A framework for crisis management. *The Executive, 7*(1), 48-59.

Pearson, R. & Clair, J.A. (1998). Reframing crisis management. *Academy of Management Review, 23*(1), 59-76.

Perrow, C. (1984). *Normal Accidents: Living with high-risk technologies.* New York: Basic Books. (2nd edition 1999, Princeton University Press).

_____. (1999). *Normal accidents.* New York: Basic Books.

Petty, R. E. & Cacioppo, J. T. (1981). *Attitudes and Persuasion: Classic and Contemporary Approaches.* Dubuque, Iowa: Wm. C. Brown.

_____. (1984). The effects of involvement on responses to argument quantity and quality: Central and peripheral routes to persuasion. *Journal of Personality and Social Psychology, 46*, 69-81.

Post, J. M. (2004). *Leaders and their followers in a dangerous world: The psychology of political behavior.* Ithaca, NY: Cornell University Press.

Price, V. (1992). *Public opinion.* Newbury Park. CA: Sage.

Rabin, M. & Thaler, R. H. (2001). Anomalities: Risk aversion. *Journal of Economic Perspectives, 15*(1), 219-232.

Raiffa, H. (1982). *The art and science of negotiation.* Cambridge, MA: Belknap.

_____. (2002). *Collaborative decision making.* Cambridge, MA: Belknap.

Rayner, S. (1984). Disagreeing about risk: The institutional cultures of risk management and planning for future generations. In S. G. Hadden (ed.), *Risk Analysis Institutions, and Public Policy* (pp. 150-169). Port Washington, NY: Associated Faculty Press.

_____. (1992). Cultural theory and risk analysis. S. Kimsky & D. Golding (eds.), *Social theories of risk* (pp. 83-115). Westport, CT: Praegar.

Rayner, S. & Cantor, R. (1987). How fair is safe enough? The cultural approach to societal technology choice. *Risk Analysis, 7*(1), 3-13.

Reese-Schäfer, W. (1991). *Jürgen Habermas.* Frankfurt, Germany: Campus Verlag. 선우현 (역).

(1998). 하버마스: 철학과 사회이론. 서울: 거름.

Renn. O. (1992). Concepts of Risk: A classification. S. Krimsky & D. Golding (eds.), *Social theories of risk* (pp. 53-79). Westport, CT: Praeger.

Renn, O. & Levine, D. (1991). Credibility and trust in risk communication. In R. E. Kasperson & P. J. M. Stallen (eds.), *Communicating risks to the public: international perspectives* (pp. 175-218). Dordrecht: Kluwer.

Reynolds, B. & Seeger, M. W. (2005). Crisis and emergency risk communication as an integrative framework. *Journal of Health Communication, 10*, 43-55.

Robbennolt, J. K. (2003). Apologies and legal settlement: An empirical examination, *Michigan Law Review, 102*, 460-485.

Rogers, E. M. & Kincaid, D. L. (1981). *Communications networks: Toward a new paradigm for research.* New York: The Free Press.

Rose, R. & Davies, P. L. (1994). *Inheritance in public policy: Change without choice in Britain.* New Haven, CT: Yale University Press.

Ross, W. D. (1930). *The right and the good.* Oxford: Clarendon Press.

Rossi, P. H. & Freeman, H. E. (1993). *Evaluation: A systematic approach.* London: Sage.

Rowan, K. E. (1995). What communicators need to know: An agenda for research. B. R. Burleson (ed.), *Communication Yearbook 18* (pp. 300-319). Thousand Oaks, CA: Sage.

Ryan, H. R. (1982). Ketegoria and apologia: On their rhetorical criticism as a speech set. *Quarterly Journal of Speech, 68*, 254-261.

Salmon, C. T., Park, H. S., & Wrigley, B. J. (2003). Optimistic bias and perceptions of bioterrorism in Michigan corporate spokespersons. *Journal of Health Communication, 8*, 130-143.

Sander, F. (1976). Varieties of dispute processing, *Federal Rules Decision, 70*, 111-134.

Sandman, P. (1993). *Responding to community outrage: Strategies for effective risk communication.* Fairfax, VA: American Industrial Hygiene Association.

Savage, I. (1993). Demographic influences on risk perceptions. *Risk Analysis, 13*, 413-420.

Scherer, C. W. & Cho, H. (2003). A social contagion theory of risk perception. *Risk Analysis, 23*(2), 261-267.

Schlesinger, P. (1990). Rethinking the sociology of journalism: Source strategies and the limits of media centrism. In Ferguson (ed). *Public Communication: The new imperative.* London: Sage.

Schon, D. A. & Rein, M. (1994). *Frame reflection: Toward the resolution of intractable policy controversies*. New York: Basic Books.

Scott, M. H. & Lyman, S. M. (1968). Accounts. *American Sociological Review, 33*, 42-62.

Seib, P. & Fitzpatrick, K. (1995). *Public relations ethics*. Orlando, FL: Harcourt Brace and Company.

Seitel, F. P. (2001). *The practice of public relations* (8th ed.). New York: Macmillan.

Senge, P. M. (1990). *The fifth discipline: The art and practice of the learning organization*. New York: Doubleday.

Shapiro, I. (2003). *The state of democratic theory*. Princeton: Princeton University Press.

Shariff, K. Z. (2003). Designing institutions to manage conflict: Principles of the problem solving organization. *Harvard Negotiation Law Review, 133*, 133-157.

Shoemaker, P. (1989). Public relations versus journalism: Comments on Turrow. *American Behavioral Scientist, 33*(2), 213~215.

Shoemaker, P. & Reese, S. D. (1996). *Mediating the message: Theories of influences on mass media content*. New York: Longman.

Shrivastava, P. (1993). Crisis theory/practice: Towards a sustainable future. *Industrial and Environmental Crisis Quarterly, 7*, 23-42.

Sigal, L. V. (1973). *Reporters and officials*. Lexington, Mass: D.C. Health.

Slovic, P. (1972). Limitations of the Mind of Man: Implications for Decision Making in the nuclear age. In H. Otway (ed.), *Risk vs. benefit: Solution or Dream* (pp. 41-49). Los Alamos: Los Alamos Scientific Laboratory.

______. (1984). Perception and Acceptability of risk from energysystems. In W. R. Freudenburg & E. A. Rosa (eds.), *Public Reactions to Nuclear Power: Are there critical masses?* (pp. 115-135). Boulder, CO: American Association for the Advancement of Science/Westview Press.

______. (1986). Informing and educating the public about risk. *Risk Analysis, 6*, 403-415.

______. (1987). Perception of risk. *Science, 230*, 280-285.

______. (1992). Perception of risk: Reflections on the psychometric paradigm. S. Krimsky & D. Golding (eds.), *Social theories of risk* (pp. 117-152). Westport, CT: Praeger.

Slovic, P., Fischhoff, B., & Lichtenstein, S. (1979). Rating the risks. *Environment, 21*, 14-39.

______. (1980). Facts and fears: Understanding perceived risk. In R. Schwing & W. Albers, Jr. (eds.), *Social risk assessment: How safe is safe enough?* (pp. 181-216). New York: Plenum.

Spicer, C. H. (2000). Public relations in a democratic society: Value and values. *Journal of Public*

Relations Research, 12(1), 115-130.

Stafford, L. & Canary, D. J. (1991). Maintenance strategies and romantic relationship type, gender and relational characteristics. *Journal of Social and Personal Relationships, 8*, 217-42.

Star, C. (1969). Social Benefit versus Technological Risk. *Science, 165*, 1232-1238.

Stone, D., Patton, B., & Heen, S. (1999). *Difficult conversations: How to discuss what matters most.* New York: Viking.

Sturges, D.L. (1994). Communicating through crisis: A strategy for organizational survival. *Management Communication Quarterly, 7*(3), 297-316.

Susskind, L. & Cruikshank, J. (1987). *Breaking the impasses: Consensual approaches to resolving public disputes.* Cambridge, MA: The MIT-Harvard Public Disputes Program.

_____. (2006). *Breaking Robert's rules: The new way to run your meeting, build consensus, and get results.* New York: Oxford University Press.

Susskind, L. & Field, P. (1996). *Dealing with an angry public: The mutual gains approach to resolve disputes.* New York: The Free Press.

Taig, T. (1999). Risk communication in government and the private sector: Wider observation. In P. Bennett & K. Calman (eds.), *Risk communication and public health* (pp. 222-240). New York: Oxford University Press.

Tavuchis, N. (1991). *Mea culpa: A sociology of apology and reconciliation.* Standford, CA: Stanford University Press.

Tetlock, P. E., Kristel, O. V., Elson, S. B., Green, M. C., & Lerner, J. S. (2000). The psychology of the unthinkable: Taboo trade-offs, forbidden base rates, and heretical counterfactuals. *Journal of Personality and Social Psychology, 78*(5), 853-870.

Thaler, R. H. (1999). Mental accounting matters. *Journal of Behavioral Decision Making, 12*(3), 183-206.

Thomas, K. (1976). Conflict and conflict management. In M. D. Dunnette (ed.), *Handbook of industrial an organizational psychology* (pp. 889-902). Chicago, IL: Rand McNally College Publishing.

Thompson, M. (1980). The aesthetics of risk: Culture or context? In W. C. Schwing & W. A. Albers(eds.), *Societal risk assessment: How safe is safe enough?* (pp.273- 285). New York: Plenum.

Thompson, M., Ellis, R., & Wildavsky, A. (1990). *Cultural theory.* Boulder, CO: Westview Press.

Ting-Toomey, S. (1999). *Communicating across cultures.* New Yord: The Guilford Press.

Toth, E. L. (1992). The case for pluralistic studies on public relations: Rhetorical, critical, and systems perspectives. In E. L. Toth & R. L. Heath(eds.), *Rhetorical and critical approaches to public relations* (pp. 3-15). Hillsdale, NJ: Lawrence Erlbaum.

Toth, E. L. & Heath, R. L. (eds.), (1992). *Rhetorical and critical approaches to public relations.* Hillsdale, NJ: Erlbaum.

Trachte-Huber, E. W. & Huber, S. K. (2007). *Mediation and negotiation: Reaching agreement in law and business.* LexisNexis.

Tversky, A. & Kahneman, D. (1974). Judgment under uncertainty: Heuristics and biases, *Science, 185,* 1124-1131.

Ulmer, R. R., Sellnow, T. L., & Seeger, M. W. (2007). *Effective crisis communication: Moving from crisis to opportunity.* Thousand Oaks, CA: Sage.

Vasquez, G. M. & Taylor, M. (2001). Research perspictives on "the public." In R. L. Heath (eds.), *Handbook of public relations* (pp. 139-154). Newbury Park, CA: Sage.

Verba, S. & Nie, N. H. (1972). *Participation in America: Political Democracy and Social Equality.* Chicago, IL: University of Chicago Press.

Waddell, C. (1995). Defining sustainable development: A case study in environmental communication. *Technical Communication Quarterly, 4*(2), 201-216.

Walters, L. M. & Walters, T. N. (1992). Environment of confidence: Daily newspaper use of press releases. *Public Relations Review, 18,* 31-47.

Ware, S. J. (2001). *Alternative dispute resolution.* St. Paul, MN: West Group.

Ware, S. J. & Linkugel, W.A. (1973). They spoke in defense of themselves: On the generic criticism of apologia. *Quarterly Journal of speech, 59,* 273-283.

Weick, K. E. & Sutcliffe, K. M. (2001). *Managing the unexpected: Assuring high performance in an age of complexity.* San Francisco: Jossey-Bass.

Weinstein, N. D. (1980). Unrealistic optimism about future life events. *Journal of Personality and Social Psychology, 39*(5), 806-820.

Weterings, R. & Van Eijndhoven, J. (1989). Informing the public about uncertain risks. *Risk Analysis, 9*(4), 473-482.

Wilson, R. (1979). Analysing the daily risks of life. *Technology Review, 81,* 40-46.

찾아보기

위험, 위기 그리고 커뮤니케이션

-현대 사회의 위험, 위기, 갈등에 대한 해석과 대응-

펴낸날 1판 1쇄 2008년 12월 15일
2쇄 2015년 8월 28일
지은이 김영욱
펴낸이 김훈순 | **펴낸곳** 이화여자대학교출판부
주소 서울특별시 서대문구 이화여대길 52(우 03760) | **등록** 1954년 7월 6일 제9-61호
전화 02) 3277-2965(편집) 02) 362-6076(마케팅)
팩스 02) 312-4312 | **전자우편** press@ewha.ac.kr | **홈페이지** www.ewhapress.com
디자인 정혜진 | **찍은곳** 한영문화사

ISBN 978-89-7300-809-4 93330

값 25,000원

* 잘못된 책은 바꾸어 드립니다.